中華
說史

13 YEARS OF
YONGZHENG PERIOD

雍正十三年

（全本）

U0063893

林乾 ◎ 著

中華書局

雍正十三年（全本）

林乾　著

責任編輯　李茜娜
裝幀設計　任媛媛
排　　版　時　潔
印　　務　劉漢舉

出版　中華書局（香港）有限公司
　　　香港北角英皇道 499 號北角工業大廈一樓 B
　　　電話：（852）2137 2338　傳真：（852）2713 8202
　　　電子郵件：info@chunghwabook.com.hk
　　　網址：http://www.chunghwabook.com.hk

發行　香港聯合書刊物流有限公司
　　　香港新界荃灣德士古道 220-248 號
　　　荃灣工業中心 16 樓
　　　電話：（852）2150 2100　傳真：（852）2407 3062
　　　電子郵件：info@suplogistics.com.hk

印刷　美雅印刷製本有限公司
　　　香港觀塘榮業街 6 號海濱工業大廈 4 樓 A 室

版次　2024 年 7 月初版
　　　© 2024 中華書局（香港）有限公司

規格　16 開（230mm×170mm）

ISBN　978-988-8862-06-1

目 錄

一、如此雍正 / 1

歷史誤讀多 / 1

大眾關注多 / 5

革除積弊多 / 6

歷史經驗多 / 7

二、諸子爭儲 / 13

不甘心的廢太子 / 14

武藝高強的大阿哥 / 17

「公推太子」允禩 / 20

三、富貴閑人 / 26

胤禛的排行和出身 / 26

阿哥時代胤禛的兩個形象 / 27

國士戴鐸「三策」/ 34

四、雍邸舊人 / 40

桀驁不馴的闊少 / 40

頗有作為的巡撫 / 42

扯進「三王爺門下」詐騙案 / 47

雍親王訓「惡少」/ 49

五、默定儲君 / 53

羣臣三請立太子 / 53

議定太子儀注和權限 / 56

康熙默立儲君 / 57

六、康熙之死 / 66

康熙的身體是否異常 / 68

康熙病情之謎 / 70

有沒有特別的事情發生 / 71

「古今未有」的喪禮 / 75

七、即位之謎 / 79

康熙如何傳位 / 79

有沒有遺詔 / 82

遺詔有沒有被篡改 / 88

八、千里奔喪 / 94

延信的祕密使命 / 95

不辱使命 / 96

帝夢成空 / 104

九、太后之死 / 112

太后暴亡為哪般 / 112

撞鐵柱而死可能嗎 / 115

雍正的辯解可信嗎 / 119

太后為什麼「為難」雍正 / 121

十、一箭三雕 / 125

拴住允裸 / 126

發配允禟 / 132

囚禁允䄉 / 135

十一、年大將軍 / 138

對允禵的成功牽制 / 138

對允禟的成功看守 / 142

對青海叛亂的平定 / 147

十二、君臣變臉 / 151

君臣權力衝突 / 151

君臣性格衝突 / 155

君臣隱衷衝突 / 157

十三、龍爭虎鬥 / 164

年羹堯散佈「明年四月有事」/ 164

雍正帝步步緊逼 / 168

步步驚心「三江口」/ 174

十四、將軍之死 / 178

追查財產 / 178

年羹堯桀驁不馴 / 181

蹊蹺的虎入年宅 / 184

重罪九十二條 / 186

十五、舅舅隆科多 / 192

隆科多如何取得康熙的信任 / 192

為什麼不招搖的隆科多也受到整肅 / 198

十六、八佛被囚 / 206

「讓位」鬧劇 / 206

嚴厲整肅 / 211

「八佛被囚」/ 216

十七、山雨欲來 / 220

令狐士義「救恩主」/ 220

蔡懷璽投書允䄉 / 224

「八佛被囚，十月作亂」的傳播 / 230

十八、阿、塞之獄 / 234

雍正導演「議罪」/ 234

允祉被逼表態 / 238

難兄難弟 / 240

十九、驚天大案 / 248

總督署「盟誓」/ 248

雍正揮淚覽「逆書」/ 256

祕密大抓捕 / 258

二十、出奇料理 / 261

不查本案，深挖「來歷」/ 261

「皇帝辯書」，天下講讀 / 268

逆犯「有功」，呂氏株連 / 269

二十一、為君之難 / 275

來自繼統的強烈質疑 / 276

康熙，難以跨越的高山 / 279

雍正本人的擔當 / 285

二十二、嚴查虧空 / 289

設立會考府 / 289

戶部虧空大案 / 292

清查地方 / 296

二十三、山西查案 / 301

雍正開名單 / 303

原巡撫蘇克濟受大案 / 306

革職縣令三抗欽差 / 310

二十四、火耗與養廉銀 / 313

「抄家湖」/ 314

廟堂之爭 / 317

養廉銀兩 / 325

二十五、曹家舊事 / 329

奴才與主子 / 330

最早獲准密奏權 / 331

查抄之謎 / 338

資助允禩銀兩 / 343

二十六、雍正的樣板——田文鏡「傳奇」/ 350

升遷慢得「出奇」/ 350

升遷快得「出奇」/ 351

封丘罷考 / 355

二十七、參不倒的田大人 / 362

李紱一參田文鏡 / 362

欽差審案，田文鏡脫險 / 372

謝濟世再劾田文鏡 / 377

二十八、烏師爺與田文鏡 / 385

奇特師爺 / 385

受寵之謎 / 389

攤丁入畝與墾荒 / 392

匿災不報，初心盡失 / 394

二十九、李衛發跡之始 / 398

鹽官發跡，改革雲南鹽政 / 399

恃寵而驕，與石禮哈互參 / 400

落井下石，密揭楊名時「隱私」/ 405

三十、「滿洲二姑」與巡撫 / 410

懲治「滿洲二姑」/ 410

有作為的巡撫 / 413

三十一、智取大俠甘鳳池 / 420

廣佈眼線 / 420

驚動五省的邪術大案 / 421

大俠甘鳳池 / 424

欽差審案 / 428

三十二、李衞的「宦海恩怨」/ 431

密奏遭「報復」/ 431

被開除「族籍」/ 434

參劾鄂爾泰胞弟 / 436

三十三、從被懷疑開始的鄂爾泰 / 440

從被懷疑開始 / 440

「如師如父」的表態 / 444

愛屋及烏，對鄂爾泰家族的重用 / 447

三十四、改土歸流 / 449

聚訟紛紜的大治策 / 449

有節奏的推進 / 451

「封疆大臣之法程」/ 453

清廉為官 / 457

三十五、知人善用 / 459

培養人才 / 459

愛護人才 / 462

舉薦人才 / 466

三十六、柱石賢弟 / 472

允祥何以得到絕對信任？/ 472

「柱石賢弟」的四個方面 / 475

三十七、允祥的謙抑之道 / 485

精白一心 / 486

小心敬畏 / 487

推讓名利 / 488

力辭非分 / 489

逝前體貼 / 489

允祥何以謙抑自持？ / 491

允祥謙抑之道的啟示 / 492

三十八、契友張廷玉 / 495

參預機務，創立制度 / 495

無可替代的角色 / 498

轉移士風，舉薦賢能 / 501

修纂《實錄》，為雍正「曲筆」/ 503

三十九、父子相承的宰相之路 / 505

父親的眼光與母親的督教 / 505

處理山東大案，為雍親王賞識 / 509

辦事精敏詳慎 / 512

祖訓四訣 / 514

四十、祕密政治之兩級：密摺與軍機處 / 518

密摺成為「小報告」/ 519

「小班子」軍機處 / 524

四十一、御園聽政 / 528

雍正為何鍾情圓明園 / 528

圓明園建造的三大疑點 / 531

建立聽政規制 / 533

雍正在園的「多重形象」/ 535

四十二、中西意趣 / 537

雍正文雅形象的三個方面 / 537

雍正與瓷器 / 541

雍正的個人意趣 / 547

四十三、宮闈家事 / 552

最親的皇后 / 553

長壽傳奇的耿氏 / 554

最受寵的年妃 / 555

最有福的熹妃 / 558

四十四、三位阿哥 / 561

阿哥弘時緣何而死 / 561

弘曆出生地之謎 / 565

「荒唐王爺」皇五子弘晝 / 569

四十五、雍正暴亡之謎 / 571

雍正去世有沒有特別的事情發生？/ 571

呂四娘刺殺一說 / 573

雍正是否真的死於中風或丹藥中毒？/ 577

四十六、安葬西陵之謎 / 585

相度萬年吉地 / 585

放棄「九鳳朝陽」/ 589

選定易州泰寧山 / 593

乾隆初年對「九鳳朝陽」的再相度 / 595

四十七、一代君王 / 597

綱紀整飭，大法小廉 / 598

立政明倫，建章立制 / 601

萬民樂業，邊疆穩定 / 602

承上啟下，盛世固基 / 604

主要參考文獻 / 607

一、原始文獻 / 607

二、近人著述 / 609

一、如此雍正

　　康熙六十一年十一月二十日，公元 1722 年，關閉七天之久的紫禁城門終於緩緩打開。這一天，雍正登基大典正在太和殿舉行，但儀式卻簡單得不能再簡單，這讓大臣們感到很詫異：雍正不走乾清宮正門，從東旁門進入。登基儀式有一個「列坐賜茶」環節，雍正說：皇考靈柩在上，又怎麼忍心下咽？還是免了吧！移交皇帝玉璽，表明皇位正式授受，應由乾清宮御路中行，雍正說：改到甬道吧。太和殿登上寶座，民間俗稱的金鑾殿即位，連最不可缺的文武百官朝賀禮也免了。

　　雍正草草登基，給人一種「不走正路」的感覺，但雍正為自己正名，把年號定為「雍正」，表示雍親王得位之正。但士大夫卻編出另一套說辭，說「雍正」是「一止」之象，這個江山不長久，由此引發很多大的文字獄案，這是後話。

　　雍正即位，表明一個新的時代——雍正王朝開始了。在此，我們先給雍正朝勾勒一個剪影。這是一個什麼樣的王朝呢？筆者總結為「四多」。

歷史誤讀多

　　言及清代，必提康、乾，彷彿歷史上沒有雍正一朝。雍正的父親康熙、兒子乾隆，各自執掌大清國 60 餘年，與其父、其子相比，雍正執政的這 13 年不及康熙、乾隆在位時間的四分之一，顯得行色匆匆，很不從容。而康熙、乾隆像清朝的兩座高山，雍正如同夾在其間的谷底，常為歷史所忽略，乃至於我們所熟悉的「康乾盛世」，單單把中間的雍正漏掉了。

　　有這樣一則真實的故事。20 世紀三四十年代，有幾位自命為熟悉中國歷史的日本人在北京大擺龍門陣。談話涉及雍正年間時，在座的一人問：雍正是什

麼時候的年號？其中一位自詡為歷史學家的人當場解釋說：雍正是清代初期，康熙之後乾隆之前的年號。這時，另一位似是而非的中國通說：絕對沒有那回事。清初的年號眾所周知，康熙、乾隆是兩個連續的年號，沒有聽說過中間有一個什麼「雍正」的年號。這位中國通旁若無人地說，根據他的研究，雍正是明朝的年號。在座的其他人同聲唱和，一致認為康熙、乾隆是清代初年膾炙人口的連續年號，雍正應該是明朝的年號。那位歷史學家在目瞪口呆之中被宣判為記憶錯誤。

學術界尚如此，更何談普通大眾？因而一般認為，雍正不過是在康熙、乾隆之間毫無意義的過渡性人物，他統治的這 13 年，也僅僅是過渡性的 13 年而已。

實際上，這與雍正朝在清代歷史的地位非常不符，也可以說是誤讀了歷史。

雍正被誤讀，主要是他的為人。在大眾的印象中，他是一個殘暴的君主，是個「硬漢皇帝」，其實這只是雍正的一面，他還有非常溫情的一面。在一些大臣眼中，他也是個「暖男皇帝」。

雍正特別體恤下情。台灣總兵藍廷珍因自己名字「珍」字與雍正的名字胤禛的「禛」字同音，請求改名避諱，雍正說：「你的從祖藍理乃收復台灣的大功臣，『破肚將軍』的事跡何人不知？日前台灣生亂，全島幾乎覆沒，這次平定，你也立下大功。你的名字朕很喜歡，不要改了。」並提拔他為福建水師提督。雍正清楚武員出身的藍廷珍忠義可嘉，但擔心他在操守上出問題，為此多次提醒。雍正五年三月二十八日，藍廷珍的族弟藍鼎元到廣東普寧赴任前，雍正專門在圓明園召見他，命他傳旨給他的哥哥：「藍廷珍對於地方非常有益，營伍操練得亦很好。只是聽聞得他對待屬員過於嚴刻，你傳旨給他知道：以後務須寬嚴互濟，朕不是教他從寬，更不是縱容違法亂紀的下屬，要深知將弁兵丁休戚相關，有一體之誼，自然要親厚愛惜，當嚴時便嚴，當寬時便寬，總要性情平和才好。藍廷珍是實心辦事的，這兩年遵照朕的教訓，操守比前好些，以後應該益加勉勵，做成一個好官。」

　　兩個月後，藍鼎元到了廈門，藍廷珍在提督衙署跪聽諭旨後，立即給雍正上密摺，表示遵照諭旨，「待屬馭兵務必性情和平，恩威並用，寬嚴互濟」，密奏還有「備極包容，多方訓勉，栽培兼盡」的話，這絕非官話，而是藍廷珍的肺腑之言。雍正二年，藍廷珍到京城述職，雍正知道他對康熙帝感情很深，破例允許他到景陵（康熙陵）拜謁。而他的族弟藍鼎元也成為清代最有名的「台灣通」、斷獄大家，世傳的《藍公案》寫的就是他的事跡，而他的《鹿洲公案》一直是官員的案頭書。雍正在誡勉藍廷珍的同時，也疊加賞賜以激勵他。一次，雍正在他的請安摺上硃批：「朕安，老頭子你好麼？」一下子拉近了君臣之間的距離。雍正七年，66歲的藍廷珍去世，雍正命全禮祭葬。

　　陳時夏是雲南元謀人，雍正四年任蘇州巡撫時，因80歲老母在雲南老家，請假迎養。雍正特別下旨，命雲南督撫派人，與陳時夏的弟弟一同護送，還賜給人參、貂皮等珍貴的物品。由於擔心陳母長途跋涉，旅途勞頓，年齡大受不了，雍正特意叮囑當地長官，行期不可催迫，一路可以隨時歇息，又下旨諭給吏部，賞給陳母巡撫封典。等到陳母順利抵達蘇州，19年沒有見到母親的陳時夏喜極而泣，感激之情難以言表，給雍正上奏說：「即便臣捐棄身軀，傾盡血誠，也不能報答皇上的恩德於萬一。」士為知己者死，雍正足以當之。

　　清代有一位非常有名的大畫家，他叫蔣廷錫。由於他的畫太有名，以至於大多數人忘記或者忽略了他的大學士身份。雍正四年秋，蔣廷錫主持順天鄉試，當時他的母親年壽已高，住居老家常熟。鄉試時間長，且嚴禁與外界有任何哪怕是隻字的來往，凡有往來，就是「通關節」的鐵證。雍正知道蔣廷錫掛念母親，讓大臣關注常熟蔣家有沒有信來。過了幾天，常熟果然有報平安的家信來，雍正想把蔣母平安的家信傳給入闈的蔣廷錫，想了好久，對大學士說：「朕有辦法了，朕降旨之便，你們將家信一同傳入闈中。」蔣廷錫在與外界隔絕的闈中，展卷讀起家書，涕淚交流。雍正知道蔣廷錫在協助怡親王允祥清理虧空、查點國庫時得罪很多人，特別是一些吏胥，擔心這些人在鄉試時鬧事，為此專門發下諭旨：「今廷錫主持考試，或有人藉機造作浮言，妄加謗議。令步軍統領、順天府、五城御史察訪捕治。」這樣的安排絕不是什麼「收買人心」，

更遠遠超出了「體貼」範圍，而是對人的關懷入微。

最難能可貴的是，雍正重獎諫臣，特別能容得下犯顏抗上的人。許多帝王很有作為，但往往聽不得「逆耳之言」。雍正即位之初，命大臣上疏言事。當時就有不少有關雍正即位的傳聞，加上對雍正個人還不了解，大臣上疏多泛泛而論。這時，一個名叫孫嘉淦的翰林院檢討上書言事，一口氣講了三件事，雍正剛看到第一件事，就盛怒不已。第一件事是什麼？要求雍正「親骨肉」。翰林院官員本是文學侍從之臣，孫嘉淦的官位只有七品。七品的檢討居然跳出來講皇帝家裏的事，這不是影射雍正對兄弟們無情嗎？觸犯雍正最忌諱的即位之事，簡直是找死。果然，雍正龍顏大怒，把奏疏發給王大臣，厲聲責問翰林院的掌院學士，說：「你們翰林院居然還容得下這樣的狂生？」

掌院學士見皇帝如此盛怒，嚇得一個勁兒叩頭，一迭連聲地說：「臣一定嚴加管束。」過了一會兒，大學士朱軾說：「這個人實在是太狂妄了，但臣很佩服他的膽量！」雍正瞪着眼睛盯着朱軾，過了很久，大笑道：「朕也不能不佩服他的膽量！」不但沒有懲罰，而且提升孫嘉淦為國子監司業。

有一天，孫嘉淦推薦一個人，雍正召見後很不滿意，責怪孫嘉淦所舉非人，孫嘉淦不以為然，堅持說：「這個人是可用之才。」這話非常犯忌諱，好像皇帝看人有問題，雍正大怒說：「你能保這個人將來不會因為貪腐而敗嗎？」孫嘉淦毫不畏懼，提高嗓門說：「臣願意為他連保。」雍正見狀，氣憤異常，把御筆往地上一摔，說：「你給朕寫保狀。」孫嘉淦不假思索，從地上拿起御筆就要寫，這一幕，把大學士嚇得目瞪口呆，不知所措。危急中還是雍正身邊的侍衛反應得快，呵斥道：「大膽，你連御筆都敢用嗎？」經此一喝，孫嘉淦立刻意識到自己犯了大錯，將御筆用雙手托起，高舉過頭，免冠叩首，說：「皇上所用御筆，臣不敢握！」雍正見狀，說：「好你個孫大膽，原來還知道有君父啊！」大臣們知道孫嘉淦這次真的闖大禍了，刑部以「大不敬」論斬上奏。雍正把刑部的上奏壓下來，過了幾天，對大臣們說：「孫嘉淦確實夠憨的，但他正直，不愛錢。是個好官。」下令把他釋放。沒幾年，升他為刑部侍郎，兼管吏部。乾隆即位，孫嘉淦上奏聞名於世的《三習一弊疏》，史家論說，這是奠定清代極盛

的第一疏。如果評價清代山西名臣，孫嘉淦當屬第一。而這與雍正的包容、保護、提拔有直接關係。

至今在呂梁地方，仍流傳孫嘉淦的許多逸事。孫嘉淦是山西興縣人，出身貧寒，做了一輩子官，告老還鄉前，他老人家想：我一輩子清廉為官，沒有攢下幾個錢，如今榮歸故里，如果過於窮酸，遭鄉紳土豪恥笑不說，重要的是給朝廷丟臉。思謀良久，悄悄讓僕人連夜買來十幾口厚重木箱，夜裏自己親自動手裝得滿滿當當。第二天，浩蕩而歸。沒料到，皇帝得到舉報，說孫嘉淦平常裝清廉，實際是個貪官，他回家的金銀財寶帶了好幾車。於是，孫嘉淦行至半路時遭到檢查，但當檢查的官員打開木箱子時，他們驚呆了，見裏面裝的都是又重又黑的石磚頭。此事一經上報，乾隆皇帝大為感動，命令沿途官府以真金實銀換下孫嘉淦箱子裏的磚頭。

雍正關心、體貼、包容、提拔官員的事情不勝枚舉，這和常人心目中的雍正差別很大。所以我們說，歷史誤讀了雍正。

大眾關注多

雍正一即位，就成為典型的「話題人物」，而且話題不斷。他是中國 300 多個帝王中，曝光率最高的皇帝。清末民國以來，以他為原型創作的文學作品，一部接着一部，比如《呂四娘演義》《血滴子》《雍正劍俠圖》。前些年的《雍正王朝》，近幾年熱播的《甄嬛傳》，使得雍正帝再次成為普通百姓茶餘飯後的談資。不誇張地說，雍正是大眾關注最多的皇帝。

但說起來，雍正之所以受到經久不衰的超高關注，主要是因為他有太多的負面新聞。這些負面新聞到了雍正六年，來個「總匯」，這就是曾靜「策反書」所列出的雍正「失德」：謀父、逼母、弒兄、屠弟、貪財、好殺、酗酒、淫色、懷疑誅忠、好諛任佞。好像雍正集中了古代帝王的所有「毒點」於一身。歷史上「逆取順守」的皇帝也不少，但沒有受到類似「待遇」的。唐太宗是通過「玄武門之變」奪得皇位的，明朝的永樂帝朱棣是通過「靖難之役」，打了四年的

戰爭，奪了姪子建文帝的江山當皇帝的，但唐太宗、永樂帝都是歷史上少有的明君。對於雍正，好像歷史不夠慷慨，更多關注、糾結他的道德層面，有的作品甚至把他描寫成「厚黑皇帝」，而忽略或者漠視他的作為，更少看到他帶給清朝的長久而持續性的興盛。

革除積弊多

雍正即位後跟大臣們講，朕就是要「移風易俗」，「振數百年頹風」。孔子在《論語》裏講，三年無改於父之道，孝也。這是什麼意思？古代中國是人治社會，集中表現在孔子所說的「人存政舉」「人亡政息」。所以儒家提出政策的連續性，即在守喪三年間，即便父親的做法不妥，也不能立即改變。雍正在即位詔書中，引用了孔子的話，並表示：父皇六十餘年積累的良法美意，應該萬世遵守，朕定當永遵成憲，不敢稍有更張，何止三年無改。但康熙晚年積累的問題太多了，政治運行的惰性正以其慣性在毀蝕大清帝國。不改就沒有出路，甚至清王朝很快就會衰落下去。我們看中國的歷史有一個規律，就是「三代現象」。第一代開國，歷經千難萬險，所以珍惜得來不易的社稷江山。第二代一般追隨第一代，也基本經歷不少曲折，因此大體能夠守成。到了第三代，幼時生長深宮，不知民間疾苦，更不知道打江山的艱難，因此很少有三代興盛的。如果從清朝入關算起，雍正恰好是第三代，因此，是承繼康熙晚年鬆弛的政治，還是整飭官常，在既有累積的好的做法基礎上進行大膽的革新，再重新出發呢？雍正選擇了後者。他即位伊始就清理虧空，懲治貪官，同時實行養廉銀制度，提高官員的基本收入水平，而通過軍機處的設立，極大提高了行政運行的效率，也使得明代廢除丞相制以來沒有解決的體制雜糅問題得以解決。經濟上推行攤丁入畝，事實上對人口特別是勞動力的流動、經濟的發展，起到了重要的作用。他在短短的13年裏，推出一系列革故鼎新的舉措，節奏之快，力度之大，讓臣僚感覺跟不上皇帝的步伐。

歷史經驗多

雍正王朝雖然只有短短的 13 年，在清朝二百六七十年的歷史中，就時間而言，僅佔二十分之一，可以說是短暫的一瞬。但歷史不是以時間的長度，而更多是以其深度和厚度所留下的時代印記書寫的。雍正這 13 年，給清朝留下了太多的遺產，這些遺產，既有制度的，也有文化的，還有精神的，值得總結的歷史經驗及教訓也非常多。雍正自己也在調整，前期屬行嚴猛之政，重用武鍵之人，後期緩和了很多。到乾隆即位，出現明顯的大調整，軍機處最初也廢止了，密摺制度也被認為不妥。被雍正懲罰的人大多得到糾正，以至於大臣王士俊上奏說：現在什麼是「好條陳」（建議）？只要把雍正皇帝的做法翻過來，就是好條陳。但乾隆後來又恢復了他父親的許多做法。嘉道時期，清朝的歷史發生重大轉型，當時因循守舊之風蔓延，雍正的革新精神又一次被重新喚醒。「整綱飭紀、立政明倫」，這是嘉慶帝對他祖父的評價，也是對雍正朝歷史經驗的又一次評估。

那麼，雍正作為一個人，一個皇帝，究竟是什麼樣的呢？我將他總結為四個字。

一是「奇」。

雍正本人就是個傳奇。他謙虛地說，朕事事不如父皇，但有一個經歷，父皇沒有經歷過，那就是在「藩邸四十餘年」的歷練。康熙後期，當諸位阿哥因爭奪繼承人而鬧得不可開交，一個個接連倒下時，他卻以「天下第一閑人」自居，經常出入柏林寺，與得道高人談禪說佛，留下許多趣事。

有一年春天，他來到與雍親王邸一牆之隔的柏林寺，隨手寫幾個「春」字、「福」字，送給來寺廟的人結緣。這時來了一位僧人，對雍親王胤禛說：「一部大藏經，都被王爺佈施了。」胤禛聽完，用手執筆，在自己的額頭上點了一個點，僧人不解其意，問道：「王爺為什麼要拿毛筆點自己的額頭？」胤禛詼諧地說：「自己點，免得被別人點啊。」僧人覺得王爺說話有漏洞，就說：「王爺也是修行之人，竟然還有『人』『我』之分啊。」言外之意是說，您一向參禪

修佛，很多人說您學養深厚，其實是盛名之下其實難副啊。胤禛明白僧人的意思，指着自己額頭上的墨點說：「那麼請問，這點的是『我』還是『人』呢？」言下之意，「人」就是「我」，「我」就是「人」。這位僧人恍然大悟，只好行禮而退。這時，胤禛用自己的黑手帕，把額頭上的墨點擦淨。此時，在旁邊看熱鬧的另一位僧人見有機可乘，便對胤禛說：「金不與金碰，王爺為什麼要用自己的黑手帕擦掉自己的黑墨點？」胤禛卻很從容，回答說：「您到別的地方，千萬不要說我圓明居士[1]黑白分明啊！這哪裏是金不碰金，那樣只能是兩敗俱傷。我這是『水』洗『水』啊。」僧人明白，王爺把自己或墨看成潔白的水，把手帕又當成水，以水來洗水。這則故事收錄在雍正編寫的《御選語錄》裏。實有其事。

我們經常說「大道無形」。皇子時代的雍正，非嫡非長，實力、才能、聲望，都無法與諸兄弟爭，所以他實行韜晦之計，把老子的「夫唯不爭，故天下莫能與之爭」落到實處。當最有希望的皇哥哥、皇弟弟們逐一被父皇廢除、關押，餘下能夠與他一爭天下的已所剩無幾時，他把握住了最關鍵的時機，取得皇位，這本身是最大的「奇」，以至於他的生身母親得到這一消息後，大為驚訝，說：「讓我的兒子雍親王當皇帝，實在是做夢也想不到啊！」

他為人「奇」，處事更「奇」。他經常用的詞彙就是「出奇料理」。這樣的事例實在太多。我們舉兩例。

雍正與年羹堯的關係，堪稱古代君臣的另一類範本。雍正三年十月，京城發生了一件匪夷所思的「奇事」。有一隻野虎，光天化日之下，竟然跑進城裏咬傷多人。更奇怪的是，這只老虎直奔年羹堯家，上了房頂，頓時不見了蹤跡。

那時的京城，生態環境還很好，清代典籍中，偶爾也見野虎進城的記載。野虎怎麼專門往年羹堯家跑？這件「奇事」驚動了雍正，這一下，年羹堯的性命難保。雍正寫給蔡珽的硃諭說：「有此奇事乎！年羹堯，朕正法意決矣。如此

1　雍正修佛時曾自號圓明居士。

8

明彰顯示，實令朕愈加懍畏也。朕實驚喜之至！奇，從古罕聞之事也。」

為何年羹堯家出現老虎，他就必須得死呢？古人向來把虎和龍當作帝王的象徵。《史記‧項羽本紀》寫鴻門宴之前一節，范增對項羽說：「（沛公）今入關，財物無所取，婦女無所幸，此其志不在小。吾令人望其氣，皆為龍虎，成五彩，此天子氣也。急擊勿失。」年羹堯向來說他是白虎託生。雍正剛即位做了奇怪的夢，夢見一隻白虎要咬他。可能是因為儲位之爭太驚心動魄了，雍正經常做噩夢，但也沒有當真。一向信祥瑞的雍正，在虎入年宅後彷彿受到啟示，決定殺了年羹堯。

處理曾靜策反案也同樣「奇」。曾靜、張熙策反案經過欽差大臣及怡親王允祥等審理後，這樁非常明確的「逆案」應照大清律例「反逆罪」判處，但雍正不但放了曾靜他們，而且還說他們有功，命地方官賜給銀兩，給以官職。相反，儘管有岳鍾琪、李衛這樣的重臣一再向雍正「求情」，說呂留良的反清思想是在明末，入清後全族都很認同本朝，但雍正還是把呂留良按照「大逆罪」判處，其家屬、弟子全部連坐。這件事的處理，當時引起官僚士大夫的不滿，乾隆即位後，立即予以糾正。

二是「嚴」。

他在大臣的密摺上，多次硃批這樣幾句話：「朕就是這樣漢子，就是這樣秉性，就是這樣皇帝。」有些捨我其誰的架勢。雍正以一種時不我待的緊迫感，推出一項又一項措施、政策。這就打破了康熙晚年形成的舊秩序、舊風氣，自然也會觸犯乃至傷害到很多人。

雍正雷厲風行，換掉了一批懶惰、不作為的官員，提出他的用人政策：有猷、有為、有守，即有謀略、方法，有作為，有擔當，有操守。不用那些「泥塑木雕」式的官員。他打破唯資歷論，重用沒有舉人、進士頭銜的幹練吏員，這引起進士等「正途」出身官員的極大反彈，形成一次又一次對雍正所寵信大臣的攻訐，乃至掀起一波波的政潮。而他對結黨營私的八旗大員，也不手軟。雍正四年，經過年羹堯、隆科多、廉親王允禩、貝子允禵等多個大案，因牽連的人太多，以至於尚書、侍郎都沒有滿族人可以任用，還一度出現任命了親

王、尚書之職，但這些人拒絕出任，這說明抵制雍正初政的人，特別是親貴，不是個別人。這種「不合作」的情況，在歷史上很少出現。而雍正也有打擊面過寬的問題。朝鮮使臣回國向他們的國王報告說：「清皇為人自勝，多苛刻之政，康熙舊臣死者數百人。」（《朝鮮李朝實錄》）當然，這種說法可能有誇大之嫌。

雍正做事，講求效率，看重效果，地方官也投其所好，所謂上有好之，下必甚焉。有些好事情過了頭，也變成猛如虎的苛政。清代由於人口爆炸性增長，解決百姓生計問題上升到最高層面。而開墾荒地是擴大就業、改善農民收入的重要舉措，但浮誇風氣盛行，省份上報數字攀比虛高，河南巡撫田文鏡上報的數字最驚人。這樣一來，利民之舉，變成了害民之政。乾隆即位後，全力糾正，並說田文鏡這老翁如果健在，朕一定殺了他。

懲貪在歷朝歷代都是治國的重要措施，雍正清理國庫，連自己的親弟弟也要把家中器皿擺到大街上去賣。當時市井百姓玩一種「牌」，可能是麻將牌，名叫「抄家湖」，「湖」是「和」的意思。在這副牌中，有一張最大的牌，就是「皇上」，只要遇到這張牌，其他所有牌被通吃，譏諷雍正是「抄家皇帝」。消息傳到宮裏，雍正公開反駁說：「外間流言，有人說朕有一個愛好，就是查抄別人的家產，市井鬥牌賭輸贏，稱為『抄家湖』。這是一些貪贓枉法之徒，手裏不乾淨，怕被人彈劾而受到查沒，故而編造流言蜚語，傳播遠近，企圖因流言而停止。」浙江連續出來查嗣庭、汪景祺案後，雍正覺得士風有問題，不但派觀風整俗使，而且停止浙江人參加舉人、進士考試。這種做法造成恐慌，因汪景祺寄居在平湖縣，有人故意編造謠言，說雍正要屠城，百姓不明真假，攜老扶幼，紛紛逃避，附近幾個縣也惶惶不安。浙江巡撫李衛密報後，雍正也覺得有些做法不妥，逐漸予以糾正。

三是「祕」。

如果評選中國古代最神祕帝王，雍正肯定第一個入選。他把帝王的祕密政治發展到巔峰。他的幾項「發明」都帶有強烈的「祕密性」，也可以說是加強皇權的「祕密武器」。傳統王朝宮門深似海，但朝政特別是重大決策，很多是

透明的，自秦始皇始，歷代重大事情議決都有「廷議」。順治、康熙處理朝政，都在乾清宮，就是著名的「正大光明」殿，表明國家重大事項，要公開議決，以求公是公非的意思。雍正設立軍機處，最初是因為西北軍事，因為軍事部署是祕密，不能讓更多人知曉，有它的合理性。後來把它變成常設機構，而且，重大事項全都繞開原來的國家核心決策機構——內閣。這就使得國家重大決策走向「神祕化」了。

雍正又通過擴大使用密奏制度，把祕密政治提升到古代的最高程度。他選擇繼承人也是通過祕密方式，這就是今人都知曉的祕密立儲。雍正的特務組織也很發達，通常都有三層「監視」。有的野史記載，他在藩邸，即後來的雍和宮，設立「黏竿處」[1]，後來的「血滴子」，即是有特別手段的人。曾有個捐納的道台，到京城覲見雍正的前一天買了一頂帽子。覲見時，他免冠放在地上，雍正調侃說，當心不要弄髒了你的新帽子。這位官員嚇得目瞪口呆。這一切就使得告密之風大為盛行。

「國語騎射」是清朝的「家法」。清朝入關後特別重視保持本民族的特性。康熙乃至乾隆，處理國政，有很大一部分是在「馬上」完成的，堪稱「馬上朝廷」，行走的天下。但雍正顯然相去甚遠，他除了去景陵祭奠他的父皇外，13年間一刻也沒有離開過京城，更不要說像他的父親或兒子那樣，有六下江南之舉了。南巡沒有，西巡沒有，北巡也沒有，連東巡到盛京祭祖的慣例到他這裏都丟了。有傳說他武藝高強，實際他沒有什麼武功，他很懼怕江湖。當時有名的大俠甘鳳池，就是因為雍正多次下達追殺令，關押在李衛的手上。他做皇帝後，平生遇到幾次危險。最後幾年，他祕密徵召天下有名的道士，祕練長生不老之術，服食丹藥。這也讓雍正帝增加了更多神祕感。

四是「謎」。

1　黏竿處：即尚虞備用處，雍正帝打坐靜修或者批閱奏章時，不欲被蟬聲打擾，常命該處人員持「綁着黏布的長竹竿」（黏竿）將皇宮中樹上的蟬黏下來，而後皇帝指派此機構蒐集官員和民間的情報。

　　宮廷政治越是神祕，就留下越多的謎案。通常說，清朝有四大謎案，即孝莊太后下嫁、順治皇帝出家、雍正繼位、雍正之死。短短 13 年的雍正王朝就佔了兩個。雍正帝如何即位，是矯詔還是合法？他真的把「十」字改為「于」字嗎？是隆科多做了手腳嗎？這些問題，一直有非常大的爭論。他一天之內突然暴亡，是因病死亡，還是被人所害？一向謹慎的張廷玉為什麼要在他的《自訂年譜》中詳細記載這件事？他所記的「驚駭欲絕」究竟是什麼場面？雍正真的是呂留良的後人呂四娘所殺嗎？……這些「大謎團」下，又有很多「小謎團」。一謎套一謎，如環無端。而官府的各種記載，特別是康熙、雍正兩朝《清實錄》，又被篡改得太多。孟森先生說，涉及皇帝本身的事情，《清實錄》多為不實。而私家著述，又很難得宮門之詳，且大多與官方記載相左。這更增加了揭開謎底的難度。好在雍正沒有把當時的所有檔案文獻全部銷毀，現存的數萬件雍正朝漢文硃批奏摺，以及《雍正朝滿文硃批奏摺全譯》《雍正朝起居注冊》，還有保存在中國第一歷史檔案館、台北故宮博物院的雍正朝檔案，極大彌補了這方面的缺憾。

　　以往的研究，圍繞雍正皇帝身上的種種謎團，好像走進了死胡同，即都想依據新的證據證實或證偽，其實，這幾乎是不可能的。我們不妨換一個視角，看看雍正在重大問題面前，說了多少假話，有多少話是真的。如果雍正本人都自相矛盾，不能自圓其說，那麼，他的謎底不就很好揭開了嗎？

　　以上這一切，構成了複雜的雍正，有爭議的雍正，多面的雍正。

　　雍正即位之初，乃至他當皇帝的這 13 年，面臨的最大挑戰就是他的合法即位受到強烈質疑：康熙臨終前有無遺詔？他是矯詔即位，還是在遺詔上做了手腳？雍正接班，是康熙的精心安排，還是「倉促之間，一言而定大計」？這一切，都要從諸子爭儲說起。

二、諸子爭儲

　　在康熙晚年長達十幾年的儲位之爭中，雍親王胤禛是最後的勝出者。這一結果幾乎超出所有人的預料。不但他的生身母親感到驚訝，連他自己都感到意外，他說：「如果朕早知道，自然別有道理。」這個「別有道理」是什麼意思？難道是要重演一次遠古時代的「禪讓」嗎？

　　中國古代，皇位的傳承在「父死子繼」和「兄終弟及」的基礎上發展成主要的三種形式。第一種是選親，典型的就是嫡長子繼承制度，所謂「立嫡以長」，是指在眾多嫡子中，皇后所出的嫡長子有優先繼承權，如果皇后沒有生育嫡子，則在庶出的諸皇子中，按照長幼有序繼承皇位。這種制度源於周朝，漢代正式確立下來。但中國歷史上真正由嫡長子繼承皇位的，實在說來，少之又少。秦漢 26 位皇帝中，只有西漢的 3 位皇帝是嫡子出身，兩宋 18 位皇帝中，有 3 位嫡出，明代 16 位皇帝中，有 5 位嫡出。第二種是選賢立愛，這是對前一種繼承制度的補充，即在沒有嫡子的前提下，在符合繼承人條件的庶子中，選擇賢能的人繼承皇位，所謂能者在位，或者憑皇帝的個人喜好立繼承人。在中國歷史上，這種做法往往會受到抵制，因此不是主流。第三種是憑實力，即在一姓天下中，憑藉「武功」等實力上位。

　　按照以上三大「標準」，雍正是典型的「三不靠」，但歷史竟然開了一個大玩笑。這其中的原因是什麼？謎底到底是什麼？

　　答案應該從諸子爭儲說起。康熙晚年的儲位之爭，雍正有一段直白的表述：「從前儲位未定時，朕之兄弟六七人，各懷覬覦之心，彼此戕害，各樹私人，以圖僥倖。」（《大義覺迷錄》）這就是說，康熙廢太子允礽之後，皇子中有六七人參與儲位爭奪。當然不包括胤禛本人。換句話說，這六七人都有希望繼承皇位，而輪不到他胤禛。而其中有三個人，是皇位最有力的競爭者。

不甘心的廢太子

　　中國有句俗話：瘦死的駱駝比馬大。還有句話：「百足之蟲，至死不僵。」皇位的第一個競爭者，就是當時的廢太子允礽。允礽原來是太子，已經被康熙皇帝兩次廢掉，他怎麼還能是皇位的強有力競爭者呢？因為有兩種力量逐漸形成合力。

　　一是廢太子不甘。允礽經過兩立兩廢，栽了大跟頭，傻瓜也會吸取教訓。前兩次廢黜，就是因為操之太急。一廢太子前，索額圖逼康熙讓位，允礽也發牢騷說：「古今哪有做了四十多年的太子啊？」也是逼父皇早日讓位。而康熙親征噶爾丹前後，可能對太子有過承諾，他一再表示：「這場大戰打完，朕的事已畢。」實際是讓太子接班。但太子在京代理國政期間，做了不少不是儲君應該做的事，令康熙大為失望。康熙與太子的矛盾就發源於此。但越是如此，太子越感到他的地位不穩，也就愈發試圖早日接班。允礽出生當天，他的生母就去世了，8歲時外祖父去世，因此對叔姥爺索額圖頗為倚重。當康熙與太子出現矛盾時，索額圖不止一次試圖憑藉他在朝中的影響力，把太子扶上皇位。康熙四十二年五月，康熙先發制人，在暢春園把索額圖囚禁，隨即移到宗人府關押。康熙又接連發密旨，將索額圖身邊及家下緊要人物，全部拘禁，但為索額圖通風報信的仍大有人在，特別是在天津為其打理生意的人陸續趕到京城，想把索額圖救出。因為，索額圖的背後是皇太子。在塞外的康熙感到事態嚴重，密令皇三子允祉等審訊索額圖身邊的人。七月十五日，允祉等皇子接到康熙密旨後，於夜間到關押索額圖的監所，發現索額圖僅戴一層鐵鎖和腳鏈，於是加上九層鐵鎖，並對索額圖說：皇上以為你是能幹人，所有人都獻媚你，所以把你抓起來拘禁，現在仍有人懼怕你，還有人商議想要救你出去，什麼道理？索額圖跪在地上哭泣說：「奴才無言以對，皇父即便殺了奴才，也不足以塞己罪，奴才現在已經老了，請求皇上免奴才一死。」不久，索額圖囚禁而死。本來，康熙不公開處死索額圖，是給皇太子留面子，因為此時康熙還沒有廢太子的意思。但聯想到康熙一向敬重的哥哥裕親王福全在去世前，向康熙建議廢了太子

立皇八子允禩為太子，這個時間點也在康熙四十二年春夏之交，說明皇帝與儲君之間的矛盾已經公開化，不然，裕親王福全不會有此建議。康熙晚年多次講，「索額圖乃本朝第一罪人」，就是指他試圖逼迫康熙讓位，讓太子早日接班。

按照康熙的說法，復立允礽為皇太子是出於不得已，即允禩聲望日高，特別是眾大臣推舉後，為平息儲位之爭才出此下策。保舉允禩的第三天，康熙釋放廢太子。康熙四十八年三月，允礽復立為皇太子。八個月後，安郡王馬爾渾去世，不久，馬爾渾的兄弟，鎮國公景熙首告步軍統領托合齊父子在馬爾渾喪期內結黨會飲，由此引發康熙第二次廢太子。康熙五十一年，經簡親王雅爾江阿、貝子蘇努以及包括皇三子允祉、皇四子胤禛等諸皇子在內的多次審理，認定包括刑部尚書齊世武、兵部尚書耿額、八旗都統等 20 餘人，受允礽的指使，企圖通過武力脅迫的方式，逼迫康熙退位。康熙將托合齊囚禁而死，死後挫屍揚灰，不許收葬，將齊世武的五體用鐵釘釘於壁上，使後者號呼數日而死。康熙向來不走極端，也以仁慈治天下，如果沒有極不可饒恕的事情發生，康熙不會如此。當年十月一日，康熙正式宣佈第二次廢黜太子，理由是皇太子舊疾復發，並由禮部開諮文給地方封疆大吏：皇太子冊寶已毀，凡各省呈奏皇太子之箋文，皆行停止。

允礽被廢後，康熙傳下諭旨，以後奏報允禔、允礽之事時，一律稱大阿哥守衛處、二阿哥守衛處。允礽圈禁在紫禁城西北的咸安宮（乾隆時改名壽安宮），由宗人府一位親王帶領多位宗室成員負責看守。平時大門緊閉，為允礽及其家人送飯經由專門的用磚砌成的洞口傳送。夏季的紫禁城，炎熱無比，酷暑難耐，運送用來消暑的冰塊也經此洞口。如果廢太子有事，要敲響雲板，外面看守人員打開洞口，方可聯繫。

有一天上更時，外面值守人員聽到裏面敲雲板，親王幾人打開洞門喊話，二阿哥從磚洞告訴說：「院裏掉了幾支箭，你們查一查，這是什麼規矩？你們如果擔當得起，就向皇父奏報，如果不能，就隨你們的便。」親王等立即奏報。康熙硃批：「交阿哥等嚴加查明具奏。」

但咸安宮能夠囚禁允礽的身體，無法囚禁允礽的心。他在尋找機會。康

熙五十四年，西北動盪，清朝準備出兵。對於有望得到儲位的皇子而言，這是一次絕佳的機會。允礽想出了絕妙辦法，把密信送出。他找來明礬水，親筆寫了一封信。曬乾後，根本看不出來上面有任何字跡。但如何傳出去一時成了問題。嫡福晉瓜爾佳氏恰好此時生病，宮廷的醫生賀夢來給福晉看病。臨別時，允礽把密信交給這位御醫帶出，請他祕密轉交正紅旗滿洲都統鎮國公普奇。普奇乃清太祖努爾哈赤長子褚英的四世孫。褚英作為嗣子，也是因為希望早日接班而被處死，為入關前因為儲位而被處死的第一人。先世這段刻骨銘心的傷痛，讓他的後人無法忘懷。

普奇打開書信，用水浸泡了一會兒，清晰而娟秀的字跡躍然紙上，原來是允礽請他向康熙帝保奏他為出征的大將軍。普奇同情允礽的遭際，但他還是很猶豫。因為舉薦允礽極可能被康熙視為廢太子黨的人，想想托合齊這些人的下場，他驚出一身冷汗，因此遲遲沒有動作。普奇的心事讓他的兄弟輔國公阿布蘭發現了，他毫不猶豫，立即向康熙皇帝告發此事。礬水事件經宗人府審理，普奇被監禁，那位宮廷醫生被判斬監候。

二是廢太子的人不甘。允礽多次代理國政，特別是康熙三次親征噶爾丹期間，前後接近一年，都是太子代理國政。而允礽為太子近 50 年，朝野內外，他的人實在太多。坐轎子的人願歇，抬轎子的人不肯，更何況，允礽也不甘心。

康熙五十七年，翰林院檢討朱天保祕密上奏，明確提出復立允礽為太子。康熙帝當時因為不良於行，在昌平湯泉行宮療養，得報後歎息良久，不知如何處理。這時，近臣阿靈阿對康熙說：「朱某上奏，這是為將來得到異常的回報啊！」康熙頓時大怒，親自審訊，將朱天保處斬。

接二連三的幾次事件，讓康熙對允礽越來越不放心。處死朱天保後，康熙在昌平鄭家莊，即今平西王府附近建造王府，打算安置廢太子，直到康熙六十年才建成。

這一年，也是康熙帝執掌大清國六十年的日子，當舉國上下籌備大典的時候，大學士王掞第二次祕密奏請立儲，儘管王掞的密奏沒有指明應該立哪位皇子為太子，但康熙帝還是怒不可遏，指斥他要放出二阿哥，藉此邀得榮華富

貴，甚至把王掞祖父王錫爵在明朝萬曆時期建儲的事情翻出來，說明朝覆亡，他的祖父有責任，王掞是效仿他祖父的作為，想把大清國引向歧途，下旨命王掞明白回奏。當時，舉朝失色，沒有人敢給王掞筆硯。王掞乃在宮門的石階上攤開紙，用口中唾液濡墨，草擬上奏。數日後，王掞議罪赴西陲軍前效力，因年近八旬，由其子王奕清代父贖罪。

因此可以說，直到康熙去世前，允礽仍是爭奪儲位的重要人選。接下去是哪位阿哥？

武藝高強的大阿哥

在清朝的十幾個皇帝中，康熙帝受漢族文化影響最深，當初立允礽為太子就是如此。按照嫡長子繼承制，既然皇后的嫡子被廢，長子當立，因此，作為大阿哥，允禔最有希望。他也是反太子的主要人物，無疑是雍正所說的爭奪儲位六七人中的一位。在康熙的二十幾個成年皇子中，允禔有三大優勢。

第一，參與國事最早最多。

允禔作為長子，凡屬國家的重大軍事、政治行動，他最早參加，也參加最多。舉一個例證：征伐噶爾丹，是康熙朝的重大事件，允禔是康熙三次親征中，唯一一位三次隨征的皇子。康熙二十九年，他作為主帥裕親王福全的助手，率軍征伐噶爾丹。康熙三十五年二月，康熙第一次親征，允禔奉命與領侍衛內大臣索額圖一起，統領六七千人的前衛部隊。而在前一年，他還協助父皇，與蒙古王公舉行歷史上著名的多倫會盟。允禔還奉命處理不少蒙古事務，以及對外交往的事宜。

第二，允禔武藝高強。

康熙帝說，「大阿哥慣會潛行」。「會潛行」不是行蹤詭祕，講的是武功高強，因此康熙時常命他保護自己的安全。康熙四十七年，康熙一如往常，前往塞外木蘭秋獮，允禔擔任康熙的近身警衛，十三阿哥允祥協助允禔。隨後發生了「帳殿夜警」事件，直接導致康熙第一次廢黜太子。「帳殿夜警」已難還原真

相，但可以肯定的是，這是康熙皇帝與太子之間矛盾爆發的一個關鍵節點，說明二者之間已經失去起碼的信任，好像是偵察與反偵察的「諜中諜」。

根據清代御營制度，皇帝外出駐蹕時，隨扈大臣按照與皇帝的親近程度，全部圍繞皇帝營帳在四周駐紮。最靠近皇帝御營前的一圈是王公，其次是大臣侍衛，再次是大小官員扈從。而皇太子的營帳也處於中心位置，離康熙帝最近，其他皇子的營帳，也都在御營禁地。

康熙四十七年八月，康熙去圍場行獵，他最鍾愛的十八子允祄突發重病，浩瀚的大漠讓鋼鐵一般的康熙異常暴躁，他斥責太子沒有表現出手足之情。受到訓斥的太子更加恐慌，夜間到父皇御帳前，窺視康熙的起居動靜。負責近處保衛康熙的皇長子允禔立即向康熙奏報。康熙感到事態嚴重，他的生命安全受到威脅。他說：「朕未卜今日被鴆，明日遇害，晝夜戒慎不寧。」（《清聖祖實錄》）康熙沒有等到回京，九月初二日就在行宮前，垂淚廢太子。允祄沿途由皇長子看守。

廢太子是康熙朝最重大的政治事件，其影響絕不限於康熙一朝。如果康熙晚年沒有廢太子事件，順利完成大清朝的接班，康熙幾乎是一個完美的君主。所以孟森先生把它稱為「聖明之缺憾」。

「帳殿夜警」，康熙沒有親眼看到，他的情報來自允禔的奏報。可是允禔過於急迫，太子被廢後，他認為無論按長幼順序還是論功行賞，儲位都應該是他的。他向康熙表示：如果父皇難以決斷，「欲誅允礽，不必出自皇父之手」，即由他處死廢太子。允禔的舉動令康熙極為惶恐，當即向眾大臣澄清：「前命直郡王允禔善護朕躬，並無立允禔為皇太子之意。」後來康熙又說，允禔詆毀允礽，播揚的那些事多數不是事實。

允禔的第三個優勢是為人豪闊。

由於八旗制度本身的特點，清朝沒有沿用明朝對皇子分封領地的制度，而是賜以爵位，賜給府邸，賞給佐領，所屬人員即屬於藩邸舊人。第一次冊封皇子，允禔封為直郡王。康熙為每位開府的皇子發銀 23 萬兩。而允禔參加軍事、政治活動，所得賞賜也最多。他出手大方、闊綽，在下五旗王公子弟中，很有

威信。康熙曾說「各處都有大阿哥的人」。

由於受到父皇的訓斥，為了洗脫自己，允禔向康熙告發，術士張明德在太子被廢前預謀行刺。張明德聲稱，他有江湖飛賊 16 人，已招兩人來京，但好漢都被皇上收去，如果有「新滿洲」[1]一半，方可行事。這件事可能牽涉更多宮廷內幕和皇子間的爭鬥，康熙不想興大獄，把張明德凌遲處死了事。

廢太子的人，或者對儲位有想法的人，也不斷揭發允禔。皇三子允祉向康熙告發：「臣牧馬場有個蒙古喇嘛巴漢格隆，自幼習醫，會用巫術詛咒人，大阿哥知道後，將他招去，與幾個喇嘛時常往來，行動詭異。」康熙立即把幾個喇嘛以及允禔王府的侍衞鎖拿審問。經審，蒙古喇嘛供出允禔指使他用巫術鎮魘廢太子。隨後在廢太子所居寢宮「掘出鎮魘物十餘處」，康熙勃然大怒，將允禔爵位革除，永遠圈禁在王府內，派人嚴加看守。凡是允禔原來所分的上三旗佐領，給予允䄉，鑲藍旗所分佐領給予允禔的長子弘昱。最初，諸王大臣提議，在允禔王府內看管，康熙明確表示反對，說：「伊府中門戶既多，恐匪類仍行往來，大阿哥慣會潛行，即於伊旗分地方，令八旗官兵看守，匪類仍行鑽刺行走，斷乎不可。唯別旗地方始可耳。」並說：「大阿哥黨羽甚多。前執皇太子時，朕尚以為看守不嚴，大阿哥豈容不嚴加看守。命領侍衞內大臣、宗人府、大學士往看何處牢固，由康熙特派人嚴加看守。」隨後，康熙親自選派八旗章京 17 人看守。而這些人都是康熙深知、堪以信任、只知有君上的人。再派貝勒延壽，貝子蘇努，公鄂飛，都統辛泰，護軍統領圖爾海、陳泰，每日二員不斷看守。而所留領侍衞內大臣，不時巡查。

康熙如此親自部署嚴加看守，因為「大阿哥生性暴戾，乃不安靜之人」，行止並不念及父母兄弟，又有黨羽，平日鬥雞學拳，下五旗諸王幼子，被愚者甚多，擔心這些追隨者鋌而走險。因此傳諭看守章京等：「務遵照朕旨，嚴加看守，設有罅隙，彼時將爾等俱行族誅，斷不姑宥。」可是康熙還是不放心，「如

1　新滿洲：泛指入關後編入八旗的滿洲人。

果朕在外面，允禩矯詔密旨，猖狂妄動，朕在塞外，需要兩三天后才能聞知，必然會遲誤」，為此多次親自部署對允禵嚴加看守。

從此，允禵難得再見天日，也失去了角逐皇儲的基本條件，在嚴密看守中，度過餘下的二十幾年時光。

「公推太子」允禩

在康熙晚年的儲位爭奪中，最有希望的，當屬皇八子允禩。他也是唯一一位被公推出來的「儲君」，儘管康熙無法接受這個結果。

允禩是康熙二十年二月初十日未時生。他的年庚很特別，是庚戌己丑丁未壬辰，以至於朝野都傳，這樣的年庚只有帝王才有。允禩自幼由允禔的母親惠妃撫養，這使得他與皇長子之間，有了天然的聯繫。

既然嫡長子繼承制走不通，那麼，應該立賢立能，這也符合滿族嗣君的產生傳統，而允禩無疑是「賢能」的第一人。這一點，康熙，以及後來的雍正皇帝都多次肯定過。允禩很早就取得「八賢王」的美譽。那麼，允禩的賢能表現在哪些方面呢？

第一，才能突出。

這裏可舉三件事。一是康熙三十七年，第一次冊封，允禩是年齡最小而被封為貝勒的皇子，當時只有 17 歲。而比他年長的四阿哥胤禛、五阿哥允祺、七阿哥允祐，都已是成年人。二是康熙帝離京遠出，允禩多次被指定留守京城，處理政務。一廢太子後，康熙命允禩署理內務府總管事，並命他與胤禛值守京城。康熙的諭旨，以及二位皇子向康熙密奏，均是允禩列名於前。三是允禩贏得皇叔裕親王福全的特別推薦。福全是康熙非常尊重的皇兄。康熙四十二年，裕親王去世前主張廢了太子允礽，並力薦允禩做太子。允禩這時只有 23 歲。

允禩的才能還得到漢族大臣及知識羣體的廣泛讚譽。李光地是康熙最親近的大臣，能與康熙講私房話的，獨有李光地。他推薦長洲人何焯進入南書房，何焯入值之餘，做允禩的老師。何焯是非常有名的學問家，善於出謀劃策，很

快成為允禩的心腹，有「袖珍曹操」的綽號。允禩經常託何焯的弟弟到江浙去購書，因此贏得江南知識羣體的一致稱讚，說他「極是個好王子」。

第二，做事講分寸。

說允禩「做事講分寸」，可舉兩件事。一是查辦凌普。凌普是允礽的乳公，為了讓太子取用內府財物方便，康熙任命凌普出任內務府總管。廢太子後，允禩接任凌普出任內務府總管，凌普虧空的事情很快敗露，但允禩深知虧空更多是太子取用，故查辦凌普家產時，予以寬容。他這樣做，也不無給廢太子面子的考慮，免得人們說他落井下石。這也符合允禩寬厚的性格。但康熙知道後，斥責允禩：「八阿哥到處博虛名。凡朕所寬宥，及所施恩澤處，俱歸功於己，人皆稱之。朕何為者，是又出一皇太子矣。」（《清聖祖實錄》）在康熙看來，凡是聲名大的，都有爭奪皇位的嫌疑。

二是沒有舉報張明德。張明德是江湖術士，長期奔走於諸王府，也曾給允禩相過面，說他「豐神清逸，仁誼敦厚，福壽綿長，誠貴相也」。從允禩的畫像看，倒也非常符合。允禩清楚張明德與多位兄弟都有聯繫，一旦把這件事舉報，自己無法在兄弟中為人，更擔心會因此興起大獄，因此採取姑妄聽之的態度。但康熙藉題發揮，借不揭發張明德，打壓允禩的威望。他對諸位皇子說：「當廢允礽之時，朕已有旨，諸阿哥中如有鑽營謀為皇太子者，即國之賊，法斷不容。廢皇太子後，允禔曾奏稱允禩好。大寶豈人可妄行窺伺者耶？」命將允禩鎖拿，交議政處審理。並警告允䄉、允禟：「你們兩個要指望他做了皇太子，日後登基，封你們兩個親王嗎？你們的意思說你們有義氣，都是好漢，我看都是梁山泊的義氣。」允䄉對允禟說：「你我此時不說話，更待何時？」允禟乃向父皇奏告：「八阿哥沒有此心，臣等願保他。」康熙大怒，拔出佩刀要殺允禟，皇五子允祺跪在康熙面前，死死抱住。諸皇子一同勸解，康熙才收起佩刀，將允禟、允䄉逐出。張明德案審結後，允禩因不告發，被革去貝勒，降為閑散宗室。

後來據雍正講，當時允禟身上藏了毒藥，並約他一起向父皇康熙勸諫，但被他拒絕。如果雍正後來所說確有其事，說明他也是傾向允禩的。不然，不會

21

約他一起行動。

以上兩件事，客觀評價，允禩做得並無不妥。康熙之所以要「藉題發揮」，是因為允禩聲譽的急劇上升給康熙帶來了很大壓力，特別是在儲位空缺的情況下。允禩由於在皇子中的突出才能和聲望，在隨後的推舉中勝出。

因為接二連三的打擊，鋼鐵一樣的康熙病倒了。他病得很重，親近大臣的請安密摺，像雪片一般飛向京城。他讓皇三子允祉、皇四子胤禛，同允禩一同看視醫藥，負責治療，說明父皇已經原諒了允禩。康熙的病情有所緩解後，開始考慮「後事」，他要公開推舉太子。而正是這次推舉，又一次把允禩推到了康熙的對立面。

康熙四十七年十一月十四日，是清朝史上值得記住的特殊一天。這一天，康熙將滿漢文武大臣全部召集到暢春園。病榻上的康熙召見了先到的內大臣等人，康熙又落淚了，對他們說：「朕大病一場，近來雖好了許多，但人生難料，假如真的有撒手一天，朕的江山基業不是朕建立的，如果託付無人，關係甚大。因躊躇再三，沒有代朕聽理之人，因此心氣不寧，精神恍惚，國家鴻業，都是祖宗所留下的。從前朕也說過，務令安於磐石。皇太子所關甚大，你們都是朕所信任、提拔的大臣。打仗的時候，你們都能效命。今天要為朕效命，就是這件事了。現在令你們與滿漢大臣會同詳議，在阿哥中舉奏一人。大阿哥所行甚謬，虐戾不堪。此外在諸阿哥中，眾議誰屬，朕即從之。」內大臣領諭而去後，康熙又想起了什麼，又下了一道諭旨：「這件事，馬齊不准參與；諸位阿哥也要迴避。」

康熙面諭後，文武大臣分班列坐，漢大臣沒有經歷過推舉太子的事，推託說：「此事關係太大，不是臣子應該說的，我等如何推舉？」內大臣阿靈阿反駁說：「我們剛面奉諭旨，務令舉出，不要再推辭奏請了。」遂同內大臣鄂倫岱、翰林院掌院學士揆敘、戶部尚書王鴻緒一同倡議。幾個人在手掌心寫了一個「八」字，眾大臣齊聲附和，一致推舉允禩為皇太子，於是在紙上寫下「八阿哥」三個大字，交給康熙的貼身太監梁九功、李玉轉奏。

急切等待結果的康熙帝，見到梁九功手中的一紙，以期待的神情打開一

看，「八阿哥」三個字讓他大驚失色。這樣的結果，讓康熙無法接受。因為康熙在公推前，雖然沒有明確「內定」，但通過他最信賴的李光地，已經委婉但也算明確地把他的旨意轉告了，怎麼是這樣的結果？遂對大臣說：「立皇太子之事，關係甚大，你們應該盡心詳議。八阿哥未嘗更事，近又罹罪，且其母家亦甚輕賤。你們再慎重考慮。」

康熙給出了允禩不能當太子的三點理由，都非常牽強。「未嘗更事」是講允禩的年齡、閱歷不夠。允禩是康熙二十年出生，此時已經過了 27 周歲，而他單獨處理的事情也不少，更何況「太子」之責，是幫父皇分憂。「近又罹罪」，講的是沒有舉報張明德的事而受過懲罰，但這件事已經結案。況且，在召見內大臣時，明確排除的只有一個皇子，就是皇長子。剛剛承諾「眾議誰屬，朕即從之」，怎麼，皇帝的話也不算數？第三條理由是「母家輕賤」，是指允禩的母親衛氏。她是內務府管領阿布鼐的女兒，地位低，但康熙三十九年，衛氏已封為良嬪，現在早已備位為妃。

康熙令大臣再議。「公議太子」不承認，如何能「再議」？羣臣在推託中顯然是抵制，是抗議。康熙有些惱怒，令梁九功傳話，給在場的每個人發一張紙，令推舉的人在上面寫下被推舉人的名字，交給康熙定奪。大臣們拒絕這樣做。康熙見天色已晚，命明天再來。

到了第二天，大臣又聚到暢春園，康熙明確說他想立廢太子，但大臣中並沒有人贊成，而且還有人反對，反對的人不是普通大臣，而是康熙的舅舅兼岳父佟國維。他捨命陳奏，請康熙收回復立太子的主意。這一舉動，得到大臣們普遍支持，稱讚：「這才不愧是國舅大臣！」儘管康熙不接受議立的結果，但為了安撫，恢復了允禩的貝勒爵位。

史家多認為，康熙如果踐行他的承諾，允禩會是出色的太子，也會是非常不錯的皇帝。這也反映出康熙的虛偽：凡是有聲望的皇子，他一概嚴厲打壓。朝鮮使臣向他們的國王報告一廢太子後的康熙：「皇帝頗有乖常之舉，大小臣僚，如坐針氈。」（《朝鮮李朝實錄》）

二廢太子後，允禩仍是最有希望的皇位繼承人。而讓允禩栽大跟頭的，是

康熙五十三年發生的蹊蹺的「獻鷹事件」。

寬廣的塞外一直是康熙最好的放鬆地。這次巡行塞外，是從暢春園啟行，十一月十八日當天駐在南苑舊宮。年長的皇子沒有隨行，僅有皇十子允䄉以下五位皇子隨駕。出身寒微的人很重倫理親情。允禩與他的生母良妃，一向感情很深。兩年前的冬天，他的母親去世，允禩極為悲痛，百日後還需要別人攙扶而行。家中也一直供奉母親的容像。

康熙離京的第六天，駐蹕遙亭，地點在密雲縣境，後來建成有名的瑤亭行宮。允禩為母親去世二周年致祭後，也沒有忘記出巡塞外的父親。想到父皇向來武功甚好，喜歡打獵，而吸引獵物要有誘惑物，通常都是海東青。允禩帶給父皇的禮物，是打獵必備的鷹。他派一名太監，還有一名親隨，向父皇請安，並說他在湯泉恭候父皇回京。但不知何故，等康熙收到的時候，這兩架鷹已奄奄待斃。

康熙晚年多有「乖常」之舉，對他的年齡、身體一向非常敏感。這次他把將死之鷹與自己的衰老之年相聯想，認為這是嘲諷他來日無多，因此氣得心臟病發作。康熙對皇子們說：「朕前患病，諸大臣保奏八阿哥，朕甚無奈，將不可冊立之允礽放出。數載之內，極其鬱悶。允禩仍望遂其初念，謂朕年已老邁，歲月無多，及至不諱，伊曾為人所保，誰敢爭執？遂自謂可保無虞矣。」並表示他與允禩，父子恩義已絕。

獻鷹事件非常蹊蹺。一向精明、賢能的允禩不可能犯這樣的低級錯誤，更絕無可能存心傷害他的父親。這件事極有可能是反對他的人下的套。可以說，二廢太子後，儘管經康熙多次警告、懲戒，但允禩仍然是爭奪皇儲最有競爭力的人之一。允禩不是一個人，而是受到多位皇子的傾心擁護，甚至在擁護他的皇子中還有他的「死黨」，包括皇九子允禟、皇十子允䄉、皇十四子允禵。這幾位皇子，奉允禩如師，全聽允禩指示行事。當然，在康熙極力打壓允禩的時候，支持他的幾位兄弟，特別是皇九子允禟，乃至於康熙著意培養的皇十四子允禵，都成為儲位的有力競爭者。這幾位特別抱團的兄弟也堅信，儲位肯定不出這四個人之中。

　　還有一位是皇三子誠親王允祉，當大阿哥、二阿哥廢太子被囚禁後，排行第三的允祉一直受到康熙的重用，在允祉的周圍，有一批聲望很高的漢官支持他。從雍正即位之初查出允祉手下人，特別是陳夢雷等通過道術保佑允祉得到儲位這件事，以及康熙有意撇清光棍孟光祖四省詐騙與允祉的關係看，保護允祉意味極強。難怪雍正即位後責備允祉「希冀儲位」，太子被廢後「以儲君自命」。如此說來，符合雍正所說的六七位之數。這就是說，在多達六七位的皇儲人選中，雍親王胤禛仍不在其列。

　　那麼，阿哥時代的胤禛是如何應對長達近 20 年之久的儲位之爭的？難道他真的對儲位無動於衷嗎？他又是如何成為半路殺出的最後一匹黑馬，取得皇位的呢？

三、富貴閑人

在康熙晚年的爭儲大戰中，極有希望的幾位皇子，包括我們前面講過的試圖東山再起的廢太子允礽，企圖鋌而走險的皇長子允禔，大臣公推的皇八子允禩，都一個個相繼倒下，其他成年皇子幾乎沒有不牽連其中的，那麼，排行老四的雍親王胤禛如何能夠躲避這場風暴，獨善其身？是否真的像他後來所說的無意儲位？他是不是傳說中最後殺出的一匹黑馬？

胤禛的排行和出身

胤禛的排行很尷尬。胤禛是康熙十七年十月三十日寅時，即凌晨三點到五點之間出生的。據乾隆時期編纂的《清世宗實錄》記載，胤禛出生的當天夜裏，有祥光經久不散，闔宮的人感到驚奇。康熙子女眾多，有 35 個兒子，胤禛出生時，前面有三位兄長：皇長子允禔，康熙十一年出生。皇次子允礽，康熙十三年出生。皇三子允祉，康熙十六年出生。

三個哥哥分別比他大 6 歲、4 歲、1 歲。胤禛因此排行第四，即四阿哥。這個排行比較尷尬，論年齡屬於康熙諸子的第一序列，但非長、非嫡，沒有任何優勢可言。胤禛出生時，他的二哥即康熙的皇次子允礽已經立為皇太子三年之久。按正常來說，排在第四的胤禛從出生開始，就與皇位「絕緣」。

再看胤禛的出身。中國古代儘管有「母以子貴」的說法，但子女，主要是男子的地位是由母親在宮中的地位決定的。不幸的是，胤禛的母親乃至母家的地位也很一般。他的外公名叫威武（有寫成魏武），曾擔任護軍參領，這是正三品的官員。母親烏雅氏（也寫作吳雅氏）出身寒微，隸屬鑲藍旗包衣籍，是選秀女入宮的，19 歲生胤禛時，還是一般的宮女，次年冊封為德嬪。康熙

二十年，胤禛已經虛齡 4 歲，母親封為德妃。雍正即位後，把母親家族抬入正黃旗。除皇太子允礽由康熙的第一個皇后赫舍里氏所生，地位尊崇，不能相比外，皇長子允禔的母親納喇氏也是正黃旗人，與胤禛的母親比，早兩年冊封為惠嬪，後來與德妃同年晉為惠妃。但皇長子的叔姥爺是大學士明珠，康熙帝對皇長子的這層關係非常看重，攜皇長子出巡塞外時，專門給明珠發去諭旨，告訴他：「朕身體很好，皇長子也安。」再看皇三子允祉，他的母親馬佳氏，是康熙最早冊封主位的榮妃。從以上比較中可以得出結論：胤禛的母家地位非常一般，屬於中等以下，所以「拚媽拚娘舅」，胤禛沒有加分。

但胤禛即位後，經常把「父皇親自撫育」掛在口中，一再拿佟貴妃養育他抬高自己的身份。佟貴妃是一等公佟國維的女兒、康熙生母孝康章皇后的親姪女。她也是康熙三位皇后中，唯一與自己有血緣關係的皇后。胤禛出生後，康熙指令由當時已封為皇貴妃的佟佳氏養育。康熙做出由佟佳氏養育的安排，不能說是對胤禛有特別的關愛，而是因為佟佳氏入宮已久，又是自己的親表妹，位為皇貴妃，她一生非常喜歡孩子，卻沒有生育（後生一女，殤），康熙的安排，顯然帶有憐愛佟佳氏之意。而佟佳氏不僅僅養育胤禛，康熙在諭旨中說她「鞠育眾子，備極恩勤」，可見她養育了不少康熙的子女。佟佳氏對胤禛精心照料近十年之久，直到自己去世，胤禛即位後回憶說：「撫沖齡而顧復，備蒙鞠育之仁；溯十載之劬勞，莫報生成之德。」值得一說的是，由於胤禛是佟佳氏養育，這為日後胤禛與佟佳氏的弟弟隆科多「聯手」，搭起「天然」關係。

那麼，阿哥時代的胤禛，是什麼形象？

阿哥時代胤禛的兩個形象

第一，被冷落的皇子。

這是說胤禛在父皇康熙的心目中，不為看重。《清世宗實錄》開篇有這樣一句話：「聖祖嘗諭諸大臣曰：『朕萬年後，必擇一堅固可託之人，與爾等作主，令爾等永享太平。』蓋天心默定，神器攸歸久矣。」

康熙這句話是說：我一定選擇一位可以託付的牢靠人，在我死後做你們的皇帝，讓你們永遠過太平日子。後兩句是修史的人藉題發揮，也可以說是推測之詞，所謂「天心默定」是康熙心中有數，暗中確定，但不與別人講，而且時間很久了。神器是天位、皇帝。好像儲位早就是胤禛的。這明顯是牽強之詞。《清世宗實錄》的主人是胤禛，這樣寫自然是為主子即位尋找合法依據，但事實恰恰相反，《實錄》顯然在撒謊。

真實的情況是，康熙根本不看重這個四阿哥。有三個主要事實。第一個事實是冊封時的「低封」。康熙三十七年，結束三次親征噶爾丹後，康熙第一次為諸子冊封，康熙下旨：皇長子允禔、皇三子允祉封為郡王，皇四子胤禛、皇五子允祺、皇七子允祐、皇八子允禩封為貝勒。

年長的四位皇子，全部過了 20 歲，排行第二的允礽因為是嫡子，早已立為皇太子，單單把胤禛放在小字輩中封為貝勒，而此時的胤禛已是兩歲孩子的父親。以伊桑阿為首的四位大學士上奏說：昨天奉旨，皇長子、皇三子封為郡王，皇四子以下四位皇子封為貝勒，請皇上將所有皇子照例都封為王。康熙反駁說：「太祖、太宗時，諸子並不是都封王的，要根據他們的賢能，決定封王還是封貝勒、貝子。朕現在也是根據他們的賢否加封的，難道朕的兒子都要封王嗎？比如恭王，是因為朕的弟弟才封王的，但他稱得上這個王嗎？」恭王是康熙的弟弟常寧，康熙早年效法他的父親，為三位兄弟在 15 歲封王。但這位弟弟懶散、不爭氣，以至於康熙說出「他不配稱王」的話。常寧死後，康熙沒有任何感情表露，不但王位沒有承襲，連謚號也沒有，而且他的兒子連降兩級，成為貝勒。這與康熙對他的皇兄福全、皇弟隆禧的態度有天壤之別。

大學士不贊成康熙的做法，勸說道：「太祖、太宗是創業打江山的時期，那樣做是鼓勵人才起見。今天不一樣了，諸位皇子都很賢明。皇上還是都加封為好。」大學士苦苦相逼，康熙只能將不願說出的話說出：「朕對諸位阿哥，留心觀察很久了，四阿哥為人輕率，七阿哥賦性魯鈍。朕意已決，你們不要再請了。將來看他們奮勉的情況，再加封不遲。」

這就是說，按年齡排在第一序列的胤禛，首次冊封時，雖然年齡已過 20

歲，卻與其下十幾歲的阿弟們放在一起封了貝勒，而原因是他「為人輕率」，不夠封王的條件。相反，僅比胤禛長一歲的皇三子允祉，封為郡王。這裏特別需要注意的是，康熙封王的條件——賢能。而大學士特別拿出現在不是打江山這樣的話，試圖勸康熙，但康熙予以堅決拒絕。

這說明，二十多歲的胤禛連封王的條件都不夠，又哪裏來的「天心默定，神器攸歸久矣」？以上封王過程，在《康熙起居注》中有記載，到了《實錄》就刪掉了，自然是為君者諱。對照康熙說出「恭王不配封王」的話，明顯是針對胤禛的。而七阿哥允祐是康熙十九年出生，且身體有殘疾。如此說來，康熙是把胤禛與身體有殘疾的七阿哥允祐一樣看待的。也可以說，人生的第一次競爭，胤禛就掉了隊。而這個掉隊是父皇「留心觀察已久」的結果。在此四年前，胤禛已經從皇宮搬出，開始建造府邸，並已為人父。這次冊封，是胤禛平生受到的第一次打擊，也是他與父皇矛盾的開始。

第二個事實是，康熙對胤禛「喜怒不定」的評價。胤禛在父皇和大臣心目中的「為人輕率」的做派改變了嗎？沒有，反而愈加嚴重。

又過了十年，康熙朝發生了一件改寫很多人命運的大事件，康熙把四十多年的太子允礽廢了，這時的胤禛已經到了而立之年。毫無疑問，他是反太子一員。胤禛即位後回憶說，太子對他「苦毒備加」，但他仍然視太子為長上。可見他是反太子的人。而十三阿哥允祥在廢太子的當時就被康熙圈禁起來，並成為康熙朝唯一一位沒有得到封爵的成年皇子。為什麼？原來大阿哥允禔在太子寢宮埋下鎮魘物，胤禛也有分兒，但他死不承認，是允祥主動承擔，替他頂了罪，因而胤禛即位後對這位皇弟格外寵信，這是後話。

而皇八子允禩的兒子弘旺，在《皇清通志綱要》中明確記載：「十一月，上違和，皇三子，同世宗皇帝、五皇子、八皇子（先君）、皇太子開釋，十八日起，侍用醫藥而安。」這就是說，胤禛因為是反太子一員，也被圈禁。當然，有的學者認為，這是康熙擔心年長的皇子們鬧事，是為了保護他們而圈禁起來。但這種說法比較牽強。

康熙釋放幾位皇子後，對他們有個評價，談到胤禛時，評價他「喜怒不

定」。這句話，比「為人輕率」更嚴重，做皇帝如果「喜怒不定」，不但臣子遭殃，而且國家的大事容易反覆。胤禛請求說：「喜怒不定一語，昔年曾蒙皇父訓飭。這十餘年，皇父未曾再訓飭臣有喜怒不定之處，是臣已經改過。今臣年逾三十，居心行事，大概已定。喜怒不定四字，關係臣的生平。仰懇聖恩，將諭旨內這四個字不要記載。」康熙答應不必記載。

既然胤禛已經請求免於記載，而康熙也答應了，為什麼《實錄》還要記載？是欲蓋彌彰。這段記載可以反過來看。胤禛做皇帝的 13 年，他輕率、暴躁的性格，反映到他處理朝政的方方面面。所謂「已經改正」完全是自欺欺人。胤禛即位後回憶說：「皇考每訓朕，諸事當戒急用忍，屢降諭旨。朕敬書於居室之所，觀瞻自警。」這句話也可以這樣理解：在康熙的眼中，四阿哥很不爭氣。研究者都認為，在康熙諸皇子中，胤禛的性格最複雜，而性情躁急是其最鮮明的個性。

第三個事實是政務。康熙有意讓諸皇子從少年時經受從政訓練，以便早日成為國家的棟梁。而重要的方式，就是參與軍政事務。本來，排行第四的胤禛在諸皇子中，屬於第一「方陣」，佔據從事政務的天然有利條件。但好像康熙有意冷落這位四阿哥一樣，我們在存世的文獻中，很少看到他參與國家軍政事務的記載。皇太子代理國政，地位特別，這裏不做比較。與排在他前面的大阿哥、三阿哥相比，胤禛無法相比，即便與排在他後面的幾位弟弟相比，他也非常遜色。

檢索康熙朝實錄，除康熙去世前的幾個月外，胤禛幾乎從沒有被父皇單獨委派做什麼事情。滿文檔案尤其證明了這一點。現存的滿文硃批奏摺有 4000 多件，其中不包括皇太子的奏摺，其他皇子給康熙的奏摺有數百件之多，而在這些奏摺中，以皇三子允祉單獨或領銜上奏的最多，其次是胤禛的親弟、皇十四子允禵（原名胤禎），而沒有一件是胤禛單獨或領銜上奏的。而在康熙向皇子下達密旨處理的重要、機密事情上，往往並沒有胤禛，如對索額圖的處置，康熙密令皇三子允祉、皇八子允禩處理。一廢太子後，皇八子允禩被任命署理內務府總管。康熙五十七年，皇十四子允禵被任命為撫遠大將軍後，為加強對八

旗事務的管理，對西征形成有力支持，康熙以正藍旗滿洲都統延信前往出兵，其滿洲、蒙古、漢軍三旗之事，着七阿哥辦理；正黃旗滿洲都統巴賽署理黑龍江將軍事務，其滿洲、蒙古、漢軍三旗之事着十阿哥辦理；正白旗滿洲都統和禮差往雲南，其滿洲、蒙古、漢軍三旗之事着十二阿哥辦理。康熙認為，「如此則別旗各相效法，自必發憤勤事也」。七阿哥是允祐，十阿哥即允䄉，十二阿哥即允祹，此時，這三位阿哥的年齡均在 30 以上、40 以下。因此可以說，終康熙一朝，胤禛都不為他的父皇看重。

第二，工心計的閑人。

事情總有兩面性。被父皇冷落反而客觀上保護了胤禛。因為與父皇親近，就對儲位有奢望，而凡是讓康熙看出對儲位有奢望的都在嚴厲打壓之列。太子二次廢立，以及「公推」的八阿哥也被嚴厲懲罰，給胤禛強烈震懾之餘，對他最大的啟示是絕不出頭。康熙一廢太子，他正好 30 歲，人也會成熟一些。他清楚自己離皇儲太遠，替補無望，姑且來個「逍遙」。

當年父皇給他的 23 萬兩銀子，足夠撐起王爺的臉面。因此，「富貴閑人」這四個字成為他的真實寫照。這一時期，他寫了很多消極、遁世、逃避的詩文。現存的《清世宗御製文集》保留了他不少藩邸時的舊作，起名為《雍邸集》。胤禛一副與世無爭、看破紅塵的形象時時躍然紙上。這首七言《一日閑》，活脫脫一個出世的鏡像。

閑門一日隔塵囂，深許淵明懶折腰。
觀弈偶將傍著悟，橫琴只按古音調。
新情都向杯中盡，舊慮皆從枕上銷。
信得浮生俱是幻，此身何處不逍遙。

五言《園居》之二進而展現了一個毫無志向而又貪圖享樂的形象：

懶問浮沉事，閑娛花柳朝。

> 吳兒調鳳曲，越女按鸞簫。
> 道許山僧訪，棋將野叟招。
> 漆園非所慕，適志即逍遙。

而《山居偶成》則頗有陶淵明的風格：

> 山居且喜遠紛華，俯仰乾坤野興賒。
> 千載勳名身外影，百年榮辱鏡中花。
> 金樽潦倒春將暮，蕙徑葳蕤日又斜。
> 聞道五湖煙景好，何緣蓑笠釣汀沙。

既然千秋功名都如身外之影，百年榮辱都像鏡中之花，那世間還有什麼值得追求的呢？唯有金樽空對月，這不是李白的《將進酒》嗎？做個釣翁，恬淡自然，不也很好嗎？這讓我們想起陸游的詩句：斜陽古柳趙家莊，負鼓盲翁正作場。死後是非誰管得，滿村聽說蔡中郎。

胤禛的思想中，確有出世的鏡像。這鏡像又彷彿不是故意為之，而是恬靜中的淡薄。唐寅的《一世歌》，他不知吟誦了多少次，乃至於收錄在他的《悅心集》中：

> 人生七十古來稀，前除幼年後除老。
> 中間光景不多時，又有炎霜與煩惱。
> 過了中秋月不明，過了清明花不好。
> 花前月下且高歌，急須滿把金樽倒。
> 世人錢多賺不盡，朝裏官多做不了。
> 官大錢多心轉憂，落得自家頭白早。
> 春夏秋冬彈指間，鐘送黃昏雞報曉。
> 請君細點眼前人，一年一度埋荒草。

草裏高低多少墳，一年一半無人掃。

　　他寄情山水之間，逍遙推杯換盞之中。他把一顆躁動的心暫時安頓下來。他明白老子的千古名言：「夫唯不爭，天下莫能與之爭。」

　　雍親王的府邸向東一百多米，就是京城最負盛名的名剎柏林寺了，胤禛無數次出入這裏。

　　胤禛一生與佛有很深的淵源，佛學造詣頗高，也頗有佛性。早年他僱人代他出家，即替身。據有的學者研究，柏林寺住持，是「王府替僧」，後來還求已貴為天子的雍正辦事。康熙五十一年、五十二年，胤禛在雍親王藩邸舉行法會，與章嘉活佛、性音（迦陵）法師論說佛法，在章嘉活佛的指點下，蹈「三關」。性音法師更是雍王邸的常客。他還與京城高僧大千佛音禪師問難，讓後者大呼：「王爺解路過於大慧果，貧衲實無計奈何矣。」

　　胤禛對佛學特別是禪宗的參悟，現在很難說是韜晦之計，但面對殘酷的儲位爭奪現實，他又的確從佛教的參悟中，受到了莫大的啟示，也找到了「放下」的道理。

　　在胤禛的佛緣中，對其後來儲位爭奪有「大道無形」般幫助的一個人，不能不特別提出，這個人就是前面提到的迦陵禪師。

　　康熙五十二年，是康熙的六十大壽。諸皇子都想用這難得的機會博得父皇的歡心。雍親王找迦陵禪師商量，禪師告訴胤禛，重修柏林寺是給父皇最好的祝壽禮物。柏林寺是京城八大寺廟之一，建於元代，後來年久失修。重建柏林寺，是以佛門功德，護佑父皇萬壽無疆。因此，胤禛出巨資重新修繕。修好後，胤禛恭請父皇到雍親王府住歇，父子相談頗歡。胤禛見父皇高興，提出就便遊覽柏林寺。看到整修一新的柏林寺，康熙心情大好。胤禛這時請康熙題寫寺名。康熙帝欣然命筆，寫下四個蒼勁有力的大字——「萬古柏林」。

　　一切都在自然中。胤禛在父皇萬壽節那一天，還編刻了《宗鑒法林》《集雲百問》等禪宗經卷，序言的落款都是「癸巳萬壽日」。他做的這一切，為父皇祈求萬壽無疆的同時，表明自己徜徉於佛典的「汪洋渤海」，凡事隨緣。

杭州理安寺是迦陵禪師靜修的地方。胤禛也以為父皇祝壽為由，重新修繕，照樣請父皇題名，康熙寫下「理安寺」「石磬正音」二額。

康熙六十年，舉國都在慶賀康熙執政六十年，胤禛這一次重修大覺寺。增建四宜堂，他興致頗高，賦詩一首：

> 佛殿邊旁經舍存，肅瞻聖藻勒楣軒。
> 四宜春夏秋冬景，了識色空生滅源。

「四宜」者，「春宜花，夏宜風，秋宜月，冬宜雪」也。雍正稱帝后將他的詩集定名為《四宜堂集》，可見這裏確曾給他帶來好運氣。

胤禛在徜徉佛法，做「天下閑人」中，等待機會的降臨。康熙五十一年，太子再度被廢，皇長子一直被囚禁，最有希望的允禩受到嚴厲打壓，而頗受父皇信任的允祉不夠強，這些變化讓胤禛看到了希望。既然父皇不指定儲位，皇子就都有分兒。胤禛豈能缺席？

國士戴鐸「三策」

康熙二廢太子後，無疑讓本無希望的胤禛看到了希望。康熙五十二年始，他的藩邸舊人戴鐸，即胤禛待以國士的謀臣，前後給胤禛出了「三策」。

史籍關於戴鐸的記載，並不詳細。他有個哥哥叫戴錦，還有一個叫沈竹的人，都是雍親王的藩邸舊人，並到處為主子爭儲而活動。乃至於雍正三年，雍正發給年羹堯的密諭中講：「沈竹、戴鐸乃朕府邸舊人，行止妄亂，鑽營不堪，暗入黨羽，造捏無影之談，煽惑眾聽，壞朕聲名，怨望譏議，非止一端，朕隱忍多年，及登大寶，知此二人乃無父無君之輩，寬其誅而皆棄之不用。」這段話是說戴鐸沒有為胤禛做好事，相反壞他的名聲。這可能是指雍正即位後，戴鐸各處炫耀他當年為主子出的「三策」，而雍正當年的態度是欣賞、肯定的。

戴鐸的「第一策」是勸胤禛絕不做旁觀者。此時，恰逢皇太子第二次被

廢，時間是康熙五十二年。戴鐸提出，「當此君臣利害之關，終身榮辱之際，為我主子陳之」。而關鍵是處理好與父皇、諸兄弟之間的關係，原則是：

> 處庸眾之父子易，處英明之父子難；處孤寡之手足易，處眾多之手足難。何也？處英明之父子也，不露其長，恐其見棄，過露其長，恐其見疑，此其所以為難。處眾多之手足也，此有好爭，彼有好惡，此有所爭，彼有所勝，此其所以為難。而孝以事之，誠以格之，和以結之，忍以容之，父子兄弟之間，無不相得者。

在此前提下，着意籠絡康熙親信重臣，特別要抓住關鍵少數，使得「賢聲日久日盛，日盛日彰」。

其次，要吸取廢太子的教訓，不可凌辱兄弟，對諸位阿哥，「俱當以大度包容，使有才者不為忌，無才者以為靠」。

第三，要把雍親王邸的人放出任職，為將來儲備人才，即「加意作養，終始栽培」，「使本門人由小而大，在外為督撫提鎮，在內為閣部九卿」。

戴鐸最後以祈求的口吻說：「以上數條，萬祈主子採納。當此緊要之時，誠不容一刻放鬆也！否則稍為懈怠，高才捷足者先主子而得之。」勸胤禛要韜光養晦：「我主子之才智德學素俱，高人萬倍，人之妒念一起，毒念即生，至勢難中立之秋，悔無及矣。」

對於戴鐸的爭儲「謀劃」，胤禛拿出一貫的看家本領——「裝」，一邊表示這是「金石之言」，但「與我分中無用。我若有此心，斷不如此行履也。況亦大苦之事，避之不能，尚有希圖之舉乎？」一邊表示「無禍無福，你為我放心」，最後告誡戴鐸「凡此等居心語言，切不可動，慎之，慎之」。

戴鐸的爭儲方案，從後來胤禛的作為看，為其全盤接受。胤禛自此對戴鐸刮目相看，待以國士，不但親自召見，還與他多次密談。康熙五十五年，戴鐸前往福建就任知府，胤禛讓他祕密帶給閩浙總督滿保一件禮物。戴鐸東西帶到後，專門去了趟武夷山，見到一個道士，行蹤詭祕，與他交談，所說的話也是

怪怪的。至於說了什麼，戴鐸給胤禛寫密信時，故意賣關子。戴鐸還說，他到福建水土不服，一直生病，因此功名心也淡了。但胤禛此時的心境大好，形勢有利，告訴他不要說這沒志氣的話，將來做個封疆大吏也是可能的。還特別囑咐，道士所說的話，「你可細細寫來，做閑中往來遊戲」。

戴鐸接到胤禛的批示後，把道士所說的話扼要報告。考慮福建到京城路途太遠，由他人帶信容易出問題，為保密起見，戴鐸專門做了幾個匣子，都是雙層夾底，上層放了幾樣土特產，還有田石圖書，以掩人耳目，下層有幾冊書，在書裏夾有密信。胤禛打開密信一看，見上面寫道：遇到道士時，將主子的生日時辰告訴他，以卜主子的將來，道士說，乃是一個「萬」字。奴才聞知，不勝欣悅。其餘一切，另容回京見主子時，再為細告。

胤禛誇獎戴鐸辦事很謹慎，還一再叮囑他「把道士所說的話，不妨細細寫來」，並說，「你遇到如此人，你好造化」。這句話一語雙關，既指道士，更指胤禛本人。

戴鐸的第二策：堅定信心，儲位是雍親王的。此時的雍親王為什麼心境大好，而且對皇儲信心滿滿？因為此時最強有力的競爭者，皇八子幾乎大病不起。而落井下石者，不是別人，正是與他一牆之隔，關係特別密切的胤禛。

康熙五十五年九月，皇八子允禩因為獻鷹事件，接近兩年一直被父皇冷落，連見一面都不能。此時允禩傷寒病情沉重，但他拒絕治療，還封鎖得病的消息。可見皇八子對皇儲失去了信心，生存的慾望都淡薄了。

但消息還是讓康熙知道了，他問胤禛：「八阿哥有病，你曾派人往看否？」胤禛回答說：「尚未使人往看。」康熙說：「應當使人往看。」幾天後，胤禛向康熙奏報說：「臣使人往看八阿哥允禩，病勢甚篤。今欲先回看視。」康熙當時在密雲，表示允許，但隨即又出爾反爾，挑胤禛的不是，責備說：「四阿哥隨駕在外，只有他一個人。乃置扈駕之事於不顧，奏請先回去看視允禩。觀此關切之意，也是允禩的人。允禩醫藥之事，即着四阿哥料理。」由於父皇對他忠誠度的質疑，胤禛立即來了個大轉彎。

康熙晚年確實有很多乖常之舉。他對病重之人向來避之唯恐不及，對死人

更怕沾上晦氣。他回暢春園的前一天，駐蹕湯泉。因允禩的賜園臨近暢春園，康熙降旨，讓諸皇子議奏將允禩移回城裏，即現在雍和宮臨近的家中去。這對於病危的皇八子而言，無異於宣判死刑。但絕情的康熙又怕自己落下埋怨，因此對諸皇子說：「八阿哥的病，極其沉重，已不省人事，若欲移回，斷不可推諉朕躬令其回家。」諸皇子討論時，胤禛明確說：「允禩應該搬回家。」但皇九子允禟堅決反對，憤怒地說：「八阿哥今如此病重，若移往家中，萬一不測，誰即承當？」激切攔阻。胤禛帶頭表態說：「八阿哥病勢，雖不至於十分沉重，然已甚篤，倘有不測，允禩見駐之處，乃皇父經由之御路，所關非細，理應移回。」在他的強烈堅持下，幾位皇子一面向康熙奏聞，一面將允禩移回家中。但允禩大難不死，康熙也起了惻隱之心，隨即命舅舅佟國維等人，組成豪華的治療小組，同胤禛一起，竭力調治。

為了打消父皇對他的懷疑，胤禛親自到湯泉，向父皇請罪，承認自己，「未審輕重，實屬錯誤，罪所難逭。況臣素不諳醫藥，今既送允禩到家，臣無可料理之事，奏知前後始末」。

胤禛可以置平日最好的兄弟生命於不顧，置父皇命其醫治皇八子的命令於不遵，而專程跑到湯泉向父皇表忠心，可見他確實八面玲瓏，彎子轉得太快。

康熙五十六年，允禩完全康復，康熙恢復了他的各種待遇，也把重要的事情重新交給他去辦。而就在這時，康熙要在皇子中選派大將軍出征西北的消息在四處傳播。這無疑是爭奪儲位的最後一次較量。而胤禛清楚，父皇不可能派他出征。

此時，戴鐸的第三策是：遠走台灣。戴鐸大概在此時得到京城傳來的消息，即康熙可能派胤禛的親弟允禵為大將軍出征，可能也聽到了不少不利於胤禛的傳言，因而一下子又心灰意冷，竟然向主子提出把他派到台灣做道員，因為台灣道兼管兵馬錢糧，這個地方遠處海洋之外，沃野千里，調到那裏去，為主子屯聚訓練，也可以為將來退計。

戴鐸的第三策，是擺明了與新君勢不兩立的叛逆之舉，這也可能是雍正三年事情暴露後，雍正說戴鐸「無父無君」的所在。因此對戴鐸的第三策，胤禛

擔心他輕舉妄動，壞了大事，指令他不可亂來。批示道：「你這樣人，我以國士待你，你比罵我的還厲害，你若如此存心，不有非災必遭天譴，我勸你好好做你的道員吧。」

戴鐸雖然提拔無望，但仍關注爭儲棋局的每一個動向，也在不遺餘力幫助他的主子。而儲位之爭的發展好像越來越不利於胤禛。康熙五十六年，最受康熙信任的大學士李光地，因年過七旬，告假在福建安溪老家養病近兩年有餘，此時康熙卻一再催促他帶病回京，並屢次下旨問李光地的行程。康熙這一不同尋常之舉，戴鐸也敏銳地注意到了，李光地「奉特旨帶病進京，聞係為立儲之事，詔彼密議」。他要趁李光地進京之機，為他的主子游說。戴鐸到了安溪，探問李光地對諸位皇子的評價，李光地說：「目下諸王，八王最賢。」戴鐸不以為然，說：「八王柔懦無為，不及我四王爺聰明天縱，才德兼全，且恩威並濟，大有作為。」並代表主子承諾，「大人如肯相助，將來富貴共之」。戴鐸將以上游說李光地的情況於康熙五十七年向胤禛密報後，又為主子擔心起來，說常州府武進的一個名人叫楊道升，非常有才學，特別精通天文，現在被三王爺（允祉）請去養在府裏。他還聽說十四王爺（允禵）禮賢下士，頗有所圖，「諸王如此，則愈覺代主子畏懼矣。求主子刻刻留心，此要緊之時，難容懈怠也」。

對戴鐸的密啟，胤禛好像並不在乎，此時他已練就了非凡的定力，批示道：「楊道升在三王爺府裏已經有數年了，這都是人人皆知的舊新聞。」轉而訓斥戴鐸：「你在外如此一個道員的職位，竟敢如此大膽妄為，你的死生輕如鴻毛，我的名節關乎千古，我做你的主子，正正是前世了。」

現存戴鐸寫給胤禛的書啟共有十封。從年羹堯的密奏可知，這是年羹堯從戴鐸手中拿到，後來繳給雍正的。故宮博物院於 1928 年起出版《文獻叢編》，在「戴鐸奏摺」前，有原編者按語：戴鐸摺「並非原摺，似為戴鐸獲罪時飭令補寫者，其批詞亦似非原批，疑雍正後來改作以掩飾天下耳目者」。

如此說來，雍正即位後，因為戴鐸為主子爭儲四處游說、招搖事發，並為年羹堯等人所知，為掩蓋當年他爭儲的事實，而故作此摺。但可以就此推斷，胤禛當年肯定做出遠比戴鐸所寫更甚的行動，只是因為他成為一代之君，把真

實的東西銷毀或隱去罷了。

戴鐸於康熙五十九年底，由福建糧道升任廣西按察使，六十一年三月升任四川布政使，成為雍正在四川進而在西北佈局中的重要棋子。

胤禛顯然接納了戴鐸的建議。他與父皇的聯繫明顯多了起來。自康熙五十一年起，幾乎每年他都請父皇到他的府邸進宴，或在城裏的雍和宮，或在郊外的圓明園。康熙六十一年，更是多達三次。他還精心安排，把兒子弘曆的生辰八字遞到康熙的手中。而如何把握關鍵少數，特別是用好藩邸舊人，更是胤禛苦心經營的重點。

一切都在悄悄然之中，胤禛默默地做了充分準備。他在等待什麼？命運是否會眷顧他？

四、雍邸舊人

在康雍之交的皇位傳承謎局中，康熙為什麼要重用雍親王的藩邸舊人年羹堯，並讓他從一個封疆大吏搖身一變成為手握重兵的將軍，進而成為雍親王入承大統的關鍵人物？康熙的用意究竟是什麼？坐鎮西北主持軍務的大將軍王，難道就沒有任何防範嗎？年羹堯為什麼一度不認雍親王這個主子？莫非他不看好胤禛的前程？雍親王又是如何收拾這個桀驁的「惡少」？

桀驁不馴的闊少

年羹堯這個人，一生充滿傳奇。而少年時代的年羹堯，是個典型的闊少。這與他的家庭出身有直接關係。闊少不是誰都能當的，必須具備兩個條件：出身高貴、家庭富有。

年羹堯字亮工，漢軍鑲黃旗人，出身滿門富貴家庭。他的父親年遐齡是有名的封疆大吏，任湖北巡撫，哥哥年希堯曾任工部侍郎、廣東巡撫，妹妹是雍親王的側福晉，妻子是康熙時期名臣明珠的孫女、著名詞人納蘭性德的女兒，繼室是宗室輔國公蘇燕之女。納蘭性德有四個女兒，長女嫁給雲貴總督、著名堪輿家高其倬。如此說來，年羹堯與高其倬是「連襟」。年家不但滿門權貴，往來無白丁，而且頗有學問，他的哥哥年希堯精通醫學，通音韻、工繪畫。

清人筆記載，年遐齡雖然在外地位尊崇，但很懼內。一次妻子回家省親，年遐齡與身邊侍女私通，妻子發覺時侍女已有身孕數月之久，鞭撻之下，這個懷孕七個月的女子生下一個男孩，傳說這個新生兒哭聲驚天動地，年妻大怒，把侍女賣掉，早產兒也被丟棄在豬欄裏。但神奇的是，半個月後，她發現一母豬在給棄兒哺乳，遂覺此兒有異，於是把他抱回府中養育。這個早產兒就是年

羹堯。當然這種記載是否可靠，大可質疑。康熙十八年，年羹堯出生。

年羹堯七八歲跟隨父親到湖北巡撫衙署，一天風高浪急，他卻不顧別人勸阻，要游長江，結果歷九險而登岸，有人問他為什麼如此冒險？他回答說：「我年紀尚幼，正當力學之時，如果我後福無窮，遇險必濟；否則，葬身江魚之腹，也算了此一生。」桀驁不馴的性格展現無遺。

年遐齡非常善於理財，而年羹堯對他父親的嗜好卻不以為然。年羹堯 12 歲時，在荒野之地遇一老婦人悲痛欲絕，哭得眼睛都紅腫了，問她為什麼如此傷心？老人回答說：我有四個兒子，卻喜好與人賭博，最後把房子抵押，也輸掉了，現已與買主簽字畫押，買主每天催促搬出。我一個老婆子，不知如何安頓自己，恐怕要流落街頭、溝壑而死了。年羹堯問買主姓名，老人回答就是年遐齡。年羹堯不禁大喜，對老人說：「老婦人不要傷心了，買主就是我的父親，容我回去想辦法，一定會讓你滿意的。」於是不由分說，拉着老婦人向父親講一家人的遭遇，一再請求把房契還給婦人。父親感到很為難，年羹堯向他母親索得房契，取火即燒，令老婦人向父親叩謝，即揮之而去。

民間有三歲看老的說法。以上二則故事，也是年羹堯一生性格的寫照，是個活脫脫桀驁不馴闊少爺的形象。

但闊少爺不能當一輩子。民間有少年看父敬子，年老時看子敬父的說法。因而當一輩子闊少爺，必須靠自己的本事。年羹堯聰穎異常，早年讀書的逸事異常之多，可以講一籮筐。他 20 歲便中了進士，皇八子允禩之子弘旺所著《皇清通志綱要》稱其「幼中式」，大概說其年齡不大。《永憲錄》記其「庚辰榜進士」，即康熙三十九年進士。這一科得人很盛，史貽直、劉師恕、張廷玉都是「庚辰科」進士，隨後經康熙親自選定，一同進入「深造班」，年羹堯在翰林院做了三年的漢書庶吉士，期滿以成績優良授翰林院檢討，從此正式步入仕途。年羹堯雖然出身旗人家庭，但「國語」即清文並不好，他後來寫給皇帝的滿文摺子，關鍵字詞要討教自己的妻子，年羹堯對此並不諱言。後來與雍正鬧翻，雍正曾查訊他的滿文摺子經手何人。這是很久以後的事。

康熙四十八年，年羹堯以內閣學士兼禮部侍郎外放四川巡撫，成為封疆大

吏。年羹堯用了六年時間，完成從七品到封疆大吏的升遷，不可謂不快。此時年羹堯剛好而立之年，是最年輕的巡撫。《永憲錄》稱其「撫川時年未三十」。

年羹堯憑什麼年紀輕輕，就外放封疆大吏，並且是四川？這次外放是否與雍親王有關？從時間上看，康熙四十八年三月康熙復立允礽為皇太子，為安撫其他躍躍欲試爭奪儲位的諸皇子，康熙進行第二次大規模的冊封，皇三子允祉、皇四子胤禛、皇五子允祺封為親王，允祐、允䄉封為郡王，允禩復貝勒，允禟、允䄉、允禵封為貝子。而年羹堯在康熙五十六年五月上奏時說：「臣屬雍親王門下八載於茲。」由此推測，年羹堯此次外放，有可能因為雍親王在太子復立乃至悉心照料康熙病情過程中，感動了康熙，故而對雍親王屬下的年羹堯做出外放，以示對胤禛鼓勵。

復立皇太子當天，在《聖祖實錄》中有這樣的記載：「自去年九月廢太子的事發生後，朕形容憔悴、勢難必愈。大臣等多用虛話安慰朕，拿不出實在辦法。唯貝勒允祉、胤禛一再奏請，願冒死擇醫，痛哭陳請。因此朕直到上年十一月十八日，始服用醫藥。今朕業已痊癒。故此加封。」這段康熙諭旨，對照《皇清通志綱要》，唯一故意漏記的是皇八子「侍湯藥至二月安愈」，而且還不忘貶低允禩。這當然是為雍正張本。但從晉封這一過程看，有培植皇子力量的意涵。換言之，年羹堯出任四川巡撫的時間節點與胤禛晉封雍親王恰好形成「交織」關係。從後來發生孟光祖詐騙案，胤禛發狠收拾年羹堯的事情分析，此次年羹堯外放，與雍親王當有關係。

頗有作為的巡撫

如果年羹堯不是在四川做封疆大吏，他個人的仕途升遷無論如何也不會與十四阿哥、「大將軍王」允禵有命運交匯，但他到了四川就不一樣。而他的才華和性格，使得他立即脫穎而出，成為最耀眼的明星。

按照外放大吏的慣例，年羹堯赴任前要向皇帝陛辭，也就是詢問皇帝派他到新地方重點關注、解決哪些問題。考慮到年羹堯如此年輕，又沒有地方工作

經歷，一外放就任督撫大員，康熙因此囑咐再三，歸納起來是三點：

一是四川省是個大省，又是漢族和少數民族共居的省份，各自風俗、信仰有很大差別。康熙叮囑他，必須悉心料理，撫綏得宜，使之各自相安。

二是近年來湖廣百姓多往四川開墾居住，地方逐漸殷實起來。作為一省之長的巡撫，如果一到任就清丈地畝、增加錢糧，肯定很不得民心。湖南因丈量地畝，反致生事擾民。當年四川巡撫噶爾圖曾奏請清丈，亦未曾清楚。康熙告誡年羹堯，必須讓百姓過安靜日子，虧欠的錢糧可以慢慢清查。康熙再三叮囑，這是四川的第一要事。

三是要清廉。康熙說：「做督撫這樣的封疆大吏，不請託在京的朝廷官員，便是好督撫。你是漢軍旗的，漢軍中的督撫，如張長庚、白如梅、屈盡美、張自得、韓世琦、賈漢復等，皆以貪污致富。五十年來，朕親眼目睹，現在他們的子孫零落殆盡，可見這是不做好官的報應。你必須念茲在茲：一絲一粒，民脂民膏，得一錢須知從何處來，千萬不可學從前漢軍行事。總之，以安靜為要耳。」

康熙的叮囑、訓誡，是年羹堯作為封疆大吏的「聖訓」。但人在什麼年齡做官是大有區別的。從他在四川十多年之久的作為看，有鮮明的年氏風格，這可以概括為三點。

第一，才華出眾。

用今天的話講，年羹堯特別愛搞調查研究。他到任後十多天，就把四川的情況基本摸清了，並向康熙提出興利除弊的五大措施。他說這裏「私派浮於國課，差徭倍於丁糧」，這五項措施「都是急宜舉行的」。康熙皇帝逐條批示，最後還以非常欣賞而又肯定的語氣說：「朕一直風聞四川的情況是這樣，但不得詳確，覽摺方知是真，朕對你的深切希望就是一句話：你要始終堅守做一個好官。」

年羹堯做官很有條理，給康熙寫的摺子，全出自一人之手，而且也很細心，凡是重要的事情上奏，總給皇帝留出大幅空白，便於康熙硃批指示。年羹堯的文章寫得非常漂亮，可以說是「筆端皆帶感情」，時至今天，閱讀他的摺

子，仍能強烈感受到他那直達肺腑的穿透力。因此康熙每次都予以肯定也就不奇怪了，不是說「照你所奏完結甚妥」，就是說「一點不錯」「此摺所奏甚是」。康熙非常欣賞他的才幹，對大學士說：「年羹堯自軍興以來，辦事明敏，殊屬可嘉。從前四川地方亦曾設總督，年羹堯是巡撫，止管理民事，沒有督兵責任。見今軍機緊要，將年羹堯授為四川總督。」康熙說的從前是五十年前的事，當時清朝還沒有穩定天下，四川設總督，出於軍事需要。而此次因為年羹堯具有突出的軍事才能，康熙把四川由巡撫升格為總督，並讓年羹堯以總督兼管巡撫事務，總督巡撫一個人挑。過去的川陝總督，自此改為陝西總督，軍事權力一分為二。

過了一年，康熙又對大學士說，年羹堯自軍興以來，盡心效力，他訓練的四川兵，非常整齊，可速行文給年羹堯，令他帶領兵丁進藏，授為將軍，如有能署理總督事務對於地方不致生事者，令年羹堯奏聞署理。年羹堯搖身一變，成為帶兵打仗的將軍。而且康熙賦予他提出署理總督人選的大權，儘管是因事而權宜，但足見康熙對他的信任。又過了一年，年羹堯由四川總督兼理四川陝西總督事務。此時，年羹堯已在四川為總督、巡撫長達 12 年之久。雍正即位後也評價說：「朕藩邸屬下人中可用者，唯年羹堯、傅鼐二人。論才情，年羹堯勝於傅鼐，論忠厚，年羹堯不及傅鼐。」可見年羹堯才華出眾，是得到康熙、雍正一致肯定的。這也是他能夠拾級而上一路發達的主要原因。至於年羹堯的軍事才華，用「了不得」三個字不足以形容，他堪稱是清朝大將軍中，最善於用兵、深通兵法的人。史籍中對他用兵如神的記載甚多。他編輯整理的《治平勝算全書》至今仍存世。

第二，勇於任事。

這是年羹堯為官最突出的特點。年羹堯上任接近兩年時，提出「川省應行事宜七條」，包括：有司宜勸懲、積貯宜預備、錢法宜流通、復設鋪司以遞送公文、復設州縣以有濟民生、改易郡縣以化邊徼風俗、開採宜奏明等，可以說是四川興利除弊的總規劃。因為牽涉到方方面面，他特別希望得到康熙的支持，故「每條空紙數行仰候御批」。在結尾處還向康熙說：「除貪虐而拔人才，

革積弊而興利益，這是巡撫的責任，而臣每有奏請，不等各部院討論，皇上就批准，聖主賜臣一分體面，臣唯有增加十分恐懼以圖報答。臣可能會離開四川，但身雖去而法已行。」康熙閱摺時非常高興，旁批、加批，肯定之語躍然紙上。在年羹堯所提「七條」下，有六條批示「具題」或「該具題」，只有一條批示「此一件同總督商量」。這無疑是對年羹堯在四川大展抱負的極大肯定和支持。

由總督轉任將軍後，年羹堯向康熙表示：「臣本文官，假將軍名號領大兵，這是千載難期的際遇，若不乘此年力強壯之時、國家用兵之際，圖報萬一，那麼，皇上所以加恩於臣者何為？臣報答聖主何事？臣不乘此掃除小丑，實臣終生遺憾。臣在四川十年，衣食皆從節儉，有子十人，不願為日後溫飽計，凡有所積，莫非恩賜，原欲留以為效力之地，而用兵乃國家大事，現在不盡力，更有何效力之處？因此傾盡所積，捐造軍資，犒賞兵士，把十幾年宦囊所積，一律捐助出征將士。」康熙對此大感欣慰，硃批道：「奏摺甚是，有優旨批給議政大臣了。」多少年後，當雍正查抄年府時，我們無法想像這是當年清廉自矢，如此令康熙大為感動的年羹堯。看來，古人所說的人才隨用人者而轉移，信然。

第三，不避嫌怨。

梁啟超曾經說過一句名言：世上只有平庸的人無毀無譽。也就是說，能做事的人總有些嫌怨、有些毀譽。年羹堯勇於任事，因此很容易在人事上磕磕碰碰，為此得罪一些人，但他不避嫌怨。

四川提督岳升龍是岳鍾琪的父親，是康熙中期非常有名的武職大員。年羹堯剛到任不久，岳升龍因寧番衞有番賊闖入，肆行搶劫，游擊率領官兵前往追緝，被傷身死，故奏請親歷邊境相機而行。康熙命年羹堯與他一同去。因岳升龍將首惡拿獲，年羹堯中道回署，吏部為此將年羹堯照規避例革職，康熙命從寬將其革職留任。這次「革職」是年羹堯與岳家父子的第一次恩怨糾葛。後來他見岳升龍雙目失明，身體瘦弱，遂向康熙密報：繼續用下去是否會有誤封疆。按理說，這不但超越了巡撫的職責範圍，而且有干預皇帝用人權的嫌疑，但康熙認為他出於公心，硃批說：「提督久任封疆，名望甚大，可惜兩目失明，已難

做官，但他本人不曾提出，等他提出時再討論。此摺斷不可令人知道。」岳升龍離任前，被查出借用藩庫銀一萬多兩，沒有歸還。從法律上講，不足額歸還是不能離任的，年羹堯提出他願捐俸代還，請求不要處罰提督大人。康熙覺得這筆錢是前任巡撫、布政使擅自借給的，肯定不合規，但考慮到岳升龍為國家效力的地方很多，年羹堯設法完結也無不可。年羹堯於是找總督殷泰商量，殷泰不答應，年羹堯吃了釘子，只好單獨陳奏。

年羹堯對人情世故了解得很透，他提出，官員雖然有有才、不才的區別，但功名得失之心，沒有不同。為此他提出鼓勵人才的具體辦法。有一個縣令符合「議敘」[1]的條件，但總督堅持不畫題[2]，並告訴年羹堯他要「自行具奏，積貯一件，我亦自行具奏」。這顯然是對年羹堯手伸得太長不滿，年羹堯不得已先向康熙訴苦。類似這樣的事情還有不少。由於總督不彙題[3]，弄得年羹堯好多事做不下去，他的四川「七條」總規劃也不可能實現，因此只好上奏說，臣一家三世，受恩深厚，敢不兢兢業業。總督一切摺奏都是筆帖式[4]主稿、家人繕寫，他來四川，臣屢經目睹，至今為之膽寒。特別提出，他的四川「七條」以勸懲官吏為總綱，但「督臣不肯彙題」，使得無法行使賞罰。這等於告了總督的狀。康熙沒有明顯站在年羹堯的立場，對他說：「凡事公，則不論（事情）大小，（終究）可以自恃，若稍有私意，即難久遠。你着量公私之間即是。」年羹堯對康熙硃批的辦事是否出於「公私」的訓誡，大為感動，說「千萬世人臣事君之道，亦不出此三十字」，發誓自己要做一個有作為又廉潔的官員。不久，康熙將總督殷泰免職。

營伍一直是總督專管，但年羹堯說封疆關係甚大，臣不能避嫌隱默。他說建昌鎮年近八旬，志力昏瞀，營伍廢弛，威令全無，因此邊防不安。康熙立即

1　議敘：清制對考績優異的官員，交部核議，奏請給予加級、記錄等獎勵。

2　畫題：在文書上簽字，表示認可。

3　彙題：彙整具題。清代辦理一些事務時，有歸口集中彙題之制，即不需有關官員或衙門各自題奏。

4　筆帖式：滿語音譯，清朝滿人專屬官職之一，主要負責翻譯漢、滿章奏與文書抄寫、校注。

傳兵部，令來京陛見。此外，後任提督康泰、護軍統領溫普、管領法喇等人，年羹堯都密參他們。這也是他在四川結下很多嫌怨，後來受到攻訐的原因之一。

扯進「三王爺門下」詐騙案

年羹堯年輕有為，才華出眾足以撐起他的作為，而康熙帝特別的愛護、保護更讓他能夠躲過大風大浪。年羹堯除剛就任犯了規避例外，在四川長達十幾年間，只遇到一次大危機，就是扯進三王爺門下孟光祖詐騙案而被革職。

一個地方的封疆大吏，怎麼能牽涉進一件詐騙案？這不是普通的詐騙案，行騙的人打的旗號是奉三王爺即誠親王允祉之命，而且也不單是詐騙，也對地方大吏行賞，行騙的地方在五個省份，時間有數年之久。聯想到此事發生在二廢太子後，諸皇子爭儲的背景，更使得案件很不一般。

皇三子允祉是年長皇子中，極少深入捲進儲位之爭的一位。他備受康熙帝欣賞，康熙朝「大型文事」活動，多成於他的手。他也是給康熙帝單獨或領銜上奏最多的皇子，多達三四百件。這些足見他在康熙心目中的地位。當皇太子、皇長子出事以後，排在第三的他並非完全無意儲位，但他相對溫和，順其自然，因此對其他皇子倒太子的行為很看不慣。大阿哥允禔鎮魘太子的事，就是他揭發的。多少年來在激烈的爭儲迷局中，也沒有允祉的負面新聞。

而孟光祖打着他的旗號，在五個省份行騙多年，一直到直隸總督趙弘燮上奏，這件事才浮出水面。清朝的制度規定，王阿哥差人賜給屬下外任官物品，外任官應奏報朝廷。趙弘燮先接到真定知府詳報，山西太原府遞准，陝西、湖廣、四川、廣西等省府州縣文，奉廣西巡撫牌票據：康熙五十四年六月，奉三千歲游行五省，今差大人派撥沿途各州縣預備船隻，並移明前途州縣一體遵照。趙弘燮想，凡是皇上派諸王貝子及欽差大臣出京，必由直隸所屬地方經過，或準部文行知，或據該地方官申報，故作為直隸總督，臣無不知。如果真有三千歲游行五省，為什麼直隸近京地方反而沒有接到部文行知，又無經過州縣具文申報，臨近省份山西巡撫也沒有諮會，因此懷疑是否有欺詐。趙弘燮據

此上奏。康熙帝對諸皇子拉幫結夥、爭奪儲位的事，向來防範嚴密，但因為事情多了，有時無關緊要的事，也睜一眼閉一眼。接到總督密奏，他當即硃批定調：「此摺奏聞的甚是。京中並無此事。爾着速參奏。」這是康熙五十五年十二月的事。

康熙擔心此事一旦公開，會牽涉很多人，尤其是允祉、允禩、允禟、允䄉、允祿等多位皇子，會引起對皇家的負面議論，因此採取祕密處理，隨即給刑部下密旨，令派人到直隸總督署，查核所奉文書，並前往山西追查奉文真偽。同時為該案定性，是京城逃出的旗人所為。四月，行騙者的舅舅在部自首，說孟光祖從淶水縣搬到涿州居住。孟光祖隨即被抓獲。刑部審問，他招供在江西、四川、廣西、陝西、湖廣五省行騙的事實，並各省大員賜給他很多禮物，其中，江西巡撫佟國勷、四川巡撫年羹堯饋送較多。康熙說自己從沒有易服微行之事，舉國臣民以及僕隸，未有不識朕者，況欲知天下事，亦不繫於此也。而地方督撫於假借宮中名目的行騙者，懷疑是朕派出，也不上奏。此次五省行騙事發，地方督撫也不上奏。而刑部審出，年羹堯何以饋送不報，何以接受涼帽、衣物，令其明白回奏。

年羹堯這下攤上大事。但他回奏說，孟光祖捏稱誠親王差遣來到四川，自己不上奏、不查拿，是罪不可贖。刑部審出，孟光祖所供，臣接受涼帽、靴襪等禮物，說是王爺賞的，臣送給他銀四十兩，還有一匹馬。這些未必盡實。孟光祖當日到成都，臣即令其離境。臣係旗人，對旗人的規矩向來遵守，不敢無故接受他人所賞。臣屬雍親王門下八載於茲，雍親王並未遣人到川賞賜物件，則誠親王何故遽有賞賜，此臣至愚所能辨析。

康熙也不想深究，硃批「知道了」。隨即將孟光祖處死。吏部奏江西巡撫佟國勷、四川巡撫年羹堯都應革職。但康熙僅將江西巡撫革職，年羹堯令從寬，革職留任。實際這件行騙案，真相並不清楚。康熙特意對蒙養齋館的魏廷珍說：「你每日和三阿哥在一起修書，若有此事，即當以身命保之。」這句話頗令人費解，極有可能是康熙帝保護諸皇子，特別是保護皇三子允祉，有意將大事化小。

雍親王訓「惡少」

年羹堯上給康熙的密奏中，講出他作為雍親王門下八載這樣的祕密。而刑部審出孟光祖的供詞，雍親王為這件事很惱火。於是老賬新賬一起算。

現存《雍親王致年羹堯書》真跡，不載年月，共有三頁，舊藏景陽宮檔書中。信的稱謂用的是「王字諭年羹堯」。據內容推斷，是雍親王寫於孟光祖案發後不久，即康熙五十六年，而雍親王謾罵、譏諷、敲打，特別是挾制手段，威脅要將過去他和年羹堯主僕間的私房話向皇帝揭發，堪稱是他即位後二人關係的大預演。而二人最終破裂，也可以追溯到此。字諭內容非常重要，也異常珍貴，是考察阿哥時代雍親王的最真實材料，可以概括為三個主題。

第一，殺伐立威。

這也是貫穿全信的主題。不如此，不能收服桀驁不馴的年羹堯。開篇充滿殺氣，痛斥年羹堯是個「惡少」，破壞祖宗規矩，把君臣大義忘得一乾二淨，「國朝祖宗制度，各王門旗屬都是主僕稱呼」，「爾狂昧無知，具啟稱職，出自何典？屢諭爾父，爾猶抗違不改，不徒腹誹，而竟公然飾詞詭拒，無父無君，莫此為甚！」

母親大壽、兒子結婚，這是兩件大喜事，而年羹堯從無一字前來稱賀，六七個月無一請安啟字，視本門之主已成陌路人。「且汝所稱，捐資助餉家無餘財，屬無謂之甚。況我從未問及汝家囊橐，何得以鄙褻之心測我，肆而進其矯產之詞？」是在裝清廉，還是有其他企圖？

看來，雍親王真的很氣憤，接下去威脅的話出來了：「汝在蜀驕橫不法，狂悖無忌，皇上將來不無洞鑒，而尚敢謂今日之不負皇上，即異日之不負我者，是何言歟？以無法無天之談而誘余以不安分之舉也，豈封疆大吏之所當言者？『異日』二字足以誅你年羹堯全家。」「觀汝今日藐視本門主子之意，他日為謀反叛逆之舉，皆不可定！」

第二，緊抓辮子。胤禛教訓年羹堯，威脅向皇帝告發年羹堯。

汝於孟光祖饋遺授受，不但眾所共知，而且出自汝家人之親口以告我者，尚敢朦朧皇上，得以漏網？即此一事，是即汝之現在所以負皇上而將來之所以必負我者也！

孟光祖之事與汝所具「異日」之啟，好好存留在此，一一奏明，諒皇上自有定奪也。

第三，給其出路。

胤禛接下去又動之以理，曉之以情，大打親情牌，這也是他的主要目的，通過這件事教訓、收服年羹堯：「汝父年老，汝子自當代汝奉養。汝毫不為意，七八個留任所，豈人心之能惡也。」「自今以後凡汝子十歲以上者，俱着令來京侍奉汝父，即汝昔年臨行時向我討去讀書之弟姪，亦必着令作速來京，毋留在外以成汝無父無君之行也。」「況汝父在京，我之待他恩典甚重，諒汝無父之人亦未必深悉其委曲也。」

胤禛最後說：「聖王以孝治天下，而於我惜老之夙心有所不忍，故不惜如此申斥，警汝愚蒙。汝誠能於此爽然自矢，真實悔悟，則誠汝之福也！其猶執迷不悛，則真所謂噬臍莫及者矣！汝其圖之！」

這封字諭透露當時二人關係非常一般，年羹堯屬藩邸舊人，但很長時間與主子雍親王疏遠，除少年得志「撫川時年未三十」外，與其他皇子的拉攏有關。年羹堯甚至根本沒有把主子雍親王放在眼裏。

年羹堯當時如此對待雍親王，至少說明三點：

第一，康熙五十六年前，雍親王在諸皇子中地位低，他不是「簡在帝心」的接班人，康熙冷落他，年羹堯作為奴才，也不在乎這個主子。

第二，年羹堯的功名富貴不是來自雍親王，而是來自康熙。年羹堯雖屬胤禛門下，卻更忠於康熙，因此獲得康熙的歡心和信任。這使得年羹堯認定，有皇帝信任，是自己立足的基礎。

第三，西北用兵與年羹堯在四川、川陝的特殊地位，使得他成為諸位阿哥爭奪的重要人物，他也利用自己的特殊地位和身份，游走在諸阿哥之間。但這

引起主子的高度警覺，為此威脅利誘，核心是要年羹堯死心塌地為他賣命。

雍親王字諭有沒有效果？從後來的事實發展看，特別是雍正即位後的回顧看，胤禛的威脅利誘確已奏效，年羹堯肯定給胤禛寫下「保證」之類，而年羹堯也把身邊的幾個兒子派回到京城，陪侍照顧年邁的父親年遐齡，也成為雍正的人質。年羹堯後來與通曉星象的道人反覆說，自己的家眷在京，故不敢貿然行動。

年羹堯還利用自己封疆大吏的身份，把一些重臣介紹給胤禛。如雍親王一直想結交翰林院學士蔡珽，但蔡珽始終不願相見，還是年羹堯的兒子年熙引領蔡珽與雍親王見了面。蔡珽見到雍親王以後，還推薦了左副都御史李紱。蔡珽、李紱後來成為雍正整治政敵的兩個得力助手。

接下去，我們要回答的是：康熙用年羹堯給皇十四子允禵辦理後方事務，難道一向明察的康熙，會忽略年羹堯雍邸舊人這個身份嗎？是康熙對年羹堯完全放心嗎？這件事本身確實大有深意。合理的解釋是，年羹堯雖屬胤禛門下，卻更忠於康熙，獲得康熙帝的完全信任。同時，康熙雖默定允禵為繼承人，但他不願允禵的勢力過分龐大，所以沒有將其成員安排到西北地區，而寧肯提拔胤禛的門下人年羹堯，從而顯示康熙在皇子中搞平衡的意圖和苦心。

當雍親王用盡手段，收服年羹堯的時候，作為大將軍王的允禵，顯然對年羹堯有所戒備，對年羹堯伸出的橄欖枝，保持警覺，注意保持與他的距離。

我們在滿文檔案中，找到兩份年羹堯給允禵送禮的檔案。第一次發生在允禵到西北半年後，時間是康熙五十八年六月，當時年羹堯已升任四川總督，年羹堯派千總向允禵問好，並獻銀一千兩，稻米四石。允禵讓派來的千總轉告說：「總督為聖主做事，忠誠辦理，甚佳，去年入藏之兵，往送火藥、彈丸、箭、米、銀，臣每念及，心中喜悅，今自遠方送來銀米，理應接收。只是臣對地方諸物，既然未加取用，如何收總督之物？此物即如同臣已收。將銀米卻之，賜棉衣一套遣之。」

第二次發生在康熙六十年十月，此時年羹堯已任川陝總督，與允禵有直接的工作關係。而三個月前，年羹堯專程進京陛辭，康熙賜給他弓矢等很多禮

物。康熙如何叮囑年羹堯配合允禵，不得而知，但年羹堯這次送給允禵的重禮，允禵全部收下。年羹堯遣屬下守備，獻西洋表一個，千里眼一個，瓷杯十個，鼻煙兩罐。允禵轉告說，「自出征以來，地方官所獻物品，除食物、馬畜外，並沒有接收。總督為圖報皇父之恩，為國家事業，甚為效力，他人不可比擬。既然特從遠方差來，我均接受，但以後不要再送。希望總督始終如此一心，圖報皇上之恩。我在軍營，沒有回賜之物，僅以我的衣帽贈給總督。」

允禵作為大將軍王，是西征的主帥，而他對年羹堯前後兩次送禮的態度，顯然有很大變化。第二次，他接納年羹堯，也意味着他的地位已然改變。

康熙、允禵、雍親王、年羹堯，君臣父子，主奴兒臣，這複雜的四角關係，構成康熙末年最複雜的高層網絡。而這一切，是否經得起天地之變？在個人和家族的榮辱中，他們都將如何選擇？

五、默定儲君

　　康熙重用年羹堯，雍親王發威收服這個桀驁不馴的藩邸舊人，而舉國關注的儲位，仍然虛懸。那麼，康熙的儲君條件是什麼？他心目中的儲君又是哪位皇子？

　　經歷兩次廢太子之事的磨折，康熙的健康狀況已經嚴重威脅到大清朝的運轉。自康熙五十六年四月以來，近一年時間，國家政務事實上處於完全停擺的狀態。康熙不允許幾十年兢兢業業打下的江山毀在自己手上，因而，立太子之事，時隔四五年後，再次提到大清國的最高層面前。

羣臣三請立太子

　　康熙五十六年底，康熙重病在身，臥牀數十天之久，走路需人扶掖。屋漏偏逢連雨天，康熙非常敬重的孝惠皇太后病重，這對康熙帝而言，無異雪上加霜。

　　孝惠皇太后是康熙的祖母孝莊太皇太后的娘家姪孫女，是順治帝的第二任皇后。康熙即位後，尊她為皇太后。康熙二年，康熙的親生母親去世，當時康熙只有 10 歲，因此孝莊太皇太后，和孝惠皇太后一起承擔撫育康熙帝的重任。康熙帝對這位嫡母如親生母親，每有出巡，必奉太后而行。他有意讓嫡母分享大清國的繁榮給她帶來的榮耀。皇太后七十大壽時，康熙已年近花甲，在宮中躬親起舞，為太后祝壽，中外傳為天家盛事。太后病重期間，65 歲的康熙帝不顧自己身染重屙，雙腳浮腫不能走路，仍堅持用布把腳裹起來，坐着軟轎去寧壽宮看望太后。太后去世後，康熙哀毀過常，把她葬在孝東陵，開了大清朝單獨為皇后建陵的先例。康熙以純孝名，有仁者之心，他對無情無義的人，斥之

不齒。太后病重及去世前後，康熙帝的病情加重了，他的生命甚至有朝不保夕之虞。

對自己的病情，康熙也不諱言，大臣們向他請安時，他無奈地回答：朕哪裏談得上「萬安」，「一安也沒有」。隨即急召在籍的大學士李光地進京，甚至每天向貼身太監詢問李光地到了哪裏。大臣私下議論，康熙急召他最親近的李光地進京，就是要與他商量立太子的事。

果然，大學士李光地進京後，當面單獨奏請立皇太子，康熙如何與他密談，不得而知。從戴鐸寫給胤禛的密啟可知，李光地推崇皇八子允禩。其後，另一位漢大學士王掞密奏請立皇太子，康熙把密奏留中不發。多日後，御史陳嘉猷等八人也條奏請立皇太子。康熙很不高興，認為御史聯名奏請是大學士串聯的結果，遂把王掞的密奏一併交內閣議處。王掞為人正直，時年已過古稀，嫉妒他的人想藉此治他個重罪，因此議處很重。一天上朝，他在宮門外不敢入，康熙問：「王掞何在？」李光地回奏說：「王掞待罪宮門」。康熙說：「王掞所言甚是，但不宜令御史同奏，蹈明季惡習。你們票擬處分太重，可速召他來。」王掞聞命趨入，免冠叩謝。康熙招王掞在御榻前，密語良久，所涉機祕，人不能知。

幾天後，康熙召集大學士，肯定立太子之奏，但不贊成立太子後「分理國政」。他對大臣們說：「伊等所奏，以朕為忘之矣。此等大事，朕豈有遺忘之理？爾等票簽，以為不合。伊等所奏有理，有何不是之處？但不當奏請分理耳。天下之事，豈可分理乎？」（《康熙起居注》）

這段話是說，立儲這樣大的事情，朕豈有忘記的道理？你們擬出的意見，說八位御史上奏不應該。但他們上奏是有道理的，沒有過錯。只是不應奏請立太子後與朕分理國家政務。天下這樣的事，難道可以分別治理嗎？

數日後，康熙親寫諭旨，命頒佈中外，「其中多有可駁句」，大臣無不惶愕失措，李光地三次將康熙的親擬諭旨攔下，伏地另外擬訂一稿呈上，康熙氣憤異常，痛斥道：「你莫非抗旨不遵嗎？」李光地毫不退卻，並對滿大學士馬齊說：「此事我們當以死爭。」在大學士們的集體抗爭下，康熙親寫的諭旨最後沒

有頒發。

　　大學士以死相爭的康熙親寫諭旨，內容究竟是什麼？「可駭」到什麼程度？《起居注》中沒有記載。傳教士的報告說，康熙患病引起恐慌，患病期間康熙表露過指定儲君的想法。

　　康熙的親寫諭旨，與後來收錄在《清聖祖實錄》中的「上諭」，似乎有密切關聯。《實錄》這份上諭，用康熙自己的話說，是他披肝露膽、馨盡五內，藏了十年之久的話：這裏除完整回顧他近 60 年來心為天下耗其血，神為天下散其形，數十年兢兢業業外，核心是帝位傳承問題。而歷史上幾乎所有皇位傳承不成功而導致同室操戈乃至於皇帝不得善終的事例，他一一列舉出來。而對於臣民最關心的太子問題，他說出最值得玩味的話：「十年以來，朕將所行之事、所存之心，俱書寫封固，仍未告竣。立儲大事，朕豈忘耶？」這句話，透露了康熙對立儲問題的兩個思路：第一，立太子這樣的大事，他從來沒有忘記。第二，他仍在考慮人選，但沒有最後確定。

　　一個月後，因皇太后去世，康熙手書藍筆諭旨，說「朕所下諭旨，乃朕一生至苦之事」，責備大學士在上奏中，為什麼沒有一句話說到朕的身體？如果想這樣草草了事，朕這樣垂老的身體，將有什麼依賴？你們把朕看作駕車的老馬，即使遍體鱗傷，走路一瘸一拐，已經拉車，還要給朕加鞭子，以為即便撲倒死去，肯定有更換的人。竟然沒有一個人憐恤，讓他更換休息。

　　這段話表明康熙因病魔纏身，心理消極，也間接而不失明確表達了對立皇太子的強烈支持，希望自己能早日卸下不堪承載的江山重負。聯繫到前面李光地率大學士拚命相爭的「可駭句」，可以推斷，康熙極有可能產生退位之想。

　　一個月後，康熙的身體仍無好轉跡象。翰林院檢討朱天保奏請復立二阿哥為皇太子。康熙得奏，怒不可遏，在湯泉行宮親自審問，隨即將朱天保處死，表明他把廢太子排除太子之列。

議定太子儀注和權限

處死朱天保沒有影響立太子的事。可見康熙是想立太子，只是廢太子不是太子人選。

康熙五十七年正月二十一日早晨，大學士等將遵旨議立皇太子事，寫好摺子上奏：「願皇上立即乾斷，四海臣民，莫不歡慰。現今題奏本章等事，即可命皇太子在皇上左右，稟承皇上指示，贊襄辦理。俟皇上完全恢復健康，再親理幾務。」考慮到皇帝的身體已經無法正常處理各項事務，大臣們還建議：「今年應補各官及旗下官員，停止引見，陸續具題補授。等候皇上何時下諭旨，再行引見。」

很顯然，這次大臣們是「奉旨」奏請立太子事，對於康熙反對的「分理」，也有新的替代方案：太子稟承皇上指示，贊襄辦理。萬事俱備，唯一沒有揭開的是太子人選。

康熙把大臣們召入暢春園寢宮，君臣先在一起聊了他的身體，有大臣說，皇帝坐湯對身體康復很有效，也有的大臣提出吃點益氣的補品。康熙隨後對大臣們說：「你們今日是為請立皇太子之事而來。」隨後他總結了前次立太子失敗的教訓，說：「立二阿哥為太子時，一切禮儀都是索額圖所定，服用儀仗等物，與朕所用相等，致二阿哥習壞，這都是索額圖教的。自二阿哥近侍人員，以至內監，言及索額圖，欲食其肉。天無二日，民無二王，名不正則言不順。現在立太子之前，應該先將禮儀議定，你們一同將明朝《會典》及漢唐宋以來立太子典禮細查，詳定議奏。」

數日後，九卿等遵旨將皇太子儀仗、冠服一切應用之物及應行禮儀，全部查明裁減，定議具奏。康熙對此非常滿意，肯定「所議甚善」。這就是說，經過對太子職權的確認，即不分享皇帝權力，只是在康熙指導下做些具體事務；同時，太子的儀注經過裁減，即參照明朝的做法，主要是降低太子儀注規格，這也已議定。康熙帝擔憂的兩大問題一一解決。一切障礙已不存在。而康熙從去年十一月的「書寫封固，仍未告竣」，經過三個多月的思考，人選似乎也已

確定。立太子應該順理成章了。

可是，到了二月十二日，大臣們以立皇太子事繕摺請旨，康熙手書諭旨，來了個急轉彎，表示反對，責備大臣們凡事應該詳細考慮後再上奏，表示立太子不可草率。康熙給出的理由有兩個：一是現在皇太后去世不滿百日，梓宮尚未安厝，舉國素服，未曾剃頭，這時候乃將大慶之事奏請，他表示很不理解。二是皇帝身體目下並無可慮。

康熙的轉變，表面上是上面提到的兩個理由，實際上，他另有考慮。

康熙默立儲君

很顯然，降低太子儀注及權力只解決了太子與皇帝之間的矛盾，而如何解決新立太子，讓諸阿哥心悅誠服，又成為康熙不得不慎重考慮的問題。如果不足以服眾，那麼名為愛之，實則害之。他在二廢太子後很憂慮地說：漢唐以來，太子年幼時還能保證沒有爭奪的事發生。一旦太子長大，左右羣小，盤結日久，很少有平安無事的。現今眾位皇子，學問、見識各不服氣，但他們年俱長成，已經分封，他們所屬人員，沒有不各自庇護自己的主子的。他語重心長地說：「即使立之，能保將來無事乎？前事已誤，今若輕舉，再誤將若之何？」（《康熙起居注》）

顯然，康熙陷入另一種恐懼中，擔心新太子成為阿哥們的眾矢之的，變成第二個允礽。康熙不想犯第二次錯誤。由此，他改變思路，實行默定太子，即祕密立儲。如何打破眾阿哥學位、才識各不服氣這一僵局？

康熙講過：「朕萬年後，必擇一堅固可託之人，與爾等做主，必令爾等傾心悅服。」這句話有兩層意思，第一層「堅固可託」，實際是康熙選擇儲君的「標準」，不負康熙對大清江山的重託，不負天下臣民對儲君的希望。第二層「傾心悅服」，是做儲君的基礎，不但朕指定，你們心悅誠服，而且，儲君的作為令你們傾心悅服。如何才能傾心悅服？就是太子立有超世之功，這個江山配他坐。

如此，隨着清軍在西北戰場的節節敗退，國家統一受到嚴重威脅時，康熙以戰略家的謀劃，把默定儲君與西北戰事放在一起考慮，於是有允禵出征。

允禵西征，不但關係康雍之交的皇位傳承，也關係到西北戰局，進而影響雍正一朝。《清聖祖實錄》記載，康熙任命皇十四子出征的時間是康熙五十七年十月。而弘旺的《皇清通志綱要》明確記載：「三月中旬，命皇十四子貝子禎，授王、撫遠大將軍往征。」

雍正修康熙實錄，為什麼把任命十四子為「王」略去，並把時間延後半年多？是弘旺的記載有誤嗎？孟森先生說，「清實錄」有關帝王本身事者，多不可信。筆者推斷，康熙朝實錄這樣處理，就是為了洗脫這次任命出征與議定太子之事的聯繫，在時間上進行區隔，從而給後人一個假像：這次任命與太子無關。現存《撫遠大將軍允禵奏稿》二十卷本，允禵所有上奏均寫明職銜為「大將軍王」。康熙發佈的諭旨也是「大將軍王」。允禵的第一個上奏，時間是康熙五十七年十月二十八日，署名職銜就是「大將軍王」。按照《清聖祖實錄》記載，允禵是當年十月十二日被任命為大將軍的，而半個月之後的上奏即署名「大將軍王」。由此可以肯定，允禵被任命為大將軍前或同時，被康熙封為王爵。《允禵奏稿》中，他在行文地方督撫等封疆大吏時，一再使用「本爵」字樣，並將此上奏康熙，如果僅是貝子爵位，允禵不會這樣稱呼自己。

還有一件事，非常蹊蹺，就是《康熙起居注》的廢止時間，與允禵被任命為大將軍王的時間高度重合。在清代起居注冊中，《康熙起居注》價值最高，因為起居注最接近事情發生的時間，原則上皇帝都不能看。《康熙起居注》館自設立起，首尾連貫，即便中間發生驚天動地的廢太子之事，也沒有廢止起居注館，而恰在任命允禵為王、大將軍的同時，即三月廢止起居注館。而廢止的理由又極為牽強，這極有可能是因為雍正時撰寫《清聖祖實錄》，如果留有《康熙起居注》，勢必改不勝改，也無法全部刪改，因此來個一勞永逸。實際的可能是，這幾年的《康熙起居注》被全部銷毀。

牙含章先生早年在拉薩哲蚌寺習藏文經法，他於 1952 年寫成的《達賴喇嘛傳》，主要依據藏文獻，裏面直接稱允禵為「皇太子」。該書多次修訂、核

實，肯定有所依據，是否藏文是這樣表述的？筆者沒有查核到相關資料，但值得關注。

任命允禵為大將軍王出征西北，實際是康熙最妙的一步棋，也是當時人的普遍看法，不是我們「分析」的。

西北的戰事是從三年前即康熙五十四年開始的。準噶爾部首領策妄阿拉布坦派兵襲入哈密。西北形勢陡然緊張，康熙立即派富寧安為靖逆將軍、傅爾丹為振武將軍，前往巴里坤、阿爾泰山抗擊。但戰事進行兩年，軍事並無進展。

康熙就出兵之事徵詢皇三子允祉、皇四子胤禛的意見。後來又表示，策妄阿拉布坦力量不弱，西北軍務應該派遣王及大臣。康熙五十五年三月，康熙帝說他 20 年前親征噶爾丹時到過寧夏，但沒有到過西寧，為此詢問西寧地方情況。西寧官員不知康熙的用意，馬上修理道路，預備糧草。各地瘋傳康熙帝要御駕親征。貴州巡撫劉蔭樞多次上奏說，小丑不足煩大兵，請康熙休兵緩征，與準噶爾劃界而治。康熙帝說他「搖惑軍心」，為此將年逾八十的劉蔭樞發往軍前，後來發遣到喀爾喀種地。

清兵在哈密的最初成功使得滿朝滋長輕敵情緒。馬齊說，此後捷報應該相繼而至了。五十六年十一月，清廷得報策妄阿拉布坦派兵翻過騰格里山，用閃擊戰進入西藏腹地後，仍然輕敵。康熙說：策妄阿拉布坦不足為慮，他派兵到西藏，道路如此之遠，既無錢糧，又無接應，自去年十月啟行，今年七月方到，一路以人肉為食，翻過三層冰山。他的軍隊可以到西藏，我大清兵也可以到，兵也不用多，二百多人就足夠了。定於明年（康熙五十七年）三四月出兵。而此時，準噶爾兵已攻入拉薩，殺掉和碩特拉藏汗後，又禁錮拉藏汗所立的六世達賴喇嘛，控制了全藏，並企圖通過挾制達賴喇嘛，號召眾蒙古，與清朝分庭抗禮。康熙雖不斷增派清軍，但援藏清軍在侍衛色楞輕敵情況下，幾千人全軍覆沒。準噶爾力量威脅大西北的同時，也直接威脅到大西南，進而動搖清朝的統治基礎——滿蒙聯盟。

消息傳來，舉國震動。正是在此邊疆危機的重要時刻，又逢立太子的關鍵節點，康熙欽定皇十四子允禵為王，授撫遠大將軍，率軍出征西北。

　　康熙為什麼要派允禵出征？難道真的像雍正後來說的那樣嗎？雍正即位後說：「皇考令允禵出征，是置之遠地。無知之人反謂是試用允禵，將定儲位。遂妄生覬覦。舉國之人盡知皇考年高體弱，置繼統之子於數千里之遠，有是理乎？」（《大義覺迷錄》）

　　雍正的「解說」是罔顧事實。實際上，派皇十四子允禵為撫遠大將軍，率兵出征，正是康熙的良苦用心。他要一舉三得：第一，將太子與諸阿哥分開，是對太子的最好保護。第二，太子得到鍛煉，立大功讓諸阿哥傾心悅服，將來避免爭鬥。第三，讓儲君分擔皇帝之憂、國家之憂的同時，也考驗太子是否稱職做將來的接班人。把二十一史讀之爛熟的康熙帝不會不知道諸葛亮為劉琦出謀，「申生在內而危，重耳在外而安」這則真實的歷史故事。

　　東漢末年，據守荊州的劉表因為長子劉琦仁厚慈懷，與自己長得特別像，而立其為嗣子。後來次子劉琮娶了父親繼室蔡氏的姪女為妻。劉表寵信蔡氏，對夫人詆毀劉琦的話信以為真，想廢長立幼。劉琦感到自己處在十分危險的環境中，多次請教諸葛亮，但諸葛亮一直不肯為他出主意。有一天，劉琦約諸葛亮到一座高樓上飲酒，等二人坐下飲酒時，劉琦暗中派人撤走了梯子。劉琦說：「今日上不至天，下不至地，出君之口，入琦之耳，可以賜教矣。」諸葛亮見狀，便給劉琦講了一個故事。

　　說的是春秋時期，晉獻公的妃子驪姬想謀害晉獻公的兩個兒子：申生和重耳。重耳知道驪姬居心險惡，只得逃亡國外。申生為人厚道，要盡孝心，侍奉父王。一日，申生派人給父王送去一些好吃的東西，驪姬乘機用有毒的食品將太子送來的食品更換了。晉獻公哪裏知道，準備去吃，驪姬故意說，這膳食從外面送來，最好讓人先嚐嚐看。於是命左右侍從嘗一嘗，剛剛嘗了一點，侍從倒地而死。晉獻公大怒，大罵申生不孝，陰謀殺父奪位，決定要殺申生。申生聞訊，也不做申辯，自刎身亡。諸葛亮對劉琦說：「申生在內而亡，重耳在外而安。」劉琦馬上領會了諸葛亮的意圖，立即向父親請求派往江夏（今湖北武昌西），避開後母，終於免遭陷害。

　　我們前面講過，本來，康熙的健康狀況使得立皇太子有了迫切性，他也有

了最終的人選。但康熙最擔心的是，諸皇子都已長成，各有力量，學問、見識也都不一般，因此，即便他指定一位做儲君，也很難服眾。這好像是個無解的扣，而西北戰事提供了解開這個扣的絕佳機會。清朝崇尚武功，武功在康熙心中的分量更重大無比。他多次說，自太祖、太宗、世祖乃至於今，一百多年，沒有武功何以安天下？他說自己親征噶爾丹，是一生最大的榮光，談論過成百上千次。因此，通過這次疆場立功，足以讓諸皇子對儲君傾心悅服。

諸皇子又何嘗不是如此。在時間節點上，囚禁中的廢太子允礽通過寫礬書謀求出任大將軍的事件，恰好發生在康熙命大臣議定太子儀注時，即康熙五十七年正月；而朱天保密奏放出二阿哥，立其為皇太子，也是這個時間，因而康熙帝親自審問，隨即將朱天保處死，這就是警示皇太子人選，排除了廢太子。

康熙把目光轉向了皇十四子，而這又絕非偶然。與諸位兄長相比，允禵有四大優勢。第一，父皇親自帶大。我們說，知子莫如父，而這個「知」，要建立在長期了解的基礎上。康熙對這位阿哥愛護有加。允禵的原名叫胤禵，他是康熙二十七年正月初九出生，是雍親王胤禛的同母弟，比胤禛小十歲。他性格直爽，為人仗義，儘管是親兄弟，但與哥哥並不親近，而與皇八子允禩、皇九子允禟、皇十子允䄉最親近。他 12 歲起，就跟隨父皇巡行在外，或與阿哥值守京城。按照清朝制度，皇子完婚後，要分府另居，但允禵婚後仍與其福晉住在宮中，陪侍父皇。我們在滿文檔案中看到，允禵幾次就是否仍由父皇養育宮中上奏，康熙每次都批旨：仍在宮中。即留在父皇身邊，一直到康熙去世。這是其他皇子不曾有的。

允禵離京後，給父皇的密奏也說：臣自幼在皇父宮中長大，凡事跟隨皇父學習。臣出行前，皇父令臣心地堅強，方為男子。臣之本事，皇父自幼知之，若成為好漢，臣可不辱皇父。

允禵兩個兒子的婚事也是康熙一手操辦。允禵次子弘明的婚事與其他兩位皇孫都在前後同時舉辦，內務府奏請說，這三個皇孫婚事的所有費用應該由他們的父親出。康熙很不滿意，說弘明的父親允禵出征在外，他兒子婚事的所有

物品、費用，都由宮中備辦。

第二，豁達大度，品行端正。這與康熙的性格很像，也符合儲位的基本標準。康熙無數次強調：治天下之道，以寬為本，若吹毛求疵，天下人安得全無過失？大小臣工必將一日不能自安。一廢太子後，皇長子允禔被革去王爵，康熙把允禔原分得的上三旗佐領唯獨給了允禵，又將允禔所屬包衣佐領及渾托和人口的一半，分給允禵。可見對允禵的特別關愛。

允禵為人豁達，從不掩飾他對皇八子允禩的親近。允礽復立皇太子後，康熙出巡塞外，欽點的隨扈皇子名單中有允禩，沒有允禵，允禵一再請求，父皇也不答應，並對允禵說：「看你現在豁出命要去的意思，難道是要跟隨朕嗎？不過是要跟隨八阿哥罷了。」果不其然，允禵戴上破帽，穿上舊衣，坐着小車，打扮成小商販的樣子，私送允禩出口外。白天潛蹤而隨，晚上住在允禩帳房。康熙對此也不怪罪。

康熙四十八年，這是復立允礽為皇太子後，康熙朝的第二次冊封。在這次冊封中，允禵被封為固山貝子。在所有受封皇子中，他是最年輕的，此時年僅20歲。

皇八子允禩經過蹊蹺的「獻鷹事件」後，康熙也逐漸原諒了他。康熙五十五年六月，康熙得知允禩患病，立即降旨：十四阿哥允禵向來與八阿哥允禩相好，着伊同太醫，商酌調治。在康熙的安排中，允禩能夠輔佐十四子。

康熙默定允禵為儲君後，有意在漢族官僚士大夫中，樹立他的良好形象。允禵漢文書法很漂亮，康熙賜給他很多御扇，讓允禵在上面題字送人。康熙在立太子問題上多次徵求大學士李光地的意見。康熙五十六年，特詔李光地進京，商量太子人選。李有個門人陳萬策，允禵見到他後，「待以高坐，呼以先生」。

允禵豁達大度，在當時是很有名的，雍正後來對這位親弟污名化，清人在《嘯亭漫記》中為其鳴不平，明確說：「世所傳允禵西征淫虐事，乃世宗造詞以誣之者，非實錄也。允禵雖非賢哲，然其闊達大度，有世宗所不及者。」（《嘯啾漫記》）

作者不敢署上自己的真名，因為這樣的評價是要被殺頭的，但反映允禵在人們心目中的地位很高。乃至於雍正即位後，允禵被幽禁，蒙古王公仍頂着重重壓力，絡繹不絕前去看望他。

第三，符合儲位的最高標準。康熙說過，欲立皇太子，「必能以朕心為心者方可」。這就是絕對忠誠於父皇，忠誠於大清的社稷江山。允禵在西北四年，當父皇最需要他的時候，他衝在最前；當所有大臣都反對出兵時，又是他堅決站在父皇一邊，表示：「此乃關係臣一生之事，若坐享其成，身蒙富貴之事，臣今世斷不能接受。」這讓多病纏身、桑榆晚年的康熙最感慰藉，也足以樹立起他在諸皇子中他人不可企及的最高形象。儲君用實力，讓其他皇子傾心悅服。康熙囑咐允禵：「你肩負要務，出已一年。你所差之人，朕均引見，他們告訴你了嗎？你只有寬舒心懷，勤奮效力承擔的事。」在西北整整三年間，允禵回京時，康熙特派三阿哥誠親王允祉、四阿哥雍親王胤禛率領內大臣前往郊外迎接。當時大阿哥、廢太子都在囚禁之中，康熙命年長的二位親王率大臣郊迎，等於告訴朝野大臣，儲位已明。郊迎時，宗人府左宗人阿布蘭，違反常規，出班跪接，康熙也不指責。因為，允禵是康熙默定的儲君。

第四，年齡最合適。康熙在考慮儲位時，年齡也是一個重要因素。康熙在後期給諸皇子分派軍政事務時，多在皇十子以下這些剛過而立之年的皇子中選派，這表明康熙選儲位的一種思考。他同皇太后談話時也說，四十一過，人就向老年跨入。因而排在第一序列的，即40歲上下的皇子，不在他的考慮範圍。而允禵出征恰好是30歲，正是孔子所說的而立之年，是連接他上面的幾位兄長和後面的幾位弟弟的最佳橋樑。

此外，很多研究者都認為，在康熙的諸位皇子中，允禵的長相酷似康熙。這些，都使得允禵在康熙眼中是皇儲的最佳人選，堪稱「深肖朕躬」。

允禵出征，也承載着諸皇子的希望，可以說是眾望所歸。皇九子允禟說，允禵「聰明絕世」，才德雙全，其他兄弟皆不如他，將來必然大貴。等到允禵的出征令下來的時候，允禟又說：十四阿哥現今出兵，皇上看得很重，將來皇太子一定是他。允禵出發前，允禟每天到允禵家去，二三更天才離開，總是商

量允禵早成大功、回來當皇太子的事。而允禵出征的規格之高、禮儀之隆重、權力之大，又是清初百年從未有過的。

任命允禵為大將軍王之後，康熙又親自部署三路大軍的出征日期、統軍將領：往西安一路為第一起，由護軍統領吳世巴、委署護軍統領噶爾弼率領，於十一月十五日起程，駐紮莊浪；往寧夏一路為第二起，由副都統、宗室赫石亨、寶色帶領，於十一月二十九日起程，駐紮甘州；往宣府、大同、神木、榆林沿邊一路，為第三起，由撫遠大將軍允禵帶領，於十二月十二日起程，駐節西寧，調餉徵兵，三路大軍均聽節制。

康熙隨即給議政大臣等發佈諭旨：十四阿哥既授為大將軍領兵前去，其纛用正黃旗之纛，照依王纛式樣。康熙還親自為大將軍配備隨征的王、貝子、公等 16 人，為大將軍組建軍前「議政大臣」，儼然是一個「小朝廷」。康熙又以八旗事務管理不力，正藍旗、正黃旗、正白旗都統出兵出差在外，命皇七子允祐辦理正藍旗滿洲、蒙古、漢軍三旗之事；皇十子允䄉辦理正黃旗三旗之事；皇十二子允祹辦理正白旗三旗之事。這一任命既是為允禵出征補充兵力做好準備，同時表明康熙把國家重要事務交給年輕一些皇子處理的基本思路。後來又派「內廷三位阿哥」即皇孫弘字輩協助，包括皇三子誠親王允祉次子弘曦、皇五子允祺次子弘旺、皇七子允祐長子弘曙，不但讓他們協助允禵，更重要的是，讓康熙的孫輩得到實際軍事鍛煉，作為將來國家之用。後來大軍發往西藏時，允禵說諸皇孫可以撤回，康熙明確表示反對，理由是他們應該在軍事鬥爭中得到鍛煉。其中隱含將來能為允禵所用的意思。

十一月十五日，因大兵起程在即，康熙帝御太和殿，排設鹵簿前進，出征的王等以下全部身着戎服，不出征的王、貝勒等以下全部着蟒服以從。康熙親詣堂子行禮，次鳴角，祭旗纛，禮畢回宮。出軍祭告堂子，與祭天之禮並重。努爾哈赤初次起兵，即行告堂禮。

十二月十二日，允禵率兵起程，康熙命舉行最高規格，擬於天子出征大典，命內閣大臣在太和殿頒給大將軍敕印，出征的王、貝子、公等以下全部着戎服，齊集太和殿前，不出征的王、貝勒、貝子、公並二品以上大臣等全部着

蟒服，齊集午門外，大將軍允禵上殿，跪受敕印、謝恩，行禮畢，隨敕印出午門，乘騎出天安門，由德勝門前往。諸王、貝勒、貝子、公等，並二品以上大臣，全部送至列兵處。大將軍允禵望闕叩首行禮，肅隊而行。

允禵被父皇賦予生殺大權。康熙特別下旨，此次大兵在外，如遇章京並護軍校、驍騎校缺出，令大將軍即行補授。允禵實際委任官員的權力要大很多。西安將軍出缺，兵部奏請，康熙下諭旨：由大將軍王在西路軍務大臣中遴選，將應行補放人員具奏。允禵隨即接到兵部諮文，將遴選延信等三人上奏康熙。五十八年，青海蒙古各部盟長羅卜藏丹津等進京覲見，康熙帝對他們說：「現在大將軍王帶領大兵，駐守西寧。由此降旨，相隔甚遠，軍事當相機調遣。大將軍王是我皇子，確係良將，帶領大軍，深知有帶兵才能，故令掌生殺重任。爾等或軍務，或巨細事項，均應謹遵大將軍王指示。如能誠意奮勉，即與我當面訓示無異。」

以上說明康熙不但對允禵高度信任，而且賦予生殺大權。這在清朝歷史上是絕無僅有的。康熙三次親征噶爾丹，皇太子允礽留守京城時，康熙下令：「凡事俱着皇太子聽理。若重大緊要事，着諸大臣會同議定，啟奏皇太子。」兩相比較，允禵受信任的程度與權力之大，絲毫不遜於當年的皇太子允礽。

允禵西征在外，長達五年之久，維護了大清的統一，西北、西南安寧，康熙評價說：「此非常之功，功大也。」

時間的指針不停旋轉。允禵能否不辱使命，承擔父皇的重託？虛懸多年的儲位會降臨到他的頭上嗎？

六、康熙之死

　　正當大將軍允禵在西北即將完成父皇託付他的重大使命，雍親王胤禛也在進行精心而周密的爭儲準備時，康熙六十一年十一月十三日，康熙大帝在暢春園寢宮去世。

　　在日出而作日落而息的農耕社會，皇帝的生死乃至皇位的傳承，從秦朝開始，歷經兩千多年，你方唱罷我登場，除了改朝換代外，在當時人們的心中，是再正常不過的事。但此次康熙之死以及緊隨其後的皇位更迭，卻很不尋常。

　　根據大行皇帝的遺詔，繼位的是皇四子——雍親王胤禛，他就是後來的雍正皇帝。而在這次皇位授受之間，留下互相關聯的兩大疑問：第一，康熙是怎麼死的？第二，雍正是怎麼繼位的？

　　這兩大疑問，不但糾葛了整個雍正一朝，幾乎影響到雍正十三年所有重要的人和事，而且直到今天，學術界仍然聚訟紛紜，莫衷一是。歷史畢竟是勝利者書寫的。由於官方的康熙、雍正《實錄》幾經修改，真實的歷史可能早已「隱身」，而私家著述由於雍乾時期文字獄的蔓延，留下來的又少之又少，因此有人斷定：康熙之死與雍正即位，將與順治出家、太后下嫁一樣，成為永遠解不開的謎，它們一同被列為清宮四大疑案。但歷史的魅力正在於此：越是難解，越能引起人們的無限興趣；越是無解，我們越要還原歷史真相，給出一個合理的答案。怎麼尋找合理的答案？

　　我們先來講講康熙是怎麼死的。

　　康熙之死，當時就有傳聞，流傳最廣的是雍親王在「人參湯」裏下毒害死了康熙。原話說：「聖祖皇帝在暢春園病重，皇上進一碗人參湯，不知如何，聖祖皇帝就崩了駕，皇上就登了位。」（《大義覺迷錄》）

　　雍正後來反駁說：「這種傳聞是八阿哥允禩因為康熙四十七年的事，記恨

朕而造的謠。那一年，父皇因為廢太子的事，身體很不好，朕與幾位御醫還有三阿哥允祉，晝夜檢點醫藥，父皇終於恢復了健康，我們互相慶賀，而允禩眨着眼睛說，眼下雖是好了，但不知將來的事情怎麼辦？朕將這件事當着眾人的面揭露，他為此記恨於朕，於是把六十一年進奉湯藥的事，加給朕惡名。」

雍正為自己辯解的進奉湯藥的事，在康熙朝實錄有記載，重點是講胤禛對父皇的孝，但沒有記載他揭露允禩的事。而且，胤禛講這個話的時候，是雍正七八年，當時允禩已經死去，無從質證。退一步講，即便允禩說了那樣的話，也是有感而發，豈能因此記恨於心，把君父之死栽在別人頭上？從允禩的所有行為看，可以排除。

事實上，康熙生前不止一次說過，他擔心自己不得善終。康熙五十六年十一月，康熙因身體極度虛弱，走路需人扶掖，遂在乾清宮東暖閣召見大臣，把準備了十年想說的話，以面諭的形式跟大臣們說，並強調，如有遺詔，無非就是這些話。他着重講了兩件互相關聯的事。

第一件事：帝王不得善終。康熙說，古代帝王不少人不得善終。他舉了梁武帝和隋文帝兩個例子。梁武帝也是創業英雄，在位 48 年，他統治的這一時期，是南朝歷史上最穩定、最富足的時期。後來到晚年，降將侯景叛亂，把他餓死在台城。隋文帝也是一代江山的開創者，在位 23 年，史稱「開皇之治」。但晚年因諸子爭儲，引發大亂。隋文帝有五個兒子，先立長子楊勇為太子。晉王楊廣密謀取而代之，得到宰相楊素的支持，文帝遂廢楊勇為庶人並把他囚禁起來，改立楊廣為太子。後來文帝在仁壽宮避暑得病，只有太子楊廣與陳夫人侍疾。陳夫人更衣時，為楊廣強暴，事為文帝所知，急宣左右召楊勇進殿，欲廢楊廣。楊素與楊廣合謀，血濺屏風，哀痛之聲聞於外。隋文帝死時僅 64 歲。

講了這兩個不得善終的典型例子後，康熙還說，又如丹毒自殺、服食吞餅、宋太祖之遙見燭影之類，種種所載疑案，難道不是前車之轍？都是因為辯識不早。

第二件事：皇位不正常傳承。他舉出兩個典型的英明之君的例子。漢高祖劉邦把皇位傳承的後事託付給呂后，唐太宗把定儲位的事交給長孫無忌。朕每

閱讀這些，都深深感到恥辱。最後，康熙堅定地說：「或有小人希圖倉卒之際，廢立可以自專，推戴一人以期後福，朕一息尚存，豈肯容此輩乎？」他還特別說，《尚書》「洪範」講「五福」，五福以「考終命」最難。考終命就是壽終正寢，正常死亡。

康熙說，二十一史他都看得很熟，對歷史的教訓警惕性很高，但又深怕悲劇在他的身上重演，因此不止一次對皇子們說：「朕日後臨終時，必有將朕身置乾清宮而爾等執刃爭奪之事也。」因此，康熙晚年最擔心的是兩件事：第一，自己能不能正常死亡。第二，皇位能不能正常傳承。

但歷史又驚人地相似，康熙擔心的這兩件事，成為連帶的兩大疑案。當時就有不同的說法。孟森先生是清史研究的開拓者、奠基人。他關於雍正即位的研究說過這樣的話：《實錄》所載，直接關係帝王本身事者，最難得實。

由此我們要追問的是：康熙臨終前幾日究竟發生了什麼？

康熙的身體是否異常

康熙的身體，經過二廢太子，確實受到極大折磨，但去世的前幾年又恢復得很好，沒有什麼異常。

康熙五十四年冬天，他的右手不能寫字，但堅持用左手執筆批諭旨。五十六年底至次年春，因為皇太后去世，悲傷過度，行走需人扶掖。人也明顯消瘦，早晨起來，「手顫頭搖，觀瞻不雅，或遇心跳時，容顏頓改」。這些症狀顯示，康熙很可能得了心腦血管疾病，而且伴隨中度中風。

但康熙非常注重調養，喝西洋葡萄酒、泡湯泉、塞外行獵等，都是非常有效的辦法，因此到康熙五十八年，又恢復得很好。由於皇帝一身繫天下安危，因此他反反覆覆向皇子、大臣們報告這個好消息，說腿已經好了，能夠騎馬到暢春園，一連三年因為手足疼痛而中斷的書法，也可以寫了，射箭也能射中。康熙五十九年，他對在外出征的皇十四子允禵說，朕的身體較往年更好，氣色、飲食、行走都好，行走不需人扶掖，能照常乘馬。為了讓兒子放心，康熙

像小孩子一樣，讓允禵的太監貼近他仔細看，以便把親眼所見告訴允禵。

康熙六十年，他又告訴允禵：「朕氣色大好，乘馬一直到日落，所獲獵物甚多。」為了能夠對自己的身體健康準確診斷，康熙找來米蘭的傳教士，同時也是內科醫生佛澳塔博士，在暢春園寢宮為自己診斷。醫生告訴他，如果想要更準確，必須在晚上和次日早晨進行號脈。康熙非常配合。經過反覆檢查，醫生宣佈，陛下的健康狀況非常好。傳教士還觀察到，康熙的大牀非常寬，可以睡五六個人，沒有牀單，牀褥的上下兩部分都是用羊皮鋪墊的，康熙不穿任何睡衣，就躺在兩層褥子的中間。

康熙六十一年，這是重要的時間節點。康熙的身體還是很好，他帶領大隊人馬，四月開始巡行塞外，歷時五個半月之久，才回到暢春園，其間在圍場進行一個月的木蘭秋獮，比武大典。在塞外期間，他每日正常處理朝政。

康熙出生於順治十一年三月十八日，康熙六十一年，皇帝的七十大壽慶典的籌備工作正在有條不紊地推進。十月初五日，禮部尚書陳元龍上奏：「明年三月十八日是皇上七十大壽，四方士子無不踴躍觀光，應照康熙三十六年慣例，在各省府縣生員內，每學選拔一二名送國子監讀書。」康熙帝允准。

十月二十一日，康熙開始在南苑行圍。南苑，又稱南海子，是元明清三朝的皇家狩獵場，在今天北京南四環到南六環的廣大區域。人們熟知的大紅門，即南苑的北門。清代皇帝多次在這裏大閱八旗兵。二十六日，眼看離皇上七十大壽的時間越來越近，由康親王領銜，特意用代表喜慶的「紅摺」，向行圍中的康熙奏請慶典應該怎麼辦。上奏除了盛讚康熙帝德、功、福三者兼備，六十餘年心為天下耗其血，神為天下散其形，才換來國泰民安、家給人足的大好江山外，特別講：「值此四千餘年未有之盛世，而聖體安舒，稀齡而耳目聰明，耋期而精神完固。」

康熙以他向有的謙遜回答說：「你們說了很多言過於實的話，朕實不敢當。大典就不用了，但三月十八日，進表行禮，朕准了。你們籌備吧！」

康熙晚年不願舉行大規模的慶典，因為每次慶典，就有一個無法迴避而又令他頭痛的問題，就是太子之位還空缺。但這次，他沒有拒絕，也不想迴避，

他想來個水到渠成。

以上說明，康熙的身體非常健康，他本人也非常自信。籌備康熙皇帝的七十大壽，成為舉國上下最重要的事情，正有條不紊地推進。而康熙心目中的太子，相信屆時也將塵埃落定。

但天有不測風雲。正在南苑行圍的康熙帝，得了病。

康熙病情之謎

康熙得了什麼病？重不重？

康熙是在南苑行圍期間患的感冒，症狀不重，當天就回到暢春園。暢春園是京城第一名園，自康熙二十六年首次駐蹕始，這座江南風格、佔地上千畝的皇家園林成為他的最愛。此後 36 年間，他每年都要在這裏住上十次八次，每次少則一個月，多則半年，纍計在這裏居住了 3800 多天。暢春園也與皇宮、避暑山莊一樣，成為康熙處理朝政的又一個中心。

康熙患病的時間，官方《實錄》的記載是十一月初七日，但沒有記載得的是什麼病。私人著述，蕭奭的《永憲錄》，明確記載康熙得的感冒，並傳旨：「朕偶冒風寒，本日即透汗。自初十日至十五日靜養齋戒，一應奏章，不必啟奏。」（《永憲錄》）

舊曆十一月，是京城完全進入冬天的時間。上了年紀的人，在這一期間，容易感冒，也很正常。康熙感冒當天，就出了透汗，這是轉好的跡象。但康熙需要休息調養，因此傳下諭旨，初十日到十五日期間，他要靜養，所有大臣的奏章，不必啟奏，即停止處理朝政。

但皇帝「無小事」。康熙身體不適的消息還是讓臣子們牽掛。而最早得到這一信息的，不是別人，正是雍親王。在康熙患病的前一天，即十一月初六日，雍親王，還有宗室延信、步軍統領隆科多等人，在京查核倉庫事情完畢，遂前往南苑向行獵中的康熙彙報。康熙帝召見了雍親王等人，並向他們詳細詢問查核倉務的事情，君臣在一起商議許久方散。細心的臣子們看得出，康熙的

氣稍虛弱，臉也有點消瘦。因此，康熙第二天就回暢春園了。

延信等八旗大臣牽掛皇帝的身體，他們約好，初十日去暢春園給主子請安，但康熙傳下旨令：「你們不要再來。」延信等人雖然牽掛皇上的身體，但有聖旨，自此，再也沒有去給康熙請安，直到康熙去世。

以上記載是延信給當時在西北的大將軍允禵報告康熙從得病到去世的情況，這一報告也密奏給剛剛即位的雍正皇帝。我們現在無法準確判斷，延信等人是到了暢春園看望皇帝而為康熙所拒絕，還是康熙得知大臣要探望他而先傳下旨意。這兩者是有很大區別的，如果是前者，說明旨意未必出自康熙本人。

康熙患病也驚動了在京城的西洋傳教士。意大利籍傳教士馬國賢聽說康熙在南苑行獵感染了炎症，回到了暢春園。初九這一天，傳教士們來到暢春園，對皇帝的病情進行了診斷，認為是氣候變冷的原因，沒有大礙。

有沒有特別的事情發生

康熙帝於初十日至十五日之間，在暢春園「靜養齋戒」。從清朝人畫的暢春園的圖，可以看出它佔地很廣，也很幽靜。在康熙「靜養齋戒」期間，他傳旨，不讓八旗大臣來請安，並命所有奏章，不必啟奏。延信等大臣們也遵旨，沒有去暢春園請安。但康熙的聖旨有一個人沒有遵守，有一個人不需要遵守。前一個人是雍親王，後一個人是隆科多。

原來，十一月十五日是冬至，按照國家禮制，康熙這一天要在天壇舉行祭天大典。康熙因為感冒，冬至這一天，是「靜養齋戒期」，因此不能親自前去祭天，遂於初九日命雍親王代行。

大的歷史事件，我們最關注的就是時間、地點、人物。雍親王、延信、隆科多等人於初六日在南苑向康熙彙報查倉情況，次日康熙回到暢春園休養。齋戒的旨令也是在此期間發出的。而由雍親王代為祭天的旨意是初九日做出。這幾天發生了什麼？歷史不會記載這樣的細節。我們只能進行合理的推斷。

在中國人的信仰中，即便貴為天子，也都把天視為萬物的主宰。早在周代

就有圜丘祭天的活動，敬天法祖也成為歷代帝王的核心思想。現在的天壇的基礎，是明朝永樂皇帝建造的。天壇融匯了古人「天圓地方」的理念。祭天是國家大祭，由天子恭行，出正陽門，祈求風調雨順、五穀豐登。

雍親王因為牽掛父皇的身體，請求留在康熙的身邊侍奉。這也很正常。但康熙沒有同意，對他說：「郊祀上帝，朕不能親自前往，特命你恭代，齋戒大典，必須誠敬嚴恪。你為朕虔誠展祀就是了。」雍親王於是遵旨在齋所致齋。

康熙明令所有大臣不得再來，又命雍親王「誠敬嚴恪」「虔誠展祀」，但雍親王做了什麼？一連三天，即從初十到十二日，每天三次派護衛、太監等人至暢春園候請聖安。什麼是「候請聖安」？就是一定要等到皇帝的回信。而康熙每天所傳諭旨的內容都完全相同：「朕的身體好了一些。」

有研究者認為，雍親王每日到暢春園寢宮候請聖安，一定得到了康熙的允許，但這完全是推測之詞，沒有依據。與其說雍親王得到康熙的允許，不如說他得到隆科多的支持更恰當。

齋宮是天壇的主要建築，面積很大，俗稱「小皇宮」。明清兩朝，皇帝祭天都要提前三天到天壇，在齋宮沐浴，到了冬至這一天，再舉行大典。康熙六十一年的冬至是十一月十五日。按照慣例，即便是皇帝親自祭天，也應該在十一月十二日開始在天壇齋所齋戒。但不知為什麼，由雍親王代祭卻提前了三天，即從初九日開始，在齋宮齋戒。而且，雍正即位後，於雍正九年在紫禁城內興建齋宮，將祭祀天地前的齋戒儀式改在皇宮中進行，僅提前一天到天壇。

到了十三日丑刻，即凌晨 1 至 3 點，康熙的病情急劇惡化，立即命人把雍親王從齋所召回，諭令火速趕回。祭天改派鎮國公吳爾占恭代。西郊到南郊不足兩小時的路程，往返三四小時，如果情況緊急，最多一個時辰就夠了。但到了上午巳時，9 點到 11 點之間，隔了四個時辰，雍親王才趕到暢春園，其間他究竟做了什麼？確實留下很大的想像空間。

胤禛在康熙的寢宮與他的父皇見了面，康熙告訴他病情日益加重的緣由。此後，雍親王三次進入寢宮向父皇問安，《清世宗實錄》寫作五次。到了十三日戌刻，即晚上 7 點到 9 點，一代名君——康熙大帝在暢春園寢宮去世。

康熙之死，有沒有異常？官方實錄中，僅有胤禛一人在康熙患病期間，特別是病重當天三番五次出入康熙的寢宮，這件事本身就非同一般。而傳康熙末命[1]的又只是一個人，就是隆科多。就此而言，康熙臨終前，只有雍親王、隆科多在現場。

雍親王即位後，多次講到他探問病中的父皇以及即位的事，但沒有一次講到其他人包括諸兄弟探問父皇病情的事。由此可以推定：自初十日「靜養」到十三日病逝，康熙實際處於與外界完全隔絕的狀態，而只有胤禛能夠單獨接觸康熙，掌握「病情」。之所以在最關鍵的三天，胤禛每天三番五次派護衛、太監去給父皇請安，《清世宗實錄》給出的理由是，雍親王牽掛父皇的身體。那麼，康熙有二十幾個成年兒子、一百多個孫子，還有成羣的妻妾，這些人都是他的家人，難道他們就不牽掛父皇，不表達孝心嗎？這樣的解釋不能不令人對雍親王獨自一人「候請聖安」有所懷疑。可以肯定的是，他利用並抓住了這一關鍵「時機」。也可以推斷，重大的決斷都極有可能在這幾天裏做出。

有研究者得出這樣的結論：康熙去世的前一天晚上，在嚴密控制暢春園並得到康熙內侍協助的情況下，隆科多在藥品或是食物中投放了致命性的毒藥。藥性發作後，康熙雖未立即死亡，但已處於嚴重昏迷狀態。隆科多於是一方面嚴密封鎖這一消息，另一方面又矯詔將皇子們分別召到暢春園，然後才告知皇帝「病危」，到來的皇子實際處於被軟禁的狀態。所以康熙「病危」一事，皇親國戚及滿漢文武大臣當天並不知情。而胤禛是做了所有應變部署後，才在當天中午不慌不忙地來到暢春園。

讓我們看看康熙去世前後的情形。

傳教士馬國賢剛剛在位於暢春園附近的（佟）國舅的別墅中吃過晚餐，他正與安吉洛神甫聊天。當時聽到一種不尋常的低沉的嘈雜聲，好像還有一些其他的聲音從暢春園中漸漸響起。基於對朝廷的了解，他馬上把門鎖上，對同伴

1　末命：皇帝臨終前關於皇位傳承的旨意。

說，出現這種情況，或是皇帝死了，否則便是京城發生了叛亂。為了摸清這次
騷動的原因，他登上住所的牆頭瞭望，只見一條通衢蜿蜒牆下。他驚訝地看
到，無數騎兵在往四面八方狂奔，相互之間並不說話。觀察一段時間後，他終
於聽到步行的人們說康熙皇帝死了。他隨後被告知，康熙指定第四子雍親王作
為繼承人。當夜，雍親王騎馬而行，在無數佩帶出鞘利劍的士兵護衞下，將其
父親的屍體運回紫禁城。

但《永憲錄》明確記載，康熙去世後，沒有立即發喪，內侍一如康熙活着
一樣，扶着鑾輿進入大內乾清宮。一向嚴謹的作者緊接着寫下這樣一句話：「相
傳，隆科多先護皇四子雍親王回朝哭迎，身守闕下，諸王非傳令旨不得進。次
日至庚子，九門皆未啟。」這就是說，康熙去世之際，有不同尋常的事發生。
九門直到雍正登基後才開啟。《永憲錄》所記的「相傳」，得到胤禛的肯定，即
隆科多先回城內。

綜合以上，康熙自下旨「靜養」後，事實上處於與外界完全隔絕的狀態，
雍親王在隆科多的支持下，控制了整個局面，直到康熙死後，才宣佈所謂的
「遺詔」。

康熙是不是正常死亡？當時留下多種記載，有滿文、漢文、英文，有親歷
者，有旁觀者，而死亡的時間、地點，高度一致，沒有任何差別。

但令人不解的是，只有官方《實錄》記載了康熙令雍親王南郊代他祭天的
事，而其他著述都沒有記載這件事。特別是與雍親王一同被康熙任命前往通州
查倉的宗室延信，他的奏報沒有提到這件事。這就非常值得懷疑。所謂代康熙
祭天，很可能是因為胤禛不正常接近康熙，《實錄》只能移花接木，編造出胤禛
合法即位的種種徵象之一。

據康熙的八世孫，金恆源先生講，他在拜訪愛新覺羅本宗本家健在的老人
時，有一位園林高級專家，向他提供了一份油印的《暢春園介紹簡說》的小冊
子，書中講到：康熙的寢宮在清溪書屋，雍正奪宮的逸聞也發生在這裏——
胤禛指派舅舅隆科多，把康熙控制起來。康熙連日發燒，室內溫度本以涼爽為
宜，但隆科多有意命令太監把炭火燒得熔熔欲滴，殿內好像開鍋上的蒸籠。這

就是加速康熙早日歸天的「燭影搖紅」。

「燭影搖紅」是北宋詞人周邦彥改編的一首詞牌名，原意是描繪帝王將相之家的歌舞場景。康熙曾在五十六年的「遺詔」中，講過這個典故。無獨有偶，端木蕻良的著名小說《曹雪芹》第一章「暢春園康熙晏駕，內寢殿允禛奪宮」，也採用了這樣的情節。

當然這個說法也是一家之言，沒有其他的史料佐證。那麼，胤禛進了一碗人參湯，裏面下毒的說法，是不是有根據呢？有學者認為，康熙帝並不喜歡喝參湯，並發生過康熙生病，太醫誤用人參，以致康熙帝煩躁、病情加重的醫療事故。他還經常談到南方人及漢官因服人參補藥而加重病情的事例。在李光地奏摺上也硃批：「爾漢人最喜吃人參，人參害人處就死難覺。」因而得出結論，進參湯害死康熙的說法並不可信。但我認為，這些研究都是建立在康熙正常行使自己的最高權力，並且身體狀態處於頭腦清醒、完全自如的前提下。很顯然，康熙臨終前，很難說是一種正常的狀態，因此並不能排除這種可能。至少可以認為，一向擔心不能「考終命」的康熙，歷史竟然跟他開了一個大玩笑：他死得不明不白。

「古今未有」的喪禮

與康熙之死這個謎案有關聯的是，雍正在即位前後，為父皇辦了「古今未有」的大喪儀。這也可以讓我們從側面了解雍正的內心世界。

老皇帝死了，新皇帝給皇考辦喪禮，這是再正常不過的事，但雍正帝做的，不但讓人觸目驚心，而且大為「出格」。「出格」到什麼程度？用雍正自己的話說，他辦了一場從古帝王所未曾辦過的喪禮。他做了什麼呢？有四件事頗不尋常。

第一件事，是為去世的皇帝上廟號。廟號屬於蓋棺定論，故歷來極為重要。毫不誇張地說，帝王身後所爭的就是這個。按照禮制規定，一個王朝，只有始祖或開國之君才能尊為祖，後來繼承江山的有德之君尊為宗。故一個王朝

很少有兩個稱「祖」的廟號。康熙以前，清朝已有「二祖」，即清太祖努爾哈赤、清世祖福臨。大清朝能不能出現第三個「祖」？在討論康熙帝的廟號時，雍正說，朕的意思是應該加「祖」號，方與皇考的豐功偉績相符。幾天後，大臣們按照雍正的旨意，議定廟號為「聖祖」。雍正表示肯定。不過，誰也沒有料到，雍正做出了一個「驚人」動作，他用一根針刺中自己的中指，當即血流不止，正當大臣們驚訝之餘，只見雍正用指血，在奏書的「聖祖」二字上，畫了一個深深的血圈。雙手高舉過頭，令大學士接過。在場者無不為之動容。

第二件事，是以「絕食」相威脅，堅持為康熙帝守喪三年。康熙的梓宮在乾清宮停放了 20 天。這 20 天裏，雍正堅持不居內殿，以乾清宮東廡作為守喪之所，而且，白天席地而坐，夜裏在苫草編的席子上和衣而臥。如果說，雍正行的是「古禮」，沒有什麼「出奇」，而他以「絕食」相威脅，拒絕 27 天后脫掉喪服，這個「悲情牌」打得不尋常。

古人服喪，根據「五服」即親疏關係而定，父母喪是大喪，要穿粗布麻衣，服喪三年，實際是 27 個月。這就是民間所說的「披麻戴孝」。它的學名叫「斬衰」。皇帝是一國之君，要處理朝政，還要舉行各種大典，因此採取「變通」方式，自漢代起「以日易月」，也就是一天算一個月，因此服「二十七日」喪，屆時脫掉喪服，再穿藍色衣服。

本來，「二十七日釋服」是康熙遺詔的內容，但雍正說，朕對皇考所說的，樣樣都照做，唯恐做得不好，只是「二十七日釋服」朕萬不能照辦。朕要為皇考守三年喪。這件事如果不按朕的意思辦，朕肯定忿恨無比。因此，他一開始就茶飯不思，拉開架勢，要守三年喪。雍正的母親多次傳諭勸進飲食，王公大臣們更是一撥一撥地合詞奏勸，勸他以江山社稷為重，哪怕吃點稀飯也可以。雍正說：我這是盡兒子的孝道，發自內心，如果勉強飲食，反而無益。

快到二十七天時，羣臣又去勸說，雍正回答說：「釋服之制，以日易月，雖始於漢文帝，但高宗（商王武丁）守喪三年，獨非古制乎？」（《清世宗實錄》）雍正說，「本朝的舊制，釋服必須一百天。你們大臣的意思，是擔心朕過於勞苦，殊不知，朕穿粗布麻衣，睡在苫席上，還能勉強吃點東西，如果一定

強迫朕釋服，朕就絕食，不吃不喝了。」見雍正真要絕食，大臣們不敢勸了。過了幾天，諸王大臣們又說，國家郊廟等許多大典，必須等皇上除服後才能舉行，大禮不可長久不辦。雍正這才勉強同意，說：「諸王大臣引經據典，朕只有嗚咽悲慟，始知為君之難，就此持服一節，乃天子第一苦衷。不如臣子能夠盡孝心啊！」

「絕食」的問題解決了，雍正又出「新難題」。按規定，「釋服」就意味着正常處理朝政了。清朝皇帝處理朝政如在紫禁城，一直在乾清宮。但雍正拒絕在此聽政，說乾清宮是皇考 60 餘年所居之地，現在居住，實在不忍。下令把養心殿整理一下，要在此守孝 27 個月，有什麼事情也在此處理。

康熙的梓宮不能長久停放乾清宮，而入山陵前還有很長一段時間，要有奉安之處。諸王大臣選了兩處，一處是南海子，另一處是鄭家莊。雍正不同意，他說：「朕越多接近皇考梓宮，越給朕增加福祉。你們選的地方都在郊外（南海子在大興，鄭家莊在昌平），離皇宮太遠，難道忍心讓朕的哀思無處表達嗎？景山壽皇殿離皇宮很近，皇考梓宮安奉在那裏，朕才能朝夕前往，親行奠獻。」梓宮奉移壽皇殿的那一天，奉移禮規模之大，禮儀之隆，堪稱空前絕後。自此，雍正每日三次到這裏祭奠上食，長達一月之久。

再說第三件不尋常的事。按照以往禮制，清代帝陵專設總管守護，雍正認為這個規格太低了，與聖祖的豐功偉績不相稱，他要在自己的諸弟內選一個人封以王爵，兄弟之子內選二人封以公爵，代他永遠守護，此外，大學士、尚書侍郎等也要前往守護，但他們所有現任官缺都要開除。命令禮部擬定儀式，工部打造關防。「關防」就是印信，表示由諸王大臣構成的這個超規格的「守陵班子」是常設機構。

雍正在做這些事的時候，感到禮部尚書處處都按「禮儀」規矩辦，不知他就要破幾千年的禮儀、規矩，於是懲罰這個禮部尚書去守陵。提起這個人的名字，可能很多人未必清楚，但一說他的別號，幾乎無人不知，他就是海寧陳閣老——陳元龍，金庸武俠小說《書劍恩仇錄》的主人公。而接任的這個人，更為蹊蹺，他多少年前就是個侍郎，一直沒有提拔的機會，這一次他把握了機

會。這個人就是張廷玉。他轉年就署任大學士。別人十幾年乃至一生也走不到的路，他兩三年完成了。為雍正辦大喪儀是張廷玉立的第一樁功。

到了康熙梓宮移往遵化景陵的那一天，王公大臣以當年康熙帝為順治帝辦喪事時，沒有親自護送梓宮到東陵為由，勸阻雍正不要親自護送。但雍正堅持護送並動用兩萬伕役。皇八子允禩當時是總理朝政四大臣之首，他說兩萬伕役是不是太多，可否減半？雍正說，「你是讓朕背上不孝的罵名嗎？安的什麼心？兩萬還不夠。」據典籍記載，此次奉移僅杠夫就用了 7960 人，分為 60 班。而這些杠夫都是千挑萬選，提前幾個月就集中演練，在皇杠上放梓宮的地方擺上一桌一椅，桌上放一碗水，官員坐在椅子上監視水碗，起杠時保證不管走多遠，水碗要不搖不顫，滴水不漏。雍正還要求附近一百里之內的文武百官前來跪迎，還安排好沿途百姓穿着縞素，號啕大哭。到了景陵後，他還一改滿族傳統的火葬，決定不焚燒皇考的棺木，因此，康熙帝也成為清朝第一個土葬的皇帝。

第四件事不尋常，說起來雍正有點「出洋相」。這就是為康熙帝陵立功德碑。雍正欽定碑文，但碑文實在太長了，官員建議壓縮，但雍正說，聖祖皇帝治理大清六十多年，豐功偉績就是這麼多。不能減。這下難壞了官員。因為如果把所有文字都刻上去，皇陵碑要很高、很大，但順治皇帝孝陵碑已經立好了，不能超高，也不能超寬，因為世祖皇帝「祖」的「規格」不能超。雍正說，孝陵碑文的字太小了，如果加大，一塊碑就刻不下了。大臣們明白雍正的意思，是改造孝陵碑，但孝陵碑是康熙立的，怎麼能改？雍正說，「皇考的碑文一塊刻不下，就刻兩塊吧！」官員想這不符合規制啊，哪有皇陵碑刻成兩塊的？但不敢再講話了，再說話，就要為康熙帝守一輩子陵。於是，康熙的景陵有兩塊碑，一滿一漢。

康熙生前講，只要朕一息尚存，斷不會讓小人倉促之際，廢立可以自專。但「身後是非誰管得」？康熙究竟如何傳位？雍正又是如何登基做了皇帝？

七、即位之謎

康熙六十一年（1722）十一月十三日，擁有雄才大略的康熙帝經過 69 個春秋後在暢春園寢宮去世。他留下了 150 多個兒孫，也留下了一片大好江山，更留下了他生前最擔心也是最嚴峻的問題：誰來繼承皇位？這個問題的答案，他生前沒有明說，只是對大臣們說：「朕萬年後，必擇一堅固可託之人與爾等作主，必令爾等傾心悅服，斷不致貽累於爾諸臣也。」（《清世宗實錄》）

對於皇位繼承人，朝臣們多有猜測，但超乎所有人意料的是，這個「堅固可託」的人，竟然是四阿哥雍親王胤禛。這一結果好像也在胤禛的意料之外，因此當步軍統領隆科多轉述大行皇帝遺命時，45 歲的雍親王，竟然「聞之驚慟，昏僕於地」。雍正後來說：「朕向者不特無意於大位，心實苦之。前歲十一月十三日，皇考始下旨意，朕竟不知。朕若知之，自別有道理。皇考賓天之後，方宣旨於朕。」（《上諭內閣》）這是說，他從來沒有想過當皇帝，也不願意當這個苦差事，如果他早知道，說不準會把皇位讓出來。

圍繞雍正即位，主要有三大疑點：康熙怎麼傳的位？有沒有遺詔？遺詔有沒有被篡改？因為這三個疑點都沒有弄清楚，所以雍正即位也就成了謎案。

康熙如何傳位

雍正即位之初，很多人都懷疑他得位不正。因為這一結果，不是康熙親口所講，而是隆科多轉述的。據雍正自己回憶：「十一月十三日那一天，父皇派人把我從南郊齋所召回。我到暢春園之前，父皇命七位皇子還有尚書隆科多至御榻前，宣諭說：『皇四子人品貴重，深肖朕躬，必能克承大統，着繼朕即皇帝位。』」（《大義覺迷錄》）意思是說：皇四子出身貴重，特別像朕，一定擔得

了皇位，命接替朕即皇帝位。

雍正說，跟隆科多一起聽旨的還有七位皇子，寢宮外面還有四位皇子在守候。我們看一下這 11 位皇子。在御前聽旨的七位皇子是：

皇三子：允祉

皇七子：允祐

皇八子：允禩

皇九子：允禟

皇十子：允䄉

皇十二子：允祹

皇十三子：允祥

在寢宮外守候的四位皇子是：

皇十五子：允禑

皇十六子：允祿

皇十七子：允禮

皇二十子：允祎

等胤禛進寢宮問安，康熙告訴他病情越來越重的原因，胤禛含淚勸慰。當天夜裏戌時，也就是晚上 9 點，康熙去世。胤禛哀慟號呼，實不欲生。這時，隆科多乃述康熙遺詔，胤禛聞之驚慟，昏僕於地。

這是當日的情形。

以上雍正的回憶，是雍正於雍正七年為駁斥曾靜「策反書」中關於他得位不正的言論而發佈的上諭，收錄到《大義覺迷錄》一書的卷首。而這部書不但被廣泛刊刻，頒發到全國各府州縣，而且雍正還要求讀書士子和普通百姓學習、宣講。

兩年之後，即雍正九年底，由張廷玉主持編纂的《清聖祖實錄》修成，裏面有關傳位給雍正的記載，與上面雍正的回憶完全相同，只是增加了「是日，皇四子胤禛三次進見問安」一句。這是官方《實錄》，也是傳位給雍正的權威記錄。

但上述情節顯然漏洞百出，我們來看看它的漏洞在哪裏。

第一，傳位不當面說。康熙凌晨病重，急召在南郊齋所的雍親王進宮，就是清楚自己大病不起。而傳位是天大的事，在胤禛到達之前，康熙已向七位皇子還有隆科多宣佈傳位給雍親王，但雍親王進宮後，康熙當時口語便利，頭腦清楚，為什麼不當面向雍正表示付託之意，卻只告訴他病情所以日重的話？

第二，康熙有時間說。胤禛當天中午進宮，隨後又三五次進宮，康熙晚上去世，這說明康熙有充足的時間親口告訴他，自己做出的傳位決定。如果說為了保密，但都已經向七位皇子、隆科多宣佈，還有什麼密可保？更何況，此時根本不需要保密，而是要詔告天下，以示大位有屬，才能避免諸皇子兵戈相向。

第三，旁人為何不說？七位皇子、隆科多已經得知傳位給胤禛，為什麼當胤禛到來時，以及在與胤禛共同守候康熙的十個小時裏，他們沒有任何反應？他們是沒有時間、機會嗎？顯然不是。

第四，傳位為何死後宣佈？既然七位皇子、隆科多已經於胤禛到來前，即十點前聽到傳位諭旨，為什麼不在康熙清醒乃至彌留之際宣佈，這樣也便於胤禛向父皇叩謝隆恩，而偏偏要等到康熙死後才宣佈？

總之，從康熙宣佈傳位的寅刻，到他去世的戌刻，其間有十六個小時，歷經八個時辰，大寶歸屬早已傳遍宮廷內外，即便以胤禛到達寢宮，到康熙去世算來，也有五個時辰十個小時之久，胤禛絕對不可能在康熙去世之後，由隆科多傳皇帝遺詔，才知道大寶歸己，而且表現出驚駭欲絕的樣子。這與邏輯、情理，特別是康熙做事的一貫風格，都大相背離。

按照學術界的研究，所謂七位皇子與隆科多一起聽旨的情節，是雍正偽造的。因為雍正親自操刀撰寫的《大義覺迷錄》成書在前，並且家喻戶曉，而《清聖祖實錄》成書在後，後書不能否定前書，所以編寫《實錄》者根據頒發到全國各府州縣的《大義覺迷錄》一書，斟酌情節，編到《實錄》裏，但這並不是康熙臨終時的真實情形。

能夠證明雍正偽造傳位現場的還有一個人，就是雍正所說的在寢宮外守候的允禮。允禮是康熙的十七阿哥，出生於康熙三十六年，時年25歲。而證明

允禮不在現場的不是別人，正是雍正自己。康熙去世的當天晚上，十七阿哥允禮在紫禁城大內值班，得悉父皇去世，立即騎馬奔往暢春園。他到西直門大街時，正好遇到警蹕御道的步軍統領隆科多。兩人相遇，隆科多告訴他，康熙指定皇四子雍親王胤禛繼承皇位。胤禛即位這個消息猶如晴天霹靂，允禮聽到後神色乖張，像瘋了一樣，立即調轉馬頭，奔回自己的府邸，既不奔喪，也不在紫禁城迎候父皇的靈柩。

允禮對於父皇去世不感到震驚，而當他聽說四阿哥即位時，好像瘋了一樣。這種反應不是他個人的，而帶有普遍性。

九阿哥允禟向來直爽。得知即位的是胤禛，他突然跑到四阿哥的面前，極其傲慢無禮，對坐箕踞，故意向胤禛示威，表現出根本沒把這個繼承人放在眼裏的樣子。雍正後來回憶說，「其意大不可測，如果不是朕鎮定隱忍，肯定會激成事端。」同一時間，八阿哥允禩與三阿哥允祉得知胤禛即位後，在院裏密語多時，一直到深夜，商量對策。

以上通過雍正所說的康熙去世當天，幾位皇子得知傳位給他的過激反應，不外乎說明兩點：第一，所有人都感到非常意外；第二，眾人素知胤禛狡詐嚴刻，他將威脅到自己的性命。

到了乾隆時期，弘曆也覺得七皇子面聆遺詔難以令人信服，因而在述及傳位時改變了說法：「聖祖大漸，授位皇考，其時係內大臣隆科多宣傳顧命。」

有沒有遺詔

事實上，雍正本人關於康熙傳位的說法就自相矛盾。雍正元年八月十七日，雍正帝在乾清宮西暖閣諭總理事務王大臣、滿漢文武大臣、九卿，談到自己即位時說，「聖祖命朕纘承統緒，去年十一月十三日，於倉卒之間一言而定大計」。雍正二年正月初八日，宗室賴實奏報康熙帝駕崩之時有人胡亂議論，雍正帝硃批：「朕本身有過錯，聖祖皇父誤將我登此極……誠然朕之所為，倚朕之皇父飭交之大業，不被玷辱，能對國家萬民有利……朕若為私恩私仇，耿耿

於懷，朕之神聖皇父亦為何准朕登極？」雍正在密摺上的硃批，可能反映當時的一部分實情。而「聖祖皇父誤將我登此極」，又大費斟酌。雍正五年十月，羣臣定隆科多41款重罪，並判其死刑時，雍正專門講到應該減輕處罰的一個理由：「大臣之內承旨者，唯隆科多一人。」

在《清世宗實錄》中，傳位情節更加「豐富」。康熙去世後，皇四子胤禛捶胸頓足，痛不欲生。尚書隆科多對他說：「大行皇帝定把大清江山託付給您，應該先定大事，方可辦理一切喪儀。」胤禛聞言，慟哭僕地，良久乃起，至御榻前親自為聖祖更衣，為父皇穿上孝莊太皇太后當年親自縫製賜給康熙帝的御服。

這邊諸王大臣在一起商議殯殮大禮，一致認為應該奉大行皇帝回乾清宮。於是胤禛命七阿哥允祐守衞暢春園，所有人不得進入。又派十二阿哥允祹至乾清宮敷設靈堂。十六阿哥允祿、五阿哥允祺的長子弘升負責守護宮廷。十三阿哥允祥、尚書隆科多準備儀僃，清理御道。

一切安排妥當後，胤禛親自把大行皇帝安奉到黃輿上，想徒步扶輦隨行。諸王大臣勸道：「大行皇帝付託至重，神器攸歸，當此深夜，執事繁雜，請上前導以行。」胤禛乃在前引導，一路上哭不停聲，至隆宗門，跪接黃輿，親扶而入，安奉大行皇帝於乾清宮。

次日，即十四日，王公大臣、公主、王妃等參加大行皇帝大殮。兩天后，康熙帝的靈柩移到景山壽皇殿。十六日，在舉國悲痛中，大行皇帝的遺詔頒行天下。因為康熙帝在五年前詳細評價了自己的平生所為，並說「如有遺詔，無非此言」，因而此次蓋棺定論的遺詔，整體上遵循了五年前的「基調」。遺詔主要講了三個問題。

第一，評價康熙作為皇帝一生的作為。康熙回顧自己執掌大清國六十一年，做到了八個字：敬天法祖、勤政愛民。自即位以來，為海宇升平，人民樂業，小心敬慎，夙夜不遑，數十年如一日，這豈能是勞苦二字所能概括？而自己基本做到了「保邦於未危、致治於未亂，為久遠之國計」。

第二，作為個人，堪稱「五福」俱全。「遺詔」特別提出《尚書·洪範》中

的「五福」標準：一是壽，即長壽。二是富，即富有。三是康寧，即健康沒有疾病。四是攸好德，即修德。五是考終命，即盡享天年，長壽而亡。這五項「標準」同時達到，委實很難。但遺詔說，「朕壽登古稀，富有天下，子孫一百五十餘人，身體一向健康，從不知疾病二字。年力盛時，能彎十五力弓、發十三把箭，用兵臨戎之事，皆所優為。朕雖貴為天子，但平生沒有妄殺一人，現在天下安樂，朕的福分可以說很厚了。五福中『考終』最難，而帝王之家又難上加難。昔梁武帝亦創業英雄，後至耄年，為侯景所逼，遂有台城之禍；隋文帝亦開創之主，不能預知其子煬帝之惡，卒至不克令終：皆由辨之不早也。朕得天下人愛戴，雖以壽終，朕也高興。」

第三，對皇位繼承人的安排。遺詔的最後部分再次強調：「雍親王皇四子胤禛人品貴重，深肖朕躬，必能克承大統，着繼朕登基，即皇帝位。」

在頒佈遺詔前後，還出現兩件令人詫異的事，也說明這一過程有些「異常」。第一件發生在頒詔前。禮部上奏宣讀大行皇帝遺詔的程序，雍正審閱後不滿意，說：這個程序裏怎麼只有諸王大臣，沒有議及朕？禮部回奏說：遺詔是為了頒行天下，歷代典禮只記載「遺詔」自宮中捧出，沒有記載皇上行禮之處。我們是照章擬議。雍正對此解釋大為不滿，斥責禮部說：「遺詔從乾清宮捧出時，朕豈可安處苫次？應如何行禮之處，總理事務王大臣、禮部，共同議奏。」

於是，王大臣會同禮部破例增加一個環節：遺詔捧出時，皇上在乾清門外，東立西向，大學士奉遺詔由中道出，皇上跪，俟遺詔過，乃起回苫次。

第二件發生在頒佈遺詔時。這次頒佈的遺詔，只是「清文」，即滿文，而沒有宣讀漢文遺詔。幾乎所有漢大臣，一頭霧水，不知所云。這種做法違背常理，御史楊保等人當即聯名上疏彈劾鴻臚寺官員：如此重大之事，豈能不宣讀漢文遺詔？雍正出來打圓場，故意往滿漢關係上扯，他說：「楊保等人參奏一案，雖非大事，亦有關係。朕今若將此事交部察議，則以後滿漢人員必生互相異視之見。且宣讀清文詔書時，大小臣工既已共聞，即與宣讀漢字詔書無異。有何分別？着將本發還。」

雍正的解釋非常牽強，御史參奏的重點是國家的規制不能亂，哪裏是滿漢關係？而且，文武百官，不要說漢官，就是滿官，也不是都能聽得懂清文。因此，人們有理由懷疑：到底有沒有「遺詔」？這個「遺詔」是康熙傳的，還是雍正造的？

現在發現的「康熙遺詔」共有四份，分別收藏於中國第一歷史檔案館和台北「中研院」歷史語言研究所，都是各有一份漢文和一份滿漢合璧文。「康熙遺詔」因為關係雍正即位的合法性，因此每次展出，都在海內外引起巨大轟動。學術界對此分歧也非常大。

根據御史的參奏，十六日頒佈清文遺詔時，很可能還沒有製成「漢文遺詔」。而雍正在駁回參奏本時，故意顧左右而言他，與遺詔直接相關的只有「宣讀清文詔書時，大小臣工既已共聞，即與宣讀漢字詔書無異」這一句話。

但現存遺詔所署日期，都是康熙六十一年十一月十三日，即康熙去世當天。而康熙去世是晚上九點，大行皇帝必須在當天夜裏奉安到乾清宮，即「壽終正寢」。乾清宮這邊要鋪設靈堂，而西郊到大內，清理蹕道等工作要提前做，因此，大行皇帝能夠在當天夜裏 12 時以前回到乾清宮就已經非常緊張，哪有時間寫遺詔？而遺詔之事又如此重要，也有製作程序，還要新君欽定。因此可以判定，這個遺詔是後來趕製的，是康熙去世後製作的。如果提前趕製，他們又如何知道康熙死亡的日期？因為康熙遺詔的最大疑點是康熙在五十六年面諭說過「如有遺詔，無非此言」。學者通過現存滿、漢文「遺詔」與五十六年「面諭」內容比對，認為滿、漢文遺詔均係從《面諭》增刪、修改潤色而成，只是增加繼承人和喪禮遵照禮制辦理兩節，因此得出結論：聖祖遺詔是偽造的。

研究者在台北史語所發現一份交由隆科多起草遺詔的滿文檔案，時間是康熙去世的第二天，即十四日，譯成漢文如下：「十四日，諸阿哥等奏：恭閱尚書隆科多撰書遺詔。奉旨：是。着交內務府、翰林院會同撰寫。」

這份滿文檔案非常珍貴，是破解雍正即位之謎的重要文獻。這裏清楚表明，滿漢合璧文遺詔正在撰寫中，時間恰好是康熙去世的第二天，因為要趕在十六日頒佈遺詔前製作完成。因此可以判定，所謂的康熙遺詔，不管存世多

少，都是在確定雍正的皇位後，所做出的程序和文書的安排。

在皇八子允禩的兒子弘旺的《皇清通志綱要》中，也明確記載：「十三日甲午戌刻，上升遐。亥刻回都。隆科多受遺詔。」這句話的意思是說，康熙晚上去世，夜裏 11 點回到大內。隆科多承康熙遺詔，是回到皇宮之後的事情。也就是說，康熙去世幾個小時後，才傳遺詔。這也就否定了在暢春園寢宮七皇子與隆科多一同聆聽康熙末命的說法。而三寸寬、七寸長的絹本遺詔，是康熙去世一天以後才開始趕制的。而且，極有可能，只趕制出滿文遺詔，沒有製作漢文遺詔，尚沒有完成滿漢合璧。這說明當時的情況非常異常。

由此筆者認為，爭論遺詔真偽，已經沒有意義。除非康熙生前已有遺詔，祕藏多年而不示人，臨終時交給大臣等。

按照清朝撰寫詔書的制度，遺詔應該由內閣起草，由大學士審定，呈皇帝審批，皇帝改定後由中書科在黃紙上謄寫滿漢文字，加蓋皇帝之寶。由一個步軍統領兼理藩院尚書起草遺詔，這無論如何也說不通，分明是對雍正已經繼承大位這一既成事實，補做文書手續而已。即便如此，現存北京、台北的兩份滿漢合璧遺詔，滿文部分在最關鍵處，即「雍親王皇四子胤禛人品貴重」部分，殘損得沒有隻字，因此有人認為，這是雍正篡改遺詔的證據。

漢文遺詔現存兩份，則沒有殘損。事實上，遺詔頒佈天下，同時要向各主要藩屬國頒佈，因此，要照例謄錄很多份。但無論發現多少，這些遺詔都是對雍正即位事實的一個程序上的追認，不足以作為他合法即位的依據。因為這次皇位更迭不是在繼承人已定的情況下完成的。

筆者認為，康熙在世時就因為皇、儲之間的矛盾引發很多大案。他去世的前一年，正在舉行康熙執政六十年慶典，而大學士王掞再次密奏請立太子，康熙帝極為憤怒，手書諭旨，把王掞祖父的那些事全部翻出來。這份長篇諭旨，很多地方不近情理，說王掞的祖父王錫爵在明朝萬曆時期倡議立儲，泰昌一立太子，萬曆不久就死了。泰昌在位也不到兩個月，明顯是明神宗的英靈奪了他的壽命。天啟也是平庸懦弱的小孩子，他當皇帝後，天下大亂，崇禎皇帝也守不住江山。康熙說王錫爵是亡國之賊，應剖棺斬首，以祭神宗之陵，神宗

有靈，必為首肯。王錫爵已滅明朝，王掞以朕為明神宗，想要撼動清朝。處理王掞的當月，一併處理御史陶彝等 12 個聯名上疏立儲的人，他們被發往軍前效力，因王掞年老，由他的兒子王奕清代去。這也是康熙朝最後一次奏請立太子。所以筆者認為，康熙對自己的身體健康有信心，因此遲遲沒有宣佈繼承人。他突然去世，又疑竇重重，這個皇位的寶座留下了短暫的真空。近水樓台先得月，先下手為強，康熙心目中的儲君遠在數千里之外，雍正先做了充分準備，特別是收買了步軍統領隆科多。

因而有人記載，康熙臨終前兩個月，急召十四子允禵回京。但隆科多陽奉陰違，把詔書壓下。等到康熙臨終前召見允禵，一看是雍親王，知道有詐，乃大怒，用手上一串念珠打過去，雍親王跪地接住，康熙去世。雍親王持念珠作為父皇臨終所授遺物，作為繼承大統的依據。

綜合各種記載，朝鮮使臣的記載可能最接近當時的事實。康熙六十一年十月二十七日，朝鮮使臣受景宗國王派遣前往北京，抵達時得知康熙帝去世，立即「馳啟」朝鮮國王。因為康熙遲遲不立太子，引起朝鮮國的諸多議論，認為康熙一死，清國會陷入混亂，因此，朝鮮國對康熙之死的情報蒐集，非常在意。使臣隨即在清國蒐集情報，次年四月歸國後，將這些情報以一份「別單」的形式向朝鮮國王奏報。「別單」詳細記錄了康熙去世直至雍正即位前後清廷的情況，可以說是來自距離事件發生最近的「他者」的一份記載。有關部分節錄於下。

上年十一月初七日，康熙皇帝始自南海子回駕暢春苑。初八日，感冒風寒，而症非大疫。故七旬慶詔以十一、二兩日連續發於各省。而十三日早朝，與內閣諸臣議國政畢，忽昏迷不省。大學士王掞跪問病，仍請國事如何，請至再三，皇帝睜目不言。時日酉時，崩逝。二更，量移駕還宮。十五日，大學士馬齊、九門提督隆科多及十二王等相與謀議，稱有遺詔，擁立新君，後始為舉哀。二十日，頒登基詔。以此多有人言，或稱祕不發喪，或稱矯詔襲位。內間事祕，莫測端倪。而至於矯詔，則似是實狀。

　　值得注意的是，朝鮮使臣的報告，與清朝官方《實錄》有非常大的不同。一是沒有康熙在暢春園靜養的記載，而是正常處理政務，因此讓雍親王祭天，是因為康熙「齋戒靜養」，這一前提已不存在。最關鍵的是，康熙遺體奉移大內後，到了十五日，即隔了一天后，才「相與謀議，稱有遺詔」。「相與謀議」的是隆科多、允祥、馬齊等。

　　朝鮮得知康熙去世後，派出使團弔唁，使團回國後向其國王密報說：康熙去世後，遺體奉移大內，次日黎明，「諸王各大人俟議定儲君後舉哀」。按此記載，康熙去世前，沒有指定皇位繼承人，否則不會出現「議定儲君」的情況。

　　以上說明，康熙「遺詔」是雍正授意，由隆科多搞的，是對雍正即位這一既成事實的「補造手續」，不是康熙的本意。

遺詔有沒有被篡改

　　儘管康熙死得突然，但他只要一息尚存，就會把接班的問題解決好，否則，真的會出現他擔心的情況：「把朕的尸體置於乾清宮，諸皇子兵戈相爭。」朝鮮的情報官員，僅在康熙六十一年，就多次向他們的國王密報，康熙因為不立太子，死後兵亂的概率十之八九。

　　康熙即便對自己的身體有信心，但正如他多次對大臣們說的那樣：建儲大事，豈能一日忘耶？康熙沒有「再活五百年」的想法，他也從不諱言死亡，那麼，他對儲君就沒有任何安排嗎？他一生「心為天下耗其血，神為天下散其形」，他將大清的江山社稷看得比他的生命還重要，他不會沒有任何預先的安排。

　　由此，又引出另外的疑點：雍正矯詔即位和改詔篡位的說法。而且，這種說法很早，大概雍正一即位，就出現了。

　　朝鮮使臣關於雍正矯詔即位的記載，已如前述。緊接其後，該使臣報告涉及十四子部分：「所謂十四王者，與新君同腹兄弟，而康熙愛子，且有民譽。往年拜征西大將軍，往征西賊矣。上年四月自軍中入朝，則父子相對，親賜玉璽

以送。及至十一月感疾之初，密詔召之，未及到而先崩。」其下記載，允禵到京後，雍正向其索要康熙所賜玉璽及密詔，允禵不允而被雍正廢黜王爵，囚禁康熙陵寢之側。

囚禁中的皇長子、廢太子被放出等情景也有記載：「且廢太子及皇長子方在高牆內，新君即立，遣十二王放出，則皇長子彎弓欲射，十二王急走得免。且使九王代十四王往征西賊，則九王請過喪發行而不許。蓋其諸王中亦有愛憎。」考諸史實，可信為真。因為雍正去世後，乾隆令大臣議定被囚禁的皇弟（允禵、允䄉）能不能參加喪禮。大臣遂密奏，當年康熙去世時，將大阿哥、二阿哥放出參加喪禮，援以為例。次年九月，雍正基本穩定大局，朝鮮使臣又向國王密奏：「雍正繼立，或云出於矯詔。」西方傳教士也有類似的報告。

而流傳最廣的是載入《大義覺迷錄》中的說法，即將「傳十四皇子」，在「十」字上加一橫改為「于」字：「先帝欲將大統傳與允禵，聖祖不豫時，降旨召允禵來京，其旨為隆科多所隱，先帝賓天之日，允禵不到，隆科多傳旨遂立今上。」「聖祖皇帝原傳十四阿哥允禵天下，皇上將『十』字改為『于』字。」

前一說法是矯詔即位，後一說法是改詔篡位。後一種說法，有研究者從公文書寫制度上予以否定，不但漢字「于」「於」不通用，而且，明清規範的書寫都是在「某某子」前加「皇」字，如「皇十四子」，「傳皇位於皇十四子」，不能改成「皇于四子」。至於滿文書寫，必須直行書寫音節文字，通常用羅馬字母對寫。胤禛的「禛」寫作「jen」，而胤禵的「禵」寫作「jeng」。二者不能混寫。當然，這種說法也受到學者的質疑，有研究者從康熙的硃批中查閱到，將「於」寫作「于」者，並非個例。

也有人說，雍正即位後，立即把諸兄弟的字全部改了，禁止用康熙給起的「胤」字，而用「允」字。因為皇十四子原名叫「胤禎」，雍正的名字叫「胤禛」，字畫、發聲都完全相同，因此將「胤禎」改為「允禵」也是他盜名的伎倆。現存康熙朝皇室家譜《玉牒》中，康熙諸子一直用「胤」字，雍正後改為「允」字。

還有的筆記說，康熙手書遺詔寫的是：「朕十四皇子即承大統。」隆科多把「十」字改成「第」字。如上所述，筆者認為，所謂的「遺詔」是康熙去世後，

對雍正即位的一種程序上的補造文書，並不能代表康熙的意志。

雍正是否篡改遺詔一度得到「突破」。末代皇帝溥儀和他的弟弟溥傑曾在大內養心殿東廂房玩耍，偶然發現佛龕裏面放着一個紅紙包。紙包上寫有一行字：「如後世有開看者，便不是我的子孫。」這一行字極大觸動了兄弟倆的好奇心，二人一起跪在地上向佛龕叩了三個頭之後，才戰戰兢兢打開這個紅紙包。打開一看，原來是康熙的親筆遺書，上面明明白白寫着「授位十四子」。兄弟二人想，後來即位的雍正是皇四子，這是怎麼回事？溥儀告訴溥傑：這件事不能告訴任何人。為了求證「遺詔」的真實情況，研究者專門拜訪溥傑，溥傑回答說：他們看到的是乾隆皇帝在紙包上寫下的一行字。紙包裏是雍正殺害其弟弟的密詔。後來，溥傑在自傳裏寫道：乾隆皇帝的親筆遺詔，是因為當初雍正皇帝在世時為了爭奪帝位，曾經殘殺過自己的兄弟。乾隆為了替雍正遮掩過去的一切，於是就寫了替父親（雍正）懺悔的字樣，並把它放在佛龕裏。這是一種從心裏向神佛祈禱說的話，並不希望別人知道。

有關雍正即位的種種謎團，恐怕難以徹底解開。但聯繫前後的史實，與康熙五十六年他跟大臣面諭「遺詔」的話，似乎非常接近：「或有小人希圖倉卒之際，廢立可以自專，推戴一人以期後福，朕一息尚存，豈肯容此輩乎？」（《清聖祖實錄》）雍正即位後講，「聖祖皇帝於去年十一月十三日，倉卒之間，一言而定大計，把皇位傳給朕。」如此說來，康熙晚年最擔心的事，似乎一語成讖。

康熙去世七天后，十一月二十日，在億萬臣民的矚目下，紫禁城迎來了新的主人。胤禛在太和殿即皇帝位，頒詔天下。即位詔通常是新君的施政綱領，而基於對四阿哥胤禛性格的了解，大臣們對即位詔書格外注意。

與一般即位詔不同，雍正即位詔書的第一部分，用了更多篇幅強調大行皇帝為什麼將祖宗江山付託給他，其中特別講了廢太子不適宜接班等問題。詔書的第二部分表明要永遠繼承康熙的思想，屬於「安民告示」，但明確帶有訓誡的意味。他說：「朕的兄弟子姪非常多，本屬同根生，只有一個希望，就是共享升平之福，永圖磐石之安。皇考知人善任，內外大臣，朕正需要你們贊襄，務必竭盡公忠，恪守廉節，使朕得以加恩故舊。如果不守官箴，干犯國法，既有

負皇考簡拔委用之恩，又負朕篤愛大臣之誼。」

詔書最後說：「因王貝勒大臣一再勸說，天位不可久虛，朕暫抑悲痛，於是月二十日，祇告天地、宗廟、社稷，即皇帝位。以次年為雍正元年。」

上一章講過雍正為父皇辦了古今未有的喪儀，而此次又為自己辦了最簡單的登基禮，這其中有什麼特別意涵嗎？中國最晚自漢代起，皇帝大喪儀和登基大典，已經有了一套非常固定而「標準」的程式，是喪禮和吉禮的第一宗大事。就拿清朝來說，61 年前，順治帝去世，康熙帝即位，也是按照這套儀式進行的。前車後轍，雍正帝只要照此做下去就萬事大吉了。而雍正有意一高一低，一揚一抑，把喪禮辦成「古今未有」，把登基大典辦得異常草草，並把禮部照例提出的程式，一次又一次給駁了回去。而貫穿這兩件大事始終的，是新皇帝故意表現出來的古代帝王所未曾有的「孝道」，這就難免引起人們種種猜測：莫非這裏藏着什麼玄機？難道是欲蓋彌彰？雍正也覺得這樣做不合禮儀規矩，除了明令以後的大清皇帝下不為例外，還多次發佈上諭，做解釋工作。他擔心八旗人家辦喪事也效仿他「不守規矩」，還專門下諭旨禁止。

那麼，雍正是如何簡化自己的登基大典呢？

本來，登基大典是在所有典禮中最重要的大禮，有一套固定的儀式，因為它代表最高權力的正式移交。按照儀式，皇帝應該從乾清宮月台乘坐御轎，出乾清宮正門。雍正說：「乾清宮安奉大行皇帝梓宮，朕怎麼忍心在皇考前乘御轎出中門？你們把御轎移在乾清門外，朕出東旁門乘坐。」

太和殿登基大禮完畢，按規定有「列坐賜茶」儀式。當年康熙即位，也是這樣做的。但雍正說：「朕強忍哀痛，舉行登基大禮，怎麼忍心安坐飲茶？你們在朝羣臣，又有誰能下咽？」所以這一儀式也免了。

移交皇帝玉璽這一儀式非常重要，表明最高權力的授受。按照規定，捧玉寶人員，應由乾清宮御路中行。雍正帝說：「這件玉寶雖是皇考舊日所用，現在傳給朕，但梓宮在乾清宮上，怎麼能從中路而出？改由甬路旁行。」在登基典禮這一天，雍正帝在太和殿登上寶座，即民間俗稱的金鑾殿即位，連最不可缺的文武百官朝賀禮也免了。

登基詔書以次年為雍正元年。雍正年號之意，即雍親王得位之正。當然，這個年號後來被人說成是「一止」之象，引發很多大案，這是後話。

雍正出格地為父皇辦喪禮，辦到從古帝王所未有的程度，而又低調為自己辦登基，低調到連最基本的儀式都取消。翻閱中國幾百個帝王的年號，用年號特別表明自己得位之正的恐怕獨此一家，莫非雍正得位「不正」？大喪儀和登基禮是否是雍正十三年重重大幕剛剛開啟的一角？

那麼，雍正這麼做的目的是什麼呢？筆者認為有四個目的。

第一，表明他是皇考指定的接班人。自康熙去世到安葬，前前後後，舉辦數十場大喪禮，而每一次雍正都在重複一個主題：我雍正是康熙皇帝指定的繼承人，我的「來路」是正的。至於表現出來的「孝道」，都服從這一主題。這更讓人覺得「此地無銀三百兩」。

第二，表明他是合格的接班人。康熙帝選擇接班人的重要標準是「誠孝」，我雍正在此期間表現出來的，與康熙對繼承人的要求完全吻合。我這個皇帝，做得稱職。

第三，以死人壓活人。越是抬高大行皇帝，雍正的合法繼承就越顯得合理。而凡是有不遵從我雍正的，就拿皇考制服你們。我們前面提到的海寧陳閣老陳元龍，雍正派他守陵後，又給他安上「推諉不前」的罪名，把他罷了官，而應得到的「恩典」全沒了。廉親王即康熙的皇八子允禩，當時排在四總理大臣的首位，僅僅因為存放皇考遺容的宮殿有氣味，雍正就罰他在太和殿前跪了一夜。而所謂提高康熙守陵人的規格，也是為了打壓不服他的人，包括他的親弟十四阿哥允禵。

第四，表明他雍正是主角，主角已登場。不管如何抬高康熙皇帝，他雍正才是真正的主角。說白了，他才是所有劇目的總導演。雍正煞費苦心，大辦喪禮，並把追隨皇考掛在嘴邊，但他為什麼沒有選定東陵作為自己的萬年吉地？理由是東陵沒有找到好地方，那為什麼乾隆，乃至咸豐、慈禧等都葬在這裏？

雍正的目的達到了嗎？基本達到了。我們在清宮檔案裏，查閱到很多大臣寫給雍正的密摺，這些大臣們都稱讚雍正「孝本性成，自古帝王所未有」，還

特別勸皇帝不要哀毀過甚，傷了龍體。雍正即位，表明大清朝正式迎來了君臨天下的新主人。從此，歷史的指針進入雍正時間。

　　金鑾殿坐上了，皇位授受之際驚心動魄的時刻也過去了，但一切才剛剛開始。擁重兵在外的雍正的同胞弟弟十四阿哥及其支持者，將如何面對？康熙晚年累積的各種大大小小的問題，雍正又將如何應對？

八、千里奔喪

　　康熙去世的第二天，雍正為大行皇帝在乾清宮舉行大殮後，下達了他作為嗣皇帝的第一道諭令，這道諭令不同尋常，讓統兵在外、坐鎮西北的大將軍王，他的同父同母弟弟，康熙的十四子允禵火速回京，並且限定二十四日之內，務必回到京城。

　　康熙的「遺詔」還沒有發佈，雍正還沒有登基，一切大事都沒有辦，為什麼就急不可待召回他的親弟弟、大將軍王？《清世宗實錄》給出的理由冠冕堂皇：

　　　　西路軍務，大將軍職任重大，十四阿哥允禵勢難暫離。但遇皇考大事，伊若不來，恐於心不安。着速行文大將軍王，令與弘曙二人馳驛來京。軍前事務，甚屬緊要。公延信着馳驛速赴甘州，管理大將軍印務。並行文總督年羹堯，於西路軍務糧餉，及地方諸事，俱同延信管理。

　　這道諭令表達三層意思：第一，因為皇考去世，允禵要暫時離開西北，馳驛回京奔喪；第二，大將軍印務由延信管理；第三，川陝總督年羹堯同延信共同管理將軍事務。以上自然是說得出的冠冕堂皇理由，但「於心不安」的不是允禵，而是雍正。為什麼？延信前腳剛走，雍正即位後就以皇帝名義給延信發了一道密旨，並以更快的速度追上了途中的延信。密旨的內容，才是雍正急不可待召回允禵的真實目的。

延信的祕密使命

雍正交給延信的是祕密而特殊的使命。根據這份密摺，雍正交代給延信的使命主要有兩項：第一，把大將軍的所有奏書，所奉的硃批諭旨，全部收繳。第二，把大將軍印信收繳。

收繳大將軍印信，容易理解，就是奪了兵權。那為什麼要收繳奏書和硃批諭旨？雍正沒有康熙的傳位遺詔，但康熙寫給允禵的硃批諭旨裏面，如果有類似將來如何如何，就是儲位已屬允禵的證據，反過來也一樣，如果允禵上奏有類似內容，也可以證明。

因此雍正給延信的話是：你到達後，將大將軍王的所有奏書，所奉硃批諭旨，全部收繳，封固具奏送來。如果大將軍親自攜來，你火速密奏，務必趕在他家的私書到達前密奏。如果你稍有懈怠庸懦，讓允禵看到家書而沒有全部解送，朕則一定怨你。途中如果遇到大將軍，此情萬萬不要被他發覺。你到達甘州前，稱諭旨趕到。

人們可能要問：手握重兵的允禵豈能甘心受制於人？

雍正早已做好萬全準備，接下去交代延信說：你抵達後立即把印信收繳，掌權之後再收繳奏書、硃批諭旨。雍正一再囑咐：此間事非常機密，你所有密奏文書，都用大將軍原來奏書的匣子、鑰匙，密奏來。雍正還特別交代：如果允禵身邊的人，包括太監，推諉說大將軍親自攜來，你立即把他們抓起來，採取強制措施。

雍正的這個安排，應該說早有預謀。因為，他在安排延信出發期間，雖然登基坐了金鑾殿，但他心虛。自己的親弟弟手中如果有康熙的象徵接班人的硃批的話，那將前功盡棄，而且弄巧成拙。收繳以後就不怕了，我把這些全部一把火燒了，你允禵拿不出證據，能奈我何？雍正還擔心允禵手中握有重兵，怕他不服。因為，他太了解這位阿弟的性格了。大將軍印信收了，兵權一收，你還能怎麼樣？

朝鮮使臣回國後的密報，也證實了雍正召回他的阿弟的真實原因：新君即

位後，以其（十四子允禵）擁兵在外，慮或不受命，假稱康熙詔命，使之入朝，而索其前賜玉璽及密詔。

雍正寫給延信的密旨與朝鮮使臣得到的情報，可以互相印證。他急召允禵進京絕對不是為父皇奔喪，而是要解除他的兵權，並且，康熙給允禵的硃批諭旨乃至允禵的密奏，要全部上繳。這不但可以解除雍正的現實威脅，而且使得皇位傳承「獨此一家」，雍正也就安然了。可能人們還有疑惑：為什麼用延信，還要用年羹堯？這是雍正一貫的做法，即互相牽制。而此時用延信是虛晃一槍，真正要用的是年羹堯，但年羹堯既非宗室，又是雍邸舊人，故此時用年羹堯會引起很大反響，用延信則不然。

因此我們要簡單說一說延信。

延信是肅親王豪格的孫子，康熙的親姪子。康熙當年親自選定他作為大將軍允禵西征的助手。而進兵拉薩時，康熙徵詢允禵的意見，允禵向父皇上奏，力薦延信可大用。康熙為此授延信為平逆將軍，率兵進藏。延信果然不負所望。事平後康熙又以延信佩將軍印信統領駐藏清兵。但因征戰高寒，延信幾乎一病不起，康熙將其調回，稱其不愧宗室，勇略卓著，封為輔國公。從大將軍允禵奏稿可見，延信與允禵關係甚好，允禵的很多情報和上奏，多由延信提供。回到京城後，他隨雍親王胤禛查倉。

因此，雍正用延信收繳大將軍允禵兵權，多少有些風險。於是，雍正來個雙保險，讓年羹堯與延信共同管理大將軍事務。實際上，延信的使命僅限於此次特別使命，雍正打的是親情牌，而用年羹堯牽制延信，並且年羹堯到達後，延信也轉任西安將軍，由貝子晉封為貝勒，兵權全部由年羹堯接管。雍正後來對付他信任的和不信任的，全部用這套辦法。

不辱使命

在清朝乃至中國歷史上，以皇子身份統領大軍在外三四載之久，且歷經大西北，除允禵外可能絕無僅有。這是康熙的精心安排。允禵也真的不辱使命，

沒有辜負父皇對他的期望。

允禵自京城與父皇辭別後，於康熙五十八年二月初六日，追上先期出發的第二隊。三月初，三路大軍在莊浪衞會合。允禵隨後率軍抵達他的駐守地——西寧，居中指揮三軍。

行前，父皇當面囑咐他，路經陝西時，將父皇愛護陝西將士、百姓的告示貼在大將軍王告示之前，向全省官民張貼。允禵小心翼翼，將父皇諭旨謹錄稿底，唯恐漏掉一個字，請父皇訓示後再為頒行。康熙硃批：並無遺漏，甚好。

行軍紀律是戰鬥力的重要組成部分。甘州守備胡文維因重刑催徵軍需，致使民眾苦不堪言，紛紛聚集衙署，令他跌落馬下。總督鄂海將案件呈報給允禵，允禵諮行巡撫，隨即奏參。

吏部侍郎色爾圖一直承擔籌辦西寧軍需糧草，領銀 144 萬兩，以前多有延誤。允禵到達西寧，百姓在城外逗留，經他再三安撫，方肯進城。而大軍已至，所備糧草僅夠兩三天之用，允禵詢問，色爾圖回答說：這是地方官的事，和他沒有關係。經允禵查明，色爾圖縱令家人與筆帖式戴通包攬運米之事，通同扣克銀兩，虧空巨額糧餉。為此，允禵上奏將他革職查辦，並以軍需關係重大，奏請另派賢能大臣前來辦理。不久，允禵將色爾圖照失誤軍機律擬斬，筆帖式戴通擬絞，俱解部監候，秋後處決。議政大臣一如所擬。康熙說：「色爾圖依擬應斬，戴通依擬應絞，俱仍鎖禁西寧，遇有苦差之處差遣。」

都統胡錫圖前年領兵時，沿途索詐官吏，騷擾百姓。進藏之時，兵無紀律，糧米不節省，馬畜不愛惜，以致人馬傷損，撤回時不親自率領兵丁，先行進口，允禵奏請將胡錫圖革職後，處以枷號鞭責，康熙命將他鎖禁西寧，遇有效力之處發往效力。正紅旗副都統祖維新奉旨運送軍前炮位，推諉不前，允禵疏參將他革退。經過允禵的嚴格整頓，清軍一時軍紀肅然，百姓免受徵發之擾，兵馬有騰飽之歡，戰鬥力得到明顯提升。

此時，準噶爾已據西藏兩年有餘，挾制拉藏汗所立的六世達賴喇嘛，企圖號令眾蒙古。由於清軍數千人第一次進藏，幾乎全軍覆滅，故多不敢再言進藏。康熙五十八年十二月，奉旨從青海前線調回京城議事的四名將領即延信、

褚宗、策旺諾爾布、常授，與議政大臣、九卿等共同商議進藏事宜。前方將領和大臣們對上次失利心有餘悸，他們共同商議的結果是「唯行看守」，實際反對進兵西藏。康熙一時陷入進退兩難的境地。

正在此關鍵時刻，千里之外，康熙有一位堅定的支持者。允禵不愧「以皇父之心為心」，他再次上奏，請纓而戰。他對皇父說：臣前已奏請皇父，願親自率兵安藏，倘若不允，派臣前往穆魯烏蘇指揮調度。今平郡王訥爾素等人認為此行凶險異常，皇子名分特別重大，奏請將臣留守西寧。軍中議政大臣即予依議。臣為此非常急迫，對他們說，若說我是皇子，事關重大，先前征討噶爾丹時，皇父三次親征，終於剿滅。若說途中遇有瘴氣，西寧地方就沒有瘴氣嗎？臣唯恐如果派大臣前往西藏，沿途又藉口雪大，或口糧不足等返回，那樣的話，臣有何顏面見皇父？允禵最後懇求說：「此乃關係臣一生之事。請求父皇遣臣入藏，或派臣前往穆魯烏蘇。」（《康熙朝滿文硃批奏摺》）

允禵請纓進藏，給了康熙極大的安慰和信心。他硃批道：爾之此奏甚是。朕的意思也是一定要派遣你到穆魯烏蘇。

有了允禵的堅定支持，康熙也有了巨大底氣，畢竟年邁的皇帝要靠前方將士去打這場硬仗，而統帥三軍的撫遠大將軍的意見至關重要。康熙隨後對議政大臣說：「今滿漢大臣，都一致說不必進兵，朕意此時不進兵安藏，賊寇無所忌憚，如果煽動沿邊諸番部，將做何處置耶？故特諭你們，安藏大兵，決宜前進。」

康熙即命允禵率前鋒統領弘曙，將指揮部移駐穆魯烏蘇，管理進藏軍務糧餉。在允禵的推薦下，康熙授都統、宗室延信為平逆將軍，率兵進藏。

穆魯烏蘇是蒙古語，漢語稱通天河，是西寧與西藏交匯的所在。它南枕唐古拉山，海拔近 5000 米，高寒缺氧，當時人稱為瘴氣，冰雪常年覆蓋。清軍第一次進藏，也是越過穆魯烏蘇。準噶爾軍佯裝敗退，伏兵喀喇河，斷清軍餉道，致使清軍全軍覆沒。大將軍允禵將指揮陣地南移到青藏交界處，在當時的環境下，是難以想像的凶險。歷史上將康熙末年的這次重大軍事行動，稱為「驅准保藏」。

西藏僧眾與蒙古族多年來信奉藏傳佛教，俗稱黃教。順治九年，達賴五世（法名羅桑嘉措）率藏官侍眾3000人前往京城覲見，順治帝專門為他修建黃寺（今天的西黃寺）。次年，正式冊封達賴五世為達賴喇嘛，這是歷史上第一次出現達賴喇嘛，承認達賴喇嘛在西藏的政治和宗教地位。

康熙二十一年，五世達賴喇嘛圓寂。第巴桑結嘉措祕不發喪，選定倉央嘉措為六世達賴。桑結嘉措死後，拉藏汗向康熙奏報，說桑結嘉措選定的倉央嘉措不是真達賴的靈童，請求廢立。倉央嘉措前往北京途中，在青海病逝。拉藏汗另立伊喜嘉措為六世達賴，但西藏民眾不承認他。於是有真假六世達賴之爭。準噶爾進入拉薩後，殺了拉藏汗，將其所立的六世達賴囚禁在藥王山，以此要挾眾蒙古。康熙得允禵奏報，封在青海塔爾寺的活佛格桑嘉措為七世達賴喇嘛，由延信等護送，前往布達拉宮坐牀。此即青海中路大軍。

南路清軍自四川成都出發，是進藏的先頭軍，由征西將軍噶爾弼率領，川陝總督年羹堯負責軍需運送。四川永寧協副將岳鍾琪為前鋒，由康定出口。三巴橋是進藏第一險，岳鍾琪挑選會講藏語的30名勇士，喬裝扮成藏人，自理塘飛奪三巴橋，掃清第一關隘，於康熙五十九年八月二十三日攻入拉薩。中路軍在延信率領下，允禵動員青海蒙古各部尾隨而進，於八月越過唐古拉山，九月十五日護送達賴喇嘛在拉薩布達拉宮舉行坐牀大典。準噶爾兵僅有數百人逃回伊犁。

康熙帝得允禵奏報，稱讚官兵歷從古用兵未到之絕域，克取藏地。大將軍總領大兵，駐紮穆魯烏蘇，調遣官兵，辦理糧餉，殊屬可嘉。所有在事將軍以下、兵丁以上，俱着從優議敘，從前所領俸餉，俱着免其扣取。

允禵隨後上疏說，西藏雖已平定，駐防尤屬緊要，請將蒙古、綠旗兵共3000留地駐紮，以公策旺諾爾布總統管轄。康熙帝予以採納，並增加滿兵500名，四川綠旗兵500名發往，由延信帶將軍印回至四川，帶領四川兵進藏，總統駐紮。後延信回至中途，因患病沉重，不能再往藏內駐防，清廷將延信調回京師，令署四川總督噶爾弼帶定西將軍印敕，統兵赴藏，駐紮防守。這是清朝正式開始在西藏駐紮軍隊，從而有效維護了西南邊疆的穩定。自此準噶爾再未

能進藏干預西藏事務。而駐兵之議，完全出於允禵的上奏。

西征各將領，康熙不吝褒獎。他特諭宗人府：「平逆將軍延信，朕親伯之孫，朕之姪也。此番統領兵丁，過自古未到的煙瘴惡水、無人居住的絕域，殲滅醜類，平定藏地，真的是不辱宗支，着封為輔國公。」蒙古王公以西藏平定，奏請在大昭寺建立豐碑，以昭垂萬世，康熙特允所請，御製碑文：爰命皇子為大將軍王，調發滿洲蒙古綠旗兵各數萬，歷煙瘴之地，平定西藏，振興法教，未半載而建殊勛，實從古所未有。現在的碑文為雍正二年立，內容已經被雍正篡改。原來的康熙御製碑文，極稱撫遠大將軍允禵，但已不見。當時宗人府也建立紀念碑亭，阿布蘭認為翰林院所擬的文字不佳，再三另行改撰，稱頌允禵功德，經康熙審閱，勒石刊刻。

允禵在西北聲望極高，雍正即位後，他被幽禁在湯泉，仍有蒙古王公絡繹前來，餽贈牛羊，請安致意。但雍正即位後，這段歷史幾乎不見蹤跡，且雍正一再詆毀允禵，說允禵「平日素為聖祖皇考所輕賤，從未有一嘉予之語。庸劣狂愚，無才無識，威不足以服眾，德不足以感人」。這與事實截然相反。

驅准保藏堪稱康熙朝最重要的軍事行動，與平三藩、親征噶爾丹並稱為三大戰，是關係清朝興盛的關鍵一戰。但康熙朝實錄，記載寥寥，而涉及允禵的更少而又少，滿文檔案也很少，這些都非常不合情理，也不正常。

但在現存的允禵與父皇之間的來往書信中，仍能感受到父子之間超乎尋常的關係。近代學者吳豐培在整理二十卷本《撫遠大將軍允禵奏稿》後深有感觸地說：「奏稿不厭其詳，允禵遇事縷細奏報，足見其深得康熙帝的歡心，故委以如此軍事重任，世傳有傳位之說，未嘗無因。」

允禵西征真的像雍正後來說的那樣，是父皇康熙將他驅逐邊遠，從沒有一句讚賞的話嗎？儘管更能反映康熙託付允禵、屬意他為繼承人的重要文獻證據早已被雍正銷毀，但僅從存世的文獻中，也能窺其一斑。

允禵離京一個多月後，給康熙一封長篇密奏，多少透露了父子之間行前的交談。允禵說：「臣自幼在皇父宮中長大，凡事跟隨皇父學習，似此獨立率兵行走，尚屬首次。臣出行前，皇父令臣心地堅強，方為男子。再臣之本事，皇父

自幼知之，若成為好漢，臣可不辱皇父，若坐享其成，身蒙富貴之事，臣今世斷不能接受。」

康熙的回信耐人尋味：「朕了結心願，籌謀三月有餘，思慮數日，方繕寫一字。」並以關愛之心囑咐說：「凡有應奏之文，應乘事之便遣送，頻繁具奏，京城之人不知何事，不能停止其胡亂猜疑。」

康熙五十八年三月十八日，是允禵離開京城後為父皇過的第一個萬歲節，他提前多日，為父皇做了萬條龍鬚麵，派近侍太監送去。康熙高興之餘，也把親自監製的幾樣小物件，特別是自己佩戴多年的千里眼鏡，交太監帶給允禵。康熙五十九年除夕，康熙想念在極寒之地的大將軍王，降硃批諭旨：「今年節將至，朕將用舊的腰帶解下，連同其他物品包好，一併送與你。朕的白髮白須，有的已變青，不要告訴他人。只是牙不好。」

允禵子女的婚事也全部由康熙親自操辦，並由宮中支付所有錢物。在允禵領兵的第一年即康熙五十八年，康熙親自為允禵長子弘春操辦婚事，不但賞賜三座房子，重新修繕一新，而且，筵席、服飾等，都按照弘升婚娶之例。又將允禵的大女兒逾格封為縣主，並賞給很多嫁妝。允禵的次子弘明、三子弘楷，康熙去塞外時，也一同攜往。這一年，大阿哥允禔的次子弘昉、恆親王四子弘昂、十四貝子允禵次子弘明都將結婚，內務府奏請，應照雍親王之子弘時結婚之例，由各自父親備辦婚事。康熙對其他兩位皇孫這樣辦表示贊成，但對弘明這樣辦表示反對，他說：既然弘明的父親不在府內，前往軍營，諸凡物品全部由宮中籌備。還把允禵的妻兄羅蔭泰的女兒許嫁給弘明。為允禵子女操辦完婚事後，父皇以喜悅心情告訴大將軍說：「你子女嫁娶的事情，均喜悅辦成。不必掛念家中，唯有人心甚重要。」

允禵向父皇密奏：洮州土司楊如松親來問好，進獻馬匹等物，臣對楊如松說，「你去年在兵營整年效力，臣應賞賜你，豈能接受你的物品？你世代受國重恩，不比他人」，將馬匹等均退回。康熙對允禵能夠得到土司等擁戴感到非常欣慰，對允禵說：「楊如松朕原認識，也曾隨朕圍獵，甚屬好漢。爾甚得土司、回子等人之心，今後獲益者，多於漢人。朕之此言斷勿使漢人聞之。」康熙的

這段話，可以解釋成：「對於江山而言，你得到土司、回族人的擁護，能比得到漢人擁護發揮更大作用。」這不是一般的話，分明是將來繼承皇位的話。

康熙五十八年十二月，是允禵赴前方整一年的日子，康熙語重心長地對他說：「你肩負要務，出已一年。你所差之人，朕均引見遣之，他們告訴你了嗎？你只有寬舒心懷，勤奮效力承擔的事。」

當允禵明確向父皇表示，寧肯拚卻性命，也要把準噶爾趕出西藏後，康熙向西征軍全體大臣、將軍公開發佈一道諭旨，並令在所有將士中宣佈，強調三路大軍，不論哪路先攻入拉薩，「功成乃全功也」。最後說，「若我大軍抵達取招（指拉薩），此非平常之功，功大也。」而允禵向父皇表示，攻取招地，是關係臣一生之事。

以上似可表明，康熙通過允禵在西征中的表現和貢獻，認為允禵已通過皇儲大考。

允禵也得到幾位兄長的支持。他與皇八子允禩、皇九子允禟、皇十子允䄉本來關係最好。當年他與允禟捨命保允禩，被父皇說成是梁山泊義氣。允禩被鎖拿後，他與允禟懷藏毒藥，讓人攜帶鎖銬同行，以示同患難。出征西北後，他對允禟說，父皇年紀大了，身體又時好時壞，你總要跟我講。允禟選派太監姚子孝與他傳遞消息，還親自設計戰車式樣，讓人製圖後寄給允禵。允禟將女兒下嫁明珠次子揆敍之子後，財富大為增長。允禟認為鞏昌府知府何圖是個人才，便贈送房宅，兩次為他捐納，後將他送到允禵軍中，行前又送馬匹、盤纏。允禟長子弘晟奉旨內廷行走，允禟囑咐他拜康熙親信太監魏珠為叔伯，以便及時得知康熙的消息。

但允禵沒有躺在功勞簿上，驅準保藏成功後，他請求乘勢出兵伊犁，將準噶爾徹底收復。但因事關重大，允禵請求輕裝赴京，恭請訓旨。議政大臣等表示贊同。康熙下旨：「大將軍允禵令其來京，將印信交與平郡王訥爾素。其他各路將軍也令來京，並命全部於年內到京，以便指示來年大舉進剿方略。」這是康熙六十年的事情。

允禵離開父皇，奔赴前方，已經整整三個春秋。大將軍王西征凱旋，無疑

是件大事，因為這不是允禵一人之事，而是國家大事。而《實錄》僅有允禵進出京的日期，其他一字不載。反而《永憲錄》顯示，十一月二十六日允禵回京，康熙特派三阿哥誠親王允祉、四阿哥雍親王胤禛率領文武大臣前往郊迎。當時大阿哥、廢太子都在囚禁之中，康熙命年長的二位親王率文武大臣郊迎，儲位意義已明。因此，當宗人府左宗人阿布蘭違反常規，出班跪接時，康熙並不指責，也可以作為康熙已屬意允禵的反證。

> 去年藏裏凱歌回，丹陛今朝宴賞陪。
> 萬里辛勤瞬息過，歡聲載道似春雷。

這是父皇康熙為大將軍西征凱旋寫的詩，從中足以想見當時的盛況。

西征五年的錘煉，允禵對自己也信心滿滿。臨洮的一個相士張愷給允禵算命，說允禵的命是「元武當權，貴不可言，將來定有九五之尊，運氣到三十九歲就大貴了」。允禵這時 32 歲，他以為再過幾年就會龍飛九五了，便一個勁兒地誇張愷說得很對。

允禵在京城停留了四個月之久。四年的大西北，一千多個日日夜夜，《實錄》僅留下平淡得近乎無情的兩行字：

> 癸丑，撫遠大將軍允禵至南苑陛見。
> 己巳，上駐蹕南石槽。命撫遠大將軍允禵復往軍前。

前一句記載，允禵於康熙六十年十一月二十六日，在南苑陛見康熙。而對於康熙命誠親王、雍親王領內大臣郊迎這樣大的事情，故意不記。從《撫遠大將軍允禵奏稿》可見，他在京期間仍然處理西北軍政要務，特別是回到甘州後，奏報羅卜藏丹津心懷異志，這是最重要的情報。

後一句記載，康熙六十一年四月十五日，皇帝在南石槽，即順義西北，命撫遠大將軍允禵復往軍前。這個記載，不但日期錯後兩天，地點也與《永憲錄》

不符，最重要的是，隱去了允禵「隨駕至清河太平莊，辭赴甘州軍」這一重要事實。南石槽屬順義，方向與允禵往西北不同，而清河太平莊，即今昌平天通苑北太平莊。這裏是東西分路處。也有記載，臨別時父子相對，康熙親賜玉璽以送。

經過與允禵的反覆溝通，康熙決定派他前去準噶爾議和，結束長達七年之久的西征之役。議和也於康熙六十一年十月取得重大進展。而允禵以邊防整固，糧草足備，奏請攜子弘舒，如同上年一樣不走驛站，一路騎馬，於年底趕到京城，參加明年父皇的七十大壽。

歷史定格在這裏。允禵沒有接到父皇的硃筆諭旨，等來的卻是「千里奔喪」的急令。

帝夢成空

允禵第二次回到西北前線，是康熙六十一年六月。到了九月十九日，允禵給康熙上奏，請求回京參加父皇的七十祝壽大典。大將軍印信，交給何人看守，也請皇父指示。

再說從京城派往西北，負有祕密使命的延信。他於康熙六十一年十二月六日到達建安堡，他得知大將軍允禵住在榆林。次日，兩人在雙山堡相見。此處陝西、山西交界。兩人一見面，允禵見延信冠帶上的紅纓已經退去，立即下馬，拉着延信的手痛哭不止。進入店舖後，允禵問延信：「皇父是什麼病？怎麼好好的人，說沒就沒了？這件事真是做夢也想不到啊！有如此之例嗎？」仍然痛哭不已。

延信告訴大將軍：「我們查驗倉庫完畢，十一月初六那天前往南苑具奏，這一天我們一起見皇上，主子當面問了很多，久議方散。見主子氣息稍虛，臉也消瘦。第二天就回暢春園了。我們八旗大臣約好初十前往暢春園給主子請安。奉旨：你們不要再來。從此我們沒有再前往。到了十四日，方聽到大事已出。各自前往。此事確不是夢。」

大將軍王還是痛哭。延信又勸，允禵說：「如今我的哥哥當了皇帝，指望我給他叩頭嗎？我回京不過梓宮前叩拜父皇，見我的母親，我的事情就完成了。」延信又勸：「你說的這番話是什麼話？難道想要反了不成？」

此時的允禵心如刀絞，又亂如絲麻。他想理出個頭緒來。連續幾天，他都與身邊的幕僚商量，有時天快亮了才散。他有一千個不甘。他不相信父皇會把大位傳給哥哥，哥哥向以富貴閑人自居，父皇豈能不知？多少年了，為了大位，兄弟們有的變成瘋癲，有的關閉高牆。而他是兄弟們的希望。他們也想到了年羹堯。此時的年羹堯也在甘州附近。經延信再三勸導，允禵思前想後，終於踏上千里奔喪路。

講到這裏，還有一個疑問：允禵是奉康熙之命回京，還是奉雍正之命奔喪？這關係到康熙臨終前是否給允禵下旨讓他進京，直接關係到雍正即位。原話說：「先帝欲將大統傳與允禵，聖躬不豫時，降旨召允禵來京，其旨為隆科多所隱，先帝賓天之日，允禵不到，隆科多傳旨，遂立當今。」（《大義覺迷錄》）朝鮮使臣得到的情報與此相近。而《大義覺迷錄》成書於雍正七八年，可見當時就有康熙急召允禵回京的傳聞。

允禵作為大將軍，駐守甘州，就是張掖，距京城 4000 里。而榆林距離京城 1500 里。大將軍沒有得到皇帝准許，不可擅自離開汛地。他離開甘州，肯定得到康熙的允許，或者收到康熙讓他進京祝壽的諭旨。因此有人認為，允禵是回京為父親祝壽，或者應康熙之召，立為接班人。沒有想到，中途遇到延信報喪。高陽先生說，允禵高興而歸，因為他離京城越近，越接近皇位。就像賈寶玉一樣，滿以為進洞房的是他的林妹妹，當掀起蓋頭時，方知是薛寶釵。

看看雍正是怎麼解釋的：「有人說皇考想傳位給允禵，隆科多更改遺詔，傳位給朕，這是抬高允禵而侮辱朕，並且侮辱皇考。朕即位之初召允禵來京，是因為皇考去世，允禵不在京，降旨宣召，讓他來京盡子臣之心。這實在是朕的本意，並不是防範疑忌而召他來京。況且，允禵無才無識，統兵不過數千，陝西地方，又有年羹堯在那裏牽制，朕有什麼不放心的！說朕是因為防範允禵，召他來京，都是奸黨增高允禵的聲價啊。」

　　好在雍正沒有把檔案全部銷毀。對照前面講的雍正給延信的密旨，可以說，雍正說的全是謊話。

　　延信密奏說，皇上命我在大將軍私書到達前密奏。延信在初八這一天在榆林見到弘曙，也是這樣講皇考去世的過程。二十日到涼州，聽說大將軍王的小福晉，已於臘月初五經涼州前往京城。延信計算，大將軍王的姨母可能攜帶私書，但肯定還沒有到達京城。而自陝西回京，有北路經大同、宣府、南口進京，南路經綏德、汾州、正定、保定進京。此時的允禵，離京城越近，他的心情越發沉重。他知道，這次等待他的不是親王大臣的郊迎，而是雍正早已佈下的天羅地網。

　　允禵進京前，除延信向雍正密奏外，年羹堯更是煞有介事地向雍正密報，說允禵進京可能鬧事。因此，雍正一步一步，早已做了十足的功課，等阿弟一進京，他就可以收緊網繩。

　　允禵也絕非等閑之輩。他走的是北路，在密雲停了下來。他給禮部一連發了三個諮文，這着實讓雍正很難堪。第一道諮文：「叩謁梓宮應如何準備？請知照見覆。」這件事好辦，禮部、鴻臚寺已經準備好了。第二道諮文：「如何賀皇帝登基？有什麼儀注？」這是一道難解的題。見皇帝有什麼儀注？這是問，我是大將軍王，我是行君臣之禮，還是兄弟之禮？君臣之禮是公，兄弟之禮是私。這是試探雍正如何看待我這個大將軍。潛台詞是：不承認這個哥哥做皇帝。當然，後來這成為允禵的罪狀。等到禮部回覆後，允禵又發第三道諮文：「我是叩謁梓宮在先，還是見皇帝在先？是先穿喪服叩謁父皇的梓宮，還是穿常服拜見新皇帝。」禮部不敢回答，還是雍正定，叩謁梓宮在先。於是允禵改易喪服進京。

　　允禵是十二月十七日進京的。一樣的京城，可是這一次，不是大將軍凱旋，而是奔喪。在他的眼中，京城是那樣的淒涼，滿腔的悲痛之外，他還有更多的義憤：難道這就是父皇給我們找的堅固可託之人？他無論如何也不相信。

　　此時，康熙的梓宮存放在紫禁城正北景山的壽皇殿。禮部早已準備好了。鴻臚寺也在一旁準備妥當。允禵在父皇的梓宮前長跪不起，失聲痛哭。心中萬

般委屈，都在這一刻釋放了。他想叩問父皇：是您親口傳下旨意，讓他繼承皇位嗎？雍正擔心允禵鬧出事來，因此遠遠地在一旁看着自己的弟弟。他也有萬般心思，但兄弟君臣，禮數又壓制了這一切。

允禵也看到了雍正，他滿腔的義憤無從發泄，更何況是在先帝的靈柩前，因而只是遠遠地叩頭，所有盡在不言中。但侍衛拉錫看不過去，硬拉着允禵就要向雍正行三跪九叩大禮。不想，侍衛的這個舉動瞬間激怒了允禵，他大發雷霆，厲聲斥罵，這還不解氣，他還拉着侍衛到雍正面前，高聲說：「我是皇上親弟，拉錫乃下賤人物，如果我有什麼不是，求皇上給我處分；如果沒有不是，求皇上把拉錫正法，以正國體。」

允禵大鬧靈堂，讓雍正很尷尬。朝鮮使臣的報告記載說：

> 今十四王在景山殯側，咆哮不已。故新君畏之，居常戒嚴。或有出入時，則多置禁衛，顯有防患之意。前後所得文書頗多，而其中所謂十四王宗人府置對之詞最為要緊，且經印成帖，似是真本。急急謄出後，本文書還給。本文書初面拓宗人府印文，初面最高行以硃筆書：旨胤禎削去王爵仍存貝子，等十一字。年月上又有印文。

這段記載，不為他書所有。從前後語意判斷，允禵進京後與他的哥哥進行置對，由宗人府出面。「十四王宗人府置對之詞最為要緊」，置對了什麼？為什麼最為緊要？已不得而知。但大體可以判斷是關於雍正如何取得皇位、康熙是否有遺詔之類。雍正顯然對允禵大為不滿，故此，將其王爵降為貝子。這也可以證明，允禵出征前，由父皇康熙封為王爵。

轉眼過了年，歷史的車輪終於迎來了雍正元年。但老天彷彿有意與雍正作對，天氣非常糟糕。春天的京城旱得像乾柴一樣。雍正沒有絲毫放鬆。他要把允禵圈禁。但需要有說法，還要找恰當的時機。

三月二十七日，是欽天監選定為康熙的梓宮奉安景陵的日子。雍正早早做了安排。他重點提拔一個人，這個人叫李如柏，是陝西寧夏人，康熙五十二

年的武狀元。在康熙朝的近十年間，他一直沒有什麼事。既然是武狀元，肯定會些武功，所以雍正即位後，派他在乾清門行走，這在當時是非常的位置，因為康熙的梓宮在乾清宮。雍正因為一天幾次為父皇祭奠，觀察李如柏的機會很多，他發現這個人特別認死理，雍正就看重這一點，因此，當他決定圈禁允禵時，破了大格把李如柏外放三品的三屯營副將。

三屯營是明朝有名的九邊之一——薊鎮總兵官的所在地。戚繼光當年抗擊北部的蒙古，就駐紮在這裏。它位於今天河北遷西縣，西接遵化通京城，北接寬城通承德。按照慣例，這個級別的官赴任前沒有向皇帝請訓的資格，但李如柏不知道為什麼主子如此賞識他，他只知道這裏是皇家陵寢重地，但具體要他做什麼，不清楚，為此破例密奏。

雍正告訴他，就是讓他看守十四貝子允禵。這可以說是大清國的最高機密。檔案顯示，三月二日，即奉安梓宮的一個月前，雍正給李如柏下了密旨：「着令十四貝子在湯泉住，如叫他回來，朕自然有旨意與你。」雍正命令李如柏提前做好接收特別犯人——允禵的準備。

三月二十七日，康熙的梓宮從景山壽皇殿發引，三十日到薊州，進入三屯營的管轄區。四月初二日梓宮到達清東陵。因為第二天要舉行奉安大典，所以初二這一天，雍正專門向誠親王允祉發佈諭旨：「朕送皇考梓宮至陵寢，不忍立即離去，本想多留幾天以盡孝心，但諸王大臣一再勸朕，因此明日祭典完後，朕就回鑾。王暫留數日，將陵寢一應典禮安排妥當。再有，貝子允禵着留陵寢附近湯泉居住，也讓他在大祀之日，多盡孝心。」

理由真的很充分，也冠冕堂皇。一切安排妥當了，到了第二天，允禵參加完皇父的奉安大典後，被留在景陵附近的湯泉。湯泉在清東陵康熙行宮的附近，因此也被稱為湯泉行宮，現在是遷西縣重點旅遊景點。

李如柏的密奏證實，允禵是四月初三正式進入湯泉的。允禵一進入，李如柏就把準備好的石料往裏運，幾乎當天，就在允禵住所的四周，安設了四個堆

子[1]。有士兵 20 人日夜巡邏。在湯泉通往馬蘭峪等路口，暗中設有 10 名士兵把守往來通道。其他各口都有士兵把守。此外，方圓數十里，凡有住店、來往之人，一律嚴查。允䄉帶來的人也不少，有三四十人，而且，來往換班特別勤。雍正給李如柏密旨：「為免別人起疑心，不可輕易密奏。」

雍正得報後，硃筆批示：「貝子向來行事如鬼如蜮的慣了，你只可冷冷的旁作無心而觀察他，如果認真做個稽查的光景，莫想得一句話（真話）聽。你只要留心就是了，沒有你什麼不是。朕還得到密報，他逐開你不要在跟前，是好說的，還是硬來的。」

李如柏立即密奏，貝子因為我設的堆子靠近他住的地方，四月初九，貝子隔牆跟我說：「你設堆子是奉了旨意，還是你自作主張？」李如柏心想如果說是奉了旨意，貝子必定小心隱瞞，無法知道真情，於是回答是為了保護貝子的安全，才設的堆子。貝子說：「既然如此，你設得離我太近了，很是不方便。」李如柏只好把堆子向外移了四五步。四月十一日，貝子對我說：「你安堆子，怎麼也不問三王爺？我奉旨在此，不過坐幾天湯，你是讀書人，自然是明白事理的，你如果無理，我的性子你是知道的，況且，我的罪也犯不到看管的上頭。」

這一天，允䄉還賞給坐堆子的士兵一口大豬，士兵歡天喜地，要一起到貝子那裏道謝。李如柏讓士兵選一二人代去道謝。五月初五，貝子又給士兵一口豬。士兵因此天天念貝子的好。李如柏不知如何處理，把情況密報給雍正。至此，千里奔喪的大將軍王，數月之間，變成被囚禁的守陵人。但雍正遠遠沒有罷手。他要找到治允䄉大罪的理由，把軟禁變成圈禁。

在奉移康熙的梓宮時，雍正傳問允䄉家人、護衛，要他們交代允䄉在軍中違法亂紀的事情，問他們：「貝子以前幾年在軍中，他吃酒行兇的事，你們肯定聽到，或者見到，一一寫出來。」但允䄉身邊的人，包括護衛、家人，都斬釘截鐵地回答，貝子向來按聖祖指示辦事，從來沒有什麼違法亂紀的事情。雍正

1　堆子：滿語「鄂博」，漢語是堆子，用石頭壘的營房，像蒙古包，就是流動哨卡，專用於監視。今天北京城有白堆子地名。

知道難以撬開這些人的口，於是大發雷霆，命將這些人拿交刑部，永遠枷號，凡是年齡16歲以上的男子，也一律枷號。天津有個監生，曾在貝子府教幾位阿哥讀書，非常盡責，但這也成了罪狀，以行止不端的名義，逐回原籍，交地方官看管。

允禵以皇子尊貴之身，在西北極寒之地，作戰指揮五年之久，這在清朝歷史上是絕無僅有的。雍正登了基，已經是一國之主，他不但不承認允禵的功勞，且一再詆毀，把他說成「庸劣狂愚，無才無識」的惡少，並要置之死地而後快。

雍正所言不是事實。清人寫的「允禵遺事」明確說：「世所傳允禵西征淫虐事，乃世宗造詞以誣之者，非實錄也。允禵雖非賢哲，然其闊達大度，有世宗所不及者。」（《嘯啾漫記》）允禵以撫遠大將軍督理西陲邊事，當時有一個低級武官叫康績，運送糧食至半道，正趕上大旱，饑荒遍野，百姓無以自存。康績面對災民，垂淚久之，最終把所有糧食賑濟給災民，隨後給允禵上書，說明情況後請按軍法處自己以死刑。允禵展書之初，感到愕然，但為其愛民之心所感動，於是給康熙帝上了特別的摺子，核心是八個字：績法宜死，而心宜生。康績運送軍糧是其職分，顆粒未至，軍法當斬。但他出於愛民之心，活數千人之命，此乃大德，從他的出發點乃至出民水火的行為看，應該赦免死罪。「但生殺大權，操之在上，為臣不敢擅自主張，請父皇裁決。」聖祖看到允禵的奏請，也為康績所感動，特發諭旨赦其死罪。允禵於是把康績留在大將軍帳中，參與機宜大事。

為了緩解緊張的軍旅生活，允禵有時設宴飲酒，這時，康績立即勸諫，允禵改容謝之。一天，允禵以紅裙侑觴，康績知道後，排闥直入，流泣而諫，允禵悚然。康績指着陪侍飲酒的人說：「你們這是把大將軍引入阿諛奉承一流啊。」揮拳頭就要打。康績因此結怨於人，有人對他恨之入骨，也多次向允禵進讒言。允禵笑着說：「康績，是本大將軍的諍臣啊，如果把康績革去了，我會犯錯的。」最終不從。作者最後說出前面那段「雍正不及允禵」的話。

五月十三日，雍正下令，把貝子允禵的祿米「永遠停止」。這是雍正對允

禩迫害的明顯升級。熟悉滿族家法的都知道，這是要像康熙對待索額圖那樣，把允禩餓禁而死。

雍正做的這一切，沒有人敢說個不字。但有一個人例外，這就是雍正的母親。她要拚卻性命保護自己親自帶大的允禩，本是同根生，相煎何太急？母親尊為太后，能否讓蕭牆之禍消弭於無形？允禩的命運又將如何？

九、太后之死

帝王的家庭是常人無法理解的，因而人倫之變，也就不足為奇。雍正借為父皇奉移梓宮之機，把他的親弟弟允禵圈禁在景陵附近的湯泉，不得進出，繼而又把允禵祿米「永遠停止」，這分明是要把允禵餓禁而死。即位之始的這場蕭牆之禍，王大臣們敢怒不敢言。但作為兩人的母親，皇太后終於無法忍受，因此宮廷傳出，太后撞柱而死。

太后暴亡為哪般

太后撞柱而亡的說法來自宮裏。原話說：「皇上登位，隨將允禵調回囚禁。太后要見允禵，皇上大怒，太后於鐵柱上撞死。」「阿其那之太監馬起雲說：『皇上令塞思黑去見活佛』，太后說：『何苦如此用心！』皇上不理，跑出來。太后怒甚，就撞死了。」「佐領華賽供稱，伊在三姓地方為協領時，曾聽見太監關格說，皇上氣憤母親。」（《大義覺迷錄》）

以上三種說法，都來自《大義覺迷錄》。太后之死的原因又有區別：第一種是因為囚禁允禵，激怒太后；第二種是雍正發配允禟（塞思黑）激怒太后。這兩種說法都是太后撞死，而原因則是雍正迫害兄弟，只是一個是允禵，一個是允禟。為什麼發配允禟也會激怒太后？因為允禟曾由太后烏雅氏撫養過，因此，允禟也稱太后為母后。第三種說法是對以上兩種說法的概括：皇上氣憤母親。

以上說法，雍正予以反駁，他反駁的是否可信？暫時先不討論。我們先看看《清世宗實錄》關於皇太后之死的記載，異常簡略，僅有兩行文字，因此也留下不少疑團。

　　庚子。仁壽皇太后不豫。上詣永和宮親視湯藥，晝夜無間。

　　辛丑。丑刻。仁壽皇太后崩於永和宮。

　　庚子是五月二十二日，當天得病。辛丑是二十三日，丑刻是凌晨。從得病到去世，只有幾個時辰。如果按照雍正在永和宮親視湯藥，而且「晝夜無間」，太后得病應該在白天。

　　但是，《實錄》所記載的顯然不準確，或者說是為雍正「盡孝」粉飾，也可能是有意迴避某些不能讓人知曉的事情。因為據《雍正朝起居注冊》記載：五月二十二日庚子辰時，雍正御乾清門聽政。

　　雍正初年的御門聽政，沿襲康熙朝制度，地點主要在乾清門，也在瀛台勤政殿。重要環節有兩個：各部院奏事、摺本請旨。乾清門以內屬於皇帝私人的家庭空間，嚴禁一般人進入。御門當天，在乾清門正中設御榻，御榻前擺放章奏案台。部院官員先在午門齊集，上午辰時即 8 點左右進入大內。皇帝御門升座後，侍衛東西排列，部院官按預先編好的次序，由堂官陸續登東階向皇上跪奏。各衙門官員面奏完畢，部院大臣退出，大學士、學士留下，進入摺本請旨階段。

　　所謂「摺本」就是皇帝對大學士草擬的有關各衙署奏章的處理意見需要改簽，以「摺角」隨同原奏本章發回內閣。此時，大學士等主要就皇帝「摺本」請示。

　　摺本請旨這一環節，從康熙朝做法看，一般都有較為詳盡的討論，議決的也是重要的事情。當天，雍正帝與大學士馬齊、學士查慎行等一共討論處理了九份奏疏，而以吏部、工部、兵部為多。其中「覆請吏部所奏恩詔賞給封典疏」內所摺尚書陳元龍、侍郎張伯行二處，雍正說：「陳元龍是年老極品大臣，朕念景陵緊要重地，特別派遣他前往，他應該樂於行走才是，反而不樂前往，好像有罪發配一樣，到處怨望。這種人雖然加恩，也不知感恩，他應得封典、蔭生，俱不必給。張伯行給予一品誥封，追贈三代。」

　　處理的其他事項尚多，這裏不一一列舉。摺本請旨後，雍正又進行了一項

人事任命：「由徐元夢、張廷玉署理都察院事務。依據乾清門聽政慣例，參考當日處理政務的實際，最早中午完畢。」

《起居注冊》為當時所記，值得注意的是，當日並沒有記太后得病。因此可以肯定，太后得病應該是下午以後，傍晚或夜裏。《起居注冊》次日記載：二十三日辛丑丑時，仁壽皇太后崩於永和宮。張廷玉《自訂年譜》也在這一天記載：皇太后升遐。那麼，太后得的什麼急病？怎麼幾個時辰好好的人就沒了？《實錄》給出的答案是：因為康熙去世，太后哀毀過度，疾遂大漸。

這個原因是依據《起居注冊》而來：自聖祖仁皇帝升遐以來，皇太后哀毀迫切，無間晨夕。在皇太后撫時增感，與日俱深，疾雖未形，積哀實久，忽焉違豫，遽爾賓天。從這則記載看，皇太后肯定得的是急病，又隨即去世。由此前一天得病的可能性似可排除。但因「哀毀過度」而去世是否可信？

康熙皇帝對女性充滿了愛，一生中至少有 300 位答應以上的女性與他朝夕相伴，僅景陵陪伴他的就有 55 位嬪妃。康熙 65 周歲時，還有皇子出生，說明他的生命力一直很旺盛。雍正、允禵的生母烏雅氏，出身寒微，原屬鑲藍旗包衣籍，雍正即位後將母親一族抬入正黃旗。烏雅氏的父親威武（魏武）曾任護軍參領，祖父額參是膳房總管。她順治十七年生，十幾歲入宮，是宮女的身份。但她長相秀麗、端莊，為人本分、溫厚、正派，很快得到康熙的寵愛，是為康熙生育子女最多的一位妃子，共生育了六個子女，長大的有二子一女。康熙十七年十月三十日，雍正出生。第二年烏雅氏被封為德嬪，兩年後被封為德妃。康熙二十七年，她為康熙生育十四子，即允禵。可見這十年，她深得康熙寵愛。

清代皇子出生後，並不都由生母養育。胤禛出生後，就由康熙的佟貴妃養育，且長達十年之久。這是雍正經常誇耀的資本。雍正元年四月，禮部奏請，皇太后烏雅氏的曾祖額爾根為本朝舊族，太祖時撫育禁廷，視同子姓，皇太后祖父額參歷事三朝，軍功茂著，皇太后父親威武天挺秀傑，篤生聖母，宜加峻秩。雍正遂追封外祖父威武三代為一等公。太后有個弟弟白啟，即雍正的親娘舅，襲封一等公，世襲罔替。雍正後來只授他為散秩大臣，並讓他駐守景陵。

這與康熙對舅氏一族，有天壤之別。也可以看出，雍正與母親的關係並非像雍正說的那樣，非常疼愛自己而壓根瞧不上他的弟弟允禵。

相反，烏雅氏與親自養育的允禵感情很深。德妃隨康熙出巡，經常把天家吃的、用的留給這位愛子。現存的允禵詩作，有不少是寫給母親的。有一首詩的開頭寫道：「妃母自熱河賜鮮荔枝一小瓶恭記」，詩中有「天漿未敢輕沾齒，敬述慈恩藉管城」的詩句，表達他捨不得吃千里之外母親賜給的荔枝，只好用手中的毛筆記住母親的恩德。這是真摯感情的流露，完全沒有宮廷詩的官樣文字。

允禵西征期間，在給父皇請安的同時，也不忘記給妃母請安。現存唯一一份康熙皇子寫給母親的請安摺，就是允禵寫給母親的：「兒胤禎恭請妃母千安。為此謹呈。」由此可見，烏雅氏與允禵母子情深。

康熙去世前，已封嬪妃的主位有 18 人，只有 3 人去世，健在的有 15 人。他們同樣是康熙的所愛，難道她們就不會哀毀嗎？更何況，兒子當了皇帝，一喜沖一悲，何至於因哀毀過度而死去？可見，哀毀而死的說法是說不通的。

撞鐵柱而死可能嗎

至少從時間上看，太后之死與雍正囚禁允禵、停止祿米乃至傳旨召回允禵的時間高度一致。因此還是那句話：歷史是勝利者的記述，許多真相已經被掩蓋。

雍正早在三月初，就給負責看守允禵的三屯營副將李如柏下達密旨，讓他準備好嚴密禁錮允禵，除遇康熙大祀外，一律不准到陵寢之地。四月初二，奉移康熙梓宮到達景陵的當天，雍正即向誠親王允祉發佈諭旨，命將允禵「留陵寢附近湯泉居住」，理由是讓允禵多盡孝心。第二天奉安大典舉行完畢，雍正把允禵留在湯泉，並訓斥允禵。允禵不服，為此與雍正大起紛爭，一時鬧得不可開交。經過允祹的勸說，允禵方安靜下來。留在景陵最初，允禵以為「我奉旨在此不過坐幾日湯，即便有過錯，也沒有犯到讓人看管的地步」，為此，他

與看管他的副將李如柏多次交涉。此後，不時有蒙古王公趕着牛羊來到湯泉，送給允禵，請安致意。

母親烏雅氏也是這麼想的。她參加完奉移梓宮大典後，就先行回京了。她知道小兒子留在湯泉的事。但一個多月過去了，允禵換班的人把消息透露給她，且因為在湯泉允禵駐地四處設「堆子」的事情鬧得沸沸揚揚，烏雅氏方清楚雍正的真正用意是要軟禁允禵。但她也沒有着急。畢竟是同胞兄弟，作為哥哥的皇帝，要管管弟弟沒有什麼大不了的。

但到了五月十六日，情況急轉直下。事情的起因是，雲貴總督高其倬上了一個摺子，不知是粗心，還是有意，摺子把大將軍允禵與雍正皇帝一起頂格抬寫。這讓雍正暴跳如雷，無法容忍：在封疆大吏的心目中，分明把大將軍與我雍正一樣看待，如果不狠狠治一治，皇帝的尊嚴往哪裏放。而且，說不定，大將軍在朝野的聲望還是那樣強。為此，他命令宗人府會同吏部，把高其倬革職，把允禵祿米永遠停止。

雍正還發佈諭旨，說允禵在軍中一貫做些施威僭越的事，以至於聲名顯赫，官吏都畏懼他。如此不整治還得了。這件事，以及蒙古王公不時向允禵送牛羊的事，說明在大臣的心目中，乃至蒙古王公中，允禵仍具有非常高的特別地位，這讓雍正難以接受。

高其倬這個人後面還會講到。他在雲貴總督任上，非常有威望，深得官民愛戴。雍正不由分說將其革職。巡撫楊名時接到吏部轉給他的部文，即十六日雍正下旨將高其倬革職、允禵俸祿永行停止後，立即密奏，說百姓得知皇帝把總督革職後，有數萬人到巡撫衙門籲請皇帝收回成命，怕是要出亂子。

而對待允禵，這個信號就是要置他於死地。一般罪犯，即便是秋後處斬的死刑犯，也要給口飯吃，而停止祿米，俸祿沒了，米也斷了，看你還能不能一口豬、一口豬地賞給士兵。滿族家法中，經常對重要的宗室罪犯實行餓禁而死的處理。很顯然，作為母親的皇太后是無法接受的。因此允裪的心腹何玉柱說：「太后因聞囚禁允禵而崩。」這絕不是空穴來風。到了二十二日，有這樣的記載：「庚子未刻，遣使馳召貝子允禵於湯山。」（《永憲錄》）

　　庚子是二十二日，未刻是下午 1 點到 3 點。從前面《起居注冊》記載的雍正當天御門聽政推斷，極有可能是雍正結束聽政後接到太后病危的消息，他的第一反應就是讓弟弟允禵回京。這說明當時太后已經處於危急之中，或者處於彌留之際。不然，雍正斷不會下旨讓軟禁中的允禵回京。雍正放允禵回京，就是希望他能看母親最後一眼。

　　十六日永遠停止祿米，二十二日遣使召允禵進京，這中間肯定發生了重大事情。據李如柏密奏檔案記載：「五月二十三日早晨，有黏杆子伍喜、筆帖式朱蘭泰到湯泉，口傳奉旨叫貝子允禵回京。」筆帖式就是翻譯官，清朝滿、蒙、漢語，都是官方語言。湯泉看守允禵的士兵見有旨意，立即放行。允禵不知京城發生了什麼，立即在隨行人員的扈從下，打馬往京城趕。可是，令他萬萬沒有想到的是，剛從湯泉走了約一里路，李如柏就率領更多人馬從後面追趕過來，而且攔住了允禵一行。這時，黏杆子伍喜等人不得已下馬交涉，氣憤地對李如柏說：「口傳奉旨，叫貝子回京。」李如柏問：「有如何旨意？」伍喜回答說：「旨意就是旨意，沒有跟你說的分。」李如柏說：「既然拿不出旨意，不便擅自放貝子回去。」伍喜見狀，隨即拿出兵部的牌文，給李如柏看。牌文就是兵部下發的通行文書。李如柏是副將，屬於武官，他知道兵部掌管武官，但見牌文上面只寫給與驛馬，並沒有「奉旨往湯泉叫貝子回京」之類的話，因此不肯放行，並一再說這是聖旨。允禵見狀，知道不能硬闖，在李如柏強行要求下，被攔回湯泉，而跟隨他的筆帖式、黏杆子等人被監押在另外一處。李如柏當即給雍正密奏，說按照前奉諭旨：「着令十四貝子在湯泉住，如叫他回來，朕自然有旨意與你。」貝子是奉旨交與臣看守之人，今不見皇帝諭旨，即可能是誆騙。為此臣不得放行。

　　一個指揮 30 萬人的大將軍，此時，一個小小的副將就能把母子隔於陰陽。真應了那句話：時來天地皆同力，運去英雄不自由。

　　這裏值得重視的是，李如柏的密奏並沒有說明是奉太后懿旨還是雍正旨意。雍正在李如柏密奏上也沒有硃批。但可以肯定，二十三日早晨，允禵見到黏杆子等人傳旨召他回京時，還不知道自己的母親已經去世。從事情判斷：

二十二日下午，太后發病，雍正傳旨把禁錮在湯泉的允禵召回，當時太后病危，尚未去世。

但也有研究者認為，二十二日遣使召允禵回京的是太后，並提出這是太后試圖把允禵從死亡中救出來，但遭到雍正的拒絕。故太后見不到允禵，對雍正連懿旨也不放在眼裏悲痛欲絕，遂於凌晨撞在宮中柱上而死。也有人認為，太后一向寬懷仁愛，不至於採取這樣的辦法令地下的康熙和他的兒子雍正難堪。

二十四日，雍正命兵部派武選司員外郎攜帶載有諭旨的牌文到達湯泉，急命貝子乘驛馬前往京城，但限定隨從不得超過十人。二十五日，允禵從尊化門進城時，見迎接他的守備全部摘去纓子，方知是皇太后之喪，乃痛哭入城，易喪服入宮。在半年的時間裏，允禵最敬愛的皇父和母親雙雙離去，而西北的五年征戰，不但皇帝大位轉瞬成空，而且成為他的主要罪狀，情何以堪？

第二天，頒佈大行皇太后遺詔，特別講：當初聖祖皇帝去世，本想追隨而去，無奈皇帝再三勸阻，本已違背我的意志，今天隨先帝而去，也算遂了初願。

皇太后之死，喚醒了雍正那顆想置弟弟於死地的心。他在太后去世當天，即允禵尚未進京的二十三日，在大行皇太后梓宮前，封貝子允禵為郡王，並讓總理事務王大臣轉達雍正的聖旨：允禵原屬無知狂悖，氣傲心高，朕屢加訓諭，希望他悔改。朕今天要慰母后之意，封允禵為郡王。如果他再不悔改，自有國法在，即便治他個重罪，他也不要怨朕。允禵來時你們把此旨傳諭給他知曉。

對於令允禵與母后陰陽永隔的李如柏，雍正於二十四日予以嘉獎，把李如柏作為榜樣，也透露了當天太后病情不嚴重，同時不忘挖苦允禵：允禵此前不能參與皇父喪事，此次又不能臨母后之喪，這是他的不幸。前日太后體中違和，朕遣侍衞伍喜、朱蘭泰召之令其速即馳驛前來，阿哥行至里許，李如柏追而止之。即使李如柏不阻止他，亦不能及矣。李如柏一個漢人，攔阻允禵，如此深明大義，誠信可嘉。着賞戴孔雀翎，有要地總兵缺出，即刻補用。而看守二阿哥咸安宮的人，與李如柏差得太遠。將此諭旨傳給看守大阿哥、二阿哥的王大臣、內大臣、都統、侍衞，武職大臣當以李如柏為規範。

講到這裏，我們可以還原太后之死。可以確定太后於五月二十二日下午得

病，但不是什麼大病，雍正因此急召允禵回京。但如果不是大病，雍正為什麼要召允禵回京，而且要馳驛速至？這說明太后的病已經非常凶險。雍正還說，即便李如柏不阻攔，允禵也趕不上。這裏給人留下很大疑團：莫非當時太后已經危在旦夕？

幾天以後，李如柏以總兵銜發往年羹堯處效力。雍正又開始下新的一盤大棋。這是後話。

雍正的辯解可信嗎

接下去我們要看看，雍正對宮廷傳出的逼死母親一說，是如何辯解的，他的辯解是否可信？

在《大義覺迷錄》裏，雍正把自己說成是母親最得意的兒子，而他的小弟弟，就是十足的惡少。而雍正說這些話時，都要帶上他的父親、母親如何如何評價，以便為他的話「背書」。他說：「加朕以逼母之名，朕最得母親歡心。母親經常說，我不枉生了你。母親平時就有痰疾，氣管不好，又因皇考去世，於五月舊病復發，朕親奉湯藥，無力回天。朕向來最怕過夏，當時母親去世，幾次昏過去，素服齋居三十三個月，不聽音樂，不出遊覽。加朕以逼母之名，真是夢寐中想不到。」

接下來講允禵。「允禵平日，素為聖祖皇考所輕賤，從未有一嘉獎之語，曾有向太后閑論說：『你的小兒子，即便給你大兒子當護衞使令，彼亦不要。』」

連當護衞都不夠格的人，怎麼能夠當皇帝？這是雍正的邏輯。雍正接下去說：「允禵回京後，朕曾奏請皇太后召見，太后說：『我只知皇帝是我親兒子。允禵不過與眾阿哥一般耳。沒有與我分外更親。』不允。朕又請求：『可不可以讓允禵同諸兄弟一起見母后？』太后方答應。諸兄弟同允禵進見時，皇太后並未向允禵多講一句話。後來允禵在朕前種種不法，太后命朕嚴加訓誨。允禵至東陵，是太后去世之前三四月的事情，而說太后欲見允禵而不得，所以才死，這是什麼話？命允禵前往守陵，也奏聞太后，太后欣喜嘉許而後朕才命他去

的，並不是太后不知不允的事情。」

雍正在父皇、母后去世七年之後，把自己的責任推得一乾二淨。可能雍正也忘記了，他發佈諭旨給誠親王允祉，把允䄉留在景陵是四月初二的事情，而皇太后死於五月二十三日，一個多月被雍正說成三四個月，就是要淡化囚禁允䄉與太后之死的因果關係。前面雍正重獎李如柏，而李如柏如此大膽，敢把傳旨置之度外，完全是雍正一人操縱。他又豈能脫了干係？

綜合各種記載，我們可以還原太后之死確與雍正對允䄉的加害升級有密切關係。第一，據《暢春園介紹簡說》載，皇太后得知雍正勾結隆科多奪位的企圖後，試圖阻止不成，為此母子大生芥蒂，且難以挽回。第二，允䄉回京後，質問雍正何以得位，皇考康熙如何傳位。多種記載，特別是朝鮮使臣、西洋傳教士都證實有這樣的事發生。德國傳教士戴進賢於雍正初年的信中記載：「雍正下令讓心腹的皇三子控制兩個被其父皇康熙下獄多年的皇兄。完成這個任務後，為了他本人的安全，雍正也下令讓獄卒看守他。這時，在康熙朝擔任大將軍的皇十四子回到了朝廷。他是被新皇帝召回來的。他欲對其父遺詔的有效性提出質疑。大家都知道，遺詔作者是那位老臣張鵬翮。他被新皇任命為宰相。皇十四子這樣做有掉腦袋的危險，由於皇太后的求情才得以保命，但被革除了一切職務，遭到流放。」第三，由於太后清楚雍正如何得位，故雍正千方百計阻止允䄉與母親見面，就是擔心母親告訴他實情，以允䄉的性格，可能鋌而走險。第四，雍正對允䄉的加害升級，特別是囚禁允䄉後，將允䄉家人也永遠囚禁，又永遠停止允䄉祿米，這令太后無法容忍。加之有雍正命允禵發配等事，一向自尊心極強的太后，最後可能自殺。

前面提到的傳教士戴進賢也說：痛苦的皇太后因皇十四子的支持者遭到處決而憂憂以歿。這則記載，與宮中所傳的太后撞死之說，整體可以互相印證，即太后不是因為身體原因病逝。

《清世宗實錄》在記述皇太后之死原因時，還有輕輕帶過的一筆，值得重視：「自聖祖仁皇帝升遐以來，皇太后哀痛深切，每致撤膳。」哀毀過度，我們前面已經講過，重要的是「每致撤膳」四個字。說白了就是拒絕進食。這與雍

正所說的可以互相印證。因而也有人認為，皇太后是絕食而亡。

太后為什麼「為難」雍正

皇太后很可能是雍正奪位的「見證人」。《暢春園介紹簡說》這本油印小冊子中，關於雍正奪位的介紹說：康熙連下數次詔書，傳大將軍允禵回京。胤禛指派隆科多日夜守護，把康熙控制起來。康熙臨終前呼喊十四子入宮，隆科多卻有意改成「速召皇四子入宮聽旨」。胤禛的母親德妃從帷幕後走出，質問隆科多為什麼故意篡改？隆科多斥責說：「國家大統，非你所關，多言無益。」

當然，這個小冊子可能是出於獵奇，不能據以為真。但自康熙去世，乃至雍正即位伊始，皇太后處處「為難」雍正，顯出諸多反常之舉，其中的意義很不簡單。這主要有三件事。

第一件事：康熙去世，德妃要殉葬。康熙去世，德妃的反應非常不尋常，她要「決意從殉」。《永憲錄》是這樣記載的：「我自幼入宮為妃，在先帝前毫無盡力之處，將我子為皇子（應為帝），不但不敢望，夢中也不思到。我原欲隨先帝同去。今皇帝說，太后聖母若隨皇父同去，我亦隨太后聖母同去。哀懇勸阻，未遂其志。」

太后殉死的事在《起居注冊》中也有記載：「聖祖升遐，予即欲相從冥漠，予子皇帝再三諫阻，以為老身若逝，伊亦欲以身從，雪涕含哀，情詞懇至，予念先帝付託之重，宗社攸關，勉慰其心，遂違予志。」這件事，雍正在《大義覺迷錄》中也講過，內容差不多，但重心不一樣：「皇考去世當天，母后哀痛深至，決意從殉，不飲不食。朕稽首痛哭，說，皇考把天下交給兒臣，今聖母如果執意如此，兒臣還有什麼可以依戀？何以對天下臣民？也只有以身相從。再四哀懇，母后始進水漿。」

德妃殉死這件事，非常反常。兒子當了皇帝，太后反倒不願意活了，這在情理、邏輯上，都說不通。而且，《實錄》和《大義覺迷錄》的記載，都與雍正當皇帝聯繫在一起。德妃說立「我子為皇帝，不但不敢望，夢中也不思到」，

夢中也思不到，這是說她感到太突然，突然得離奇、離譜。但為什麼接下來要隨先帝而去？並沒有半點不忍離開先帝的話，而重心都在我子當皇帝。

「懿旨」到了雍正這裏就不一樣了，說成是因為捨不得離開康熙，所謂「哀痛深至，決意從殉，不飲不食」。「懿旨」內容很反常，但接近原話。本來，兒子當皇帝是天大的好事，而德妃卻要追隨先帝而去。難道她知道自己的兒子用不正當手段得了皇位？因此，「夢中也不思到」，留下很大想像空間。

第二件事：拒絕登基前皇帝行朝太后禮。

按照登基大典的規定，皇帝登基前，先要叩謁梓宮，然後換掉縞素，穿上禮服，乘鑾輿出隆宗門，率王公大臣等到太后居住的慈寧宮宮前降輿，而母后更早的時候要搬出為妃子時居住的東六宮之一的永和宮，按太后身份入住慈寧宮。太后要在慈寧宮前設儀仗、樂器，戴上皇太后鳳冠接受皇帝、百官賀拜。禮部還要向太后進呈冊封太后的金冊。這是表示叩謝父母之恩，是一項固定的必經程序。因此，胤禛在說服母親不能殉死後，最大的難題是說服母親接受他率領諸王大臣行朝太后禮。

由於母親不肯搬出永和宮，這一切典禮就要降格辦。先是口頭奏請，太后不准。雍正既憂慮又焦急，但還是耐着性子。沒辦法，只好由禮部出面，親自捧着登基典禮的儀式單，到永和宮外面去啟奏勸駕。太后不能見外臣，這是規定，因此由太監接了啟奏。過了很長時間，太后回了令人非常尷尬的懿旨：「皇帝登大位，理應受賀。至與我行禮，有何關係？況先帝喪服中，我心實為不安。着免行禮。」這句話是說：你雍正得了皇位，接受祝賀是你的事。與我行禮，有何緊要？況且現在是服喪期，讓我換上朝服，接受皇帝行禮，內心不安。免了吧。

禮部碰了硬釘子。而太后視皇帝如同陌路，更是讓人唏噓不已。眼看明天就是登基的日子，這個典禮不舉行，意味着太后不承認這個皇帝，百官朝賀雍正登基就無法舉行。雍正把太后的懿旨下總理事務王大臣、禮部、內務府總管議奏。無奈之下，由王大臣繕寫摺子，「固請」。摺子裏特別把康熙皇帝當年登基如何行禮寫進去，還特別奏明：此係本朝歷來遵行之禮，今皇上初登寶位，

有關大典，皇太后若受朝賀，皇上受諸王大臣朝賀始安。但太后像鐵了心一樣，就是不答應，皇帝只能再三懇請。皇太后傳下懿旨：諸王大臣既然援引先帝所行大禮，懇切求請，我亦無可如何。今晚於梓宮前謝恩後，再行還宮。

不在太后宮裏行禮，在梓宮前行禮，這應該說絕無僅有。前面講過，康熙的梓宮停放在乾清宮，因此，皇帝是在乾清宮康熙的靈堂前給太后行的大禮。是太后有意讓雍正在康熙的靈堂前接受良心的拷問嗎？不得而知。但禮部請、諸王大臣請、皇帝三番五次請，而太后以「無可如何」接受，不但母子之間的關係暴露於天下，而且，「太后不認皇帝兒子」的話立即從宮內向外擴散。太后無可奈何之下，極為勉強接受行禮後，又回到她作為妃子居住的永和宮。

第三件事：拒絕遷入慈寧宮，拒上太后徽號。

雍正的大心臟，在極不平靜的七天裏，經受了考驗，他總算登上了紫禁城的金鑾殿，做了大清國入關後的第三任皇帝。皇帝登基，才能尊母后為皇太后。但又有一種說法不脛而走：德妃由真太后變成假太后。她拒絕遷入太后居住的慈寧宮，拒絕上皇太后尊號。在皇宮的中軸線，過了前面的三大殿，就真正到了皇帝的家，乾清宮、交泰殿，後面的坤寧宮乃皇后的寢宮，其東西分別是妃嬪居住的地方，即東西六宮。東六宮之一的永和宮就是德妃的寢宮，十四阿哥允禵就出生在這裏。太后無可奈何在乾清宮康熙的靈堂前接受了雍正的行禮，然後又回到她作為妃子居住的永和宮。雍正即位後的第三天，就給禮部下諭旨，尊聖母德妃為皇太后，令禮部查照舊典，給太后上尊號。這也是一項再正常不過的事情，但太后不接受。

新君即位後，要在乾清宮處理政務，故康熙的梓宮要奉移。十二月初三，康熙的梓宮奉移到景山壽皇殿。至此，康熙的大喪禮只有最後一項，奉移山陵，即奉移到陵寢之地安葬。第二天，禮部會同王大臣及大學士等，給皇太后上徽號為仁壽皇太后，並奏稱：俟命下之日所有應備皇太后表文、冊文及金冊、金寶並儀仗等項，交與各該部院衙門，速行備造，俟造完之日交與欽天監選擇吉期並查一切儀注，另行具題。雍正准奏後，禮部於當天將皇太后應行典禮儀注具奏皇太后，但皇太后不允。諸王大臣復具摺奏請，皇太后傳下懿旨：「予自

幼入宮，蒙大行皇帝深恩，備位妃列幾五十年，雖夙夜小心，勤修內職，未能圖報萬一。」「命予子為皇帝，實非夢想所期，並欲相從聖祖於地下。今諸王大臣請上尊稱，此時梓宮大事正在舉行，尊崇典禮，我心不安。」諸王大臣又引經據典，具摺懇請，皇太后堅執不允。最後，還是雍正在永和宮前，長跪不起，才換來皇太后冰冷冷的懿旨：「皇帝及諸王大臣援引舊典，懇切求請，予亦無可如何。知道了。」

以上是《清世宗實錄》《起居注冊》的記載，又一次「無可如何」。《永憲錄》明確記載，大學士馬齊等擬上皇太后仁壽徽號，傳懿旨：「梓宮未奉移山陵，不忍即受尊稱。」

到了雍正元年正月二十二日，雍正又下旨：給太后恭上冊寶典禮亟應舉行，母后仍欲遲遲，其應於何時舉行，總理事務王大臣等確議具奏。二十八日，王大臣等奏稱：「上冊寶典禮，敬遵慈諭，俟聖祖皇帝奉移山陵事畢，交與欽天監選擇吉期，恭上冊寶典禮。」雍正准奏。

如此說來，太后勉強接受了上尊號，但冊寶典禮直到太后去世都沒有舉行。至於搬入慈寧宮，太后直到去世都住在永和宮。真太后又怎麼成了假太后？因為無論是胤禛還是允禵當皇帝，她作為二人的母親，都是當真的太后。但現在的情形不一樣，胤禛得位是有爭議的，宮廷裏議論紛紛，如果胤禛的皇位不是康熙給的，那她的太后豈不成了假太后？因此，太后怎麼也不肯搬入太后居住的慈寧宮，而死在永和宮。

以上事實，似乎可以說：太后在用另一種方式，表達她對雍正即位的不滿，是對奪取小兒子允禵皇位的一種抗爭。

十、一箭三雕

　　從前有一則寓言：大街裏走失了一隻兔子，追趕的人越來越多，誰都希望自己能捕獲那只兔子，在一旁看熱鬧的人也沒有人覺得這些人貪心，因為兔子還沒有主人，歸屬未定。等到跑在前面的人捕到兔子後，後面所有的人都停止腳步，不再爭了，因為兔子已經有了主人，歸屬已定。

　　追兔子，在中國古代隱喻為對皇位的爭奪。按理說，雍正坐上了金鑾殿的寶座，皇位有主，兄弟們應該停止爭奪了。但顯然不是。原因有三：一是從後金開國乃至後來清朝的皇位傳承，都不是一帆風順，甚至常常與血雨腥風相伴，這是遠因，也可以說是一種慣性；二是康熙後期十幾年儲位的爭奪，有所謂「九子奪嫡」，個個都殺紅了眼，積怨太深，一時無法化解，這是近因；三是雍正即位，卻拿不出讓諸兄弟信服的傳位依據，這是直接原因，也是主要原因。

　　因此，雍正雖然捷足先登，坐上了金鑾殿，但能不能坐穩還很難說。他在愛新覺羅宗室內部，受到普遍而非個別的抵制。儘管經過雍正、乾隆兩代皇帝對這段歷史的磨蝕，但現有史料足以證明，雍正初年他的江山非常不太平。

　　雍正皇帝對此也了然於胸。他說過一句肺腑之言：「父皇是神一級的人物，有六十多年的統治經驗，而晚年為了防範諸子，一日不得安寧。我雍正與爭奪儲位的人是兄弟關係。父子關係尚且如此，更何況兄弟之間？」

　　他清楚，十幾年的恩恩怨怨遠沒有結束，而是新的開始。比他年長的三位兄長，沒有什麼可怕的，長兄允禔、二兄（即廢太子允礽）都關在大牢，雍正讓他們參加了父皇康熙的大殮後，重新圈禁起來，並嚴加看守，因此完全構不成對自己的威脅，三兄允祉比較溫和、中立，也不拉幫結夥，稍加防範即可。

　　想來想去，最擔心的是抱團的四位弟弟：老八允禩、老九允禟、老十允

禵、十四允禵。這四位兄弟在康熙後期的十幾年間，抱成團像一個人似的，許多重大事情，都是生死與共，連父皇康熙都說他們像梁山泊義氣。雍正說，當時六七人覬覦皇儲，這四個人一個都不少。他們也認為，皇帝一定從他們四人中間產生。但歷史又開了一個大玩笑。雍正戴上了皇冠，又無憑無據，僅憑隆科多一句話，就登了基。為此，雙方劍拔弩張。故此，雍正要想坐穩江山，必須解決這四個弟弟。允禵的事情我們已經講過。接下來，他要着力解決八、九、十這三個弟弟。

雍正的目標是一箭三雕，各個擊破，辦法又各不相同。

拴住允禩

康熙去世的第二天，遺詔還沒有發佈，雍正就進行了接班後的第一項，也是最重要的人事安排。「貝勒允禩、十三阿哥允祥、大學士馬齊、尚書隆科多，為總理事務大臣。凡有諭旨，必經由四大臣傳出，並令記檔。」雍正組成這個最高級別的總理大臣，是對四人充分信任嗎？他皇帝寶座還沒坐熱，就要撒手放權嗎？顯然不是。個中原因，雍正做了解釋：「朕苫塊之次，中心紛督，所以啟奏諸事，除朕藩邸事件外，餘俱交送四大臣。」苫，是草墊子，塊，是土，古人居父母之喪，不能在正常的居室。意思是說，朕居喪期間，心緒不寧，為免朝政出現問題，今後朝廷大政，除了我原來雍親王府的事情外，包括皇考康熙遺留的事情，都由四位總理大臣處理。

這只是冠冕堂皇的理由，真實的算計隱藏在後面。這也是雍正一貫的做法。四位總理大臣，位高權重，按理應該是雍正信賴的核心。但絕非如此。這四個人可以分為三類。

第一類是心腹，有兩個人。一個是允祥，雍正的鐵杆支持者。當年倒太子的事東窗事發，雍親王、允祥被父皇康熙雙雙關入大牢，而允祥一人承擔，替雍親王頂了大罪，坐了多年的大牢。雍正當皇帝，自然要回報。允祥經過生死考驗，自然也最值得信賴，因此凡是機密的事情，包括雍正個人的事，都由

允祥來辦。另一位心腹是隆科多，從扶養雍正的佟貴妃即後來的孝懿皇后那裏論，隆科多是雍正的舅舅，從隆科多自幼為康熙所養說來，隆科多極可能與少時的雍正是「玩伴」。這種關係使得兩人自然走得近，更重要的是，他是康熙末命的唯一傳旨人，對雍正當皇帝是最大的功臣。因此允祥與隆科多這兩個人是新貴，也是雍正最信任的心腹。

第二類是舊臣馬齊，他是限制使用的大臣。馬齊出身於清代滿洲望族富察氏，米思翰之子，是繼明珠、索額圖之後，康熙朝的第三個權臣，他與弟弟馬武、李榮保皆受康熙器重，當時有一句諺語：「二馬吃盡天下草。」可見馬齊家族的勢力之大。一廢太子後，馬齊因為鼎力支持允禩為太子，受到康熙帝的嚴厲懲處。富察氏一家全部退出官場，馬齊交給允禩禁錮看管。後來，俄羅斯人來華互市，康熙帝覺得馬齊熟諳邊事，重新啟用，富察氏一家也全部粉墨登場，康熙五十五年復授武英殿大學士。馬齊如何放棄支持允禩而倒向雍正？最大的可能還是利害關係。但雍正用馬齊，代表對康熙舊臣的禮遇，意在收攏老臣，不表示對他信任。因為馬齊畢竟有過支持允禩的過往，因而屬於限制使用的人。說白了，他是新朝的臉面。故不能讓他發揮關鍵作用。馬齊雖然與雍正朝的 13 年相伴始終，但實在沒有發揮重要作用，以至於《清史稿》馬齊的傳記寫到雍正王朝時只是可憐的兩行履歷單。康熙安葬景陵後，在護送「功德碑」的大臣中，雍正特派馬齊前往，但他沒有同「功德碑」一同到達，被人參劾在路途逍遙，雍正認為所參「甚屬可嘉」，但認為馬齊年齡大了，不必苛求。說明雍正對馬齊的尊重。反而是馬齊的姪子、弟弟李榮保的小兒子傅恆，後來一路發達，成為乾隆帝非常寵信的人。這是後話。

第三類是人質允禩。他是綁上雍正戰車的人質。允禩在康熙後期有非常高的威望，身邊不但有多位兄弟堅定支持，而且還得到不少有分量的大臣的擁戴。允禩也是雍正最擔心與他爭奪天下的人，雍正幾次要讓位給允禩，說明允禩在朝中的地位。雍正實際是以重用的名義給允禩套上韁繩。把他列為總理大臣之首，讓他兼管理藩院，後來改為兼理工部、上駟院，就是把他作為人質。我們查遍滿文、漢文檔案，更不用說《實錄》《起居注冊》，允禩幾乎沒有做幾

件是總理大臣應該做的事，更不用說重要、機密的事情，不要說讓他做，甚至是絕對不能讓他知曉的。雍正給年羹堯的密旨中，經常告訴年大將軍，「除舅舅、怡親王外，不使一人知道」。而查閱允禩出現的場合，如奉移康熙梓宮等重要事情，一定有雍正的心腹跟隨，或是隆科多，或是允祥，監視他的用意再明顯不過。

在雍正最擔心的抱團的四位兄弟中，允禩最有才幹，聲譽最好，影響最大，特別善於出謀劃策，抓住了允禩，就是解決四兄弟的龍頭，允禵被囚禁起來，其他人很難翻起大浪。因此，雍正把允禩拉進總理大臣，有三個目的。

第一，直接分化瓦解四兄弟。在四兄弟中，允禩屬於年長者，而在滿族習慣中，兄長有教育弟弟的責任。雍正故意把在康熙朝並無特別大差距的這四位弟弟，明顯分出軒輊仲伯，讓四人的品級、待遇迥然有別，目的就是分化瓦解這個小團體。這裏舉出一個例證。九貝子允禟有個屬人，叫滿丕，他出了30萬兩銀子求允禟幫他運作湖廣總督這個位置。滿丕很快以工部侍郎署理湖廣總督，允禟遂派人索要六萬金。此人過揚州時恰好雍正即位，為同一旗的人所出首。雍正立即把滿丕召回京，但一直不處理。皇太后去世後，雍正以滿丕不舉哀，也不向皇帝請聖安為名，將他逮捕，並籍沒全家。但雍正不安排別人，專門安排與刑部不相關的允禩嚴刑審問滿丕，查訊其家資。以此讓允禟難堪，達到破壞兄弟感情的目的。

第二，讓允禩的支持者不敢輕舉妄動，最後一網打盡。雍正不但「重用」允禩，允禩的支持者也受到特殊「關照」，這些人的地位甚至比康熙時期還要高。雍正用的不是「懷柔計」，而是「囚徒法」，即把允禩的支持者都安排位置，讓他們處於嚴密的監視下不敢輕舉妄動，然後再找機會收拾殆盡。

第三，把允禩綁到雍正的戰車上，不讓他脫韁。何時拉緊韁繩，完全在雍正的掌控中。因此，允禩成為總理大臣後，開始是無盡的恩賜，他本人在康熙朝的最高爵位是貝勒，雍正即位數日後就封允禩為親王，後加爵號和碩廉親王。他的兒子弘旺，不久加貝勒銜。在弘字輩中，除了康熙生前異常喜愛的廢太子的兒子弘晳，以允禩之子弘旺的爵位最高。雍正籠絡允禩的意味極強。

允禵的母舅噶達渾一族，地位低賤，是辛者庫。康熙當年說允禵不宜當太子的原因之一，就是他母親出身微賤。這也是允禵的遺憾。雍正即位後，把廉親王的母舅一族放出賤籍辛者庫，為一般旗人。這太給廉親王面子了。允禵誠惶誠恐，寫了滿文摺子給雍正：謝主隆恩把我舅舅噶達渾一族抬旗。只是舅舅一族佐領人數太少，不足一個佐領，而按照八旗制度，應有佐領編制，請皇上恩准。雍正硃筆一揮，賞世襲的佐領，又陞為內務府總管。為此，正黃旗都統操辦給允禵的母舅配足編制。蘇努，是清太祖努爾哈赤的四世孫，褚英的後人，是允禵的堅定支持者。康熙去世的第三天，雍正就封他為貝勒，又把蘇努的兒子勒什亨委任為領侍衛內大臣。類似的事情還有不少。

對雍正的用意，允禵一家及其追隨者都保持着清醒的頭腦。這可能是基於對雍正的深入了解吧。允禵當了親王，不斷有人向他賀喜，允禵卻冷冷地說：「皇上今天加恩，怎麼能知道這不是為明天殺我找藉口呢？」並得出結論說：「眼下加恩於我，都是不可信的。」允禵的妻子更是對前來祝賀的人說：「有什麼可喜的？不知道哪一天掉腦袋哩！」

從雍正接下去的實際做法看，允禵一家的擔心完全被驗證了。現存允禵在雍正朝的信息，幾乎都是雍正如何挖苦、譏諷、數落他的記載，而各部奏請處分他的奏疏，幾乎比比皆是。僅宗人府向雍正奏請懲處允禵的奏章，就有近百份。而雍正收拾允禵的手段，堪稱一絕，包括肉體、精神、形象三個層面，可謂無所不用其極。

雍正在三年服喪期，由於本人威望不高，加之傳位疑雲，因而經常用死人壓活人，打擊異己。在籌辦康熙的喪禮時，允禵作為主管工部的總理大臣，負責的工程事項繁多，這也成為雍正整治允禵的主要所在。

康熙梓宮奉移遵化景陵，是喪禮的一件大事。雍正指令：動用兩萬伕役，提前演練，要有非常好的抬杠技巧。據說水碗裏的水在行走中都不會滴落下來。允禵作為主管工部的總理大臣，覺得這樣做有點勞民傷財，但又不好直說，只是向雍正建議：「兩萬伕役是不是太多，請皇上斟酌可否減半？這樣也夠用。」雍正開始覺得允禵說的在理，立即批示准奏。但他總是把允禵往壞處想，

又加上馬齊提醒，雍正隨即訓斥允祹道：「你是讓朕背上不孝的罵名嗎？安的什麼心？」

上駟院是內務府三大院之一，由明代的御馬監而來，主管宮廷馬匹。康熙時期因為大規模的出巡活動需要，故上駟院馬匹極多。允祹以總理大臣兼管內府機構上駟院，認為從節省支出考慮，上駟院養的馬匹太多，奏請裁減一半。雍正卻不這樣想，對允祹說：「你這分明是譏諷皇考靡費錢糧。標榜自己節儉嗎？你節儉，為什麼給你母親大辦喪事，幾個月還讓人扶着走路？我們當時擔心你的身體挺不住，沒想到你的身體反倒越來越好了，你這是假孝心，真虛偽。」在雍正眼裏，允祹出於公心做的有利於國計民生的事，都是別有用心，不懷好意。

允祹謙謹低調，總是輕車簡從，雍正說：「國家自有體制，你一個親王、總理大臣，怎麼身邊護衛的人這樣少？這分明是敗壞國家制度，虛偽至極。」並為此制定親王、大臣相關待遇。

以下舉三個例證，說明雍正對允祹處心積慮的防範、羞辱，特別是在精神上「凌遲」允祹。

第一件事，跪太廟。升祔太廟，是一件大事。祔廟簡單說，就是帝后安葬之後將畫有御容的神牌（主）請到太廟裏供奉。雍正元年九月初，雍正為父皇康熙的梓宮、母親孝恭皇后的梓宮安奉景陵地宮後，命隨行諸王大臣改穿蟒服，迎接神牌到京師。當時隨駕的大臣有 91 員，辦事官 87 人，全部加恩進級有差。初四這一天，雍正親自在端門外，跪迎康熙皇帝、孝恭皇后的神牌入太廟。雍正親捧康熙帝神牌，令派出諸王各捧康熙帝的四位皇后神牌，舉行升祔太廟大典。

典禮完成後，雍正大發雷霆。原來，由於工程緊迫，在端門前新建造的更衣帳房，剛剛漆好油，油氣還沒有完全散發出去。雍正指責負責監造工作的允祹大不敬，還說列祖神牌「漆流金駁」，「皇上乘輿法物，以斷釘薄版為之；更衣幄次，以污油惡漆塗之」，竟然讓大清國的首席總理大臣、堂堂的廉親王允祹，帶着工部侍郎、郎中等官，一大排人，黑壓壓在太廟前跪了整整一晝夜。

這不單單是肉體折磨、精神羞辱，雍正要告訴天下人：他根本沒把允禩當親王看。你們離廉親王要遠着點。太廟前這一個晝夜，漆黑的一夜，允禩徹底想明白了：你無論怎麼做，總是有罪。所以筆者一直認為，允禩與年羹堯是明顯的兩類大臣，前者謹小慎微、奉公守法，後者大膽張狂、為所欲為，但最後的結果都難逃一死。這其中，雍正皇帝猜忌的個性，不能不說是原因之一。

第二件事，允禩在嚴密監視下，每天極度恐懼。允禩是親王、總理大臣，但每天處於極度恐懼中，因為他的一舉一動，都在雍正的嚴密監視和控制下。

雍正元年七月的一天，允禩在內右門下坐了很長時間，太陽快偏西了也沒有走。雍正的眼線、負責監視允禩的護軍統領汝福，一直在遠處盯守，見允禩長久不離開，藉故讓允禩看奏摺，進了板房，他想試探允禩。允禩看完奏報後，也做了批示，見汝福還沒有離開，於是問他：「你還有什麼要口奏的事嗎？」汝福回答說：「沒有什麼了。」汝福沒話找話，對允禩說：「我先前曾任正藍旗護軍統領，剛調到鑲白旗。」隨即搭訕說：「親王一向對我非常仁厚，為報答恩德，我凡有所見所聞，都會向您報告。我見親王為人和善，一舉一動都受他人指使，這件事王應該改改。以奴才的意思，王何必如此？」允禩見狀，大為警覺，立即反駁說：「果真如此，天誅地滅。你立即給我出去。」汝福立即把他試探允禩的事向雍正密報，並總結說：「可見其敏感恐懼至極。」他還向雍正分析：「至於允禩說的天誅地滅一句話，好像不是對奴才說的話，但他又對我說，可見他狡猾敏感。」雍正讓他繼續監視。可以說，允禩雖然名義上是大清的總理大臣、廉親王、皇帝的弟弟，但實為雍正的「囚徒」，每天在恐懼中度過。我們看《起居注冊》，幾乎每隔數日，就有宗人府等衙署奏參允禩的事。由於雍正已經淹沒了很多事實，真實的情況已無從得知，但允禩無疑處於惶恐之中。

第三件事，合理的奏請被稱為忤逆。允禩的嫡福晉郭絡羅氏，是清太祖努爾哈赤的孫子、安郡王岳樂的外孫女。她由於生母去世得早，自幼長在外公身邊，因而養成幹練、潑辣的作風。岳樂長期主持議政王大臣會議和宗人府，是康熙平定吳三桂的主要功臣。岳樂有 20 個兒子，23 個女兒，死後爵位由第十五子馬爾渾承襲，由華圯再襲。華圯死時無嗣，其後數年爵位虛懸。這讓多

子孫的安王一族頗有不滿。

郭絡羅氏成婚前後，允禩入封岳樂宗支所在的正藍旗。雍正說允禩是安王「旗婿」，就是這個緣故。滿族旗人歸屬性極強。入封嫡福晉外公一旗，允禩自然與之休戚與共。岳樂子女眾多，其家族是個非常有影響的大家族。雍正即位幾個月後，就以希冀王爵、不安本分的理由，將岳樂之子、郭絡羅氏的母舅吳爾占父子等多人發配到盛京。

雍正元年十二月，允禩就岳樂家爵位襲封一事上奏。雍正極為憤怒，不但說老安郡王岳樂居心不正，大揭岳樂諸子之間傾軋之事，還挖苦馬爾渾襲爵，其子沒有劣跡，但老天絕他們的嗣。「廉親王的上奏，分明是在宗室內挑撥離間，讓安郡王屬下的人，與我雍正離心離德。安郡王本來是可以襲封的，朕也本有此念，正在考慮選哪位更合適，但因為是你允禩上奏的，將本章發回，不准承襲。而且，命將安郡王屬下佐領，全部撤出，另賜他人。」這個強盛一時的家族從此一蹶不振。雍正二年，雍親王潛邸雍和宮擴建，與之緊鄰的允禩府邸被合併，雍正把廢安親王府給了允禩。廉親王一家被迫遷出。

在四位抱團的兄弟中，允禩排行最長，也是四人中的核心、領袖。雍正對九、十兩個弟弟，採取直接發配的辦法，以斷其羽翼。

發配允禟

康熙廢太子後，雖然允禟也表現出對儲位的希冀，但他最大的希望是允禩、允禵這兩位兄弟之一，將來入承大統，因此，與雍正結怨很深。雍正後來一再說，允禟「文才武略，一無可取」，是父皇不算數的兒子。既然如此，為什麼亟亟不遑，還要把允禟發配呢？這與允禟的富有、仗義有關。

與諸位兄弟相比，允禟有三個明顯的特點。

一是母親非常受寵。他的母親是康熙的宜妃，郭絡羅氏。外公三官保曾任盛京內務府官員。郭絡羅氏也是選秀女入宮的，與她同時入宮的還有她的親妹妹，曾為康熙生下四公主即皇六女。康熙後宮，佳麗如雲，但唯獨對宜妃「眷

顧最深」，康熙東巡盛京，兩次駐蹕宜妃的娘家，這是其他妃嬪所沒有的榮耀。外出巡游，康熙也不時把當地的土特產帶給宜妃。她為康熙生育了三個兒子，即皇五子允祺、皇九子允禟，還有一位皇十一子，11 歲時夭折。允祺比允禟大四歲，自幼由康熙的嫡母養育宮中，心性善良，為人敦厚，他年齡僅比雍正小一歲，但與世無爭，是康熙晚年年長的皇子中，沒有捲入皇儲之爭中為數甚少的一兩個人。因此，康熙四十八年第二次冊封，允祺被封為恆親王，而允禟在這一年僅封為貝子。宜妃是康熙二十年冊封為妃的，八年後，康熙的第三位皇后去世，自此未再立后，因此宜妃是最早冊封為妃，地位很高的四位妃子之一。允禟幼時陪伴他的母親居住在西六宮的翊坤宮。

康熙去世時，宜妃正患病在牀，得到消息後，她不管不顧，讓太監用軟榻把她抬到靈柩前舉哀。按宮裏的規矩，宜妃應該跪在已成為皇太后的雍正生母德妃的後面，但她全然不理會，竟然走到德妃前面行禮，這讓雍正大為惱火，而宜妃又不服，擺出母妃的架子，這更讓雍正無法接受，指名道姓說宜妃「於國禮不合」，「全然不知國體」。宜妃沒有重視新皇帝固然有錯，但雍正剛即位就如此數落母妃，這在歷史上可能是絕無僅有的，也可見雍正心胸狹窄，睚眦必報。

二是允禟極為富有。允禟在兄弟中是最富有的，是百萬級的巨富。這些巨額財富，一來自分府的 23 萬，二來自他的經營，三來自他的一門好親戚。原來，康熙五十八年，由康熙做主，把允禟的第三個格格下嫁給明珠的孫子、納蘭性德的弟弟揆敘（過繼）的兒子永福為妻。這門親事，為允禟帶來了很多財富。納蘭性德是清代最負盛名的詞人，他的長女嫁給了高其倬，次女嫁給了年羹堯。因此，高其倬與年羹堯是連襟。而年羹堯與允禟有親戚關係。允禟不但是巨富，而且為人豪爽，重義氣，好結交，疏財仗義，性格非常像他的母親。他自己爭儲希望渺茫，因而拿出錢支持允禩、允禵。凡兩人有需要，允禟非常慷慨。允禵西征，允禟拿出一萬兩作為路途開銷。允禵第一次回京前，允禟出錢為允禵修整花園。他也沒少贊助允禩，甚至算卦先生的幾百兩銀子，允禩也讓允禟出。雍正即位，完全超出他們的預料，允禟反應最激烈，對屬下說：「不

料事情到了這一步，我們真是生不如死。」為康熙舉哀時，他故意挑釁雍正，在雍正面前「對坐箕踞，無人臣禮」。雍正帝指責他為什麼沒有眼淚，他掏出手帕爭辯：「我帕俱濕。」

三是聰明的發明家。允禵西征時，允祹親自製作戰車樣式，提供給允禵參考。他對西洋傳教士也很有好感。後來，用羅馬字標註滿文，與允禵等祕密通信。

雍正是一個睚眦必報的人。宜妃用她的太監張起用做了不少買賣，雍正即位沒幾天，就開始整治，說宜妃母居深宮之內，肯定不會在外面做什麼生意，而妃母的太監張起用卻打着妃母的旗號到處招搖，命內務府將他的家產全部查抄，人發配到吐魯番種地。宜妃的女兒（即允祹的姐姐）四公主的太監發配到齊齊哈爾給披甲人[1]為奴。允祹的太監何玉柱發配到三姓給披甲人為奴。雍正還不滿足，又發諭旨說，這些人都極為富有，如果不肯遠去，就令自盡，護送人員報明所在地方官，把他們的屍體燒毀，骨頭送到發配地方。

這是雍正發配的第一批宮廷中人，距其即位僅僅十幾天。

雍正在同一天，把為允祹打理家務的禮科給事中秦道然抓起來，向他追銀十萬兩。秦道然出身江南無錫大族，科第極盛，是康熙進士。兩江總督經過查追，把他的祖宅、花園賣掉，連一萬兩銀子都湊不足。三法司判擬斬立決，但雍正說，留下他還有用，追完錢再處理。

當雍正把允祹的太監、管家，以及允祹母親、姐姐身邊的太監等人全部發遣到邊遠地方後，允禵恰好到京，就在這一天，雍正發佈諭旨：「大將軍到京，其往復尚在未定……西寧不可無人駐紮，令九貝子前往。」（永憲錄》）這道諭旨，明着是讓允祹接替允禵做大將軍，但真正接替允禵的延信早已出發，並已到達甘州，而與延信共同管理大將軍事務的年羹堯就在西寧。何必多此一舉？原來，年羹堯在自己當年的藩邸主人雍正當皇帝後，進京覲見，與雍正密商如

1　披甲人：受降後幫清王朝鎮守邊疆的人，地位低於一般軍人，高於奴隸.

何對付這幾個兄弟，遂有此主意。隆科多等人討論的時候，還明確議定：允禵包括隨帶人員所有事情，都由年羹堯處理。

允禵對雍正太了解了，這哪裏是接任大將軍，是發配。連《永憲錄》的作者都不禁寫道：係行庵放之也。因此，允禵當即抗旨，理由冠冕堂皇：皇考大喪還在進行，你以參加皇考大喪的理由把大將軍允禵從千里之外召回來，同樣是皇考的兒子，我豈有不參加大喪就奔赴西寧的道理？為此要求等過了父皇百日再前往。清代帝后之喪，成年男子要截髮，百日內是服喪期，不得薙髮。康熙是十一月十三日去世，百日就是次年的二月二十三。

允禵的理由夠硬氣，這是祖宗的家法，雍正無奈，只好緩些日子。過了百日，允禵又提出讓他參加皇考梓宮奉移陵寢，這也沒有多長時間了。雍正堅決不答應。實際上，雍正在京與年羹堯密謀，要在西北把允禵解決掉。雍正為此給年羹堯硃筆諭旨。而此時年羹堯也在京城，他還沒有準備好。等年羹堯做好準備，雍正就急不可待，催促允禵上路了。

《永憲錄》記載：「上硃批安置貝子允禵諭旨，封付年羹堯回任。」允禵應該在雍正元年二月底，啟程前往他的發配地──西寧。行前他與母親辭行，不想竟成永別。

根據年羹堯的密奏，允禵於雍正元年四月二十一日到達西寧。到了西寧，允禵就進入年羹堯的掌控中。

囚禁允䄉

康熙的皇十子允䄉與允禵同歲，但他的出身，即生母和外公家的地位，除了允礽，就屬他最高。他的生母是貴妃鈕鈷祿氏，外公是康熙初年四大輔臣中的遏必隆，嫡母即康熙的第二位皇后鈕鈷祿氏是他的親姨。允䄉 27 歲封為敦郡王，地位遠比皇八子允禩、皇九子允禟高，就是這個原因。康熙評價他是一個忠厚老實的人。他在政治上也支持允禩，因此也與雍正結怨很深，是雍正的「三大恨」之一。從康熙時期的重大事件看，允䄉並沒有明顯與雍正結下什麼宿

怨。雍正懲治他一則剪除允禩羽翼，二則因為允禩母親地位尊貴，怕他掀起什麼風浪。

雍正即位後遂尋找機會，把他發配到邊遠地方。

雍正元年二月，機會來了。原來，哲布尊丹巴呼圖克圖到京城拜謁康熙靈堂，不久死在北京。雍正下令，讓允禩護送其靈龕回喀爾喀，即漠北。允禩明知這是發配，但雍正的理由又總是冠冕堂皇，因此允禩也找由頭說：這麼遠的路，我無力籌備馬匹、行李。等到出發，到了張家口外 30 里一個叫陀羅廟的地方，允禩說自己患病，又宣稱皇帝下旨讓他進口，因此在張家口逗留數月。轉眼到了年底，允禩在張家口附近上堡山神廟住歇。沒過幾天，又搬到下堡店內居住，同時尋找民房，做長久打算。直隸總督李維鈞覺得允禩入他管轄的地界，並未聞奉有諭旨，遂立即以最快的速度，飛移署宣化總兵官許國桂把允禩攔住。但李維鈞豈能體會到雍正的用意，雍正對李維鈞的密奏硃批說：「此事不與你相干，不要管他，憑他去，朕自有道理。」

雍正的「自有道理」是什麼？就是放縱甚至縱容允禩犯錯，越大才越有理由懲治。雍正早就對監視允禩的人下密旨：「必尋他幾件不妥事來鎖拿。」果然，兵部參奏允禩，雍正不讓別人處理，專門命廉親王允禩議奏。處罰輕是同黨，處罰重達到分化目的。

允禩開始處罰輕，雍正不滿，給駁回去，着允禩再議。允禩又議：允禩應革去郡王，撤其所屬佐領，沒入家產解回，交宗人府永遠禁錮。這本是雍正的意思，但雍正又不願自己擔上威逼弟弟的罪名，因此假惺惺命諸王大臣再議。他降諭旨對允禩大加貶損，說：「允禩卑鄙性成，行止妄亂，文學武藝，一無所成，是父皇不算數的皇子。但他秉性陰險，從不知道安分守己。」隨即，經諸王大臣議，完全照允禩所奏。

至此，允禩的「罪狀」已坐實，雍正作為總導演才出場說：允禩的事，所以交給允禩，就是特別通過這件事難為他，看他如何處置。向來允䄉、允禟、允禩，全聽允禩指示，故朕希望允禩教誨他們，讓他們改過，而允禩不但不行教誨，反激迫他們胡亂妄為，逼朕將他們治罪，從而讓朕接受威逼弟弟的不美

之名。但這些無理無義、乖戾犯法的弟弟，即便治他們的罪，反而彰顯朕大義無私。朕沒有什麼顧惜的。

接着講允䄉的罪狀說：「允䄉不肯前往奉差地方，並不請旨，私自回來，詐稱抱病，任意出入邊界，朕已寬容數月，他毫無惶懼之意，公然居住彼處。近召入王大臣等嚴降諭旨，允䄉料已知悉，但竟然不差一人前來謝罪奏請，殊失人臣之節。着革去王爵，調回京師，永遠拘禁。允䄉之子，與伊家產及佐領下人員，將如何措置，並拘禁處所，着各該管處，另行請旨。」不久，雍正命把允䄉押回京城，永遠拘禁，又查抄他的家產，得到金銀 60 多萬兩。

雍正剪除允禩羽翼，一箭三雕。從這些精心策劃的部署看，是雍正早早做了十足的功課，否則，就是再高明的謀略家也無法做到如此「天衣無縫」。雍正後來也承認說：「從前朕遣塞思黑（允禟）往西大同者，原欲離散其黨，不令聚於一處。」（《大義覺迷錄》）

雍正的所作所為，激起極大的風浪，有皇帝陵逼弟輩的議論。而在雍正整肅允禩及其支持者的過程中，有一個人起到了關鍵作用。

十一、年大將軍

康雍之交的西北地區吸引了大清朝足夠的目光，這裏已然成為皇位爭奪的隱蔽戰場。而在這個戰場上，有一個人物扮演了關鍵角色，他或明或暗，牽動着雍正初年的政局。這個人就是年羹堯。

年羹堯究竟做了什麼，讓雍正皇帝一再說他是「朕的恩人」，而且對天發誓「永不負卿」？還希望兩人要做「千古君臣榜樣」？我們的梳理是，年羹堯為雍正做了三件大事：第一件大事，對允禵的成功牽制；第二件大事，對允禑的成功看守；第三件大事，對青海叛亂的平定。

即位之初的雍正，面臨着重重危機，而他能夠化險為夷，安然度過，最後坐穩皇帝寶座，年羹堯起到了他人所無法替代的至關重要的作用。

對允禵的成功牽制

以往的研究對年羹堯如何牽制允禵，讓後者最終放棄與雍正對抗，缺乏實證，只是籠統概說：雍正得位內靠隆科多，外靠年羹堯。但年羹堯究竟如何牽制允禵？不得其詳。

我們前面講過，康熙去世的第二天，雍正把所有應該辦的事情置於一邊，急不可待把統兵在外的大將軍王允禵召回京城，為什麼？就是雍正認識到，允禵是他即位之初的最大的現實威脅。這是因為：第一，允禵手握重兵。有學者研究，允禵所統八旗勁旅等兵力至少應該在 15 萬人。有的估計更高，說達到 30 萬人。不管確切數字是多少，僅就十幾萬人而言，足以讓雍正無法安枕了。第二，允禵的功績讓雍正膽寒。清朝是崇尚武功的民族。而允禵立功絕域，不同於一般性戰爭，足以確立他在朝中的地位。這是其他皇子包括雍正本人無法

望其項背的。第三，他的「准太子」身份。儘管康熙沒有明立允禵為太子，但從授予允禵的權力，出征的規格，以及當時諸皇子爭奪出征機會來看，允禵在大清國人的心目中，就是儲君的身份。

康熙傳位之際的歷史，與秦始皇沙丘之變特別相似。只是趙高與李斯合謀，僅一紙假傳詔書就讓長子扶蘇命歸於絕，允禵就此與扶蘇相比，皇位雖然沒有了，但命還是留下來了，因為雍正與隆科多合謀，是無法編造出康熙要允禵死的「詔令」的，因為這太有違康熙的仁者做法。就此而言，允禵比扶蘇要幸運得多。反過來看，如果雍正即位有康熙的親筆遺詔，或者有其他人「見證」，允禵也就不存在與雍正抗衡的可能，他讓雍正感到威脅的三個條件立即歸零。但情況顯然不是。因此，除了利用延信與允禵的關係打出情感牌，特別是允禵無法獲知康熙是如何傳位給雍正這一關鍵點外，核心是年羹堯對允禵的牽制。從允禵接到回京的命令時的表現，和進京後質問雍正即位的合法證據，這兩件關聯性很強的事來看，允禵千里奔喪，自投羅網，實在是迫不得已。

允禵見到延信後，首先對父皇突然去世大為驚訝，如入夢中。更讓他震驚的是，皇位竟然傳給了雍親王。從延信寫給雍正的密奏看，允禵實際上懷疑此事是否可信。因此允禵最初打算回到大將軍駐地甘州，一俟得到更確切的信息後再做進一步打算。但此時年羹堯就在甘州，或者在距離甘州二百公里，次日可以抵達的肅州。允禵為此感到十分躊躇，因為年羹堯對他形成事實上的牽制。

為什麼這麼說？我們看看年羹堯牽制允禵的三個證據。

第一個證據來自年羹堯本人。年羹堯給康熙皇帝上的最後一個密摺、給雍正上的第一個密摺，都明確說，他當時在甘州，或肅州。現存年羹堯最後上給康熙的密奏，時間是康熙六十一年六月二十二日，這個密摺說：「今年三月臣到肅州，因督運糧草，暫時離開。今即日啟程，俟到肅州區畫略定，臣即親到巴里坤，再到沙州、瓜州踏勘，回日另奏。沙州即今敦煌，瓜州在今酒泉境。」從年羹堯所奏可知，他主要在大將軍允禵所駐守的甘州以西逡巡。雍正即位後，年羹堯上的第一個密奏是雍正元年正月十二日懇請進京陛見的密摺，說他獲知聖祖皇帝去世及雍正皇帝即位後，早想進京，迨延信來到甘州，跪請

聖安。該摺又特別強調：「臣自任川陝總督後，由於負責糧餉保障，因而在甘肅之日多而在西安之日少。」這說明，年羹堯統領川陝總督就駐紮在允禵所在的甘州或肅州。

反對年羹堯牽制允禵這個觀點的人認為，年羹堯遠在數千里之外，他豈能知道康熙的病情？事實恰恰相反，年羹堯對康熙病情異常關心並了解。

稍早時候，康熙通過內侍向進京的年羹堯家人傳達諭旨說：「主子聖躬萬安，到海子不過是打圍行幸，並非養病。陝西相隔甚遠，總督不可聽信別人的謠傳，說皇上欠安之類的話。現今就是腿子微微有些疼，別無他病，總督放心。」究竟是誰向年羹堯傳康熙病情？年羹堯是怎麼傳的，以至於康熙要通過內侍親自向年羹堯闢謠？是雍親王胤禛，還是年羹堯留在京城的自己私設的提塘官[1]？不得而知。但可以肯定的是，年羹堯對康熙的健康狀況非常關注並了解。

第二個證據來自雍正本人。康熙去世的第二天，雍正派延信召回允禵，管理大將軍事務，同時指令年羹堯同延信管理。諭令有這樣一句話：「年羹堯或駐肅州，或至甘州，辦理軍務，或至西安辦理總督事務，令其酌量奏聞。」這項指令，證明雍正當時不確定此刻年羹堯是在甘州，還是肅州，但他肯定年羹堯就在允禵近處。後面所說的或到西安辦理總督事務，完全是掩人耳目。前面讓年羹堯「辦理軍務」才是雍正的真實目的。

雍正在解釋急不可待召回允禵的原因時說：

> （召允禵）來京以盡子臣之心，此實朕之本意，並非防範疑忌而召之來也。以允禵之庸劣狂愚，無才無識，威不足以服眾，德不足以感人，而陝西地方，復有總督年羹堯等在彼彈壓，允禵所統者，不過兵丁數千人耳，又悉皆滿州世受國恩之輩，而父母妻子俱在京師，豈肯聽允禵之指

1　提塘官：官名。視軍事需要而設置，專事軍事情報的傳遞。

使，而從為背逆之舉乎！其以朕防範允禵，召之來京者，皆奸黨高增允禵聲價之論也。（《大義覺迷錄》）

這段話明確承認年羹堯對撫遠大將軍王允禵形成牽制，只是把允禵所統軍隊說得特別少，意思是說即便允禵想反逆，憑你手中這點軍隊也翻不了天。何況你允禵所統軍隊的家人都在京城為人質，豈敢反叛？但雍正處處說謊，我們以前曾講過他給延信的密旨，就是要解允禵的兵權。

第三個證據，雍正與年羹堯聯手。

康熙末年完成驅准保藏後，主戰場轉到西北，而四川、雲南等大西南承擔糧餉保障任務，因此，誰接替年羹堯出任四川巡撫，非常重要。在年羹堯的推薦下，蔡珽接任。此人後面還有很多大事要講。他是康熙時雲貴總督蔡毓榮之子，與年羹堯是前後屆的進士，兩人也共事過。此人精通醫術。當時的雍親王一直想接近他，但為蔡珽拒絕。康熙六十年，年羹堯進京入覲，「世宗命達意，仍堅辭」。「六十一年，羹堯授川陝總督，以珽代為四川巡撫，覲聖祖熱河行在，世宗方扈從，乃詣謁而去。」（《清史稿》）

當時作為雍親王的胤禛，三番五次想見蔡珽，都吃了閉門羹。但在年羹堯的安排下，雍親王如願以償。此事發生在康熙去世前三個月。這說明什麼？雍親王與年羹堯一直有聯繫，而且聯繫不斷，特別是在康熙六十一年。而據范時繹講，京城的消息年羹堯知道最早。因此兩人聯手很早。

而雍正的另一個藩邸舊人，待以國士的大謀士戴鐸，此時是四川布政使，是協助同時又監視年羹堯的。他得知自家主子雍親王登基即位後，立即對四川巡撫蔡珽說：「恐怕西邊十四爺與總督年羹堯等有事，奴才當以死自誓，例借給兵丁錢糧，冀用其力。」一個剛就任不久的布政使，居然能夠判斷「西邊十四爺與總督年羹堯有事」，這絕非他個人的看法，可能代表雍親王的安排，即對同駐西北甘州或肅州的兩人，一旦發生什麼事，作為糧餉保障的四川將支持年羹堯，挾制允禵。這難道不是說得很清楚嗎？

這說明康熙六十一年，雍正早已在四川、陝西、甘肅做了周密安排。而年

羹堯除自己直接帶兵外，也得到四川布政使戴鐸的鼎力支持。這也是年羹堯與雍正關係迅速升溫的關鍵所在。有史家提出：年羹堯作為雍正的功臣，「平青海之功小，鉗制允禵之功大」，非常有道理。

通過以上事實，我們可以做出這樣的推斷：允禵得悉父皇去世、雍正做皇帝後，一則因為延信曉以利害，動之以情，二則顧慮年羹堯的牽制，故經過幾天的徘徊後，選擇千里奔喪，回京接受現實。

對允禵的成功看守

雍正即位後，年羹堯三次進京，每一次都大不一樣。第一次進京，除了確認他與雍正非同尋常的關係，在關鍵時刻站在雍正一邊，因此要邀特別擁戴之功外，還有一項重要的使命，就是在西北解決掉桀驁不馴的允禵。《永憲錄》中有這樣一則記載：「上硃批安置貝子允禵諭旨，封付年羹堯回任。」這就是說，年羹堯在京期間，與雍正密謀如何處置允禵，而年羹堯回任的重要使命，就是看守允禵。

現存檔案可見，年羹堯第一次寫給雍正的密奏是雍正元年正月初二日，掛延信的名字在前，也算聯銜上奏。內容是對接替允禵、管理大將軍事務的一個例行性奏報，沒有別的意思。

可是雍正的硃批第一句話是讓年羹堯進京：「朕原來不想讓你來，因為地方緊要，今覽你奏，你如果不見朕，原有些難處。」是雍正有「難處」，還是年羹堯有「難處」？抑或兩人之間有「難處」？而「難處」主要不是什麼軍事，雍正根本不懂軍事，對西北邊情所知甚少。倒是後面的「一同商酌商酌」，才是難處。此時允禵已入雍正的天羅地網，允禩左有允祥在朝廷挾持，右有隆科多盯守，翻不起什麼大浪。唯一要擔心的是允禵。他財大氣粗、行俠仗義，三教九流，無所不交，是最危險人物。因此，年羹堯進京的理由，可以擺到桌面上的是「叩謁梓宮」，實際是去商量如何穩定雍正的江山，包括收服反對雍正的人，特別是在西北把允禵解決。

年羹堯進京、離京時間,《清實錄》都沒有記載。檔案可見,他於雍正元年正月裏進京,參加康熙梓宮奉移景陵後,於四月初六日帶着雍正給他的特別使命,即看守允禵,經過 20 天的行程,於四月二十七日回到西安。

雍正沒有允許允禵參加康熙梓宮奉移,故允禵先於年羹堯出發,在四月二十一日到達西寧。年羹堯回任後,立即着手為允禵在西大通(青海大通縣東南)蓋造房屋。這裏距離西寧僅有 30 公里,現在是西寧直轄縣。西寧當時是駐兵的主要據點。西大通極可能主要是駐兵的堡,應該是城堡一類建築。

允禵的身份是貝子,這個爵位雖然在康熙的諸皇子中是最低的,處於親王、郡王、貝勒之後,但貝子府是有規格的。允禵在京城過着闊爺的日子,又有大把花不完的銀子,現在不能降低身份,因此,在西大通大張旗鼓建造貝子府,肯定會引起反應。何況,青海的羅卜藏丹津,隨時要叛亂。年羹堯的駐地在蘭州,因此,他先委任黃喜林署理西寧總兵,在西大通貝子府建造完成前看管允禵。雍正對年羹堯的這個安排,非常警惕,硃批中充滿擔心,他說:「防九貝子要緊,速移為是。黃喜林千萬不要叫九貝子哄了去。」為什麼擔心?因為允禵有大把的銀子。由於怕引起青海的震動,年羹堯假借巡視的名義到西寧,實際是為允禵建造房子。雍正對「巡視」的安排,表示贊成,硃批「好」。

年羹堯把西大通原有為數不多的居民遷出,騰空後重新蓋造便於監視的房子。經過近半年的緊張施工,十月初二日,年羹堯移文允禵,允禵及隨行人員從西寧起身,於初六日搬到年羹堯為他建造好的房子裏。

允禵清楚,他到西北根本不是接替大將軍,而是變相的發配,因此到西寧不久,就直接向雍正提出要回京,既然你已經安排了年羹堯統領允禵原來的軍隊,我在西寧做什麼?雍正無法拒絕允禵,但又不好表態,隨即給年羹堯發密旨:「九貝子要來京,奏了個摺子,朕亦不曾批回,渾淪說了個知道了。他若藉此要來,使不得。你只言不曾有旨與你,不要放他來。」雍正的真實意圖年羹堯自然領會。

在允禵搬進西大通的前一天,年羹堯與他見了面。按照雍正的旨意,探問允禵對搬家眷的反應。允禵清楚年羹堯是雍正的人,因此見面後,竭力做出委

屈的樣子，一再哭泣，希望引起同情，對年羹堯也表現出少有的親近。兩人先拉起其他的話。允禵對年羹堯說：「總督你不知道，我與當今弟兄原是同心合意的，後來因為爭名的上頭，我才得罪了人。我的母親也老了，雖有五爺（允祺）在家，也算不得我。你的父親積德，你的心也忠恕。」

允禵所指的當今弟兄，是指登基做了皇帝的雍正，這裏透露出最初雍親王也是倒太子派的，就大格局講，也屬於允禩這一派的。允禵後來如何得罪雍親王？因為他沒有站在雍親王這一邊，而且是反雍親王的人。年羹堯對皇家的這些事，反應很敏捷，立即回答說：「我的心貝子不知道，但是我主子說是的人，我便和他一心，我主子說不是的人，我和他就是仇人。」這是表態、「站隊」，拒絕允禵拉攏。雍正對年羹堯的這句話非常贊成，旁邊硃批：「實在言行相符。」如何「言行相符」？那就是年羹堯過去做過以主子是非為是非的事，所以雍正才會隨手批出這六個字。

這話讓允禵臉色很不好看。談話的氣氛很僵硬。年羹堯不想繞彎子了，話題一轉，回到他此次見允禵的正題，說：「貝子在這裏也夠寂寞的，如果把家眷搬來，好不好？」允禵對此感到很突然，說：「這也使得嗎？我可以奏得嗎？」年羹堯說：「你可以奏，我也可以代奏。」允禵反應很快，立即改口說：「你肯替我奏，也要緩些日子，我先前日子很闊綽，現今不濟了。家眷如果來，一路上要許多盤費，不如寄些銀子來，我自己過日子就算了。」貝子爺拖家帶口，是幾百號人，搬家絕非小事。年羹堯也理解，但對貝子所說的日子不濟，不以為然，對貝子說：「貝子索要別人的東西也沒有全部拿出來，何必哭窮啊？」雍正在年羹堯這句話旁邊加批：「何必如此說。」兩人的交流停頓了一會兒，允禵突然問：「京城近來情況如何？」允禵關注的是雍正的江山是否穩定，年羹堯明白他的意思，回答倒是很幽默，說：「倒是有些奇事。一是今年的年成十分收成。二是聖祖皇帝、皇太后兩件山陵大事，都如意成禮。三是六部、八旗不知道什麼原因，都與主子成了一黨了。」年成代表天意所屬，支持雍正，康熙及雍正母親兩件大事，對沒有任何統治經驗的雍正來說，是很大的考驗，但「都如意成禮」，就是符合國家禮儀。最重要的是第三件奇事，六部是所有衙門的

統括，八旗是旗人的總括，取得了他們的完全支持，雍正的江山自然穩固。因此，雍正對年羹堯的回答很滿意，旁邊硃批：「奇文章，好極。」五個字。我們無法回到當時的歷史環境中，但這裏仍有許多信息值得關注。年羹堯所說的「奇事」，也可以理解為「奇跡」，反過來看，可能許多人不看好當初那位「天下第一閑人」而且來路不明的雍正。允禵對此感到十分不解，問道：「大事都完了嗎？」意思是懷疑年羹堯的話，後面還會有事。隨即與年羹堯行抱見禮作別。

此次見面，年羹堯是奉雍正密旨，試探允禵對家眷搬來的反應，也就是試探把允禵長久安置在西北，允禵如何反應。年羹堯密奏說：「搬家眷的事，還是以貝子求臣轉奏，皇帝下旨准其送去為得體。在外面看來，仍是皇上施恩，使人不測。」雍正對年羹堯的這次密奏，非常在意，有十幾處硃批。

此時年羹堯三線作戰，這邊防備允禵，那邊防備延信，還要與羅卜藏丹津作戰。以年羹堯的才能是能夠應付的，但畢竟分身無術，因此，年羹堯向雍正密奏，他因為要帶兵進剿涼州莊浪賊番事情，建議允禵家口目前不要來，等莊浪的事情即將完竣，他再向皇帝奏聞，這時貝子家口可以西來。對此建議，雍正表示肯定，硃批說：「甚是，候你之奏。」

這邊允禵通過直接上奏請求回京被實際拒絕，年羹堯又給建造了貝子府，還拿家眷搬移試探他，明白這是雍正不讓他回京，因此只好做長期打算。允禵當初去西北隨帶人員並不多，但貝子家眷搬移，連同下人，就是「大部隊」，因此如何管束是個大問題。為此，雍正與年羹堯頻繁密商。年羹堯建議，把貝子的人全部限制在一個固定的活動範圍，就是軟禁起來，雍正覺得這樣做是必要的，但必須「有印文開載人數、指定處所，乃許行走」。雍正告訴年羹堯，他通過兵部發一道上諭，你年羹堯屆時再執行。

轉眼到了雍正二年三月，羅卜藏丹津的仗打完了，雍正命允禵家眷啟程，但可能是行程慢了，年羹堯給雍正密奏說：「貝子允禵家眷不知何故，尚未到陝？」雍正硃批告訴他說：「據發旨日算來，若稍遲誤，尚早些。」

夏日炎炎的七月初六，允禵家眷終於到了西安。家眷及跟隨的人還有太監頗多，因為他們在山西平定州水頭兩處打傷民人，年羹堯遂找來辦理允禵家務

的兩個管事，告訴他們：「如果在我管的陝西、甘肅發生這樣的事情，我年羹堯會立即把你們嚴拿問罪，絕不輕饒。」雍正最發愁的是，找不到理由懲治允䄉，因此對年羹堯提供的這個重要情報，大為欣賞。硃批道：「如卿如此待朕者，未必有二也，朕實嘉之。」年羹堯還向雍正密奏：「允䄉家眷帶來的銀兩甚多，為掩人耳目，全部用大餑餑匣子裝載，外面鑰匙鎖得非常堅固，對外人說是食物。但拉車的騾夫抬上車的時候，非常沉重。」雍正硃批：「可笑人做可笑事耳。」

由於允䄉通過他的女兒即三格格下嫁明珠之孫、揆敍之子（揆方子，過繼）永福，大發橫財，因此，與永福有親戚關係的年羹堯，對永福的情況格外關注。密奏特別講到：永福所穿的衣服襤褸不堪，身體病瘦，經臣詢問方知，允䄉全家上下，都作踐額駙永福，稱他為奸細，所給予的飲食，用的腳騾都是不堪已極，看樣子是要置之於死地，非常可憐。

對此，雍正表示同情之餘，也有不滿。硃批說：若果如此，實屬可憐也。覽奏朕實惻然。據卿意，此子如何發落好？但永福甚狂頑無知，聖祖乃其祖孫父子之大恩主，大事（去世）出時，其一點淚也沒有，二者恐允䄉得其利用之故。從前並未深獲罪於朕處，他若恨怨其岳父情真，不論如何開恩，皆可明白寫來。

我們前面講過，當年康熙做主，為允䄉的女兒即三格格找了一門闊親戚，即下嫁給明珠的孫子永福為妻。明珠有三子，長子即清代著名詞人納蘭性德，次子揆敍，三子揆方。永福與其哥哥永壽，都是揆方之子。年羹堯做翰林時曾住在揆方家。揆方夫婦先後於康熙四十五、四十七年去世，留下兩個孤兒即永壽、永福，由揆敍養育。康熙一廢太子後，令大臣推薦太子人選，揆敍是推舉皇八子允禩的主要人物。揆敍不但自己是有名的才子，他的妻子耿氏是耿聚忠之女，靖南王耿仲明的曾孫女。而耿氏的母親柔嘉公主是安親王岳樂的女兒，而皇八子允禩的福晉郭絡羅氏的生母則是岳樂的第七女。康熙五十六年，揆敍去世，康熙命揆方二子永壽、永福為揆敍之子，由揆敍之妻耿氏收養。康熙五十八年，康熙命允䄉之女下嫁永福，耿氏帶着兒子，進入宮中向康熙叩謝。

次年二月成婚。而耿氏先此三個月去世。據載，揆敍死後無子，以 800 萬家產獻給宮府，康熙令允禟掌之。年羹堯是納蘭性德的女婿、明珠的孫婿。20 歲時又住居揆方之家，因此對有親戚關係的揆方之子永福的情況格外在意。

允禟家眷到來後，允禟一大家全部進入年羹堯所佈置的軟禁區域，自此，他自顧不暇，更無力幫助京城裏的允禩了。雍正的分而治之政策，通過年羹堯這個得力的推手，在西北實現了。

這是年羹堯為雍正做的第二件大事。

對青海叛亂的平定

允禵以皇子身份坐鎮西北四年之久，又是大將軍王，因此很有威望。雍正出於解除對他皇位的威脅考慮，將允禵急如星火般召回，儘管也派延信、年羹堯接統大軍，但西北還是一度出現「權力真空」。之前允禵第二次回到西北後，就向父皇康熙密奏，提出要嚴加防範青海和碩特蒙古首領羅卜藏丹津。此次大將軍回京，羅卜藏丹津聞風而動。雍正之所以讓年羹堯速回西北，一則要接收允禵，二則就是要應對青海的叛亂。這也是雍正暗奪延信大將軍權力，完全交給他的藩邸舊人年羹堯的一步好棋。

年羹堯回到西安不久，雍正就給總理大臣發諭旨，說是青海台吉兄弟不睦，如果邊境有事，大將軍延信駐紮甘州相隔遙遠，將一切事務俱降旨交年羹堯辦理。若有調遣軍兵、動用糧餉之處，着防邊辦餉大臣，及川陝雲南督撫提鎮等，俱照年羹堯辦理。並傳諭大將軍延信知之。

這是說大將軍權力事實上要移交給年羹堯。但名分上，延信還是大將軍，因為延信是宗室，是貝勒公，雍正如果讓自己的藩邸舊人年羹堯做大將軍，會引起很大紛爭。但過了幾個月，雍正下定決心，給兵部發諭旨：青海羅卜藏丹津恣肆猖狂，總督年羹堯既往西寧辦理軍務，其調遣弁兵之任甚屬緊要，須給大將軍印信，以專執掌。着將貝勒延信護理的撫遠大將軍印，即從彼處送至西寧，交給總督年羹堯。

　　這表示年羹堯授為大將軍是迫不得已。自此，短短數月之間，延信成為閑差，西北的兵權終於回到自己人手中，雍正可以踏實了。

　　不過青海能不能打，打起來能不能勝？雍正一點底都沒有。如果不能平定，撤回允禵就成為大問題，而且一旦戰爭拖下去，反對他的人就有了更多籌碼。而邊患與內亂自古是連在一起的。因此，雍正立足於穩。寧肯不打，也不能打不贏。為什麼？現在他輸不起，因此三番五次指示年羹堯「冒失之舉，萬萬不可，逞強貪功，則大負朕也」。

　　雍正的內心甚至非常恐懼，他把心裏的話說給年羹堯：「正當危急之時，朕原存一念，即便事不能善結，朕不肯認此大過，何也？當不起。原是聖祖所遺之事。」雍正最初做了最壞的打算，即一旦戰爭打不贏，就把責任推到安眠景陵的父皇身上。我們很少見到這樣沒有擔當的皇帝，在清代歷史上，可以說連道光都不如了。仗打不贏，就算到乃父康熙的頭上，打贏了，就是自己的功勞。康熙九泉之下聽到這句話，肯定會氣得從地下出來找他算賬。

　　年羹堯還是很有把握，他確實善於用兵。他編寫的《治平勝算全書》也非常有名。清人筆記留下他很多用兵如神的記載。

　　說年羹堯出兵青海時，行軍途次傳令：「明天進軍時，每人攜帶木板一片，草一束。」兵將不理解這是為什麼。次日遇泥濘深坑，令各將把草擲入，上鋪木板，軍行無阻，遂破敵陣。又有一天，安營已到三更，年羹堯突然傳令，分兵數隊，離營十里設埋伏。剛剛落定，敵軍偷襲，大敗之。次日，眾將奇怪地問：「大將軍何以預知敵軍來襲？」年羹堯說：「有送信者。」眾不解。年羹堯說：「昨夜在帳中，聞羣雁飛過，嘹嘹有聲。今月黑雁寢，必有人驚之始飛。羣雁歇宿必在水近處，其地離營一百多里，為敵軍來往必經之地，雁飛而捷，雁三更過，敵軍必四更到。」眾將信為神。

　　即使年羹堯後來被雍正賜死，他無疑是清代歷史上非常有才華的軍事家。青海的叛亂人數有十幾萬。年羹堯先切斷青海與新疆準噶爾、西藏的通道，叛軍數萬，圍攻西寧，年羹堯鎮定自若，大演「空城計」，率左右數十人坐在城樓上，叛軍退往南堡。而駐守南堡的清軍只有數百人，如何退敵？年羹堯提出

白天出來迎戰，就會為敵軍識破虛實，而且敵勢正銳，不可迎其鋒芒，遂於夜裏偷襲獲得成功。此時清軍主力已集結完畢，遂於雍正元年冬天，派他的老部下，四川提督岳鍾琪，出松潘攻西寧，西寧圍解。此時羅卜藏丹津據守柴達木，距離西寧千餘里，年羹堯為解除後患，採納岳鍾琪遠程奇襲之策，羅卜藏丹津逃往新疆，清軍取得大勝。

青海之戰，對穩定大西北，穩定政局，從而穩定立足未穩的雍正政權，至關重要，也證明雍正用人的成功。雍正說這是「十年以來從未有的奇功」。這也是年羹堯一生事業的巔峰。戰後在年羹堯的建議下，清朝在青海設辦事大臣，改衞所為府縣，自此，青海約 60 萬平方公里的土地，納入清朝直接統轄之下，是清代軍事史上劃時代的事件。

當青海之戰尚未開始時，朝野議論紛紛，甚至要向年羹堯問罪。問年羹堯的罪，就是問雍正的過。這是雍正即位以來的第一次執政危機。雍正從最初的猶豫，變得果斷、勇毅，他明發諭旨，表示青海禍藏已久，不能和談，只能打，此事決斷出自他一人，非年羹堯所奏請。

正是在平定青海之亂這件事上，雍正稱年羹堯是自己的恩人。他發長篇硃批，掩飾不住心理活動，在講如果打不贏推給父皇康熙後說：「今如此出於望外好，就將此奇勛自己認起來，實實面愧心慚之至。」到底是父子君臣，良心上過不去，所以祭告太廟後，另擬祭文以告景陵。「爾等此一番效力，是成全朕君父未了之事之功。具理而言，皆朕之功臣；拘情而言，自你以下以至兵將，凡實心用命效力者，皆朕之恩人也。言雖粗鄙失體，爾等不敢聽受，但朕實實居如此心、作如此想。朕唯有以手加額，將此心對越上帝！」

雍正的長篇硃批，表達了青海之戰對他穩定政權、提高皇帝威望的作用。讀雍正當時的硃批，歷史雖然在我們的指尖中不經意劃過了近 300 年，但仍能強烈感受到雍正喜悅之餘的溫度。

雍正二年三月初一，西征大軍凱旋。次月，雍正舉行正式的獻俘儀式，祭告太廟、社稷壇、景陵。晉封年羹堯一等公，岳鍾琪三等公。比起其父三次御駕親征噶爾丹，平三藩，統台灣，其子乾隆號稱「十全武功」，雍正十三年的

武功，這是僅有的一次。而助他接受獻俘的，不是別人，正是年羹堯。雍正還要求他的子孫都要記住年羹堯的偉績：「若稍有負心，便非朕之子孫也；稍有異心，便非我朝臣民也。」

正是這一次勝利，雍正向年羹堯提出，二人要做千古君臣榜樣人物：朕不為出色的皇帝，不能酬賞爾之待朕；爾不為超羣之大臣，不能答應朕之知遇。唯有互相勤勉在念，做千古榜樣人物也。

時間可以磨蝕很多東西。但雍正的這些話，我們相信他是出自宸衷的心裏話，肺腑言。雍正甚至把對年羹堯的愛護，當作是對天地的忠誠：「你此番心行，朕實不知如何疼你，方有臉對天地神明。立功不必說了，當西寧危急時，即一摺一字恐朕心煩驚駭，委曲設法，間以閑字，爾此等用心愛我處，朕皆體會得到。每向怡親王、舅舅，朕皆落淚告之，種種也難書述。總之，你待朕之意，朕全曉得就是了。所以你的一番心，感動上蒼，方知我君臣非泛泛無因而來者也。」

當年羹堯奏報他率領官兵迎接岳鍾琪進城，宣讀上諭後，雍正硃批：「十年以來從未立此奇功，總之皆你一人的好處，朕此生若負了你，從開闢以來未有如朕之負心之人也。朕前諭字字出於至誠。朕一切賞罰若有一點作用籠絡將人做犬馬待的心，自己也成犬馬之主矣。」

其後，雍正再賞給年羹堯一個子爵，由其子年斌承襲；其父年遐齡被封為一等公，外加太傅銜。年羹堯具表謝恩。雍正硃批道：「總之，我二人做個千古君臣知遇榜樣，令天下後世欽慕流涎就是了。」

雍正對年羹堯的寵眷也達到頂點。兩人互動頻繁，如同家人父子，經常談及的除了國事，更多的是家事，以至於年羹堯的奏事匣子不夠用了。但令世人無法相信的是，雍正信誓旦旦要做千古君臣榜樣，對上天發誓不做千古第一負心人，卻在轉瞬之間，反目成仇，原因是什麼？

十二、君臣變臉

青海之戰後，雍正一再說年羹堯是「朕的恩人」，並信誓旦旦地對年羹堯保證，說如果負心，朕就是有史以來第一負心人，還希望兩人做千古君臣榜樣人物。言猶在耳，兩人關係卻急遽惡化。真應了民間那句話：人變臉，比天快。

這場君臣之變，有人認為是年羹堯功高震主，雍正容不下他；也有人認為是年羹堯掌握雍正奪位的證據故被雍正殺人滅口。以上說法，好像都有道理，但又都說不通。筆者認為，這場君臣之變有三大原因。

君臣權力衝突

年羹堯的權力究竟有多大？可以用三句話概括：第一，手握重兵，西北一王；第二，封疆大吏，半由己出；第三，參與機密，制定大政。

我們先看第一，手握重兵，西北一王。青海一戰，年羹堯成為事實上的西北王。他從延信手中順利接過了撫遠大將軍印信，直接統領及所轄軍隊有十幾萬人。同時，他仍是川陝總督。在清朝既往的歷史上，無內憂外患的穩定時期，卻集戰時軍事大權與地方行政權力於一身的，只有康熙初期的「三藩」可與之相比。而「三藩」是在清初統一全國戰爭的特殊背景下形成的，雖年羹堯不能與之相比，但軍事權力卻很大。為了表示充分信任，雍正帝事實上把陝西、四川、甘肅等西部省份的官員任免權下放給了年羹堯，因而出現了「西選」。雍正皇帝對親信圖理琛硃批：「此數年，陝西官員皆成年羹堯隨從矣。」

第二，封疆大吏，半由己出。年羹堯的權力不止在西北。雍正即位之初的幾個月，有多達十個省份的一把手，即巡撫進行大調整。儘管一朝天子一朝臣，但如此密集而又普遍性的大調整，確實很不正常。這次調整，年羹堯的意

見無疑起到了很大乃至主導性作用。

從現有檔案可見，陝西他向雍正祕密舉薦了范時捷，直隸他舉薦了李維鈞，甚至江蘇，雍正也徵詢了他的意見，安排了何天培。而四川、甘肅，是年羹堯平定青海叛亂後強力主導安排的，以至於與雍正發生激烈衝突。

直隸是京畿之地，進出京城的必經之壤。故直隸巡撫一職非常重要。康熙六十一年，在直隸巡撫任上做了 17 年的趙弘燮死於任上。康熙帝鑒於他有許多未完事件，特別有些錢糧沒有清完，如果換上毫不相關的人，趙弘燮死後還要抄家、追虧空，因此把他的姪子趙之垣從戶部郎中的位置上破格提拔，讓他署理直隸巡撫。說白了，就是希望趙之垣把他叔父的事情處理得乾淨利落。這是康熙一貫的做法，當然也考慮到趙家的貢獻。趙之垣是康熙時期著名的勇略將軍趙良棟的孫子，而趙良棟是平定三藩的大功臣，西北四將之一。看過金庸武俠小說《鹿鼎記》的都知道他的武功和人品。趙之垣的父親趙弘燦歷任兩廣總督、兵部尚書。

但康熙的安排很快被打亂了。雍正改元了，直隸又出現少有的旱情。趙之垣不想自己的家族受牽連，因此雍正一即位，他就上奏捐助旱餉 30 萬，希望能夠把署理二字去掉，成為正式的直隸巡撫。

這時正趕上年羹堯進京，年羹堯要推薦自己的人，這個人就是李維鈞。李維鈞時任直隸守道，當時直隸沒有設布政使、按察使二司，守道相當於布政使。論出身和資歷，李維鈞無法與趙之垣比，但他與年羹堯有一層特殊的關係。李維鈞有個侍妾，是年羹堯管家魏之耀的乾女兒。能夠做權傾朝野的大將軍的管家，絕對與年羹堯關係不一般。不久，李維鈞的妻子去世，於是李維鈞就把侍妾扶了正，這自然是想通過魏之耀拉近與年羹堯的關係。這樣，年羹堯在京期間，向雍正推薦李維鈞可以做直隸巡撫。雍正此時對年羹堯言聽計從，因而以趙之垣的 30 萬旱捐是勒索下屬而來為由，不准他實任。年羹堯隨即參奏趙之垣，說他斷不可任巡撫。這樣，趙之垣白白搭進 30 萬兩銀子不算，還被革了職。這還沒完，雍正還讓趙之垣補上他叔父趙弘燮的虧空。趙之垣是甘肅寧夏人，回原籍後，雍正又把他交給年羹堯約束。後來趙之垣向年羹堯貢獻價值

20 萬兩的珠寶，年羹堯第二次進京時便把趙之垣帶來，再三懇求引見還不算，且力保趙某人才可用，這當然引起雍正不滿。這是後話。

雍正與年羹堯正處在政治上的「蜜月期」，直隸巡撫用李維鈞，也屬於用自己的人。當雍正的江山還不穩，急需人幫扶的時候，雍正願意聽取年羹堯的意見。這也給雍正帶來了實實在在的好處。從檔案可見，李維鈞不斷向雍正密報允禵及其親屬還有允禟的動向。允禵的岳丈即福晉的父親齊什（又作七十），曾任正紅旗固山額真[1]，在正紅旗非常有影響。雍正即位後，以齊什是允禩之黨的名義，先把他抄家，隨即將他發遣。雍正的這一做法，引起一些人的不滿。齊什臨行時，大臣不但把他的械繫放開，而且，有很多王大臣都送他禮物，為他送行。這讓雍正暴跳如雷。雍正二年七月，李維鈞密奏：去年十一月，允禵福晉及隨從，進入獲鹿縣東住歇，據稱奉旨住下。房主稟報，福晉父親原任正紅旗固山額真齊什，於二年閏四月初七病故。

對李維鈞的這份奏報，雍正表示懷疑。雍正巴不得允禵或者他的家人有過錯以便懲治，對雍正的意圖，李維鈞一時還沒有摸透。雍正硃批說：「齊什雖在你管的地方居住，原不與你有干之事，隨他去，你只莫管，如地方上生事擾民，則不可有絲毫情面，可密密細訪，此人恐詐死，九貝子福晉已諭往西寧矣。」李維鈞得旨後，派人扮作行客住宿，向舊住房主打探，房主說：「齊什好動，每日騎馬乘轎郊遊，得病後不能出城，仍綁椅子出城，病故在牀，乃我親眼所見。」李維鈞還不放心，又探訪給齊什治病的醫生，醫生說：「齊什脾泄老病而死。」經過此一番細緻調查，李維鈞密奏：齊什之死，似屬非詐。雍正不鹹不淡，硃批說：「知道了。七十生平欺詐，至死而為人不信，亦其自取者也。」雍正生性多疑的性格，即便做了皇帝也沒有改變，反而變本加厲。李維鈞還把允禵家眷在直隸經過的情況密奏，而允禟在張家口附近的活動情況，也是必須要密奏的。

---

1 固山額真：官名。清代八旗組織中一旗的最高長官。滿語音譯，意為「旗主」。

　　李維鈞任直隸巡撫的同一天，四川、甘肅等省省級大員，也同時進行調整，原因也是年羹堯的舉薦。「年羹堯所薦之李維鈞、桑成鼎、川東道胡期恆、臨洮守王景灝、成都守劉世奇同日推撫布官。」（《永憲錄》）

　　經核查，胡期恆出任陝西布政使，王景灝出任陝西按察使，劉世奇出任甘肅按察使。這是年羹堯安排的第一批省級大員。一年之後，胡期恆出任甘肅巡撫，而年羹堯終於把四川巡撫蔡珽搞掉，換上王景灝。正是這兩個省份巡撫的調整，使雍正與年羹堯的關係陡然緊張，並爆發衝突。這是雍正決心打壓年羹堯的原因之一。用人權，特別是封疆大吏的任用，絕對是皇帝的專屬。這在二人關係好的時候，特別是出於戰爭的需要，本來不成問題，但仗打完了，年羹堯還是如此強勢介入皇帝的用人權，特別是封疆大吏的任用，必然會引發衝突。

　　第三，參與機密，制定大政。

　　年羹堯參與了雍正即位前後，特別是前兩年的重大機密，尤其是人事安排、反雍正的人的處置，同時參與處理重大案件，國家重大政策的制定。他在西北時，雍正會主動徵詢他的意見，年羹堯也遙控京城的事情。年羹堯有強大而完備的私人「情報網」，他對京城的信息，格外關注。年羹堯多次寫給雍正的密奏中，都涉及雍正的「安全」問題，而雍正每次回信也必定要向年羹堯報平安。旗員外任向主子請安，這是康熙實行密摺制度因之而起的原因之一，本來問安習以為常，但雍正與年羹堯兩人傳遞的卻不是這樣的信息。這讓雍正感到年羹堯的可怕，好像自己也處於年羹堯的眼睛之下。

　　年羹堯前兩次在京期間，都不是來去匆匆，而是數月之久，此間他是不掛名的總理大臣。正如我們後面要談到的，年羹堯在京期間，傳宣諭旨，排名也緊隨總理大臣之後。這在雍正即位之初，江山不穩的時候，都是必要的，也是有益的。但兩三年過去了，雍正需要樹立皇帝的絕對權威，這樣的時候，年羹堯還把雍正當成過去的主子雍親王，君臣大義丟到腦後，就會出大問題。

君臣性格衝突

兩人之間的衝突，還源於二人完全不同的性格類型。年羹堯剛到四川巡撫任上，30歲的他給康熙上奏說，臣雖然已是十個兒子的父親，但不願做富家翁。康熙絕對信任他，一任就是十幾年。康熙六十年六月，年羹堯陛辭康熙，二人「推心置腹」，談了一個大上午。臨別時，康熙見年羹堯「彷徨躑躅，口不能言，心有欲吐」。康熙明白年羹堯的心思，對他說：「你放心做去，朕再沒有懷疑你的地方，你也不必懷疑。」我們從年羹堯的密奏中可以推斷，他對自己的雍邸舊人身份，分外小心，「懷疑」康熙皇帝把他視為雍親王的人。君臣之間的這次對話，我們無法還原，但年羹堯聽了康熙的表態，熱血沸騰，眼淚止不住地流，叩頭謝恩不止。這也解釋了康熙對年羹堯是放心的。當然，除非大英雄能夠左右環境，一般人又何嘗不是為環境所左右。

與康熙不同，雍正猜忌、多疑，而又好變，喜怒不定，這與年羹堯勇於擔當、不避嫌怨，特別是永不言退的個性形成強烈反差。年羹堯接受了無盡無休的賞賜、恩寵，乃至雍正指天發誓，絕不負卿，但很少見到年羹堯對雍正坦露內心。我還發現，年羹堯在康熙朝的奏摺可謂字字珠璣，直抵心肺，美妙無比，但一到雍正這裏，就變成乾癟癟的應景文章，是年羹堯不再自己親自寫摺了嗎？

「格外之恩綸，即為威權之所屬，臣雖至愚，豈不知畏？豈不知避？人臣所戒，慮滿持盈。」這是年羹堯寫給康熙的密奏。翰林出身的他，並非不知「謙退」，不知「守其雌」的道理。但令人奇怪的是，進入雍正王朝，他就像打了雞血似的，原來那種敢於擔當、不避嫌怨的作風，不但沒有絲毫收斂，反而愈發膨脹，忘乎所以。真應了那句話：若要他死亡，先要他猖狂。

年羹堯的父親年遐齡此時已退養在家20載，閱歷深厚的他，對主子有更深的了解，每次寫信都勸告年羹堯謹慎行事。年羹堯善於交際，又愛惜人才，在西北三教九流，有用之人網羅頗廣。有個蔣秀才在幕府，深得年羹堯器重，年羹堯一次酒後對他說：「下科狀元非君莫屬。」秀才見其「德不勝威」，擔心

年羹堯敗落受到牽連，遂以疾辭。年以千金為贈，秀才拒絕，減半後方接受。人不解其故。秀才說：「主公平素豪奢，費用不足五百不登簿。」眾人方知是為了避禍，接受五百兩銀子，年羹堯是不會記錄在冊的，將來查抄，也不會受牽連。

在所有警示年羹堯的人中，一個老人的特殊禮物最有震撼力，相信對所有人都極具啟示意義。這位老人獻給年羹堯一個玉盆，說是家傳的寶貝。年羹堯打開一看，內藏枯骨一片，形凹而中空，不知是何意，遂傳獻寶者。老人說：「此是至寶，請大將軍骨於天平之左，而右置黃金十砣，必骨重而金輕。」試之果然。年羹堯命再加金，令人驚異的是，金愈加而骨愈重。大將軍愕然問故，老人以黃土一把撒其上，骨頓輕，而金愈重。年羹堯問：「此骨為何物？」老人回答說：「這是貪夫的目眶骨也。故金愈多，其眼愈貪。不知厭足，不見土不休。凡人堆金積玉迨其死後，也作如是觀。」大將軍默然良久。

真正對年羹堯有很大影響的，是浙江錢塘的一個舉人，他名叫汪景祺，在雍正元年底來到西北。他是為謀生計，前往陝西尋訪他的舊友，時任陝西布政使的胡期恆。胡是年羹堯的心腹，經他介紹，汪景祺投到年羹堯門下做師爺。進士出身的年羹堯儘管也寫得一手好文章，但更在乎他的武功。汪景祺對年羹堯大為敬仰，稱讚青海之戰是「自有天地以來的奇功」，把年羹堯譽為「宇宙之第一偉人」。但當年羹堯自我陶醉的時候，汪景祺潑了一盆冷水。大軍凱旋那一天，汪景祺把一篇《功臣不可為》獻給年羹堯。

開篇告誡年羹堯「鳥盡弓藏，古今同慨」！他批駁流行的觀點，即立大功者都是因為不能善自韜晦，故喪生敗家，提出平庸的君主對待功臣，以加恩開始，經過「疑、畏、怒、厭」這樣一個過程，最後的結果是「殺」。他還特別提醒說，有功之臣如果遇到平庸的君主，無論如何韜晦，也逃脫不了悲慘的命運。為什麼？因為「猜忌之主，其才本庸，而其意復怯，當賊寇昌熾時，望烽火則魂驚，見軍書則股栗，忽有奇才異能之臣，起而戡定羣凶，寧謐四海，捷書一奏，喜出非常，七寶莊嚴之殊禮寵遇之」，遲之既久，而疑心生。由疑而生畏，由畏而生怒，由怒而生厭。因此：

　　功臣進不得盡其忠節，退不得保其身家，撫馭乖方，君臣兩負，嗚呼！千古之豪傑英雄所為槌心而泣血者也。

　　……

　　疑也，畏也，怒也，厭也，以此四者待功臣，有不凶終而隙末者乎？

　　　　——汪景祺《功臣不可為》

　　最後列舉各朝殺功臣而社稷傾覆的教訓，告誡人臣不可立功。

　　汪景祺的這篇《功臣不可為》，寫於雍正二年三月十七日，正是年羹堯西征軍凱旋之日。後來雍正與年羹堯關係的發展，特別是年羹堯的結局，完全如汪景祺所預料的一樣。

　　我們無法確切判斷，汪景祺的上書究竟對年羹堯有什麼影響，有多大影響，但顯然，他沒有收斂的意思，反而鋒芒畢露、四處出擊。他傲慢的性格中，透着一種不屑，不屑中有一種不敬。這在他人或許能夠忍受，但遇上了本來就多疑善變的雍正，年羹堯逃無可逃。

　　這場本來約好的千古君臣榜樣，在雍正二年那次「面聖」時戛然而止，二人彷彿熱戀的情人，一下子分手還不算，力量大的一方隨即動起了殺人的刀子。

君臣隱衷衝突

　　在權力衝突、性格衝突背後，二人還有更可怕的衝突，就是隱衷衝突。這是年羹堯無法邁過去的一道坎。而轉變恰恰是雍正二年的這次進京，這是年羹堯最風光的一次，也是他人生噩夢的開始。

　　大將軍進京，無疑是一件大事。雍正提前命禮部擬定接待大將軍的儀注。禮部侍郎三泰因為遺漏失寫迎接大將軍儀注，受到降級的處分，說明雍正很重視這次年將軍進京。雍正還特別命各省大吏赴京朝會。這些都是雍正的有意安排，抬高年羹堯在大清國獨一無二的地位。

　　由於雍正下旨，沿途派兵隨護，年羹堯要慢慢享受這冬天裏沒有風光的風

光旅途。他九月二十四日卯時自西安啟程，陝西巡撫范時捷竟然跪送。年羹堯當天密奏稱：「因奉特恩，沿途撥兵隨護，是以不便兼程，謹照大站行走，將於十月十一日舞蹈稽首於御座之下。」所謂「走大站」，就是在設有大型驛站的省府地方經過。這是因為他隨帶兵馬太多，一般地方無法供應安排，也有「視察」經過地方的含義。

雍正什麼時候開始懷疑年羹堯？從硃批上看，直到年羹堯第二次進京前，雍正對他的態度沒有明顯變化。二年六月的硃批還有「我君臣努力措天下於至理，但數年內卿難辭勞心力」。在七月的硃批中，還說「都中內外平靜」，今年各省大獲豐收，這「與內外諸賢卿之贊襄招感天和所致，而卿一人更功居其大半」。時近中秋，雍正不忘寄幾種食物，並把蘇東坡的「但願人常久，千里共嬋娟」寫成對聯賜給年羹堯。年羹堯於中秋當天，望着天上的一輪明月，謝恩的同時，不忘謙虛，說自己何功勞之有，而雍正的硃批耐人尋味：「覽此奏，朕實喜慶。但不願我君臣一德之小人，恐以為粉飾諛辭之舉也。雖然，螳螂伎倆，亦不能阻天恩浩蕩，頻加賜佑也。」這個硃批中，透露有人在君臣間搞破壞，破壞做「千古君臣榜樣」。不願君臣一德的小人是誰？有誰在後面說年羹堯的壞話？照理說，一向精明的年羹堯應該有所警覺。

年羹堯路經保定的時候，多停了一天。此時的李維鈞因為他的幹才，由巡撫升為總督。前面講過，李維鈞的正妻是年羹堯的管家魏之耀的乾女兒，而他能夠有今天，也是當初大將軍的鼎力推薦，還有，李維鈞的姪子李宗渭，在西寧候補，頗得大將軍賞識。出於這幾層考慮，李維鈞做得更出格，也來個跪迎。年羹堯少不了誇獎，說你李維鈞奏請的攤丁入畝，經過戶部討論，又經九卿科道廣泛討論，最後經皇帝批准，正式在直隸推開，各省都仿照直隸新例向全國推廣。這對於減輕沒有土地人戶的賦役負擔，是大大的善政，對國家的稅收，也是一件大大的保證，可謂一舉兩得，利國又利民的好事。人生一世，草木一秋，你李總督在短短的一年多，就有如此大的作為，真的讓人佩服。當初我年某，沒有看錯人。

年羹堯於雍正二年十月十一日一大早進京，許多大臣早早在廣寧門外迎

接。近午時分，方見年大將軍策馬而來，金黃服飾，三眼花翎，四團龍補褂，白馬紫韁，他把皇帝賜給他的平時不能穿戴的，全部用上。公卿跪接，年羹堯望見這些紅藍頂子，有上百號人，看都懶得看一眼，策馬而過。王公有下馬問候的，年羹堯微微點個頭，算是還禮了。在長長的迎接隊伍中，只有史貽直長揖不拜，這是年羹堯的進士同年，大將軍望見大驚，翻騎下馬，說：「是吾鐵崖同年啊！」扶之上馬而入。

年羹堯在京一個多月，究竟做了什麼，讓他與雍正二人的關係陡然變得冰冷，並急轉直下？《清實錄》沒有任何記載。而《雍正朝起居注冊》出現兩次年羹堯與大學士傳宣諭旨的事情，而這兩次傳宣諭旨，都與懲治廉親王允禩本人及他的追隨者直接相關。第一次是十月二十八日，是針對允禩支持者的。第二次是十一月十三日：「大學士馬齊、舅舅隆科多、大將軍年羹堯等奉上諭，諭九卿大臣、工部、上駟院兩衙門官員。」這次是直接整治允禩，因為工部、上駟院是允禩以親王管理的兩個衙門。這次傳的諭旨很長，涉及一樁奇異的案子。工部郎中岳周，因遲誤大內柴炭，摺銀短少 3100 兩，允禩作為分管工部的親王，也受到處分。他隨即奏參岳周，將其革職，限期內交完開復原職。但雍正對允禩的處理，大為不滿，不但說所奏糊塗，還說這樣做是要他有惡名，讓眾人益加恥笑他。由於短價款繳不足，岳周就要革職，因此，允禩私下連幫帶借，給岳周湊了三千多兩銀子，希望岳周能官復原職。年羹堯進京後，岳周想走他的門路，許諾出五萬兩（《實錄》記載是二萬兩）銀子，求年羹堯推薦他當西安布政使。這件事本來很蹊蹺，因為，岳周如此做，明顯是自己往火坑裏跳。況且，說是賄賂，只是許諾。但年羹堯立即揭參。因此，雍正藉題發揮，說岳周不是拿不出錢交欠款，允禩暗中幫他銀兩，明顯是收買人心，而突顯雍正的刻薄，有心壞他的名聲。

這次傳諭，內容很多，也涉及讓允禩代理國家事務，他雍正讓位的事。但在《實錄》裏不見記載。相關內容我們以後再講。隨即，大臣把岳周判斬立決，雍正改為斬監候。這是年羹堯在京最後一次公開活動。次日離京回任。

年羹堯在京期間，在朝野引起很大震動。故當時傳出，說雍正處處聽年羹

堯的，雍正好像個傀儡皇帝。因此年羹堯剛離京，雍正在乾清宮西暖閣，發表長篇特諭。耐人尋味的是，雍正多次把年羹堯與他本人對比，如近日賞兵，則有謠言說，這是大將軍年羹堯所請。朕豈是三歲小孩子那樣的皇帝，必待年羹堯為之指點？又豈能是年羹堯強為陳奏而做的這件事？這不過是想要設計陷害年羹堯啊。前朕所頒諭旨，發阿靈阿、揆敘之奸，也有人懷疑是年羹堯所為。

雍正的諭旨中，有幾句話最令人不可思議：「年羹堯之才為大將軍、總督則有餘，安能具天子之聰明才智乎？……外人造作浮言，加年羹堯以斷不可受之名，一似恩威賞罰，非自朕出者。」這段話給人特別多的想像空間。什麼是「斷不可受之名」？那就是皇帝。恩威賞罰，是天子的核心權力，卻由年羹堯行事。我推測，年羹堯肯定公開頂撞過雍正。他肯定做了很多舉朝側目的事情，也興起很多波瀾，以至於雍正都要出面，把他與皇帝對比一番。

而雍正與年羹堯的爭執，特別是年羹堯連皇帝都不讓的強硬作派，是雍正下決心懲治年羹堯的重要轉機。

我們找出三件事，涉及二人的「隱衷」。第一件事，力薦胡期恆任甘肅巡撫。

據乾隆時期的史學家全祖望說，胡期恆是湖廣武陵人，他的父親與年羹堯的父親年遐齡是「異姓兄弟」，故胡期恆少時與年羹堯關係非常好，是小時候的「玩伴」。年羹堯出任四川巡撫時，胡期恆追隨而來，職位也一路升遷，雍正初為陝西布政使。這都不奇怪。最奇者，年羹堯自身才高，一般人不當意。而胡期恆規勸年羹堯最切。全祖望說：「大將軍挾貴而汰……每能以約言挽其失。……又嘗微言勸大將軍以持盈，向使能用其言，可以免禍，而無如其日亢而不返也。」（《鮚埼亭集》）

也就是說，作為髮小，胡期恆能夠校正年羹堯的過失，更重要的是，勸他持盈保泰。這與胡的好友汪景祺（全祖望記胡的妻子姓汪，因此汪景祺可能是胡期恆舅氏一族）勸年羹堯「功臣不可為」是一個意思。

胡期恆什麼時候任甘肅巡撫？恰好是年羹堯在京期間。因此，無疑是年羹堯力薦的結果。為此，雍正與年羹堯發生激烈爭執。因為原來的甘肅巡撫是雍

正的藩邸舊人。也就是說，連雍正的嫡系大員，年羹堯都要趕走，建立自己的班底。

後來雍正斥責年羹堯說：「你實在昏聵了，胡期恆這樣東西，豈是在朕前保舉巡撫的人？豈有此理！你忍得如此待朕，朕實愧而下泣，即此字，朕實含淚對燈書成者。時常將頭抬一抬，將心撫一撫，朕也時常如此自問也。」

一個巡撫的任用為什麼雍正要如此大發雷霆，竟然不顧皇帝的身份，用村婦罵街一類語言，把胡期恆罵成「這樣東西」？實際另有隱情。因為這涉及兩個問題。一是胡期恆以及他推薦的汪景祺都勸年羹堯不要再給雍正賣命，怕沒有好下場。雍正的情報網非常發達。因此當年羹堯一離開京城，雍正大談用人，其中有這樣一句話：「如舅舅隆科多、年羹堯謂予無樂乎立功，便當禍不旋踵矣。」這句話威脅的意味極強，也充滿殺氣。雍正單單點出這兩個人，告誡他們：上了我雍正的船，就別想下來。世間霸道的君主，雍正算一個。所以，我們理解了年羹堯，他不是不懂得謙退，他退不下來。雍正拿着砍頭刀在後面。

至於年羹堯所舉都是私人嗎？絕對不是。全祖望是清代最嚴謹而著名的史學家，一字一句皆有來歷。他為胡期恆寫傳，就是要把雍正定的案子，翻過來。全篇充滿對年羹堯的同情和對胡期恆的讚許。他寫道：「大將軍用人素揮霍，不免以所好驟進之，而當時幕府之才，亦未有抗手者，無惑乎其日益傾倒也。大將軍挾貴而汰，又其才足以凌屬人，故見之者，輒自膽落，而胡處之坦然，每能以約言挽其失。大將軍之豪奴，挫辱咸陽令於轅下，君為巡道，曾面斥而撲之，奴哭訴於大將軍，而大將軍勿問也。」

以胡期恆與年羹堯「髮小」的關係，他知道當初年羹堯的日子是怎麼過來的，豈能忘乎所以。

第二件事，對允䄉的看守不如上意。

什麼是「不如上意」？雍正對允禩為首的四位弟弟，各有判斷，就危險性而言，允禩為第一，因為他容易鋌而走險，而且，他的財富雖不能傾國傾城，但足以讓人大加小心，還有，允禩不是守財奴，出手又極為大方。因而，雍正交給年羹堯的硃筆諭旨，內容應該就是在西北解決掉允禩。而這個主意也可能

是年羹堯出的。

　　年羹堯最初對看守允禵還是非常盡心的。他向雍正密奏：「看守允禵原來有二百人，其中一百四十名是自西寧鎮標撥過來貼防者，小人無知，易於買哄，而堡內地方不大，房屋湊集，難以稽查，終非久遠之計策，臣欲以地方形勢為詞，奏請將西大通改設守備一員、千總一員、額兵二百名，另於堡外建造營房四百間，以駐紮兵弁，則堡內堡外出入之間一目了然，不但楚宗在彼易於約束，而貝子允禵也不能施展誘惑之計。」

　　雍正二年正月，允禵派人以買草料、看馬廠為名，前往河州。地方文武即時押解到年羹堯處。年羹堯將他們監禁，一面質問貝子：「允禵共有馬匹三四十，用不了多少草料，西大通足夠，是遣人往探邊隘情況。」年羹堯為此密奏：「臣俟羅卜藏丹津事情稍有定局，即親自將他們夾審，或初次遣人試探，沒有別情，也必參奏，一併議處。」雍正硃批：「甚是，應當如是。勒什亨兄弟二人不時令家人裝扮，在西大通探問鬧事，近又買民房十餘間，故意使人聞之，若將終身焉，此其山鬼伎倆也。」

　　經年羹堯參奏後，允禵行事頗知收斂，年羹堯也據此密奏，而雍正硃批道：「此人，奸詭叵測之人，非廉親王、允禵之比，此二人真希望其改悔。」年羹堯密奏：「因參奏之後，恨臣固深，其上下人等始知畏法。臣已留人在彼，凡允禵有何行事，皆得聞知。」硃批：「第一要緊，如此方好。」

　　但年羹堯對允禵的態度後來發生很大變化。有人認為，這是胡期恆出的主意，用允禵制衡雍正。因此，允禵進入西北後，年羹堯與他書信不斷，常常見面，允禵的日子過得很舒服，西北人都稱讚他是「九賢王」，以至於有一批敢死之士，聚集在允禵的周圍。這些情況為雍正的情報系統所掌握，也逐項問過年羹堯。密旨說：「允禵之為人，外柔詐而內險狠，西大通之兵民尚未得知，但見其不短價強買食物，又不出門行走，竟似守分之人，是以不說允禵不好。人稱賢王。」

　　但年羹堯回奏一一予以否認：「臣與貝子允禵從無書信往來，凡有行文與貝子允禵者，伊之回文片子，即裝於臣之原行封袋內發來，今查有臣之原文五

件，允禵之回文五件，一併封呈御覽。若稱為賢王，普概感激，臣實未有所聞。其跟隨允禵之官員人等，雖無生事之處，而一種不知畏懼之神情，殊不可解。」

年羹堯密奏允禵在西北頗為收斂，雍正硃批令其嚴防在京城，兩人為不少事情有過爭執，允禵的事是其一。所以，年羹堯人還沒有回到西北，雍正就兵分三路，立即動起來了，特別是雍正三年初，雍正改派都統褚宗（楚宗）管束允禵。當時褚宗已奉旨自甘州回京，人已經到甘肅永昌，卻接到兵部轉來的讓他調轉方向回西大通的諭旨。諭旨有「允禵若作亂，當即制止」的話。而雍正在給褚宗的硃批密旨中特別點出：「先前朕特別信賴年羹堯，朕今懷疑（年羹堯），朕信任你，與允禵有關的事情，全由你一面辦理。」

改派褚宗，是殺「九賢王」允禵的重要信號。後來雍正指責年羹堯：「不是當要的主意，大悖謬矣！」這個「主意」就是年羹堯提出在前，雍正批准在後的在西北解決允禵。他還要求年羹堯離任川陝總督前，把當時親自交給年羹堯處置允禵的硃筆諭旨封固繳送。

第三件事，對雍正家事的介入。

實際也不單是家事，是雍正胞弟允禵的事。允禵當初得到雍正當皇帝的消息時的反應到底有沒有「反意」，這件事關係太大。就當時而言，把允禵的危險行為說得越誇張，年羹堯的作用就越能顯示出來。而雍正適逢即位之初，坐住江山是第一要義，因此，對年羹堯第一次進京的密報，寧信其有不信其無，故雍正採取更嚴厲的辦法對付手足兄弟，為此還把自己母親的性命搭進去。但兩年過去了，當初不穩的江山大局已定。這時有人向雍正密報，允禵壓根兒就沒有「反意」。如此一來，自己豈不是被年羹堯愚弄了？因此，二人在京時又起衝突。年羹堯回西安後，雍正命令他與延信對質，到底允禵對延信講了什麼。誰做錄供人？

雍正二年底這場君臣變臉，肯定是當時大清國最令人關注而又讓人跌破眼鏡、匪夷所思的頭號新聞。

後來如何演變？年羹堯是否還有翻盤的可能？

十三、龍爭虎鬥

　　如果說，年羹堯功高震主，驕縱貪酷，為雍正所不容，一定要把他拿下，這都容易理解。但雍正為什麼把允禩、允禟、允䄉這幾個堅決反對他的人放在一邊，亟亟乎一定要置年羹堯於死地？這是雍正一開始就設下的圈套，還是中間又發生了什麼變故，讓雍正感到年羹堯才是他最大的威脅？

年羹堯散佈「明年四月有事」

　　年羹堯並沒有從老人給他的「目眶骨」中得到啟示，也沒有聽從師爺汪景祺、心腹部下胡期恆的勸阻，而是忘乎所以，得隴望蜀，甚至做起「分九鼎」的美夢。

　　年羹堯精通星象術。他真實的生辰八字，在當時是絕大的祕密。雍正元年底，二人關係最好時，雍正對年羹堯說：「你的真八字不可使眾知之，着實慎密好。」

　　年羹堯的生年至今不清楚，有的說是康熙十八年，但不十分可信。或許當時人們知道年羹堯的生年，從雍正的話判斷，公開的生年肯定是假的。而真實的生年只有雍正、年羹堯，還有年羹堯的家人知道。既然要保密，就一定是非常好的八字。

　　大概在雍正二年六月，年羹堯在青海之戰中取得勝利，處於事業巔峰，三教九流，無所不交。有個占象人名叫鄒魯，年羹堯把他招為幕僚，在總督衙門內書房居住。有一天，年羹堯半夜起來，叫鄒魯一同看住房上的白氣，說是王氣。鄒魯問他如何是王氣？年羹堯說：「大凡白氣皆是王氣。」又說他生時金光滿室，也是一件奇事。還有一天，年羹堯將所有圖讖碑記拿出來，對鄒魯說：

「《玄象賦》上云：『赤雲飛上隴頭山，此日江分九鼎逢。紀歲木火。畢當承運。』早前靜一道人對我說：紀歲兩字是『年』，木火是『乙丙』兩字。分九鼎者分九處也。此理甚通，此解甚是。道人還給我看了墳地，說我們年家後人當出大貴。」鄒魯對年羹堯說：「你位至三公，掌天下兵權，大貴極矣，或者還要封王。」年羹堯說：「封王還不止，只看五六年後，我又是一個光景。到分九鼎之時，我已有山陝兩省，據天下上流，更兼兵馬強壯，誰人敢當？我只有老父、子孫在京，甚是掛念。」年羹堯又講起他 20 年前做夢的好處。又說：「依各種道理看來，明年三四月京師定然有事，隨即南邊亦有事，後來西安亦難平定。」

靜一道人是浙江人，六七十歲，有家室，住嘉興南門外。乙丙是乙巳、丙午兩年，即雍正三年、四年。年羹堯可能找靜一道人推算過，在雍正四年三月一日，趁天下不穩時，分雍正的「九鼎」。他還判斷，雍正三年即乙巳年全國各地不穩定。

年羹堯的身邊，有一撥兒又一撥兒雍正派來監視他的人，名義也花樣翻新，有的以御前侍衛的名義，有的以軍前效力的名義。年羹堯對此心知肚明，他的辦法就是「收買」，因此絕大多數人都倒向年羹堯。他甚至把雍正的人留在自己身邊，當作出行時「前後導引，執鞭墜鐙」的奴僕使用。這多少帶有羞辱雍正的意味，後來成為年羹堯的罪狀之一。年羹堯的情報系統也很發達，就快捷性而言，比雍正的官塘還要快。

雍正通過馬蘭口總兵范時繹，向他的哥哥陝西巡撫范時捷了解年羹堯的情況。據范時繹密奏：范時捷於雍正三年正月二十九日午後到了東陵。我們一直談到二更。臣遵旨回奏。范時繹從容、反覆、再四問陝西事，特別是年羹堯裝病的事。范時捷對他說：「年羹堯善於揣摩上意，每遇各省缺出，則向眾伴言，某缺必放某人，至命下適中某人，以此肆弄威福，攝惑人心。不獨通屬凜畏，漸至各省風靡。又有王景灝、胡期恆、金啟勛之輩，皆以迎合依附為能。此最甚者，通省之文武官員，無不尊之懼之，以求保全者。我此番來京，年羹堯給我銀一萬兩，又給我應賬目一萬兩。年羹堯此番回署，置女戲子六人，家中使用太監甚多。年羹堯凡京中消息得聞最早，是皆其暗設私塘之弊，由其私塘往

來者，自京只需兩日半即到西安等。」

年羹堯設立的「私塘」，即傳遞京城到西北信息的私人情報系統，非常發達，有幾百人絡繹於途，自京城到西安僅僅需兩天半，比官塘要快一周。這讓雍正感到恐懼。

雍正無法確切掌握年羹堯與鄒魯究竟在做些什麼，半夜看星象的事，除了天地之外，不會有人知道。但顯然，雍正對年羹堯加強了防範，也掌握了一些年羹堯的不法行為。當年十月，年羹堯到了京城。「朕察其言詞舉動，奸偽畢露，屢次面加切責，使無容身之地。」如果僅僅是一般的貪污勒索，雍正不會「面加切責」，而「不臣」之類事情如果沒有確鑿證據，是不可以拿出來的。因此，可以推測，雍正極可能用旁敲側擊的辦法試探年羹堯。但年羹堯的有些行為，讓雍正大起疑心：他勸阻雍正，明年二月不必前往皇陵（景陵），四月間或者四方有些事情。雍正三年二月，是康熙景陵功德碑建成之日，雍正後來確實沒有親赴景陵。但說「四月間或者四方有事」，這是怎麼得出的？是判斷還是星象？年羹堯還向雍正口稱：奴才因天旱求雨，下雨之時見有白氣。這讓性本多疑的雍正提高了警覺，他懷疑年羹堯背後在做些什麼。由於缺乏可信而又詳細的資料，我們無法確切得知究竟是什麼讓雍正與年羹堯在京城鬧得不歡而散，並成為君臣關係急速變壞的轉折點。但顯然，京城的這場君臣變臉，雍正親近的大臣也知曉。因此雍正說：「年羹堯在京陛見之時，頗有人言，不宜令其回陝者。及伊動身時回陝後……亦有人言，宜留意防閑，不可過於嚴厲者。」這就是說，當時有人建議，把年羹堯扣押在京，直接處理，擔心他回到西北，因握有重權，特別是兵權在握，而犯上作亂。後面的話是，既然放年羹堯回西北，就不要過於嚴厲，以免激成事端，令年羹堯鋌而走險。

有人認為，出主意扣押年羹堯的是雍正的第一軍師文覺和尚。筆者認為，也可能是允祥。但雍正對自己的這個藩邸舊人還是非常了解的，他沒有採納他人的建議，而是放年羹堯回西北。

年羹堯約在雍正二年十二月初，在回任陝西路過保定時，做了短暫逗留，其間他也向李維鈞說了雍正三年可能出事的話。他向李維鈞說：「明歲三四月

前，朝內必然有事。」李維鈞聞聽此言，一頭霧水，大感駭異。年羹堯神神祕祕地對他說：「你是漢人不知道。」從這句話判斷，可能是八旗內部出現反雍正的事。究竟是有人在策劃，還是年羹堯的主觀臆斷？前者的可能性更大。而後來雍正不放過李維鈞，就是懷疑李維鈞知道年羹堯所做的隱祕事情。

年羹堯回到西安的第一次例行性密奏，充滿檢討、悔過，並大打情感牌，稱「一門四世」受恩無涯，表示「矢志竭誠，圖報於生生世世」。但雍正覺得年羹堯還不過關，也並不領情，隨即專門講了一大段「終功難」的話，讓年羹堯毛骨悚然：「凡人臣圖功易，成功難；成功易，守功難；守功易，終功難。為君者，施恩易，當恩難；當恩易，保恩難；保恩易，全恩難。若倚功造過，必致返恩為仇。」「爾等功臣，一賴人主防微杜漸，不令致於危地；二在爾等相時見機，不肯蹈其險轍；三須大小臣工避嫌遠疑，不送爾等至於絕路。三者缺一不可。」雍正二年歲末，雍正提出這三條處理君臣關係的原則，但已經太晚了。作為人主，雍正不但沒有防微杜漸，甚至縱容鼓勵，挖好坑讓年羹堯往裏跳。第二條的「相時見機」，是提醒年羹堯，現在我雍正的江山已經坐穩，此時如有不臣之心，就是走上危險的覆亡之路。

對雍正的訓諭，年羹堯立即表態：「如此格外宏慈，臣非木石，寧不知感？」雍正硃批道：「覽此奏朕心稍喜，過而能改則無過矣，只恐不能心悅誠服耳，勉之！他還告誡年羹堯：可惜朕恩，可惜己才，可惜奇功，可惜千萬年聲名人物，可惜千載寄逢之君臣遇合，若不知悔，其可惜處不可枚舉也。」

從這一時期年羹堯寫給雍正的密奏看，年羹堯的檢討還算真誠，但多少透出一點矜氣，可能年羹堯有他的角度，但再大的角度蓋不過君臣這片天。雍正三年二月二十四日，新任陝西巡撫口傳諭旨給年羹堯，年羹堯雖然表示「感銘五內」，但仍祈求雍正「明白指示」，雍正顯然已不耐煩，硃批：「還要如何明白指示？！」

在君臣對弈中，年羹堯等到了一紙調令，調任杭州將軍。年羹堯照例謝恩，但其中一些語言在雍正看來，是翰林出身的年將軍對他的譏諷。在年羹堯「跪讀諭旨，感入五中」八個字下，雍正硃批：「若不實感，非人心也。」「寵命

下頒」的「寵」字，雍正覺得是譏諷，以前隆恩浩蕩，你用「寵」字可以，今天受到譴責，也用「寵」字，分明是譏諷。雍正提筆在下面寫了兩句硃批：「自此受寵若驚，方可法古大臣之萬一。不然，我二人為千古大笑話矣。（這是警告，也是給年羹堯最後的逃命機會。）」「再你明白回奏二本，朕覽之實實心寒之極，看此光景，你並不知感悔。上蒼在上，朕若負你天誅地滅，你若負朕，不知上蒼如何發落你也！」

這個時間，已是年羹堯所說的四方有事的雍正三年。但正月底京城傳出的消息對年羹堯而言，不是好消息，因為欽天監預測，二月二龍抬頭這一天，會出現少有的「日月合璧，五星連珠」的「祥瑞」。雍正在「祥瑞」沒有得到驗證前，又是命交史館記錄，又是頒示中外、告祭景陵，提前發佈這一新聞。這分明是打輿論戰。羣臣上表稱賀，年羹堯也稱頌一番，說這是聖主夙興夜寐，勵精圖治才帶來的吉兆。但敏感的雍正發現，年羹堯所上本內字畫潦草，且將「朝乾夕惕」寫作「夕惕朝乾」。雍正說，年羹堯平日不是一個辦事粗心的人，說這是故意不把「朝乾夕惕」四個字「歸之於朕耳」，如果是這樣的話，年羹堯青海之功，朕亦在許與不許之間，而未定也。年羹堯一定會推脫，這是他人代筆，自己沒有看出，其實是「自恃己功，顯露不敬之意」。雍正命年羹堯明白回奏。這是雍正三年三月下旬的事。

雍正帝步步緊逼

可能人們有疑問，雍正如此步步緊逼，難道他不怕年羹堯狗急跳牆，鋌而走險嗎？雍正的底氣從哪裏來？事實上，年羹堯離京時，雍正就已在組織系統上做出部署，而且三面行動。政治運行有個第一原則，即組織系統永遠頂在最前面，它是一切的保障。

第一個出動的是西安將軍延信。

延信在雍正前幾年，始終扮演「別動隊」的角色，總是在雍正需要的關鍵時刻，站出來當「奇兵」。接替允禵後，延信暫時署理撫遠大將軍印務，實

際軍權很快移交給年羹堯。此後他掛個西安將軍的頭銜，一直在甘州，並沒有到任。

年羹堯回任西安的第三天，即雍正二年十二月十二日，雍正以最快的速度給延信下達兩道密令，表面內容是讓延信與年羹堯對質允禵所說的話，實質是挾制年羹堯。第一道密旨是：「朕將遣爾回爾任所西安。將爾所奏允禵之事，朕已發往年羹堯，爾到西安後，年羹堯將親口問。朕所以遣爾去者，其意頗深。年羹堯必甚恐懼，着爾知而留意之，將此旨甚密之，不可再令一人知曉。」

可能是時間緊迫，雍正在同一天，給延信發出第二道密令：「允禵於保德州與爾說逆理之言，爾為何不奏？着詳盡書寫奏來。勿絲毫隱瞞刪減。」

雍正急於查清：當年允禵接到父皇去世、皇四子即位的消息後，是否說了不願回京、不給雍正叩頭，即不承認雍正這個皇帝等「逆理之言」。因為雍正的信息是年羹堯第一次進京時（雍正元年正月）對他講的，而年羹堯說，他的信息是延信講給他的。雍正隨後把允禵關押在康熙的陵寢之旁，並因此與皇太后發生衝突，太后隨即而死。這場倫常之變已經過去將近兩年了。年羹堯第二次進京，雍正質問他，兩人因此大起衝突，但年羹堯一口咬定，這是延信告訴他的。因此，雍正急不可待，等年羹堯一回任，就安排他與延信對質。

由於雍正一直追究此事的真偽，年羹堯回到西安後，延信於三年二月底從甘州到了西安。年羹堯就此事問延信，但延信回答要麼是不知道，要麼是忘了，「執定不認」。年羹堯將此上奏。雍正硃批道：「他不應就難了。即你二人當朕之面，朕亦難明矣。朕還有一處訪此言。且慢。」此時，延信也回奏稱，他並沒有說過允禵不回京等悖理的話。雍正從另外什麼人那裏「訪此言」？不清楚。

四月二十八日，即發佈年羹堯調任杭州將軍諭令十天后，雍正向莊親王允祿等發上諭，着岳鍾琪、巡撫石文焯二人「面視延信、年羹堯對質，明白回奏」。雍正的諭旨是通過內閣封發，兵部馬遞的。年羹堯於五月初七日收到。延信與年羹堯二人於五月十四日在總督署對質。年羹堯於十七日密奏稱，延信不承認，而臣不敢「以無為有，捏言欺飾」，「負恩之中更添一層重罪」。岳鍾

琪二人面視，年羹堯與延信各執一詞，岳鍾琪遂與巡撫石文焯於十八日密奏：「查年羹堯所奏之事如果是真，則允禵為不忠不孝，延信隱瞞不奏，亦屬不忠。似此關係忠孝大義大節之事，年羹堯身為大臣，彼時即應一併據實參奏，何得遲至次年因聖祖大事進京陛見，始行奏聞？罪實難辭。」雍正在硃批中，為自己辯解，稱允禵從甘州回京，其行事若不狂悖，年羹堯即有此奏，他亦置之不問。今看此延信、年羹堯對質光景，只可存為疑案矣。

雍正密旨命延信立即返回西安，不但要查清允禵對延信講的話，更重要的是，對年羹堯形成威懾。清朝在天下要害之地駐紮八旗兵，稱駐防八旗。因為是精銳部隊，故一直由滿族親貴統領。讓宗室貝勒延信回任西安，是對年羹堯「異動」的一種威懾。雍正所說的「其意頗深。年羹堯必甚恐懼」，就是這個意思。

第二個行動是西北大換班。

要防止年羹堯鋌而走險，就必須把他的核心大員全部撤換，特別是西北省份。雍正三年三月，雍正以甘肅巡撫胡期恆來京路上用艾草卜卦決定是否據實奏對為理由，把胡期恆革職，這距離胡期恆上任僅僅四五個月。甘肅巡撫暫時由甘肅提督岳鍾琪兼理。提督是一個省的最高武職長官。甘肅可以高枕無憂。

陝西最為重要。這是年羹堯經營多年的大本營。年羹堯離京的當天由他舉薦的范時捷由陝西巡撫調任回京，接任的石文焯不夠強硬。雍正三年正月，雍正調廣東布政使圖理琛來陝西。圖理琛是雍正安排專門盯防年羹堯的兄長年希堯的。年希堯被解職內調回京後，圖理琛急調陝西，旋即升任巡撫。雍正在給圖理琛的密旨中說：「朕調你，因你是滿洲，敢作敢為，此數年陝西官員皆成年羹堯隨從矣。爾到後，不得稍有憚懼，即使一百個年羹堯也不能加害於爾。」石文焯調任甘肅。雍正在年羹堯的硃批上透露說：「圖理琛是在廣東拿住你哥哥的人，叫他來拿拿你看。」

第三個出動的是岳鍾琪，這是雍正限制使用的人。因為岳鍾琪追隨年羹堯十幾年，是後者一手提拔起來的，兩人以師生相論。圖理琛任陝西巡撫，與署理川陝總督的岳鍾琪同駐西安，雍正給圖理琛的硃批密旨是：「岳鍾琪與年羹堯

一向交好，萬一礙於故交有掣肘姑息之處，被爾發覺，則密摺具奏。不過要抓住事，須爾親見者也。」

在完成西北軍政要員的大換班，以保證年羹堯無法做出過激行為鋌而走險的同時，雍正更利用兩個人，使年羹堯的不法行為得以公諸天下。這兩個人，一個是年羹堯的死敵蔡珽，一個是年羹堯的密友李維鈞。

這一過程又顯得「冗長」一些。為什麼？很顯然，年羹堯青海立功不假，初期幫雍正穩定江山，也是實實在在的功勞。但把年羹堯推到那麼高的位置，乃至於「各省風靡」，顯然是雍正的作用。現在，雍正要把他自己樹立的千古君臣榜樣人物拉下來，這要有個過程。雍正精心找這兩個人，就非常有講究。

蔡珽出任四川巡撫赴任前在熱河陛見康熙時，經年羹堯牽線被介紹給了當時的雍親王。雍正即位後，年羹堯奏請在四川開採、鼓鑄（鑄錢），但都被蔡珽拒絕，理由是四川並不產鉛，不能鼓鑄。為此，年羹堯想辦法把蔡珽擠走。夔州，即今天奉節，位於長江上游，雄踞瞿塘峽口，歷來是川陝鄂要道，水上交通繁忙。川鹽運往湖北，夔州乃必經之地。夔州知州程如絲是蔡珽非常信任的人，年羹堯參奏他販賣私鹽、殘害鹽商，而蔡珽則針鋒相對，奏稱程如絲「為四川第一好官」。雍正以年羹堯與蔡珽所奏懸殊為由，將此事交石文焯審理。石揣摩雍正的心理，極力為程如絲開脫，最後以程如絲「實係冤抑」上奏。年羹堯又參奏蔡珽逼死重慶知府蔣興仁：「半載以來，臣深知蔡珽在川無益，因四川有兵事，此外有能勝川撫之任者，西安按察使王景灝、布政使胡期恆皆優為之。今蒙聖恩下問，臣敢不據實以對，唯懇聖主稍待數月，則川省可得一好巡撫，臣也得以放心矣。」雍正硃批：「應奏時奏，不可誤遲，重慶知府（崇慶）竟瞞隱奏來，豈有此理，將此本現留中，俟夔州本到來，一併差人審理。」

實際上，雍正早已祕密派護軍統領訥親調查。蔡珽出五千兩銀子收買訥親，訥親因此遲遲不將調查結果上奏，也不把逼死知府的事上奏。由於雍正還派了其他人祕密調查，他在訥親的上奏中硃批：「爾若泄露於人知曉，則可想想朕之耳目，其患不輕。」訥親隨後密奏：蔡珽在四川，與翰林時截然二種，臣之不識人矣。即確定程如絲在夔州有不法行為，以及蔣興仁被蔡珽逼死屬實。

　　部議將蔡珽革職擬斬，雍正着另議。在年羹堯力薦下，陝西按察使王景灝接任四川巡撫。據年羹堯奏，王景灝於雍正二年七月二十五日啟程赴川撫任矣。雍正仍在麻痺年羹堯，硃批道：「甚好。此人是一個大人物。天下督撫如何能得如卿者、如王景灝這樣人，得十數人，朕願亦足矣。」

　　十一月，蔡珽被押解回京。隨後，年羹堯一離京，雍正立即召見蔡珽。蔡珽想要開脫自己的死罪，因此在雍正面前大講年羹堯如何貪暴，特別說他因為抗拒年羹堯而得罪對方。雍正於是對刑部及大臣說：「蔡珽論罪應當處斬，但彈劾他的人是年羹堯。如果把蔡珽處死，人們又將議論，說朕是因為年羹堯奏請而殺蔡珽，生殺大權掌握在年羹堯手中。蔡珽免罪。」隨即特授蔡珽左都御史。

　　蔡珽有死罪不處理，反而升任主掌言論與監察的左都御史，這是雍正向全國發出的最明顯信號：整肅年羹堯。果然，參奏年羹堯的奏疏一個接着一個，僅一個月，就有二三十本。雍正命年羹堯一一明白回奏。蔡珽本人也多次參奏，對年羹堯一手提攜起來的岳鍾琪，他也屢屢密奏，說岳鍾琪居心叵測。蔡珽得到豐厚回報，接任李維鈞做了直隸總督不算，後來查抄年羹堯在京財產時，雍正賞賜他房宅一所，奴婢 225 口。還有很多金銀首飾，蔡珽沒收，雍正命「棄與年興」。

　　雍正的反擊戰由蔡珽的部下程如絲打響。罪案纍纍的程如絲，不但不處罪，而且由川東道過渡幾個月，升為四川按察使。雍正給程如絲下密旨，讓他揭發年羹堯在四川、陝西不法事。程如絲受到鼓勵，列款參奏，參本裏特別有「川陝大小各官第知有羹堯，不知有國法」等聳人聽聞的話。這些當然大多不是事實。

　　雍正比誰都清楚蔡珽、程如絲在四川的不法事實，因為公開的審理事實清楚，他派出的祕密調查人員也已確認，但雍正就是有罪不判，反而讓他們升官。道理很簡單，這兩個人是年羹堯的死對頭，又長期在四川任職，肯定掌握年羹堯在四川、陝西經營十幾年的情況。他要利用這兩個人。當然，等把年羹堯處理完，雍正殺了個回馬槍。這是後話。

　　與蔡珽跟年羹堯是死敵不同，李維鈞是年羹堯最親近的人。他是非常有作

為的封疆大吏，在直隸任巡撫、總督僅三年有餘，但政績卓著。影響有清一代的攤丁入畝，就是李維鈞奏請，在直隸開始實行，而後為各省仿效，繼而在全國推行的。雍正試圖從他身上得到年羹堯更多隱祕的不法事實。年羹堯離京前後，雍正把懷疑年羹堯的信息透露給李維鈞，讓他與年羹堯疏遠些，「不必令覺，漸漸遠些好」。隨後，雍正威脅、利誘，多管齊下，李維鈞連上三章，參奏年羹堯。

李維鈞第一次列十款參奏年羹堯。但這十款，年羹堯都不承認。雍正很尷尬，批覆李維鈞：「你一切奏章文意口氣，總與年羹堯彷彿光景。爾等字跡往來甚多，彼此熟識之故也。」李維鈞辯稱，他與年羹堯一向「通問稀疏，近與相絕」。雍正帝斥責說：「西安總督署前未有隔五日不見直督李維鈞之使者，眾目昭彰，何能掩蓋？」李維鈞上奏解釋說：「臣的胞姪在年羹堯處當差，可能這就是外人議論臣與年羹堯來往密切的緣故。」李維鈞還一再說：「臣與年羹堯結識僅有四年，年羹堯也就是兩次進京，經過保定，臣以禮相待，盡地主之誼。而直隸與陝西遠隔千里之遙，臣怎麼能知道年羹堯做了什麼隱祕的事情？」但雍正不滿意，要李維鈞繼續深挖年羹堯。李維鈞於雍正三年六月初六日上奏：「年羹堯於去冬到保定時，有語涉緊要者，臣向以空口無憑，不敢輕奏。然思聖主之前，更何憚而不言，臣謹再疏列參。」

所謂「語涉緊要」的內容是什麼？原來，「上年十一月內，年羹堯赴陝過保，向臣云：『明歲三四月前，朝內必然有事。』臣聞之駭異。伊云：『你是漢人，不知道。』詞近詛咒，罪豈勝誅」。但雍正對此還是不滿意，最後乾脆亮出底牌：「如欲盡釋朕疑，須挺身與年羹堯做對，盡情攻訐，暴其奸跡與天下人盡知，使年羹堯恨爾如仇，則不辯自明矣。為年羹堯，爾將來恐仍不能保全首領也。」

後來，李維鈞被革職抓捕。而負責監視年羹堯的人既是年羹堯的進士同年又和年羹堯同是一旗，同在翰林院、國史館工作，兩人還是連襟。這人正是雲貴總督高其倬。高其倬由雲南布政使升任浙江巡撫，到任後的第一項任務就是查抄李維鈞老家浙江嘉興王店鎮的家產。隨後李維鈞以年羹堯逆黨私人等罪，

擬斬監候，妻子入內務府為奴。李維鈞不久病死獄中。

步步驚心「三江口」

年羹堯可能萬萬沒有想到，「雍正三年四月有事」會應在他的身上。而年羹堯案迅速升級，大將軍難逃一死，與雍正傳佈「帝出三江口」的謠言有很大關係。換言之，他調年羹堯任杭州將軍，是一步險棋，也是一個戰略。當時就有大臣反對。有個武職大員叫王安國，他向雍正密奏說：「皇上既燭年羹堯之奸，奪其權而調之內地，在今日不過釜魚幾肉耳，正法亦可，放廢亦可。」意思是說，年羹堯在陝可以有為，因此皇上特行調任以防閑之也。但為什麼又把杭州八旗軍權交給年羹堯？

這正是雍正的戰略，也是給年羹堯設下的陷阱。因此，年羹堯接到調任杭州將軍的調任諮文後反應極為強烈。《嘯亭雜錄》歷來為史家奉為信史，該書記載：「命其交將印於岳威信（岳鍾琪）時，年遲三日始付出。或云，其幕客有勸其叛者，年默然久之，夜觀天象，浩然長歎曰「事不諧矣」，始改就臣節。」這就是說，年羹堯有過內心的掙扎與煎熬，知道雍正此次調任的險惡用意。他80多歲的父親，還有全家數十口，都在京城，一旦舉事，不說成功與否，首先必將禍及全家。

《雍正起居注冊》記載，雍正發佈諭旨的時間是四月初十，《清實錄》記載的是四月十二日。而年羹堯是四月十八日接到吏部的這個調任「諮文」。年羹堯一向精明，他為什麼接到調任諮文四天后才上了「謝恩摺」？如果感恩，應該當天就謝恩，為什麼遲了四天之久？這不能不讓雍正大為懷疑。

從鄒魯的口供可知，年羹堯對此調動，確有不滿，也不願交卸大將軍印信。五月十五、十六日兩夜，岳鍾琪微服進入年羹堯公館，直到天明始回衙署。十六日夜鄒魯聽得有幾句，在謀為不端。（年羹堯）說：「我不繳大將軍印，人能奈我何？總是我早錯了。」岳鍾琪說：「喜得我先去，老師留得地步好，自然人不疑我是老師的人。只管放心去。但是有我在，自另有一番安頓。有事即

老師現成的。」十五日夜，岳鍾琪對年羹堯說：「早曾皇上有密旨問老師與王景灝何如？門生這麼回答的：四川巡撫王景灝始到任不久，久之自然知道。至於老師處，我並不題（提）起。」年羹堯說：「能保得天下常太平不？我在杭州自然有幾日坐，有用得我的日子也論不得。」至五更時，聽得年、岳哭泣而別。

以上鄒魯的口供是當年（雍正三年）九月初二日寫的。其中有多個錯別字，有的語意不甚明瞭。

回過來講謝恩摺。因為年羹堯間隔四天才上謝恩摺，因此雍正對這個謝恩摺異常看重，在僅有的不足三百字的密奏中，僅旁批就有六處之多。而後面的兩大段總括性硃批，讓年羹堯徹底絕望。第一段話是：

> 朕聞得早有謠言云「帝出三江口，嘉湖作戰場」之語。朕今用你此任，況你亦奏過浙省觀象之論，朕想你若自稱帝號，乃天定數也，朕亦難挽；若你自不肯為，有你統朕此數千兵，你斷不容三江口令人稱帝也。此二語不知你曾聞得否？

這句話是雍正給年羹堯設置的陷阱，也是對他最明白的警示。這裏的「三江口」是指位於浙江省會稽縣（今紹興），曹娥江、錢清江、浙江（又稱錢塘江）三水的入海口。「嘉湖」指的是杭嘉湖平原。江南一帶因清初被屠戮太重，以致成為反清復明的重要基地。僅康熙一朝，打着朱三太子旗號反清的民間起事，就有十起之多。而活躍在四明山的反清力量始終沒有消失。這句謠言說，有人在浙江三江口稱帝，把杭嘉湖平原作為戰場。

既然是謠言，雍正為什麼要大加發揮，而且明確要年羹堯答覆「是否聽到這兩句話」？

年羹堯的回答非常簡單，因為他對此非常敏感，回答只有一句話：「三江口之謠，臣向日未曾聞知。謹奏。」但年羹堯仍然無法逃脫，因為他向雍正奏過浙江觀象。查閱年羹堯奏摺，沒有找到他關於浙江觀象的奏摺，或許是兩次進京時面奏。從年羹堯角度，自然是對這個地方多加防備之意。但此時雍正卻

有意與他赴任杭州將軍連在一起。

　　第二段話，是雍正真性情的表達：看此光景，你並不知感悔。上蒼在上，朕若負你天誅地滅；你若負朕，不知上蒼如何發落你也！我二人若不時常抬頭上看，使不得。你這光景，是顧你臣節，不管朕之君道行事。總是譏諷文章，口是心非口氣，加朕以聽讒言、怪功臣之名。朕亦只得顧朕君道，而管不得你臣節也。只得天下後世，朕先佔一個是字了。不是當要的主意，大悖謬矣。若如此，不過我君臣止於貽笑天下後世，作從前黨羽之暢心快事耳！言及此，朕實不能落筆也！可愧！可怪！

　　這段話，是撕破臉面，在神靈面前起誓詛咒，而要表達的關鍵是：我是雍正皇帝，我顧不得你年羹堯了！「不是當要的主意，大悖謬矣」，就是指在西北解決允禵。隨即有了下文：「朕從前為貝子允禵密降硃筆諭旨，着年羹堯封固繳送。大將軍印着齎送來京。」

　　雍正在發給接任川陝總督岳鍾琪的諭旨中，命二人當面交接，包括給年羹堯的密諭也交給岳鍾琪，這是表示對岳鍾琪的信任。但唯獨三年前下給年羹堯的處置允禵的硃筆諭旨，不能交給岳鍾琪，而要由年羹堯封固繳送。這是兩個人的祕密，不能讓第三者看到。同時，這份硃筆諭旨也不能留在年羹堯手中，因為一旦徹底翻臉，年羹堯以此要挾，雍正將非常難堪。

　　年羹堯隨即與岳鍾琪辦理「交代」。雍正密令，如有人貪圖年羹堯財物，或仍畏懼其威勢代為具呈留任，朕必照逆黨例從重治罪，年羹堯應交岳鍾琪事件，着做速交代，急赴杭州任所。岳鍾琪於雍正三年五月十三日到任，根據雍正的密旨，除寫給年羹堯關於處置允禵的硃筆諭旨外，其他事情包括密交年羹堯事件，也由年羹堯密交岳鍾琪。雍正硃批：「年羹堯有什麼私語閑話，隨便也密奏以聞。其光景心跡知悔與否？可據實奏聞，不可稍有隱飾，他日不應在你身上有干係。密之。」

　　根據岳鍾琪的多次密奏，我們得知年羹堯對這位十幾年老部下的「託付」。

五月十三日，二人在西安相見，年羹堯問：「我的事皇上曾有諭旨與你否？我們相與一場，你須實實告訴我。」岳鍾琪回答並無諭旨。年羹堯說：「我將來身家性命是不能保的了。」遂哭泣不止。十六日，兩人再次會面，年羹堯說：「我們交代的事情已畢，我明天起身。有一件事託你。我有兩個兒子，一名年傅，一名年斌。河東鹽商傅斌，即此二子之名捏的，求你照看。」岳鍾琪曰：「河東鹽務現有欽差部堂審理，令郎未必能行鹽了。」年羹堯說：「不行就罷了。我的事，凡事可以照應的，務求照應。」

年羹堯於雍正三年五月十七日自西安啟程，赴他的杭州將軍新任。當時，僅有督標兵丁等數十人前往相送。雍正密令岳鍾琪：何人送別，密記姓名。並說：「要天下後世人知道朕若負他，上天必重加譴責於朕，從古史冊所載，年羹堯可謂第一負心人也！」

年羹堯赴杭州將軍任的途中，由於有「帝出三江口」的謠言，因此他在江蘇儀徵，觀望不前。這成為他的新罪狀，也是一個令他最終難逃一死的陷阱。聰明一世的年羹堯，能逃得了鬼門關嗎？

十四、將軍之死

年羹堯帶着無限的不捨乃至萬般的無奈，離開了大西北。人是環境的產物。當年呼風喚雨，指揮十幾萬大軍的年羹堯，一旦離開他苦心經營多年的根據地，失去了川陝總督這個炙手可熱的職位，等待他的將是一路跌蹶。

追查財產

雍正早就注意到年羹堯的一舉一動。年羹堯做了十幾年的封疆大吏，又是征戰西北、手握重權的大將軍，他所積累的無數財富，此時就像一道催命符，與他形影相伴。儘管年羹堯採取化整為零的辦法，來個馱馬搬家，但所謂道高一尺魔高一丈，他仍然無法逃脫雍正的眼線。

年羹堯前腳剛離開西安，西安副都統覺羅伊禮布立即向雍正密奏，文中特別用年羹堯積累的數不清的財富撥動雍正那敏感的神經：年羹堯歷任川陝以來，十五六年，財貨之多，富至無比。自今年二月間起以至五月底為止，年羹堯陸續發過馱子共傳一萬有餘，預先安置以營三窟，而暗中留在陝西兵民等處的又非常多。近日有督標游擊出首皮箱一百零八個，腳價銀四百兩，說是年羹堯的管家魏之耀寄存下的，又在四川坐省提塘王緯的寓所藏有十餘萬金，業已被封存。而且長安、咸陽二縣都有他存儲的東西。民間還傳言，僅西安知府趙世朗一處，年羹堯就寄放了很多銀子，單是象牙就有一百多根。人們紛紛議論，說法不一。

雍正在伊禮布的密奏上硃批：

> 已有旨矣。因為他從其他渠道得到類似密報，因此立即給岳鍾琪、圖

理琛、伊禮布這三位陝西的軍政要員發出硃筆密旨：朕近日覽諸人參奏年羹堯的摺子，多有講年羹堯故意做出患難艱窘的狀況，而私藏財物除寄放西安外，又有先後發寄各省者，騾馱凡二千餘馱，騾轎凡二百餘乘，大車數百輛。你們要詳查奏明。

其寄發他省者除查問詢訪外，並將西安及涇陽、三原等處，各騾行車店賬號，細查其所僱數目、所往地方、領差之人姓名，爾等可竭力一一密訪明晰，速速具奏。

雍正真的是太精明了，儘管年羹堯耍盡花招，但所有車行、店鋪的底賬是騙不了人的。雍正的密令同時發給各省督撫。

雍正三年七月七日，岳鍾琪等三人在一天裏連上一摺兩單：

遵旨密查西安、涇陽、三原騾行車店賬號，年羹堯自本年（雍正三年）正月起到五月止，共用騎馱、騾轎、騾子2223頭，騾車230輛。其分往各省之處，另摺開呈御覽。年羹堯用自己的駱駝、騾子馱運，前往直隸、江南、湖廣去者甚多，其數目無從確查，但他的家人魏大等肯定知曉。在此前後，又有包括西安知府趙世朗等多人出首，現已全部點驗封存。此外，有四川成都府丁姓巡捕，是年羹堯在四川巡撫任內用的人，是與年羹堯的管家魏大一同在外經商的伙計，臣岳鍾琪已密飭四川布按兩司將其嚴密看守，現奏請將其查拿，才能查出年羹堯經商所用資本數目。

雍正在這個密奏上硃批：報齊查明時，或諮部或具題來。

岳鍾琪等在同一天開單：自陝西前往各省的詳細方向、數目，包括進京騾子921頭、騎馱騾721頭、騾轎100乘、騾200頭；往直隸保定府有騾190頭，易州騾137頭；往江南揚州有騾761頭。其他尚有發往四川成都、湖廣漢口、寧夏、江西、蘭州、山西、山東等地馱騾，多寡不等。在發往重要省份下面，標註領差家人名號。雍正對這個開單沒有硃批，而對岳鍾琪等開列的出首清單

頗感興趣，其中西安知府趙世朗出首的年羹堯寄存大小皮箱、包裹、象牙等件，原分禮、樹、射、岳等字號共 252 號，又 231 捆件。由於判斷四川是年羹堯寄存的主要地方，故雍正在這個清單上硃批：川省着實嚴飭，再加密訪。

隨後，西安副都統伊禮布還單獨多次密奏年羹堯虛冒運腳價銀、抄家魏二時把銀兩家財裝入私囊等不法情事。岳鍾琪也單銜參奏年羹堯利用大將軍一職，在出兵用馬上變價侵蝕銀兩近兩萬兩。雍正帝硃批指示：「具題參奏，陝省查核清時，爾續參來。卿如此秉公，朕實嘉之。」岳鍾琪還參奏年羹堯在陝西私派火耗，引來雍正帝一大段長篇硃批。

由於河南是南北衝途，河南巡撫田文鏡早在雍正三年四月二十九日就接到雍正密旨：「聞得年羹堯正、二月間有二十車東西，自潼關來河南，不知送交與何處，可祕密確訪奏聞。人也給你準備好了，是到你河南做候補官員的白琦。」

田文鏡做這類事特別在行，他遵照雍正的密令，密差白琦扮作車主，沿途跟蹤確訪，當訪到保定府時，就有了結果。原來年羹堯在保定早已買下原漕運總督王梁的一所大宅子，二月十八日，19 輛車全部卸到這所大宅中，現在由年羹堯的家人嚴二收管，並沒有寄放其他地方。又查年羹堯於本年三月內，先後有 31 輛車從河南經過，全部往北去。又五月內往南去家口共 155 人，牲口 142 個，車 60 輛，轎子 22 乘，駄子 79 個，全部由河南府所屬孟津縣經過，出了河南。雍正得奏，高興地告訴田文鏡：「朕已嚴諭直省，如今不能隱匿矣。」

儘管雍正是給全國的督撫提鎮下的查抄諭旨，但年羹堯曾經任職或其親信任職的省份無疑是查抄重點，一時形成查抄、揭發年羹堯的小高潮。而本來與年羹堯關係較好的官員，為了與他劃清界限，也紛紛加入揭發的隊伍。這裏值得一提的是兩廣總督孔毓珣。他接到諭旨後想到，年羹堯於康熙六十年由四川巡撫升任川陝總督將赴西安時，將其任四川布政使時的一些舊屋楠木，交他帶往山東，作為年羹堯的女兒嫁給衍聖公孔毓圻第四子的一部分嫁妝。孔毓珣將這些楠木差人運送到濟寧府一所空房子內。不知何故，年羹堯的女兒至今也沒有出嫁，楠木仍存放在那裏。

孔毓珣還密奏說，他於康熙六十一年升任廣西巡撫，赴任時路過西安，

年羹堯向他說起女兒出嫁時要在山東買一處大莊子、兩處小莊子作為嫁妝,大體用銀一萬兩,託他安排這件事。後來得知,年羹堯在濟寧州汶上縣交界地方買了章姓、江姓莊田,成交價一萬一千兩有零,地契上寫的是年羹堯女婿的名字,現由他女婿差人經管。

但雍正早就知道這件事,因而硃批說:「知道了。此事已有人奏過。」其後,江南由兩江總督查弼那等負責查抄,直隸則交給總督蔡珽。但並沒有查出更多的寄頓銀兩和財物,結果也不令人吃驚。雍正在多封揭參密奏上也一再硃批:「年羹堯所得這些是小過,不足誅殺。」那麼,什麼是大過?什麼足以讓年羹堯掉腦袋,讓雍正下決心殺年羹堯?可能是年羹堯至死不真心悔過的桀驁不馴的性格。

年羹堯桀驁不馴

雍正調年羹堯為杭州將軍時,明確詢問年羹堯是否聽聞「帝出三江口」這句話,實際是警告他不可有謀逆之心,更不可與明朝的遺民勾結。因此,年羹堯從西安啟程的當天,給雍正上了一道《奏於儀正縣靜候綸音摺》,開頭講自己器小易盈,不能謹言慎行,罪責難逃,跪誦上諭三道,負罪如山,追悔莫及之類「面子」上的話。但最後這段話,着實讓雍正不舒服:「臣既不敢久羈陝省,亦不敢遽赴浙江。聞江南儀正縣地方,為南北水陸分途。臣前至儀正縣,靜候綸音。」

這段話,有兩層含義。一是年羹堯自明心跡,以示絕無二心:因為在陝西手握重兵,又有封疆大吏的權力,而到了浙江擔任杭州將軍,統領八旗勁旅,難免皇帝不放心。現在我不赴任,怎麼樣?這是遠離重權的意思,讓皇帝放心。二是待命儀徵,希望皇帝把他召回京城。畢竟君臣一場,當初又有「千古君臣榜樣」的期許,有什麼不能談?但「靜候綸音」又有挾制之意,特別是「水陸分途」這句話,讓猜忌心很重的雍正帝更不放心,有如果逼急了會鋌而走險的意思。但雍正已成竹在胸,並不急於表態,而是零敲碎剮,不給年羹堯一個

痛快。有一個參案，雍正就令年羹堯來一個「明白回奏」，再給一個處分。一個月之內，年羹堯由一等公，降為三品武將，所以當時有「一日降了十八級」之說。

雍正早已在杭州安排好，由杭州副都統傅森、巡撫法海迎接年羹堯。年羹堯於七月二日到達杭州。傅森先於年羹堯半個月到達杭州，並帶有雍正帝的密旨。年羹堯也清楚傅森的特殊使命，因此一見面就問他是不是剛剛到達。年羹堯也不向皇帝請安，就座後若無其事，談笑自若。傅森也將計就計，不向年羹堯傳旨，而是觀察他的動向。因為法海早先說過「內外所用皆小人，只有年羹堯是豪傑」的話，所以雍正早下諭旨，迎接年羹堯當天，就把法海調回京城，改派福敏接任浙江巡撫。福敏是小阿哥弘曆（即後來的乾隆帝）的老師，是雍正最信任的人，他在路上蒐集年羹堯的情報，還沒到杭州，就向雍正密奏。法海離開後，傅森當即向年羹堯傳諭旨，由於傅森是用清語即滿語傳的旨，年羹堯站起來笑着說：「我不懂清語，你寫一文給我，我可以具奏。」傅森所傳諭旨內容是：「浙江省甚要，而此將軍一職也非常重要，皇上給你施以如此重恩，如此器用，爾可問天，是否辜負聖恩。」但年羹堯並不悔罪認錯。傅森於七月初六，即年羹堯到達杭州三天后向雍正密奏，反覆說年羹堯態度極為惡劣，所坐大船有 60 多艘，男女家口有 400 多人。

中國歷史上不乏「小人物」改寫大人物命運的記載。因為在大人物的眼裏，這些「小人物」是不值得尊重的。年羹堯也犯了同樣的錯誤。雍正帝在傅森的密奏上寫下兩句充滿殺氣的話：「何謂造罪該死奴才？今朕亦無可奈何矣。」

這裏我們要解釋一下。清代旗人因為旗籍在京，在地方任職不能購買田房，死後也要回京。到地方任職，隨帶人員極多。後來定了個標準，按照級別可以隨帶的人員自數十人到數百人不等。年羹堯子女甚多，又使慣了大排場，所帶家口自然要多一些。

傅森的密奏有了效果。年羹堯也為他的不屑付出代價。七月二十七日，雍正以年羹堯只將到任日期具奏，並不謝恩為由，革了他的杭州將軍一職，以閑散章京在杭州效力行走。年羹堯也成為任期最短的杭州將軍，自到任到革職，

只有 25 天。所謂在杭州效力行走，就是等待處置他的程序，這個程序是先行政後司法。到了九月二十二日，年羹堯所有職銜全部被革去。這就可以抓捕了。

　　散秩大臣拉錫，就是我前面講過的強拉允禩向雍正下跪，因此在康熙靈堂興起大鬧風波的那位，此時早已受雍正密旨，於一周前即九月十六日出發，晝夜兼程，一天走五驛，經過十多天的急行，於九月二十七日黃昏時分到達了杭州。接任年羹堯的杭州將軍鄂彌達祕密前往普陀山接應，隨即二人進入年羹堯效力行走的將軍衙門。此時年羹堯還在履行他最後的職責，正在太平門值班。年羹堯真的是本性難改，還是桀驁不馴。他在大堂裏見到拉錫，毫無懼色，向前一站說：「我不夠請安，想打聽安。」當即跪下。拉錫立即還以顏色，說：「你打聽安也極為不配。」年羹堯怒目相向。隨即由福敏宣旨，年羹堯一聲未答。眾人隨即採取強制措施。拉錫說：「你受主天地之恩，今罪惡纍纍，皇上也包容。而你殘害合（部）陽八百生靈，即使斬首也難抵命。你還有什麼可說？」年羹堯毫不畏懼，爭辯說：「此事緣由，我已奏明，日後自有明白。」拉錫說：「你罪戾多端，至今尚不認錯，反而強橫乖張，器凌狂傲，你何以如此猖狂？我大清朝負恩遭貶的像你這樣的絕無二人。」隨即把年羹堯鎖拿，上鏈反綁。

　　拉錫等人到年羹堯家時，已是深夜，年羹堯的妻子已經睡下。拉錫等當即令人把所有宅院、房門封閉。年羹堯妻子、五個幼子、八個女兒、十個妾侍及乳母、差下男婦等共六十七口，全部扣押。進行簡單的審問後，拉錫為年羹堯的家眷租了三條大船，派人押解北上，於三十日啟程。

　　這邊拉錫等清點在杭州年羹堯家所抄物品，還要審問年羹堯。十月四日，拉錫第一次密奏抓捕及查抄年羹堯情況。他極度渲染年羹堯不認錯、不服軟的情形，再三強調年羹堯「不知生死，狂妄可憎，不宜留世者也」。

　　雍正密令，查抄時要把年羹堯往來信函，片紙不留，都交上來。這些信函可能隱藏年羹堯的許多不可告人的祕密，也是處死年羹堯的主要證據。但拉錫把查抄的物品翻了個遍，一無所獲。隨後拉錫獲知，年羹堯的所有私信在九月十二日，即拉錫到達杭州前半個月，全部被集中燒毀。這讓拉錫非常尷尬，他無法向雍正交差，因此質問年羹堯。年羹堯卻硬氣地回答說：「誰沒有一點私

事？凡有關聯的我已全部燒毀。」拉錫又質問年羹堯家裏為什麼有「黃色之物、四衩之服」。年羹堯說：「黃色之物是皇上、王賜給我的。至於四衩之服，我的妻子乃宗室之女，我具奏請旨，皇上讓着服。此等事你們奏聞皇上，是殺是養，全在皇上。」而後挺胸昂首，笑問有旨乎。拉錫於十月初九日第二次密奏稱：「年羹堯辜恩至極，聞旨理應敬畏，伊反倒驕橫狂妄，殊屬可惡，臣等肺都氣炸了。」拉錫當天攜帶供詞，押解年羹堯自杭州啟程。

初十這一天，拉錫執行雍正所派公務後，登上年羹堯坐船，以私人身份與他拉起家常，也含有「開導」意味。他告訴年羹堯：「各地查抄你的財產、金銀等，折合已達百萬兩。我是蒙古人，通曉經文，你不要有怨恨，現在表現出蒙冤的樣子，將來靈魂不安。」年羹堯說：「我並非沒有罪，但不能全說成是非。殺八百良民的事，自有水落石出的一天。我到京城稟明，雖死無怨。」拉錫又問押送年羹堯的官兵，他們說：「年羹堯被鎖拿後，毫不畏懼，每日與看守官兵說笑自如。現在兩頓飯吃得很香，隨便玩笑，常講鬼怪的事。」拉錫密奏說：「觀年羹堯仍然固執認為，其所行為是。」他還奏報行程，讓士兵押解年羹堯在後面緩行，預計於十一月初五六日可以到京，他先於年羹堯預計於十月二十六七日到京。

年羹堯比拉錫預計的提前了兩三天，於十一月初三日押解到京，圈禁在康熙的皇十子允䄉的一座空府裏。年羹堯的兒子年富，原任大理寺卿、一等男爵。年興是一等侍衞，因父親年羹堯被查後表現出冤屈之狀，又到處打探消息，早在六月初七日即被革職，年興所管佐領也已退回。兩人交其祖父年遐齡管束。年壽交刑部審訊，其餘家口由年希堯給予飲食。

蹊蹺的虎入年宅

年羹堯押解到京前，基本的法律程序已經走完了。七月，即年羹堯在杭州將軍任時，內閣、九卿、詹事科道合詞請殺年羹堯。這個時間點，與傅森密奏相吻合。我們無法確切得知雍正殺年羹堯是否受到傅森密奏的影響，而雍正因

內閣、九卿等奏請而發佈的上諭，實際預示了年羹堯案的結果。雍正說：「年羹堯的功勞沒有鰲拜大，但罪過比鰲拜更重。儘管古代帝王不能保全功臣，有鳥盡弓藏之譏，但不能廢國法。」這裏明確給年羹堯案定了調子，年羹堯的最後歸宿已然清楚。雍正還需要發動輿論，以求「公是公非」。他說此案還須內外劃一，因此讓各省封疆大吏各抒己見。當然，眾人「表態」的結果是一邊倒地贊成殺年羹堯。

取得「共識」後，雍正還要找「天意」。真的很巧，這「天意」不早不晚，在十月初四日，即拉錫抓捕年羹堯後第一次密奏的這一天「出現」了。一隻野虎，光天化日之下，竟然跑進城裏。把守城門的人立即報告，九門提督如臨大敵，率領八旗侍衞數十人，執槍追趕。百姓紛紛驚避，老虎咬傷多人。更奇怪的是，這只老虎從東便門上了城牆，在城牆上一直跑到正陽門（前門），下馬道進入內城，直奔年羹堯家。眼見老虎上了年羹堯家的房頂，頓時不見蹤跡。這一下把八旗侍衞難住了，當時天色已晚，他們只得在年羹堯的宅院外守候。次日黎明，八旗兵施放鳥槍，老虎跳下房，跑進年羹堯父親年遐齡家的花園裏。侍衞將虎團團圍住，用槍把老虎扎死。

野虎怎麼專往年羹堯家跑？多年後，史家蕭奭在他的著作裏寫：「都城人煙稠密，環衞森嚴，竟無人見虎所由來。」（《永憲錄》）這件「奇事」驚動了雍正，這一下，年羹堯的性命難保。

雍正帝把這一帶有「天意」的消息最先告訴年羹堯的死敵蔡珽：「一大奇事，特諭你知：年羹堯之誅否，朕意實未決。四五日前，朕寬意已定。」以下講老虎進城事。但雍正顯然說了謊話，他說老虎並未傷任何一人，並非事實。他在最後說：

> 世間有此奇事乎？年羹堯正法之兆顯然矣。天道如此彰明顯示，實令朕愈加凜畏也。朕實驚詫之至！奇哉，即考之前代，亦為罕聞之事也。朕於元年有夢虎之事，不記曾向爾道及否？

雍正隨即公開發佈諭旨，說朕把年羹堯解京，本欲仍加寬宥，今伊家忽然出虎，真乃天意當誅，將虎仍還伊家。如此說來，這只虎不是野虎，而是年羹堯家養的虎，可能因為士兵三番五次查抄，把年家養的老虎驚嚇出籠，而雍正借「天意」昭示，並把自己即位後夢見虎的事情拿出來。我們在前面講過，年羹堯說他出生時，有白氣，是白虎之兆。

為何年羹堯家出現老虎，他就必須得死呢？這當然是雍正的託詞。不過，雍正確對年羹堯有些擔心。古人向來把虎和龍當作帝王的象徵。年羹堯向來說他是白虎託生。雍正剛即位時做了奇怪的夢，夢見一隻白虎要咬他。可能是因為儲位之爭太驚心動魄了，雍正經常做噩夢，但也沒有當真。一向信祥瑞的雍正，此時彷彿受到啟示，決定殺了年羹堯。雍正把他的決定先告訴蔡珽，讓蔡珽暗中高興，然後再公之於眾。

重罪九十二條

十二月十一日，議政大臣、刑部等衙門，將年羹堯的犯罪事項，總匯為九十二款題奏。

年羹堯定罪時，逢《大清律集解》頒佈。那麼，這九十二條重罪，有沒有依據呢？是不是欲加之罪？由於年羹堯案沒有發現詳盡的成招冊，甚至連刑部或三法司的制式判擬文書也沒有，因此無法對每一條罪行進行核查，只能做個簡單的分析。

九十二款大罪，可以歸為兩類。一類比較模糊，在法律上並沒有這類罪名，屬於羅織的欲加之罪。對這類罪，年羹堯大多在「明白回奏」時為自己進行了辯護。這些罪包括欺罔罪九款、僭越罪十六款、狂悖罪十三款、專擅罪六款、忌刻罪六款、殘忍罪四款等，共五十四款。如僭越罪第一款，出門黃土填道，年羹堯稱西北皆為黃土；家中有黃包袱等，年羹堯稱這些絕大多數是聖祖康熙、皇上所賜，再者，他妻子是宗室之女，有黃色不足為奇。狂悖罪中，如以侍衛擺對，前引後隨，又令墜鐙；大將軍印不肯交出；妄稱大將軍所行之事，

俱循照俗例而行；在儀徵地方，違旨逗留；將本內「朝乾夕惕」，故寫「夕惕朝乾」。專擅罪六款，大多數是程序上的缺漏，但因為雍正有便宜行事之旨，其實也不足為罪。在欺罔罪中，第一款就是郿陽用兵，致死無辜良民八百餘口。這是最重的一款，這裏稍做展開。

郿陽縣（現陝西郿陽縣）地處陝西，事發雍正二年八月。年羹堯向雍正奏請這裏有鹽梟，必須用兵彈壓，遂由河東運使金啟勣前往料理。金啟勣於二十日率兵到達時已是深夜，當地百姓不明情況，驚惶逃避時有死傷者。此事經時任都統范時捷奏聞。雍正將范時捷原摺發與年羹堯，令其明白回奏。年羹堯奏稱並未傷損一人，金啟勣料理此事甚屬妥協，並將郿陽縣知縣周文澤具結上呈。後范時捷再行上奏，雍正復令年羹堯查明，年羹堯令按察使黃焜帶領理事同知薩爾泰前往郿陽縣確查，有六人逃避時跌落懸崖而死。這是年羹堯離任川陝總督前調查上奏的情況。年羹堯赴杭州將軍任後，雍正帝派吏部侍郎史貽直、刑部侍郎高其佩等前往審理。兩位欽差經移諮總督岳鍾琪、巡撫圖理琛等案卷，確認除前已查明六口外，尚有 13 人死於此次查鹽梟事件中。欽差奏明後返回京城，但途中接到雍正帝諭旨，令兩人查核郿陽縣民田慎等阻撓鹽法一案。欽差遂準備折返，並將接到諭旨情形奏聞。雍正帝在其密奏上指示：「爾等且在此等候，朕使人來，有面交與事。」後史貽直、高其佩奏稱：「因年羹堯用兵致死無辜，男婦老幼共七百八十六名口，連前報出之十九名共傷損八百零五名口。」雍正帝稱年羹堯草菅民命，毒害無辜，但年羹堯始終沒有承認。

第二類是在《大清律》中有對應的罪名，也是中國古代立法嚴厲打擊的犯罪行為，可以分為兩種。一種是最重的屬於「十惡」條款的「大逆罪」，共有五款。這五款中如果有一款為十惡不赦，不但年羹堯本人要處以極刑，親屬也要一律處斬，但這五款，明顯是鍛煉成招。

第一款，與靜一道人（曹濤安）、鄒魯等謀為不軌。第二款，將硃批諭旨，輒敢仿寫進呈。這一款，本來也不是大逆罪，且雍正在給年羹堯的密旨中，不止一次說，「你以朕旨而行」。第三款是見汪景祺《讀書堂西征隨筆》不行參奏。姑且不說《讀書堂西征隨筆》定罪是否有問題，這裏年羹堯的罪名是從犯，不

是主犯。第四款，家藏鎖子甲，又私行多貯鉛子，皆軍需禁物。這是在保定府查出來的。年羹堯是大將軍，又是川陝總督，督標中軍是保護他的，而且，他的主要管轄地在川陝，在保定查出這些作為大逆罪，於情於理於法都不通。最後一款，偽造圖讖妖言，就是指《玄象賦》上的話。

在第二種中，最主要的是侵貪罪，共有 33 款，其中貪黷罪有 18 款，包括在題補官員過程中，接受謝儀 40 餘萬兩；勒索捐納人員額外銀 24 萬兩；受趙之垣金珠、古董、字畫等物，值銀 20 萬兩，還有私佔鹽窩、取受古玩等。侵蝕罪有 15 款，包括冒銷四川軍需 160 餘萬兩，又加派銀 56 萬兩；冒銷西寧軍需 47 萬兩；冒銷腳價 40 餘萬兩；侵用俸工銀近 15 萬兩；其他合計 30 餘萬兩。以上共約 432 萬兩。清代法律，侵貪入己三百兩白銀，就是死罪，即便從執行上按二千兩來看，年羹堯可以死上幾千次。由於五款「大逆罪」是羅織的，另外 54 款也是欲加之罪，因此都難以讓年羹堯屈服。但侵貪罪儘管有誇大的成分，至少有一部分是事實。這也是年羹堯服罪的主要所在。

定案時從年羹堯家中抄出現銀 110 萬兩，此外，年羹堯僅在直隸就有田 297 頃，房屋 1200 多間。在保定查抄出 431 件箱包等物品，在西安知府家中查抄的箱包等多達 481 件。這其中，肯定有介於合法與非法之間的收入。還有他用兩個兒子行鹽，清代對鹽實行產銷特許的鹽引制度，不允許私人介入，年羹堯通過行鹽、私佔鹽窩，即非法經營，肯定獲取了暴利。還有很大一部分，屬於明顯的貪污，包括侵蝕軍需、勒索屬員等。

至此，年羹堯才知道死罪難逃。最後，他以近乎哀求的口吻給雍正寫摺子：「臣今日一萬分知道自己的罪了！若是主子天恩憐臣悔罪，求主子饒了臣！臣年紀不老，留下這一個犬馬慢慢地給主子效力！若是主子必欲執法，臣的罪過不論哪一條哪一件，皆可以問死罪而有餘！臣如何回奏得來！除了飯命竭誠懇求主子，臣再無一線之生路！伏地哀鳴，望主子施恩！臣實不勝嗚咽。謹冒死奏聞。」

我們無法知道雍正是否看了年羹堯寫的這份求命的摺子。值得一提的是，在處理年羹堯案時，也有極個別人替年羹堯求情，希望雍正網開一面，說即便

援引「八議」之條，也可以赦免年羹堯。這其中，一個是雲貴總督楊名時，他奏請「保全年羹堯」。這恐怕是唯一一個公開表態饒年羹堯一死的地方大員。當然，他很快就受到雍正的懲治。還有一個人是朱軾。如果按照大逆罪，年羹堯的所有家人、親屬，年齡在 16 歲以上的都要處斬。年羹堯的父親時已 84 歲高齡。朱軾說，年遐齡一向教子嚴格，給年羹堯的書信常多勉勵國事之語，如果把他也判重刑，有違仁者之懷。還有一個特別的人，就是已被雍正祕密立為儲君的時年 14 歲的弘曆，他勸父皇不要處死年羹堯。

中國古代帝王有生殺大權，恩出於上。雍正考慮到這些，因此對刑部的判決，一律改輕。諭旨說年羹堯雖有不臣之心，但因喪心病狂，昏憒顛倒所致。鄒魯乃無知小人，謀逆事跡尚未昭著。朕念年羹堯青海之功，不忍加以極刑，着交步軍統領阿齊圖，令其自裁。

對年羹堯的家人，雍正予以區別對待，年遐齡、年希堯皆屬忠厚安分之人，革職寬免其罪。年希堯不久任內務府總管。年羹堯之子甚多，雍正說：「唯年富居心行事，與年羹堯相類，着立斬，其餘十五歲以上之子，着發遣廣西雲貴極邊煙瘴之地充軍。年羹堯之妻係宗室之女，着遣還母家。」

年羹堯及其子所有家資，俱抄沒入官。現銀 110 萬兩，發往西安，交與岳鍾琪、圖理琛以補年羹堯川陝各項侵欺案件。其父兄族人皆免其抄沒。有匿養年羹堯之子孫者，以黨附叛逆例治罪。鄒魯改為斬立決。

執行自盡，是由領侍衛內大臣馬爾賽、步軍統領阿齊圖前往監刑的。而據記載：「聞年羹堯賜自盡時，諸大臣咸在，羹堯遲回引決，欲一見天顏而死。蔡珽獨厲聲叱之，勒令自裁，假公義以快私憤如此。」（《永憲錄》）

民間傳說，年羹堯子孫為免於被斬草除根，有不少隱姓埋名。據說，很多人改「年」姓為「生」姓，因為「生」字是「年」字倒看，世代為江都縣人。

從文獻記載看，年羹堯至少有十幾個兒子。年羹堯出任四川巡撫不久，給康熙上奏稱，他有子十人。當時年羹堯年僅 30 歲，其後仕途發達，又妻妾成群，後來又生育多個子女。長子年熙，由雍正做主過繼給了隆科多。當年雍正賞給年羹堯另編一個佐領，由一等侍衛、副都統年興管理。驍騎校年逾，可能

排行老三。年富排行老四，曾任大理寺少卿，被處斬。第五子年壽掌管家務，在杭州被收拿。年羹堯還有兩個兒子，以傅斌名義行鹽，姑且算老六、老七。年羹堯還有一子，過繼給四川一個參將阮陽璟，代為撫養，後來為岳鍾琪所彈劾，這是第八個。雍正三年十二月初，逮捕候補副使年如、四川建武游擊年悅，永遠枷號於廉親王允禩府，這算第九、十子。拉錫在年羹堯杭州家中押解回京的還有五個幼子。如此，年羹堯至少有 15 個兒子。雍正發下諭旨，年羹堯子孫永遠不許為官。

年羹堯有兩個妹妹。一個是雍正帝的年妃，於年羹堯到京前得病，十一月去世。還有一個小妹嫁給漢軍鑲白旗人胡鳳翬為妻，胡算是雍正的連襟。雍正元年正月，胡由原任知縣特授蘇州織造兼管滸墅關稅務。年羹堯自盡一個月後胡鳳翬解任，雍正命江蘇巡撫張楷、繼任蘇州織造高斌清查其所管織造、關稅錢糧，並降旨詰責。三月三十日，胡與其妻年氏、妾三人自縊而死。

年羹堯案還牽涉陝西、甘肅、四川、直隸等省十幾位省級大員，以及近百位州縣以上官員，他們或被懲處，或被革職。幾年之後，仍有以年黨受到懲罰的官員。李維鈞死於獄中。胡期恆進京後，雍正「密敕累有所詢」，但他拒絕揭發年羹堯任何事項，「唯連章引咎，自甘逮訊」，被判絞刑被關在大獄十年之久，乾隆即位後被釋放，因無家可歸，在揚州書院謀生。

筆者一直認為，雍正與年羹堯是歷史上君臣關係的另一類典型「樣本」。兩人，特別是雍正，曾以「千古君臣榜樣」相期許，結果卻成為千古君臣的另類樣板。與歷史上許多權臣弄權動輒十幾年、幾十年不同，年羹堯從人生巔峰到死亡，僅短短的三年。這場悲劇，他與雍正之間沒有贏家。雍正十三年間唯一的一次大勝仗，是年羹堯打的，這在雍正江山沒有坐穩、飽受即位質疑的環境下，幫助雍正把江山坐實、坐穩了，確實功不可沒，雍正當時指天為誓，也是真實的。年羹堯死後三年，經過多年準備、用兵數載、耗銀數千萬的西北之戰，草草收兵，這是雍正未竟的事業，也是令他在歷史上無法與其父、其子相比美的巨大遺憾。設使年羹堯在，或許是另一番結果。就年羹堯而論，他死時只有 45 歲，從年齡來說，人生的上半場還沒有結束，他的才能還有巨大的施展

空間，對於許多漢官而言，這個年齡是剛剛走向高官的起始。

兩人成為另類「樣本」，論其根源，除了制度性的病灶外，一半在雍正，一半在年羹堯。雍正後來多次對年羹堯案進行檢討，說「寵之過甚，有以致之」，還說自己用人不明，羞於見大臣，這是客觀的，也是雍正真實的心裏話。而在年羹堯，隨着權力的爬升和擴張，慾望無限膨脹，沒有堅守住他赴任四川巡撫時，康熙要他清廉為官的底線，特別是他奉為至寶的，康熙皇帝對他的教誨：能做事的人，都有私心，即便人君也難以分清哪些是出於公心，哪些是出於私心，最關鍵的是，你做事的出發點，你內心最清楚是出於公還是出於私，而出於私者，即便有公做掩護，但最終會失敗。他也忘記了當初對康熙帝許下的「不願做富家翁」的誓言。這說明，人是環境的產物，如果忘記或者放鬆了對自己的私慾特別是權力的管控，就會走向覆亡。

年羹堯案還告訴人們，應該如何對待功勞。年羹堯的膨脹，很大程度是「功名」所驅使。年羹堯志大才高，康熙晚年與雍正初年的國家重大戰事，都是他在發揮不可替代的作用，這也容易令他滋長居功不疑的思想。他沒有聽從幕僚及心腹的勸告，只知道一路向前，不知道向前的路上會有失敗相伴。他傲視天下的自負，不馴中的不屑，是他最後逃無可逃的性格誘因。

歲在乙巳，雍正三年十二月，一條白練，年羹堯被賜死。

年羹堯案還有一件附案，即幕僚汪景祺案。就在拉錫等押解年羹堯走後，福敏、鄂彌達在清點年羹堯的物品時，發現抄寫書兩本，書面寫着《讀書堂西征隨筆》，內有自序，署名汪景祺。福敏等閱讀書中文字，發現悖逆已極。十月十六日，訪知汪景祺是錢塘舉人，隨即將其家屬封鎖看守。據其族弟翰林院編修汪受祺說，汪景祺現在京城罐兒胡同。很快，汪景祺被抓獲。刑部以汪景祺照大不敬律，擬斬立決。雍正帝認為太輕了，不足以正罪，命改為大逆不道罪，立斬、梟示，其妻子發遣黑龍江，給窮披甲人為奴。汪景祺的所有親屬受到牽連。汪景祺的父親汪霖，曾任戶部侍郎。而汪景祺的妻子是巨室之女，也有說是大學士徐本的妹妹。發遣時，家人設危跳，欲其自盡，乃盤蹣匍匐而渡，見者傷之。

十五、舅舅隆科多

雍正即位，一直有「內靠隆科多，外靠年羹堯」的說法。與年羹堯不同，隆科多雖是朝中重臣，但他所參與的重大事件，並沒有留下太多的足夠讓歷史學家解讀的記載。帷幄之中的那些祕密，伴隨他們的離去，極有可能成為難以解開的謎。

圍繞隆科多，有三個謎團。

一是他如何取得康熙帝的信任，長久擔任九門提督？與年羹堯的「雍邸舊人」身份不同，隆科多是皇八子允禩的主要支持者，且在康熙那裏是掛了名號的，但究竟是什麼原因，他又得到康熙帝的賞識，把最重要的步軍統領，即民間習稱的九門提督一職交給他，且長達十幾年之久？這是第一個謎。

二是隆科多為什麼在關鍵時候倒向雍親王？康熙彌留之際，隆科多成為唯一的傳位「見證人」。此時「口含天憲」的已經不是三次御駕親征噶爾丹、所向披靡的康熙帝，而是隆科多。隆科多在此關鍵時刻，為什麼倒向雍親王，並助後者入主金鑾殿？這是第二個謎。

三是為什麼不招搖的隆科多也受到整肅？隆科多並不招搖，即便後來宣佈的他的 41 條大罪，大多都是欲加之罪。換言之，就與雍正的衝突而言，隆科多與年羹堯顯然不是一個級別，構不成對雍正的威脅。那麼，雍正為什麼也要整肅他？難道他真的掌握雍正奪嫡的證據嗎？

以上三個謎團，我們一一解答。

隆科多如何取得康熙的信任

隆科多於康熙五十年接替因結黨會飲案被處以極刑的托合齊，擔任步軍統

領要職，一直到康熙去世，長達 11 年之久。而在此之前，關於隆科多的記載少得可憐。那麼，本是皇八子允禩主要支持者的隆科多，是如何取得康熙帝的信任？

這可能有兩個原因，一是他的家族與康熙帝的特殊關係。

隆科多出身清代關外望族——佟佳氏。這個家族在康熙中葉勢力達到極盛，一時有「佟半朝」之稱。康熙曾經說，他在父母膝下，一日未得承歡。康熙早年在外避痘，8 歲時父親順治皇帝謝世，他繼承皇位的第三年即康熙二年二月，24 歲的生母孝康皇后佟佳氏就去世了，康熙當時只有 9 歲。親政多年後，他在南苑行宮附近，為他一生中最敬重的兩位女性長輩建廟祈福，一座是為他的祖母孝莊太皇太后所建的永慕寺，一座是為他的生母所建的永佑寺。他還把對母親的懷念凝聚在他的兩個舅舅，即佟國綱、佟國維的身上。

康熙二十七年，應大舅佟國綱請求，康熙將佟佳氏由漢軍正藍旗抬為滿洲鑲黃旗，從而整體抬高了外祖家的地位和權勢，而一等公爵也早在十年前由佟國綱承襲。兩年後，兩個舅舅隨撫遠大將軍、康熙的哥哥福全出征。在烏蘭布統之戰中，大舅佟國綱戰死沙場，為國捐軀，喪禮辦得異常隆重，幾乎傾朝出動。

康熙的二舅佟國維有兩個女兒，十一個兒子，隆科多是第三子。這兩個女兒都嫁給了康熙。長女於康熙二十年封為皇貴妃，後來封為孝懿皇后，康熙二十八年七月去世。雍正早年就是這位孝懿皇后撫養的。孝懿皇后去世後，康熙沒有再冊封皇后，皇貴妃之位也沒有封。康熙三十九年，佟國維的幼女被封為貴妃，成了實際上的六宮之主，掌後宮長達 22 年。乾隆八年，佟佳氏去世，享年 76 歲。

這兩位佟佳氏，是康熙生母的親姪女，康熙的親表妹。二人先後掌後宮 30 年之久，這對隆科多這位康熙的表弟兼內弟而言，自然是最好的親近皇帝的資本。在清代皇帝中，康熙是最重倫理親情的一位，對外戚也最重用。隆科多的身份是他後來發展的得天獨厚的條件。

除了這層家族的關係外，隆科多還與康熙有特殊的關係。他比康熙小

十六七歲，周歲時就被康熙養育，少年時就跟隨康熙。本來，旗人子弟不用通過科舉考試就完全可以為自己掙得功名，他們大多是從侍衛做起，這是走「武」的路徑，但必須多少有些「武功」。更重要的是，一定要是皇帝信任的人，而判斷信任與否，就是是否是皇親國戚。還有一類是走「文」路，即從筆帖式做起，類似文書翻譯官，但因為與文字文書打交道，也能慢慢熟悉國家政務的運行。隆科多的仕途起點有些特別，是給康熙牽狗。明清在皇宮附近設有「犬房」，位置在東華門內長街，有狗房 19 間。這種狗是獵狗，皇帝出巡，多在前面探路、警戒，就是警犬。隆科多後來對康熙帝說「奴才自幼只是牽狗，跟隨主子行走」，就是指這段經歷。也可以說，隆科多的仕途起點並不光彩。

但畢竟是給皇帝做事，又是皇帝的內親，因此隆科多雖由牽狗起家，但一路上升，20 歲左右已是一等侍衛，後來升為副都統。但年少的隆科多很不定性，康熙四十四年，他因為帶領屬下人妄行，並不實心辦事，副都統、鑾儀使、犬房頭領等職位被全部革除，僅留下一等侍衛行走。行走，帶有「見習」「預備」之意，不是正式的。

三年之後，發生震驚天下的廢太子事件，在這一過程中，隆科多和他的堂兄，特別是他的父親佟國維，都是倒太子的主要力量，這個家族全部支持大阿哥允禔。康熙圈禁允禔並把允禔的佐領撤出後，這個家族又轉向擁立八阿哥允禩。康熙帝斥責他的舅舅，同時又是國丈的佟國維說：「鄂倫岱、隆科多、舜安顏，與大阿哥相善，人皆知之。爾等又欲立八阿哥為皇太子，將置朕躬及皇太子、諸阿哥於何地耶？」（《清聖祖實錄》）舜安顏是佟國維的長孫，他娶了雍親王胤禛的胞妹九公主，成為額駙。康熙五十年十月，支持太子早登大位的步軍統領托合齊被處以極刑，康熙欽命一等侍衛行走隆科多署理步軍統領事務，旋即實授。這裏的疑問是：既然隆科多是康熙點名的支持皇八子的人，為什麼還要重用他擔任九門提督這樣的要職？這也是學術界一直以來研究的重點。

電視劇《雍正王朝》中，隆科多因揭發自己的家族受到康熙帝青睞。這雖沒有事實依據，但符合邏輯。有人認為，隆科多受到康熙點名後，立即與自己的家族劃清界限，徹底遠離皇八子，而且做得非常堅決，這是康熙重用隆科多

的關鍵，但上述說法沒有確切的證據。隆科多擔任九門提督 11 年之久，直到康熙去世，這絕非單純的轉變立場能夠解釋的。他的忠誠無疑得到了康熙帝的肯定。

剛剛署理九門提督，隆科多誠惶誠恐，密奏請主子訓示。康熙硃批中對他的指示有兩點：「九門提督責任重大。第一，所有看管地方，務須防守嚴固；第二，厚待士兵，廉潔自律，不生二心，捨身報效。」（《康熙朝滿文硃批奏摺全譯》）

康熙還一再叮囑，九門提督一職，得好名聲難，得壞名聲易，即便自己的至親家人，也不可輕信，並要他以托合齊等人為前車之鑒。過去的京城，有「內九外七皇城四」的說法。就是說，內城分別由九門司出入，這九門是以皇宮正南為界，左右分佈着各大衙署，我們熟知的六大部、都察院、大理寺都在這裏。而正南就是正陽門，即今天的前門，東西分別是崇文門、宣武門。向北東西對稱，朝陽門對阜成門，東直門對西直門。北邊是德勝門對安定門。內城是國家辦公區。九門提督的具體職能，有這樣記載：「蓋九門鎖鑰、白塔信炮、大內合符，皆歸掌之⋯⋯管轄八旗步軍、巡捕五營⋯⋯徒罪以下詞訟，皆得自理。出入九衢，清塵灑道，街官闤吏，呵殿道迎，雖親王行途，無此威重也。」（《聽雨叢談》）

在康熙朝滿文硃批奏摺中，可見隆科多除完成本職任務外，也辦康熙交給的機密事情，如囚禁大阿哥允禔、廢太子允礽等事。康熙五十九年，隆科多又兼理藩院尚書，仍然擔任九門提督。

保證皇帝的絕對安全，是九門提督的首要職責。康熙五十二年，暢春園進行了大規模的擴建和改造，以作為康熙帝處理朝政的主要地方，這次改造用銀近 20 萬兩。當年底，隆科多上疏，暢春園汛守之地共 68 處，請增設馬步兵防守。經兵部討論通過，康熙批准，蓋造士兵房屋一萬多間。

隆科多因為什麼與雍親王交結並最終在關鍵時刻倒向雍正？這又是一個謎案。這裏有幾個問題需要釐清。第一，隆科多什麼時間倒向雍正？

雍正帝即位初，在給年羹堯的硃批中說：「舅舅隆科多，此人朕與爾先前

不但不深知他，真正大錯了。此人真聖祖皇考忠臣、朕之功臣、國家良臣，真正當代第一超羣拔類之稀有大臣也。」

有人認為，這是雍正為調和年羹堯與隆科多二人的關係，故意把隆科多拔得很高。但這是雍正即位後第一次與年羹堯的通信，時間是雍正元年正月。雍正即位後與年羹堯尚未見面，當時年羹堯不可能有藐視隆科多的事。而「此人朕與爾先前不但不深知他，真正大錯了」一句，很有深義，說明雍正與年羹堯以前沒有特別注意到隆科多。「大錯了」是什麼意思？因為沒有深知？還是隆科多做出了讓雍正刮目相看的事情？聯繫後面所說的「朕之功臣」，應該含有「悔之晚矣」的意思，正面表達是及早發現才是。這說明，隆科多最終倒向雍正，成為「朕之功臣」，是不久的事情，具體說是康熙去世前隆科多選擇了雍正，而不是其他皇子。

第二，隆科多什麼時機倒向雍正？

雍正與隆科多必須有單獨且密集接觸的機會，而這個機會就是由雍親王領銜，帶領隆科多等人一道盤查京通各倉。清代運抵京師的漕糧，收貯於倉場，由戶部倉場衙門掌管，最高長官稱「總督倉場侍郎」，為正二品，轄坐糧廳、大通橋監督、京倉監督、通倉監督等。倉場在京城、通州共有十四倉：城內有十一倉，倉名是祿米、南新、舊太、海運、北新、富新、興平、太平、儲濟、本裕、豐益，通州有中倉、西倉、南倉三倉，統稱「京通十四倉」。

盤查糧倉恰好發生在康熙六十一年十月初九日，直到康熙得病為止，時間近一個月。康熙發現兩個問題：支放米時理應一廒放畢，再放一廒。今聞此廒米石支領方半，又向別廒支領，所剩米少而所佔之廒甚多；又支領白米時，諸王、公主等屬下之人，不按應放之廒領米，而揀廒霸佔支領者有之。康熙提出，領米應按倉廒支領，一廒領放淨，再開另一個倉廒，如廒內余米一半者，即是弊端，指示徹底清查。此外，倉廒損壞，倉米黴變等問題，都要一一清查，因此組成一個由雍親王牽頭的查倉班子，成員有六位：弘升，恆親王允祺之子，是兩年前封的世子，班次俸祿照貝子品級；輔國公，原正藍旗滿洲都統延信，此人一直追隨撫遠大將軍允禵，在驅准保藏中自青海塔爾寺率兵護送後

來的七世達賴到拉薩，領命駐兵拉薩，後來因病回京，康熙帝對其極為肯定；戶部尚書孫渣齊，盤查倉儲，這是戶部的職守；隆科多，此時是九門提督兼理藩院尚書，盤查倉儲主要在城內，由隆科多參加，自是保證安全之意；兵部侍郎查弼那，他是隆科多的親信，此人是隆科多提議安排的；吳爾台，是內閣學士兼禮部侍郎。雍親王帶領這六個人會同署理漕運總督張大有查勘倉庫。

這項工作非常瑣碎，經過九天的緊張工作，到十月十八日，眾人將通州西、中、南 3 倉，共 376 廒全部盤查完畢，並向康熙奏報。通州盤查完畢後，第二天查弼那外放兩江總督。盤查開始轉向京倉，人員也減少為五人。又經過 18 天的工作，到十一月初六日，查勘京城海運 8 倉、清河本裕 1 倉，共 562 廒。當天，雍親王帶領查倉人員向南苑行圍中的康熙帝彙報。第二天，康熙帝得病，自南苑回駐暢春園。

以上雍親王奏報與延信密奏，在時間、地點、具體事項，特別是康熙患病時間上，完全吻合。

按常理說，雍親王應該把京城 11 倉全部盤查完畢，才向康熙奏報。當時還有三倉沒有盤查，就向康熙奏報，是否雍親王提前得知康熙的身體「出了狀況」？

查倉工作由雍親王牽頭，他是負責人，因此他可以利用這一機會，把工作分成兩三個組，分頭查倉，而故意把隆科多分派在自己一組。因此，兩人單獨接觸的機會很多，時間很長。可以推想，隆科多就在此時，在雍親王的威脅利誘下，決定歸附雍親王。研究者認為，他們可能對當時的形勢做了推測，約定以後要見機行事，共同行動。否則，雍親王無法做到在康熙明確下旨，不讓任何人進暢春園請安，甚至連國家政務都明令停止的情況下，能夠每日三番五次到暢春園「請安」，特別是康熙臨終當天，雍親王五次進寢宮，毫無疑問，是隆科多幫助。孟森先生說：「隆科多之侍疾，可以獨承專責，不足怪也。」

第三，隆科多為什麼要背叛康熙？

有學者提出，雍正即位初給年羹堯的硃批稱隆科多是「皇考忠臣」，表明他忠實執行了康熙的末命。但「皇考忠臣」未必指傳達末命，而是強調雍正自

己與皇考康熙的關係。皇十四子允禵出征前，康熙有意要他接觸隆科多，並有旨：總管隆科多應為將軍之人。讓皇子主動接觸掌握京師安全的隆科多，這在康熙朝可能是極為罕見的，是一種含蓄的表達。允禵隨即與隆科多進行了接觸，並把接觸的情況向康熙奏報：「臣先前未與伊議，不曉其能。皇父指派臣後，與伊議，方讚歎皇父之諭旨。」到了西北後，允禵甚至密奏父皇康熙，請派隆科多到西北，但康熙拒絕，批評允禵「思路雜亂」。

允禵完成驅准保藏後，回到京城，受到隆重迎接，但康熙並沒有明確宣佈立允禵為皇太子。這可能讓隆科多產生觀望，雍親王乘虛而入。而隆科多在最關鍵的時候背叛康熙，是因為康熙沒有讓他繼承父親的爵位。康熙五十八年二月，隆科多的父親佟國維去世後，宗人府以其子承襲公爵請旨，被康熙帝留中，直到去世都未指定承襲人。隆科多未能承襲父爵，可能因此對康熙產生不滿。

另外，在重大利益面前，人的選擇大多是趨利避害。可以推想，隆科多擁戴十四子允禵，由於同允祺、允禟等人已有積怨，非但不能換取特殊回報，仕途也不容樂觀，而擁戴雍親王，則會是另外一種結果。孟森說「隆科多獨出此道，以博非常之富貴」，大概也是從時局的判斷得出。

在以上情況下，隆科多最終幫助雍親王入主大內成為一代帝君，他本人也得到非常之回報。

為什麼不招搖的隆科多也受到整肅

雍正對這位康熙末命的唯一「宣詔人」立即給予豐厚的回報。康熙去世的次日，據記載：「命領侍衛內大臣馬爾賽、九門提督兼理藩院尚書隆科多、大學士兼戶部尚書馬齊輔政。」（《永憲錄》）

隆科多等三人輔政的記載不見於《清世宗實錄》。顯然，輔政的規格最高，但往往是皇帝幼年即位方安排輔政大臣。《永憲錄》的記載可以暫時擱置。隨即，隆科多又進入四位總理事務大臣之列，事實上是參與重大機密決策。

雍正即位三天后諭內閣：佟國維襲公奏摺，蒙皇考留中，此一等公爵着隆科多承襲，又加給一等阿達哈哈番，以隆科多長子岳興阿承襲。《永憲錄》在其後寫了這樣一句話，頗耐人尋味：「皇舅祖一等公佟國維於康熙五十八年正月卒，贈謚、承襲尚未舉行。」這是說，如果承襲爵位，應該先贈隆科多的父親佟國維謚號，然後才能承襲。雍正之所以這樣急不可待，就是急於回報隆科多幫助他得到大位。隨後，雍正又效仿父皇康熙的做法，諭內閣：隆科多應稱呼舅舅，嗣後啟奏處，書寫舅舅隆科多。這更是異常的寵異。其後，又以隆科多為吏部尚書，與馬齊、年羹堯為太保。

在雍正即位後的近三年間，隆科多究竟為雍正做了什麼？由於他參與密忽，跡近臥榻，所做的事情，幾乎很少記載。有傳言說，他經常陪雍正喝酒，雍正酒量極好，經常把隆科多喝得人事不省，雍正方令人把他抬出，而雍正自己還照常處理政務。從雍正即位後第一次硃批年羹堯的話看，隆科多毫無疑問參與機密，他與年羹堯一樣，是雍正初年的台柱子，所以雍正稱他為稀有大臣。但隆科多究竟做了什麼？大概是穩定政局、收拾反對雍正的人。由於他身任步軍統領，又是總理大臣，由此可以想見，他與雍正常常密謀機密事情。雍正給年羹堯的硃批，經常有「除怡親王、舅舅外，再不令一人知道」，就是說的這種情形。

雍正二年正月，雍正在一份密奏上硃批：「諸事均舅舅隆科多、總督年羹堯承辦，伊等如何說即如何辦，如同諭旨。」隆科多熟悉朝廷的「根脈」，能在人事安排上幫助雍正，因此後來改任吏部尚書。以年羹堯的才能、個性，他不願看到隆科多與自己平起平坐，有點獨承聖眷的意味，雍正為此調解，還做主把年羹堯的長子年熙過繼給隆科多。隆科多已有兩子，他特別會恭維，對雍正說：「臣命中當有三子，今得皇上加恩賞賜，直如上天所賜。」還表態說：「我和年羹堯二人若少作兩個人看，就是負皇上矣。」表示精誠團結，輔佐雍正。但在年羹堯眼裏，隆科多無法與他相比，也不見他在雍正面前提起隆科多。

雍正二年十一月，隆科多的步軍統領一職由鑲白旗蒙古副都統阿齊圖接替。雍正專門讓與隆科多有嫌隙的人接任，這是一個明顯不信任，乃至整治的

信號。雍正還假惺惺地對年羹堯說：「朕並未露一點，連風也不曾吹，是他自己的主意。」到了雍正三年服喪期滿，隆科多與其他三位總理大臣都各歸原職，隆科多也得到議敘。

與年羹堯張揚的個性不同，隆科多經歷了太多驚心動魄的事，因此為官謹慎，在給雍正的奏摺中，都用「舅舅奴才隆科多」這樣謙卑的稱謂。以他同雍正的交往和對雍正的了解，即便一時受到無比的寵信，他也不相信雍正會永遠信任他。與年羹堯似乎要效力到底不一樣，隆科多與雍正好像只是利用關係，是臨時的合作和組合，因此他早就把財產轉移到西山和親屬家中。他說過「白帝城之日」，就是死期已至之時。

雍正對隆科多的指責，絕大多數都沒有實據，屬於嫁禍。如說數十次嚴厲處罰廉親王允禩，都是隆科多指使，而且一定要把允禩置之死地而後快。這完全不符合事實，處罰允禩主要是宗人府參奏，而宗人府完全是秉承雍正的旨意。而允禩、允禟之死，恰恰是在隆科多被變相發配在外、離開京城期間。

現有檔案記載，雍正二年底，由陝西布政使升任甘肅巡撫的胡期恆因為秉承總督年羹堯之意，將道員金南瑛等六人參奏，引起雍正的極大不滿。次年三月，雍正帝責成吏部尚書隆科多主持審理胡期恆參奏多人一案，經隆科多審理，奏請將胡期恆徒罪三年。雍正硃批：「胡期恆寬其徒罪，發與田文鏡河南堤工效力贖罪，如抗違耽延，發往黑龍江（硃批原文缺「江」字）當差，將此事着年羹堯明白回奏。」雍正帝令隆科多審理胡期恆參案，含有「打招呼」的意思，也是對他的變相警告。

雍正命吏部尚書隆科多議年羹堯提拔的胡期恆之罪，雍正硃批：「胡期恆寬其徒罪，發與田文鏡河南堤工效力贖罪，如抗違耽延，發往黑龍當差，將此事着年羹堯明白回奏。餘依議。」

處理隆科多，雍正主要通過兩江總督查弼那取得突破。查弼那早年追隨隆科多，康熙六十一年參加查倉，就是隆科多推薦的。查弼那不久出任兩江總督。雍正清楚查弼那與隆科多的關係不一般，即位之初曾命他的「連襟」，蘇州織造胡鳳翬祕密調查查弼那。雍正三年正月，他批示查弼那，你走錯路了，

相信同人不如相信君。特別說隆科多乃志驕自私、貪婪卑鄙之人,「開導」查弼那揭發隆科多。但查弼那裝糊塗,不買雍正的賬,也可能他不清楚隆科多的問題。五月十三日雍正在硃批中說:「諭旨三次退回,你一句話也不敢說隆科多的惡劣過錯,只將眼前眾所周知的不體面之罪,平淡具奏,表示對查弼那的揭發不滿意。」八月,查弼那又要參奏年羹堯,雍正對此極為不滿,因為年羹堯已成落水之犬,輿論戰已經收官了,雍正現在要打的是仍在朝中掌權的隆科多。雍正硃批說:「參奏年羹堯已夠了,不敢說隆科多一句,朕實歎息,且對爾等鋼鐵般夥黨,朕真的害怕心服了。」到了九月初十日,雍正拿兩江總督的職位威脅查弼那,硃批說:「你與隆科多結黨之事,若不能讓朕釋疑,即便做官有好名聲也沒有用,務必給朕解釋清楚。」年羹堯死後,查弼那密奏說:「臣上奏七次,不能合皇帝天心,臣已無活路。現在再不講隆科多的劣行,臣性命不保。」但他又說:「眾人所知,臣知;眾人不知,臣也不知。」雍正對此無可奈何,硃批道:「你們如鐵石般強健,朕所素知。然朕稍有懼色,將辜負朕之皇父,唯有努力上前,表示與隆科多等人鬥到底。」

雍正也用對付允禩等四兄弟的辦法,說吏部在處理年羹堯參奏道員金南瑛這件事上,第一次議復徇庇過輕,現在議復又過重,其他人斷不敢如此,必隆科多有意擾亂之故。實際情況是,隆科多議罪,把胡期恆判擬徒罪三年,是雍正下旨免徒罪的。後來雍正說,隆科多對年羹堯「曲護徇庇」,把他派往阿蘭善山等處修理城池,開墾地畝,事實上剝奪了他的權力,是變相的發配。把吏部尚書隆科多調離京城,雍正便可無所顧忌整治年羹堯以及允禩、允禟,也讓大臣放心揭發隆科多。

雍正四年正月,年羹堯剛被賜死,隆科多成為「寵臣」中排在第一號的整治對象。但由於除掉允禩等反對力量迫在眉睫,雍正派隆科多去阿爾泰嶺,與策妄阿拉布坦議定準噶爾與喀爾喀的遊牧邊界,之後再與俄羅斯劃定邊界。雍正明確對大學士、九卿說:「隆科多有種種罪惡,應置重典,如果此次他能實心任事,朕必寬宥其罪;如果心懷叵測,朕必將他治罪。」

雍正給隆科多派的這個「差」是「長差」,也是「邊差」,用意是先把他

掛起來，何時需要整治他，再讓他回來。其次，讓他遠離京城，到邊遠之地，隔斷他與朝中的聯繫。再次，就是讓大臣放手揭發隆科多的問題，為將來整治做好準備。雍正的政治智慧確實高超。

果然，隆科多一走，原來與他搭檔的怡親王允祥，就彈劾隆科多婪贓各罪，特別是接受罪臣揆敘家人安圖 30 萬兩賄賂。允祥在雍正朝的大部分時間裏，扮演了多重角色，我們後面會專門講。由皇帝之下的一號人物彈劾隆科多，可以有多種解讀，其一說明隆科多在朝中仍然有不一般的影響力，一般的大臣不敢彈劾，或者彈劾不了。而由允祥出面，毫無疑問是雍正的旨意，讓大臣知道，隆科多必定倒台，也好牆倒眾人推。

刑部等審理：隆科多差家人王五、牛倫，陸續索取揆敘家人安圖名下騾馬、緞匹、古玩等物，並銀十四萬兩，此外收取趙世顯、滿保、甘國璧、蘇克濟、程光珠、姚讓、張其仁、王廷揚、年羹堯等金八百兩、銀四萬二千二百兩。應將其尚書、一等公並世職俱行革去，照大不敬律擬斬立決。刑部的意見上奏後，雍正說：隆科多應按律治罪，但其才尚有可用，着革退吏部尚書，仍令其料理阿爾泰等路邊界事務。其家人牛倫即行正法。向隆科多饋送銀兩的官員或革職或降調。

雍正辦事特別講輕重緩急，不立即辦隆科多，就是因為允禩等人的處理還沒有結果，因此暫時還輪不到隆科多。等到允禩、允禟一死，隆科多在外面的日子也就到頭了。雍正五年閏三月，「私藏玉牒」案發，這回隆科多躲不掉了。原來，輔國公阿布蘭將玉牒底本交給隆科多，隆科多謄錄了一份清本，收藏在家，被人舉發。玉牒是有關皇族的私密檔案，皇家人的生卒、名封、謚葬等信息，備載無遺。平民百姓叫「家譜」，皇家尊貴，都是金枝玉葉，故稱為「玉牒」。隆科多比雍正年長十歲左右，是康熙朝僅存的幾個老臣之一。由於這個家族與皇室的關係，特別是隆科多在康、雍兩朝的特殊身份，使得他能了解並清楚皇家的「根脈」。雍正在清除反對者的過程中，宗室王公大多牽連其中，而雍正不時把這些人開除宗籍，允禩、允禟、蘇努等都是如此。這樣的話，玉牒要及時修改。雍正在這一過程中，難保不把宗室，特別是他懲治的諸位阿弟

的重要信息，加以篡改。如我們熟知的，在《清實錄》裏，康熙的第十四子寫作「允禵」，但在允禵兒子弘明的《皇朝通志大綱》中，明確寫作「胤禎」。有研究者查閱康熙朝的五修「玉牒」，康熙三十六年、四十五年「玉牒」，十四子寫作「胤禵」，雍正二年所修「玉牒」，也寫作「胤禵」，以此「證明」雍正沒有「篡改」。但雍正如果心中沒有鬼，何必為玉牒之事大張撻伐？又何以證明雍正沒有篡改？有學者認為，雍正極有可能篡改了玉牒中重要信息，隆科多發現後，將之作為挾制雍正的籌碼。這當然為雍正所不容。

玉牒案發時隆科多正在與俄羅斯談判，他堅持俄方歸還侵佔中國的大片蒙古地區，並即將談判成功，訂立條約，因此議政王大臣等討論後奏請讓隆科多辦完俄羅斯疆界事件，再將他革職治罪。但雍正不這樣認為，他說：俄羅斯事件，最容易料理，派隆科多前去，是特意給他效力贖罪的機會，但隆科多去後，並不承認自己有什麼過失，舉動狂悖，毫無愧懼，留他在那裏毫無裨益，下令將隆科多從速調回京城。隆科多離開後，中俄簽訂《布連斯奇條約》，中國損失大量國土，中外研究者認為，這是調回隆科多的結果。此時，隆科多的一等公爵也已被革，由他的弟弟慶復襲替。

到了十月，順承郡王錫保等遵旨審奏隆科多罪案四十一款，包括大不敬之罪五、欺罔之罪四、紊亂朝政之罪三、奸黨之罪六、不法之罪七、貪婪之罪十六。

大不敬之罪：查隆科多私抄玉牒，收藏在家；妄擬諸葛亮，奏稱白帝城受命之日，即是死期已至之時。

欺罔之罪：聖祖仁皇帝升遐之日，隆科多並未在御前，亦未派出近御之人，乃詭稱伊身曾帶匕首，以防不測；狂言妄奏，提督之權甚大，一呼可聚二萬兵；時當太平盛世，臣民戴德，守分安居，而隆科多作有刺客之狀，故將壇廟桌下搜查。

紊亂朝政之罪：皇上謁陵之日，妄奏諸王心變；妄奏調取年羹堯來京，必生事端；妄奏舉國之人俱不可信。

奸黨之罪：交結阿靈阿、揆敘邀結人心；保奏大逆之查嗣庭；徇庇傅鼐、

沈竹、戴鐸、巴海，不行查參；曲庇菩薩保，囑託佛格免參。

貪婪之罪：所有相加，共約五十萬兩。其中最大一項，索詐安圖銀三十八萬兩。

不法之罪：任吏部尚書時，所辦銓選官員，皆自稱為佟選；縱容家人勒索財物，包攬招搖，肆行無忌；因係佟姓，捏造「唯有人冬耐歲寒」之語，向人誇示，以為姓應圖讖；自知身犯重罪，將私取金銀預行寄藏菩薩保家。

對刑部等擬定的罪行，雍正最在意的是康熙去世時，隆科多並不在御前一款。因為如此一來，等於雍正即位是「自立」，因此他特別召議政王大臣、內閣、九卿等，發佈諭旨說：隆科多所犯四十一款重罪，實不容誅，但皇考升遐之日，召朕之諸兄弟及隆科多入見，面降諭旨，以大統付朕，是大臣之內承旨者唯隆科多一人。今因罪誅戮，雖於國法允當，而朕心則有所不忍。隆科多免其正法，於暢春園外附近空地，造屋三間，永遠禁錮。贓銀數十萬，從家產中追完。

雍正為什麼把隆科多囚禁在暢春園？有人認為，這是因為隆科多對康熙有罪，假傳詔旨，雍正要他反省。而這個罪可能就是隱匿康熙遺詔。隆科多監押在暢春園不久，雍正又審理宗室貝勒延信的二十大罪，着與隆科多在一處監禁。次年六月，隆科多死於禁所。

因隆科多案而受到最嚴厲懲罰的就是查嗣庭。他是浙江海寧人，進士，武俠小說大家金庸的先人。查嗣庭因隆科多薦舉，在內廷行走，授為內閣學士、起居注官，後經蔡珽薦舉，任禮部侍郎。雍正四年查嗣庭為江西鄉試正考官。雍正閱考試題目，認為查嗣庭有心懷怨望、譏刺時事之意，遣人查其寓所及行李有日記二本，悖亂荒唐，怨誹捏造之語甚多，將查嗣庭革職拿問，家產籍沒，照大逆不道罪懲處。雍正五年三月，查嗣庭在獄中服毒自盡。五月，即隆科多召回前，雍正把查嗣庭戮屍梟示，子查沄處斬。查嗣庭弟查嗣瑮被發配陝西，後來客死異鄉，另一弟查慎行南歸一月而卒。

這件大案的起因，也有爭論。歷來有查嗣庭所出試題「維民所止」是「雍正砍頭」的意思。雍正認為，查嗣庭所出試題：第一場《易經》第二題《正大

而天地之情可見矣》，《詩經》第四題《百室盈止，婦子寧止》，與去年年羹堯案中的汪景祺所寫《歷代年號論》，表達的都是「雍正」年號是「一止」之意，也就是你這個江山傳不下去。查嗣庭的日記還記載他在康熙去世後，患病，腹疾大發，狼狽不堪。這容易讓人聯想查嗣庭是影射康熙是死於中毒。雍正即位後，凡有雍正參加的國家大典禮，總是記載大風、狂風大作、大冰雹，記內廷觀見，乃謂寂無一人。雍正所發諭旨，私議難行。殿試武舉，記午後皇上始出，等等。而史學大家鄧之誠考證查嗣庭文集認為，查嗣庭獲罪的真正原因是「交通宮禁諸王」。

十六、八佛被囚

在雍正為康熙帝服喪的近三年時間裏，還有一連串的懸疑，以往從沒有為研究者所關注：已經坐上金鑾殿的雍正帝，為什麼多次演出「讓位」給廉親王允禩的鬧劇？是他對自己做皇帝不自信，還是欲擒故縱？或者是因他受到很多大臣特別是宗室王公的抵制？這是不是對他取得皇位的又一番否定？「十月作亂，八佛被囚，軍民怨新主」的傳單如何傳播？這背後究竟有沒有一場宮變？每日謹慎小心甚至怕得要命的允禩，為什麼最終也難逃一死？

「讓位」鬧劇

雍正二年四月初七日，雍正帝召集諸王滿漢大臣，發表一份長篇諭旨，其中除了為自己「凌逼兄弟」進行辯護，指責允禩「大志至今未已」，允禟、允䄉等幾位「無知兄弟」為其效力外，其中有這樣一段話格外引人注目。雍正強調說：「爾諸臣內，但有一人，或明奏，或密奏，謂允禩賢於朕躬，為人足重，能有益於社稷國家，朕即讓以此位，不少遲疑。」（《雍正朝起居注冊》）在《清世宗實錄》中，有關這次「讓位」的事沒有記載。

雍正讓位的表態，讓大臣異常尷尬，因為這是他即位一年半以來，在諸王滿漢大臣面前，明確說出他可以讓位給允禩的話。大臣們都清楚，雍正不是真心「讓位」，也沒有人敢於明奏或密奏，提出讓允禩接替皇帝之位，因為這是要殺頭的，特別是年羹堯剛剛在青海取得對羅卜藏丹津的勝利，雍正巴巴乎遣人前往景陵，把這場勝利告祭他的父親。那雍正為什麼要說出這樣「離譜」的話？其中必有原因。

雍正接着又說：

朕之一身，上關宗廟社稷，不得不為防範。以皇考之聖神猶防允禩等
之奸惡，不得一日寧處，朕身視皇考何如耶？且於皇考則為父子，於朕則
為兄弟。父子之與兄弟，其間相去甚遠。伊等在皇考時毫不遜順，恣意妄
行，匪朝伊夕，至今猶然不止。所當深慮。

後面這一段話，儘管在《起居注冊》中很委婉，但也明確表達允禩等人
要加害雍正帝，因此他必須嚴加防範的意思。雍正即位後，確實出現多次「險
情」。在年羹堯與雍正的往來奏批中，可以明顯感受到有一種無形而不可言說
的「危險」力量向雍正襲來。二人間不是尋常的「請安」和「報平安」，而是
有實際的複雜背景和暗中湧動的潛流。康熙剛去世，有一次雍正出宮祭祀，隆
科多說有刺客，於是眾人慌亂之中把雍正保護起來，侍衛們在祭案下四處搜
查。具體的「凶險」不得而知。後來這成為隆科多的一大「罪狀」，雍正否定
有什麼「刺客」，說是隆科多虛張聲勢。還有一次雍正到東陵謁陵，隆科多說
諸王變心，要立即嚴加防備。年羹堯也非常正式地提醒雍正，告訴他不可去景
陵。他們顯然是得到情報，而非泛泛之詞。

滿族內部主奴關係非常緊密，甚至重於君臣大義。因此，支持允禩、允禟
的人，即便主子不教唆，也不能保證其不鋌而走險。這也是雍正「深慮」的所
在。他說康熙與兒子之間是父子君臣，而他與諸王之間是兄弟關係，何況他即
位是受到強烈質疑的，因此雍正說他一身繫江山社稷之安危，必須對這幾個兄
弟及其支持者嚴加防範。

回過來看雍正這次「讓位」，主要原因是雍正的執政受到了不少宗室大臣
的抵制，所以他要為自己的所作所為做解釋。綜合各種材料特別是宮廷檔案可
見，雍正對廉親王允禩的毫無來由的懲處，是宗室大臣抵制雍正的重要原因
之一。

雍正以「讓位」要挾大臣，明裏是因為允禩「亂政」，實際上，是因為宗
室大臣對雍正這種做法不滿。他在這次訓諭中說：「朕並非有意凌虐允禩，每
事苛責，因其大志至今未已，諸凡事務不實心辦理，有意隳廢，使朕受不美之

名，且每遇奏事並不身到，亦不檢點，苟且草率，付之他人，故激朕怒以治伊罪，朕斷不使伊志得遂也。」雍正的意思是，允禩故意給他設陷阱，把美名歸己，把惡名歸於他雍正。但從《雍正朝起居注冊》看，由宗人府等部門提出的數十次對允禩的懲處，儘管我們不清楚每一次具體事項的詳細過程，但顯然是吹毛求疵，欲加之罪的成分居多。

半年以後，十一月十三日，雍正再次上演「讓位」鬧劇。而這次發生在允禩為工部郎中岳周幫貼銀兩事件後。當時由隆科多、年羹堯兩位寵臣傳宣諭旨。雍正說：

> 自朕即位以來，凡遇政事，廉親王百端阻撓，必欲壞朕聲名。允禩從前所犯罪過，交給宗人府議處的，不止數十事，朕全部寬宥，並未降一階、罰一俸，乃在廷諸臣，反以朕為過於苛刻，為他抱屈。即朕屢降諭旨之時，觀眾人神色，未嘗盡以廉親王為非。唯舅舅隆科多、大將軍年羹堯、大學士王頊齡、侍郎沈近思曾在朕前陳奏。一年以來，大小臣工，因廉親王貽累者甚多，乃甘心忍受並不歸怨廉親王，而廉親王也恬然自安，又何所恃而如此行為乎？
>
> 朕曾降旨：廉親王心既不服，便當令其代理政事。廉親王奏云：若如此，我惟有一死而已。

雍正還解釋說：「揣測允禩的意思，如果當時諸臣順從，廉親王亦任之而不辭；若諸臣不容，則竟捨身以成其名。朕豈肯明知而墜其術中，逼至死地乎？朕此一舉又萬不可也。」這段話頗為費解，也不為《清實錄》所記載。所謂「代理政事」，不是代理一般的「政事」，因為廉親王已是排在首位的總理事務大臣，因此，「代理政事」必是「代理」皇帝之事。這如何讓允禩承受得了？所以他斷然拒絕，並以死相抵拒。但雍正揣測的話又與允禩的態度大相矛盾，意思是說，如果大臣贊成，他允禩也就不再推辭。而下面又說「朕此一舉又萬不可也」，表達的是絕不能讓位。如此一來，說明有不少人逼迫雍正「讓位」，雍正

無法行使皇帝權力，故不得不演出「讓位」假戲。

與雍正二年四月初七日那次不同，雍正這次回溯事情，沒有給出確切時間，但顯然是在比較正式的場合，是下旨而為，不是說說而已。出現這種情況只能說明一點，雍正的統治遇到了嚴重的危機，不然他不會出此下策，儘管我們不懷疑雍正此番下旨「讓位」的舉動，是欲擒故縱，讓更多的大臣站隊，以便來個一網打盡。

可以確定的是，雍正對允䄜的懲治並沒有得到正面的回應，反而引起更多大臣的抵制。為允䄜抱屈的人不在少數，而向雍正密奏允䄜的只有年羹堯、隆科多等四個人，甚至連怡親王允祥也不在四人名單中。說明在懲治兄弟這件事上，作為親兄弟，允祥是有保留的，與雍正並不一致。更讓雍正無法接受的是，大小臣工特別是允䄜主管的工部、上駟院兩個衙署的人，幾乎全被允䄜牽累，但竟然沒有人怨恨允䄜，而允䄜也並不認為他有什麼過錯。顯然，雍正通過欲加之罪的方式打壓允䄜，效果適得其反，他自己成了孤家寡人。而更多的人卻圍繞在廉親王允䄜的周圍。這是雍正所不能容忍的。

聯繫到隔日雍正又大講特講「外人造作浮言，加年羹堯以斷不可受之名」，而雍正帝不惜以帝王之尊，處處把自己與年羹堯做比較，可以說雍正帝遇到了統治危機。這絕非推測之詞。

二十一日，與雍正唱反調的事情還在繼續發酵，即康熙帝非常敬重的哥哥裕親王福全，他的兒子，即承襲裕親王的保泰，因「迎合廉親王允䄜、昧於君臣大義」，被革去親王。關於這件事，我在後面會展開討論。這促使雍正帝於革去保泰親王的次日，發佈一份即位以來最嚴厲的上諭，其中提到凡是歸附允䄜的，以叛國罪論處：「自親王以下閑散人以上，若有歸附允䄜、結為朋黨者，即為叛國之人，必加以重罪，決不姑貸，亦斷不姑容也。」（《雍正朝起居注冊》）

「叛國罪」這件事《清實錄》也沒有記載，但這份上諭顯然是針對宗室，特別是康熙兄弟一族。這表明當時勢態非常嚴重，以至於凡是有職官身份的，特別是八旗內部，只要歸附允䄜的人，都要以叛國罪論處。這實際是要八旗特

別是宗室成員選擇雍正，明確站在他這一邊，而不要追隨允禩。

雍正每次都把允禩「阻撓國家政事」「敗壞朕的聲名」掛在嘴邊，這是不是事實？顯然不是。

雍正三年四月十六日，因工部製作器械不堅利，雍正召集王公大臣及工部官員等入內，把所有事情往允禩身上牽，他說：「廉親王允禩，如果肯實心任事，部務都能做得很出色，就他的才具、操守而論，諸大臣無出其右者。今觀允禩之於朕，情如水火，勢如敵國，處心積慮，一定要自居於是，而以不是歸之於朕。朕於諸王大臣前降旨訓誨允禩，視諸王大臣之意，頗有以允禩為屈抑者。允禩罪案甚多，朕全部寬宥，並未治罪，有什麼屈抑之處？你們工部官員等受皇考數十年教養之恩，當不忘君臣大義，為朕竭力盡心以圖報稱，不要因允禩之甘言詭計，為其所惑。允禩故為小心謹畏，於屬員則作體恤之狀，其心實欲敗壞事務，且知朕必能察出，將眾人治罪以彰朕之苛刻，俾眾人感伊而歸怨於朕。」

以上雍正話的內容時間跨度很長，說明朝廷上一直有一種支持允禩的力量。雍正一再拿出「君臣大義」，說明問題非常嚴重，表明更多的人，特別是允禩主管的工部，他們對雍正遇事苛責、凌虐的做法表現出明顯的抗爭，並由此延伸到更高層面，包括王公大臣。

在此前後，當都統褚宗向雍正密奏允禵在西北頗得人心，年羹堯與之交往密切後，雍正帝硃批：「伊等若能真心收服天下，朕實既喜且愧，推讓於伊等耳。」這是雍正在非公開場合，即在大臣密奏中表達他「退讓」的意思。這些都說明，雍正的統治遇到很大挑戰和抵制，他的江山很不穩定。事實上，直到雍正二年八月，雍正即位已接近兩年，他的個人權威仍然沒有樹立起來，因此他特別提醒滿漢大臣說，我雍正已是皇帝，你們不要再像原先對待藩王那樣對待我：「朕繼登寶位，為天下臣民主，爾等應以大統視朕躬，不應以昔日在藩之身視朕躬也。」雍正一直認為，他的皇帝權威受到挑戰，是允禩支持者在與他作對。因此，當收拾年羹堯變得異常迫切時，雍正有意放緩對兄弟幫的懲治，而重在掃清外圍，即允禩等兄弟的主要支持者。

嚴厲整肅

雍正對允禩等兄弟的支持者予以嚴厲打擊，手段極為殘酷。當時朝鮮來中國的使臣回國後密報說：「清皇為人自勝，多苛刻之政，康熙舊臣死者數百人。」（《朝鮮李朝實錄》）這裏說的「清皇」就是指雍正。康熙朝舊臣，在雍正朝前幾年受到整治的人中，有數百人被處死。與漢大臣不同，由於宗室王公、外戚勛貴大多參與到以前的儲位之爭中，因此受到的懲治也最為嚴厲。當然，其中的一部分人，是被雍正貼上允禩朋黨標籤的人，他們反對雍正朝令夕改的小圈子用人政策和擴大打擊面的做法。實際上，凡是不支持雍正的，都被他視為允禩黨。雍正三年四月，他對大臣解釋說，朕有時好翻前案，或一缺而屢易其人，或一人而忽用忽捨，前後頓異，蓋朕隨時轉移以求其當者，實非不得已。話雖這麼說，但顯然無法令人信服。

允禩的親屬及其堅定支持者，最早受到懲治。允禩的福晉是安親王岳樂的外孫女，因此雍正稱允禩為「安王旗婿」。雍正元年，廉親王允禩奏請安王承襲一事，雍正大發雷霆，不但永遠不准承襲，而且斥責允禩福晉的母舅、輔國公吳爾占及其子輩色亨圖等希冀爵位，撤其佐領。安親王長史、將軍宗扎布早先在西寧隨大將軍允禵西征，雍正即位後將他免職，辦理蒙古台站事宜。宗扎布手下有個筆帖式叫石成，他為了活命，在雍正的「誘導」下，分別在隆科多、都統拉錫處告發宗扎布。雍正讓隆科多與拉錫審理，並發佈長篇諭旨，傳給宗扎布：

> 爾思念安王旗婿廉王，公然與朕對抗，朕已召集安王門下人明白曉諭，倘若人人同爾視王為主，反而輕蔑登極之皇上，豈有此理。由於不准爾之安王承襲，爾等強梁悖逆，該殺奴才，肆意作亂，朕必殺安王子孫性命，以斷爾等之念，乃至根除。

由於案件涉及機密，特別是對怡親王等不利的事，雍正下令不在京城審

理，等年羹堯回到西安後令其審理。宗扎布被判斬立決。

允禩的主要支持者，除了我們單獨講的他的幾個弟弟外，可以概括為宗室、外戚、大臣三部分。宗室中以蘇努、康熙兄弟一支等為主，外戚中以阿靈阿父子、鄂倫岱等為主，大臣中以揆敍、蕭永藻等為主。其中，阿靈阿、鄂倫岱、揆敍還是康熙公推太子時力推允禩的人。雍正即位後他們成為懲治的主要對象。

先看宗室。蘇努是努爾哈赤長子褚英的曾孫，因隨康熙三征噶爾丹，後出任盛京將軍，封貝子，回京後長期擔任議政大臣。雍正即位後，即封蘇努為貝勒，其子勒什亨為領侍衛內大臣。但僅僅過了兩個月，雍正就以結交允禵岳父齊什的名義，把勒什亨革職發往西寧，在允禵處效力。

既然勒什亨因結交齊什獲罪，那麼齊什的罪肯定更大。因此齊什隨即於雍正元年中發配，於雍正二年閏四月初七日病故。齊什一死，又給懲治蘇努增加了罪名，此時蘇努已年逾古稀，雍正二年五月，雍正說：今蘇努以七十病故，退有後言，是仍念伊等舊日黨羽，擾亂國家之心竟無悛改也。蘇努不可留在京師，煽惑眾心，着革去貝勒，其屬下佐領着撤回，止留伊府佐領，着伊同在京諸子於十日內，帶往右衛居住。到彼之後，若不安靜自守，仍事鑽營，差人往來京師，定將蘇努明正國法。

檔案記載，蘇努帶家口290多人，於當年七月到達雍正指定的流放地——山西右衛。雍正已安排山西巡撫諾敏對其嚴加監視。諾敏向雍正密奏說，如此多人應分散而居。雍正硃批：「訪查是否仍於右衛官兵內蠱惑人心，蘇努父子並不畏懼，有無怨恨議論之處？」十月十七日，宗人府諮宣威將軍吳禮布，將蘇努之子、閑散宗室富爾臣抓住，套上九層鐵索。次日，蘇努來廟請求見兒子最後一面，但被拒絕，回去後就患痢疾。十一月十九日蘇努去世。雍正仍不放過，說蘇努是「國家宗室中之逆賊，真大花面也。即將蘇努粉身碎骨，不足以盡其辜」，後來果真將蘇努挫屍揚灰。對此，耶穌會士寫給教皇的密報說：大家都很明白，皇帝決心臆造蘇努的所謂罪過，以便找藉口來懲罰他的後代。蘇努親王及其子女的府第加上了封印，這些都是在夜間進行的。查抄持續了十

天，蘇努全家在這次查抄中損失了一千六百多萬。就這樣，大清帝國最富有、最有勢力的家族之一——蘇努家族，霎時間淪入貧困之中。

發配蘇努一家引起了連鎖反應，雍正受到了更多人的抵制。

裕親王福全是康熙的哥哥，我們以前講過，他生前向康熙力薦允禵祀做大清的接班人。福全有兩個兒子，即保泰、保壽。保壽在康熙年間就去世了。保泰小時候是康熙帶在宮裏長大的，康熙還指定皇四子即後來的雍親王教保泰經書、算法。福全去世後，康熙親自撰寫碑文，有「王之後嗣，朕佑庇之」的許諾。因此，裕親王爵位由保泰承襲。滿族，特別是上層，特別在意大家庭，多子多孫。保泰有 25 個兒子。按理說，雍正當年做過保泰的老師，保泰應該支持雍正，但恰恰相反，當雍正安排他做事情時，保泰竟然當着八旗大臣的面，予以嚴詞拒絕。

雍正二年十月二十七日，雍正以保泰在康熙去世三年服喪期間在家演戲為名，把保泰的所有職位革除，並且同樣處理保泰的所有兒子。諭旨有這樣一段話：

> 自將蘇努問罪，保泰恨朕，即與朕異心。伊等設謀，意欲逼朕以合於廉親王之言，以動眾心。朕其奈何，瞠目以俟而已。欲朕謹讓，以取庸主之名？朕斷不能也。但令眾知之耳！朕垂泣降此諭旨。着宗人府知道，宣付起居注，並令諸王大臣看。

這段話最令人生疑的是，好像雍正受到了脅迫，而裕親王保泰，可能還有蘇努、齊什等人團結在一起，要雍正把皇位讓給允禩。這性質當然不同，也為雍正所拒絕。隨後雍正又以附和允禩為理由，把保泰的親王爵位革除。

康熙弟弟恭親王常寧有個兒子貝勒滿都護，在康熙朝也得到重用，曾任議政大臣、領侍衞內大臣並管理正白旗三旗都統事務。蘇努去世後，都統滿都護奏報蘇努之死是真，雍正硃批說：將蘇努之骨骸如何處理？蘇努在軍前效力行走之子、隨蘇努在右衞之子孫如何處置？滿都護詳盡議奏。後來雍正以滿都護

「戀於阿其那（允禩）、蘇努、保泰等黨羽，甘為犬馬」為由，將他降為鎮國公。

宗室中受到雍正懲治的人還有很多。在《永憲錄》中有詳細記載。再看外戚。

雍正殘酷打擊異己的做法，在宗室王公內部，引起了強烈的反彈，特別是他不按法律定罪，意為輕重，生死往往不旋踵，也不經例行程序，刑部尚書一職完全淪為雍正懲治人的職位。

阿爾松阿是康熙初年輔政大臣遏必隆的孫子、內大臣阿靈阿的兒子，而阿靈阿是康熙帝的第二位皇后的弟弟。阿爾松阿本人於康熙末年擔任領侍衛內大臣、刑部尚書等職，雍正即位後任禮部尚書，後來雍正將他調任刑部尚書，但他堅決不赴任，而且聲稱寧死也不接受這一任命。雍正在懲治他的堂兄弟保泰一家的同一天，對阿爾松阿父子進行了清算。但此事透露出來的問題更為嚴重，即雍正「失道寡助」。他說：前因刑部尚書不得其人，阿爾松阿前往天津料理鹽務時，甚屬明白可嘉，以為可用。乃降旨之時，疑欲殺伊，抵死固辭，此即廉親王當封王之日，以為不知死期之意也。雍正接着說：「若親王、尚書之職，皆視為朕殺人之具，則朕實不能行賞罰於天下矣。」（《雍正朝起居注冊》）還說，「阿爾松阿自受任以來，竟與朕結怨，反覆勸之不聽，威之不畏。既不能回其心，是朕令一有罪之人總理天下刑罰大事，其名豈可居乎？伊無心為朕出力，雖勉強用之，亦於國事無益。朕既嘉而用之，又復激以求退，此亦加朕以輕進退大臣之名耳，朕奈之何，唯有任過而已。刑部尚書員缺，着禮部尚書塞爾圖調補。阿爾松阿朕亦不誅，令伊在文武各職中自行選擇，伊欲退職，俟時亦聽之。」

隨即，新任刑部尚書塞爾圖揭發阿爾松阿曾對犯人用三百斤枷號。雍正說：「朕此前曾經降過諭旨，對惡棍可以用又重又大枷號。而阿爾松阿用三百斤枷號，是包藏禍心，想把非刑的惡名加到朕的身上，命將其爵位、職位全部革退。」

不久，雍正召集王公大臣，對阿爾松阿一家進行總清算。他開始講「本朝大臣中，居心奸險、結黨營私唯揆敍、阿靈阿二人為甚」，接着在大臣面前大

講阿靈阿家通姦等家醜，說阿靈阿、阿爾松阿父子與我雍正有不共戴天之仇，而這都是因為允禩，因此把阿爾松阿發配到奉天守其祖墓，讓允禩把阿靈阿墓碑原文磨去，改鑴「不臣不弟暴悍貪庸阿靈阿之墓」。

揆敍是康熙朝大學士明珠之子，此時已去世七年之久，他在康熙時任翰林院掌院學士，康熙對他學問、人品評價極高，故死後諡號文端。康熙久久選不出像揆敍那樣的人，為此與馬齊等大學士討論很久。雍正此次連死去多年的人也不放過，他將揆敍削諡，墓碑令允禩改鑴「不忠不孝陰險柔佞揆敍之墓」。雍正說，這次對阿靈阿父子、揆敍的懲罰，是雪朕數十年積恨。怎麼成為「雪朕數十年積恨」？說到底，這些人是支持允禩的。當年他們推舉允禩為皇太子，雍正那時只能忍耐，現在雍正是皇帝，可以收拾他們。

當一個帝王把他至高無上的權力作為報復的工具時，可想而知，他的統治基礎會怎樣。

鄂倫岱是康熙帝大舅佟國綱的長子、隆科多的堂兄弟，其父在烏蘭布統戰死後，他襲封一等公爵，後隨康熙親征噶爾丹，不久任領侍衞內大臣、議政大臣等職，是康熙信任的表弟。康熙一廢太子後，令公推太子，鄂倫岱堅定地站在叔父佟國維一邊，與隆科多等支持皇八子允禩。雍正即位之初，採取籠絡之術，任命鄂倫岱為領侍衞內大臣、都統等，但鄂倫岱並不感激，也不想報效，更從無一語奏謝。雍正二年，他從俄羅斯回來，奏請將蘇尼特為賊之台吉數人調來京師披甲，雍正諭以不如仍留本處，交扎薩克王等自能管束。鄂倫岱不遵雍正之旨，乃自行繕寫，內有「皇考時調來披甲，朕心不忍」等語。雍正說，「這是欲將歸過皇考之名，加之於朕。」

到了雍正三年二月，雍正將鄂倫岱一等公爵革除，隨即宣佈其支持允禩等種種罪狀：「朕有硃批諭旨降與阿爾松阿，令鄂倫岱轉交，乃鄂倫岱在乾清門眾人前，將朕諭旨擲之於地，且極力黨護阿爾松阿，將其死罪承認在身。朕每召諸王大臣等頒發諭旨，鄂倫岱從未有一次點首心服。前召旗下大臣面諭說，近日大臣等辦事，將從前積習已改十之七八，若再整頓一二年便可全改。諸臣無不點首，唯鄂倫岱略無喜容，俯首冷笑。總因他私相依附之人未遂其願，故

將怨望皇考之心，怨望於朕。鄂倫岱之罪與阿靈阿等，雖置極典，不足以蔽其辜，從寬發往奉天，令與阿爾松阿一同居住。」

在大臣中，支持允禩的人更多，如蕭永藻、陳世倌等。雍正即位後，把他們或解職，或派往東陵守陵，實際也是變相發配。

「八佛被囚」

外圍掃清以後，允禩的親王日子也就到頭了，等待他的是無盡的羞辱。

雍正三年二月，是總理事務大臣解散的日子。在四位總理大臣中，廉親王是唯一一位沒有議敍的，雍正的理由是廉親王自委任以來，諸事推諉，無一實心出力之處，無一有裨政治之言，且懷挾私心，遇事簸弄，希冀搖動眾志，攪擾朕之心思，阻撓朕之政事，有罪無功。又說廉親王因不得遂志，竟以歷年之煩擾皇考者，又欲以之煩苦朕躬矣。說來說去，廉親王允禩作為總理大臣，無功有過，因此不得議敍。

當雍正把允禩支持者的力量肅清後，他必須「坐實」允禩黨密謀奪位的罪名，才能給反對自己的人致命一擊。雍正早已瞄上一個人，這個人就是我們前面講過的兩江總督查弼那。查弼那是滿洲鑲藍旗人，為官廉潔，安靜，有賢聲。查弼那與蘇努家族有特殊的關係，他的兒子，即佐領那清阿是蘇努的女婿。雍正至少十次硃批給查弼那，讓他揭發蘇努等人背後「不可告人」的活動，且口氣一次比一次嚴厲。自然，查弼那不會輕易就範。雍正沒有採取更激烈的方式，是因為有所顧忌，他擔心過激的辦法會把反對他的人聚集起來，因此等到年羹堯一死，隆科多外放邊遠，他就採取雷霆手段了。

雍正四年正月，查弼那上奏說：「臣上奏七次，不合皇帝的心意，臣無活路。臣與蘇努結親是康熙朝的事，如今兒女已成行，即便殺了臣，也不足抵罪。今不陳蘇努、隆科多的劣行，臣不能保性命。」雍正硃批表示：「絕不退讓，查弼那專拿些不痛不癢的事來搪塞朕，朕斷不罷休。」

到了四月，查弼那題補千總劉允祥為吳淞守備，因劉允祥與怡親王允祥同

名，雍正以違抗諭旨不敬，把查弼那調回京。五月初七日，雍正帝在圓明園召見遠道赴京的查弼那。查弼那雖然是以「大不敬」飭令回京的，但他很清楚雍正真正想要的是什麼。但他似乎不為所動。史書記載：

查弼那奏對忤旨，上九鏈綁出宮，命果郡王允禮訊問結姻蘇努。

庚子，釋查弼那罪，用為內務府包衣昂邦[1]兼鑲紅旗固山額真事。逮蘇努、七十子孫，監禁刑部，籍沒其家。（《永憲錄》）

庚子是初九，查弼那的命運在兩天之間神奇逆轉，是因為他供出了「驚天大案」：蘇努與齊什、揆敘、阿靈阿、鄂倫岱、阿爾松阿結黨協力，願將阿其那（允禩）致身大位。蘇努原交結塞思黑（允禟），曾說塞思黑氣象大，塞思黑又與阿其那相好，結成一黨。再隆科多結交揆敘、阿靈阿，邀買人心。

案經康親王崇安上奏，阿其那、塞思黑密樹黨援，窺伺神器，請即正典刑。蘇努、齊什之家產抄沒入官，蘇努、齊什之子孫有黨亂者正法，其餘發往白都納。

有了查弼那的「口供」，懲治允禩黨就有了「證據」。至於這些人如何要把允禩推向「大位」，史料記載不詳，也就不得而知。

拿到「口供」後，雍正召集滿漢大臣說：「從前降旨詢問查弼那凡八次，他將蘇努、齊什、隆科多互相串通鑽營之處隱匿，並不據實舉出。是以朕將他調來京師，當面詢問，查弼那仍堅執不認，朕因此將他革去總督，拿交王大臣詢問。當時降旨說，查弼那如果將蘇努、齊什實情舉出，將其口供繕寫具奏，如果不據實供出，你們將他擬罪具奏。如今查弼那將種種實情舉出，諸王大臣尚議將他正法，甚屬不合，着將查弼那之罪，悉行寬免。」

雍正究竟是用何種手段，把查弼那之口撬開？絕非用一般的酷刑，而是要取其性命。查弼那在生命受到威脅時所供出的「實情」，是真的可靠，還是屈打成招？後者的可能性更大。

---

[1] 包衣昂邦：官名，即內務府總管，又稱總管大臣。

為什麼？因為齊什是雍正二年閏四月去世，蘇努於雍正二年十一月去世，揆敍、阿靈阿更是在康熙朝去世，而查弼那到達京城前，雍正已命奉天將軍將鄂倫岱、阿爾松阿斬於貶所。人先殺了，還要找理由，何況這又不是一般的外戚，是康熙重用的外戚。也就是說，雍正殺人在前，查弼那「招供」在後。查弼那「招供」是為雍正殺人的「合法性」背書。從此次「謀逆案」而論，事實是康熙當年令大臣推舉皇太子人選，眾人當時是「奉旨而行」，現在卻成了謀逆，雍正完全顛倒是非，恨恨於當年沒有人推舉他。雍正要把十幾年前的事情定性為「謀逆」，主要意圖是為處死允䄉、允禟做準備，做鋪墊。

處理完蘇努、齊什子孫後，雍正又命領侍衛內大臣馬爾賽等，傳諭鄂倫岱之妻子兄弟族人，告訴族人他雍正為什麼要殺鄂倫岱、阿爾松阿：朕即位以來，伊每事擾亂，傾身回護阿其那。因阿其那佐領一事，在外於眾人前一番議論，在內代伊啟奏，顯露悖逆之狀。將朕所交硃批諭旨，擲於乾清門地上，在朕前舉止抗橫。伊與阿其那固結死黨，同阿爾松阿阻撓政事，以亂眾心。發往盛京後仍不知畏懼，妄生怨忿，終日酣醉。若不將伊等正法，伊等希圖大事之心，斷不能絕也，故將鄂倫岱、阿爾松阿正法。

阿爾松阿、鄂倫岱妻子為奴，家產入官。

允䄉隨即被圈禁，着總管太監派老成太監二名，在內隨侍。雍正殘害手足兄弟的行為，激起很多人的義憤。

雍正四年七月十五日，雍正從恩佑寺瞻禮歸來，見看門之護軍參領二德，氣甚高傲，怨忿之色，見於顏面。雍正問他係誰屬下，他回奏說是允䄓屬下。雍正當即令他將允䄓悖逆事跡奏出，二德怒不可遏，公然頂撞說，允䄓沒有做出一件悖逆的事。雍正氣憤已極，諭稱：「朕從前曾命馬爾賽、拉錫等到允䄓家，傳集允䄓屬下人員降旨寬宥教訓時，允䄓屬下所有人員即西白太監等，無不感恩，悉知允䄓之罪。而二德竟無一語道及允䄓之非，毫無感恩之意，明係大光棍。命將二德鎖拿，交三法司嚴行定罪。」

至此，支持允䄉的幾支力量都被雍正徹底鏟除，允䄉被圈禁，允禟從西北押解回來，允䄓也從湯泉改到景山壽皇殿圈禁。雍正似乎可以緩口氣了，但他

還是擔心自己的江山被人奪去，他說：「伊等之奸謀若此，目今敗露者，即不勝其數，其他匪類邪黨之聽其驅使者，奚止數千百人！」

　　這是更大的隱患。追隨這幾個兄弟的人難道會聽任雍正擺佈嗎？他們還有什麼辦法扭轉大局？

十七、山雨欲來

在雍正集中力量對付被綁到戰車上，如同人質一般的允䄉及其支持者的關鍵時刻，山西的令狐士義，隻身祕密前往西北，向允䄉表示，要「聯合山陝兵民」不附無道之君。允䄉也試圖掙脫雍正的大網，通過特製的 19 個「異體字」實現與京城的聯繫。旗人蔡懷璽，投書囚禁在景陵旁的允䄂，號稱「二七變為主，貴人守宗山」。與此同時，「十月作亂，八佛被囚，軍民怨新主」的傳單被刊刻後廣為散佈。這一切似乎表明，追隨允禩、允䄉、允䄂的人，要奮力一搏，把雍正拉下皇帝寶座。彷彿山雨欲來。

令狐士義「救恩主」

雍正的本意是在西北解決允䄉，但年羹堯卻一再敷衍，而且，二者大有聯合之勢，為此，雍正急忙把年羹堯調離。而山西巡撫諾敏也拒不執行雍正的密旨。雍正二年七月，雍正斥責諾敏為什麼不奏報允䄉下人在平定州打傷民人之事：「此事你沒有聽到嗎？有何道理？如果聽聞隱瞞不奏，大負於朕，為此朕很心寒。抑或你們同屬一旗，素來相識？或者允䄉對你有什麼深仁厚澤？抑或你覺得允䄉有什麼冤枉？還是你畏懼他們尚有勢力？你立即查明，另摺參奏。你如果表示無可奈何，則爾自取重罪。」

八月七日，諾敏不經查明，就奏參允䄉家人踐踏莊稼，但雍正大為不滿，硃批親自教諾敏如何參奏允䄉：「摺子內可寫，臣因貝子允䄉之家眷如此這般行走之故，將允䄉之大太監、管家人等帶到山西質審。具奏請旨。今某某已到，經這般審訊，案情如此這般等語。你現在參奏，好像朕故意找允䄉的不是，以致是非更不能分辨。」數日後，諾敏誠惶誠恐，把擬好的參奏允䄉的稿子先給

雍正看，是否合意。雍正對此很不滿，找了個理由把諾敏免職。從此諾敏賦閑在家十年之久，直到雍正十二年去世。

雍正因此派褚宗接替年羹堯管束允禵。情況立即發生變化，因為雍正的密旨說：褚宗若不嚴加約束，將褚宗一併治罪。褚宗於雍正三年二月初九日在永昌接旨後，立即表態：「奴才不懼任何人，次日前往允禵住所。」十八日，褚宗就給雍正提供了允禵悖逆不法的「重型炮彈」。

褚宗於十七日到達西大通，等候貝子允禵，但允禵並沒有出迎，也沒有給皇帝請安。褚宗詢問千總，允禵為什麼不出來迎接？千總報告說：「聽說貝子腳疼不能動。」褚宗到允禵之門，侍衛迎告說：「我主人自來到此地，從未會見任何人，爾為什麼事情而來？」褚宗說：「等我進去告訴，聖主特別派我，貝子可不見嗎？」良久，侍衛方讓褚宗入內。褚宗見允禵在屋裏站着，面色如常，氣壯毫無憂恐狀，哪裏是患病的樣子。褚宗招呼允禵跪在院子裏，宣讀雍正諭旨派褚宗情由。允禵並未叩拜，仍在那裏站立，對褚宗說「聖主所降諭旨甚是，我有何言？唯懇請願為出家離塵世者，行何亂事」等語。褚宗發現，允禵下屬人等，並無驚恐之狀。

褚宗把他見允禵的情形，一言一行也不遺漏，密奏給雍正。雍正大為欣賞，稱讚褚宗：「所奏允禵之事，甚知大理大義，殊堪嘉獎，此方稱不辱宗室、為首大臣。朕重視爾，凡所奏唯圖盡忠，絲毫不可隱瞞。」接下去，雍正交代褚宗：「允禵賄結本地官兵，收買人心，與年羹堯下屬通好乎？還是各懷異心，允禵疑而視為外人乎？允禵在此地駐三年，有無收買地方軍民？」

有了褚宗提供的「重型炮彈」，二月二十九日，雍正在乾清門召諸王滿漢文武大臣，將褚宗所奏大肆渲染，對允禵所說「欲出家離世」的話，發揮一番說：允禵的意思是，以為出家則無兄弟之誼，離世則無君臣之分也。雍正對允禵的懲治也隨即升級，而追隨允禵的人也加緊活動，特別是令狐士義祕密前往西北解救允禵，讓雍正着實擔心。

令狐士義是山西猗氏縣人。春秋戰國時，猗氏縣為晉國令狐地，因魯國人猗頓所居，漢代設猗氏縣，今仍有令狐城。「令狐」是山西的大姓。金庸武俠小

說《笑傲江湖》的男主角令狐沖是個無父無母的孤兒，他多少有令狐士義的影子。康熙五十年前後，令狐士義因貧困無依，流落京城，允禵得知後，令他的太監幫助令狐十兩銀子。令狐大為感動。十幾年過去了，當他得知允禵被發配西北，即將遭遇不測後，立即帶領隨從數人，晝伏夜出，祕密前往西大通。他打扮成商人模樣，說有一筆生意要做，進了貝子府。進去後，他對允禵屬下人說，他有要緊的話，一定要當面對允禵講。得知令狐是十幾年前自己幫助過的人，允禵本想祕密召見，但想到四處都是雍正派來監視自己的人，不便與之相見，遂傳話說：有什麼事情，讓令狐與屬下人說。令狐理解允禵的難處，也不便說什麼，只說自己有書信一封，已經封固，請直接交給九王爺允禵親啟。等令狐走後，允禵打開書信，見內容大概是：「其人在西寧投京帖稱，願輔有道之主，不附無道之君。欲糾合山陝兵民，以救恩主。」（《雍正朝起居注冊》）允禵對此感慨萬分，讓手下人傳話給令狐：「我們弟兄沒有爭天下的道理，以後不要再講這樣的話了，再說這類話，我就讓人把你拿了。」

當時跟隨允禵到西北的有個傳教士，名叫穆景遠，他跟隨允禵有七八年之久了。穆景遠的住處與允禵的隔離開，而允禵私下打開一面牆，有事就讓穆景遠從牆翻進院裏，避開監視的人。

令狐投書的事情發生後，允禵找穆景遠說這件事。穆景遠建議，把令狐拿了交給褚宗才是，不拿就大錯了。允禵說：若拿了令狐，他就吃大虧了。他告訴穆景遠，此次投書的事情不能讓褚宗知道。雍正五年七月，允禵已死去近一年，刑部議奏，令狐士義叛逆昭著，罪大惡極，應凌遲處死，梟首示眾，妻妾子女給付功臣之家為奴，財產入官。雍正命將令狐士義改為斬立決，梟示。餘依議。

允禵到西北後，知道自己在京的家產肯定會被抄，因此把能帶的都帶來，把至少百萬兩以上的銀子帶到了西北。這些錢怎麼花？允禵做買賣向來很在行，他讓手下人到市場做買賣，從不講價，別人要多少就付多少，一時間，遠處的商人也紛紛到這裏做買賣。西大通的兵民見允禵從不短價，也從沒有強買食物，又不出門行走，都一致稱讚他是安分守己之人，從沒有人說允禵不好。

而且，九賢王聞名遐邇，軍民商人，普遍感激。跟隨允禵的官員人等，也從不惹是生非，但也毫不畏懼。

允禵一直牽掛囚禁在湯山的允䄉。他離京前，與允䄉、允䄉等私下商定，每個人接到對方的信函，閱讀後立即燒毀。但他有一次寫給允䄉的書信，讓雍正截獲，其中有「機會已失，悔之莫及」的話。這後來成為允禵的罪狀之一。為避開雍正的眼線，允禵別出心裁，做出一項「發明」。他另造一種字書，是在西洋字的基礎上加以改造，他與兒子的通信，就是用的這種「天書」。為了保密，他還令傳遞的人把書信縫在襪子裏。即便如此，也沒有躲過雍正的眼線。一次，允禵門下親信毛太、佟保將編造新字樣的書信，縫在騾夫衣襪之內，寄往西寧，不料被九門捕役拿獲。九門提督還搜出允禵寫給允䄉的書信，見也是這樣的字體，提督如獲至寶，立即奏聞，並將「天書」呈上。雍正見字體怪異，好像西洋字，因此派人詢問西洋人。據西洋人稱，此種字體，他們也不能識認。雍正派人詢問允禵的兒子弘暘，據弘暘說：兩個月前，即雍正三年十一月佟保來京，我父親寄來格子一張，令我學習，照樣繕寫書信寄去。我向佟保學會了，因此照樣寫信寄往。」雍正又令把穆景遠抓捕審問，因為允禵的西洋字是這個傳教士教的。穆景遠交代說：「我有一本書是西洋字寫的，允禵看過後對我說，這個字好像俄羅斯的字。我回答說果然有些像俄羅斯字。允禵說：『我學過俄羅斯的文字，況且你們的文字也有阿、額、衣，看來可以改寫使用。』」穆景遠於是教允禵西洋字。後來允禵自己添改使用，但究竟是什麼意思，穆景遠也不知道。

另一路人馬，由刑部侍郎黃炳牽頭，前往江南審問秦道然允禵祕密寄給允䄉的西洋字是什麼意思，但沒有進展。

雍正四年正月，雍正召集滿漢大臣說：「從來只有敵國之人差遣奸細往來，偷傳信息，造作隱語，防人知覺。允禵在西北，如果安分守法，則所寄書信無不可以令人共見，何至於別造字體，巧編格式，暗藏衣襪之內，居然為敵國奸細之行徑？允禵名下應賠銀十三萬兩多，但他故意裝出窘迫之狀，百計遷延，而把所得撲剋之銀數百萬兩，帶往西寧，恣意費用。凡市買物件，不論貴賤，

隨人索價，即如數與之，以此邀結人心，不知意欲何為？即今毛太家中搜出借券八十餘紙，其借與眾姓之銀至十萬餘兩，則允禟之窘迫與否，不問可知矣。」

雍正命將允禟親信毛太、佟保等交與順承郡王及蔡珽、拉錫等共同審訊，特別是允禟自到西寧以後，如何妄為及何人管理此等書札之事，俱令據實供明，如果隱匿不行供出，立即正法，同時命將允禟所用太監全部撤回京師。但這些人臨行前，允禟賞給每人金條及西洋金表等物件，全部是貴重難得之物。

管束允禟的都統褚宗正按照雍正的諭旨祕密調查允禟在西北收買人心的事實。此時，恰好發生令狐士義投書和允禟編造「異書」傳遞情報兩件事，褚宗遂密奏允禟在西北邀買人心，不宜處之極邊，應拿送京城禁錮。但雍正認為這是褚宗欺騙他，「明係見民人令狐士義之投書流言，因而具奏，恐嚇朕躬。褚宗係專守允禟之人，將令狐士義之投書流言，並與西洋人穆景遠從窗牖出入，時常計議，如許事件，妄亂行為之處，盡為隱匿，不行奏聞。」

至此，褚宗也成為有罪之人。允禟在西北的「九賢王」日子也結束了。

蔡懷璽投書允䄉

雍正的胞弟允䄉，因其母親的死，暫時安全。他在母親靈柩前被雍正加封郡王爵位後，仍被押往湯山，名義是代雍正奉祀景陵，實際是被軟禁起來。雍正派了多條眼線，監視自己的阿弟，其中以馬蘭口總兵范時繹最為得力。

范時繹是清朝開國功臣范文程的孫子、總督范承勛之子。雍正即位後，把他從一個佐領，三遷為馬蘭口總兵。馬蘭口鎮兼管遵化營，遵化是順治孝陵、康熙景陵所在地，而雍正把反對他的大臣，以及幾位弟兄安排在景陵以便監視，故馬蘭口總兵一職，非常重要。從現存清宮密檔可見，所有往來於陵寢之地的人，全部在范時繹的嚴密監視下。雍正的監視組織，不止范時繹一處。而允䄉無疑是頭等重要的監視對象。

允䄉真的是禍不單行。允䄉與福晉的感情很深，對軟禁中的他而言，福晉是巨大精神支柱。雍正二年春天，福晉患病，允䄉拒絕用宮廷御醫，而在馬蘭

峪自己請了一個叫聞昶的醫生前去診治。由於福晉住處與允䄉的住處相通，雍正密令范時繹嚴密監視。范時繹懷疑福晉是否真的有病，想禁止醫生來看病又怕擔干係，不禁止又擔心他們背後有什麼串通，於是向雍正請示。雍正密令他不要禁止，也不要露出防備的樣子，而是暗中留心，看病好了他們如何往來。後來范時繹密奏說，福晉病情好轉後，這個醫生仍然頻繁出入，而且每次都是清早而往，天黑後才回去。允䄉每次給醫生的賞賜也非常多，還在京城賞了一處房子給他。范時繹懷疑他們在串通什麼事情，於是按雍正密旨的指示對聞昶說：「福晉醫藥的事情重大，允䄉的性子你可能還不清楚。現在病已痊癒，如果還來往的話，就有干係。」但聞昶不聽勸阻，說：「我做事是有防備的，我所用的藥、往來時間都寫在本子上了，有案可查。我是行醫之人，病人要我去，我沒有拒絕的道理。」范時繹碰了軟釘子，更懷疑允䄉與聞昶在預謀什麼事。雍正寫了長篇硃批予以指示。幾個月後，福晉去世，雍正立即命范時繹前往馬蘭峪抓捕聞昶，查抄家產，但並沒有發現他與允䄉往來的書信，而聞昶也毫不畏懼。雍正硃批：「到部一夾棍，屎尿皆流矣。豈但不懼怕，魂都沒了。」這個硃批透露雍正使用酷刑讓那些人招供。

福晉去世，允䄉悲痛欲絕，雍正雖也表示「關心」，但允䄉並不買賬，冷冷地說：「如今我是已到盡頭之人，一身是病，在世不久。」更令允䄉無法接受的是，雍正指定埋葬福晉的黃花山不是「吉地」，因此，允䄉無論如何不願意福晉葬在這裏，經廉親王允禩再三勸說，允䄉才表示順從。這時，雍正派何國柱去看墳地，何國柱回來後，既不說好，也不說不好，只是抄錄舊檔之詞，說可以安葬。安葬後，允䄉說這個地方是「惡地」，想把福晉的靈柩取出來。雍正二年八月，允䄉在軟禁的地方造了一個木塔，表示自己要出家，死後葬於此中。范時繹立即報告。雍正覺得事態嚴重，這分明是表示連大將軍弟弟都被逼得出家，傳出去對雍正的名聲太不好，也表示允䄉不承認雍正這個世俗皇帝。雍正非常憤怒，讓范時繹把木塔強制抬出，放到范時繹所管的王家莊地方，派兵嚴密看管。允䄉對此反應極為強烈，雍正在馬蘭口總兵范時繹密奏允䄉門上人與民人口角上硃批：「此等事只任他漸漸地鬧，爾等只暗記着。知道了。」

允禵當天晚上在住處狂哭大叫，厲聲聞於外面，到了半夜才停止。范時繹聽不清允禵究竟喊的是什麼，只好把情況密奏雍正。雍正硃批說，這就是罪孽深重，神明不保佑，人力無可奈何之事。聽他鬧吧。後來，允禵又在所居幽僻之處，私造兩座金塔，一座作為妻子的葬地，一座作為自己死後葬地。這就是向雍正表明，他已皈依佛門，不是世俗之人，我不服你這個世俗皇帝管，這也是變相的對雍正的抗議。據三屯營副將柏之蕃密奏，允禵想在閆家崝（一作閆家宫）安放福晉的靈柩，為此派人造了一些瓦房和草房。

有一次，允禵下人找來附近唱秧歌的人，在軟禁的地方為主人「消閑解悶」，但後來雙方發生爭執，動起手來。范時繹密奏說允禵並沒有悔改之心。雍正硃批說：「此種事，只要他多多做。」意思是抓住允禵違法的事情，就可以懲治他。

大約在雍正四年三月，一個神祕人來到允禵的軟禁地——湯山，他就是蔡懷璽。三月的一個下午，蔡懷璽隻身一人，身攜行囊，好像是遠道而來。在湯山看守允禵的士兵叫趙登科，他見來人神色可疑，遂走近誘問。此人開始應對含糊，不說自己的姓名，繼而再加誘問，乃云：「我是脫逃離家的，特來投奔人的。我老家在灤州，哥哥是大糧莊頭。我有哥哥三人，弟弟一人，家裏不和，將我鎖在家裏。後來我的弟弟把我放出，給我三兩銀子，叫我逃往關東。因天色已晚，住在莊外一座小廟裏。夜裏睡覺夢見廟神對我說：『你不要往關東去了，往西北走，那裏有個湯山，你去那裏，一定遇上貴人。』」趙登科見他說話時神色怪異，遂用好酒招待，從容問道：「你來湯山究竟是投什麼人的？」經再三詢問，此人方吐露說：「我是來投十四爺的。我夢見廟神告訴我，十四爺的命大，將來要做皇帝，叫我特來湯山投他的。」

趙登科一反常態，對這樣「謀逆」的事毫不在意，更不可思議的是，他還主動告訴來人允禵的住處。有了趙登科的「指引」，此人遂在允禵廟前下處守候，等有人出來時，大呼大叫嚷着一定要見允禵。允禵聽得外面人聲嘈雜，

便派一個哈哈珠子[1]出來。此人一見，就跪在地上，把他做夢的事敍說一遍，求哈哈珠子為他通報。哈哈珠子聽畢，轉身不答，即進允䄉下處去了。趙登科立即把情況向長官范時繹報告。范時繹也不讓人抓這個人，而是命趙登科繼續跟蹤。次日，此人向趙登科說，他姓蔡，名叫蔡懷璽，是正黃旗人，又講他父親、三個哥哥的名字。趙登科問廟裏做夢的事，蔡懷璽這才和盤托出，說：「我在夢中，廟神曾告訴我兩句歌兒，說『二七便為主，貴人守宗山』二句，叫我記着。廟神還說：『允䄉命大，是個大貴人。你往湯山投他去。』」

至此，范時繹覺得可以收網了，立即向雍正密奏說：「此人連日狂言，現在千方百計想見允䄉。看樣子既非酒醉，又未病狂，興此夢寐妖言，煽惑於允䄉左右，大可怪異。臣想驅逐出境，擔心他仍返回湯山，或往別處散佈妖言。臣想嚴拿，又怕他在外面聲張，傳播遠近。故只好暗中監視。伏乞皇上指示。」

哪知就在等候雍正指示的時候，允䄉派人把蔡懷璽送到范時繹處。范時繹的處理本來就出人意料，此次更是拒不接收，而是派把總華國柱把蔡懷璽送回湯山。到了晚上，允䄉派人來說：「這是一件小事，就不奏聞皇上了。然又有些關係，故送至總兵處。如何處理，由范總兵決定吧。」並把蔡懷璽投到院子的一張字帖交給范時繹。范時繹把允䄉執送蔡懷璽及字帖一併呈報雍正。

雍正皇帝一直想坐實他的同胞弟弟允䄉謀反大逆的罪名，因為只有這樣才能把允䄉守陵的差事革去，調回京嚴屬懲罰，自己的江山才能坐穩，那些支持允禩、允䄉的人才能徹底斷了希望。但允䄉深知他的皇帝哥哥的用意，因此謹言慎行，防範周密，就是不讓雍正抓到把柄。因此如何懲治允䄉，是雍正的一個心病。

見范時繹密奏，雍正大為驚喜，硃批道：

> 前已有諭此事，差人來同你審理。料進字中無「二七便為主」之句。

1　哈哈珠子：滿語，即隨侍。

朕亦向來人口諭此語矣。此一語你只做不知，從蔡懷璽口中審出就是了。應如何審理處，口諭來人，滿都護如何舉動、辭色，留心看，彼等動身回來，據實奏聞。

原來，雍正知道字帖的內容，但不讓范時繹捅破。一捅破，就無法治允䄉的罪了。雍正是派前面提到的康熙的弟弟常寧之子滿都護來審，但讓范時繹暗中監視滿都護如何對待允䄉。

果然，到了四月初九日，雍正派了三個人前往馬蘭關審理投書一案，其中牽頭的就是滿都護，還有內大臣馬爾賽、侍郎阿克敦。滿都護與允䄉是嫡堂兄弟，也不便對允䄉過分苛責，只是例行公事，倒是另外兩位很起勁兒。三位欽差讓蔡懷璽把投到允䄉院子裏的書信默寫下來，與允䄉交給范時繹的「投書」對照。一對照，發現「投書」少了兩行字，於是用刑，蔡懷璽再三說他投書原稿缺了兩行字。欽差問上面截去的是什麼字，回答說，是「二七變為主，貴人守宗山」。

范時繹把允䄉執送蔡懷璽及字帖一併呈報雍正，雍正硃批：「這下問題大了。」二七是「十四」，指的是十四阿哥允䄉，貴人守宗山，宗山是祖宗的江山，指的是大清朝。守大清朝的江山，這個貴人就是皇帝啊。這分明是說，允䄉要當皇帝。三個欽差立即傳允䄉對質。

允䄉承認是他把投到院子裏的字帖截去一行，但他憤怒之情難以抑制，怒目圓瞪，斥范時繹栽贓陷害，且伎倆太低，他說：「蔡懷璽多次受到你的把總[1]酒肉招待。我把人抓住送給你，你不處理，算不算包庇縱容？」言外之意是，你與雍正「合謀」弄出來的這個「謀逆案」，太不地道，用這種手段陷害你的弟弟，未免太下三濫了。范時繹受到允䄉的羞辱，是替雍正背了個黑鍋。范時繹上奏說，滿都護宣完論旨後，便不再多言。這等於告了滿都護的狀。范時繹

1　把總：明代及清代前中期陸軍基層軍官名。

還密奏，蔡懷璽經過幾次拷訊後，昏迷了幾次，看來挺不了多長時間。言外之意是希望雍正抓緊把這個案子結了，免得夜長夢多，被允䄂反咬一口，或者蔡懷璽一命嗚呼，這個「局」就白做了。

於是，雍正立即召集諸王大臣，發佈上諭說：

> 近者蔡懷璽投允䄂院內字帖，內開「二七變為主，貴人守宗山，以九王母為太后」數語。允䄂不行奏聞，將要緊字樣裁去塗抹，但交於范時繹，令無論如何完結，但云「並非大事」。看其如此悖亂之行，即史書內亦屬稀有。

這下，守陵的「差事」不能繼續了，雍正命把允䄂的爵位革除，連同康熙冊封的固山貝子冊命也追回，將其佐領、家資籍沒入官，還以結交允䄂的名義把護軍統領阿林保等處斬絞不等。

在《雍正朝起居注冊》中，雍正四年五月到七月全部不存，因此如何革允䄂爵位、怎樣審蔡懷璽，也就沒有記載。而范時繹密奏檔案，與《清世宗實錄》明顯不符。范時繹密奏，四月中，三位欽差已將蔡懷璽之案審完。《實錄》在五月初二日記載：諸王大臣等奏請將允䄂正法。雍正提出，允䄂、允禩、允禟，雖都是罪人，但允䄂為人，只是賦性糊塗，行事狂妄，他是受允禩、允禟指使。前令允䄂在馬蘭峪居住，原欲其痛改前非。而允䄂並不醒悟悛改，奸民蔡懷璽又構造大逆之言，冀行蠱惑，則馬蘭峪不可令其居住。着滿都護、常明、來文，馳驛前往，將允䄂撤回。

如此說來，滿都護第一次與欽差去馬蘭關是審理蔡懷璽投書案，此次是與內務府總管常明，去將允䄂押回京城。

《永憲錄》在此後記載：「奸民蔡懷璽被逮自盡。」有研究者認為，所謂蔡懷璽投書案，是雍正一手策劃的陷害允䄂的「做案」，這從范時繹的密奏、雍正的硃批中，完全看得出來。儘管允䄂當着范時繹的面將「投書案」揭穿，但雍正認為這件事是真的，因此就有了懲治允䄂的藉口。爵位、佐領都沒有了，

允䄚也就永無翻身的可能，支持他的人也就絕望了。因此，蔡懷璽在完成這個特殊使命後，也就「自盡」了。

雍正早就做好安排。他把允䄚囚禁在景山壽皇殿外面，名義是壽皇殿乃供奉皇考、皇妣聖容之處，允䄚可以每天對着皇考、皇妣的畫像思過。因此雍正在壽皇殿外面給允䄚造了三間房子，把他圈禁在裏面。允䄚有四個兒子，次子弘明（白起）表示死也願意與父親一同死。雍正命把弘明一同圈禁。至於何時進一步懲治，看形勢需要。總之，此時的允䄚已經沒有任何力量了，完全是雍正手中的囚徒。

「八佛被囚，十月作亂」的傳播

雍正對廉親王允禩的處置，大體經過三個明顯不同的階段，即控制、發動、懲治，其中，控制與發動有些重疊。也就是說，廉親王為總理事務大臣的近三年間，雍正出於即位詔書「三年無改於父之道」的承諾，只是發動宗人府等衙署數十次對允禩的所謂過錯「議而不罪」。這一過程也明顯受到幾位阿弟，特別是阿弟們的支持者的抵制甚至對抗。所以雍正在三年八月給延信的硃批中透露說：「朕在此三年，未嘗指望能如此輕易挺過去。因成全朕的臉面，故朕對待天下臣民也體面，心也安些。」其間，雍正多次說，廉親王故意激怒雍正懲治他，並多行殺戮使眾心離散，想趁機取而代之，而雍正隱忍不發，就是不給允禩機會。

儘管雍正有誇大事實的可能，但雙方僵持的局面是存在的。雍正三年十一月，發生因裁撤內府披甲而大起爭執的事。雍正認為，內府佐領、內管領等，在康熙三十年間，所用錢糧不過 30 餘萬兩，今增至 70 餘萬兩，而這些並非正項兵丁逐年增添，非經久之策，因此他多次徵詢廷臣的意見。廉親王提出，旗下披甲人每一佐領只 24 名，內府佐領亦應照此辦理。雍正將此事交與莊親王及常明、來保同廉親王確議。廉親王議將內府佐領下增甲 90 餘副。雍正認為廉親王面奏可裁，而又議加增，分明是藉此搖惑卑下之人，擾亂政事，邀結人心，

而加他以不美之名。但雍正酌定每佐領准其留甲 50 副，裁其家下披甲內之多者。而來保、常明將此決定連夜通傳。守夜步軍不能禁止，以致內府佐領無賴之人，齊集廉親王府門妄行嚷鬧。彼時廉親王來奏此事，雍正未曾召入。次日莊親王、內務府大臣奏報嚷鬧之事。雍正降旨速行逐散，如不散即行鎖拿，若不能鎖拿，即將莊親王革去王爵，來保、常明正法。後提督阿齊圖奏稱，三十日至廉親王處嚷鬧，次日至李延禧家嚷鬧。而莊親王與常明、來保奏稱，嚷鬧李延禧家係廉親王所使，廉親王亦直認不辯。雍正令阿齊圖研審各犯，犯人供出並非廉親王所使，及再問廉親王，乃云：「此等無知小人，我原替他應承來。」雍正認為廉親王欲加朕以不美之名，命將莊親王罰親王俸三年，常明、來保俱着革去內務府總管，來保着枷號三個月、鞭一百，廉親王審定為首嚷鬧之五人，着廉親王查明具奏，交與誇岱、額騰吉同刑部侍郎二人，監看正法，其餘為從四十餘人，着交與刑部定擬斬、絞監候，秋後處決。但雍正隨即出爾反爾，說廉親王所審為首鬧事五人不足憑據，着交議政大臣等確議。在追究廉親王責任時，宗人府遵旨議奏，允禩應革退和碩親王，撤出屬下佐領。雍正命俱從寬免。

披甲人事件有雍正操縱的痕跡。此事發生在康熙去世三周年前夕，因此雍正還是「議而不罪」。

到了雍正三年底四年初，年羹堯被賜死，隆科多被調到北部邊界，康熙去世已過三年忌日，雍正也完全過了為康熙守喪期，因此他開始放開手腳，加緊懲治允禩、允禟、允䄉等人。

雍正對允禟、允禩第一次「明正其罪」恰好在三年喪禮已成後的雍正四年正月。初四這一天，因為允禟造西洋字事發，雍正在歷數允䄉禟以前種種罪狀後，明確命令順承郡王錫保及蔡珽、拉錫等多人，審理允禟到西寧後如何妄為之罪。次日，雍正又在西暖閣把諸王滿漢大臣召入，面奉上諭，開篇就講：「今日凡我宗親及滿漢大臣齊集於此。廉親王允禩狂悖已極，朕若再為隱忍，有實不可以仰對聖祖仁皇帝在天之靈者。」在歷數允禩種種罪行後，雍正稱允禩「自絕於天、自絕於祖宗、自絕於朕。宗姓內豈容有此不忠不孝、大奸大惡之

人乎？」決定遵先朝削籍離宗之典，將允禩黃帶子革去，以嚴宗牒，以為萬世子孫鑒戒。允禵、蘇努、吳爾占結黨構逆，此三人亦斷不可留於宗姓之內，着將允禵、蘇努、吳爾占革去黃帶子，並令宗人府將允禩、允禵、蘇努、吳爾占名字除去。清代凡宗室繫黃帶子，覺羅繫紅帶子。革除黃帶子，即從宗室中除名。雍正隨即把允禩圈禁。

允禩被圈禁後，同情他的人也開始設法營救他。有個天津人，名叫郭允進（又作郭元進），他自稱在獨柳地方遇到洪覺（一作洪寬）禪師，從大師處得授韜略，寫了一份「十月作亂，八佛被囚，軍民怨新主」的傳單，委託浙江人歐秀臣刊刻，一時廣為傳播。

允禩長相溫婉如玉，確有幾分佛相。傳單還有一種含義，就是允禩被人「目之為佛者」。連這樣一個親王，你雍正都不放過，還要圈禁起來，因此「軍民怨新主」。「新主」是指雍正皇帝。雍正在歷數康熙皇十子允䄉的「罪行」時，也有「私行禳禱，將雍正新君字樣，連寫入疏文之內，甚屬不敬」這樣的話。可見，「新主」意味着不承認雍正坐江山，也有江山未定的含義。

允禩是雍正四年二三月被圈禁起來的。「十月作亂」，因為雍正是十月出生的，約定反雍正的人，十月要救出被圈禁的允禩，把雍正的江山奪下來。傳單內還用恐嚇的口吻說，災禍將要降臨，不信的人將得瘟疫吐血而死。因為雍正的屬相是馬，傳單因此指馬造出異言，進行詈罵。還說雍正即位以來，災荒不斷，表示上天要拋棄雍正這個不得天意的新主，號召人們起來反抗雍正的統治，讓允禩、允禵做皇帝。

郭允進還把傳單拋入禮部右侍郎塞楞額轎中，塞楞額見裏面滿是悖逆之言，還有「十月作亂」的話，立即密奏雍正。

雍正得報後，召集諸王大臣，為自己辯護。雍正說：「謂阿其那為佛的人，似此凶暴惡詐奸險之佛，誠自古所未聞。況水旱疾疫，世代皆有。此輩如此妄言，倘偶逢其事，眾即以其言為驗而信之矣，所關甚巨。」並說：「朕即位以來，推恩於軍民者甚備，天下之人何故不戴朕恩，反生怨恨也？且不知怨朕何事也。豈即以懲治阿其那等當誅之奸類故乎？朕即位三年，如有致軍民可怨之

處，眾人即當明言。今者，內有郭允進之輩，外有蔡懷璽之徒，造作謠言，實國家之蟊賊，不可以不正法也。塞楞額陳奏，甚是可嘉。」(《清世宗實錄》)

雍正的這份上諭，承認民間對懲治允禩不以為然。傳單可以作為民意的一種反映，雍正不能不重視。雍正命直隸總督李紱務必在直隸全境抓捕造謠者。經過幾個月的密訪，刑部將郭允進抓獲。而李紱除密奏「郭允進素有瘋疾，刊貼妄語，已經刑部拿究」外，還說直隸並沒有造謠的人。雍正四年七月，刑部等審理，奏請將郭允進凌遲處死，雍正命改為斬立決、梟示。代為刊刻的浙江人歐秀臣也被處死。

郭允進編造屬相為馬的雍正，進行詈罵，無疑是對雍正的極大羞辱。這件事，在當時影響甚大，以至於大臣奏疏也就此表態。都統褚宗此時已押解允禵到了保定，他用滿文上密奏，也說支持阿其那的人，「毫不畏懼，反指馬造謠謾罵，倘若忍之，何事不可忍」？向雍正表態。

這說明，支持和同情允禩、允禵、允䄂的人，從朝堂、宗室向下、向社會蔓延。雍正不願糾纏下去，他想儘早了結。這些人的命運又將如何？

十八、阿、塞之獄

雍正在即位詔書中明確說：「朕之兄弟子姪甚多，唯思一體相關，共享升平之福。孔子曰，三年無改於父之道。朕當永遵成憲，何止三年無改？」數月後雍正又對諸王大臣們發出「安民告示」，鄭重承諾說：「皇考不曾殺戮一人，知朕向無偏倚，斷無殺戮之事，方以大統付朕。亦惟朕方能保全不殺耳。」（《雍正朝起居注冊》）

如此說來，保全愛新覺羅子孫和康熙舊臣，是康熙帝傳位新君的前提條件，而雍正也在即位詔書中做了莊嚴、鄭重的承諾。但康熙尸骨未寒，雍正即磨刀霍霍。《朝鮮李朝實錄》說，康熙舊臣死者數百人。雍正特別把他的死亡之手伸向了自己的骨肉兄弟。

雍正導演「議罪」

雍正三年二月，是雍正為父皇康熙服喪期滿的日子。父母喪是大喪，時間是三年，實際是 27 個月。康熙以孝治天下，有仁者之懷，生平確實不妄殺人。二月一過，雍正便肆無忌憚，露出滿滿的殺氣，對幾位阿弟的懲罰，驟然提速。但由於還沒有過康熙三周年忌日，雍正還是有顧忌。因此，雍正在此前表現出極大的隱忍。雍正三年十一月十三日，是康熙三周年忌日。這一重要的時間一過，雍正就無所顧忌了。年羹堯在一個月後被賜死，隆科多也隨即被調到邊遠之地。雍正正式按下懲治允禩、允禵等人的按鈕。

雍正四年正月初四、初五，雍正連續兩天召集諸王大臣，分別就允禵、允禩的「罪狀」予以定性。初五這一天，雍正在養心殿西暖閣召集諸王大臣，聲淚俱下，歷數允禩在康熙朝希望得到儲位，事事傷皇考的心，以及雍正即位

後，因為繼承人的大志向沒有滿足，時懷怨恨，企圖通過搖惑眾心，擾亂國政，來達到不可告人的目的。

對雍正所指的「罪行」，允禩一直沉默無語，但當雍正帝說到允禩在焚毀聖祖康熙皇帝御批一事上反覆其詞時，允禩突然站了出來，從兜袋裏掏出一把小刀銜在口中，跪在地上，雙手高舉過頭，在所有諸王大臣面前指天發誓說：「臣說的話，若有虛言，一家不獲善終」。雍正帝被這一幕激怒了，認為這是允禩當着諸王大臣的面，揭他的短。雍正怒不可遏，指着允禩說：「宗人府訊問你，為什麼燒毀聖祖皇帝御批之事，你先前奏稱，因當時抱病昏昧，誤行燒毀。此次在朕前盟誓，說如有虛言，一家俱死。而宗人府審訊你的管家、親信太監常海等人，供稱十幾年前你在瑤亭因為進獻將死的鷹獲罪於皇考後，特遣太監劉自成回京，將一切筆札燒毀，聖祖皇帝的御批也在其內。他們供認鑿鑿，而你卻反覆其詞，總是因為你平日與奸黨往來書札，都是不可告人的話。現在企圖掩蓋燒毀私書之跡，因而連燒毀御批的事也不承認，竟敢指天發誓。至於『一家俱死』，『一家』所指範圍很廣，難道不包括朕嗎？今天在諸王大臣面前，再次指天發誓，朕也是皇考的兒子，『一家俱死』，就是詛咒朕。」雍正當即命令，將允禩的黃帶子革去，開除宗籍。允禟、蘇努、吳爾占三人，也一同革去黃帶子，從玉牒中除名。

我們查閱滿、漢文檔案及官修《實錄》，發現雍正三年底四年初，並沒有特殊的事情發生，特別是允禩在此期間並沒有「過犯」，為什麼他從親王一下子被雍正開除宗籍？直接的原因好像是允禩在諸王大臣面前「盟誓」，「如有虛言，一家俱死」的重話讓雍正無法接受。如此說來，這似乎是允禩的「冒犯」引起雍正震怒，是「偶然」因素導致親王被革，開除宗籍，實際完全是雍正的「導演」。即便允禩沒有「設誓」一節，他也難逃噩運。因為把允禩的所有爵位、官職開除，但他還是皇族成員。況且，允禩的所謂過錯大都是康熙時期的事，雍正即位後發生的事情，不足以定罪。

兩天之後，即初八這一天，雍正才把他真實的想法說出來，他說：「允禩等人不可留於宗姓之內，這是朕灼知確見者。今撰文告祭奉先殿，可將祭文宣

示諸王大臣等。此事關係重大，諸王大臣等如有不同意見，可以直陳毋隱，否則就是大不忠了。」諸王大臣等秉承雍正帝意旨，立即表態說：「除去允禩宗籍，實為允協。」到了十四日，雍正遣官告祭奉先殿，文中有：「若將此喪心敗檢不忠不孝之人仍留於宗牒之內，玷污天潢，臣何顏對越列祖在天之靈，又何以立萬世子孫之鑒戒！」

雍正將允禩等開除宗籍的做法，諸王大臣的真實態度並非像《實錄》所記的那樣「一致擁護」。大臣們採取怠工的辦法予以抵抗。數日後雍正到圓明園辦公，他整日端坐勤政殿，等待大臣們向他奏事，但整整一天，部院和八旗大臣，竟然沒有一個人前來奏事。雍正大惑不解，為此規定：「以後部院和八旗各衙門大臣，要輪班奏事，即便該部院衙門輪班之日無事可奏，堂官亦要前來。」在此前後，雍正還以「將朕所交事件漫不經心，專懼允禩、蘇努等悖逆之徒」，將和碩簡親王雅爾江阿革去親王爵位。鎮國公永謙因「於允禩一案並不據實陳奏，支吾抵飾」，也被革去鎮國公。此外，尚有其他王公大臣受到懲治，原因多與懲處允禩關聯。

正月二十八日，雍正把誠親王允祉、貝勒滿都護等召入，當面將諭旨交給他們，令前往允禩妻子家宣旨，稱：「允禩之妻殘刻，皆染外家安郡王惡亂之習，不可留於允禩之家，革去福晉，逐回外家。另給房屋數間居住，嚴加看守，若有互相傳信之事，必將傳信之人正法，爾外家亦一人不赦。」再降旨允禩，如果因為將其妻子逐回，允禩心懷怨恨，故意託病不肯行走，定將其妻子處死，其子也必治重罪。允禩的佐領也被撤出。這是殺允禩的明顯信號。

雍正殺允禩，但他不願擔罵名，因此先誘導諸王表態。二月初七日，他在圓明園召見諸王大臣，採取「誘導」的方式說：「允禩之罪，實若當殺，眾人奏請，朕即決斷。事關重大，爾等各陳所思，倘若並不盡表忠心，乃是為臣之人悖理不忠之處。」

畢竟殺一個「賢王」是天大的事，諸王大臣面面相覷，不敢立即表態，表示先在一處「會議」。所謂「會議」，就是按照雍正的「諭旨」走過場。結果是諸王大臣等合詞參奏允禩，請立即正法。殺允禩本來是雍正的旨意，也是雍正

想要的結果，但他把諸王大臣召入，以表現這是你們諸王大臣屢次奏請，朕不得已而為之。雍正說：「你們諸王大臣等合詞參奏允禵，請即正典刑。允禵乃皇考之子，太祖、太宗之孫，朕之弟也。今日之舉，我列祖、皇考在天之靈實昭察於上，倘允禵不應正法而你們妄行陳奏，以殘害列祖、皇考之子孫，而陷朕於不義，爾等之罪尚可逭乎？朕想你們共同具奏時，或有隨眾列名而不是出於真心，故特召入，面加詢問。如果有人認為允禵不應正法，可出班另跪於右。朕今日如此詢問，倘眾人中猶有心口不一，不肯據實陳奏，列祖、皇考在天之靈必加誅戮。」

這樣一個場合下，又有誰不要命，敢站出來說允禵不應殺？雍正見沒有人跪在「右邊」，做出總結說：諸王大臣意見一致，允禵該殺。但雍正又說：「朕還是不殺允禵。」命先將允禵在宗人府看守，隨即把他圈禁，由總管太監派老成太監二名，在內隨侍。外面重兵把守。雍正出爾反爾，這讓諸王大臣雲裏霧裏，不知雍正的葫蘆裏到底賣的是什麼藥。

在《清世宗實錄》等文獻中，都沒有雍正「誘導」在先的記錄。而《雍正朝起居注冊》中，甚至整個二月付之闕如。之所以如此，要麼是雍正把這個月無法向後人交代的事情，全部銷毀，要麼是當時有人反對處死允禵。而《實錄》記大臣奏請在先，雍正不得已允從在後，完全是顛倒事實，為雍正殺弟做十足的掩飾。

雍正也在同一時間一手導演了議允禟死罪，過程相同，花樣有所「翻新」。雍正四年正月，大學士九卿等合詞參奏，請雍正皇帝決斷，將允禟嚴加治罪。雍正的新花樣是：「將懲治允禟一事，交與允禵、允䄉議處具奏。允䄉未在京城，從學士內或侍讀學士內，派一明白人，將此事持往允䄉處，令其看閱議覆，着各出意見陳奏，勿得互相商酌。」

允禵此時已是待死之身，雍正卻讓他議允禟的罪，這真的非常滑稽。雍正實際另有用意，這是變相的打招呼，表示我雍正要同時收拾你們幾個兄弟了。

允禵、允禟等人已削出宗籍，宗人府奏請，他們應更改舊名，歸併原來的各旗各佐領。雍正說，讓他們自己改名吧。允禟自己改了名字，但雍正說允禟

自己改的名字「存心奸巧」，後由誠親王允祉等改為塞思黑；允禩的名字是他
自己改的，叫阿其那，他還為兒子弘旺改名菩薩保。從此以後，允禩、允禟的
名字從《實錄》等官方史書中消失，而分別以滿族名字阿其那、塞思黑代替。
阿其那、塞思黑究竟是什麼含義？研究者一直有分歧。通常認為，阿其那是滿
語「狗」的意思，塞思黑是滿語「豬」的意思。近來學者多認為，這兩個名字，
都是「討厭」之意，而非豬、狗之意。

允祉被逼表態

雍正為什麼「誘導」諸王大臣表態殺允禩，當諸王大臣表態後，他又出爾
反爾，不殺允禩、允禟？因為他「導演」的色彩太強，特別是地位特殊的誠親
王允祉，對殺允禩態度消極。

康熙去世時，他的皇長子允禔、皇次子即廢太子允礽參加了康熙的大殮，
隨即被繼續關押，而雍正還加強了關押的強度。雍正二年，廢太子在關押大牢
裏去世。允禔仍圈禁在宮裏。按理，雍正應該重用他的唯一兄長，康熙的皇三
子誠親王允祉。在康熙諸皇子中，允祉文武雙全，為人謙和友善，一直是康熙
最信賴的皇子和左膀右臂，特別是二廢太子後，康熙 17 次到誠親王府進宴。但
雍正即位之初，對每一個兄弟都嚴加防範。當聽到隆科多傳康熙末命，傳位給
四阿哥胤禛時，允祉與皇八子允禩在院子裏一直商量到深夜。這讓雍正對他的
三哥格外小心。幾個月後，又查出允祉的門客陳夢雷夥同周昌言，用「禮門請
仙六壬數」，即道教的一種術數做法，「保佑誠親王繼承大位」。事發後陳夢雷
被發配，誠親王受到嚴密監視和控制。雍正以為康熙守陵的名義，將他的胞弟
允䄉軟禁在湯山，諭旨是允祉傳的，而雍正一直讓范時繹祕密監視允祉與允䄉
的往來。允祉對允䄉非常同情，對看守允䄉的范時繹等人說：「十四貝子性情直
爽，宜軟不宜硬。你們斷斷不可對他硬來。」范時繹密奏雍正，表示不好違逆
誠親王，雍正卻稱「何妨也」，鼓勵范時繹不要把允祉放在眼裏。雍正二年，
允䄉因福晉去世受到極大打擊。允䄉認為雍正指定的安葬地是惡地，遂私下造

木塔，雍正得奏後讓范時繹強行拉走。允禵經此連番打擊，一度有「我已經到盡頭」的想法，即輕生的念頭。這時，允祉借給康熙陵行禮之機，奏請看望軟禁在湯山的允禵，目的無非是安慰、勸勸阿弟，事經范時繹密奏，雍正不許，兄弟二人遂借給康熙陵行禮之際面對面交談很久。

雍正四年二月初七日，允禵在諸王大臣面前，與雍正發「一家俱死」的毒誓後，雍正懷疑，是允祉向允禵提前透露消息，致使允禵有所準備，才使得雍正皇帝受到允禵的詛咒。更重要的是，雍正認為誠親王允祉對殺允禵態度消極，故此極為不滿。這讓向來膽小謹慎的允祉感到大禍臨頭。

第二天，允祉隻身赴圓明園求見，乞請「向主子面陳愚忠」。雍正帝拒而不見，傳旨說：「王口鈍，着繕文具奏。」所謂「王口鈍」，完全是子虛烏有，一個「口鈍」的人，康熙豈能將數十年的文治之事交給他？而「繕文具奏」才是雍正想要的，即留下字據為證，二人之間說的不算數。而雍正做的那些見不得天下人的事情，都是「口傳諭旨」。儘管雍正拒不相見，但允許寫摺子，這讓允祉感到一線生機。因此，允祉在圓明園雍正寢宮外面，用滿文寫了個摺子，核心是他願意承擔殺允禵的罵名，在諸王大臣面前帶個頭。允祉說：

> 允禵前日進宮，一反常態，指天發誓，因此主子（指雍正）懷疑允祉通風報信，非常合理。允禵所犯之罪，應予正法，削除宗籍。主子如此決斷以來，未曾降旨。今將殺允禵之過落於我身，我情願承受；主子說我是允禵同黨，我也接受。臣允祉乃一奴才，主子如何想，諭旨如何言，我就如何遵照而行。伏乞主子閱訖批還。若無主子聖明奇恩，我豈能存活至今。

這份密奏，主要有四個關鍵點：第一，雍正明顯懷疑允祉為允禵通風報信，允祉肯定是站在允禵一邊，不同意殺允禵；第二，允祉願意替雍正承擔殺允禵的罵名；第三，請雍正對他的請求明確批示；第四，表明沒有主子雍正的奇恩，我允祉活不到今天。

可能是允祉意猶未盡，隨即又補充上一個密摺，主要有這樣幾句話：「臣受人牽累，無辜而死，向主子一抒愚忠，無論主子治以何罪，臣情願受之。臣見今具奏之語，若有泄露，願在眾人前死去是實。」前一句是說，願承擔殺允禵的罵名以表達「愚忠」，實際是希望以此求得雍正饒命。後一句表示他絕對不會向任何人泄露此事。

儘管允祉有拿八弟允禩之命做交換的嫌疑，但雍正大開殺戒，連允祉也在死亡名單中，他又能如何呢？事實上，允祉對雍正殘害手足的做法，早就表示反對。他奉命搜查康熙的皇十子、貝子允䄉府邸時，發現允禟給允䄉信中有「機會已失，追悔無及」等語，想為允䄉等藏匿；雍正令革去允䄉郡王、其長子弘春貝子爵位時，允祉在乾清門齊集之所，為允䄉等人歎息流涕。在威權的重壓下，為求得生存，骨肉相煎的慘劇，一次次上演。以上兩份密摺，結尾都有「臣允祉親筆書寫」七個大字。

允祉的密奏，還是有效果，雍正在硃批中表示自己流着眼淚閱讀摺子，也非常感動，並說出懷疑允祉的來由：只是阿哥原本善於說謊哄人，容忍一切異端，朕稔知此情，懷疑憎惡是實。朕若即稱相信，實為欺騙上蒼，爾若執意騙朕，即是悖逆於皇考。身為親兄，宜倍加謹恪。

關於承擔罵名一節，雍正特別說：「允禩或殺或養，朕未降旨，亦無必行正法或必予寬恕之念。豈有靠爾阿哥之名殺弟之理？阿哥惟須持大體，恪守為臣之道，朕或有措置。」雍正這裏也是故作姿態，言不由衷。而他反反覆覆，是在尋找殺死允禩、允禟的形式，以及時機。

允祉出於求生的密奏，四年後成為他受懲治的罪名，而內容也被雍正篡改：「密摺奏稱阿其那、塞思黑等不忠不孝，罪惡滔天，若交與我，我即可以置之死地等語。」與前面介紹的原文比較，雍正完全做了篡改。

難兄難弟

在處死允禩、允禟兄弟上，雍正再次表現出十足的虛偽。將允禟等開除宗

籍、改名後，雍正先是虛晃一槍，於四月十八日向宗人府發佈諭旨：「允禵着交與都統褚宗、侍衞胡什里，馳驛從西安一路來京，沿途酌量派兵看守；伊之妻子家口着總督岳鍾琪、巡撫圖理琛、石文焯等派地方官兵，嚴行看守。」

本來上諭說的是讓允禵「一路來京」，但允禵動身不久，雍正就派他的奏事侍衞納蘇圖於五月十一日到達保定，口傳諭旨給直隸總督李紱。諭旨只有一句話：「允禵奉旨回京，路過保定時，着總督李紱即將允禵留住保定。欽此。」

原來，雍正不想在京城處死允禵，儘管他已經做了很多誘導性工作，諸王大臣也一再秉承他的旨意，奏請處死允禵，但暗中反對雍正的人不在少數。何況還有允禩必須在京城解決，雍正擔心二者同時進行，會引起大的變故。因此，雍正在允禵自西安啟程，尚未進入直隸境內就給李紱口傳諭旨。李紱領會了雍正的意圖，先飛飭由陝進京沿途直隸各州縣官，告訴他們，允禵一入直隸境內，就把他祕密押送到保定，但仍要先行密報到李紱這裏。

這邊李紱親自督辦，為關押這個特殊的重犯，在總督衙門前臨時蓋造了三間小房子，四面加砌牆垣，前門異常堅固並封閉起來，另設轉桶傳進飲食。四面另有小房，派重兵把守，有同知兩員、守備兩員，各帶兵役，輪流密守，等允禵一到，立即把他關押進去。李紱密奏說，允禵是有大罪之人，因而一切飲食日用都照重罪犯對待。

雍正得到李紱密奏，硃批「知道了」，隨即有個長篇硃批：「納蘇圖傳錯朕旨矣，並不曾着你留住允禵。自有褚宗差去侍衞解送來交與你，原為着你預先預備圈住之處耳。差往沿途人員可令回來。無用。」雍正說侍衞「傳錯朕旨」顯然是在推脫。因為他擔心李紱這種做法會讓更多的人知道他雍正把允禵關押在保定的事，這與他在朝廷發佈的上諭明顯不一致，人們會說他壞話。而且，沿途弄得雞飛狗跳，影響實在不好。況且他已安排好褚宗辦這件事了。

而李紱已經「覆水難收」，佈置截回允禵的直隸沿途各州縣，包括井陘、獲鹿、正定、定州等官員不斷飛報到李紱這裏。允禵於六月初九日被押到保定，李紱「謹遵前奏奉旨事體，欽遵圈住」。

最初，同允禵圈住在一間房子裏的，還有經雍正欽准，允禵的四個家人。

但李紱覺得如果允禟與其家人圈住一處，很多事情便為他的家人所知，因此與都統褚宗商量，一周之後將允禟的四個家人全行提出來，交按察使司獄另行關押。對此，雍正硃批道：「此必是褚宗的瘋主意，李紱你乃大儒，封疆重臣，豈可聽他亂來，不自立主意？此事大錯了。」但當李紱接到硃批就此向雍正「檢討」時，雍正硃批又完全不同。李紱密奏說：提出塞思黑家人一事，謀雖創於褚宗，臣實失於主張，臣初亦以為塞思黑有必誅之罪，不應有隨侍之人。嗣後恪遵皇上「無為而嚴」之諭，至於塞思黑家人業已提出，事雖誤行，不使令其再入。雍正在「事雖誤行，不使令其再入」這幾個字下面都進行朱圈，並在以上十個字旁批「卿大器也」四個字。在李紱「合併奏明」後，雍正又硃批：「但此奏稍遲，恐京中有所傳聞。」

雍正到底擔心什麼？本來，雍正懲治允䄉、允禟兄弟的做法，引起非常大的恐慌，議論更多，各地還抓獲多名「逆徒」。雍正在李紱六月十日的密奏上硃批道：「近日不知從何處發根，有數處擒獲無賴光棍，潛不畏死之徒，皆大逆不道，詛咒謗毀、惑亂人心。」雍正擔心「京中有所傳聞」，會激起更大的事變。

如此一來，允禟的性命也就像有催命符在催一樣，距離死亡越來越近了。

李紱升任直隸總督不足半年，他肯定帶有特殊使命。他掌握朝中加緊「議罪」的過程，也嗅出雍正要在保定解決允禟的意圖。

六月二十八日午刻，李紱同褚宗攜帶雍正諭旨，到允禟圈住之處，將上諭、奏章、案卷全部送入，遵照諭旨，令允禟閱看。到了傍晚，允禟看完，將上諭、奏章、案卷送出，叩頭後哭奏。李紱密奏說：「臣等並未聽其一語，但臣等從轉桶旁窺看，塞思黑聲雖哭泣，並未出淚」。雍正硃批道：「豈止此！朕生平未見如此狼忍惡人，實奸險橫逆人也，幸而一無所能，性情備賤。」

雍正最初通過身邊侍衛「口傳諭旨」給李紱，李紱完全理解，是讓他在保定「便宜從事」，但因消息走漏，雍正改變策略，給李紱下達密旨，「無為而嚴」，即讓允禟生不如死，逼迫允禟自殺。

雍正還親自下密旨給李紱，除「下賤飲食」以轉桶送入外，一切筆、墨、牀、帳、書、字，即便冰一塊、湯一盞，也不得給予。有雍正的密旨，李紱像

對待江洋大盜一樣折磨允禵。允禵不但「下賤飲食」與牢獄重囚絲毫無異，而且，鐵索在身，手足拘攣，房小牆高，暑氣酷烈。李紱將以上處置密奏雍正的同時，一再試探皇帝的意圖，是給允禵一個痛快，還是讓他受盡人間所有重罪犯人所受之罪後再讓他一命嗚呼？他還對雍正說，歷史上處置宗室內部的謀逆之人，有兩種方式，而允禵所犯是在皇上登基以後，應該按照周公誅管叔的方式，將允禵處死。雍正在這份密奏上硃批時，開始說：「朕意尚未定，爾乃大臣，何必懸揣？」李紱表示即便皇帝行寬大之恩，亦非臣民之願，允禵也難逃一死，雍正在這句話後面硃批道：「凡有形跡有意之舉，萬萬使不得，但嚴待聽其自為，朕自有道理，至囑至囑。必奉朕諭而行，干係甚巨。」

雍正不願落下殺弟的罵名，但又希望儘快把允禵、允禩了斷。所謂「嚴待聽其自為」，就是讓允禵生不如死，讓他自己了斷。李紱還密奏說，由於如此處置，允禵昨天已中暑暈死，他的家人用冷水噴漬，很長時間才活過來。雍正在此硃批：「此即你被愚弄之處，從來沒有聽說死人還能復活的事。」李紱的結論是「大約難以久存」，即沒有幾天活命了。雍正最後硃批說：「總以無為而嚴之一句料理，則無過矣。」說白了，就是儘快把允禵折磨死。

允禵身體向來非常好，他從西寧出發後，被綁上三條鎖鏈，由都統褚宗等負責押解。但允禵「談笑如常」，還抱着僥倖的心理，覺得自己回京後，雍正會赦免他的罪，畢竟他在西大通沒有什麼過錯，而雍正即位已經過去了四年多，江山已經穩固，何必還要對他下死手，更何況他沒有允禩、允禟那樣的號召力。等他到達保定，特別是關入為他準備好的特別囚室時，他才感到大事不好，事情完全不是最初諭旨說的那樣。允禵遂充滿恐懼，一再哀求李紱和褚宗代他向雍正奏請，由於早已得到雍正密旨，兩人均予拒絕。隨即，李紱奉旨將雍正懲治允禵的上諭、大臣奏請處死允禵的奏章，以及相關案卷交允禵閱看，允禵已清楚，雍正要置他於死地。但允禵仍然沒有想到，自己要遭受世人難以想像的折磨。由於有雍正的口傳諭旨，李紱向所有直隸官員打了招呼，要像對待江洋大盜一樣對待允禵，並說這是奏准皇上的，因而在實施時層層加碼。當時正值酷暑，因此，一個多月後，活蹦亂跳的允禵生命垂危。自七月底開始，

允禩時有肚腹泄瀉之疾。雍正得知後，還表示：「此伊流油之宿疾，你今既然以病奏，朕當延好醫生調治，倘有疏虞，恐爾領受不起。」

在此之前，雍正處死允禩等兄弟的所有「程序」都已走完，也留下他殺允禩等兄弟的「合法」證據。

早在雍正四年五月，雍正宣佈：「諸王大臣請將阿其那、塞思黑、允禵，即行正法，斷不可留，所奏甚為得理。朕即將此輩正法，亦屬當然，日後亦不得議朕。」這表明他要殺允禩等人。到了六月，王大臣議定允禩 40 款大罪、允禟 28 款大罪、允禵 14 款大罪，一致奏請將三人立即處死。雍正表示不得已順從大臣們的屢次奏請，要大義滅親。為讓後世不能翻案，雍正還別出心裁，令京城及全國其他地方，將他發佈的允禟、允禩、允禵等罪狀的滿漢文上諭，王大臣等將允禩等三人處死的奏請，雍正的御批諭旨等彙編成冊，由武英殿印刷，各地宣讀、張貼。這一切，都是為了洗脫殺弟的罵名。

八月十六日李紱密奏：「近日塞思黑飲食大減，水飯亦不甚進，似有欲自了之意，或旬日內外。」李紱本來應去查勘盧家嘴建造營房事宜，但預料允禟應該就在「旬日內外」死去，因此不敢離開。對此，雍正硃批指示：「營房戰船非汝親往料理之事，況有莽鵠立在彼，只要嚴飭僱員奉行可也。塞思黑即此亦詐，伊再不肯自了，又被其愚弄矣。若倘出朕意外，一切衣衾棺木之事，不可使狼狽，必令妥當，外像可以，候旨者請旨。」

所謂「伊再不肯自了，又被其愚弄矣」這句話，暴露了雍正逼迫允禟自殺的真實情況。允禟捱到了八月初九，幾乎不進飲食了，人也不成樣子。二十二日早晨，有一羣黑鳥在囚禁允禟的房檐上鳴叫了大半天，允禟已經無法進入屋內，門外看守的兵役給他送飯到轉桶上，他也不來取，從旁窺聽，語息微弱。到了二十五日，已人事不省。兵役們進入房內，允禟已到彌留之際。雍正這時還不放過，在李紱密奏的硃批上說：「朕不料其即如此，蓋惡罪多端，難逃冥誅之所致……多設人密查，如有至塞思黑靈前門首哭泣歎息者，即便拿問。」

允禟死於雍正四年八月二十七日，年僅 44 歲。他死時身邊沒有一個人，死後的頭七，據李紱密奏，也沒有一個人到靈前，更沒有哭泣者。但雍正還給

李紱發密旨，讓他「多訪些時，尚未到亦未可知」。由於允禵的家屬要從西寧奔喪，雍正又表現出虛偽的嘴臉，命李紱把允禵的尸體移放到「體統些房舍」。十一月二十日，允禵的妻子家屬等一大撥人，從西寧被帶到滿城縣方順橋住宿，次日到達保定，後被逐回母家，嚴加禁錮。允禵的長子弘晟也被禁錮，且長達 50 年之久，直到乾隆四十三年才被釋放。

允禵死後，雍正還在進行虛偽的表演，他假惺惺地對諸王大臣說：「阿其那、塞思黑罪大惡極，諸王大臣等屢請將他們即行正法，朕不忍下決定。昨聞奏報，塞思黑已伏冥誅。今欲將阿其那從寬曲宥，諸王大臣等以為何如？着各秉忠誠陳奏，並詢問直省將軍督撫提鎮等，亦令其各抒己見具奏。」

允禩早已將生死置之度外。他被革去王爵，拘禁宗人府，雍正把他家下數人正法後，允禩對看守太監說：「我向來在家，每餐止飯一碗。拘禁之後，我每飯加二碗。若全尸以歿，我心斷斷不肯，必使見殺而後已。」允禩被圈禁後，殘酷的刑獄之苦肯定不比允禵少受。只是由於他是在京城被祕密折磨而死，因此沒有留下詳細記載，或者已被雍正銷毀。

九月初一日，允禩染患嘔症，即上吐下瀉不止，這有些像中毒的症狀。至初五這一天，允禩病勢加重，已不進飲食，初十日故去。這是由順承郡王錫保奏報的。

這兩位弟弟死後，雍正多次說，他們的死是「伏冥誅」，即遭天殺，但毫無疑問他們是雍正「導演」致死的，只是雍正不是下手之人而已。至此，雍正最擔心與他爭天下的四個弟弟，兩個已經死去。但雍正還不放心。諸王大臣為討雍正的歡心，求得生存，因而奏請將允禩、允禵戮尸示眾，把允䄉、允祕處死。讓自己的手足同胞，暴尸街衢，畢竟彰顯的是皇帝的殘暴，因此雍正說：戮尸就不必了，允䄉不是首惡，但十幾年前，皇考鎖拿允禩時，允䄉與允禩挺身保奏，他們還私藏毒藥，願與同死。現在允禩死了，你們去詢問允䄉：「允禩在皇考之時，你原欲與之同死。今伊身故，爾若欲往看，若欲同死，悉聽爾意。」允䄉當然不願意死了，回奏說：「我不願往看。」雍正說，這可能是允䄉苟且偷生，想將來報復，先不要殺了，以觀後效吧。允祕癡庸卑鄙，今既已禁

錮，亦免其正法。

至此，雍正可以長長地舒一口氣。我們看看康熙成年皇子的卒年：

皇長子允禔，雍正十二年，圈禁而死，享年 63 歲；

皇次子允礽，雍正二年，圈禁而死，享年 51 歲；

皇三子允祉，雍正十年，圈禁而死，享年 56 歲；

皇五子允祺，雍正十年卒，享年 54 歲；

皇七子允祐，雍正八年卒，享年 51 歲；

皇八子允禩，雍正四年處死，享年 46 歲；

皇九子允禟，雍正四年處死，享年 44 歲；

皇十子允䄉，乾隆六年卒，享年 59 歲；

皇十二子允祹，乾隆二十八年卒，享年 79 歲；

皇十三子允祥，雍正八年卒，享年 45 歲；

皇十四子允禵，乾隆二十年卒，享年 68 歲。

歷史上，把雍正對年羹堯、隆科多、允禩、允禟的懲治及其引發的大獄，稱為「年、隆、阿、塞之獄」，因此受牽連的宗室、大臣等，不下數百人。那些以迫害為能事而邀寵的人，或在皇帝淫威下被迫做出構陷宗室的人，也都受到雍正的懲治。

允禟一死，負責監視及押解的褚宗等人，雍正以其罪不可逭鎖拿在保定嚴審。而宗室延信，也以罪狀 20 款，於雍正五年底被圈禁在暢春園外，與隆科多圈住一處。延信本人及子孫被黜去宗室為庶人。次年六月初三，延信禁錮而死，享年 56 歲。據馮其利《京郊清墓探尋》引述金玉崗《家譜備載》，延信長子阿里那於雍正六年四月初三日被處死。延信的墓地在北京房山羊耳峪普光寺西坡。

雍正用他的強權和殘暴，建立起了他的統治。雍正四年十一月，即允禟死去一個多月後，雍正發佈了這樣的諭旨：「看得大臣等入值後，極懼於朕。倘若確無罪惡，何以如此畏懼？見朕之後，何以戰戰兢兢？」（雍正朝滿文硃批奏摺）

　　雍正用霹靂手段，把允禩、允禟處死，把年長的兄弟圈禁起來，他以為這樣，江山就能穩定。而幾乎所有大臣都處於極度恐慌中，這樣的情況，在歷史上可以說極為罕見。雍正的江山會太平嗎？他還將遇到哪些危機？

十九、驚天大案

雍正即位後，足足用了四五年時間，把反對他的幾位兄弟，還有擁戴他登上大位的心腹嚴屬處死，換來了暫時的穩定。但反對雍正的力量向民間擴散，這意味着雍正的江山並不穩，挑戰還在後面。雍正六年，發生了延續數年之久，讓雍正無數次落泪，更讓天下人震驚的大案。

這是怎麼回事？讓我們從總督署盟誓說起。

總督署「盟誓」

雍正六年農曆九月二十九日，秋末的西安城，太陽落山很早。晚上七八點鐘，川陝總督衙署早已空無一人。

在總督署的三堂，昏暗的內室裏，兩個人並排跪着，神色凝重。兩人一起叩頭後，起誓發願，說着「生死與共，蒼天共鑒」之類的話。兩人「盟誓」後，高官模樣的人對另一矮個兒的人說：「我是宋武穆王岳飛的後裔，現在手握重兵，又佔據西北要地，方今百姓貧窮，皇帝召我三次我都拒絕，就是想等待時機反清。只是以你我之力，絕無成功把握。如果把你的老師迎聘而來，方可計議大事。」矮個兒人說：「我老師有大本領，韜略不可限量。如用我老師的計策，湖廣等六省可以一呼而定。」高官說：「如今我二人已對蒼天發誓，生死與共，可你還沒有告訴我你老師的姓名，未免不夠仗義。」矮個兒的人這時壓低聲音說：「我的真實名字不叫張倬，而是張熙。我的老師也不叫夏靚，而叫曾靜。我們平時最信呂留良，他乃東海夫子。」隨即，矮個兒人把他老師的地址向大官人說了：「我老師家在湖南永興縣蒲潭村。我本人也在老師家居住。」

以上一幕是發生在雍正六年轟動朝野的一次策反。那個高官模樣的人就是

大名鼎鼎的川陝總督、寧遠大將軍岳鍾琪。矮個兒的人是受老師曾靜之命，前來策反的湖南衡州的張熙。

這是怎麼回事？難道手握重兵的川陝總督岳鍾琪真的要反清？事情要從頭說起。

原來，九月二十六日中午，岳鍾琪拜客之後回總督衙署的路上，一個人在街上奔跑，手中揮舞着一叠信函，向他投書。岳將軍的隨從把他攔住，而將軍也被聚攏而來的士兵保護起來。岳鍾琪憑多年的經驗，以為又是有人告狀，便讓士兵收了信函，把投書人拿住回衙署問話。

但當岳將軍看到信函上寫的五個醒目大字——「天吏大元帥」時，便意識到，這絕非一般的告狀。時逢熙攘高峰，岳將軍立即回到衙署。當天午後，他獨自展卷閱讀，第一行題頭寫的是：「南海無主遊民夏靚遣徒張倬上書。」

普天之下莫非王臣，怎麼出了「無主遊民」？這讓岳鍾琪警覺起來。接着看內容，全部都是詆毀天朝的話，言辭也極為悖亂。還特別講：你岳鍾琪乃宋武穆王岳飛後裔，今握重兵、居要地，卻受到皇帝的懷疑，應當乘時反叛，為宋明復仇。還說當今皇帝有十大不赦之罪，你岳鍾琪怎麼能侍奉這樣一個主子，豈非助紂為虐？！不想想你祖先乃漢人，應該報仇。

岳鍾琪草草閱讀幾行，身體一個勁兒打寒戰。他意識到，這不是一般的「逆書」，牽涉的事情太多太大，如果處理不好，不要說自己的前程，甚至性命不保，還有滅族之災。他想起一年前發生在成都的一件事。

那是雍正五年的六月十七日，有一個蓬頭垢面，衣衫襤褸的男子，雙手各握一塊石頭，在成都大街上赤足狂奔，沿街高喊：「岳公爺（鍾琪）要率川陝兵丁造反了，東西南北四門會有人同時策應，見人就殺！」一時引起人們極度恐慌。巡街兵役當即把這個大漢抓住，交給四川提督黃廷桂審訊，大漢說他是重慶府長壽縣人，名叫盧宗漢。問他為什麼來成都，一會兒說是告田土，一會兒說是有狀子要呈告，一會兒痛苦不堪，一會兒瘋瘋癲癲。黃廷桂立即密奏。

岳鍾琪得知此事後，大為震驚，他上疏說：「自己賦性愚直，只知有君父，遇事一秉公忠，從前有人詆毀，也從不辯駁，不料此人用「造反」這樣的大題，

臣以為或者受人指使，請將該人解送京城，交刑部審訊；或者請皇帝派欽差大臣，查個水落石出，也還為臣一個公道。」但雍正皇帝好像並沒有特別在意，硃批說：「大笑話。朕有旨了。」

但岳鍾琪不想這樣草草了事。幾天後專門上了《奏辯讒毀摺》，開頭竟然以「瀝血哀鳴」作為起題，他向雍正表明，這件事於臣而言，非常嚴重。他主要講了三層意思：

第一，臣自受任川陝總督以來，讒毀的話磨出了繭子，有說我驕奢傲慢的；有說我逸樂嬉游的，還有的說我居心慘刻、巧詐諉過。雍正四年底臣奉命入川，哄傳臣已被革職，臣子岳濬已被拿問，且道路喧騰，言之鑿鑿，有鼻子有眼的。

對有人譏諷岳鍾琪「傲慢」「逸樂」的說法，雍正硃批稱他沒有聽聞。而對「居心慘刻」，雍正有一段硃批，因為這涉及皇帝的用人政策傾向：「不但未聞，破顏整理處較田文鏡、李衞，朕尚作不及想，隨便欲教導你，此語從何來？苛刻殘忍謗田文鏡、李衞，時聞於耳，亦未見朕怪伊等也，朕非喜刻薄，無奈整理因循姑容之習不得不然耳。」雍正在硃批中為自己的用人政策做了間接的辯護，也直接為岳鍾琪打氣，「連田文鏡、李衞的做法，朕都不怪罪，怎麼能對你岳鍾琪有此看法。」

第二，請解除川陝總督之任。岳鍾琪說，詆毀他的風浪一浪高過一浪，這些人好像一定要致臣於九族之禍。臣表率兩省，不能消弭眾謗，難以自安也難以自恕，更有何面目訓示屬員、董教軍民？懇請皇上解除兩省重任，唯有如此，才能消弭猜忌之口。

雍正在這一段硃批說：「若依卿，雖暫時消弭猜忌之口，天下督撫接踵，皆不免此口矣。這些奸惡之徒，不但謗卿以誣枉，抑且小視朕躬於至極矣。壞亂朕政之叛臣賊子盡有，尚需數年方能清理他，朕自有逐漸料理之道，竭力輔朕為之。」

不錯，凡是做事的人總會有人說三道四，反而是平庸無所作為的人成為和事佬，是鄉愿。雍正的意思是說，按照你岳鍾琪的想法，就上了這些誣謗你的

人的當，現在的封疆大吏都很有作為，如此一來，怎麼治天下國家？他們真是小看朕了。表示他不會動搖，也是間接對岳鍾琪辭去總督之職的委婉拒絕。

第三，如果有跳梁小丑，螳臂當車，臣絕不推辭。岳鍾琪非常會說話，因為一旦卸下擔子，就等於不支持雍正，這也是罪過。因此岳鍾琪要表忠心，即皇帝需要我上戰場，絕無二話。

雍正在密奏後有個長篇硃批，他承認：

> 川陝兩省實有許多亂言至朕之耳，此明係蔡珽、程如絲等鬼魅之所為。此時卿自引退，在卿果有可疑處乎？朕會因這些無稽之言而疑卿乎？以人事而論，設有不軌之念，時勢、人情可能乎？
>
> ……　……
>
> 經此一番，川陝流言也必息矣。朕再留心看，如果都中或他省、或川陝流言仍不息時，二三年後我君臣再斟酌。

雍正還說，「朕接到讒毀愛卿的書信有一籮筐。說岳將軍乃岳飛之後，意欲修宋金之報復。」雍正說：「我怎麼會相信這些胡言亂語呢？我完全相信你岳鍾琪。」並派御醫南下成都給岳鍾琪治病。還採納岳鍾琪的建議，派刑部官員到成都查案，確認盧宗漢是個瘋子，背後沒有人指使。事情就這樣過去了。

但岳鍾琪對欽差大臣得出的結論不以為然。他清楚這是想搞掉他的人在背後指使。從檔案可見，岳鍾琪於雍正四年底受命到四川成都查辦原巡撫蔡珽、現任按察使程如絲販私案，後者顯然使出了下三濫的辦法，阻撓岳鍾琪辦案。所以雍正也清楚，在硃批中明確指出這是「蔡珽、程如絲等鬼魅之所為」。蔡珽、程如絲當年與年羹堯針鋒相對，有雍正的支持，當年雍正需要年羹堯，因而蔡、程受到一定處分。後來成為雍正「倒年」的兩顆重要棋子。而岳鍾琪無疑是被打上了濃重的年羹堯一派的印記。

還有，反對岳鍾琪的人利用雍正多疑的性格，還有岳鍾琪的血統說事。

岳鍾琪是宋朝忠武鄂王岳飛的第 21 世嫡孫，岳飛第三子的直系後裔。岳

飛是當年抗金的名將。岳母刺字「精忠報國」，自岳飛死後，幾百年幾乎家喻戶曉。而那首膾炙人口的「滿江紅」更是激勵一代又一代人。

但岳飛後裔的「血統」到了清代，卻成為岳家人避之唯恐不及的「嫌疑」，甚至是「災禍」。岳鍾琪自幼熟讀兵書，在武將世家長大，復經年羹堯多年提攜，康熙六十年因平定西藏，升四川提督。雍正二年，因平青海功，加三等公爵，世襲罔替。年羹堯調離陝西後，岳鍾琪接任川陝總督，手握三省兵權。

本來，川陝總督一直是滿缺，即固定由滿族官員擔任，有時是覺羅，求其次也是旗人。為什麼專用滿缺？因為川陝佔據天下形勝，陝西又是周秦漢唐的都城。在此統兵，必須是清朝的嫡系。因此，岳鍾琪以漢官擔任川陝總督，本來就遭人嫉恨。而提攜他的人是年羹堯，他接替的這個總督位置，又是年羹堯所任之缺。蔡珽就多次向雍正密奏：岳鍾琪不可信。而雍正把圖理琛調到陝西，在給他的密旨中也說，岳鍾琪是年羹堯提拔的，要予以監視。更巧的是，岳鍾琪又是岳飛的直系後裔。當年岳飛征戰的女真人，就是建立清朝的滿族人的先世。這樣一來，反清的力量也希望藉助岳將軍手中的十幾萬精兵復興大明；朝中反對他的人，也經常拿他的出身向雍正進讒言，說他心懷不軌。雍正帝本來就是個猜疑心非常重的皇帝，因此，岳鍾琪一直心懷忐忑，擔心像他的先祖岳飛一樣，被人陷害而死。

令岳鍾琪想不到的是，沒有等到二三年後，而是成都事件一年後，又有人到西安搞策反。而且，策反書涉及的問題每一條都是「大逆」。岳鍾琪大約用了半天的時間，把策反書看完了。

概括說，策反書講了四大問題。

第一，提出「華夷之分大於君臣之論」。「華夷之辨」在中國是個久遠的話題，有深厚的文化基礎和傳承系統。當年孔夫子也說過「夷狄之有君，不如諸夏之亡也」。我們所熟知的「非我族類，其心必異」等夷夏之防觀念，到清代仍然備受推崇。策反書認為滿族是夷人，不配統治全國，以此否定清朝統治的合理性，這是從「根本」上的論述，也是策反書的「理論基礎」。

第二，具體列舉雍正帝的十大罪狀：「謀父」「逼母」「弒兄」「屠弟」「貪財」

「好殺」「酗酒」「淫色」「懷疑誅忠」「好諛任佞」，否認雍正做皇帝的合法性。在策反書中，雍正是集古代帝王所有「毒點」於一身的皇帝，他這樣的「無道之君」豈能有做皇帝的資格。

第三，雍正稱帝以來，天下寒暑易序，旱澇成災，積尸遍野，民不聊生，老百姓已無法忍受，只要有人造反，定會一呼百應，一舉推翻清朝的統治。這是講「天意」。天子是「奉天承運」的，之所以出現這些「寒暑易序」的事情，而且反覆出現，就是上天發出的信號，你雍正做皇帝，蒼天都不滿意。這在中國也有非常悠久的歷史及「理論基礎」。自陰陽五行到董仲舒「天人感應」，構成一個龐大的文化體系。古代經典一再強調「以德配天」，人君必須由有大德者擔任。而雍正有這麼多所謂的問題，因此老天發出警示。

第四，岳鍾琪是南宋抗金名將岳飛的後裔，雖任川陝總督，但雍正對你多有猜疑，要利用「握重兵，居要地」的條件，「乘時反叛，為宋明復仇」。

就策反書內容而言，確實很有煽動性，不但一般的鄉曲小民寫不出，且一般的讀書人也不能構此「鴻篇巨制」。因為策反書原本已不存在，我們無法閱讀其原本的信息，只能通過後來批駁它的文字呈現出來。

岳鍾琪看完策反書，極為惶恐。由於投書人是光天化日之下投書，而岳鍾琪手下的人也分明看到了封套上醒目的「天吏大元帥」這幾個大字。他如果隱瞞，倒真成了策反的同黨，況且，這種事情，雍正的眼線也會密報。

但如何審訊，成了大麻煩，因為投書是勸岳鍾琪起兵反叛，如果他一個人審訊，會遭人懷疑。岳鍾琪首先想到的是滿族官員，同駐西安一城的陝西巡撫西琳，但不巧的是，當時西琳因為署理將軍事務，正在教場考驗滿洲官兵，他脫不開身。岳鍾琪急招另一個滿官，按察使司碩色，讓他在密室聽審。實際是給岳鍾琪做個幕後見證。

岳鍾琪審了兩堂，一軟一硬，但投書人軟硬不吃。為何謀反？受何人指使？有何同黨？直到未末申初，即下午4點，一無所獲。經過兩天思考，岳鍾琪決定改變策略，佯裝要共同謀反。於是出現了開頭的一幕，即兩人跪拜盟誓。

張熙見岳鍾琪與自己對天發了誓，心中竊喜，不但把他老師的姓名、地址

全部說出，而且，還把準備起事的六人名單和地址寫下來給岳鍾琪。

原來，寫策反書的曾靜是湖南郴州永興縣蒲潭村的一個秀才。永興縣是衡陽向南到郴州間的一個縣。曾靜後來回憶說：這裏多山丘陵，與外界完全隔絕，經濟極為落後，直到雍正年間，幾乎一家店舖都找不到，即便有，也是以物易物，而康熙錢、雍正錢，即「康熙通寶」「雍正通寶」從未用過。名人文士也從沒有踏足過這裏。曾靜是康熙十八年出生，他娶了東北臨近縣安仁的陳姓女子為妻。早年參加科舉考試，中過秀才，後屢試不第，以教書授徒餬口。由於考試五等，秀才被革，因而科舉的路被徹底堵死。安仁縣有個張熙，還有張熙的叔叔張勘，家庭都極為貧窮，都拜他為師。曾靜開的書館在安仁縣，張家叔姪也在書館幫忙，可以說是他的助教。由於家鄉湖南連年災荒，自己的仕途又沒有任何希望，加上非常貧寒，於是曾靜對清朝的統治現狀不滿。

對曾靜思想影響最大的莫過於呂留良。在應試過程中，他讀過呂留良的《時文評選》，對書中的許多觀點，大為欣賞，認為呂留良是本朝第一等人物。由於仰慕已久，曾靜曾派張熙到呂留良的家鄉，此時呂留良早已去世，但張熙受到呂氏後人和呂門學生的熱情接待，他們還讓張熙閱讀了呂留良的《備忘錄》《呂子文集》《日記》等書。後來據張熙供述，令曾靜、張熙師徒感到遺憾的是，呂留良的後人，都在清朝出仕做官了。

曾靜一家也是時代的一個縮影，當時的「湖廣填四川」也影響到曾靜一家。他的父親聽說四川田多，價格低，因此最大的願望，就是走出大山遷到四川。當時叫「西游」，大概與今天「北漂」之類的詞是一樣內涵，即希望走出家鄉，到好一些的地方闖世界。雍正三年七月，曾靜帶着張熙，平生第一次到了省城長沙，他們原打算去四川。但省城的氛圍就是不同，他們看到城裏貼滿了告示，都是講當年二月二日「日月合璧、五星連珠」這個吉兆。這是雍正大力宣傳的。曾靜、張熙受到鼓舞，也很振奮。既然有這樣罕見的吉兆，湖南的境況也肯定會好起來。於是兩人改變主意，不去四川了。兩人還想進京上書，但沒有路費，也就作罷。在長沙期間，他們去了一趟嶽麓書院。這是湖廣士子嚮往的地方。

　　到了九月初，經過近兩個月的「考察」，兩人回到了熟悉的家鄉。家鄉還是那樣的糟糕，日子卻更艱難了，連續兩年，接連鬧水災，百姓到處逃荒，幾乎每天都在發生大量死亡的事。兩人覺得，「日月合璧、五星連珠」這個吉兆，可能要反過來應驗，莫非是上蒼要拋棄雍正？而這兩年湖廣、廣東扶老攜幼、背井離鄉往四川搬家的百姓到處都是，也有幾次，從永興、安仁經過的零星的外鄉人，給這個偏僻的地方帶來「大新聞」。路過的人告訴曾靜，聽說西邊有個岳公，非常愛百姓，得民心，西邊人最肯服他。曾靜又聽到一些有關雍正矯詔篡位的傳說，還聽說川陝總督岳鍾琪是岳飛之後，已受到雍正的猜疑，正欲奪其兵權，而岳鍾琪三次拒絕雍正宣召進京。

　　曾靜、張熙師徒商量了無數次，一致認為這是個好時機，如果上書勸岳鍾琪反清，很可能成功。祕密策劃好之後，張熙把安仁的房子當了錢，湊了一筆路費。曾靜想得很周到，他給自己這個上書人化名夏靚，給張熙化名張倬，認為一旦策反不成，也審不出底細。張熙在他堂叔張勘一路陪伴下，千里迢迢來到西安，張勘隨即折返，而張熙不久上書岳鍾琪策反。

　　考慮到「逆書」的內容幾乎都是大逆不道，特別涉及雍正皇帝的種種「醜聞」。而岳鍾琪第一次密奏時，尚未取得張熙「策反」的底細，即兩人尚未「盟誓」，因而對投書內容，用了異常恭謹的詞語，表示「逆書」暫時封存，不呈送皇帝御覽：「夏靚逆書理應隨摺進呈，但其言絕滅彝良，悖亂罔極，臣不敢冒昧呈覽，上褻天聰。謹同撫臣西琳密封候旨。」

　　這是策反案發生後，岳鍾琪於九月二十八日給雍正上的第一道密摺。岳鍾琪還密奏說，由於投書人在嚴刑面前毫無畏懼，百計引誘而堅不可破，不但一時不能定案，而且京城到西安摺奏往返需要時間，故請將張熙等人犯押送京城，由皇帝派親信大臣審理，自然會水落石出。

　　當第一份密奏發出後，岳鍾琪用「盟誓」之計騙得張熙及其老師曾靜的真實名字、地址，以及其他重要信息後，又於三十日以更快的傳遞速度，向雍正密奏此案的「重大突破」，即上了第二份密摺，請雍正帝遴選忠實幹練人員，按照名單地址祕密抓捕，早日破案。

雍正揮淚覽「逆書」

雍正幾乎是同日收到岳鍾琪前後上的兩份密摺。他先看第一份密摺，對岳鍾琪第二堂用嚴刑逼供試圖撬開張熙之口的做法不以為然，硃批道：「此事在卿利害攸關，朕量卿不得已而然。但料理急了些，當緩緩設法誘之，何必當日追問即加刑訊。」雍正的意思是，對如此要案，不急於求成，而是要穩紮穩打，一定要想方設法弄個水落石出，放長線，釣大魚。雍正到底是皇帝，他的經驗是岳鍾琪所不及的，因此硃批提醒岳鍾琪，此人既然有如此膽量投遞這樣的逆書，肯定是不要命之徒，也就難怪他在嚴刑之下仍不吐實了。雍正還斷定，做這樣的事肯定不是一個人，隨他而來的也必有其他人。

對於岳鍾琪上奏將逆書原件封存不呈，雍正表現出很大度的姿態。因為自他登基以來，反對他的人就沒有停止，好像一浪高過一浪。他以為，「逆書」無外乎對他進行一些攻擊的話，因此並沒有太在意，所謂見慣不怪。硃批道：「犬吠獸號之聲，有何可介意，送來閑觀之。」雍正還猜測，寫這類逆書的人不像是內地匪徒，就其言論天下時勢光景，朕的用人行政，不是流竄到苗疆內土司的多年漢奸，就是外洋的逆黨。他讓岳鍾琪仔細查看：其語言口聲像不像湖廣人？人品相貌是做學問的，還是官員？是像文官還是武官？或者就是草民一介？

雍正隨後打開了第二份密摺。這份密摺很簡單，雍正匆匆而閱，當他讀到岳鍾琪不惜用「盟誓」得到「逆書」真情時，大為感動，真情流動，提起硃筆寫道：

> 覽至盟誓二字，朕不禁淚流滿面，卿此一念，天祖鑒之，此等盟誓，乃不得已權變之舉，神明有知，斷無不消災滅罪，朕嘉悅處實難筆諭，唯有朝夕焚香對天祖叩頭，祈求我愛卿多福多壽多男子。我們君臣契合，莫非前世善緣做就，愛卿是乘願力而來輔佐朕治理國家的。朕若稍有心口不一處，天祖必降災禍。

在岳鍾琪所開六人大逆名單、居住地址後,雍正硃批道:開單留中,朕自命妥協之人前往捕拿料理。將張熙仍好好設法,寬其心而羈留之。

回過來看岳鍾琪。當雍正親自部署在湖南等地抓捕曾靜等人的同時,岳鍾琪改變了將張熙解送京城交刑部審訊的主意,理由也不容質疑,因為張熙一再說「湖廣等六省可以一呼而定」這類話。岳鍾琪據此判斷:「逆黨已有成謀,必須速得實情,早圖殲滅。」如果不立即消除這個大預謀的隱患,事情可能會難以想像。故岳鍾琪不想為「程序」所耽擱,通過「盟誓」獲得重大突破後,他於三十日,再接再厲,故伎重演,重在套出「湖廣等六省何以一呼而定」。張熙向他透露:「這是基於民情的判斷。湖廣、江西、雲南、貴州、廣東、廣西六省百姓愁苦,連年流離,逃入四川而死於路途的所在多有。當年吳三桂一麾而起於雲貴之間,就是明證。故六省可以傳檄而定。六省之外,如果再有川陝,其他省份不足憂。至於有無糧草、軍馬準備,只有我老師曾靜一人知道。」張熙還告訴岳鍾琪,我們都宗師呂留良。

岳鍾琪原來懷疑,張熙等人已經組織人馬,要動手反清。但經過他再三誘問,確定所謂「六省可以傳檄而定」,完全是這幾個讀書人的「臆想」或推斷,完全沒有付諸行動。這讓岳鍾琪長長舒了一口氣。

有了這些新的進展,以及雍正的指示,岳鍾琪遂連同「逆書」原件、張熙行李中搜出的書冊,密呈雍正,第三次給雍正上密奏。其中對雍正特別關注的「六省可以傳檄而定」,認為現在仍在「惑亂人心、潛謀不道」階段。至此,岳鍾琪開出的「謀逆」名單也擴大到 13 人,地域涵蓋了江浙、湖廣等地。對於曾靜、張熙稱他們平日最服呂留良,岳鍾琪特別密奏說:呂留良在我大清朝,未見有不法行為,只是與地方紳士編寫一些科舉考試用的《士子應試文》。他的孫子在康熙朝一念和尚案中,犯有滅族之罪,但聖祖皇帝認為呂氏乃讀書明理之家,不但全部赦免,就連他的孫子也不追究。他向雍正帝建議,應該讓浙江總督李衛祕密派人到呂留良家裏搜查,這樣也就清楚呂家是否有違逆之書,呂家子孫是否有罪也就真相大白了。

西安到京城之間的驛道,現在最為繁忙,也在傳遞大清朝最重要的信息。

雍正於十月底收到曾靜的「逆書」原件。儘管對這類詆毀他的書信，早有思想準備，但閱罷逆書，雍正覺得還是超出他的想像範圍和承受能力。雍正真的落淚了。硃批道：

> 朕覽逆書，驚訝墜淚，夢中亦未料天下有人如此論朕也，亦未料其逆情如此之大也。此等逆物，如此自首，非天而何？朕實感沃祖之恩昊天罔極矣。卿可將朕冤抑處，伊從何處所聞，隨便再與言之，看伊如何論議。

「逆書」不但否定清朝統治的合法性，更否定雍正即位的合法性，特別對他即位以來六年多皇帝生涯的全面否定。

在投書人眼中，雍正是篡位的偽皇帝、沒有人性的畜生、兇殘的暴君，他應該立即垮台，由有道明君取代他，因此也就難怪雍正真情流露，再次落淚了。雍正告訴岳鍾琪，湖南已派欽差大臣，江浙已交總督密審了。

接下去，雍正把抓捕逆犯和追查逆書信息來源，作為當務之急來處理。

祕密大抓捕

雍正帝拿到岳鍾琪的逆犯「名單」後，採取祕密的方式，即通過兵部發送「廷寄」，一來為保密，二則迅速，兵分三路，開始緊張而嚴密地抓捕。字寄上諭特別指出：查拿匪類以速慎為要，正犯勿使漏網，無辜不可拖累。

第一路是給浙江總督李衛的，主要使命是查拿呂留良的家人、門徒，還有他的所有著作。第二路是給兩江總督范時繹的，因為「名單」中有三個人在他的管轄範圍。第三路是湖南，這也是最核心的地方。當時湖南巡撫是王國棟，雍正覺得此人幹練不足，因而直接派他身邊的一員滿族大將——副都統海蘭作為欽差大臣，攜帶「廷寄」與王國棟共同抓捕曾靜。

李衛的幹練又一次顯露無遺。他是十月二十三日接到來自京城的摺匣，裏面有包封一件，即王大臣宣示密諭，還有一件是抄發總督岳鍾琪兩件原奏，

再有就是要犯名單。李衛雖然是浙江總督管巡撫事宜，但他在不久之前，被雍正委任管理江南盜匪之事。因此李衛在要犯名單中，發現有三人是屬江南，這與他的新職責有關，遂飛諮江南督撫就近查拿。而浙江呂留良一家由他親自部署安排。他派手下人祕密前往湖州、石門二處。為免逃脫，查抄人員進入呂留良後人的家中，以內廷纂修史館購求遺書為名，套出書籍若干，隨即把所有書籍、文字全部抄走，包括借出的，也一併抄走。這些書籍有《備忘錄》《呂晚村已刻文集》二部又二本，《未刻文集》三本，詩集、祭祀、行述二本，祭禮、日記二本，日記六束等。在呂留良弟子家中也搜獲呂留良的著作。十一月初三日，李衛把抓捕、查抄等情況向雍正帝密奏。呂留良的門徒、子孫等共計 23 人被暫時關押在浙江總督衙署附近的七間院落裏。又經李衛親自審訊，挑選重要的五人押解到京城。

曾靜和張熙都住在湘西。這裏經濟落後，山谷河流縱橫交錯。曾靜的家鄉永興縣蒲潭村，距離縣城約 70 里，而距長沙省城接近 600 里。張熙的家鄉安仁縣儘管與他老師曾靜的不是一個縣，但距離很近。

負責湖南抓捕的官員制訂了精細的計劃。海蘭於十月十一日奉命馳驛出京，二十七日到達長沙巡撫衙署，他們分派兩撥兵役，分別抓捕張熙一家和曾靜。張熙家人的抓捕很順利，他的父親張新華、兄張照、堂叔張勘等隨即被抓獲。可能是曾靜獲悉了張家人被抓的信息，因此當兵役進入曾靜家中時，曾靜大聲呼號：「蒲潭先生卒於此。」表示決心自盡，當即被士兵攔住。搜查的時候，發現曾靜的內衣上寫着自己的名字，這是把衣服作為壽衣，也表示同歸於盡。曾、張兩家的人犯都被帶到長沙，由欽差大臣等開始進行分別審訊。曾靜把所有上書的責任一人承擔，「總是我一人做事一人當，我不肯賴也不好誣扳別人」，不承認有其他人參與，供認他平素講究程朱理學，因為讀呂留良著作，尊崇程朱，故此仰慕，並沒有同謀的事，也沒有什麼同黨。海蘭一再追問「六省一呼而定」是什麼意思？曾靜說，這是因為看到這兩年時疫流行，又接連鬧水災，百姓逃離的非常多，就覺得天心不順，想來天心是一樣的，並沒有特別成見。

雍正考慮到湖南是所有案件取得突破的關鍵，因此又加派年輕的旗人——刑部侍郎杭奕祿前赴長沙，審理逆案。杭奕祿於十一月初三日奉命離京，行前雍正一再告訴他：務必要平心靜氣，窮究邪說從哪裏來，即重在挖出根源。二十六日，杭奕祿到達長沙，隨即開始審訊，而曾靜是所有逆犯中的關鍵。杭奕祿就逆書所載，逐條追究，但曾靜茫無所指，非云齊東之語，即云臆度之私，詰問再四，毫無風影，當給紙筆令該犯詳細寫供。到了十二月初八日，初審做出非正式判擬。十二月中，杭奕祿上奏表示，等各路犯人聚齊長沙審理後，按供律擬，請旨定奪。雍正硃批：「已有旨着汝等帶各逆犯來京矣。」

這時在西安，由於岳鍾琪與張熙「盟誓」，只有為數甚少的人知道內情，為「取信」張熙，岳鍾琪還派署長安縣令伴裝岳鍾琪的僕人，在衙署陪伴，還給予酒食招待。岳鍾琪還「答應」張熙一旦計議定後，就會將他祕密放出。「盟誓」數日後，岳鍾琪果真讓署長安縣令把張熙帶到長安縣衙，自此也不再審訊。這樣一來，長安城不明底裏的人盛傳岳鍾琪已與張熙祕密結盟，將官人人自危，因為岳鍾琪是兩省的第一把手，下屬唯恐受到牽連。岳鍾琪感到事情不好，遂急如星火，於十二月十五日上奏，將張熙解送長沙。雍正硃批：「杭奕祿等已將逆情審明奏聞，有旨着將逆類解京完案。張熙若尚未動身，亦解送京交部。」

從雍正給岳鍾琪，特別是前往湖南辦案的杭奕祿等欽差大臣的硃批諭旨中可知，此案將「解京完案」。但雍正隨即又改變了主意，說他要「出奇料理」。

雍正如何「出奇料理」？這些逆犯的命運是否會有轉機？

二十、出奇料理

　　本來，策反案發生兩個多月後，欽差大臣，刑部侍郎杭奕祿在湖南已將「逆情審明奏聞」，雍正也發出諭旨，令將犯人「解京完案」，但為什麼又突然變卦，讓所有犯人集中到長沙？他說的「朕要出奇料理」，究竟「出奇」在什麼地方？

　　由於策反案歷時四年多，過程又一波三折，頗具戲劇性，我們無法一一呈現，以下側重看看雍正帝如何「出奇料理」。

不查本案，深挖「來歷」

　　雍正對曾靜策反案的「出奇料理」，一開始就反映出來，這就是不查本案，卻深挖「來歷」。為什麼？因為他心裏有鬼。對此，著名清史專家孟森有一段經典分析。他說：「世宗於此（逆）書，如果胸中原無此影，自應決為曾靜所捏造。乃一見即推其來由，信其決非曾靜所能虛構，是惟自知其事實之吻合，惟待推得其傳說者之主名耳。」（孟森《清世宗入承大統考實》）

　　這就是說，雍正本來應該就逆案追查，但一見逆書，就追查逆書的來歷，因為他清楚，逆書所說的都是事實。而這些宮中的祕密顯然不是一個住在窮鄉僻壤的秀才所能知曉的。

　　那麼，雍正是如何深挖「來歷」的？

　　岳鍾琪於雍正六年十月十七日密呈逆書，雍正於當月底閱讀後即下旨：「卿可將朕冤抑處，伊從何處所聞，隨便再與言之，看伊如何論議。」

　　岳鍾琪於十一月初九日收到雍正硃批諭旨，即祕密審問張熙：「那些奇駭之說，當初是何處聽來？」所謂「奇駭之說」太多，又很有條理，先從雍正「謀

父」「逼母」說起，這是否定他即位的合法性，以下對兄弟們的殘害、好色、酗酒等，均非人君所應為，即否定雍正的所有作為。這「十條」可能非一人所說，消息渠道多元，但經過「策反書」的精心整理，變成對雍正即位合法性和做皇帝期間所有作為的全面否定，因此對雍正而言，殺傷力極大。張熙供述說，他當年受老師指派，前往浙江拜訪呂留良時，從湖南往江浙走的是水路，乘船時有個同船商客說了一些皇上的話，至於姓名、住址，由於同是船客，當時也沒有問，相貌也不記得了。

由於岳鍾琪無法給雍正想要的「答案」，因此當月十四日，他來一個「啟發式」密奏，他從邸鈔中見提督路振揚上奏說：「我此次進宮以前，外人一直傳皇帝嗜酒成性，是海量級別的，我半信半疑。這次進宮，朝夕侍宴，因為與龍顏最近，從未見皇帝飲酒，可知傳言與事實相反，這都是從前那些不軌之徒捏造散佈的。」岳鍾琪由此事引申說：「此次曾靜的逆書無所不至，細訊張熙毫無指實，即便他所供的舟中傳說者，如果真有其人，亦未必不是從前散佈謠言的餘黨，將來捕獲曾靜的時候再加研訊，自然會真相大白。」

岳鍾琪會做官，揣摩功夫很在行。雍正對岳鍾琪的這一判斷非常滿意。這也正是雍正想要的。十一月初三日，刑部侍郎杭奕祿作為欽差大臣，奉命離京，行前雍正一再囑咐他：「對曾靜要平心靜氣，窮究這些邪說是從哪裏來的。」杭奕祿到達長沙後，此前所派副都統海蘭以及湖南巡撫王國棟都成為協助杭大人辦案的大員。

這次審訊是在湖南巡撫衙門進行的。杭奕祿專門就逆書所載「十條」逐條追究，曾靜茫無所指，最後只好給他紙筆，令他寫出詳細供詞。十二月中旬，雍正下旨命杭奕祿帶犯人來京，並特別叮囑「一路着實寬慰帶來」，他還告訴杭大人，江浙逆黨數人已解到部，等這些人到京對質，即可結案。

幾乎與此同時，雍正也向岳鍾琪發出同樣的諭旨：「張熙押赴長沙，如果尚未動身，也把他解送京城交給刑部審結。」這就是說，欽差大臣是就本案審理本案，沒有深挖這些消息的來源。雍正也認為可以將曾靜、張熙等要犯解京完案。

但雍正命將犯人解京的諭旨,只是一個幌子,他隨即以更快的速度,殺了個回馬槍。杭奕祿接到把曾靜等犯人解送進京的諭旨是雍正七年正月二十一日。第二天,杭奕祿又接到兵部火牌遞到怡親王允祥等公字,內開雍正六年十二月二十五日上諭,內容是着杭奕祿等就「十條」逐一詢問曾靜等,取具口供奏聞。並特別說了這樣一段引人「想像」的話:

> 若果朕之居心行事有絲毫如伊逆書之所言,則人人當如曾靜,懷叛逆之心矣。據曾靜供稱,此語得之傳聞,是他人造作此語,而陷伊於重罪,則造作此語者,乃伊之深仇,伊更不當為之隱諱。即曾靜等不能確指其人姓名,亦必略知其來由蹤跡。

——《清代文字獄檔》

這段話有兩層意思,第一,這一局朕輸不起,一定要扳回來,不然,天下所有人都懷疑朕得位不正,也就都可以背叛朕。朕的天下豈能太平?同時否認逆書所指,雍正一件也不認。第二,一定要曾靜交代他是聽誰講的這些話。這裏明顯含有雍正的策略,即讓曾靜開口,就必須把他解脫出來,因此他是受蒙蔽的從犯,會讓他活命。

允祥傳的上諭還有:「由杭奕祿等人對曾靜委曲開導,推問根究,務得造言首犯,不必刑訊。若供出之人審究確實,着同曾靜等一併解京;如不得其人,即將曾靜等解送。着杭奕祿、海蘭帶領前來,途中加意照看,勿令受苦。」

這就是說,雍正通過兵部「廷寄」,以最迅捷而又祕密的方式,傳達諭旨,他要在長沙把此案審出「來歷」。當然,在上諭中雍正故做無所謂的姿態,嬉笑怒罵,兼而有之:朕覽逆書,不覺失笑,不知從何處得此奇幻荒誕之語,但曾靜等既然做此書,必有奸逆之人造作流言,希圖煽惑者,朕不得不一一剖析,宣示於眾。

雍正覽逆書,對岳鍾琪說他落淚了,此次對杭奕祿等人說「失笑」,即沒有控制自己的情緒,笑出聲來。也許雍正此時已有辦法,故此「失笑」。

　　杭奕祿等隨即進行了第二次審理，也即複審，審查的重點是來歷，方式是開導。這次審訊也有新的突破。杭奕祿開始宣佈諭旨，並破天荒地把上諭交給曾靜，令他捧閱。這表明：我們辦案大臣是奉皇帝之命，而皇帝諭旨是金口玉言，說話是算數的。接着大臣們又委曲開導，反覆追訊造言首犯，這也是給曾靜指出一條「活路」。效果也立即顯示出來，曾靜痛哭流涕，深悔前非，叩頭服罪。他供述，「小的書館在安仁縣路傍鵬塘地方，偶聽來往路人傳言，實未詢確姓名住址，不敢信口妄報。惟雍正元年四月二十七日，有一人至小的書館，據云向名王澍，號燕山，係丙戌進士，曾與十四爺同窗讀過書來。小的恐係職官，不敢深問，因伊稱有子現在川陝統兵，疑即係岳鍾琪父親，故《知幾錄》內亦載有此段，令張熙訪問」等語。此外實不能指出造言之人。詰問王澍居址，據供只知是江浙人，不知府縣，又詰問年貌，據供「彼時有四十多歲，如今有五十餘歲了，五短身材，胖腫的，微鬚」。據此，偵緝人員還為王澍畫了像。

　　對其他人，特別是張熙等人也進行了審訊。顯然，曾靜所供駭人之語與張熙所供完全不同。張熙供出是在船上聽得這些傳聞，而曾靜說是在安仁縣地方。因為張熙所供「線索」無從追查，而曾靜所供線索清楚，容易查究。特別是，只要把逆案與允禩、允禟、允䄉等兄弟幫掛上鈎，雍正在湖南追查來歷就有重大突破。

　　杭奕祿雖是欽差大臣，但畢竟是刑部侍郎，刑部辦案還是要講證據、講事實的。或許因此之故，他沒有就此重要線索深挖，而是將曾靜、張熙及岳鍾琪開單拿獲的張勘、張新華、張照、劉之珩、陳立安、譙中翼，逆書有名之廖易、曹玨，案外查出之張孝先，江南解到之車鼎豐、車鼎賁、孫克用等十幾人，由巡撫王國棟捐給路費，派重兵押解。由杭奕祿、海蘭帶領，於雍正七年三月初十日，自長沙府起程進京。曾靜親筆供單一併奏呈。雍正硃批：「不數日汝等即可至京也。」

　　杭奕祿沒有體會到雍正的真實意圖，因此他的仕途在雍正一朝都不得升遷。

「王澍」其人，雍正交給江蘇巡撫尹繼善密查。這下真難為了尹大人，他按照曾靜提供的進士科名錄，還有畫像，把案卷翻了個底朝天，也沒有找到叫王澍的人。曾靜在被押解京城途中，還把夢中的情節提供給杭奕祿做參考，杭奕祿如獲至寶，向尹繼善「轉述」曾靜夢中所見。最初尹繼善覺得用夢境破案，畢竟太滑稽了，但因為查訪一年，仍無法找到王澍，到了雍正八年密奏時承認「臣不敢以為夢語而忽之也」，雍正硃批安慰道：「夢寐之語何必如此認真也。」這堪稱是逆書案中的「花絮」。

其實，雍正從閱讀「逆書」開始，就把曾靜的「十條」與反對他的幾個兄弟掛上鉤。人們可能會有疑問：允禩、允禟已死去三年了，豈能給死人栽贓？雍正當然有他的操作手段，或許他清楚從哪裏入手，才能真正把案子的來源挖出來。

早在雍正六年十一月十一日，也即雍正御覽逆書有關他「謀父」等十條後，欽差大臣杭奕祿還在路上，案發地西安也沒有進行正式審問，雍正已經為本案定了調。雍正在這一天發佈了歷史上最長的一份上諭，80多面，長達數萬言。這篇長諭就誣謗他的「十大罪狀」一一駁斥，而開篇就定性為，曾靜背後「必更有大奸大惡之徒捏造流言，搖眾心而惑眾聽」。

這篇歷史上最長的上諭，在《雍正朝起居注冊》中有完整記載，但《清世宗實錄》卻隻字未記。為什麼？因為起居注冊的這篇上諭，成為《清世宗實錄》所有記述相關內容的「底本」。而上諭是雍正個人的「回憶」，是「勝利者」的記述，據此形成的「國史」，當然不可不令人懷疑。因此實錄對這樣一件驚天逆案，完全不記載。只有結案的時候記錄一次，時間已是雍正七年五月。

雍正這篇最長上諭的操作，有個明確的目的，他不但要一錘定音，而且這就是「標準答案」，為此，他先聲奪人，命內閣把長諭抄寫100多份，發給每個省，一個省有九份，先是讓各省高級大員「先睹為快」，然後再層遞而下。這是高官所享受的政治待遇，待遇的背後是與雍正保持高度一致。筆者在此特別強調的是，此案當時尚未進行哪怕是初步的審理。在此前，雍正先給他最信任的雲貴總督鄂爾泰，就長諭內容扼要發了一份，就是讓他先表態。由於「操

作」長論有個過程。鄂爾泰於雍正七年四月十五日密奏，顯然迎合雍正：「所以能如此、得如此者，臣以為其事有漸，其來有因，如誣謗聖躬諸事，若非由內而外，由滿而漢，誰能以影響全無之言據為可信？此阿其那、塞思黑等之本意，為逆賊曾靜之本說也。」這裏最要害的話是，已經死去近三年之久的允禩、允禟所傳宣的「誣謗聖躬諸事」是「曾靜之本說」。授受之際民間的傳說，肯定來自官場，而官場又來自皇室內部，具體說就是允禩、允禟。

只有與滿族心腹大臣，雍正才真情流露。他硃批道：「覽其言語不為無因，似此大清國皇帝做不得矣，還要教朕怎麼樣？為朕放心，絲毫不必憤懣，遇此怪物，自有一番出奇料理。」也就是說，雍正以「誘導」的方式，先與親信大臣達成一致，逆書背後是允禩之人的動作。

如何推到死去三年之久的允禩、允禟身上？雍正把「傳言」往前推，這是允禩、允禟等門下被發配的太監們傳出去的。

曾靜、張熙等人，大約於雍正七年三月下旬到京。雍正再次展現他的「出奇料理」：他把逆案切割為兩個部分，曾靜的思想來源於呂留良，這部分雍正命刑部審理。而直接關係到他的「十條」醜聞，不能讓更多的大臣知道，要限制在最小範圍內，因而直接由雍正本人審理。此時的雍正完全放下帝王的尊身，粉墨登場，直接審問曾靜，對策反書提出的「十條」指控，逐條批駁，並一再開導曾靜，讓他「悔過自新」。雍正認為，一介生活在窮鄉僻壤，與外界幾乎沒有多少接觸的書生，不可能了解宮廷中所謂「謀父」「逼母」等內幕，來源不外是「阿其那、塞思黑、允禩、允禵之逆黨奸徒，造作蜚語，布散傳播，而伊信以為實之所致」。

果然，在雍正的直接「開導」下，曾靜在京城審問時供出，他所聽到的流言全部是允禟等門下發遣廣西的太監捏造散佈的。雍正於是命刑部把雍正五年五、六月以前發往廣西煙瘴人犯名單開列出來，令沿途各省督撫按單察訪，不許隱諱一字。

曾靜在京還「回憶」出，他聽傳言的兩個人，一個是湖南茶陵人陳帝錫（又作陳帝西），一個是永興縣陳象侯。雍正七年九月初六日，湖南巡撫王國棟接

到怡親王傳旨，令王國棟將兩人提到省城，如不肯承認，巡撫可委曲開導，說曾靜都不殺，你們不過傳說之人，說出即無罪；如不說出即可刑訊。但王國棟審訊不出結果，令雍正大為不滿，諭旨責備說：「杭奕祿不能詳悉推求，是以令王國棟查辦，而王國棟又草率希圖完結，實為溺職。必追出傳言之人，此事方可歸着。」

杭奕祿、王國棟之所以「溺職」，就是沒有按照雍正的思路審出來他要的「結果」，而追出傳言之人，才算破案。話說到這個份兒上，參與審案的大臣都明白雍正要的答案是什麼了。

陳帝錫也在王國棟的再三「開導」下說出一點新情況：「前年八月去衡州買綢子，路上遇到四個大漢，穿着馬褂，說着官話，像京裏旗人模樣，說岳老爺上疏，皇帝也不問罪。」但王國棟的成績單雍正並不滿意，隨即把他調回京城，湖南布政使、按察使或者革職，或者調離。

湖南大換班後，接任的新巡撫趙宏恩理解了他的新使命，他按照發配廣西犯人的名單審理，立即有逆書案發以來最突破性的「收穫」，他密奏說，逆犯耿六格乃三藩之一耿精忠的孫子，他同吳守義、馬守柱、達色、霍成等經過各處，沿途稱冤，逢人訕謗，解送犯人的兵役、住宿的店家等全都一同聽到了這些話。凡遇村店城市，他們高聲呼叫：「大家快來聚齊，你們都來聽新皇帝的新聞，我們已受冤屈，要向你們告訴，好等你們向人傳說。」又云：「只好問我們的罪，豈能封我們的口！」至於呼喊的具體內容，密奏沒有明確講出來，但顯然是關於雍正即位的種種傳聞。

罪犯發配地廣西在此前後也有重大收穫。巡撫金於雍正七年六月十八日，接到怡親王等寄到雍正五年六月以前，發往廣西煙瘴人犯密單，特別是五年五六月間經過衡州到廣西的犯人。密單開列過衡州人犯共有五案八人，其中兩人已經病故，最後集中在六格等三人身上，經審訊，他確實有悖逆之語。雍正不放過這一「重大成果」，隨後通過怡親王兩次給金髮上諭，金遵旨於八月初把六格等七人解送京城。雍正對金大為欣賞，硃批說：「料理可嘉之至。地方中既被此輩流言，已蠱惑數年矣。但鄉愚無知者，信疑之間不可言無，常竭力

留心開示，凡有發往人犯處，皆不可疏忽。務將阿其那等不忠不孝不法不臣處一一詳細委曲宣諭，務人人知悉方是，不可草率疏忽從事。況汝先在允禟屬下，雖任外吏，朕弟兄輩從來情形，汝不可言全不知也。勉為之。」

那麼，六格是如何交代的？池州知府把六格密召到衙署，又給予好酒好飯招待，然後設詞探誘，逆語漸多，妄言之後，自吐其舌云：「我錯了。老爺是個官，我如何向老爺說出這些話」。

至於曾靜在長沙「交代」出來的王澍，經核查，並沒有找到這個人。而在湖南原巡撫王國棟開列的發配廣西途經衡州的發遣犯人名單中，有耿桑格、六格二人，而耿桑格已死。在新巡撫趙宏恩這裏，出來了「耿六格」，這極有可能是「胥吏」出的主意：把這兩個人名捏在一起。因為六格還活着，而耿桑格已死，到底是誰說的，已無從查實。經過以上一番操作，雍正得出結論，逆書來源是：「阿其那等蓄心陰險，存傾陷國家之念，懷與皇考為仇之心，而反一一加之於朕，總因阿其那等平日之逆謀不遂，畜養匪類，播散訛言，欲以鼓惑人之耳目，俾素蓄逆念之人蠢動而起然後快心。」至此，追查逆書來源已經大功告成，雍正要鳴鑼收兵。

「皇帝辯書」，天下講讀

為了統一思想，最重要的是給逆書案一個「權威答案」，雍正把他六年十一月的長篇上諭作為「底本」，刊刻了100多份，每個省發九份，巡撫、布政使、按察使、學政還有高級武職官員人手一份。由於「層層傳達」，又不走樣，巡撫再委派下屬抄寫，有的地方乾脆由工匠直接刊刻印行。如此一來，不但各級官員人手一冊，就連胥吏也要一冊在手。

到了雍正七年九月十二日，雍正令將曾靜等人犯的歷次口供、反省、悔罪的懺悔錄，還有曾靜寫的《歸仁說》，特別是雍正歷次發佈的有關上諭，彙編成書，雍正親自命名為《大義覺迷錄》，刊刻後頒發全國各府州縣，使得讀書士子及鄉曲小民共知共聞。雍正還下令在所有府州縣學校，每所學校各貯一

冊，使後學新進之人觀覽知悉。如果有未見此書、未聞此諭旨者，一經查出，將該學政及該縣教官從重治罪。

這是一次成功的輿論戰。當然也留下隱患。

現存四卷本《大義覺迷錄》中，有關雍正的「十條」，他都一一予以駁斥，並以親歷者的形象出現，或者回憶，或者拉上他人與他一同「親歷」，以做「見證」。書中說：雍正對父「誠孝」，對母「備盡孝善」，對各位弟兄也以「手足之情」極盡「寬宥」和「仁愛」，他們或病故，或「伏冥誅」，允禩、允禵的死都與他無關。「十條」中有關他酗酒、好色、貪財等，也予以澄清或反駁，表白自己既不酗酒，也不貪財，更不好色，他「清心寡欲」，「天下人不好色，未有如朕也」。至於說其「好殺」，更是無中生有，他說他「性本最慈，不但不肯妄罰一人，即步履之間，草木蟋蟻亦不肯踐踏傷損」。還說，自己從不「好諛任佞」，而是「以忠讜為生，以迎合為戒」。

通過逐條反駁，雍正把自己打扮成一個光明正大、忠孝仁愛、不近酒色、愛民如子的「聖君」。而允禩、允禵、允禟等兄弟，是一羣生性暴戾，爭權奪利，貪財好色，結黨營私之徒，如同豬狗禽獸一般。總之，雍正繼位合理合法。

雍正對曾靜的審問，軟硬兼施。曾靜為了活命，對雍正搖尾乞憐，歌頌「我皇上御極以來，德盛民化，風清弊絕，民間無絲毫煩擾」，「聖德神功，上承列祖，尤無纖毫不愜於心」，而把自己說成是「彌天重犯為謠言蠱惑，遂戴天不知天之高，履地不知地之厚」，並自稱「向為禽獸，今轉人胎」。這或許是雍正用「覺迷」二字標示書名的所在。在雍正的唆使下，曾靜寫了一篇《歸仁說》，肉麻地吹捧雍正至孝純仁，康熙傳位於他兼得傳子、傳賢之意，還說雍正朝乾夕惕，勤政愛民，並表示：「此身若在，願現身說法，化導愚頑；倘不能生，則留此一篇，或使兇頑之徒，亦可消其悖逆之念。」

逆犯「有功」，呂氏株連

《大義覺迷錄》已經刊刻，下發全國。曾靜、張熙也非常「配合」雍正，

表示願以自己為反面教材，向全國宣傳雍正大德至孝，國家治理得如何好。雍正當然願意他們這樣做。因此，雍正來個徹底的「出奇料理」，不但把曾靜、張熙釋放，還說他們有功。

十月初六日，議政大臣等按照謀反大逆律，奏請將曾靜、張熙凌遲處死。但雍正卻將大臣們的奏摺駁回，理由有三。一是岳鍾琪與張熙盟神設誓，才使逆案得以破獲，如果處死張熙，岳鍾琪將無以對天地神明。假若朕身曾與人盟神設誓，則今日亦不得不委曲以期無負前言。二是曾靜等僻處鄉村，為流言所惑，其捏造謗言之人，實係阿其那、塞思黑門下之兇徒太監等人，因犯罪發遣廣西，心懷怨忿，造作惡語，一路流傳，今已得其確據。曾靜師生並非元兇首惡，而是受人蒙蔽；曾靜又能誠心改過，理應施恩寬宥。第三，若非因曾靜之事，則謠言流佈，朕何由聞知，為之明白剖析，俾家喻而戶曉耶？在曾靜亦未為無功。

怡親王允祥、諸王大臣等再疏請誅曾靜，雍正帝說：「寬宥曾靜，天下後世或以為是，或以為非，皆朕身任之，於臣工無與也。」命將曾靜、張熙免罪釋放，並諭湖廣地方官員及當地人等不得暗中傷害，否則，必問以抵償之罪。即朕之子孫將來亦不得以其詆毀朕躬而追究誅戮。

雍正不殺曾靜、張熙，真實的目的是利用二人做悔過自新的教材，讓其到各地現身說法，宣講《大義覺迷錄》，而所有的核心是宣講雍正即位的合法性。隨後，雍正命杭奕祿帶領曾靜到江南、浙江等地宣講，又命尚書史貽直帶張熙到陝西各地宣講，還命湖南巡撫賞曾靜白銀 1000 兩，作為安家之用，並讓其到湖南觀風整俗衙門聽用。

曾靜、張熙回到湖南後，引起士人極大義憤。雍正八年八月，省城長沙貼滿傳單，內容是約定九月十九日共執曾靜沉潭。巡撫等立即出告示禁止，同時把曾靜保護起來。曾靜到湖南觀風整俗衙門後，於雍正九年請假回家置產，雍正特別給假一年，到十年八月期滿，仍回衙門。

雍正更「出奇料理」的是，大逆犯人無罪釋放，還賞銀子，還要用為官員，但已死去數十年之久的呂留良卻成為主犯。由於曾靜、張熙說自己是受呂

留良的影響，才犯悖逆之論，雍正遂命浙江總督李衛查抄呂留良家，拘拿呂的同黨。但李衛明顯同情呂留良，上疏雖然委婉但又很明顯為呂留良求情。李衛於雍正六年十一月初三日密奏：「將呂留良子孫七人抓獲（有九子，健在的只有二子，呂留良於康熙二十二年去世，七房老少二十三人），搜出呂留良《備忘錄》二本、已刻文集二部又二本、未刻文集三本、日記等，又在呂留良弟子嚴賡臣（嚴鴻逵，歸安生員，七十四歲，沒有後人，教書為生，雍正元年，經大學士朱軾推薦到明史館，因病請假。經查日記相符）、沈在寬（歸安人，廩生，跟嚴讀書，去年到江寧車家教書）家搜出很多本呂留良著述及其他文獻。」

但李衛奏稱，看嚴賡臣、沈在寬等形貌語言，都是做不成事情的人，好像沒有什麼本領，細訪素日行徑，惡逆之事亦未顯露於外，無非自負過誇，與江寧之車鼎豐、淮安之孫克用等一班道學氣味相通，彼此高抬聲價，嚴賡臣有理學名，且為大學士朱軾推薦，湖南觀風整俗使王國棟訪聞其學問素優，因病未去給匾，李衛也給他送了匾額。李衛認為：「呂留良先世係前明戚畹，未免有頑民之心，迨本身進學中秀才，子孫皆出仕為官，食的是大清俸祿，現多貢監生員，似乎後來已有革面之意，其所著《備忘錄》《呂子文集》等俱經追出，內多缺略空隙，臣文義未能深曉，又不敢久留細看。盡行封固進呈。總之，呂留良存日專講理學，天下號為讀書者，無不稱頌，臣見陸隴其文集，也推崇呂留良並稱述張楊園《備忘錄》，以為足救俗學之弊。」這裏，李衛為呂留良及子孫開脫，乃至說情的意味頗多。而案發之初岳鍾琪也有類似表達。雍正對此不會不清楚，但他有自己的堅持。

李衛於十一月十七日在吳江縣地方，接到雍正的密諭，雍正對李衛的「立場」提出嚴厲批評。李衛如果再堅持呂留良無罪，不僅烏紗帽不保，還要治罪，因此李衛的態度被迫轉變，密奏只有檢討的分兒：「開誠諭知臣子職分，更當何如，豈肯將其同謀逆犯，反慮拖累，稍有寬縱，自蹈罪戾。」當然不忘稱頌雍正一番。雍正硃批道：「此等事朕談笑而理也，無故加之不怒一句，朕生平能之，若言此等事能令煩朕之心，則汝不知汝君之人矣。放心。」又硃批：「湖南已將各要犯俱已搜獲，可愛之極，並無餘黨，亦無相聚匪類，只此數取死之

狂悖書生，亦屬奇異事情，明白結案後，自另有通諭。」

曾靜上書謀反，雖受呂留良的思想影響，但並未受到其直接指使，呂留良不是共謀。呂留良確有反清思想和言論，但沒有直接的反清活動。明末清初，像呂留良這樣的明朝遺民大有人在，顧炎武、傅山、王夫之、黃宗羲等都是。這些人在生前與死後，都未受到懲處，清廷特別是康熙時期反而優禮有加，就是呂留良生前也同樣受人尊崇。李衛曾親送匾額至呂府；理學名臣陸隴其也在呂留良病逝後親寫祭文。

到了雍正八年十二月，刑部奏請：呂留良應銼尸梟示，財產入官，伊子呂葆中逆跡彰著，亦應銼尸梟示；呂毅中，應斬立決；伊子孫並兄弟伯叔、兄弟之子及女、妻妾姊妹，子之妻妾，應行文督撫查明，按律完結。

雍正先定調批示：「朕思呂留良之罪，從前諭旨甚明，在天理國法萬無可寬。但又假惺惺地指示：着將廷臣所議，行文直省學政，遍行詢問各學生監等，應否照議，將呂留良、呂葆中應銼梟示，伊子呂毅中斬決，着秉公據實，作速取具該生監等結狀具奏。其有獨抒己見者，令自行具呈該學政，一併具奏，不可阻撓隱匿。」指示下達後，確有少數不怕死的讀書人持反對意見，地方官員不敢上報，或予杖斃，或永遠拘禁。浙江台州有個讀書人叫齊周華，他撰寫《救晚村（留良）先生悖逆兇悍疏》，讚其著作「能闡發聖賢精蘊，尊為理學者有之」，指出朝廷對此案處置不妥。但這個上疏分明是打雍正的臉，故此，從台州到省裏，百般阻撓，而齊周華認理不疑，竟然徒步上京城，自投於刑部。刑部不好處理，將上疏人退回浙江巡撫處理，齊周華被拘至省城杭州，在獄中受盡酷刑，有人勸他認自己是瘋顛，但他卻「堅不認癡」，直到乾隆即位才被釋放。

雍正卻睜着眼睛說瞎話，強姦民意，兩年之後，即雍正十年十二月下諭旨說：「今據各省學臣奏稱，所屬讀書生監各具結狀，咸謂呂留良父子之罪，罄竹難書，律以大逆不道，實為至當，並無一人有異詞者，普天率土之公論如此，則國法豈容寬貸。呂留良、呂葆中，俱着戮尸梟示。呂毅中着改斬立決。其孫輩俱應即正典刑。朕以人數眾多，心有不忍。着從寬免死，發遣寧古塔給與披

甲人為奴。」呂留良的學生嚴鴻逵也被戮屍梟示，沈在寬凌遲處死，他們的嫡屬也照律株連治罪。呂的私淑門人黃補庵，刊刻呂著的車鼎豐、車鼎賁，及與呂「往來契厚」或「刊藏禁書」的孫克用、周敬輿等，或斬立決，或斬監候，妻妾子女也給功臣家為奴。另有羅織牽連的人，更無計其數。

為清除呂留良的影響，雍正還命大學士朱軾等編撰了《駁呂留良〈四書講義〉》，對呂的《四書講義》逐條批駁，成書予以刊刻，頒佈學宮。

雍正對謀反大逆的主犯曾靜、張熙不予治罪，而將死去數十年的呂留良還有他的後人、門徒處以大逆罪，剖棺戮屍，家人株連。這種顛倒黑白、完全置法律於不顧的做法，當即引發人們的義憤。山西夏縣有個教諭叫高振，他上帖稱：

> 走狗狂惑不見烹，祥麟反作釜中羹。
> 看徹世事渾如許，頭髮衝冠劍欲鳴。

帖子下面有兩句註解：曾靜可殺不殺，呂晚村無罪坐罪，誠古今一大恨事。號召好義君子一起來反對。

雍正對大臣們說，帝皞即位，三年毀之，三年譽之。這是雍正即位的第七個年頭。他希望通過曾靜案，通過刊刻《大義覺迷錄》以詔告天下的形式，把所有攻擊他的言論一一駁倒，使流言不攻自破，那樣後世就沒有人會懷疑他的皇位來得不光彩。但遺憾的是，他的臣民記住了謠言，忘記了皇帝的苦心。

時間又過了六年，雍正皇帝病逝。乾隆皇帝即位後做的第一件大事，就是把曾靜、張熙處死，並把《大義覺迷錄》全部銷毀。但官府長達七年強有力的傳播，雍正的「十大罪狀」以及他的自辯，已經成為那個時代的集體記憶。乾隆銷毀《大義覺迷錄》，更讓他的子民認為他所以要銷毀此書，就是因為書中講的是真事。

雍正做了 13 年皇帝，而他用了一半的時間，打擊、懲治反對他的諸位兄弟、皇親國戚，甚至還包括他即位之初支撐雍正王朝的台柱子、寵臣。當然，

在此期間，雍正並非把所有精力都用在此處，他力圖振百年之衰的作為，以及整頓康熙晚年的諸多弊端，都告訴世人，雍正這個皇帝不好當。他的作為如何？他的性格愛好又有什麼獨特之處？家庭生活又是怎樣？

二十一、為君之難

　　雍正元年正月二十二日這一天，剛剛即位兩個月的雍正皇帝把御筆書寫的「為君難」匾字一張，和「惟以一人奉天下，豈為天下奉一人」對子一副交給他最信任的怡親王允祥。雍正特別交代，將這個長三尺九寸五分、寬一尺六寸六分的御書匾字，和高五尺四寸五分、寬九寸五分的對子，都做成木格眼一塊玉，不必鑲邊。第二天，怡親王選了三方上好的紅色壽山石呈送給雍正。雍正最後選中了雙螭玦扁鈕長方引首一方，命將引首下邊砣做腰圓形，鐫刻「為君難」。到了三月十三日，宮廷造辦處刻字作、裱作的工匠們緊張施工，才完成了製匾，雍正仔細端詳，把它掛在了養心殿西暖閣。四月十九日，造辦處又按照雍正的旨意，將一方長 8.6 公分、寬 5.2 公分的「為君難」長方印璽鐫刻完成。[1]

　　眾所周知，養心殿西暖閣是雍正為父皇康熙服喪其間召見大臣、處理朝政的地方。雍正帝在這裏懸掛御書「為君難」匾，是要向王公大臣宣示什麼呢？

　　時間又過了近兩年，即雍正二年十月十七日，雍正帝在乾清宮召集滿漢王公大臣，當面發佈長篇諭旨，開篇就說：「自古為君難，至於朕躬纘承大統，尤為難之難者。」（《雍正朝起居注冊》）

　　貴為九五至尊的皇帝，即位時 45 歲，正是人生的盛年，雍正為什麼要反反覆覆大講「為君難」？飽讀詩書的大臣們清楚，「為君難」，語出《論語》中有名的「子路」篇，是子路等人向孔子請教如何做一個稱職的領導者，今天幾乎家喻戶曉的「其身正不令而行；其身不正，雖令不從」，就出自這一篇。魯

1　朱家溍、朱傳榮：《養心殿造辦處史料輯覽》第一輯，故宮出版社 2013 年版，第 7-10 頁。

定公請教孔子：有沒有一言可以振興國家這樣的話？孔子回答說：話不能說的這樣絕對，但有一句近似的話，就是：為君難，為臣不易，如知為君之難也，不幾乎一言而興邦乎？後面一句話是說，如果知道做君主很難，不就是接近一句可以讓國家強盛起來的話嗎？隱含的意思是說，君主做出的重大決策，影響國家所有的人，因此要十分慎重。

雍正為什麼說他當皇帝「尤為難之難者？」有的方面，他做了解釋，有的是他的隱衷，無法說出口。

概括說來，雍正所說的「為君之難」，也是雍正帝執掌大清國所面臨的三大壓力。

來自繼統的強烈質疑

雍正即位當了皇帝，但他拿不出康熙生前傳位給他的令人信服的諭旨、詔書。加上康熙晚年近二十年的儲位之爭，捲進去的皇子、大臣實在太多。由此他即位後承受着與一般君主不一樣的繼統壓力，質疑、抵制他得位不正的宗室王公絕非個別，而是一個非常有力量的羣體。這種抵制在雍正即位之初的一二年間表現的最為強烈。不但廉親王允禩、貝子允禟、允禵質疑他，就連他的同胞弟弟允禵，奔喪回京後，也明確提出要看父皇康熙的傳位詔書，表明他對乃兄雍正即位的質疑。

這些質疑通過三個方面表現出來。一是雍正擔心自己的皇位不穩，被奪了去，二是擔心反對他的人謀害他。三是宗室大臣拒絕為他做事。為此，雍正幾次上演「讓位」鬧劇。雍正元年二月初十，雍正說他為父皇守喪的百日之內，弟兄及諸大臣，「淆亂朕心者百端，伊等其謂朕寬仁，不嗜殺人，故任意侮慢乎？此啟朕殺人之端也。」雍正特別說，蘇努是貝子允禟的岳父七十（又作齊什）之黨，他們結為生死之交。蘇努之子，領侍衞內大臣、御前行走勒習恆「將朕所交之事顛倒錯謬，將朕所降諭旨任意增減，致諸王大臣每事掣肘，難於辦

理。」[1]雍正三年三月，當在西北負責看守允禵的都統褚宗向雍正密報，允禵在西北收買人心、大得軍民擁戴時，雍正硃批說：他們如果能真心收服天下，朕實既高興又慚愧，把皇位讓給他們啊。這樣的硃批顯得雍正不那麼自信。半年後，雍正在西安將軍、宗室貝勒延信的密奏上硃批說：「朕在此三年，未曾指望能如此輕易挺過去。」

這話說的很直白，也說明他面臨穩固皇位的極大壓力。雍正甚至擔心自己被允禩等反對他的人謀害而死。一次，他對大臣們說：「朕受皇考付託，則朕之一身，上關宗廟社稷，不得不嚴加防範。允禩在皇考時毫不遜順，恣意妄行，至今仍然不止。皇考與允禩是父子兒臣的關係，朕與允禩等人是兄弟關係，允禩可以置君父大義於不顧，又豈能在意我這個皇帝哥哥？朕豈能不顧念祖宗的社稷江山？」為防範別人加害，他幾乎不敢離開京城，而年羹堯、隆科多也屢次提醒他「諸王有變」，說白了，就是這些兄弟對他當皇帝不服，預謀推翻他。為此他即位不久，就迫不及待的祕密立太子，並昭告天下，這就是為了讓反對他的兄弟們斷了覬覦皇位的念想，正告幾位兄弟：即便我雍正有什麼不測，大清的江山仍由我的太子接班。同時把這幾個兄弟進行空間上的區隔，讓他們無法在一起謀事。

雍正的繼統壓力大約經歷了四五年之久，直到雍正四年處死允禩、允禵後，危險才基本解除。但在民間，仍然議論紛紛。曾靜策反岳鍾琪案爆發後，對雍正的心裏打擊極大，該案歷時三年，以雍正發佈《大義覺迷錄》為收尾，他以強大而至高無上的皇帝權威，為自己「正名」。而在偏遠的福建，還發生一件「三王讓位」的案子。

雍正八年七月，福建學政戴瀚在漳州府進行歲考完畢，路過上杭縣時，有個自稱童生、年近三十，曾在該縣衙門當帖寫書辦的范世傑，攔路向戴大人投遞呈詞，戴大人以學政巡試途中不收呈詞的定例，拒絕接收，令其在放告期投

---

[1]　《雍正朝漢文諭旨彙編》第一冊，廣西師範大學出版社 1999 年版，第 32-33 頁。

遞。過了幾天，到了放告期，范世傑向戴大人投狀子。戴大人以為是士子之間有什麼糾紛，但一看數千餘言的呈詞，竟然是借曾靜之案，雜引經傳，以武王自比。更讓戴大人感到震驚的是，狀子裏還有這樣一段話：「三兄有撫馭之才，欽遵父命，讓弟居之，聖君不以為是，三揖三讓而後升堂踐天子位。」

意思是說，誠親王允祉本來有治理天下的才能，他遵照康熙之命，把皇位讓給雍正，雍正三次謙讓而後即位。由於此事發生在偏遠的福建一個縣城，又是講皇位傳承的大事，戴瀚祕密傳問：「你呈內所說三兄讓位的話有何憑據？」范世傑供稱他也不知道，聽見城裏人都是這麼說的。又問：「你曾在觀風整俗使衙門遞呈，為何沒有這等話？」范世傑回答說：「前日在觀風整俗使衙門所具的呈詞是自己做的文字，這一次呈詞是用經傳成語湊合而成的，所以不一樣。」戴瀚又問：「雍正六年十一月頒發上諭一道，內中宣示皇上繼統登極之事，甚為著明，你可曾見過嗎？」范世傑說他見過。戴瀚將范世傑押交上杭縣後，隨即將此事密奏。雍正接報後硃批：「此事你會同督撫密訊確情奏聞。所奏甚屬可嘉。地方大員果一一將此等事概不隱匿消滅，此等棍徒匪類，何患不淨盡也。但覽其呈詞，乃一不安分、希僥倖之小人，亦無甚悖逆不法之意，究問得情則已，非鋪張徹底之事，將此諭亦令督撫知之。」

雍正九年二月，戴瀚接到雍正密旨後，當即密諮福建總督劉世明、巡撫趙國麟，密行上杭縣將范世傑押送省城。五月，三人一同在總督衙門祕密審問。「三兄讓位」仍是審理的重點。趙世傑供稱：「聞皇上序居第四，因此小的推想起來，該有三個兄，若說撫馭之才見得三兄小有才，非比萬歲聰明天縱者同日語也，欽遵父命讓弟居之，見得聖祖皇帝傳位及於聖君，即傳賢傳子之意，所以欽遵父命不敢有異言。小的叔父范上達在衙門當貼寫，回家曾言朝廷家有個三爺，雖然有才，乃是秉性凶暴，做不得人君。小的聽了記着，遂用在呈詞之內。」

此時，曾靜的案子牽涉呂留良的部分還沒有處理完，雍正也不想一波未平，一波又起。戴瀚等三人也審不出有價值的內容，隨後聯銜密奏，說該案按照「各省抄房捏造言語，錄報各處」的法律，應判范世傑流三千里。根據案件

的管轄，徒流人犯歷來應由一個省的最高司法官按察使向刑部題奏，但如此一來，豈非盡人皆知？不符合祕密審理的要求，應如何判處，請雍正指示。雍正硃批：「押交原籍，命范世傑朔望宣講《大義覺迷錄》。」

「三王讓位」這件事說明，儘管事實上雍正的江山已經穩固，但對他得位不正的傳聞並沒有停歇下來。而且，雖然有了雍正六年十一月十一日的最長諭旨，為他即位做了「標準」答案，但民間仍不相信雍正諭旨的傳位「答案」是真實的。

康熙，難以跨越的高山

雍正的「為君難」，還有一個重要原因，即他的父皇康熙，是一座難以跨越的高山。康熙八歲即位，14 歲親政，在位 62 年，實際執掌大清國 55 年。更重要的是，康熙在數十年的皇帝生涯中，在臣民中樹立了絕對崇高的威望，這種威望不但來自於康熙的雄才大略，更來自康熙所說的，數十年「心為天下耗其血，神為天下散其形。」用雍正的話講：父皇是神一級的皇帝，自己事事不如皇考。這絕非雍正謙虛的話，也不是對父皇康熙的恭頌之詞，是一種實際的表達。因此，雍正即位之初乃至很長一段時間，他能夠打的最響的牌就是父皇。雍正在即位詔書中有這樣一段話：「孔子曰：三年無改於父之道。我皇考臨御以來，良法美政，萬世昭垂，朕當永遵成憲，不敢稍有更張，何止三年無改。」（《清世宗實錄》）

雍正即位詔還說，「朕的兄弟子姪甚多，朕一定讓你們共享升平好福。」即位詔書代表新皇帝的施政綱領，在滿朝懷疑聲中，雍正的這個承諾，也是一份安民告示，甚至是他即位後得到臣民支持的先決條件。因而，雍正即位之初，他面臨極大的壓力，王公大臣會自然把新皇帝的每一個舉動與康熙相比較。

果然，康熙去世尚不到百日，雍正及諸兄弟還在百日熱喪期，朝野就對他令允祿承襲莊親王爵位、家產，而把允禵派往西寧，將允禵家下人、太監等懲治議論紛紛，說他任用私人，對兄弟很殘刻。雍正不得已為自己辯護說：外間

匪類，捏造流言，妄生議論，說朕鍾愛十六阿哥，令其承襲莊親王王爵，受其家產。朕為君上，多封諸弟為親王有什麼不可以，而非得借承襲莊親王而加厚於十六阿哥？又如朕發遣一人，就議論朕報復舊怨；擢用一人，又說朕恩出於私，以新進加於耆舊之上，今諸王大臣都在，歷年以來，誰是朕藩邸往來者？如有其人，能掩眾人耳目嗎？如朕所用佛格、尹泰等人，朕何私之有？天子簡用所知之人，乃分內之事，非臣下所可妄議也。還有的說朕對待兄弟很殘刻，殊不知朕諸弟兄家，有奸惡太監數人，用種種辦法引誘他們的主子，如果公開審理，勢必會牽連到朕的兄弟們，朕顧念兄弟之情，加意保全，將這些奸惡小人發遣遠方，有人就說朕陵逼弟輩。我朝舊制，行軍之處必派王公等前往，大將軍允禵到京後未定應行回任與否，是以諸王大臣議請貝子允䄉派往軍前駐紥西寧，此不過為國家邊疆起見，允䄉怠慢不肯啟程，屢次推諉，遷延時日，朕曾對允䄉說：爾既然不願去，朕代你前往如何？而且允䄉的太監何玉柱，一個極為微賤的人，而使有家產至數十萬，又用一漢給事中秦道然為伊府管領，「豈非欲圖大事？」雍正再次重申：「三年無改於父之道，可謂孝矣。朕受皇考鞠育教誨深恩四十五年，今承大統，惟思永永無改，何止三年！此念出於至誠。」（《雍正朝漢文諭旨彙編》）

宋代政治家歐陽修專門做《為君難論》，特別提出：「語曰為君難者，孰難哉？蓋莫難於用人。」雍正在即位之初的一年間，為建立自己的班底，對官員大換班，各部大臣換了四十五位，御史中換了三十七位。地方大吏換的更多。終雍正一朝，質疑他用人的，從未斷絕過。不是說他喜用新人，就是說他用人太快，退人也太快，官場像走馬燈一樣，更重要的是，把一批奔竟之人、喜歡告密者、揭發他人隱私的，以及武健之吏抬到了前面。

雍正為自己一一辯駁，「說朕所用之人，都是聖祖皇帝的舊臣，朕不過由侍郎用到尚書，由尚書用到大學士。說朕喜用新人，可乎？還有的無知之徒說朕進人太驟，退人太速者。朕在藩邸時從未與外廷諸臣往還，即便有認識的也非常少。等後來即位後，有內外員缺，難道能不用人、空着崗位嗎？因為朕沒有平時認識的人，不得不在更廣泛的範圍內選用，等用了之後觀察其人，實不

可用，又不得不換人。故大自督撫提鎮，乃至於道府參游州縣，每一缺出，朕將吏兵二部月摺，翻閱再四，每至終夜不寢，必得其人，方釋然於中。此為君之難，實不可以言語形容者也。」

雍正二年，雍正親自選拔，用黃叔琳為浙江巡撫，但到任不足四個月，雍正就把他罷免，一時引起非常大的波瀾。雍正又為自己辯護。

黃叔琳是清代很有名的學問家。康熙三十年一甲第三名進士，俗稱探花，當時年僅 20 歲。任山東學政時，獎掖人才，與著名小說家蒲松齡過從頗密。雍正初年任江南鄉試主考官，博通經籍的考生多被取為舉人，「儒林文苑名臣，多出其中」。後調任吏部侍郎，受命同兩淮鹽政赴湖廣酌定鹽價，革除陋規，當地商人百姓為他豎碑立傳。

也許是看中黃叔琳是個人才，雍正二年二月，雍正將他外放為浙江巡撫。四月初六日，黃叔琳到杭州接任，第二天是照例謁文廟之日，他率生員拜謁，隨即又同主考官一起檢查武舉考試事宜。雍正帝對黃叔琳這一崇儒重道的例行上奏，頗不以為然。硃批道：

> 崇儒重道固為治化之源，但不可徒務虛名而反縱容習頑不法紳衿。誠欲作興斯文，莫若屏黜生事之豪監、武斷之劣生，振起躬行實踐、敦讓淳樸之風，始為真正崇儒重道。若畏鄉曲之私評勝於廟堂之清議，稍為執法懲創一二衿監，即恐身被凌虐斯文之名，因而一味姑容，任其玩法害民，傷風敗俗，貽誤地方，莫此為甚。讀聖賢之書，言聖賢之言，行聖賢之行者，方可謂之儒，否則咸係名教中之蠹蟊、衣冠中之秕莠也。此輩不除，真儒不出，豈宜捨本逐末徒於枝節上作工夫！……近年來各省習頑衿監挾制有司，欺壓小民，或將本地封疆大吏竟敢造作歌謠，任情譏誚，此等囂風甚屬可惡。爾等若不為朕竭力挽回，則是不能助朕崇儒重道，相為始終也。

雍正的硃批頗長，但主旨只有一個：地方大吏必須負起責任來，懲治地方

豪衿劣紳。

黃叔琳上任時正趕上浙江鬧水災，他為此奏請免除嚴州府所屬建德縣等地額徵錢糧；還奏請雍正帝特頒諭旨將康熙晚年未完錢糧緩徵。雍正認為黃這是慷國家之慨而為個人獵取聲名，與在全國全力推行的清理虧空唱反調。他頗為不滿，硃批道：

> 各省錢糧若皆如此特頒諭旨，天下百姓觀望不前，孰肯爭先輸納？此風之起，蓋緣聖祖寬仁，屢下蠲免之詔，無知小民遂生僥倖之心，少遇歉收，即欲藉端誘延，逋欠盈千累百，積至數十年，總期一免而已。爾等封疆大吏，應將國計民生並重，不宜偏看，若以此等作為妄干民譽，免屬員之參罰，冀圖感激，惟將火耗贏餘立義學、建書院，以沽重斯文之虛名，一任習頑衿監抗糧欠課而不問，在他人尚且不可，況爾受恩深重，更不當蓄此種意見也。朕於去歲加恩浙省，亦可為深厚矣。爾雖初到，亦當代浙民知感，今具此奏，復不肯密，再宣傳此諭，則恩怨必有所歸，朕何嘗不願地方上感激爾等，然亦不使怨望於朕方可，若令止感爾等而怨朕，則又豈朕所樂聞耶？！

當黃叔琳奏請嚴查時，雍正帝表現出不信任：此等事乃公爾忘私、國爾忘家、矯苟且因循之陋習，秉堅忍不拔之志趣者之所能，非爾輩隨境而遷、沽名釣譽，具一片私腸者之所能也。不過於紙上言之好聽耳！觀爾奏摺中，已明露自暴自棄之心。又說黃是「中材以下之人」，你如果覺得自己不勝任，應該「明白奏聞，以便朕另簡能辦者前來料理。」

雍正要換掉黃叔琳的意旨非常明確。黃叔琳眼看烏紗帽要丟了，於是誠惶誠恐，表示凜遵聖旨時，雍正硃批露出殺氣：「爾等為朕所擢用之人，非比李紱等係向日聖祖之所簡用者，朕猶可為之寬假。爾等若不慎勉職守，少損朕之政治，功名之外豈止身家而已哉？慎之！」

但雍正擔心人們議論他出爾反爾，於是授意浙江按察使甘國奎密參黃叔

琳。甘國奎是於雍正元年二月因卓異到京引見而得到雍正賞識的。此時剛剛到任，不想違逆一省最高行政長官，因而上奏時含混其詞。雍正覽奏後大為不滿，硃批道：「黃叔琳如此妄作亂為，爾心懷隱誑，不行據實直奏，而為實力整飭公務之語以欺朕，此外所言，朕亦糞土視之耳，何暇披閱！」在雍正的嚴詞訓飭下，甘國奎回奏說，他入境時聽聞有黃叔琳杖斃賀懋芳一事，到任後曾向黃叔琳面說此事，黃叔琳亦自知愧悔；經查，陳世倌與黃叔琳原屬姻親。

按照正常處理，遇到參劾的摺子，雍正應讓被參劾者黃叔琳「明白回奏」，即給人講清楚的機會，然後再視問題的嚴重程度決定進一步處理。雍正沒有這樣做。他把參劾人的姓名裁掉，把參劾摺交給大臣討論。

大臣一看，參劾的內容主要有兩件事：第一件是黃叔琳庇護海寧鄉紳陳世倌。海寧陳家是清代有名的大姓巨室，陳世倌兄弟四人，三個兄長都是進士，而陳世倌更是民間傳說的「陳閣老」本人。著名武俠小說大家金庸先生也是海寧人，他的小說《書劍恩仇錄》就圍繞乾隆身世展開，並虛構了陳世倌的三公子，即乾隆的親弟弟陳家洛這個人物，說他繼任紅花會總舵主後，想與乾隆帝共同成就恢復漢家天下的宏業，而熱戀陳家洛的香香公主為此犧牲了自己的愛情，身侍乾隆，欲助陳家洛一臂之力，但不幸失敗自刎，葬於「香塚」。當然這是小說家者言。

參劾書說，陳世倌的家人與百姓發生糾紛，時任山東巡撫的陳世倌寫信給黃叔琳，請他照顧。而身為浙江巡撫的黃叔琳，竟然在審案時，把民人賀懋芳亂棍打死，而讓陳世倌坐在後堂觀審。此事激起民憤，百姓三次罷市。

還有一件事，參劾黃叔琳在審理湖廣鹽務時，收受商人吳雨山的賄賂。由於雍正把參劾人的姓名隱去，大臣們對消息來源無法確定，也就無從判斷真偽，故都不表態。雍正見狀說：「黃叔琳前差江南主試及任吏部侍郎時，聲名頗好，故用為浙江巡撫。任命下來後朕屢次召見他，觀其神氣頓異，言語浮泛，跪聆訓旨，總不安詳敬聽。及到任後舉薦不公，敷陳不當，密摺奏請之事，多屬支離，朕頻降嚴旨，他竟然置若罔聞。今覽此奏，大概真確。事情雖小，但他初蒙委任便如此放肆，將來何事不可為？」命將黃叔琳解任，由布政使佟吉

圖署理巡撫印務。庇護陳家事情，交杭州將軍安泰與佟吉圖審理。

真正觸怒雍正的是，黃叔琳上密奏之前，先請託在廷諸臣向雍正奏聞，試探雍正的意向，當得到肯定後黃叔琳隨後上摺。雍正以為，黃叔琳的做法是對他不信任，也是搖惑朕的主見。雍正解釋說：「黃叔琳自到任以來，朕沒有說他一個是字。豈能因朕誤用，就讓他貽害地方？」隨即命將其革職。此時距黃叔琳到任僅有四個月。

巡撫乃一省最高行政長官，浙江又是非常重要的省份，雍正在一年之內，換了三個巡撫，而黃叔琳到任僅有一百天，就被革職。這引起很多議論。雍正一再辯護說，「因為黃叔琳聲名好，所以朕用他，但他到任後如此行事，又焉得不行罷斥？乃謂朕輕用輕捨，可乎？」

收受商人吳雨山的案件，雍正派戶部侍郎李周望、內閣學士塞楞額為欽差大臣，前往揚州調查。當年八月，會同鹽政大臣噶爾泰等將所有鹽務案卷及錢糧賬冊調取查對。吳雨山一案經嚴行夾訊，已取有供招。但因黃叔琳現在浙江，無法質對，欽差大臣奏請，是否將黃叔琳並伊陳姓家人送到揚州嚴審，請雍正裁奪。雍正命浙省事件審明之日再令黃叔琳等來揚州。

經安泰等審理，並沒有查出庇護陳家的事實。雍正帝為此斥責安泰蒙混結案，將黃叔琳革職嚴審，不久又將其抄家，罰赴浙東監修海塘工程。雍正十年，黃叔琳返回京城。乾隆帝即位後重新啟用，並將黃家抄沒房產賜還。當時黃的祖母年已92歲，率孫、曾輩謝恩。

康熙時期，地方封疆大吏，在一個地方任職，少則四五年，多則十幾年，是為了避免「官如傳舍」的弊端。雍正即位之初的二三年，封疆大吏換的非常快，這有客觀原因，也有雍正主觀上「新人新氣象」的考慮。但人換得快、換得勤，就會有一些議論。雍正做了很多解釋工作，希望取得臣僚的理解與支持。

康熙不但在臣民中樹立了崇高的形象，而且，他的很多做法帶有祖宗家法的性質。因而，雍正任何新的舉措，都要冒破壞祖制的風險。這也是雍正要面對的挑戰。

雍正五年正月，河道總督齊蘇勒疏報，去年十二月黃河澄清六百餘里，這

是幾百年罕見的嘉瑞。王大臣據此恭請雍正升殿受賀。雍正謙虛一番。不久又有河南巡撫田文鏡、漕運總督張大有等陸續奏報，黃河之水澄清，遠跨陝西、河南、江南、山東四省之境，經歷二十日之久，這是亘古以來未有之祥瑞。大臣一再奏請雍正應該接受天下臣民的祝賀。雍正說，天下事務巨繁，不是皇帝一個人所能處理，這是君臣努力、皇考保佑的結果。應該向皇考康熙帝祭告，於是派人前去景陵告祭。內外大小官員全部加一級。

這時，太常寺卿鄒汝魯進獻《河清頌》，文中引用《尚書》「胤徵」中的典故，「舊染維新，風移俗易」一句，雍正大為不滿，「朕即位以來，用人行政，事事效法皇考，凡朕所行政務，都是皇考已行之舊章；所頒諭旨，都是皇考已頒之寶訓。初未嘗少有所增損更張也。今鄒汝魯所云舊染維新，風移俗易，不知出自何心？亦不知有何所指？且所移者何風，所易者何俗？舊染者何事，維新者何政？且《尚書》上的這句成語，此處豈可引用？」

雍正隨即翻出鄒汝魯從前在奉天府尹任內的舊賬，說他並不實心供職，諸事怠忽，聲名亦很平常。轉用為太常寺卿，又因他的弟弟縱容家人生事，被參革職，於是心懷怨望，形於顏色。今有河清祥瑞，朕並未令臣工進獻詩文。鄒汝魯在所進冊頁內出此悖謬之語，顯係譏訕，甚屬可惡。命交與九卿嚴審定罪。鄒汝魯隨即被革職，發往湖廣荊州府沿江堤岸工程處效力。

雍正對鄒汝魯的處理，並非單純的「因文治罪」，而是雍正還沒有建立自己的施政體系，他不願與父皇康熙做區分，認為自己是康熙事業的繼承者。但接下去，問題就來了。

雍正本人的擔當

雍正登基做了皇帝，他感到這是沉甸甸的一份大責任。雍正二年四月，他對大臣們說：「古云為君難，若祗圖一身逸樂，亦復何難？惟欲繼美皇考之治，則憂勤惕勵，莫難於為君矣。」

不久，他又與滿漢大臣當面解釋：為什麼「自古為君難，至於朕躬纘承大

285

統，尤為難之難者」。他說：

> 世祖皇帝以沖齡繼位，聖祖皇帝以八歲即位，一切制度皆漸次創定。
> 朕由藩邸入登大位，四十年來諸凡利弊，悉所目睹，全在朕躬經綸規畫，
> 以為萬世子孫之法，是以朝乾夕惕、兢兢業業，務使寬嚴得中，方可垂之
> 永久，若明知有弊不加整頓，必加朕以懈弛不理之名，非治國經邦之道
> 也；朕若竭力整頓，而內外大小臣工不能革面革心，何以為政？
>
> 總之朕若能為令主，則聖祖皇帝付託得人，便是本朝列祖之功臣，若
> 朕所行不當，則並聖祖六十餘年之苦心，俱付之流水矣。朕屢次教諭，但
> 積習未除，且有加朕以苛刻之名。

這段話，可以說是雍正的肺腑之言，也是他對自己與大臣們的期許和擔當。大的方面說，是他給自己的歷史定位。

中國歷史上屢次上演「三代現象」。從入關後順治皇帝、康熙皇帝，到雍正恰好是第三代。一切制度經過近八十年的運行，基本定型，給雍正留下施展的空間實在有限。雍正不想做庸君，他期許自己做一個「令主」，也只有這樣，才能證明大清江山，康熙託付得人，而那些什麼傳位的種種質疑，都會煙消雲散，歷史總會還我雍正一個公道。也惟有如此，康熙一生的心血才能有持久回報。但「法久生弊」，任何好的制度實行時間久了，都會產生這樣那樣的弊端。特別是康熙晚年「多一事不如少一事」，為政尚寬的理念，留下許多問題。這樣的現實逼迫雍正必須改變，而且立即改變。但改變顯然不是皇帝一個人所能完成的，必須有中央和地方的文武大臣一同努力，而習慣了「多一事不如少一事」的康熙晚年之政的大臣們，進入雍正時代，一些人顯然很不適應，也跟不上步伐；還有一些官員由於自身利益受到影響，進而採取或明或暗的辦法予以抵制。因此一來，不但非議雍正的用人，雍正的為政也受到極大質疑。這些議論、質疑大體可以概括為兩個方面。一是說他苛刻，二是說他操切。

雍正二年四月，因在朝會大典上，刑部司官李建勳、羅植紊越朝章，雍

正將二人革職，交刑部治罪。刑部隨即以大不敬罪，將二人判處斬立決，雍正改為斬監候，秋後處死。雍正說，朕即位以來，立心不以己意輕殺一人，為什麼將二人改為斬監候？就是看官員們是否畏懼法律，如果眾人仍不畏法，秋後定行處決，以為大不敬者之戒，如此一來，二人就是眾大臣所殺的，不是朕所殺。後來在青海獻俘之日，見班行整齊，祭壇之日，大臣都很敬謹。雍正說，既然通過整頓司官事件，大臣們都遵章守法了，也達到了整肅朝綱的目的，那麼，這兩個人就不用殺了。但刑部沒有體會到雍正的用意，仍照法律辦事。雍正解釋說：「二人之所以可殺，朕是想通過這件事，彰明法律，現在既然人人皆知遵法，是法已明矣，則犯法之人可從寬宥，這是眾大臣生之也。」命將李建勳、羅植免罪釋放，勒令回籍，並行文該地方官勿令出境。但這樣處理後，官員仍然認為雍正苛刻。

雍正以一種時不我待的緊迫感，大刀闊斧推行新的舉措，希望用雷厲風行的手段，一掃康熙晚年頹怠的官場風氣，從而帶來新的局面。

雍正元年正月初一，雍正帝一連發佈十一道諭旨，分別訓諭地方文武官員。這十一道諭旨，絕非泛泛的官樣文章，而是很有針對性，也切中時弊。更重要的是，雍正說到做到，還親自抓落實，這也讓很多官員有牴觸。到了雍正即位滿四年了，官員仍對此耿耿於懷。

雍正四年十月，他對大臣們說：「有人議朕求治太速者。朕受聖祖皇帝付託之重，實欲治益求治，安益求安。然於臣下辦理政務，從未嘗刻期促限也，但勵精圖治，欲使天下臣僚振作奮興，去其怠玩，上下交相勸勉，庶底於有成，苟此志有或弛，則庶務積而叢脞矣。朕自朝至夕，凝坐殿室，披覽各處章奏，目不停視，手不停批，訓諭諸臣，日不下數千百言。如從前政令果有未協之處，爾等能直陳其非，朕即為改定。此時不言，日後私相議論，朕必治以重罪。」

正面講，雍正希望立竿見影，早點見成效。但反對他的人說他「操切」，意思是政策出的太快、過於倉促，沒有預先打招呼，也沒有過渡期。但雍正有他的抱負和擔當。他對屬下說：「為君難，為臣不易，但知難諸事是矣！為君為

臣原是一苦境，不過盡此天地父母所生之身，利益社稷蒼生，造他日之福耳！」表示難得的一種擔當。

雍正即位後，無數次與地方封疆大吏打招呼。元年七月，他在兩廣總督楊琳所上密奏的硃批，最能表達一個新皇帝的作為。他講了三層意思。

第一：朕要給你們重新立規矩：聖祖數十年來所立一切法度紀綱，沒有一事不盡善盡美，都是因為爾等大吏負恩虛詐，怠忽從事，日甚一日，武備吏治越來越不可問。今朕不過將皇考所行之政、所立之法，再宣諭一次，爾等若仍似康熙年間之奉行，恐朕未必如皇考之寬仁容貸也。身家性命，當再三留心保安要緊。

第二，朕要給你們提要求：自茲以往，若仍以因循為安靜，以隱飾為愛君，以納賄為要務，以賣法為巧宦，既負皇考之恩於前，又負朕恩於後，一負而再負，二罪俱發，恐爾等噬臍莫及也。

第三，為君臣做出歷史的大期許：朕雖不謂上等聖明之君，亦不為庸愚下流之主。爾等既遇知於此時，要當吐氣揚眉，明目張膽，上以報效朝廷，次以垂芳竹帛為務。

這一切，標誌一個新的時代開始了，也預示雍正的十三年，定會不平凡。

二十二、嚴查虧空

中國歷代王朝的興衰，有一個基本規律，也可以視為王朝興衰的密碼，這就是國家財政的基礎是否厚實。

無獨有偶，雍正即位後的第一板斧，就是嚴查虧空，可以說，雍正緊緊抓住了王朝興衰這個「密碼」，而且，他以極大的勇氣和力量，用了近十年的時間，整體解決了虧空問題，從而夯實了清朝的財政基礎，為百年強盛之世奠定了物質基礎。

設立會考府

新君即位有個慣例，即頒詔大赦。內閣官員按照慣例開列了三十款。雍正皇帝把三十條恩詔從頭到尾看的非常仔細，當他看到「豁免官員虧空」一款時，面露不悅，用藍筆把這一款特別勾出。大臣們對此議論紛紛，說這是「慣例」。雍正卻不以為然，他對大臣們說：錢糧是國家的基本保障，也可以說是民膏民脂，如果將官員虧空全部豁免，豈不是讓貪官污吏有僥倖心理？無疑會助長貪污之風。

果然，在三十條恩詔中，豁免虧空官員這道「免死牌」，在雍正的主導下，剔除了。這讓所有官員感到極大震撼，也預示着一場異常的風暴即將來臨。

雍正即位不到一個月，他就給戶部發了一道長篇諭旨，從而正式拉開大清帝國自上而下，聲勢浩大，清查虧空的大幕。這道讓很多官員心驚肉跳的諭旨，主要講了三個問題。

第一，錢糧在維護國家長治久安中的基礎作用。清代國家的賦稅主要分為兩部分，這就是通常所說的夏稅秋糧，前者以國庫存銀體現，後者以糧米實物

體現。官員的俸祿也體現為這兩部分。國庫存銀主要應對軍事威脅、修建河道等，糧米實物主要應對自然災害、平抑物價。而這兩個部分都關係國家穩定和安全。

第二，雍正分析了多年來虧空愈演愈烈的兩大原因，一是上司層層勒索，二是官員自己侵漁，真正因公挪用的並不多。他說，皇考也知道這些問題，但皇考如天好仁，不忍心將這些人正法，致使他們毫無畏懼，恣意虧空。等到實在難以掩飾，往往改侵欺為挪移，即便勒限追補，而全完者絕少。

第三，雍正提出具體的清查政策。他說：「朕本應重加懲治，但念已成積習，姑從寬典。」「除陝西省外，限以三年，各省督撫將所屬錢糧嚴行稽查，凡有虧空，無論已經參出及未經參出者，三年之內，務期如數補足。如限滿不完，定行從重治罪。三年補完之後，若再有虧空者，決不寬貸。」（《清世宗實錄》）

雍正是一個精細的皇帝，他把清查虧空的時間表和路線圖都具體化了，讓官員有個抓手。但虧空問題具有普遍性，從中央各衙署到地方各省府縣，幾乎普遍存在，差別只是程度不同而已。清查虧空如何取得成效？如何避免一邊清查，一邊形成新的虧空？雍正為此考慮設立專門的清查、審計、奏銷機構。

雍正元年正月，他對內閣大臣們說，在藩邸時就得知中央各部和地方串通起來，蒙混朝廷，其中最大的手段，就是「部費」。各省到中央各部奏銷錢糧，如果沒有部費，即便冊檔分明，各部也會吹毛求疵，要麼說奏銷冊內數字不完全一致，要麼說銀數有幾兩不符，給駁回去，重新造冊，另約時間奏銷。如果有了部費，即使糜費錢糧百萬，亦准許奏銷。更可恨的是，各部與地方暗中操作，把無關緊要之處駁回，表明上一副公事公辦的樣子，實際是掩人耳目。因為這些無關緊要的改動，只是做樣子，讓科道言官抓不到把柄，等到諮覆到日，立即議准。內外通同欺盜虛冒。

「部費」是腐敗的潤滑劑，也是官員走向犯罪的催化劑。因為地方官員徵收錢糧時不敢公然違法，但他們往往以「部費」的名義堂而皇之地加徵。這無疑加重了窮苦百姓的負擔。

雍正說，「部費」表面上有理由，就是中央各部具體辦事的書吏，他們的飯食銀非常低，有的時候甚至「自備紙張筆墨」來辦公。因此久而久之，「部費」通行無阻，又好像合情合理。

雍正最後表示要成立一個新機構，以後所有錢糧奏銷事務，無論哪個衙署，全部交由怡親王、隆科多、大學士白潢、左都御史朱軾會同辦理。下屬司員等如何調用，着王大臣四人議奏。

這四位王大臣，就是總理事務大臣，怡親王允祥、隆科多二人本身就在這四人之列，其他二人廉親王允禩、大學士馬齊肯定也表態支持。王大臣隨即上奏：錢糧關係甚重，應另立衙門，設滿漢郎中、員外郎各二員，主事各三員，筆帖式十員，俱遴選賢能補用。至錢糧除地方正項外，其軍需各省動用之項，具題到日，應准應駁，臣等會同該部查核議覆。設立衙署名稱，恭候皇上欽定。雍正接到奏請後，親定衙署名為會考府。

會考府這一特別機構至此正式成立。最初用的是總理三庫印信。因為怡親王允祥在此前後被任命為總理戶部三庫事務。戶部三庫是指戶部下設的銀庫、緞匹庫、染料庫的總稱。不久又任命允祥管理戶部事務。這個二三十人的隊伍，分為左右二司，每司由禮部鑄給司印一顆。它級別極高，四位辦理大臣中，允祥和隆科多是總理事務大臣，白潢是內閣大學士，朱軾以左都御史兼吏部尚書。

根據檔案，雍正元年三月初九日開具戶部三庫職名：總督戶部三庫怡親王允祥、戶部尚書孫查齊、尚書田從典、侍郎吳爾泰、李周望、張伯行。

會考府成立前，中央各衙門所用錢糧，都是自行奏銷。因此虛列賬目，比比皆是，也沒有核查。而地方奏銷錢糧，只要給中央相關衙門好處費即「部費」，就一律開綠燈。說到底，這是慷國家之慨，發個人之財。會考府成立後，所有奏銷錢糧，都要經由它審核、批准，這等於剝奪了戶部、工部等中央大部的很大一部分權力，也就意味着斷了這些衙門官員的財路，地方也不能徇私舞弊了。因此成立之初，受到很大抵制。

為此，雍正召集總理事務王大臣，對他們說：「向來地方官奏銷錢糧，不

給部費，則屢次駁回，恣行勒索。朕欲革除此弊，特設會考府衙門。前降諭旨甚明。近見各處奏銷之事，並不送會考府，各部有擅行駁回者，則勒索之弊尚未革除。以後有應駁之事，定須送會考府查看，如果應改駁，會考府王大臣官員列名駁回。」

在會考府運行的近三年時間裏，僅辦理中央部院衙門的錢糧奏銷事項就有 550 件，其中駁回改正的有近百件，佔辦理事項的近五分之一。其中，駁回廉親王允禩主管的工部奏銷最多。除戰爭之外，河工是清朝動用錢糧最多的地方，這在農業立國的清朝，是可以想像得出的，但利之最多，往往弊端也最大。雍正元年四月，工部奏報海塘等十三項工程，會考府大臣認為，同樣一項工程，為什麼錢糧奏銷差別很大？提出「河工錢糧關係重大，非親歷河工難以懸定」，請將此事交新任河道總督逐一親歷勘查後再奏銷。駁回刑部的也有一些事項。如雍正元年三月，刑部奏報上一年即康熙六十一秋審、朝審所用刻板因朽爛不堪，補造添買 7500 多塊。會考府查核，康熙六十年十二月剛剛奏銷已刻秋審新舊版 12000 塊，為什麼一年之內就朽壞五千多塊？當即給駁了回去。四位會考府大臣分別簽署「照議」二字。

會考府不但駁回了很多奏銷事項，而且，一經核實，就直接處理。在核定工部奏銷海子等地所用煤炭數目時，發現賬目與實存明顯不符，遂責令畫押的原任尚書陳元龍等堂官賠百分之七十，郎中等司官賠百分之三十。

戶部虧空大案

儘管雍正三令五申，並設立專門機構會考府，但清查工作仍然遇到了極大阻力。因為虧空涉及的面太廣泛，虧空的時間也太長，牽涉的人也太多，其中不乏皇親國戚，包括雍正的兄弟們。

在康熙二十幾位成年皇子，即雍正的兄弟中，有一個最長壽的，就是康熙第十二子允祹。他的生母只是一個嬪位，但他自幼由康熙的啟蒙老師、孝莊皇太后的貼身侍女蘇麻喇姑撫養。他是年齡稍長的皇子中，沒有捲入爭儲大戰中

為數甚少的一位。康熙五十六年底，康熙病重，孝惠皇太后去世期間，允祹奉命署理內務府事務。雍正即位後，他由貝子晉封為郡王。在清查虧空中，也查出他署理內務府期間虧空銀兩，雍正限期賠補。允祹對此非常氣憤，態度不好不說，還不配合。有一天，他把家中的器皿拉了一小車，在大街上擺攤叫賣，說是為還虧空。一時成為大新聞。這是對雍正查虧空的變相抵制。雍正為此將他降封為貝子。此外，允禟、允䄉等家產也被查抄。

允禵是雍正的同胞弟弟，也受到雍正的嚴查。雍正元年二月，雍正降旨說：前者工部查出貝子允禵未曾奉旨，擅自動用之銀一倍，令賠三倍之處。此銀應做速清完，乃不速令清完，欲使朕有勒弟賠補銀兩之名乎？此項銀兩若不速令其完補，將貝子允禵在軍前時得拜門生銀一百萬兩，俱盡行查出，令其賠還。

此時，作為總理大臣、會考府大臣、總理戶部大臣的允祥也感受到了壓力。但雍正態度堅決，對允祥說：「爾若不能清查，朕必另遣大臣；若大臣再不能清查，朕必親自查出。」（《上諭內閣》）表示要把清查工作進行到底的決心。雍正還說：「康熙年間的虧空，現在不能清查賠補，如果雍正年間又有虧空，將來更沒有辦法稽查，積弊相因，對國家的財政、國計民生影響太大了，更重要的是，法紀將會蕩然無存，朕豈能不為大清江山久遠之計籌劃？」

有雍正的堅定支持，允祥開始着手對清朝的家底來個徹底清查。清朝處理何種事情，皆有限期。按照定例，凡是限期沒有處理完，科道官要進行查參。允祥向雍正奏請，因為戶部所積累的舊案實在太多，加之去年皇考去世，臣等每日入署辦理，但仍然沒有按期清理完畢，如果科道參劾，對於新手沒有關涉，但卻得罪了戶部老人，請展限二十日或一個月，將所有舊案清理。雍正硃批說：寬限四十天務必完結，過急恐會苟且從事。

允祥自受命管三庫以來，日夜憂懼，惟恐錢糧有虧，不敷國雍，以負皇上所託重任，必得徹底查清，始得明白。經過一年的緊張工作，允祥於雍正二年四月十四日，向雍正遞交了一篇很長的密奏。儘管握有財權的戶部存在舞弊行為，早在雍正的預料之中，但問題的嚴重程度還是讓他大為震驚。而這份密

奏，也釐清了以往研究的許多錯誤。根據允祥密奏，康熙六十一年奏銷冊內，國庫存有實在銀 2712 萬，其中虧空銀 259 萬 3000 兩。其他金、錢，虧空都在百分之十以上。

這份密奏表明，儘管經過持續多年的西北用兵，但康熙留下的家底還是很豐厚，以往認為雍正即位時康熙皇帝只留下八百萬兩白銀，是錯誤的。據允祥密奏，雍正元年所收錢糧 738 萬、捐納銀 198 萬。兩項相加 936 萬兩。大概接近康熙六十一年的三分之一。

這 260 萬兩的巨額虧空是如何形成的？允祥說：「熟思歲久，自何年虧空，亦難得知」。既然查不清何年虧空、哪位戶部官員在任出現的虧空，如何彌補虧空就成了大問題。允祥奏請說：「此項虧空，歷年已久，如果一一根究，責令賠補，那樣一來，獲罪的人太多了，懇請皇上不要查究了。」

允祥不是想做和事老，實在是時間太久了。對允祥不予查究的處理方案，當即為雍正駁回，雍正說：歷年經手人員，全部有尚書、侍郎這些堂官，還有司員。當時任意侵漁，此時置之不問，令其脫然事外，國法安在？

戶部是清朝國家衙署中，最大的一個機構。允祥只好召集戶部所有大小官員在一起商議，讓他們拿出解決辦法。再三商議的結果是，只落實了 32 萬兩。其中又分為兩部分：自康熙三十一年以來，歷任戶部堂官、庫員，根據他們在任年份，分別多寡賠補，原任侍郎張世爵等十人應賠補 12.5 萬，全部在一年限期內交完。另有十九萬兩賠補有了着落，但何時拿出銀子，沒有限期。允祥提出，這些虧空的官員都是在旗滿洲，即便將他們從重治罪，也無補於虧空錢糧。

但 32 萬兩只是虧空的一成多，剩下的 227 萬餘兩還沒有着落。允祥提出，用戶部每年的「庫平餘」解決虧空。因為各省解送到戶部的錢糧，全部是按照總數交兌。這就是我們今天所說的，碼放整齊的錠銀。而發放俸餉並給發各處銀兩，全是零星支放，故接收各地白銀時在原數額上略有增加，各省錢糧每千兩多收 11--12 兩，一年得餘平銀 10 萬。另外，戶部每年還有飯銀 3 萬兩，類似伙食補貼。以上兩項每年可補 13 萬兩，「四五十年之虧空，十五年內可以完結」。允祥最後奏請，此項虧空，可以請剛剛調離戶部尚書的現任工部

尚書孫查齊處理。

允祥領銜的密奏，用的是滿漢合璧文，雍正是用滿文批的諭旨。翻譯過來的意思是：「為前任堂司官員開脫，已無國法，斷然不可。交代孫查齊，其前任堂司與庫房官員如何一同補還，將不能償還情願認罪之處，速查明議奏。」

雍正的旨意非常清楚，如此巨額虧空，不能由戶部的「平餘銀」來解決，因為所謂「平餘銀」也是國家的錢，而虧空應該由官員承擔。因此把允祥的奏請再次駁了回去。但採納了由原任戶部尚書孫查齊領銜處理的意見。孫查齊自康熙五十七年四月出任戶部滿尚書，雍正元年五月調任工部。

由於虧空案牽涉幾十年，康熙年間的滿尚書大都牽連其中，特別是康熙晚年任尚書的官員，包括康熙四十六年—四十九年的滿尚書希佛（福）訥，四十九年—五十七年的滿尚書穆和倫，而這二人均已去世。孫查齊只好找他們的家人。孫查齊審問希佛訥的兒子興安，但興安除現有家產外，一概不認。再三開導，說殺了我也不能償還。於是又把當年追隨希佛（福）訥的辦事家人、跟班進行刑訊，供出希佛訥將 36 萬兩銀子交其子興安家藏匿。至此，興安承認父親交給他 28 萬，其中 22 萬用於公事、當差，其餘由父親帶走，至於用在何處，他說不知情。雍正命將興安革職，仍由孫查齊會同刑部嚴加審理。

由於沒有重大突破，孫查齊只好強行「攤派」，其中銀庫員外郎索柱家人叫曾瞎子的人，攤派五萬兩。這個曾瞎子是清苑縣人，一家四口，早年賣身為奴，買主就是索柱的父親，因人很伶俐，帶在鹽差上，到索柱任戶部官員時，又參與經營。正是憑藉這種關係，不但給全家捐了官，且大發橫財，置辦鹽鋪，搞到鹽引，還購置大量田產，經營範圍也非常廣。他答應出三萬兩，但孫查齊不答應。無奈下，曾瞎子只好供出，他有九千兩銀子給了誠親王允祉的兒子、世子弘晟。因為涉及親王，曾瞎子又找人打點，孫查齊於是把曾瞎子的數額減為三萬兩。案件驚動雍正，雍正特別派隆科多審理。隆科多等審理：把孫查齊革職，曾瞎子一年內完銀五萬兩，發黑龍江給披甲人為奴。雍正硃批說：「弘晟行止甚為悖亂，好攪事，誠親王府上一切悖亂不光彩的事，都少不了他的名字，交宗人府議罪。而朕如此寬容孫查齊，其自身犯罪，朕也無奈。」

　　孫查齊革職後，雍正不得不考慮允祥的建議，最後採取折中的辦法，由戶部官員賠補一百多萬兩，其餘一百萬兩，照怡親王所請，在戶部平餘銀項下逐年彌補。

　　到雍正八年，戶部虧空全部補足。孫渣齊等人全部釋放。從雍正九年春季開始，各省解部銀兩，照從前餘平之數，減去一半。

清查地方

　　雍正四年九月的一天，雍正派一個叫黃文煒的人，急如星火來到廣州，向廣東巡撫楊文乾傳旨：「楊文乾受朕恩深重，報效心切，未免辦事太急些，急則不但難為下屬，恐百姓更難當。你去與他說，諸事要斟酌盡善，從容辦理。現今李濱一事未嘗不是他辦事急了。這是旨意，你去說與他知道。」

　　雍正為什麼要專門派人傳旨？李濱是什麼事驚動了雍正皇帝？這要從頭說起。

　　原來，楊文乾去年剛升任廣東巡撫時，李濱正署理糧驛道員，楊文乾發現，驛站船隻全都腐壞不堪，楊文乾於是嚴加訓斥。但李濱能量極大，交遊極廣，他覺得廣州將軍李杕對他有用，就聯宗認李將軍為叔父，有了將軍做後台，李濱又拿出大把銀子，四處打點，趁楊文乾離開廣東之際，由總督出面，將李濱委任署理按察使。而接任的糧驛道殷邦翰揭發說，李濱造船兩百多隻，其中幾乎都不能使用，而朽壞的原因是當年部價每只按 75 兩白銀核發，而李濱只發不足 30 兩。案經楊文乾初步查明屬實，要上奏參劾時，李濱認賠 8900 兩，當即交出 7700 兩。楊文乾遂沒有參奏。李濱平時豪闊、鑽營，善走聲氣，凡督撫上司以至上司家人及來往欽差，並其京中的同年、師友，無不逢迎周全，博得他人歡心，為此借了很多高利貸，虧空被查後，前來討債的人絡繹不絕。李濱見公私兩虧，用刀抹脖子自殺，被人救下後，公開宣揚說：「我並非單為這 1200 兩虧空，但非此一抹，不能了目下之局。」堂堂省級大員，因為 1200 兩虧空竟然抹了脖子，一時傳聞四起。而與他聯宗的叔叔、廣州將軍李杕

更是氣憤不已，欲代為泄憤，遂到處說：驛站的船隻使用很久，不是李濱的責任，接任者不應揭發，巡撫也不應該聽從。李濱抹脖子是巡撫急躁的結果。

廣東發生的這一切，雍正的眼線全部向他做了彙報。此事發生在查辦地方虧空的第二個周期的第一年，雍正感到，他在地方的清查遇到了遠比中央部院更大、更廣泛的阻力。於是派專人赴廣東傳達諭旨。楊文乾也有一肚子委屈，他受到廣東官場普遍的抵制。他接旨後立即給雍正上密奏，說廣東官場風氣是彌縫掩飾，互相蒙蒙混，如果整飭官方，剔除積弊，人不以為躁，即以為刻矣。這句話引起了雍正的強烈共鳴，提筆硃批了一大段文字：這種風氣豈止廣東！在「不以為躁，即以為刻」上旁批：

> 此係朕時常之諭，內外吏治之不敢實心任事者，皆此習不除之故。所以今朕之實心行政，尚有奸黨議論，何況爾等？朕竭力剔除者，此風也。朕不為此，但看你性情直率，恐你報效心切，過於嚴急，因有前諭。有則留心，無則加勉。便朕亦時常以急字自省。皇考當年亦常以戒急訓諭，我君臣當以此字時時省察，不可自以為是也。

楊文乾密奏李濱抹脖子的緣由，說不敢有一字欺隱。雍正旁批說：為李濱之事，朕絲毫無怪你之意，任憑捏陷，如何能逃朕之照察？此等自己信得及之事總不妨，此奏皆屬多也。

此時的雍正，已進入他執掌大清國的第四個年頭，他清楚的意識到，整飭官場風氣，非一朝一夕所能奏效，必須保持定力，打持久戰。

清查虧空也是如此。雍正即位之初，一再與地方封疆大吏打招呼，設定三年清理虧空期限，而且不止一次說過，三年之後如有未完，定行正法。要求所有省份都按照進度表執行。

兩江是清朝財賦重地，虧空額也最大。經過半年多的清查，兩江總督查弼那奏報，虧空錢糧達到 320 多萬兩。至於何人虧空，從何年虧空，也查不清楚。由於虧空數額大，幾乎涉及兩江所有州縣，涉案的州縣官及其妻子、家口

達到成百上千人。按照規定，這些人都要接受嚴審。查弼那痛陳下情，他密奏雍正說：如此一來，會出現無人辦公的情況。況且，州縣官的虧空不是他們自己揮霍，大多是因上司勒索所致。州縣搜刮百姓送給司道府官員，司道府再送給總督、巡撫。因此，如果只追究州縣官的責任，他們生活沒有着落，也補不上虧空，而總督、巡撫脫然事外。他提出，要讓督撫賠補虧空。而兩江總督中的巨富，莫過於前任長鼐，他窮奢極欲，家業殷富，天下人無人不知。繼任總督赫壽家資也非常豐厚，他們在任期間的行為，聖上肯定清楚。現在兩江虧空，應由他們的子輩償還。他奏請將長鼐等子弟解送江南。原任江蘇巡撫吳存禮、原江西巡撫王企埥也應該賠補虧空。

對查弼那提出的由督撫賠補的方案，雍正帝整體贊成，硃批說：「如此辦理，不但朕以為很要緊，也懲治了奸究之人，剩下的虧空就不多了，你們料理起來也容易些。」但在操作方式上，雍正提出應該更穩妥一些。在查弼那奏請「將總督之子弟送往江南」幾個字下面，雍正硃批說：「雖然很有道理，但如果沒有抓住什麼證據，也不可輕舉妄動，務必要有一個合理的理由，你再具奏。不但這些人，藩臬道台中，聲名惡劣而家產富有的，也應該列入名單。」雍正還具體告訴查弼那如何找理由：「引誘他們過去的下屬、書辦予以查問，豈有不得之理？如果沒有得到實據，他們侵蝕、貪贓的款目不清，筆數也不知有幾筆，朕即便降旨強令清償，將會讓日後做督撫的人很為難，他們會裹足不前，誰還肯為國家做事？現在如果揭露他們侵貪四百萬，他們也供認不諱，朕如何治他們的罪？也不知會有什麼議論。因此要做得穩妥才可。」雍正還說：「朕並不逼迫，三年內若能整治好些，也不遲。」

山東虧空的數額也不小。雍正元年六月，山東巡撫黃炳上奏說，各州縣虧空錢糧約計地丁共六十餘萬兩，倉穀九十餘萬石。隨即，總理事務王大臣、廉親王允祺等遵照查辦虧空新規及雍正諭旨，提出三點處理意見：一是凡屬在該地方任職而出現錢糧缺額的，根據數目多寡，在三年內如數全額賠補，如逾限不完，將虧空之員從重治罪；二是有原任山東現調任其他省份的，由現所在省份官員負責查追；三是或有實欠在民者，應令該省巡撫查明實數，分別緩徵、

代徵，確議另行具奏。巡撫黃炳據此向雍正密奏，提出如果將虧空官員革職，就不能彌補虧空；同時，若因一省而牽連他省，恐滋煩擾。

雍正對此極為重視，硃批道出他查辦虧空的苦衷與原委：

> 汝所奏各州縣虧空一摺，據王大臣等逐款分別議覆，朕再四躊躇，不便發出，何也？朕原有旨，凡虧空官員不許在任設法彌補，恐其藉端累民。今汝奏稱，若概行參追，雖粉骨碎身不能追完等語，是必將本人仍留在任方能賠補，但仍留在任而又不剝削小民，其填補之資究從何出？此朕之所未解。即王大臣等議覆亦難允行也。故將此事暫且按下，並未宣之於部。如果不累小民而虧空既可清完，伊等功名又可保全，係全美之事，朕何靳而不為？總在汝善為設法行之，但不可公然陳之於章奏耳！假若藉此少有煩擾百姓，或捏作民欠，致生種種弊端，則將來罪歸於汝也。慎之慎之！其已升他省各員，着落伊等現任地方追賠之說，尤不可為訓。在本省者朕尚恐累及編氓，何可因汝山東虧空之故，滋害於他省百姓？豈朕勤恤民隱之政耶？！但當查其虧空果有真實憑據，不妨遣人往詢本人，若係應賠者彼自無不願賠，以全其功名；倘不肯認賠，莫若參革離任以正其罪為是。

雍正還命黃炳將虧空銀六十萬兩、糧九十萬石，究竟是何州何縣某人名下若干之處，查明具奏。再李元龍等數員貪吏，今作何處置，亦命奏聞。但黃炳奏稱，所奏虧空銀六十萬兩、糧九十萬石，此指通省各屬而言也，現在設法漸次彌補，其中款項繁多，頭緒紛雜，無庸分析瀆奏。雍正對此頗為不滿，硃批道：「汝前摺奏稱着落已升他省各官追賠之語，情理亦甚不合，向後類此等事當備細斟酌，周詳籌計，毋得率意自恣。」截止當年十二月，仍有虧空銀15萬多兩、穀八千多石沒有着落。

三年清查期限到了，但完成清查的省份很少，雍正於是把清查期限再展限三年。在第二個清查期內，雍正派欽差大臣，直接下到各省進行。考慮到有的

省份虧空嚴重，革職官員頗多，雍正令欽差大臣直接帶數十名官員，準備接任。

在清查過程中，雍正對虧空官員的賠補政策也進行調整，允許官員進行申訴。雍正三年十一月，陝西道御史太平倉監督殷式訓上奏說，攤賠虧空米石，實非本身虧摺，不應賠補。雍正舉一反三，准許歷年監督等有屈抑不應賠補之處，着往都察院具呈申訴。到雍正七年底，地方清查整體結束。

清查虧空取得明顯效果。夯實了國家財政基礎。雍正元年，戶部存銀達到2371萬，雍正二年增長至3162萬，五年達到5000萬兩。後來西北用兵，軍費支出巨大，雍正末年國庫存銀仍有3000萬兩。

在清查虧空的同時，雍正鐵腕懲治貪腐，打一場更硬的仗，他希望徹底改變無所作為、欺蒙掩飾的官場風氣，試圖建立國家法制詳備、官員束身奉法，高效廉潔的行政隊伍。雍正將如何懲治貪腐？他會遇到哪些挑戰？

二十三、山西查案

　　雍正元年七月，大清國派往朝鮮的宣敕史離開朝鮮回國。令朝鮮朝野官員大感驚訝的是，以前的大清國宣敕史都貪得無厭，而此番前後兩次派來的宣敕史，一次是傳宣康熙遺詔，一次是傳宣雍正即位，不但分毫不取，而且，即便應得的物品也十減七八，只象徵性帶了一二件物品。清國宣敕史還特別準備了一個扇子，希望朝鮮國的詩人在上面寫幾首讚揚他們廉潔方正的詩句。朝鮮實錄面對前後宣敕史的明顯變化，記載了這樣一句話：「此為近來所未有。聞雍正新立，操切亦嚴。」（《朝鮮李朝實錄》）

　　雍正即位後的變化，乃至於連朝鮮都明顯感受到了。

　　雍正即位後的第一板斧，就是嚴查虧空。而在這一過程中，又把貪官污吏，進行一次全面整肅。堪稱是雍正開局的又一篇大文章。雍正初年查辦的侵貪案件非常多，包括廣西捐穀私分大案，江蘇巡撫吳存禮虧空受賄案、內務府李英貴侵貪大案等。廣西捐穀案是由巡撫李紱揭報而發。李紱於雍正二年七月密奏說：「廣西地僻民淳，向來從無虧空，自捐納開而錢糧耗於穀，自鹽政壞而錢糧復耗於鹽，今且合鹽穀與銀混而為一，而虧空愈不可稽矣。從前捐穀每石收銀一兩一二錢，及發交州縣，每石止算三錢，轉相交盤。近年奉旨積穀並須本色，歷任撫臣漸次買補十之六七，然交價不敷買價，勢必賠累而錢糧耗於穀矣。」雍正對此密奏頗感滿意，硃批道：「所奏鹽穀各原委，明晰周詳之至。其徐徐次第料理，以爾之才情識見，亦不難釐剔清楚也。」（《硃批諭旨》卷二十二上）

　　經查，此案緣起康熙末年，原廣西巡撫陳元龍（現任禮部尚書）、布政使黃振國（現任福建巡撫）以廣東方開捐例，赴捐者懼怕湖廣、江西險阻稽運，全向廣西採買，致米價騰貴，於康熙五十三年奏准，廣西亦照廣東開捐監生、

貢生加級事例，一體開捐。至康熙五十五年停止，共收穀 1178250 石，每石收銀一兩一錢，共收銀 1296075 兩，除每石穀價三錢五分，建倉銀五分，實用銀 471300 兩，餘銀 82 萬餘兩，均由陳元龍、黃振國及經手各官分肥。案發後雍正帝命黃振國將「收捐始末情弊奏聞」。黃振國隨即回奏：「當時由桂林知府吳元臣在省城收捐，委託梧州、柳州、南寧三府知府在府收捐，議定穀每石折銀一兩一錢，府存六錢，供買穀建倉用，其餘五錢中，部費一錢，督、撫各一錢，布政使一錢，按察使、道等共一錢。通計督撫司道共得 447700 餘兩，其中：總督趙弘燦得 88000 餘兩，署總督楊琳得 29800 餘兩，巡撫陳元龍得 117800 餘兩，布政使黃振國得銀 117800 餘兩，按察使年希堯得 47000 餘兩，蒼梧、左江、右江各道各得數千兩。」在強大的政策攻勢下，陳元龍、黃振國認領各自賠補份額。由於虧空在全國具有普遍性，雍正不想把該案辦成大案，私下命李紱把此案「將就完結」，並將黃振國解任，命其前往廣西，與各員對質，按數追賠，分限五年完納，其他官員也受到相應處罰。而陳元龍曾有捐助軍需之項，准其照數扣除。

雍正即位之初，就訪聞吳存禮居官貪婪，為此於康熙六十一年底，在吳存禮所上恭繳奏摺一摺上硃批道：「爾向來居官聲名平常，而且偏於軟懦。諸如收受節禮、陋規，侵蝕空糧，以及縱容地方豪富等弊，若仍蹈前轍，怙惡不悛，國法無私，噬臍何及。查弼納來時朕已曾詳悉面諭，爾其加意振作，更改一番，方不負朕容爾自新之大恩也。」（《硃批諭旨》卷三十七）

雍正元年，吳存禮被革職押解到京，其侵虧各案，涉及其任雲南、江蘇巡撫時。至雍正八年三月，據江蘇巡撫尹繼善密奏，查明吳存禮虧空銀四十餘萬兩。尹繼善認為，吳存禮為地方大吏時間長，為人又貪婪，侵貪財物肯定不止此數，於是經批准，將吳存禮長子，現任甘肅游擊吳永年解送到江蘇究審，又將吳希聖等押解到江蘇。二人供出在京並江南高郵、吳縣等處地畝房屋，又各名下首飾、什物、人口等項，以及吳永年、吳希聖自行饋送各人員銀物。又在吳永年監押地方，檢出去年來時於途中寄往陝西家信底稿，內有「涼莊道殷邦翰、永昌縣楊汝梗將我家中物件留下，應允幫助」，又有「上京騾轎駝子要少，

所有物件就在彼處變賣，免致招搖」等語。尹繼善密諮甘肅巡撫查究吳永年寄頓何物。雍正覽奏後，大發感慨，告訴尹繼善：「汝等切勿以少年意氣，過信於人，須步步留心體察，方能辨別奸良，若稍涉疏略，未有不貽後悔者。」（《硃批諭旨》卷二百二十三）後據吳存禮家人開報，餽送共 148 項，餽送銀 46 萬餘兩，牽涉高其倬、傅鼐等數十名官員，案件一直拖到乾隆初年。

在雍正初年的清理虧空懲治貪官中，最典型也最有影響的，莫過於山西巡撫蘇克濟侵貪受賄案。

雍正開名單

雍正元年四月十一日，年羹堯離京前一天，雍正專門召見了這位異常寵信的川陝總督、撫遠大將軍。雍正還特別讓年羹堯給山西巡撫德音傳一道密旨。

六天后，年羹堯進入山西境內。年羹堯的人早已把大將軍過境並傳達皇上密旨的消息通知了德音。但令年羹堯意想不到的是，他卻碰了個冷釘子，德音並沒有見他，只是派了一個人，告訴年羹堯，他正在闈中進行考試，現在無法脫身。不能見面的理由既然冠冕堂皇，年羹堯也沒有辦法，只好把雍正傳的諭旨抄寫一遍給德音，隨後悻悻然趕往陝西。就在年羹堯快要離開山西境內，到達禹康（運城管轄）時，德音立即追上了年羹堯。年羹堯見到德音，辭色嚴厲，又把諭旨的內容傳了一遍：山西官員有幾個人是整個大清國都知道是貪官的，這幾個人也是百姓最痛恨的，現在雖然暫時收斂，但必須參劾。皇上開出了三個人的名單：

> 平陽知府馮國泰、太原知府李清鑰，爾竟不肯參劾，想必有不敢參劾、不便參劾之處，據實奏來。大同知府樂廷芳已參虧空，軍興以來，通省指稱大同軍需名色侵冒銀兩，樂廷芳因此肆無忌憚。

但對年羹堯傳旨，德音好像早有準備，因而「神情不甚了了」，似乎不以

為然。雍正在年羹堯密奏的這句話上面硃批「豈止」二字。年羹堯把與德音見面的情況密奏給雍正，並說，德音如此態度，讓臣下更對山西感到擔憂。

　　年羹堯在同一天，又把山西大旱，德音救災不力以及山西的侵貪情況，向雍正密奏，等於參了德音一本。他還向雍正推薦了田文鏡。田文鏡的發跡，也在山西，與年羹堯有關係。這是後話。

　　山西雄踞天下之肩背，無論國都在西邊的陝西還是在東邊的北京，這裏的戰略地位都非常重要。因此與陝西都是滿缺，即由滿族大員出任巡撫。自康熙三十八年起，山西巡撫由噶禮擔任，他在任十年之久，後來升任兩江總督，是個有名的貪官，與江蘇巡撫張伯行鬧得沸沸揚揚的「督撫互參大案」的主角就是噶禮。康熙兩派欽差，審理結果都偏袒噶禮，判張伯行革職、充徒刑，後康熙帝乾綱獨斷，說朕自幼讀理學書，如果像張伯行這樣的天下第一清官都不能保護，讀書何用？還說，如果沒有張伯行，江南會被噶禮盤剝殆盡，為此將噶禮革職，張伯行官復原職。在京城的江蘇官紳士子，集聚上萬人，手持一把香，到暢春園為康熙祈壽，山呼天子聖明。噶禮後來因為捲入太子案，被康熙所殺。噶禮離任後，山西巡撫一職由由蘇克濟接任，在任長達 12 年之久，直到康熙六十年底，因丁憂離任，巡撫由德音接署。而康熙、雍正時期，西北用兵，山西是臨近省份，供應軍需是這個省的主要任務。打了多年的仗，以軍需的名目，山西究竟出了多少錢？這些錢又有多少落入個人的腰包？沒有人說得清楚。

　　山西有 97 個州縣，但只有五個府，因此，知府權力很大，幾乎與布政使差不多。太原是首府，統轄 25 個州縣，平陽府最大，統轄 34 個州縣，包括今臨汾、運城之地，大同府領 11 個州縣。這三個大府佔了 70 多個州縣，說明山西的侵貪是全省性的，這三個府的一把手既然是通國皆知的貪官，在雍正這裏都掛了號，而作為一省最高長官的巡撫，德音為什麼「不敢參劾、不便參劾」？這也是雍正最擔心的地方。但雍正明確傳旨給德音，他要讓這些貪官無處所逃。

　　大同知府欒廷芳是雍正查辦虧空後，山西第一個被革職的高級官員。因為山西一省，上上下下、大大小小的官員，都打着大同軍需的名目，侵貪錢糧，

私徵加派，大發個人之財，而全部底賬，都掌握在欒廷芳手中。雍正指名，德音不得已把欒廷芳參劾，但德音的做法卻匪夷所思，他派了汾陽府楊同知，做欒廷芳的工作，勸說道：「你之被參，出自旨意。你也是知道的。若蘇巡撫、圖都統的事情，你總不提起，你的事也就好好的完了。若必欲說破，就顧不得你了。」這段話非常有意思，分明是威脅、恐嚇。意思是讓欒廷芳一個人承擔下來，我們會幫你想辦法，如果你把事情牽涉到前任巡撫蘇克濟、圖都統等封疆大吏身上，你就沒救了。

清朝在太原設有八旗兵，在山西右玉即明朝的右衛設有八旗駐防。而圖都統是八旗兵在山西的最高軍事長官。更令人詫異的是，德音命人對欒廷芳嚴密看守，即便他的家人也不讓見面。德音的目的就是殺人滅口，而欒廷芳名下應該領出而沒有領出的銀子三十多萬兩，也就落入德音的腰包。

德音最初把審理欒廷芳虧空的案子交給信任的平陽知府馮國泰去辦。雍正指名參奏馮國泰後，正在審理欒廷芳虧空案子的馮國泰不明不白死去了。而德音向雍正密奏說，奴才被馮國泰欺騙了，但他是鬼神厭惡的人，他於四月初五死去了。至於死因，德音沒有交待。據年羹堯向雍正密奏，馮國泰因為被德音委任查辦欒廷芳虧空一案，「數日之內，憂急成病，於四月初五日身故」。

雍正指名拿下的三個大府貪官，一個突然死去，一個要被滅口。雍正感到事態嚴重，立即令年羹堯把欒廷芳帶到陝西「軍前效力」，就是要留下「活口」，以便把山西的貪腐案查下去。但德音真的是膽大包天，他竟然拒絕「交人」，也不奏明「不放人」的理由，如此公然違抗聖旨，讓雍正大為惱火，認定德音一定拿了欒廷芳的銀子，有把柄在。遂於四月二十四日把德音免職，改派內閣學士諾敏接任山西巡撫一職。主管一省司法的按察使森圖調任布政使後被革職，由高成齡接任，主管一省錢糧的布政使先派連肖先接任，幾個月後，由從四品的內閣侍讀學士田文鏡署理。

山西巡撫、布按兩司，三位大員全部更換，組織部署完畢後，山西侵貪大案的真相才逐漸浮出水面。

原巡撫蘇克濟受大案

諾敏是滿洲正蘭旗人，祖、父兩代都是高官。他本人從筆帖式開始做官，時任內閣學士，由於年羹堯推薦，雍正任命他為山西巡撫。他一生做的一件事對雍正朝影響甚大，就是奏請從火耗中提解養廉銀和辦公經費，而雍正朝的這項重大改革，就是從查辦山西貪腐大案開始的。

諾敏行前，雍正一再囑咐他，也給他下了聖旨。雍正對他說：「山西省錢糧，不知被蘇克濟、德音、森圖、欒廷芳、李清鑰、馮國泰這些人貪了多少。這些該死之輩，你設法讓他們全部淪為乞丐，方合了朕的意。如果稍有姑息，徇私枉法，你如果不敢對這些權貴下手，或者聽受他們或別人的囑託，或者顧念結交舊情，你真真辜負了朕，也有悖國家對你的器重。你要竭力妥當，公正治理山西一省。」

如何把貪腐案子查到底，雍正也做了具體指示：「剛解職的巡撫德音、布政使森圖二人，必須把他們安置在僻靜的地方，即便他們常常見面也沒有關係。只要有涉及他們的事，就帶來訊問。如果他們承認，你可以私下了結，如果他們抵賴、推諉，你就具奏，把他們革職拿審。你一切拿着朕的諭旨，把錢糧清楚了，主子喜歡了，百姓暢快了，官員畏懼不敢再貪了，豈不最好。」

帶着尚方寶劍，諾敏於五月十一日到達山西。他把諭旨傳給德音。德音一再表示，自己為下屬所欺蒙，罪該萬死。德音說他已經奏聞皇上，允許他回京。因此把巡撫印信交給諾敏後，就要回京。諾敏說：「你的問題沒有查清，不能回京。就在山西留下，這是旨意。」

諾敏當即把與德音辦理交接的情況向雍正密奏，當奏到德音說自己是為下屬所欺蒙這句時，雍正有感而發，也給諾敏敲警鐘，硃批說：「一句為下屬欺蒙，就把封疆大吏的責任推得一乾二淨，豈有此理。朕如果被你們封疆大吏欺蒙，又如何是好？真是滑天下之大稽，不知羞恥！」

雍正訓示後，諾敏立即表態，說奴才除皇上之外，不怕任何人，一定徹查到底。現在最難之處是，全省虧空甚多，而欒廷芳握有前任巡撫蘇克濟的把

柄，他不吐實。此時，雍正通過他的情報系統，得知德音所以要把欒廷芳「殺人滅口」，是因為他拿了欒廷芳的 13 萬銀子。雍正提醒諾敏，你一定要留神，德音在山西做巡撫這麼長時間，可能為保自己，致欒廷芳於死地。他人還在山西，你要加倍留心防範才是。因山西一省錢糧出入，多經欒廷芳之手，如果欒廷芳被「滅口」，山西虧空、侵貪等案件會無從查證。為此，雍正與年羹堯商量，想把欒廷芳發往年羹堯軍前效力，以保護「活口」。諾敏剛剛到任，不知如何是好，隨即請旨：欒廷芳是否發往軍前效力，將應賠款項行文年羹堯追完；或將欒廷芳留在山西對口（對質），清楚錢糧再發軍前，恭候聖旨。雍正特降諭旨給年羹堯：

> 朕思原發爾處，因有德音等滅口之說，今諾敏斷不肯為此，朕已向他說破。再者欒廷芳（如果）身在軍前，山西一切處，倘不當歸之於他的，眾口枉攀，將拖欠行文與你追，欒廷芳豈肯甘認？一者又是你身一事，二者少不得又將欒廷芳回來對詞，所以令諾敏留欒廷芳在山西清楚後再發往軍前矣。他自然傳旨行文與你。特諭。

到了六月初，山西貪腐案取得重大、突破性進展。

原來，在強大的政策壓力下，潞安知府裴章等官員聯名呈告，前任山西巡撫蘇克濟勒索銀兩、財物，開具清單，厚厚的一大本。諾敏讓手下人一算，竟然達到驚人的 450 萬兩。儘管諾敏懷疑這樣巨大的數字，但看到呈告書上面密密麻麻，蓋滿了官印，他又不得不相信。他擔心走漏消息，這樣一來蘇克濟就可以有時間轉移財產，因此接到呈告的當天，諾敏以最快的速度，向雍正馳驛密奏，說山西近年吏治敗壞已極，州縣官先把上司賄賂一遍，等到上司難以翻臉後，隨意挪用倉庫錢糧，把國家的錢糧當成自己的私有財產，等有事需要時，就搜刮老百姓，能撈就撈，能刮就刮。善於行賄的都視為有才。蘇克濟這麼多年，貪贓枉法，早該處理。但想來花費也肯定不少，即便抄沒他的資產，恐怕也難補足 450 萬兩白銀。

事實上，自雍正嚴查虧空、懲治侵貪伊始，有問題的官員大都做了安排。蘇克濟丁憂回旗後，德音剛剛接任，就向康熙密奏，蘇克濟家下人趙七蒙混主子，詐官害民，種種不法，難以枚舉，應將其財物、人口入官。此案隨即由刑部審理，將趙七財物沒入內務府。這件案子，很可能是蘇克濟與德音聯手，保護蘇克濟的一種棄卒保車之策。蘇克濟被呈告侵貪 450 萬兩的事情出來後，他的家下人趙七一家七口，全部死亡。這件事，也發生在德音任職山西巡撫期間。

長年為蘇克濟經管事務的趙七一家七口全部死亡，蘇克濟的案子就很難查下去。

雍正得報後，立即做出指示，告訴他不要怕任何人，凡事要依靠皇帝的指示果斷辦理。考慮到諾敏是新任巡撫，一省大事，全靠你一人承擔，沒有助手不行，因此派鄂倫岱等二人協助辦理。但他告訴諾敏，絕不能因為朕加派人而推諉。關於蘇克濟轉移財產的擔心，雍正說，「蘇克濟在巡撫任時已經藏妥了，他所在的旗，任何人恐怕都查不出了。只能與他講明道理，由他設法補償。如果他還執迷不悟，再把他法辦；德音也不能就此了事。他們這些人多少年來，把國家錢糧當成自己的家產，已經貪慣了，朕一定好好整治。」

雍正加派的審案組鄂倫岱等人，隨即與諾敏開始審理蘇克濟父子。蘇克濟做了十二年的封疆大吏，與當朝權貴關係太深。而鄂倫岱此人，他是康熙大舅佟國綱的長子，與隆科多是親堂兄，康熙的表弟，是支持允禩的人。他現任官職是領侍衛內大臣。他們把蘇克濟還有他的兒子達爾布一起審。蘇克濟叩頭認罪，說自己的罪，早就應該被處死，現在皇上降旨，何須再審，願意把所有家產全部拿出賠補。正當審理蘇克濟兒子達爾布時，卻發生一件事。原來，兵部以最快的方式來一道諮文給審案組，諾敏等打開一看，見裏面寫道：「怡親王面奏皇上，將蘇克濟之子達爾布帶回。奉旨：着怡親王寄信臣等速為諮行。欽此。」

達爾布是蘇克濟的長子，對他父親的財產情況應該很清楚。當時正在協助怡親王辦理會考府和戶部的事情。怡親王為什麼要速速把達爾布召回？雍正為什麼同意允祥的這個要求？這是不是雍正不想把案子審下去？

鄂倫岱和諾敏等辦案大臣，帶着諸多疑慮，給雍正寫密摺，說達爾布是關鍵人物，此時不應該把他召回京城。但皇上有旨意，我們不知如何是好。為此請示。雍正說：「怡親王念達爾布在戶部、會考府出力，是個好幫手，奏請把他召回，並無他意。朕准了怡親王的奏，也不是要放蘇克濟父子。如果能夠寬免達爾布，朕也會從寬處理。但達爾布父子的死罪豈能與他兒子在戶部效力幾個月相提並論？朕已下旨，達爾布留在山西對質，如果他幫助隱瞞他父親的財產，或者知情不舉，朕一定把他革職治罪，如果把他父親隱瞞的財產絲毫不漏，全部舉發，讓案情了結，朕不但免他的罪，還會重用他。你們放心，朕為你們審案做支持。」

九月初一，案情基本審出。蘇克濟父子與呈告人反覆進行對質，又把蘇克濟的其他家下人、在衙門辦事的人，他的跟班等等，進行「夾訊」，蘇克濟最終承認，他通過各種勒索手段，收受賄賂達到驚人的 420 萬兩。

人們會有疑惑，作為天下財賦總匯的戶部，數十年才出現 260 萬兩的虧空，而一個封疆大吏在任 12 年，怎麼能收取這麼多賄賂？山西一省的夏稅秋糧，一年僅有 280 多萬兩，如此算下來，蘇克濟侵貪所得，是山西近兩年的總收入，是不是太誇張了？再比較山西全省的虧空 130 萬兩，蘇克濟貪賄所得是全省虧空的三倍有餘。

辦案大臣逐項核對，蘇克濟最後列出他接受賄賂的四大渠道：一是借辦理西北軍需名目；二是收受年節禮品、生日賀禮；三是通過五次大計斂財；四是以入京覲見名義斂財。辦理西北軍需的名目，很好理解。戰爭國家有專項支出軍費，但辦理軍需的名目繁多，而且耽誤了作戰，誰也擔待不起。節禮銀是相沿已久的陋規，是指端午節、中秋節、元旦三大節，兩壽是指巡撫夫婦的生日，這一年的三節兩壽，下屬要送禮。僅此一項，每年可得 6-8 萬兩。12 年下來，有七八十萬兩。

大計每三年一次，所有地方官三品以下，即道、府、州縣官均在考核之列，有一套「標準」，結果主要分為「卓異」「供職」兩類，「卓異」的比例是 15 比 1，列入「卓異」升官。後者就沒有機會。巡撫蘇克濟是大計的唯一負責

人，這是他撈錢的最好機會。

蘇克濟雖然承認 420 萬，但交代的財產只有 80 萬，包括存在石頭胡同、襪線胡同當鋪裏的 20 萬，借出去有名有姓的 50 萬，還有衣服、首飾、器皿、宅地折合 10 萬兩。

但其他 340 多萬，他拒不交代。審案組為此奏請把蘇克濟以及他的四個兒子全部革職，同時向全國各省發文，調查所有商號有沒有蘇克濟入股，地方官出具甘結蓋印。雍正帝全部採納。此案到雍正五年八月，刑部等將蘇克濟議處斬決，按照完贓減等條例，蘇克濟羈押在案，又經過退贓近三百萬後，蘇克濟被釋放。

革職縣令三抗欽差

回過來看雍正所開列的三位知府。

馮國泰因為審理欒廷芳虧空案，早在德音在任時已經死亡。後從他任平陽知府的家中搜出四五萬兩，又查抄他老家紹興的資產。太原知府李清鑰也被查抄。

查抄欒廷芳家產時，沒有查出更多銀兩，值錢的物品也沒有幾樣。諾敏憑感覺，這很不正常，讓手下人在欒廷芳的宅院地下，隨意一挖，就挖出銀子八萬多兩。雍正硃批問：這些從地下挖出的銀子，是欒廷芳自首還是審出來的？抑或是別人出首告發？因為這性質大不相同。諾敏密奏答：最初是奴才憑直覺挖出來的，後來是通過審問欒廷芳的弟弟及家人又有收穫，陸續又挖出七萬餘兩，總共 16 萬兩。後又查出，欒廷芳在直隸昌平、涿州、遵化等地有房產、田地，折銀一萬多兩。各種物品清單，開列厚厚的幾大冊。經審理，欒廷芳僅通過軍需草料羊毛採購等環節，就浮開 27 萬多兩。其他尚有幾十萬兩。最初，欒廷芳拒絕交代這些銀子的去向，在審案大臣一再審問下，欒廷芳只寫姓不寫名，後來開出饋送清單。其中，雍正帝的兄弟們有不少，包括果郡王允禮（無數據）、貝子允裪（無數據）、恆親王允祺 6500 兩、郡王允禵 4000 兩。大臣中

有數十位名列其中。包括圖思海 23000 兩、徐元夢 1000 兩、高其倬 7000 兩。欒廷芳大概在雍正四年前後死去。

諾敏雖有雍正的支持，而查辦貪腐還是遇到很大阻力。雍正二年，諾敏萌生退意。當年十一月，年羹堯進京返回西安途中，在獲鹿縣得知諾敏抱病之信，因未知虛實，遂行文約其出城相見。二人在距離太原府五十里的王湖地方相見，諾敏是乘坐軟塌來見的，年羹堯摒去家人，宣旨給諾敏，諾敏說他手足麻木，艱於語言，但年羹堯細心查看，並不是什麼大病，十天八天就會痊癒，為此以大義責之，對他說：

> 為人臣者受皇上天高地厚之恩，凡有知識昏昧之處，聖主肯嚴行教訓，此正雷霆雨露，莫非恩施，汝當益加感激圖報，悔過遷善，若因此而有一念之動搖，即此一念已自遠於聖主幾千萬里，自取罪禍，而臣節不純，何以事君、何以事父、何以教子？汝須急自猛省，倘若執迷不悟，悔之晚矣。

經過年羹堯的勸諭，諾敏十分惶恐，對年羹堯說：我此刻心裏狠醒了，大約我的病半月可以痊癒辦事。

山西的虧空案，還要查下去。而一個革職的縣令，小小的七品芝麻官，卻又把諾敏難住了。

此事就發生在歷史上有名的馬邑。馬邑屬大同府所轄，也是查辦的重點。馬邑知縣何清，因虧空錢糧被革職。接任他的人叫李范，李范接任後查點倉庫，結果發現倉庫空空如也，連一擔米、一兩銀子都沒有。這讓李范驚出一身冷汗。他不想代人受過。他想，錢糧實物沒有，賬簿總會有。李范去向何清討要，而何清推三阻四，拒絕交出。李范立即把情況向巡撫大人諾敏報告。諾敏感到奇怪，又派新來的候補知縣宋瑞石去追取錢糧清冊，並搜查任所財物。但何清橫加阻攔，不但一物未得，錢糧冊也沒有追回來。諾敏覺得，何清是不是因為派去的人職位低，因此改派大同知府，就近把何清的家人押到大同府衙。

此時的清查都是奉命行事，而奉的命都是雍正諭旨，如同欽差。

諾敏感到不可思議的是，一個小小的革職縣令，敢於如此頑抗，背後定有來歷。果然，何清的經歷太不一般。康熙晚年，他被雍親王請到王府給三阿哥弘時教書。不久，雍親王當了皇帝。弘時是康熙四十三年出生的，由於弘時前面的二個哥哥早亡，弘時事實上是皇長子，或許因為這層關係，何清希望立弘時為太子。雍正說他愛嚼舌頭，恐怕就是指這件事。雍正帝中意弘曆，即位幾個月後，祕密立弘曆為皇太子，他就是後來的乾隆皇帝。為此找個理由把何清辭退，到馬邑做知縣。何清在雍親王府做了多長時間的師傅，不得而知。他做馬邑縣令時間有一年。諾敏把何清的情況向雍正密奏後，雍正帝稱何清為「這位老兄」，他告訴諾敏：何清「這位老兄」，在朕前沒有什麼效力之處，朕如果真把他看重，豈能讓他做了一年知縣還不提拔？何清的事情，你酌情處理。

既然「酌情處理」，諾敏也不再追究。

山西大案是雍正最關注的，也是他親自指示、督辦的侵貪大案。在全國懲治貪腐中，具有「標杆」意義。並且，由查辦虧空、懲治侵貪而引出制度的重要革新，也是從山西開始。

二十四、火耗與養廉銀

雍正元年八月，通政司右通政錢以塈上了一份密摺。這份密摺，讓雍正斟酌再三，最後予以採納，並以新法令的形式發佈實施。這項新法令出台於查辦虧空、懲治侵貪的關鍵時期，猶如一把烈火，讓所有貪腐官員，聞風喪膽。新法令的主要內容有兩項：

一是凡是虧空、侵貪官員一經查實，立即離任，並查明其子現在何省為官，也題請離任。二是官員題參時，一面嚴格搜查其現在衙署，同時一面行文原籍地方官員，查封其原籍家產，予以追賠。

這堪稱是查辦虧空以來最嚴厲的法令。此令一出，不但數十位高官被懲處，各省均出現了覆蓋面非常廣泛的參革人員，「於是諸臣承望風旨，搜根剔齒，唯以刻薄為事，辱及婦女，禍至兒孫」。[1]

錢以塈是浙江嘉善人，戊辰進士，由縣令起家，考選科員，任四品的右通政時間頗久而不得升遷，上密疏時已是七十老翁。他原想此類密奏，皇帝發廷臣討論時，定會把他的姓名裁掉，但雍正也不想擔這個罵名，遂原封不動把密奏發交廷議，而且竟然通過了。自此，各省紛紛追查、查抄，而大小官吏，奏疏重疊，文移往來，必大書通政使司右通政錢以塈條奏云云。

在嚴厲的政策推動下，山東發生一起離奇的盜庫案。雍正六年十月，山東濟寧州發生一樁震驚朝野的傷官劫獄盜庫案。十幾個人在夜裏持械盜取州府銀庫，行劫時遇到官兵，因寡不敵眾，打開州府監獄，放出囚犯 22 人為助，將四名士兵致傷身死，劫匪也全部落網。劫案讓雍正帝非常震驚，在審理後暴

1　汪景祺：《讀書堂西征隨筆》，上海書店 1984 年版，第 26-27 頁。

出驚人真相。原來，山西有個老貢生叫馮候南，他與兩個兒子，舉人馮齊、馮善存，在山東為兗寧道員宋基業做西席（幕友、老師）。宋基業有兩個兒子，一個叫宋薇，娶原山東巡撫、現任刑部侍郎黃炳的女兒為妻。馮齊娶禮部尚書李周望姪子的女兒為妻。宋基業病故後，查出在任虧空，追賠未完。虧空補不完，就不能出仕為官。馮候南於是商議，率其子與宋家子弟，盜取濟寧州庫銀。因為彌補虧空而盜劫庫銀，而劫獄的主角是未補完虧空官員的子弟，這一時成為大新聞。

「抄家湖」

實際上，對錢以塽的「懲貪新法」，當時就有不同意見。最受雍正寵信的年羹堯大將軍上疏密奏表示質疑。他說，對虧空官員應該分別對待，有的事出有因，並非侵貪入己，且其中不乏有才能的官員。況且，牽連到子弟，也是情法兩不平。他舉例說，江南安徽糧道馬世烆，陝西長安知縣馬世燦，都是因為軍功議敘而授現任官職的，並且能辦事，因為他的父親馬雲會在任海州知州時有挪移未完銀兩，此事已經二十餘年，而按照新法令，他的兩個兒子都要解任。這顯然不合情理。年羹堯還說，按照新法令，一時解任者，統各省計之，將達到一二百員。這不是國家愛惜人才的辦法。

雍正一向對年羹堯的意見極為重視，甚至硃批中有「你可代朕擬旨」這樣的話。但年羹堯的這個意見，雍正破天荒地沒有硃批一個字。這在雍正元年是很不尋常的，也表明雍正對嚴查侵貪的堅持，而山西落實的最徹底。

山西共有 97 個州縣，查出虧空 130 萬兩，而侵貪尚不在此數之中。雍正元年七月，山西巡撫諾敏密奏說，因為虧空的州縣官出缺實在太多，現在署任人員不足，奏請皇上選派候補人員二十名到山西，並說他們一到山西，立即把虧空的州縣官參革。雍正接到密奏後，告訴諾敏說：「已派二十名俊士送去，朕當面勸諭，有三四名朕看來尚可任用，另在吏部記名行文於你。這些人不過是明白伶俐之人，即便朕說名聲好的，朕也不保他們做好官，你不要因為是朕挑

選的人就有所顧忌，如果不合適，也要參。」

隨着清查工作的深入，諾敏發現，其餘六七十個州縣官，沒有虧空的很少。如果按照新法令處理，餘下的六七十個州縣，也要全部解任，而一時沒有這麼多人補缺，況且，全省換班，會形成新的問題。為此，諾敏把虧空者分為兩類：雖有虧空但有才能並承諾在一定期限賠補的，暫時不參革；凡居官惡劣、名聲不佳的，立即參革，派新官署任。雍正指示說：「對後一種官員，要狠狠抓住，毫不姑息。如果乘此機會清理，日後於你們非常有利，如果留下些麻煩，舉措雖好也是枉然。凡事惟有堅持到底，貫徹始終才行。」

諾敏隨後發現，他的兩類區分辦法事實上行不通，因為虧空官員對付清查手法太多了，查庫存就向店舖還有殷實之家借取充數；如果借不到，就改徵收錢糧冊，改為民欠；如果追齊虧空，又挪移錢糧，以新徵補舊欠。況且，如果涉事官員在任，書吏、百姓不敢以實揭告。為此只有將他們都解任，這樣的話，新任官員不會為他們受過。為此他再次向雍正要人，密奏說，皇上選派的二十人已用完，請皇上調候補三十多人來山西。雍正立即批示說：「朕馬上就辦，除從京城選派外，朕再從四川、雲南選人送去。」到了年底，諾敏把山西97個州縣，全部換成新任。

兩江是清朝財賦的主要來源地，虧空、侵貪也很嚴重。據總督查弼那奏報，虧空達320萬多兩，而中飽私囊者早已飄然而去，現在州縣官待審者達數百人之多。江蘇巡撫吳存禮被革職後，查出他貪婪所得，廣泛饋送康熙朝大學士、尚書、督撫等封疆大吏、各位皇子等共226人，行賄額高達46萬多兩。

閩浙也是「重災區」。雍正剛即位，就給閩浙總督滿保發出警示說：「朕給予三年期限，三年不改即刻正法。對那些貪官，不可以讓他們在任上還清貪贓所得就了事，要把他們全部罷官，否則他們還是在百姓身上打主意。」

滿保對雍正的新法令，內心也表示懷疑，但口頭上一再稱頌皇帝「神奇」。他的做法是把雍正發的上諭一一謄黃，分發下屬人手一份，限期三個月遵照實行。雍正對此「官樣文章」頗為不滿，硃批說：「對朕所降諭旨，不要口稱神奇，行動背道而馳。口上稱是，以行文貼幾張告示權充行差，不可稱為遵行，徒為

屬下官兵百姓所恥笑。凡事朕惟嘉許一個誠字，着不時訓飭下屬，共求一個誠字。」

由於雍正以最凌厲的辦法推行新法令，各省均出現覆蓋面非常廣泛的參革人員，乃至於無人辦事。質疑的聲音也越來越多。雍正三年四月，他召集滿漢大臣，進行全面回擊。他說：「朕即位以來整頓官場作風，並非苛刻，也沒有什麼偏私，乃有庸懦無能的督撫，每每有參劾，就向人說：我如果不參，恐怕不是皇上的旨意，又擔心被他人參劾，於我不便。好像參劾為迎合朕意而出於不得已者。」雍正又說：「前滿保曾奏浙閩屬吏已劾多員，若再題參至無人辦事。魏廷珍巡撫湖南時，亦曾奏稱屬員參劾已大半，容再查出參劾等語。夫屬員之去留，惟視居官之優劣，豈論參劾之多寡？」在雍正看來，凡是虧空或侵貪的官員，只要查出來，就要參革。不論多少，只論有無。在雍正的嚴厲督辦下，各省均有為數不少的官員被抄家。

汪景祺當時目睹這一政策，他記載說，陝西乾州有一個舉人，任介休知縣，死於任上，交代時有虧空數百兩，山西巡撫諾敏派官員攜帶文書到陝西省查抄，僅有破屋十餘間，宅基地五分，又地五十餘畝，兩個兒子聽聞官府查抄，懼罪亡命。還有一個山東人姓丁，在西安臨潼縣做官，病故後查出虧空，山東老家及臨潼都被抄家，只有戒指 6 枚，銀簪二支及男女衣服 16 件，還有婦人所用的褻衣幾件。汪景祺對此評論說：

> 罪人不孥，於婦人何罪而至褫其褻衣以為快？況所值幾何耶。其父虧帑，其子解官，似亦父債子還之意，然本朝寬大之政，凡獲重譴者，分家之子不坐，況其子或以捐納出身，尚可文致其罪，謂此即虧空之一端，乃由進士舉人得本分官者，亦勒其罷職，何也？

一時議論紛紛，指責雍正是抄家皇帝，朝廷懲盜臣而重聚斂之臣。意思是你雍正雖然懲治侵貪，但更重用那些會斂財的人執掌大權。甚至民間創造了一種「抄家湖」的新玩法。雍正的耳目把這些報給他。雍正予以駁斥說：「朕即位

以來，外間流言說，朕好抄沒人的家產。犯法的人，本來就有籍沒家產之法，朕因此把那些奇貪極酷之員，抄沒家資。這樣的人按照法律規定，本人應該正法，家產應該抄沒，妻子都應當流放邊遠，朕現在都從寬赦免，止抄沒他們的贓私，如果他們稍有人心，應感恩戴德，豈能因抄沒而生怨望？並且，朕富有天下，即位以來蠲免錢糧不下數百萬兩，朕怎麼會看得上貪官污吏這些小錢？近聞市井中鬥牌名色，有稱「抄家湖（和）」者，譏刺朝政，甚屬可惡。這分明是貪贓犯法之徒，畏懼抄沒參劾，因此造作此語，傳播遠近，希冀因流言而停止。」

就現存檔案而論，確有難以計數的官員受到抄家處理。牽涉面非常廣泛，絕不是雍正所說的僅僅是年羹堯這些人。由於官員擔心被抄家，因而將金銀埋藏地下成為一時風氣。隆科多後來有個罪狀，就是轉移資產到西山寺廟中，應該就是今天的西山大覺寺。雍正五年九月，由於埋藏的銀兩已經影響到國家的貨幣流通，雍正為此專門發佈諭旨，禁止天下軍民埋藏金銀，不遵旨事發及被人偷掘者，皆入官，充地方賑恤之用。

在查辦過程中，也有為數不少的官員及其家下人自縊死亡的事發生。前面所言廣東糧驛道李濱抹脖子的事件，就是其一。還有，原河道總督趙世顯及家奴崔三受到嚴刑夾訊，將崔三妻妾用拶指刑訊。崔三不堪刑訊，夜間在牢裏自縊。雍正得報後說，崔三等惡徒，引誘主人作惡，敗壞國家，侵蝕錢糧，擾害百姓，此等之人，理當凌遲，如此死去，太輕了。還有，原戶部尚書孫查齊家下人三八自縊。就連雍正的連襟、蘇州織造胡鳳翬與他的妻妾三人也自縊而死。這些死亡中，有的是因為抄家而死，有的是逃避法律懲罰。

廟堂之爭

在查辦虧空的過程中，雍正和不少大臣都在檢討：為什麼會出現從中央到地方，數額達到千萬兩以上又具有普遍性的虧空問題？從國家財政稅收制度上，有沒有需要改進的地方？

早在康熙中葉，就不斷有御史言官奏報地方虧空。康熙四十八年，言官郝林條奏各省錢糧虧空。康熙為此召集大學士等，並發佈諭旨，分析虧空由來。他說：

> 郝林只知州縣錢糧有虧空的弊端，而所以虧空的根原，他並不清楚。凡是講到虧空的人，有的說是官吏侵蝕，有的說是因為饋送上官。這些情況確實經常發生，但地方有清廉剛正的督撫，而所屬官員虧空更多，這又如何解釋？朕聽政日久，歷事甚多，於各州縣虧空根原，知之最悉。從前各省錢糧，除地丁正項外，雜項錢糧，不解送京師者尚多。自吳三桂等三藩變亂以後，軍需浩繁，於是把一切存留地方的項款，全部解送到戶部，留給地方的，只有官員、書役的俸工等項；地方必不可省的經費，又經節次裁減，留在地方的，為數甚少，此外則一絲一粒，無不陸續解送京師，雖有尾欠，戶部亦必令起解。州縣官員，沒有纖毫餘剩可以動支，因而有那移正項錢糧的事，這乃是虧空的大根原。
>
> 從前將外省錢糧，全部收入戶部，以今觀之，未為盡善。天下財賦止有此數，在內既贏，則在外必絀，凡事須預為之備。若各省庫中，酌留帑銀，似於地方有濟，倘在外各省一旦倉猝需用，反從京師解出，得無有緩不及事之慮，此亦當於無事之時，從長商榷者也。爾等可將朕此旨，一一傳諭九卿。

康熙的這番話，說出了地方虧空的主要原因，是地方沒有絲毫的財政權，而事情還得辦，因此只能動用國家正項錢糧。由此可見，中央財政權的擴張，和地方財權的萎縮，是伴隨平定三藩之亂而得以強化的。雍正即位後，嚴查虧空。而如何賠補虧空？顯然，抄家不能從根本上解決問題，還要從制度入手。這隨即引發了雍正初年最大的一場政爭，即耗羨歸公的爭論。

本來，雍正元年的正月初一，這是啟用雍正年號的第一天，象徵萬象更新，雍正向地方文武官員一連發佈 11 道諭旨，明確指出：「前有請暫加火耗抵

補虧空帑項者，皇考示諭在廷不允其請。今州縣火耗，任意加增，重者每兩加至四五錢，視為成例，民何以堪乎？嗣後斷宜禁止。或被上司察劾，或被科道糾參，必從重治罪，決不寬貸。」（《清世宗實錄》）但雍正的上諭發佈不久，他就出爾反爾，這是為什麼？原來，在賠補虧空的過程中，不少地方官把火耗作為彌補虧空的主要來源。火耗自明朝就存在。中國古代最早徵收的賦稅主要是實物，自明朝中葉以後大部分改為折銀。解送中央戶部時，因為成色有要求。而納稅戶自封投櫃，繳納的是幾兩幾分幾毫不等的散碎銀兩。因而在解送前要進行熔鑄，這一過程會產生損耗。這部分損耗最終攤到納稅人身上。久之，州縣官在徵收賦稅時，在正項錢糧之外，同時多收一部分，這就是火耗。而實際用於熔鑄的損耗有限，剩餘的部分稱為耗羨，也稱羨餘。但加徵多少火耗，在各省、同一省的各府縣，都有很大不同。這個主動權，掌握在州縣官之手。由於火耗是額外的，地方各級官員都想分一杯羹，這就形成一個圍繞火耗的利益鏈條。

嚴查虧空以後，被抄家籍沒的官員太多了，但仍然不能完全補足虧空。到了雍正二年，虧空嚴重的省份山西，巡撫諾敏提出，把火耗統一交給省府藩庫，由一省大員決定分配。

諾敏的上奏，堪稱一枚炸彈，在朝野引起極大震動。雍正斟酌再三，把他的動議提交給內閣大學士、九卿、科道等討論。意見幾乎是壓倒性的一致反對，道理也非常簡單明確，因為這樣一來，由過去的「暗加」改為「明取」，換言之，火耗過去是拿不到台面上的「雜費」，現在納入國家的正規稅收系統，無異於承認加賦，而清朝順治、康熙兩朝，總結明亡的最大教訓，就是加賦而亡，因此不加賦成為清朝的祖宗家法，關係社稷安危。大臣們說，康熙皇帝不知多少次拒絕把火耗列入正項徵收。不錯，他在臨終前的兩個月，陝西巡撫因為該省查出虧空甚多，向康熙密奏說，這些虧空如果由參革人員名下追補，不能速完，故與總督商量後想用火耗來補虧空。當時康熙出巡在外，因事情重大，立即對扈從大學士、尚書、侍郎、學士等人說：「據陝西巡撫噶什圖奏稱，陝西虧空甚多，與督臣商議，以火耗補合省虧空。朕謂此事大有關係，斷不可

行。定例私派之罪甚重。火耗一項，特以州縣官用度不敷，故於正項之外量加些微。原是私事。朕曾諭陳璸云：加一火耗，似尚可寬容。陳璸奏云，此乃聖恩寬大，但不可明諭，許其加添。朕思其言，深為有理。今陝西參出虧空太多，不得已而為此舉。彼雖密奏，朕若批發，竟視為奏准之事。加派之名朕豈受乎？！特諭爾等滿漢諸臣共知之。」

隨後，康熙再次召集羣臣，重申他的原則：「陝西巡撫噶什圖密奏，欲加通省火耗以完虧空。此摺朕若批發，便謂朕令加徵；若不批發，又謂此事已曾奏明，竟自私派。若公然如其所請，聽其加添，則必致與正項一例催徵，將肆無忌憚矣。所以將噶什圖奏摺，申飭批發。」

此次雍正二年，朝中大臣討論後，以內閣公文的形式，再次重申康熙時期不許明加火耗的規定，就是嚴守不加賦這條紅線。本來，事情似乎就這樣定了。而當年六月初八，山西布政使高成齡上書反對，他提出五點意見：

第一，火耗是國家財賦，應該由各省大吏調劑。耗羨不是專為州縣而設：直省錢糧正供之外，向有耗羨，雖多寡不同，皆係州縣入己，但百姓既以奉公，即屬朝廷之財賦，蒙皇上體恤羣臣，通院司道府而酌盈劑虛，以補其常俸之不足，俾大小臣工溥遍均沾，其法至善。

第二，火耗掌握在州縣官手中，會滋生腐敗。耗羨與節禮有密切關係，上司不提解耗羨，屬官必呈送節禮。端陽、中秋、新年、生旦，名為四節，四節之外，又加表禮，表禮之外，又有土儀，土儀之外，又供時鮮。下屬既送節禮以媚上司，則有所恃而生其挾制，必至肆行無忌。上司既貪節禮以取下屬，即有所聞而礙於情面，亦將徇隱而不言。損名節敗官常，朘民膏虧國帑，實由於此。

第三，火耗提解到省，既可以緩急有恃，也可以杜絕州縣官加派。耗羨提解於上，則通省遇有不得已之公費，則可隨便支應而不分派州縣，上司既不分派，則州縣無由藉端科索里甲，是提解火耗亦可禁絕私派濫加。如山西一省現將州縣火耗逐一詳查酌減，較之昔日已減大半，若不限以一定之數，不肖州縣反得任意多徵。今既固封糧櫃，又較定分數，州縣不能入己，誰肯多徵？是提

解耗羨即禁止濫加，亦撫字之一法也。

第四，火耗提解到省布政使司，可有益於澄清吏治。上司即清慎持躬，亦必有請幕賓、養家口之費，與其暗收餽遺，常懷貪黷之懼，何如明分養廉，共拜聖主之賜，且既不受餽遺，則亦無所瞻徇，廉者薦之，貪者劾之，未必非砥礪廉隅之道也。

第五，明提火耗，可以杜絕以後再有虧空。巡撫諾岷將每年存貯耗羨銀二十萬兩，留補無着虧空之用，先經奏明，一遇虧空之員，即照例參革離任，先於任所原籍搜查衣物產業，令其自行賠補，如果家產盡絕逾限不完，將本犯正法之後，方以存貯耗銀補其虧項，仍將補過某人虧空銀兩數目造冊題報。既無絲毫假借，又無分厘染指，何至有假捏虧空希圖幫銀，如從前之弊竇乎！

最後，他奏請雍正帝敕下直省督撫，俱如山西巡撫諾岷所奏，將通省一年所得火耗銀兩約計數目，先行奏明，俟年終之日，將給發養廉若干、支應公費若干、留補虧空若干，一一具摺題奏，則電照之下，誰敢侵吞。他的結論是：總之，耗羨非州縣之己資，應聽分撥於大吏提解，乃安全之善防，實非為屬於屬員。（《硃批諭旨》卷四十一）

高成齡的上奏，完全否定了朝廷大臣的定議，也無視加賦的事實，但雍正帝硃批給總理事務王大臣、九卿、詹事、科道，並鄭重其事的強調說：

> 平心靜氣，秉公執正，會議具奏。少有一毫挾私尚氣，阻撓不公者，則因此事必有一二人正法也；也須各出己見，明白指陳利弊，毋稍游移。倘不能畫一定議，兩議、三議皆可。當年九月，雍正帝在高成齡恭請皇上萬安摺上硃批：朕安。閱爾條奏耗羨一事，甚屬可嘉。交發廷臣會議矣。

由於此事不但關係徵收權是掌握在州縣官還是巡撫、布政使大吏，更主要的是背棄永不加賦的祖宗家法。因而當此之際，很多大臣紛紛表態，予以堅決反對。

吏部侍郎沈近思，是雍正親近的大臣，早年在靈隱寺出家為僧，討論諭旨

下發後，他力爭不可行，說：耗羨歸公使火耗與額徵無異，今日則正項之外更添正項，他日必至耗羨之外更添耗羨，非善法也。雍正帝詢問道：「你作過縣令，也收過火耗嗎？」沈近思回奏：「是的。臣收火耗是為養活妻兒計耳。」雍正帝說：「你乃道學出身，還為妻子行一己之私嗎？」沈近思回奏說：「臣不敢對妻子有私，但不能不養妻子，否則便絕了人倫。」雍正帝笑着說：「朕今天真讓沈近思難住了」。

左都御史、吏部尚書朱軾也以不便於民提出反對意見。太原知府金鉷時值入京引見，他也反對其上司諾岷、高成齡的主張。雍正帝詢問他：「你是否以地方官之私心反對耗羨提解？」他回奏道：「臣非為地方官游說也，從來財在上不如財在下。州縣為親民之官，寧使留其有餘，使地方官知廉恥才好。」

有學者提出，諾敏、高成齡的上奏，是雍正皇帝授意的。因而，高成齡上奏發交大臣討論時，大多按照高成齡的意見。雍正綜合官員的意見後，首先肯定所議「亦屬平心靜氣，但所見淺小，與朕意未合」。他說，州縣火耗，原非應有之項，因通省公費及各官養廉，有不得不取給於此者，然非可以公言也。朕非不願天下州縣絲毫不取於民，而其勢有所不能。且歷來火耗皆州縣經收，而加派橫徵、侵蝕國帑，虧空之數不下數百餘萬。原其所由，州縣徵收火耗，分送上司，各上司日用之資皆取給州縣，以致耗羨之外，種種饋送，名色繁多。故州縣有所藉口而肆其貪婪，上司有所瞻徇而曲為容隱。此從來之積弊，所當剔除者也。與其州縣存火耗以養上司，不如上司撥火耗以養州縣。其次，對各省酌定火耗分數的覆議，雍正帝沒有採納，而給予地方彈性空間。他的理由是：一省之內，州縣有大小，錢糧有多寡，地廣糧多的州縣，少加火耗，已足養廉；若行之地小糧少之州縣，則不能矣。惟火耗不定分數，儻地方遇差多事繁之時，則酌計可以濟用，或是年差少事簡，則耗羨即可量減矣。若酌定分數，則將來竟為成額，必致有增無減。此火耗分數之不可以酌定者也。

第三，他否定了州縣官保留必要的存留款項的定議：若將州縣應得之數扣存於下，勢必額外加增，私行巧取，浮於應得之數，累及小民。況且，解交督撫，則顯然有據；扣存州縣，則難保貪廉。此州縣羨餘之不可扣存者也。第四，

他否決了在山西試行的建議：天下事惟有可行與不可行兩端耳。如以為可行，則可通行於天下，如以為不可行，則亦不當試之於山西。值得肯定的是，雍正沒有強行推廣，而是給地方大吏極大的自主權。雍正說：朕亦不能保其將來是否無弊。各省能行者聽其舉行，不行者亦不必勉強。最後，雍正肯定了大臣所議，提取火耗非經久之計。雍正說：「凡立法行政，孰可歷久無弊。從來有治人無治法，文武之政，布在方策。其人存則其政舉。朕謂有治人，即有治法。法有因時制宜者，今提解火耗，原一時權宜之計。將來虧空清楚，府庫充裕，有司皆知自好，則提解自不必行，火耗亦可漸減。朝廷之與百姓，原屬一體。朝廷經費充足，民間偶遇歉收，可以施恩賑恤，百姓自無不足之虞。是清補虧空，於國計民生，均有益也。」

但火耗成為地方正項錢糧後，並沒有向雍正所期望的那樣，逐漸減少乃至取消。即以山西為例，仍達到正項錢糧的 17.5%。雍正三年是山西實行火耗提解的第一年，據伊都立奏報，當年共應徵加耗錢糧 2865977 兩，共該耗羨銀 495077 兩，已徵過耗羨銀 467709 兩，共開除各官養廉公費等項銀 294631 兩，共存庫銀 173077 兩，未徵完銀 27367 兩，俟徵完之日內撥存庫銀 26922 兩，以足二十萬兩之數。雍正對此非常不滿，硃批嬉笑怒罵，無所不用其極：

> 所奏全然不解，朕竟無旨可降，此事須覿面向爾問明方可定，大奇大奇！前奏請於封印後來京陛見，朕原命偕高成齡同來面商，豈料爾如此庸材，殊屬可笑可歎！若非天奪之魄，何昏憒乃至是耶？！今並高成齡亦不必諭知矣。

雍正四年九月，伊都立自雲貴總督解任，覲見後回任山西巡撫，向雍正表示「仰報天恩」，雍正聽聞他在山西加徵火耗，於是硃批道：「仰報固朕所期，若迎合揣度，混亂更張，似此仰報，不勞汝耗費心力也。如陛見回任後，加增火耗，是何仰報之道？豈具有人心之人所忍為者？庸愚無識，至於斯極，有是理乎！」

雍正隨後得到確切密報，伊都立確有加徵，遂通過內閣降旨斥責說：

> 伊都立前聞爾升雲貴總督之命，將欲離任之時，將山西闔屬耗羨，飭令裁減，今聞得爾回任山西，以公用不敷，又將裁減之數復行徵收。大凡地方舊例之所有，欲行裁減，必合前後計算而後舉行，若既已裁減而奉行不久又複徵取，則朝三暮四有同兒戲，甚屬不合。如此則何以取信地方官民，無知庸愚之極。諭旨到日，可速照原裁減之數仍行裁減。若少陽奉陰違，朕有所聞，必治以重罪。

伊都立得旨後一再檢討。據他上奏，舊年所減火耗，以雍正四年為始，從前原不及加一三者照舊徵收，向來徵耗加二者一概減至加一三。今除雍正四年錢糧已徵過司庫銀八十五萬八千餘兩，收過耗銀一十六萬三千餘兩，尚有已徵在櫃銀兩，仍恐各州縣藉端侵蝕，俱已委員拆封，照數起解，其餘未徵錢糧俱以文到之日為始，照原減之數徵收。嗣後每年俱照裁減徵交併飭各州縣實力奉行，如有於裁減之外私加多徵者，即據實題參。也就是說，雍正四年徵收的火耗銀，仍達到正項錢糧的百分之二十，即所謂加二成。對伊都立的密奏，雍正硃批：「此事出情理之外，實為想所不及，朕並未寬宥何以謝為？頃雖降旨責詢，尚恐前聞未確，今據奏云云，果有其事矣。奇哉！」

其他省的情況也沒有減少。雍正二年四月，雍正帝在給湖廣總督楊宗仁等人諭旨中明確承認：最近聞楚省穀石現價四五錢不等，是何異於一兩正賦外，收加四五錢火耗耶！是為裕國乎？抑為安民乎？（雍正《硃批諭旨》卷四）

再看兩江的情況。雍正七年二月，署理兩江總督范時繹密奏稱：

> （江南）各項錢糧，則通省新舊欠數將及千萬，嘉定等邑雖經分縣，每處尚有數十萬兩，其中舊欠不但難於催追，且動輒罷市鬧堂，州縣官多有不敢開徵者。錢糧如此難徵，而督撫大吏不聞有清釐調劑之方，反將通省火耗不論往日多寡，畫定加一，盡行提解充公，各屬豈肯墊賠司費，只

得額外再添，將至加一五六七八不等，獨崇明一邑向係加二以外，民不為苦。今有司焉肯減去分毫？而下江各府，科則本重，正賦尚且艱難，豈能當此多耗乎？此特錢糧之一端耳。若其通省吏治，則大僚各行其意見，下情隔絕而不通，凡地方一切公務，悉委之於州縣，其費之從何出？處事之能否不誤，漠然無關，巧者脧民膏以償，拙者那庫帑以應，功過不分，勸懲無術，所以人心渙散，同城文武，惟有各圖保全祿位，苟且目前，絕無一同心協力商及公事者。情形如此，地方安得而不壞哉！

雍正硃批承認：「朕惟自愧乏識人之明而已，復有何詞以謝江南億兆耶？宜將此摺錄存案頭，時加披玩，以自警惕。」

養廉銀兩

康熙帝推崇理學，因而康熙朝形成一批理學官員羣體，也出現一批清官，于成龍、李光地、陳廷敬、湯斌、張伯行、趙申喬、張鵬翮、陸隴其、陳鵬年等是代表人物。每有總督、巡撫赴任，康熙總以減火耗為囑託。康熙明確說，所謂廉吏者，亦非一文不取之謂，若纖毫無所資給，則居官日用及家人胥役，何以為生？如州縣官止取一分火耗，此外不取，便稱好官；其實係貪黷無忌者，自當參處，若一概從苛糾摘，則屬吏不勝參了。

由於雍正沒有強行推廣火耗歸公，各省實行時間有很大不同。江蘇巡撫陳時夏、安徽巡撫魏廷珍隨即在各自省份推行。但仍然遇到極大阻力。

雍正元年十一月，諾敏把他在山西徵收火耗的分配方案奏報給雍正：山西全省徵收 280 多萬正項錢糧。外有火耗銀 50 萬，其中 20 萬用於彌補虧空。其餘 30 萬，分為兩部分，一部分用於辦公經費，包括修補城池、衙門、汾河堤壩、聘請義學教讀、殺虎口驛站、衙門紙張筆墨、書辦工食錢等 6.5 萬。另一部分即餘下 23.5 萬，用於養廉銀。他報一個詳細方案，州縣官按照繁簡缺位，養廉銀在 1100-1600 兩之間，知府 5000 兩，道員 6000 兩，按察使 10000 兩，

布政使 15000 兩，共計 23 萬 700 兩。此外，巡撫 31000 兩。對諾敏的這個方案，雍正帝完全贊成，說「不但全給你，作為巡撫，這些何以夠用？應當領銀，用以勸賞。」

諾敏上奏後，特別是經過朝廷討論，得到雍正肯定後，仍然引起強烈抵制。作為山西籍的御史，劉燦第一個站出來，他上疏反對諾敏的做法，並參劾高成齡病國害民。諾敏感到極大壓力，雍正為了支持他，把劉燦調為刑部郎中，並把劉燦的弟弟劉煜、劉檜的舉人革掉，以表示對諾敏的支持。雍正還將 69 歲高齡，閑散章京五十多年的諾敏之父納岷升任副都統。「本意就此了卻一生」的納岷，將此意外之升遷告知其子後，諾敏密奏說「我父子夢中亦不曾指望」。但雍正三年，由於諾敏對允禩下人的不法行為沒有揭發，而被免職。

火耗歸公後，是否加重了百姓的納稅負擔？研究者有不同的看法，結論也不一致。筆者認為，火耗歸公後，加重了民眾的負擔。以山西一省為例，康熙中葉，全省兩稅額是 231 萬兩。諾敏奏定火耗歸公後，在兩稅額 280 萬兩基礎上，增加耗羨 50 萬兩，總計達到 330 多萬。即便按照 280 萬兩計，增加額達到百分之 18。四川地丁火耗，每兩加二錢五分，較其他省份為重。乾隆帝即位後，經巡撫楊馝裁減，止存一錢五分，但又出現辦公費不敷的情況。

廣東是一六徵耗。布政使衙門每年所得規禮平銀約 3 萬餘兩。雍正五年，常賚任廣東布政使後，將規禮革除。州縣所解錢糧每兩有平銀三分，由總督、巡撫、布政使三股分作養廉之費。廣東全省除州縣存留、備支外，每年額解錢糧 85 萬兩，以每兩三分共計平銀 2.5 萬兩，總督、巡撫、布政使每股照分銀 8300 多兩，加之其他，一年核算布政使得銀 1.1 萬兩。其中家口衣食用度、幕客束修，並修理衙署、庫藏之費，用去 8800 多兩，餘銀 2200 多兩。雍正帝硃批道：

> 好。今用你巡撫矣。你想想常賚，今日做巡撫，只此五字，若忍得做一件欺朕誤國之事，任憑你就是了。勉力成全朕用人顏面，與舊日門上人增些光，不然則為天下後世之笑話矣。大概貪酷不清，你未必為也，只恐

柔善沽名，一被人欺，入屬員牢籠，科甲之夤緣請託，不能秉公察吏，則
負朕也。更甚勉之、慎之。以只知有君父，凡百毫不瞻顧，一切據實莫隱
為要，少有聲譽小利存欲（念），恐難逃朕之鑒察也。

甘肅按照徵糧分數給領之法支給養廉銀，錢糧全完者得滿支，其餘民欠未
完州縣及一切佐雜微員，不得全年支領。該省一年養廉、辦公費近 14 萬兩，
來自四項：額徵耗羨銀 4 萬兩，茶規、鹽規銀 0.9 萬兩，稅餘銀 4 萬多兩，應
徵耗糧摺銀 6.1 萬兩。以上四項在足額徵收的前提下，足夠一年養廉、辦公費
用，但多數年份不能足額徵收，因此常有不足之歎。在有的省份，如鹽政衙
門，有所減少。山東鹽運使衙門向來有規禮銀 37000 兩，在核減鹽規事案內，
經鹽政大臣莽鵠立奏明，留銀一萬兩作為運司衙門養廉之費。雍正二年初，漆
紹文出任山東鹽運使，至次年八月，在任一年零八個月，日用盤費外，養廉項
下餘銀 7500 兩內，用於緝私營房建造等項外，尚有 5100 兩，除一千兩留作盤
費外，他奏請將餘下 4100 兩解貯藩庫。雍正表示贊同，硃批說：「你的心跡朕
看得出。知道了。終身莫移此志，方為丈夫也。勉之。」

福建實行火耗歸公較晚，且直接給州縣留總數 14 股的 4 股。據巡撫劉世
明雍正七年奏報，通省地丁錢糧每年共一百五萬有零，百姓完糧，火耗止許內
加一扣，收正銀一兩完給串票九錢，以零星所收拆封歸總彈兌，又可多出二三
厘，統計每兩加一火耗，連並戡共耗一錢四分，即剖為一十四股，一股作批差
解司盤纏及雜項費用，四股留存知縣養廉並充該縣公用，一股分給知府養廉，
尚餘八股，盡歸司庫。糧米耗羨亦照地丁之式，每年統計銀九萬有餘，或有別
項非關正項銀兩再應歸公者，查出仍盡充公，然後計算一年必不可省之費，並
院司道各官分給養廉，通共若干，捐補無着虧空亦在此內。雍正對此方案表示
肯定，硃批「所籌畫甚屬允當。但州縣無論錢糧多寡，概以四股存留，餘盡提
取，恐有苦樂不均之處，尚宜詳酌。」

陋規也沒有完全去除。福建有一種「擔頭錢」，每貨一擔，另給（巡撫）
家人巡役銀一分或七八厘，並紅單照票、坐口鹽菜等項。歷任巡撫皆差家人前

去坐口親查收繳，其數目多寡無從稽考。至朱綱出任福建巡撫後，不令家人坐口，將此項陋規並交委官專司其事，總督高其倬續署撫篆，亦循此例而行。據劉世明雍正七年奏報，細核半年以來所得擔頭各項，分給委官家人、關吏、書手養贍，並巡攔各役諸色用人工食日用館租修整巡船等項外，每月報繳巡撫多則一千六七百兩，少則一千四五百兩不等，約計每年共可得銀一萬八千餘百兩。又巡撫衙門另有布政司平羨養廉銀五千兩，親丁步糧五十分，是福建巡撫一官共計得銀三萬三千有餘。據劉世明計算，巡撫衙門一切需用並獎賞出力官役酌量每年不過一萬四五千兩，又見布政所送捐項一冊內，諸如此類陋習相沿正恐不止一事。他奏請與司道府當面確核，如承辦地方公事不敷濟用，撥出巡撫衙門現得多餘銀兩協濟。雍正硃批道：

> 如公事不敷濟用，不應於汝等養廉銀內動撥，或稅課或鹽規，均可添湊通融也，然皆當據實奏知。總之，一毫不欺不隱，則諸務不難辦集，而其中多寡輕重，朕了然洞悉，亦易於指訓。可與高其倬確商具奏以聞。

各府州縣教職人員，包括教授、學正、教諭、訓導，雍正時期不但不給養廉銀，且只有額編俸銀 31 兩，每學兩官共食一俸，連佐雜都不如。為此，乾隆帝即位後，河東總督王士俊奏請給教職人員養廉銀。

養廉銀在地方各省普遍實行後，提高了官員的薪俸水平，同時各種規禮一概禁止，對於整飭官場風氣也有積極意義。只是這些制度實行沒有多久，甚至在雍正時期，就出現新的問題和弊端。特別是州縣沒有絲毫辦公經費，一切取之於民，乾隆時期，從錢糧徵收各環節上加徵，而漕糧徵收上，平斛、飛豬、踢尖，五花八門，成為引發社會問題的重要根源。

二十五、曹家舊事

在雍正朝大規模查辦虧空的過程中，不少皇親國戚、王公大臣乃至內務府人員也牽連其中。而在被查抄的家族中，對後世影響最大的，莫過於隸屬於內務府的曹家。

　　金滿箱，銀滿箱，展眼乞丐人皆謗。正歎他人命不長，那知自己歸來喪。

這是《紅樓夢》開篇「好了歌」中的一句話，可謂是曹家命運的真實寫照。也可以說，正是這種人生的跌宕沉浮，才誕生了中國古代最偉大的文學作品 -- 《紅樓夢》。

多少年來，圍繞曹家被抄的原因，學者們聚訟紛紜，爭論不休。人們不禁要問：康熙生前呵護備至的曹家，何以在雍正五年落得個「展眼乞丐人皆謗」的結局？如果說，曹家是因為虧空而被抄家，為什麼雍正二年的第一次清查，正處於全國清查的風口浪尖上，卻能安然無恙？而要偏偏等到雍正五年底？還有，如果因為虧空被抄家，查抄的財產為什麼沒有用來賠補虧空，而是賞賜給了個人？有人認為，這是因為曹家牽連到宮廷之爭，特別是爭奪儲位的幾位皇子，但這又無法解釋：與雍正爭奪江山的，康熙的皇八子允禩、皇九子允禟都已死去，皇位已經穩固，為什麼這時還要抄沒曹家？在此，我們試圖揭開《紅樓夢》作者曹雪芹家族的往事今生。

奴才與主子

說起曹家與皇家的關係，第一個繞不開的人就是曹寅。

曹家籍隸內務府，是上三旗的「包衣」，即完全從屬於主人的家奴。如果僅僅是包衣的身份，曹家也不會有後來那樣的發達。這要從曹寅的母親孫氏說起。按照清朝的家法，皇子一生下來，就由保姆帶出，由乳母養育，從此不與生母相見。康熙一生下來，這個乳母不是別人，就是曹寅的母親孫氏。但順治年間，曹家與皇子時的玄燁，都備受冷落。康熙是順治十一年三月十八出生的，他排行第三。因為出生後在紫禁城西華門外避痘，再加上順治帝鍾愛的董鄂妃入宮，而董鄂妃所生之子被順治帝稱為「朕第一子」，因而幼年的康熙頗受冷落，而曹寅的母親孫氏不但是乳母，而且擔負起養育康熙之責。

幼年的康熙，二歲時生母去世，八歲時父親去世。康熙晚年多次說：父母膝下，未得一日承歡。成為他一生的遺憾。因而乳母在他幼小心靈中佔有重要地位。後來康熙多次南巡，每次都給乳母孫氏很多賞賜，還當着眾人的面說：「這是我家老人」。並在江寧織造府，親筆題寫「萱瑞堂」。古來把母親居住的地方叫「萱堂」，中國早先以「萱草」表示對母親的敬意。「瑞」是長壽。「萱瑞堂」後來成為江寧織造府最主要的建築。

曹家世居遼陽，曹寅自署「千山」。原屬多爾袞的正白旗包衣。順治八年，多爾袞死後被革除爵位、抄家，並把多爾袞所統的正白旗沒入，由皇帝親自統領。這對曹家而言，可謂悲喜參半。

曹家命運的真正改變是康熙朝。康熙即位後，乳母孫氏的丈夫，即曹寅的父親曹璽出任江寧織造，長達二十餘年之久。曹寅比康熙小四歲。幼年隨父親在金陵生活一段時間。大概七八歲時回到京城，為康熙做伴讀。因此曹寅除家傳淵源外，也享受最好的宮廷教育。他與康熙的關係又多了一層「同窗」的經歷。曹寅聰明、伶俐，十幾歲時給康熙當侍衛。曹寅後來在《避熱》一詩中寫過這段經歷：

佩筆六番充侍從，籌更五夜坐將軍。

只今草碧灤京路，夢繞龍媒萬馬行。

——曹寅《棟亭詩集》

曹寅追溯自己佩筆六輪充當康熙皇帝的侍衛，經常坐在寢宮外守夜到五更，現在去往京城的路上長滿了凄草，我卻只能在夢裏回憶一下圍繞在他身邊的日子。

康熙十一年，曹寅參加大名鼎鼎的副主考官徐乾學主持的順天府鄉試，這一榜得人非常盛，曹寅與滿族著名詞人、明珠之子納蘭性德都考中舉人。曹寅當時只有十五歲。按照清朝的制度，內府人員只能充本府差使，不許外任部院，惟科目出身者，始得與縉紳為伍。我們不清楚曹寅為什麼會放棄繼續走科舉的路子，而是選擇留在康熙身邊做侍衛。21歲時做鑾儀衛治儀正，是掌管皇帝儀仗的五品官。康熙二十三年，經過平定三藩、收復台灣，這是清朝進入興盛的標誌，這一年，康熙第一次踏上江南的土地，開始他人生中六下江南的第一次。

康熙南巡路上，曹寅的父親曹璽死在江寧織造任上，康熙特遣人致祭。隨即降旨，命長子曹寅協理江寧織造事務。康熙三十一年，曹寅由蘇州織造轉任江寧織造，蘇州織造一缺由曹寅的大舅哥李煦接任，而杭州織造由曹寅的母親孫氏的親族孫文成擔任。自此，江南三織造，一直由曹寅和其母家、舅家執掌。曹家的地位也達到巔峰。康熙三十六年，曹寅在向康熙帝奏賀平定噶爾丹時，自稱「臣（曹）寅身屬世奴，戀主心殷」，後來又多次稱「臣寅係家奴」，可見關係絕非一般。

最早獲准密奏權

儘管康熙是一個非常珍重感情的皇帝，但僅僅是少年時代結下的友好關係，是不可能維繫一生的。而曹寅與康熙之間維繫一生的友誼，確實超出一般

的君臣主奴關係。概況說來，曹寅作為江寧織造的二十年，除本職工作外，主要為康熙承擔三方面的重任。

一是籠絡、監視漢族士大夫。江南人文薈萃，經濟發達。這一地區也是反清力量最集中的所在。儘管到曹寅出任江寧織造時，對故國亡明抱有復興希望的人已經不多，但如何加強與更多漢族士大夫的感情聯繫，讓他們有完全的歸屬感，從而建立滿漢聯合的政治基礎，是一項關係清王朝長治久安的重要而迫切的問題。曹寅承康熙旨意，在江南做了很多化解士大夫對清朝積怨的事情包括在揚州舊城發起整修奉祀南宋抗金名將的旌忠廟；在著名戲劇家洪昇來到金陵時，選吳中名優大唱《長生殿》三晝夜，此人因為在皇后喪期演出《長生殿》而被削職為民；奉康熙之命，刊刻《全唐詩》，為此多次向康熙帝奏聞。

康熙四十四年奏報說：「臣即將全唐詩及統籤，按次分與。共中凡例，欽遵前旨，除一、二碎細條目與眾翰林商議，另具摺請旨外，臣細計書寫之人，一樣筆跡者甚是難得，僅擇其相近者，令其習成一家，再為繕寫，因此遲誤，一年之間恐不能竣工；再中晚唐詩，尚有遺失，已遣人四處訪覓，添入校對。」康熙硃批：「知道了。凡例甚好。」幾個月後，曹寅先將唐太宗及高、岑、王、孟肆家刷印，裝潢一樣貳部進呈。其紙張之厚薄等，請康熙欽定。次年七月，刊刻事宜基本完成，曹寅請康熙帝賜序，以成一代之書。康熙硃批：「刻的書甚好，等細細看完，序文完時即發去。」

廢太子前後，康熙命曹寅祕密打探原大學士、寄居江寧的熊賜履。曹寅隨後密奏說：打聽得熊賜履在家，不會遠出。其同城各官有司往拜者，並不接見。近日與江寧一二秀才陳武循、張純及雞鳴寺僧，看花做詩，有小桃園雜詠二十四首，此其刊刻流佈在外者，謹呈御覽。因其不與交遊，不能知其底蘊。康熙硃批：「知道了。」並詩稿發回。

四十八年九月初，曹寅得知熊賜履病故後密奏，康熙帝命其再打聽用何醫藥，臨終曾有甚言語，兒子如何？曹寅隨後密奏：

　　探得熊賜履臨終時，感激聖恩，遺本係其病中自作。所服之藥，乃

江寧醫生之藥。共病因脾胃不調，用藥雜亂，後來遂不肯服。熊賜履今年已七十五歲，老病衰殘，飲食不進，以致不起。大兒子熊志伊，年三十四歲，係監生，娶原任大學士余國柱女，另宅居住，不出交遊，不知深淺。小兒子一個去年所生，一個今年所生。聞其遺言命葬江寧淳化鎮之地，不回湖廣。

康熙得奏後又命曹寅打探熊賜履家是否甚貧。曹寅密查後奏稱：

> 臣細探得熊賜履湖廣原籍有祖遺住房一所，田不足百畝，江寧現有大住房二所，田一百餘畝，江楚兩地房田價值約可七八千兩。其內中有無積蓄，不得深知，在外無營運理之處。其家人上下大小約有百日。熊賜履在日未聞共向人借貸之事。其間或有門生故吏賙濟，或地方來往官員贈貽，故過日充裕，較之漢官大臣內，亦屬中等過活，未見甚貧。

康熙發現熊賜履遺本，係改過的，他真稿可曾有無？命曹寅打聽得實面奏。

二是提供南方的情報。曹寅、李煦是被康熙允許使用密摺最早的人。康熙密切關注江南士大夫的動向，經常對曹寅、李煦說：近來南方有許多閑言，朕無可託之人，凡事打聽，密奏，不可令一人知道。凡奏摺不可令人寫，關係匪淺。硃批下連寫四個「小心」。康熙四十七年，發生朝野震驚的廢太子之事，南方又有朱三太子起事。曹寅多次向康熙密奏，說浙江三年前已犯之案何子奮者，自稱係朱三太子之次子，當時官員懦弱，含糊不審，昨與葉伯玉等對面稱之為二世兄。其朱三太子，一名朱老先生，在洞庭山、吳楚山家住最久，後有董載臣者帶往山東，又後有俞祥麟者帶往霍山。平時有濮爾柱同行，今有曾文成者，知其蹤跡，帶彼往捕矣。康熙帝硃批告訴曹寅：山東地方將姓朱的父子三人都已拿住了，口供事甚明白，但一念拿住方好。十多日後，曹寅密奏說：

江南盜犯葉伯玉等，供出朱三太子一案，因拿瀘州盜犯，審得俞祥麟
口供，即移東省緝拿去後。臣已經奏訖。日下聞朱三太子父子三人，已在
山東獲解，於二十邊可抵浙省。大約從此可以明白了結。前大嵐山之張廿
一與蘇州奸僧一念等，皆係聞風妄稱，實未見面，其中備細，因未深知，
不敢妄奏。今得朱三太子已獲之信，人心安定。謹先奏聞。

康熙硃批：「已有旨了。」

明太祖陵西北角梧桐樹下塌陷，引起百姓議論。曹寅密奏後，康熙硃批給
曹寅：此事奏聞的是，爾再打聽，還有什麼閑話，寫摺來奏。曹寅隨後密奏：

臣細訪得彼時民間訛稱，洪武塚陷下深廣十餘丈，揚州、鎮江各處
傳聞略同。有疑看守不謹，盜發歲久致陷者；有說明朝氣數已盡天陷者；
有疑前明初起工程不堅者。小人之談，紛紛不一。臣隨回省往看，陷處甚
小，不過二丈餘，查因日久土松所致，並無他故。且離塚甚遠，毫無關
礙。隨令守陵人役，將寶城開放三日，許百姓縱觀，咸知訛謬，至今寂
然，遂無異說。隨後已經填平，打掃完淨。廢太子之詔告傳到江南，曹寅
密奏康熙：近來江南百姓俱已聞知，閭巷安然，無異言說。

康熙第五次南巡，兩江總督阿山提出加耗羨銀三分。江寧知府陳鵬年極力
反對。阿山借陳鵬年辦行宮草率激怒康熙，又說陳鵬年在戲院宣講康熙聖訓，
是大不敬。康熙盛怒之下要殺陳鵬年。曹寅知道陳鵬年在江寧乃至江南漢族士
大夫中有非常高的聲望，一旦殺了陳鵬年，會成為康熙殺清官的重要過錯。為
此免冠叩首為陳鵬年請，血濺階下有聲，最終陳鵬年得以解救。

三是四次接駕。康熙六下江南，前兩次，曹寅尚未出任江寧織造，而自康
熙三十八年為始，其後又於四十二年、四十四年、四十六年，四下江南，每次
都駐蹕江寧織造署。曹雪芹在《紅樓夢》第一回所寫的：「陋室空堂，當年笏滿
牀；衰草枯楊，曾為歌舞場。蛛絲兒結滿雕梁，綠紗今又糊在蓬窗上。」可視

為真實場面。

笏，是官員上朝的手板，用玉、竹子、象牙等製作，代表官員的身份，也可以紀事。「笏滿牀」是一個典故，說的是唐朝名將汾陽王郭子儀六十大壽時，七子八婿皆來祝壽，由於他們都是朝廷的高官，手中皆有笏板，拜壽時把笏板放滿牀頭。

《紅樓夢》中的這段話，呈現了曹家當年的盛況和後來凋零的反差。康熙清楚，曹寅把大筆的銀子花在了自己身上，而這是一年上百兩銀子的薪俸無法辦到的。除了承擔接駕外，各位皇子都是曹家的少主子，特別是給皇太子的使費，這使得曹家產生巨額虧空。為此，康熙第四次南巡那年，命曹寅與李煦十年輪管兩淮鹽課。第二年又欽點曹寅巡視淮鹺，十月就任兩淮巡鹽御史。這是天下最肥的「差事」，康熙的這種安排就是希望彌補巨大的支出。曹寅在謝恩摺子中說：

> 去年奉旨着與李煦輪管鹽務，今又蒙欽點臣寅本年巡視兩淮。臣寅聞命自天，惶悚無地，謹北向頂香九叩謝恩訖。念臣寅於雅歲備犬馬之任，曾無尺寸之效，愚昧稚魯，不學無術，蒙皇上念臣父（曹）璽係包衣老奴，屢施恩澤，及於妻子，有加無已。鹽政雖係稅差，但上關國計，下濟民生，積年以來委曲情弊，難逃皇上洞鑒。

曹寅到任後，訪聞運司庫項錢糧虧空八十餘萬兩，表示「臣係家奴，何敢效外官支吾了事，即應飛章參奏，盡法窮治，以警臣工。但思錢糧係歷年歷欠，奸商有預投之弊，事全敗露，則富商不肯代完，接年御史運道何足惜，朝廷課餉便至懸催。臣是以不敢造次」，後來擬定了十三條改革鹽政的辦法，尤其對每年 30 萬兩羨餘下手。但康熙帝並未批准，硃批說：「生一事不如省一事，只管為目前之計，恐後尾大難收，遺累後人，亦非久遠可行，再留心細議。」

康熙四十八年，兩江總督噶禮密報康熙說，曹寅和李煦虧欠兩淮鹽課銀

三百萬兩，並表示要公開彈劾。康熙把事情壓下來，說這是「家事」。但事關重大，康熙私下一再告誡曹寅和他的內兄李煦，必須設法補上虧空。康熙五十一年七月，曹寅患風寒之病，繼而轉成瘧疾，李煦向康熙上奏曹寅病情。康熙立即批覆：「你奏得很好，今欲賜治瘧疾的藥，恐遲延，所以賜驛馬星夜趕去。但瘧疾若未轉泄痢，還無妨。若轉了病，此藥用不得。南方庸醫，每每用補濟，而傷人者不計其數，須要小心。曹寅原肯吃人參，今得此病，亦是人參中來的。金雞拿（霜）專治瘧疾，用二錢末酒調服。若輕了些，再吃一服，必要住的。住後或一錢，或八分，連吃二服，可以出根。若不是瘧疾，此藥用不得，須要認真。萬囑，萬囑，萬囑，萬囑！」但藥送到時，曹寅已病逝於揚州。

曹寅去世後，李煦實際擔當了曹家監護人的角色。他密奏說：曹寅彌留之際，核算出虧空庫銀二十三萬兩，已無資產可以補上，「身雖死而目未瞑」。康熙特命曹寅之子曹顒繼任江寧織造。奉旨：「曹寅在織造任上，該地之人都說他名聲好，且自督撫以至百姓，也都奏請以其子補缺。曹寅在彼處居住年久，並已建置房產，現在亦難遷移。此缺着即以其子連生補放織造郎中。欽此。」「連生」是曹顒的乳名，曹顒補織造後，康熙降旨：連生又名曹顒，此後着寫曹顒。

由於康熙帝的特別安排及關照，曹家免於被抄家的命運。但虧空的事，「中外咸聞」，曾署兩淮鹽運使的滿都對此也知情，並欲有所參奏，為此，李煦給滿都等人寫信，有「上乃得見信於聖主，而下之反不能見信於良朋，此又弟之所未解者也。」[1]

但兩年後即康熙五十四年正月，曹顒在京病故，康熙感到非常可惜，並想到曹寅母親無人奉養，遂令李煦與曹家商量，在曹寅的弟弟曹荃之子中，選可以過繼者。康熙傳諭內務府總管：「曹顒係朕眼看自幼長成，此子甚可惜。朕所使用之包衣子嗣中，尚無一人如他者。看起來生長的也魁梧，拿起筆來也能寫作，是個文武全才之人。他在織造上很謹慎。朕對他曾寄予很大希望。他的

---

1 李煦：《虛白齋尺牘箋注》，中華書局 2013 年版，第 226 頁。

祖、父，先前也很勤勞。現在倘若遷移他的家產，將致破毀。李煦現在此地，着內務府總管去問李煦，務必在曹荃之諸子中，找到能奉養曹顒之母如同生母之人才好。他們弟兄原也不和，倘若使不和者去做其子，反而不好。汝等對此，應詳細考查選擇。」後以曹荃諸子中，曹頫為人忠厚老實，過繼給曹寅，接任江寧織造，同時命蘇州織造李煦代管兩淮鹽差一年，用所得的銀子補齊曹寅生前的虧空。到康熙五十六年七月，李煦奏報：「江寧、蘇州織造衙門虧項，蒙萬歲天恩，着前鹽臣李陳常代補，除補過五十四萬二千兩外，仍有二十八萬八千兩零未完，奉旨令接任御史代補在案。上年奴才又蒙特旨巡視鹽課，奴才謹遵照二十八萬八千兩零之數，目下已經全完，聽候部文撥解。」康熙硃批：「知道了，好。」

十月十九日，大學士馬齊等以摺本請旨。「覆請戶部議覆李煦所奏江寧、蘇州織造衙門所欠銀兩，今已照數全還，並無欠項等因。」（《康熙起居注》）

這就是說，截止到康熙五十六年底，即曹頫任江寧織造三年時間裏，江寧織造、蘇州織造的虧空，已全部補完。康熙說；「錢糧全完官員，有無議敘之例？」曹寅、李煦將歷年積欠俱已清還，着交部查全完錢糧官員議敘之例具奏。十二月十七日，李煦因加戶部右侍郎銜上謝恩摺，摺中詳細道出虧帑五十餘萬兩，康熙帝令其任巡鹽補完欠項、以及議敘之過程。[1]

對曹家的後事，也做出重要安排。曹寅生前，康熙親自做主，把曹寅的長女許配給平郡王訥爾蘇，次女嫁給蒙古王子為妃。平郡王是清朝世襲罔替的俗稱鐵帽子王，禮親王代善長子岳託這一枝。後來曹家有所振興，就是因為平郡王訥爾蘇的兒子福彭。

1　李煦：《李煦奏摺》，中華書局 1976 年版，第 240 頁。

查抄之謎

康熙六十一年，69 歲的康熙在暢春園寢宮去世。雍正帝即位。這次皇位更替，改變了無數上層家庭的命運，曹家也在其中。有學者認為：雍正抄沒曹頫、李煦，則不盡關虧空事，蓋惡其為廢太子舊人也。但廢太子已於雍正二年去世，為什麼廢太子在世時沒有籍沒，而要在三年後即雍正五年底將其抄家？而且，李煦於雍正元年就被抄家，四五年後曹家被查抄，二者相隔數年，如果事同一例，為什麼相隔如此之久？似乎這樣的理由又難以成立。

在雍正即位之初的查辦虧空中，作為曹寅的內兄，李煦於雍正元年被查出虧空，隨即被抄家。據兩江總督查弼那密奏：清查李煦虧空五十多萬。又將管理鹽課剩餘，替商人賠墊 116 萬。現傳鹽商問明虛實，商人中是否為李煦藏匿財產，尚未訪查清楚。又據內務府總管、莊親王允祿等於雍正元年六月密奏；據總督查弼那奏，李煦虧空銀 38 萬兩，查過其包括京城家產，估銀 12.8 萬兩，尚虧空 25 萬餘兩。[1] 但查弼那隨即查出，李煦虧空實際是鹽商少繳所造成。對此，雍正帝頗覺有異，隨即命步軍統領、尚書隆科多，會同兵部尚書盧詢、內務府大臣來保等審理。七月二十四日，隆科多等上奏稱，據總督查弼那查出李煦虧空銀內，減去商人擔賠少繳秤銀 37.88 萬兩，此項銀兩應由商人頭目等追賠。經查：「此項銀兩，均係由兩淮鹽綱等向鹽商湊取，繳給李煦時即少繳秤銀，以致李煦虧空，理宜向鹽商等追賠償還李煦所欠。現應知照稽查兩淮鹽務色楞額、李周望等，向鹽綱等催繳辦結。」隆科多等還就其他相關事項予以審理。雍正帝對此肯定，「奉旨：依議」。[2] 當年十一月，查弼那又奏報查抄李煦家人情況。雍正非常不滿，硃批指責說：為李煦一案，爾始終未盡心，且多負於朕。因為都已及時巧飾，朕也無可奈何了。儘管如此，李煦的婦孺 10 人，仍直接交給李煦，其家僕 217 名交崇文門監督變價發賣。

1　《關於江寧織造曹家檔案史料》中華書局 1975 年版，第 205 頁。

2　《關於江寧織造曹家檔案史料》中華書局 1975 年版，第 207-209 頁。

李煦被查抄後，蘇州織造一職由雍正的連襟胡鳳翬出任。胡鳳翬是漢軍鑲白旗人，當時是一個知縣。但胡的妻子年氏是年羹堯的小妹，比雍正帝的年貴妃小。雍正初年，是年羹堯最得勢的時候，雍正把這樣一個絕好差事交給胡鳳翬，絕對不是因為親屬原因，而年羹堯的成分要大許多。但時移運轉，賜年羹堯自盡後，胡鳳翬也被解任抄家。

李煦被抄家，實際給曹家敲了警鐘。雍正帝清楚，曹、李兩家的特殊關係，使得事同一例。李煦的虧空，曹家也有份。反之亦然。果然，此次追查李煦虧空案時，曹家也接受了第一次清查。雍正二年十月二十七日，兩江總督查弼那密奏說，臣奉旨會同欽差大臣（戶部侍郎）李周望、塞楞額前往清查織造曹頫虧空錢糧，於雍正二年十月初八日自江寧啟程，先至揚州，會見欽差大臣等。十七日臣返回揚州，會同欽差大臣李周望等清查曹頫虧空錢糧。至清查情形，由欽差大臣李周望等另行具奏外，臣於本月二十六日返回臣衙門。雍正硃批沒有就曹頫虧空表態。因具體虧空數額不多，曹頫奏請三年還完：

> 奴才前以織造補庫一事，具文諮部，求分三年帶完。今接部文，知已題請，伏蒙萬歲浩蕩洪恩，准允依議，欽遵到案。竊念奴才自負重罪，碎首無辭，今蒙天恩如此保全，實出望外。奴才實係再生之人，惟有感泣待罪，只知清補錢糧為重，其餘家口妻孥，雖至飢寒迫切，奴才一切置之度外，在所不顧。凡有可以省得一分，即補一分虧欠，務期於三年之內，清補全完，以無負萬歲開恩矜全之至意。

雍正硃批：只要心口相應，若果能如此，大造化人了！[1]

曹頫隨後又以年羹堯青海大捷上奏，雍正帝對其奏文頗感滿意，說此篇奏表，文擬甚有趣，簡而備，誠而切，是個大通家作的。

---

[1] 《關於江寧織造曹家檔案史料》，中華書局 1975 年版，第 157 頁。

但第一次清查，對曹家還是有很大影響。雍正命曹頫以後有事由怡親王允祥奏報。有學者認為，這是保護曹頫。而事實是剝奪了最早使用密摺的曹家上達天聽的權利，這與康熙時期是不同的。雍正同時還告誡曹頫：

> 你是奉旨交與怡親王傳奏你的事的，諸事聽王子教導而行。你若自己不為非，諸事王子照看得你來；你若作不法，憑誰不能與你做福。不要亂跑門路，瞎費心思力量買禍受。除怡王之外，竟可不用再求一人拖累自己。為什麼不揀省事有益的做，做費事有害的事？因你們向來混賬風俗慣了，恐人指稱朕意撞你，若不懂不解，錯會朕意，故特諭你。若有人恐嚇詐你，不妨你就求問怡親王，況王子甚疼憐你，所以朕將你交與王子。主意要拿定，少亂一點。壞朕名聲，朕就要重重處分，王子也救你不下了。特諭！ [1]

雍正把曹家有事交由允祥代奏，包含多重意思。也含有由允祥處理曹家事務的意思。因此可以說，正是允祥保護了曹家。從後來雍正發佈諭旨，留給曹家在京房屋、人口而言，對曹家的處理在所有查抄中，是少有的「寬大」。

杭州織造孫文成也受到懷疑。雍正帝在元年十二月十九日浙江巡撫李馥上奏雨雪應期一摺上，硃批調查孫文成：

> 前者孫文成有捐修磐山之舉。向來奉差織造人員，往往自任捐修之名，而私向地方督撫司道等官假託上意勒令捐助，從中反巧取餘利以飽私囊，而於正項又復剋扣，借詞某工用費若干，種種陋習，朕所深悉。前經密諭，戒伊不可仍循此等作為，但此輩皆包衣下小人，雖奉嚴諭或恐未必凜遵，倘蹈故轍，爾等斷不可私相幫助。爾等聲名之賢否，朕自有鑒察，豈肯以封疆大臣之去留，決定於微末小人之口？爾等若不務本職，在枝葉

---

1 《關於江寧織造曹家檔案史料》，中華書局 1975 年版，第 165 頁。

上用心，夤緣攀附，冀朕見重，則大謬矣。將孫文成有無假託勒捐之處密奏以聞。

雍正三年，又命浙江巡撫福敏暗中調查。據福敏密奏：臣到浙後訪問杭州各官民，將軍鄂彌達、織造孫文成等在杭行事若何，據云俱無放縱擾害之處。經祕密調查，雍正沒有發現孫文成有不法行為，但仍時時提醒。雍正五年正月硃批道：

> 受朕之恩切勿倚恃，遂致膽大放縱，舉凡爾織造所屬一切人役暨爾家人子姪輩，概須嚴加約束，令其安分守法，大家學好，尤當崇尚節儉，不得以聲色嬉戲為事。如此則可永久保全體面矣。同年四月硃批：凡百奏聞，若稍有不實，恐爾領罪不起。須知朕非生長深宮之主，係四十年閱歷世情之雍親王也。

雍正帝是一個非常挑剔的人，他發現三織造所進宮廷綢緞粗糙。據內務府滿文奏銷檔，雍正四年正月，雍正發現戶部三庫之緞庫，綢薄而絲生，如外邊所售者一般，命宮殿監督傳旨給內務府總管，查明此係何處織造所進，並新織造之緞粗糙而分量輕，亦着交內務府總管，將不好及分量輕者挑出，查明係何處所織具奏。當年十一月，查明庫內所存，自雍正元年以來，由杭州織造所進之綢秤量，看得分量輕薄絲生之綢二百九十六匹；再自三處織造送進之新緞內，挑出由蘇州所織之上用緞一百十三匹，官緞五十六匹，江寧所織之上用緞二十八匹，官緞三十匹，皆甚粗糙輕薄，而比早年織進者已大為不如。現在除將挑出之綢緞，着該管織造官員照數賠補外，仍將伊等交該管嚴加議處。隨即將織造官員各罰俸一年，筆帖式、庫使各降一級。雍正降旨：胡鳳翬臨死勿論。曹頫現在此地，着將曹頫所交綢緞內輕薄者，完全加細挑出，交伊織賠。倘內務府總管及庫上官員徇情，不加細查出，仍將輕薄綢緞存庫，若經朕查出後，則將內務府總管及庫上官員決不輕輕放過也。

曹頫大約於雍正四年冬到京城，並向雍正帝請安。雍正此時對曹頫仍信任有加，並令其回江寧後，向蘇州織造高斌、管理淮安關務年希堯、兩淮巡鹽御使噶爾泰等傳宣諭旨，諭旨篇幅較長，主旨內容是崇儉抑奢：

　　前織造等衙門貢獻物件，其所進御用繡線黃龍袍曾至九件之多，又見燈帷之上有加以彩繡為飾者，朕心深為不悅，比即切加誡諭。近因端陽屆節，外間所進香囊、宮扇等件中有裝飾華麗、雕刻精工，亦甚至於繡地者，此皆靡費於無益之地，開風俗奢侈之端，朕所深惡而不取也。外省諸臣凡有進獻方物土宜，朕留於宮中服用者所需實不多，每隨便頒賜諸王、內外大臣等，所以推廣惠澤也。如黃龍繡緞之類，既不可以頒賜諸王大臣，不過收貯於宮中耳。其餘華燦之物，在朕用之心中尚覺不安，若賜諸王大臣，在伊等亦覺非分，豈非靡費於無益之地乎！況朕素性實不喜華靡，一切器具惟以雅潔實用為貴，此朕撙節愛惜之心本出於自然，並非勉強數十年如一日者。凡外臣進獻，惟應量加工價，稍異於市肆之物，即可見諸臣恭敬之忱，何必過於工巧而後見其忱悃乎！工匠造物之情，喜新好異，無所底止，見一美麗之式樣，初則競相慕效，後必出奇鬥勝以相誇，此雕文纂組之風，古人所以斥為奇衺，豈可導使為之而不防其漸乎！蓋治天下之道，莫要於厚風俗，而厚風俗之道，必當崇儉而去奢。若諸官進獻之物以奢為尚，又何以訓民間之儉約乎！

雍正對諸人回奏都一一硃批訓示，在噶爾泰的奏摺上硃批：「諸凡奢侈風俗，皆從織造、鹽商而起。今天津之風，莽鵠立整理四年，較前改革八九矣。爾可竭力勸導之。」

考察曹、李二家雍正即位之初至五年前，僅是全國查辦虧空案中的一個普通案件，並無特別之處。曹、李二家並沒有受到特別懲罰。但雍正五年卻「風雲突變」，因為牽連到李煦為允禩買女子之事，這就使得允祥也無法為李、曹二家做說項。

資助允䄉銀兩

雍正是一個睚眦必報的人，即便他貴為九五之尊，仍然如此。雍正四年夏秋之際，對雍正帝執政構成威脅的兩大主——允禟、允䄉相繼被餓禁而死，而清除其餘黨的事情並沒有停下來。偏偏李煦為允䄉買女子之事發，這就使得李、曹二家在劫難逃了。又有兩江總督赫壽資助允䄉銀兩，而赫壽與李煦的關係又特別要好。在雍正看來，買女子的事小，而資助的事就大了。掌握這些「祕密」的不是別人，恰恰是當年與允䄉交好的雍親王。這件大案是於雍正五年二月，由總管內務府大臣，莊親王允祿，與吏部尚書兼協理兵部尚書事務，內務府大臣查弼納等審理的。

如前所述，查弼納是在嚴刑之下「揭發」出蘇努等人慾將允䄉致大位的唯一關鍵「證人」，他還是貝子允禟的屬人。而允祿在雍正即位之初就令其承襲莊親王爵位，在當時就有雍正「鍾愛十六阿哥」的議論。這位康熙的漢女王氏所生的阿哥，肯定傳承了漢人見風使舵的「變通」與乖巧，這也正好為雍正所利用。在雍正前四年懲治宗室諸兄弟的過程中，除怡親王允祥外，莊親王允祿發揮了很大作用。故野史又有傳說，說雍正看上了父皇留下來的這位漢女。

允祿、查弼納審查的重點開始只是李煦在蘇州為允䄉買女子的事。事情是康熙五十二年，李煦當時是蘇州織造。這筆交易是通過一個閻姓太監從中牽線的。李煦供稱：康熙五十二年，閻姓太監到蘇州說，阿其那（允䄉）命我買蘇州女子，因為我受不得阿其那的威脅，就妄行背理，用銀八百兩，買五個女子給了。總督赫壽亦向我說過求買女子。

允祿等深究李煦何以聽從赫壽的。李煦供稱：我在江南時，赫壽對我稱揚阿其那的好處，並說阿其那對我極好，我做官亦是他的力量；阿其那為人爽快，又能挾持人。

審案組又詢問了赫壽的兒子英保、家人滿福，但他們不承認買女子的事。

雍正並不在意買女子的事，因為這是幾乎所有成年阿哥都做過的事。借父皇康熙南巡，這些事情也有他雍正一份。雍正特別在意的，是赫壽資助允䄉銀

兩為允禵修花園的事，這就與兄弟結黨致大位，即爭儲有關係了，這是雍正不能容忍的。

據赫壽的家人王存供稱：我的主人在江南時，有阿其那派閻姓太監，曾向我的主人取過兩次銀去。首次給了兩千兩，二次給了一千兩。

允祿等審案大臣據此奏報說：李煦、赫壽為江南大臣，諂附阿其那，並供用女子及銀兩等物，行為情節，大逆極惡，於國法斷不可容。請將李煦交刑部嚴查議處；赫壽雖然身故，其罪斷不可免，亦應交刑部一併議處。

對允祿等人的奏報，雍正並不滿意，因為他掌握的不止如此。雍正降旨說：「據奏，赫壽兩次只送給阿其那銀三千兩等語。朕從前即知阿其那自赫壽取銀二萬兩，建造允禵花園。除此二萬兩外，赫壽復給若干之處，爾等將赫壽之子逮捕，嚴審具奏。所議李煦，着即依行。欽此。」

允祿等按照雍正的旨意，將赫壽之子英保用夾棍等嚴刑逼問，但英保以其當時年僅 13 歲為由，稱一概不知。嚴審赫壽家人王存，供認允禩曾於康熙五十二年、五十三年派人自其手取過銀二萬兩。

經過審查，允祿等上奏稱赫壽大逆極惡，請將其子英保交刑部嚴加議處。雍正予以批准。

允祿等上奏同日，刑部對李煦買蘇州女子給阿其那一案進行判擬，「依例將奸黨李煦議以斬監候，秋後處決。」雍正降旨：「李煦議罪之處，着交總管內務府具奏請旨。」為此，允祿等也於當天上奏。奉旨：「李煦着寬免處斬，發往打牲烏拉。欽此。」[1] 雍正七年二月，李煦卒於流放地，享年 75 歲。

從現存檔案可見，曹家並沒有「奸黨」之事，既沒有為允禩資助銀錢，也沒有為允禩買女子之事。但曹家被查抄，一則因為李、曹二家多少年來形同一體的關係，二是因為資助皇太子銀錢。

將李煦發往打牲烏拉後，即雍正五年閏三月，他發現所穿石青褂落色之

1　《關於江寧織造曹家檔案史料》中華書局 1975 年版，第 210-214 頁。

事。雍正說：朕穿的石青褂落色，此緞係何處織造？是何官員、太監挑選？庫內許多緞匹，如何挑選落色緞匹做褂？現在庫內所有緞匹，若皆落色，即是織造官員織得不好，倘庫內緞匹有不落色者，便是挑選緞匹人等，有意挑選落色緞匹，陷害織造官員，亦未可定。命將此事交給內務府總管等嚴查。經查，石青緞匹每年是蘇州、江寧織送，做皇上服用褂面，俱用江寧織送之石青緞匹。今將現在庫內所有石青緞匹逐一查看，俱皆落色。江寧織造曹頫等，是專司織造人員，織造上用石青緞匹，理宜敬謹將絲紝染造純潔，不致落色，乃並不敬謹，以致緞匹落色不合，將曹頫等各罰俸一年。

雍正極為挑剔。即位之初，竟然因為房屋不潔罰總理事務大臣、廉親王允禩在太和殿門前跪了一夜。

雍正五年十二月，山東巡撫塞楞額揭報：杭州等三織造運送龍衣，經過長清縣等處，多索夫馬、程儀、驟價等。雍正帝接報後即令內務府、吏部審擬此案。塞楞額是第一次派往清查曹頫的人。按照正常程序，這只是一樁行政處分的案子。但僅僅十天后即十五日，杭州織造孫文成因年已老邁，由李秉忠以按察司銜管理杭州織造事務；江寧織造曹頫審案未結，江寧織造由隋赫德接任。二十四日，雍正降旨查抄：

> 江寧織造曹頫，行為不端，織造款項虧空甚多，朕屢次施恩寬限，令其賠補，伊倘感激朕成全之恩，理應盡心效力，然伊不但不感恩圖報，反而將家中財物暗移他處，企圖隱蔽，有違朕恩，甚屬可惡！着行文江南總督范時繹，將曹頫家中財物，固封看守，並將重要家人，立即嚴拿；家人之財產，亦着固封看守，俟新任織造官員隋赫德到彼之後辦理。伊聞知織造官員易人時，說不定要暗派家人到江南送信，轉移家財，倘有差遣之人到被處，着范時繹嚴拿，審問該人前去的緣故，不得怠忽！欽此。

隋赫德到任前，已將曹頫家管事數人拿去夾訊監禁，所有房產什物一併查清，造冊封固。

　　早在康熙五十四年，曹頫過繼給曹寅為子、補江寧織造後，曾向康熙密奏其家產情況：細為查檢，所有遺存產業，惟京中住房二所，外城鮮魚口空房一所，通州典地六百畝，張家灣當鋪一所，本銀七千兩，江南含山縣田二百餘畝，蕪湖縣田一百餘畝，揚州舊房一所。此外並無買賣積蓄。奴才問母親及家下管事人等，皆云奴才父親（曹寅）在日費用很多，不能顧家。此田產數目，奴才哥哥曹顒曾在主子跟前面奏過的，幸蒙萬歲天恩，賞了曹顒三萬銀子，才將私債還完了等語。

　　隋赫德到後，細查其房屋並家人住房 13 處，共計 483 間；地 8 處，共 19 頃零 67 畝；家人大小男女，共 114 口；餘則桌椅、牀幾、舊衣零星等件及當票百餘張外，並無別項，與總督所查冊內彷彿。又家人供出外有欠曹頫銀，連本利共計 32000 餘兩。

　　隋赫德再查，織造衙門錢糧，除在機緞紗外，尚空虧雍正五年上用、官用緞紗並戶部緞匹等項銀 31000 餘兩。隋赫德核算，其外人所欠曹頫之項，盡足抵補其虧空。曹頫被枷號示眾。

　　顯然，曹家不是因為虧空被查抄。因為雍正隨即把查抄田產、房屋、人口都賞給隋赫德了。如果因為虧空，肯定要用查抄所得賠補。雍正還發諭旨：「曹頫家屬諭少留房屋以資養贍。」隋赫德報告說，今其家不久回京，奴才應將在京房屋、人口酌量撥給。而且，其他兩織造，杭州織造孫文成因「年老」被換後並沒有查抄，蘇州織造高斌罰俸半年，高斌的女兒後來成為乾隆的貴妃。

　　既然不是單純因虧空而被查抄，曹家究竟有沒有牽連到皇子的爭儲中？據隋赫德密奏：「江寧織造衙門左側萬壽庵內，藏有鍍金獅子一對，本身連座高五尺六寸。」原來是允䄚於康熙五十五年遣護衛在江寧鑄造，因鑄造不好交曹頫，寄託在廟裏。不知原來鑄造是什麼意圖。但密奏日期是雍正六年七月，即查抄之後。

　　曹家被查抄，最終原因還是因為資助康熙皇太子允礽。第一次廢太子後，由八貝勒允禩署理內務府事務，他奉命審理曹寅、李煦家人，究竟給允礽多少錢款？據曹家管事人交待，僅康熙四十四年、四十六年兩次南巡，曹寅家向允

祁的管事人凌普交付銀 5.3 萬兩，凌普又從李煦處取走銀 3.3 萬兩，共取走 8.6
萬兩。

曹頫被革職治罪，曹家被查抄後，約雍正六年初，曹家大小家口 114 人回
到京城。隨行北上的家口中，就有偉大的文學家曹雪芹。《紅樓夢》第十三回寫
道：

> 如今我們家赫赫揚揚，已將百年，一日樂極生悲，真應了那句「樹倒
> 猢猻散」的俗語，豈不妄稱了一世的詩書舊族。

脂硯齋評這句話：屈指三十五年。評點的時間是乾隆二十七年，三十五年
前恰是雍正五年。

當時曹雪芹尚年幼。曹雪芹生年有兩種說法。一是乙未（康熙五十四年）
說，照此說，曹家被查抄時是虛齡十四歲，一是甲辰（雍正二年）說，被查抄
時是虛歲五歲。一般傾向於康熙五十四年。他父親曹顒去世幾個月後，曹雪芹
出生，因而曹雪芹是「遺腹子」，即民間所說的「夢生」。曹雪芹能夠寫出那樣
的「盛世繁華」，應該是他親眼目睹，而這又不是四五歲的孩童所能夠記憶的。

曹家回北京以後的情況，文獻很少記載。曹家被抄後，隋赫德的報告裏說
到：「奴才應將在京房屋人口，酌量發給。」但究竟發給了哪些房子？曹雪芹究
竟住在何處？青年時期如何度過？文獻不足。據紅學家們考證，曹家到京後，
生活越來越貧困落魄。曹雪芹住到了西郊田葉村，生活非常窮苦，「舉家食粥酒
常賒」，他的不朽巨著《紅樓夢》就是在西郊的山村裏完成的。

隋赫德於雍正十年被革職，並於次年查出「鑽營」老平郡王一案。該案是
莊親王允祿審理的。據隋赫德交待：「奴才原有寶月瓶一件，洋漆小書架一對，
玉壽星一個，銅鼎一個，放今年二三月間，交與開古董鋪的沈姓人拿去變賣。
後來沈姓人帶了老平郡王的小兒子，到奴才家來，說要書架、寶月瓶，講定書
架價銀三十兩，瓶價銀四十兩，並沒有給銀子，是開鋪的沈姓人保着拿去的。
奴才並未見老平郡王，老平郡王也無差人叫奴才。後來給過書架價銀三十兩，

是我家人四虎兒在古董鋪裏要了來的，瓶價銀四十兩沒給，我使家人二哥催過。後來我想，小阿哥是原任織造曹寅的女兒所生之子，奴才荷蒙皇上洪恩，將曹寅家產都賞了奴才，若為這四十兩銀子，緊着催討不合，因此不要了是實。」

曹寅女兒嫁給平郡王訥爾蘇後，為其生第六子，名福靜，他向隋赫德借銀3800兩。隋赫德革職後，將雍正先前賞賜給他的揚州房地變賣五千多兩銀子後回京，其中有3800兩借給福靜。從隋赫德的供詞推斷，他變賣的極可能是曹寅家在揚州的產業。允祿等審理認為：訥爾蘇已經革退王爵，不許出門，今又使令伊子福靜，私與隋赫德往來行走，借取銀物，殊干法紀。相應請旨，將伊等因何往來，並送給銀物實情，會同宗人府及該部，提齊案內人犯，一併嚴審定擬具奏。

十月初七日奉旨：「隋赫德着發往北路軍台效力贖罪，若盡心效力，着該總管奏聞；如不肯實心效力，即行請旨，於該處正法。」

康熙帝生前為曹寅家做了許多安排。平郡王訥爾蘇，康熙二十九年出生，康熙四十年，襲平郡王。四十五年十一月二十六日，迎娶曹寅長女為嫡福晉。次月初五，曹寅密奏：「前月二十六日，王子已經迎娶福金過門。上賴皇恩，諸事平順，並無缺誤。所有王子禮數隆重，庭闈恭和之事，理應奏聞。」康熙硃批：「知道了。」四十八年二月，曹寅送其子進京為康熙帝當差，密奏說：「臣愚以為皇上左右侍衞，朝夕出入，住家恐其稍遠，擬於東華門外置房移居臣婿，並置莊田奴僕，為永遠之計。臣有一子，今年即令上京當差，送女同往，則臣男女之事畢矣。」

訥爾蘇有七子，長子福彭、第四子福秀、第六子福靜、第七子福端，都是曹寅之女所生。康熙五十七年，訥爾蘇從撫遠大將軍允禵西征，六十年允禵回京覆命，訥爾蘇攝大將軍事。雍正元年回京，七月被革去王爵，並限制自由。四年，削爵，長子福彭襲爵。福彭因與弘曆共同在宮中讀書，且關係甚好。雍正十一年出任定邊大將軍。曹家後來有所起色，當與此有關。

雍正去世，乾隆初政，深得人心，福彭以定邊大將軍、平郡王勸乾隆保持

龍體，乾隆硃批：「以汝素性公忠，又受皇考深恩，加以朕平日推誠相待，諒此時自不忍有粉飾虛假之詞，朕負荷重任，戒儆恐懼之心，無時或釋，實賴賢王等竭力贊襄，以佐朕之不逮。」「字畫草率莫笑，蓋朕之書法，原與王之文法相等也。」隨後福彭任協辦總理事務、議政大臣。乾隆二年，訥爾蘇患病，乾隆帝派太醫院人員前往，並告訴福彭，汝父病已大愈矣。張允隨祖籍廣寧，祖先很早歸附努爾哈赤。乾隆十二年，平郡王福彭奏請，雲南總督張允隨年未及歲之女賞給伊子慶寧為妻。乾隆帝並沒有按照旗女先選秀的規定操作，批示說，着不必送看，即行賞伊為媳。

　　訓有方，保不定日後作強梁；擇膏粱，誰承望流落在煙花巷！因嫌紗帽小，致使鎖枷杠，昨憐破襖寒，今嫌紫蟒長：亂烘烘你方唱罷我登場，反認他鄉是故鄉。甚荒唐，到頭來都是為他人作嫁衣裳！

這是《紅樓夢》第一回的話，也是曹家命運的真實寫照。

二十六、雍正的樣板
——田文鏡「傳奇」

在雍正帝執掌大清王朝的十三年間，生前備受寵信，死後安葬在皇帝陵寢身邊的大臣，只有一個人，他就是田文鏡。可以不誇張的說，田文鏡好像雍正的「化身」，是執行雍正一系列革除積弊政策最徹底的人，他也因此被雍正帝稱為「巡撫第一人」。但說起田文鏡的仕途經歷，堪稱「出奇」。

升遷慢得「出奇」

田文鏡字抑光，是漢軍正藍旗人，後來抬旗正黃旗。他康熙元年出生，22歲走上仕途，經過四十年為官，已經六十多了，在康熙朝做的最高官位，還是一個從四品的中層官員。

田文鏡的仕途起點是福建長樂縣丞。這是個正八品的官員。歷時九年，才迎來仕途的第一次升遷，出任山西寧鄉縣知縣，成為正七品的「芝麻官」，這時他已過了而立之年。同是漢軍旗的年羹堯，這個年齡早已是封疆大吏了。田文鏡的第二次升遷更漫長，歷時十三年之久，出任直隸易州知州，官居從五品。

為什麼做州縣官二十多年得不到提拔？這在旗人官員中並不多見，史書常用「淹滯」這個詞，但沒有交待原因。有人說，與他的監生出身有關係，但這個理由並不完全成立，因為旗人為官，並不看重有沒有「進士」功名。從他後來的作為看，或許是他與官場格格不入的「另類」做派有關。

做了二十多年州縣官後，田文鏡入朝為官，出任吏部員外郎，後改任刑部郎中、都察院監察御史等職，但直到康熙帝去世的康熙六十一年，還是一個從

四品的內閣侍讀學士。也就是說，在朝中為官 16 載，只升了一級。由五品升為從四品。

田文鏡在康熙朝為官四十年，卻還是中層官員。這升遷之路慢的「出奇」。檢索清朝國史——康熙朝《實錄》，田文鏡僅有兩次記載，一次是他任長蘆巡鹽御史時，疏請將山東所裁鹽引補足辦課，戶部議覆予以採納，但被康熙帝否決。田文鏡的傳記，在康熙朝也僅僅記載了這樣一件事。如果沒有什麼「意外」，年過六十的田文鏡，已經到了收拾行囊，準備告老回家了。

但偏偏「意外」就發生了。

這次「意外」，讓田文鏡創造了又一個出奇。

升遷快得「出奇」

康熙六十一年十二月二十二日，田文鏡與十幾位官員一起，被雍正帝派往告祭山陵。田文鏡前往告祭的是西岳華山。正是這一次普通的不能再普通的一次告祭，改寫了田文鏡的人生，從而給他的仕途帶來了「五級跳」。這又堪稱快的「出奇」。因為他向雍正講真話，揭露山西隱災不報，而且還徵比錢糧。

雍正元年，是啟用雍正年號的第一年。北方出現了少有的旱災。自董仲舒創立「天人感應」學說以來，中國人往往把自然現象的異常變化視為上天的警示。雍正對此非常關注。

山西巡撫德音接二連三奏報山西雨雪充足。他在正月奏報說，山西普降大雪一尺多厚，百姓都說許多年沒有這樣大雪，全省麥子必獲豐收。

如果放在平時，地方官報喜不報憂，也習以為常。但這是雍正改元的第一年，更何況，這是人命關天的事。雍正從兩個可信的渠道，驗證德音匿災不報，說了假話。第一個人是年羹堯。他於正月進京，沿途看到山西各處百姓流離失所，異常蕭條的景象，經詢問是因為鬧災荒的緣故。年羹堯當即向德音表示：「你應該查明歉收州縣，向皇上奏請緩徵錢糧。」在京期間，年羹堯也向雍正奏報了山西受災的情況。四月十二日，年羹堯啟程離京返回西安，一入山

西境，災荒的嚴重程度更加淒慘，天氣乾旱的出奇，麥苗稀少，即便有也非常短小，平陽府是大都市，但到處是沿街討飯的人。年羹堯說，山西百姓非常節儉，這分明是受了嚴重災荒所致。如果到了四月底，再不下幾場大雨，即便賑濟，都怕來不及了。年羹堯的密奏是四月十八日發給雍正皇帝的。

第二個人就是田文鏡。田文鏡告祭華山回京，已是四月十四日了。雍正向他詢問沿途經過地方的情形，特別是百姓生活情況。田文鏡一直搖頭，回奏說：山西平定州、壽陽縣、徐溝縣、祁縣等處，雨澤歉少，民間生計維艱，汾州府屬地方，得雨亦未沾足。而地方官現在仍然在徵比錢糧。

雍正感到事態非同一般。他擔心這樣會出事。因為徵比錢糧，是採取強制手段，把沒有繳納或欠繳錢糧的納糧戶的家長，關押在衙門裏，由吏胥逼迫繳足錢糧後才放入。徵比錢糧出人命是經常發生的事，更嚴重的是，此舉最容易引起民變。因此，雍正立即召集總理事務王大臣，採取斷然措施，予以賑濟。雍正說：「巡撫以撫綏地方、愛養百姓為職。今平定、壽陽等處黎民饑饉，並未奏請賑濟緩徵，反行催科，小民何以存濟？」（《清世宗實錄》）

他還說，這都是因為巡撫德音等人去年曾奏報得雨，現在想掩飾以前所奏。巡撫德音、布政使森圖，着交該部察議。即命侍讀學士田文鏡，會同巡撫德音，率領地方官員，將平定等四州縣飢民速行賑濟。

隨即，雍正皇帝的賑災諭旨，通過戶部轉發給德音。但德音還在為自己辯解，他振振有詞地說：「定例收成五分不為災；況且，夏災六月奏報，秋災九月奏報。因為百姓自願繳納錢糧的很少，臣一查災就招惹百姓不納糧。今年正月下雪充足，三月下雨充足，目下還不到報災的時候，奴才豈敢說謊？奴才有一句謊話，何以有臉見先帝？還豈能有臉見奴才的祖父？」三天后，他特別奏報平陽府等地收成好。

再說田文鏡。他雷厲風行，四月十五日雍正命他前往山西賑災，第二天就啟程。二十二日到了省城太原。巡撫德音因為主持恩科考試，有事在身，沒有見田文鏡。實際對這位「不速之客」不歡迎。但這難不倒在州縣摸爬滾打二十多年的田文鏡，他立即行文給平定州等四州縣，讓他們趕造花名冊，登記賑災

人戶，同時刊發告示條約。五月二日，德音主持科考事情結束，次日會同田文鏡開始賑濟。三天后，因新任巡撫諾敏到任，德音即回到省城。田文鏡是一個縣一個縣進行賑災的，這對於嗷嗷待哺的災民而言，顯得進展太慢了。經過一個月的緊張工作，四個州縣共有大小男婦 13 萬人得到賑濟，發放賑濟糧一萬石有餘，賑濟銀一萬兩有餘。六月初二日，田文鏡把第一次賑災情況向雍正密奏。

田文鏡的精細，得到了雍正的極大肯定，雍正在密奏上有一段長篇硃批，他說：

> 前者德音奏：山西通省雨水調勻，民不乏食，教臣賑濟何人？百姓安居樂業，現在禾麥茂盛，令臣緩徵何處？等語。如此說來，爾等所奏此摺、所賑之民，皆虛捏之事矣！如果以德音之奏為憑，則此數萬生民，如之奈何？着德音明白回奏，含混請罪使不得！

由於德音不承認山西受災，加上清查虧空消極抵制，吏部議奏，把巡撫德音、布政使森圖都革職。雍正說：「巡撫是封疆大吏，一聞百姓饑饉，即當陳奏，德音既不奏聞，反行催科徵納，其不能勝巡撫之任，於此可見。德音從寬免革職，着來京在學士任上效力行走。其員缺着內閣學士諾敏補授。布政使森圖，着革退，其員缺着順天府府丞連肖先補授。」由此，田文鏡在山西賑災，德音只參與平定州一地，其他三個州縣，是同諾敏一同賑災的。諾敏也把他接任山西巡撫後，同田文鏡賑災的情況密奏給雍正。

通過山西賑災，雍正開始考慮對田文鏡這位敢講真話、能做實事的從四品官員，委以重任。但雍正最初的考慮是在朝中委以重任，而不是地方官。但情況有了變化，即山西的災情遠遠超出最初的估計，也不是最初的四個州縣。包括年羹堯自西安撥米一萬石，又放大同倉庫十萬石。這樣，諾敏在四個州縣賑災尚未完成前，他就向雍正奏請，把田文鏡留在山西。

諾敏的這個密奏是早於田文鏡六月初二關於賑災那次奏報的，時間是五月十二日，他講田文鏡在山西賑災情形，說田文鏡為人謹慎，辦事勤勉。雍正硃

批：「就因見其好，方差遣之。賑濟四州縣後將返回京城，祈求將他暫時留在此地，倘有陸續賑災之事，可以交他辦理，更可靠。」「諭之命他暫留。」

如此一來，田文鏡的賑災使命沒有完成前，其留在山西已成定局，但用何種職位，雍正尚在考慮之中。田文鏡六月初二密奏賑災後，雍正已考慮重用。八月初二日，雍正在諾敏密奏上硃批：

> 田文鏡到後，朕將擢用於京城顯要之缺。田文鏡人若何？心地品行若何？再連肖先若何？阿爾松阿言連肖先與好幾項私下醜案有涉，似乎很複雜。朕將另補一布政使於爾，此事甚密，暫勿語一人。事尚未定，但大體即如此。

雍正考慮田文鏡的安排有兩個，但都是重用。一個是朝中出任「顯要之缺」。但這時剛剛接任山西布政使的連肖先，因為牽涉幾件刑案，因此雍正考慮把他換下來，由田文鏡代替。

當雍正接到諾敏有關田文鏡「人品」調查的密奏時，雍正已經把田文鏡外放署理山西布政使了。八月十八日，諾敏密奏：臣觀田文鏡，人勤勉，辦事亦可，唯性情不可謂之穩重，一旦得到空子，恐仍有變。連肖先因循守舊，惟事欺蒙。他認為高成齡可以出任布政使。

雍正硃批說：「爾奏甚是。田文鏡將本年山西之事奏後，朕方知拯救了五六十萬生靈，想必山西百姓必很感激他。因連肖先爾奏略有不滿，想必你會奏請田文鏡，故不等爾奏，即遣往署任。降旨後其辭色平平，流露出不滿，爾奏甚公正。現既令署理，你姑且看看，伊或許極盡效力，也未可料。若有不宜之處，即行奏聞。」至此，田文鏡自四月到山西賑災，四個月後，雍正將署理布政使之任交給他。

田文鏡九月九日正式署任（《清實錄》記載是九月二十四日，顯然錯誤），諾敏說他與田文鏡私交甚好。田文鏡到晉，矢志與臣潔身效力。臣與他同心奮勉，日久天長其品行真情必難隱瞞，臣熟知其人再奏聞。硃批：田文鏡大概頗

不及高成齡。

次年正月十七日，田文鏡正式出任河南布政使。山西布政使由高成齡遷任。田文鏡在短短幾個月間，連升五級，成為二品大員，進入方面之列。而任布政使不到一年，就正式出任河南巡撫，成為開府一方的封疆大吏。

對於田文鏡的急速升遷，《清史稿》有這樣的解讀：「上嘉其直言無隱，令往山西賑平定等諸州縣，即命署山西布政使。文鏡故有吏才，清釐積牘，剔除宿弊，吏治為一新。自是遂受世宗眷遇。」（《清史稿》）

也有人認為，田文鏡之所以在短短二年間，由從四品的中級官員，連跳五級，成為顯赫一方的二品封疆大吏，是因為他是雍正的藩邸舊人，即他原來是雍親王府的人，袁枚在《隨園詩話》中明確說，田文鏡原來是雍親王的莊頭，而諾敏毫無疑問是雍親王府的人，從諾敏向雍正密奏所說，他一向與田文鏡交好，似乎不能否認這個事實。再者，田文鏡給雍正的第一次密奏，即關於賑災密奏，開篇用的是「奴才」，後來改為「臣」也可說明。

但即便是雍親王府的舊人，雍正即位之初，需要他信任的人執掌一方，但並不意味着田文鏡的仕途自此就一帆風順。年羹堯就是例證。

封丘罷考

田文鏡於雍正二年二月十七日，受到雍正的召見，並大受獎諭：

> 爾誠可謂不辱君命矣。朕不意爾居官如此。今命爾為河南布政使。河南地方緊要，爾宜仍照山西行事。巡撫石文倬，在河南相沿舊習，多瞻前顧後，惟恐獲罪於人，所行之事，皆效仿他人，豈知民情風俗各有不同，居官行政自當因地制宜，固有宜於此而不宜於彼者，若一味沽名，冀邀眾悅，豈不貽誤地方，朕經委曲訓諭，伊終不肯以實心行實事，爾到豫省，即傳旨意，俾其聆之，知所羞愧，毋得遺失一字。伊近日所為，差勝於前，舉行一二事，頗有實際，然終不免效仿成規。如錢糧封櫃，火

耗歸公，彼亦曾經具奏，但不若山西敷陳之明晰也。爾往河南，與伊同
事，倘有掣肘處，爾即奏來。雍正接着又談按察使，張保原係刑部司官，
前在刑部時甚是叵測，然心地明白，通曉事情，朕命伊為按察使時，曾嚴
加訓誨，務期溫厚和平，迨後聞人言，伊署中進一書辦，亦有所費，見一
典史，亦與之揖讓，豈不過於謙恭乎！爾當勤其務為好官，時加規誡，倘
所行不合，有忝厥職，朕即令其回京。彼時即責有攸歸矣。爾將伊任內行
事，探訪確實具奏。總河齊蘇勒，朕信其操守廉潔，一塵不染，但賦性偏
急，不免令人難堪，爾察其實在何如，即行具奏。然諭爾訪察之事，不獨
爾一人之奏，即以為是，朕尚另有所使也。人臣多負君恩，連肖先、李英
貴豈非榜樣乎！當日聖祖皇帝錄用諸臣甚眾，而求其不負君恩者絕少。爾
明日來不必過早。爾即於二十一日啟程，卯巳二時均吉，爾於二十日再
來。

二十日再次陛見，諭之曰：「爾毋縱恣，惟仍照山西行事，爾克盡厥心，
朕必加恩，拔置雲表，如或有忝厥職，朕即能執法，不為爾寬。爾此去毋自視
為布政使，即半屬巡撫之任也。」雍正這種激勵法果然有效，「半屬巡撫之任」
讓田大人放開官場尊卑體統。他於雍正二年三月到任伊始，上的第一個摺子，
就講大沛甘霖、四野沾足，二麥約有七八分收穫。隨即大講河南吏治廢弛：

　　細察各員，誠如聖鑒，多係因循積年陋習，諸事闒茸，即如各州縣交
代一節，接任之員例限兩月查明歸結，遲則揭參，臣今勒限嚴催，並陸續
檄調各府州縣，察其才調品行，居官政績，令其滌慮洗腸，痛遍延各官，
已經檄取各府州縣職名，使之知所儆惕，使錢糧不致虧空。

雍正對此深表肯定，硃批稱：

　　覽奏朕深為嘉悅。徐徐次第覃勉，措施不可過猛，（巡撫）石文焯若

能如汝所奏，則與之同心一德，協力為之，倘或不肯悛改，憚於振興，覺有掣肘光景，絲毫毋為容隱，一切直陳於朕，自信無奪其撫任之心，何庸稍涉回護形跡？總向國計蒼生有益處秉公行去，自蒙上天鑒察。

田文鏡在河南伊始，他就攤上了一件大事。這就是因士民一體納糧當差而震驚朝野的封丘罷考案。原來，田文鏡到任，正趕上修築黃河堤防，需要動用民工。以往的做法是，由官府出錢，僱募人伕。田文鏡改變以往做法，分派附近州縣，州縣按照百姓地畝，或一頃半、或二頃出人伕一名，「正與紳衿、里民一例當差之例符合」。但這樣的做法打破了相沿已久對士人的優待政策，因而有人上奏，私下參了田文鏡。事情到了朝廷，雍正表態並不支持，向河南巡撫石文焯等發諭旨：「覽奏不勝駭異。朕如此推心置腹，任用爾等，凡有累民之舉，概令據實入告，而爾等竟若罔聞，政令乖方，一至於此。朕亦無可諭爾等也。石文焯、嵇曾筠、田文鏡同看。」

由於雍正態度明確，出此主意的田文鏡單獨上奏予以詳細解釋，說自己不把地方纖毫細事奏報，即便有不避忌諱、僭越冒昧之名，臣也承擔。對此，雍正有長篇硃批，特別提醒田文鏡：

> 小民無知，凡有此等借力之事，當申明利害，將往古舊制、本朝恩澤，原係暫時不得已等處，皆令愚民明白知道，則此等怨聲載道得息矣。不然，小民只管目前，去歲的事就忘記了。愚民曉得什麼古今之事？就中再有幾個刁頑不安分、惑亂人心的秀監，將小做大，播弄愚頑，大概此等之論皆由此而起也。地方上凡有更張用民力之處，總預先告示，令眾百姓知道了，則此等人之惡念無法可施也。

客觀而言，雍正的認識確比田文鏡高出很多。事情果然不出雍正所料。田文鏡是五月十七日上的摺子。雍正硃批時，河南果真出了大事情。五月二十二日，開封府所屬封丘縣令唐綏祖，因堤工緊急，飭令按照田地數量出工，田地

越多出工越多，這就侵害了紳衿富戶的利益，因此遭到強烈反對。生員王遜、溫浚、方元龍、方元璐、杜菁莪，武生范瑚等，還有百姓潘得仁、徐丕泰等一百多人，前往巡撫衙門具控，由於呈詞內生員後，還有舉人、進士署名，巡撫石文焯收了呈詞，批交開封府查報。其後，唐縣令下鄉捕蝗蟲，晚上才回到縣城，王遜等數十人攔住縣令不許進城，聲稱「徵收錢糧應分別儒戶、宦戶，如何將我等與民一例完糧、一例當差？」縣令立即稟報，巡撫委派開歸道員陳時夏前往處理，王遜等也即退回。巡撫與田文鏡商量，因為帶頭鬧事的都是文武生員，而學政大臣張廷璐馬上要在省城舉行士子考試，擔心抓人會激怒生員罷考，決定考試結束後請旨辦理。

學政張廷璐到省城開封，王遜等開具款單，赴學政衙門投遞匿名呈狀，控告唐知縣。張廷璐也批給開歸道陳時夏查訊，陳時夏着教官傳集諸生到衙門內書室，向街上舖面借好多板凳，全讓他們坐下，口稱「年兄」，央求赴考。王遜等回答說，「若要我等赴考，必須分別儒戶，將我等之夫概行豁免，徵比錢糧不許與百姓一例滾催，並要把知縣參了，然後應試。」同時，武生范瑚等在途中把封丘縣呈送學政考試童生用印冊卷搶去。最後，封丘縣只有生員 23 人參加應試，其餘全部罷考。

事發後，田文鏡向雍正帝密奏，首先引用部文：本年閏四月內准到部文，奉旨「嗣後如有刁惡衿民，因求謀不遂，藉端生事，糾眾罷市罷考，挾制官長者，該督撫審明照例治罪等因，通行在案。王遜等秀才何物？乃敢違背聖旨，挾制官長，伊等特有護符，藉端鼓浪，如同化外，如不痛加懲創，勢必人人效尤。」雍正硃批道：

> 此事完案，未必止於此。爾等可將為首者出其不意拿解省城，加意看守，聽候派遣部臣審理此事，多將幾人正法，而此風方可息。此上諭密之，但以有旨將王遜等生事生員速速拿問候旨定奪之旨，宣示奉行。遣部臣之說，朕尚未發旨。

　　耐人尋味的是，河南巡撫石文焯的密奏，比田文鏡晚了一天。這很有講究，就是要以田文鏡所奏在先，定調子。石文焯的密摺，罷考內容與田文鏡所奏整體一致，但顯然側重點不同，且開篇把此事件的發生歸咎於河南久已存在的士風，摺尾特別表示，將知縣唐綏祖題請解任，並檢討自己「撫豫一載不能移風易俗」。雍正硃批表示：「此等事與爾何干？地方上有如此一二事整理，反倒是好事，若令你等完結，反說你們袒護屬員，不重士子，反不便，亦難重處，朕遣兩個妥當部臣來，必先將幾人正法，以正惡習。」

　　田文鏡是七月初六接到雍正硃批諭旨的。此時王遜等人已經全部抓獲並羈押起來。而雍正帝也派吏部侍郎沈近思、刑部侍郎阿爾松阿到河南審理此案。田文鏡接到硃批次日即向雍正密奏，說從此衿棍知有國法而刁風可以永戢矣。雍正硃批：欽差承審大人如有沽名袒護處，據實奏聞，一點隱諱不得。田文鏡密奏還說：「惟有鞠躬盡瘁以報答浩盪鴻恩，只是臣年已六十有三，並無子嗣，圖報聖恩為日已短。」雍正在並無子嗣四個字旁批：「將來必得。」在為日已短旁批：「正長。」

　　雍正選派的欽差大臣，是七月十五日到達河南的，巡撫石文焯、布政使田文鏡親自出郭迎接。但案件是欽差獨立審理。沈近思最初想寬大處理，但審案由刑部侍郎阿爾松阿主政，且雍正於欽差行前，向阿爾松阿發有密諭，因而案件完全按照雍正的從重意思處理。八月初八日，田文鏡密奏他打探到的欽差審案的一些情況，特別講河南「積年以來，上偷下慢，廢弛已極，一切苟且，實誤大事，若再因循數載，流弊所及，更難治理。」田文鏡還大講學政張廷璐「諸事沽名釣譽，做好人，並不肯秉公執法，凡遇劣衿抗糧生事之處，每多庇護。」又講在此案審理過程中，從河南省到欽差大臣，都有很大不同意見。

　　河南學政張廷璐是張廷玉的弟弟，開歸道陳時夏在當地極有聲望。雍正曾與田文鏡專門就陳時夏的「聲望」進行私下交流。而欽差大臣沈近思是雍正非常信任的人。這些人都不主張嚴厲懲處。開封知府的詳文於六月十九日呈到河南按察使張保，張保回答說：「我只管人命、盜案，餘事非我職掌」，等巡撫石文焯、田文鏡批發後，直到二十三日，方批發到開封府，倒填二十日到按察使

司日期。所以生員們都說「宗師（學政）甚寬，按察使安靜，陳守道是好人」，田文鏡向雍正訴苦，說無一人不怨臣、不恨臣。雍正對此非常不滿，硃批說這是大笑話，「儒生輩慣作如是愚呆舉動，將此以博虛譽，足見襟懷狹隘」。命把學政張廷璐革職，陳時夏革職留任，為首鬧事的生員王遜、武生范瑚等人處斬，其他參與者都從重處罰。

按照以往慣例，監生革退必須由禮部批准。田文鏡想改變舊規，直接將應革的監生諮照學政執行，而後報禮部備案，但被禮部駁回，仍令遵行舊例。田文鏡因而上疏，請求把捐納貢監交由學政，與生員一併約束，雍正批准了他的建議，於是形成新規定：衿監凡涉及到訴訟，即革去功名，聽候審理。雍正還規定，生監被斥後，不許出境，以免他們滋事。

在處理封丘罷考案過程中，由於田文鏡大講河南吏治廢弛已極，雍正遂有更換巡撫、重用田文鏡的想法。雍正硃批：朕因罷考一事，胸中已有定見矣。朕自有道理，聽旨。《清世宗實錄》記載，八月二十日，雍正對河南主要官員進行調整，石文焯署理浙江巡撫，以河南布政使田文鏡署理河南巡撫。此時，距田文鏡到任布政使不足半年。

為此，田文鏡密奏表示：

> 似此天高地厚之恩，即竭盡血誠，捐糜頂踵，亦何能仰報於萬一。伏思巡撫一官，責任綦重，臣自問才識短淺，於藩司任內即竭蹶辦理猶恐不無舛錯，何堪復邀曠典，兼此重任？聞命之下，不覺憂懼悚惶，莫知所措，惟有盡臣之心、竭臣之力，秉公執法，愈加勉勵，以效犬馬報主之誠而已。

雍正卻大加鼓勵，硃批道：「豫撫之任，汝優為之。但天下事過猶不及，適中為貴。朕不慮汝不及，反恐報效心切，或失之少過耳。」又對田文鏡說：若「有才守兼優堪任藩司之職、為爾素所深知者，密舉二三員來以備選擇。朕從來用人不悉拘資格，即或階級懸殊，亦屬無妨。」表示要給田文鏡配備合心

的班子。

但正如田文鏡在密奏中所說，河南省門包、規禮銀等等，全部禁止，導致河南無一人不怨臣恨臣。而過去所作所為，畢竟是布政使。今後升任巡撫的田文鏡，又會做出什麼？他還將遇到哪些抵制？

二十七、參不倒的田大人

封丘罷考案處理後，在雍正帝的強力支持下，田文鏡不但渡過了擔任高官以來的第一次仕途危機，而且由布政使升為開府一方的封疆大吏，這無疑鼓勵了田文鏡，他幹得更有勁。查辦虧空，懲治不法，對雍正的政策執行的最到位，甚至有過之而無不及。一時間，河南儼然是雍正初政的試驗田，全國矚目，也自然把田文鏡推到了風口浪尖上，參奏他的人接二連三。

李紱一參田文鏡

雍正二年九月初三日，因河南巡撫石文焯奉差赴浙江，田文鏡署理河南巡撫。兩個多月後的十一月二十三日，接到上諭：河南巡撫事務，着布政使田文鏡署理。田文鏡隨即奏請本年封印後進京請訓。雍正硃批：「不必。你已知朕意之人，就來亦無可更諭者。勉為之。」當田文鏡向雍正密奏，河南怨恨他的官員不少時，雍正硃批令其寬嚴相濟：「爾緣報效心切，未免急於求成，以故屬員百姓頗露怨聲，竟有見小巧取之訾議。前因革除各項陋弊，致被通省唧恨，曾經詳細奏明於朕，此無足怪者。雖然身操統率之柄，果能一秉至公，施措平均，官民斷無不感畏之理。今乃至於怨望，必有偏枯不當處，深自省察，究明端緒，務須相機合宜，寬嚴共濟，徐徐循序辦理，毋貽迫促之譏。」

雍正仍不放心，硃批又不能盡情曉諭，遂命學政王國棟赴任時轉傳諭旨：

> 田文鏡並無一人保舉，係朕特加擢用者，令伊着實勉力做好官，莫辱朕之顏面。不知伊作何施措，致使官民胥怨？於其奏摺內亦難以詳悉批諭，爾到彼傳旨，命伊加意省察，若有不當處速行遷改。

田文鏡感受到雍正對他的格外器重，回奏時痛哭流涕，表示：

> 謹守清慎勤三字終始不渝，至凡有關吏治民生之事，即瞬息窹寐亦
> 不敢苟且偷安。豫省自積玩之後，政多廢弛，若不急為整頓，竟有不可問
> 者。夫人情難於圖始，可與樂成，今當更變之初，未有不以為難而苦之，
> 然思皇上之所以用臣者正欲使臣整理地方，並非欲臣因循舊習也。臣所以
> 不辭勞苦、不避嫌怨，一切秉公，夙夜經理，應行者立即舉行，應革者亦
> 立即革除，內有可以暫緩者，即遵聖訓徐徐辦理不敢過急。倘或騖虛名邀
> 眾譽，瞻顧因循，偷安玩愒，有一於此，即非臣之所以報皇上、而皇上之
> 所以委任夫臣者也。當此不避嫌怨之時，十手十目，共指共視，稍有絲
> 毫，必將傳聞確據，張大其詞，臣雖下愚，必不為此。況臣賦性孤介，並
> 不知相與交接，茫茫四海，實無知己，惟仰賴皇上知臣，幸有今日，設欲
> 學為鄉愿，苟且和同，臣非惟不敢，亦所不忍。雖任怨任過，刀鋸在前而
> 有所不避者也。

對田文鏡的任命，雍正與田文鏡本人都面臨極大壓力。田文鏡回奏，可謂
肝膽俱出，但他不想讓這些非常瑣碎的事情來煩擾日理萬機的皇上。為此，他
專門派人到京城，希望由怡親王來轉奏。雍正感覺不妥，硃批長篇諭旨，詳細
闡發他的憂慮及安排：

> 膺封疆重任，切戒器量狹小，諭田文鏡知悉。今在廷諸王大臣中，
> 實心為國家愛惜人材者惟怡親王，朕信其純，汝傾慕王之公忠德望，昨差
> 人達意，未為不是，但此際命王代汝轉奏事件斷然不可，何也？汝與諸岷
> 為舉朝所怨，眾議沸騰，論奏者指不勝屈，而年羹堯殆有甚焉。朕乾剛獨
> 斷，悉置之不聞。茲若因汝秉心與王相契，俾得時通音問，內外合一，共
> 勤政治，則輿論必指以為借勢私交，不但汝與王負謗無益，亦於朕用人大
> 體攸關，所以諭令拒而不納也。汝當感此曲全備恤之恩，愈勉公清和恕，

下以杜眾口，上以全朕面，俟汝根基立定官聲表著之時，然後降旨命王照應於汝，則嫌疑無自而生矣。更加切諭者，假若因此放膽以為有朕可恃，復何懼之有，遂乃縱情肆志，出入繩墨，致被指摘，其他姑置不論，試思朕將何顏以對隆科多年羹堯暨在廷諸臣？一愧之後，汝猶克當否耶？勉之慎之，諸凡務敦大體，不宜瑣細苛刻為最要，戒之。

雍正還是覺得不放心，於是派雍邸舊人沈廷正為開歸道，以使田文鏡有所顧忌。為免田文鏡猜疑，雍正特別與他解釋：

> 沈廷正原係藩邸舊人，朕所深知者，才品俱優，但慮其過於聰明，心行未純，尚在可以為善可以為惡之間。聞伊未到豫省，即先蓄成見，欲與汝作梗。試思，朕豈有命屬員前來鈐束上司使掣肘於汝之理？伊若露有不肯盡心協助實力承辦，反倚勢藉端妄作威福，賣汝以取媚於他人形景，嚴加參劾候朕重懲，決不姑寬之也。汝接到此諭旨時，可與伊共觀之。

但田文鏡報效心切，也難改他的倔強。引起巨大爭議的，恰恰是他出任巡撫之後，參劾一個接着一個，有時一次參劾，十幾個下屬丟了烏紗帽。據田文鏡後來自己講，他在一年多的時間裏，把二十二位官員彈劾掉。按說，官員的升遷降革，是再正常不過的事，何況田文鏡極力推行雍正初政。為什麼會引起爭議？原來，被參革的官員中，大多數都是科舉出身的進士。《清史稿》「田文鏡傳」記載：文鏡希上指，以嚴厲刻深為治。諸州縣稍不中程，譴謫立至。尤惡科目儒緩，小忤意，輒劾罷。

《清史稿》是民國時期撰寫的，對田文鏡也不吝貶斥。田文鏡是吏員出身，如果參的人都是科舉出身，這涉及他是否「官報私怨」，說到底，涉及公正。原來，田文鏡署理巡撫時，就要對河南官員進行整飭，雍正叮囑他：「候朕命下

實授汝撫任時再行奏請。」雍正二年十二月初九，田文鏡由署理改為真除[1]。於是開始對河南官員來一次換班，而進士出身的首當其衝。

有這樣一則記載：說是王士俊做河南首縣祥符縣令時，一次庭參日，田文鏡問王士俊的出身，王把眉頭擰的像麻繩一樣，故意做出非常羞愧的樣子，只張嘴不敢說話，過了好長時間才回答道：「士俊不肖，讀書出身，卑職是某科散館翰林。」田文鏡認為這是王士俊譏諷自己不是讀書出身的巡撫，當即怒不可遏，破口大罵。王士俊知道縣令做不成了，回到祥符縣衙，就給田大人上詳文，請求免去河南黃河決口後鹼地的稅收，而鹼地加稅，是田文鏡上奏朝廷批准的事情，王士俊這樣做，就是希望以此觸怒田大人，算是為百姓做件好事，罷官也值得。田文鏡果然上疏彈劾。

這時，一直欣賞王士俊的布政使楊文乾暗中想保護王士俊，就勸田文鏡說：「王士俊上免稅詳文，這是要抬高他在百姓中的名聲，田撫院如果真的彈劾他，豈不正中這小子的下懷？何不稍緩一下，找其他理由收拾他。」田文鏡不知是計，一聽在理，就暫時作罷。不久，楊文乾升任廣東巡撫，向朝廷舉薦王士俊，奏請隨任，王士俊隨即升任知府。

但更多人沒有王士俊那樣幸運，好多科舉出身的官員接連被罷免。包括信陽知州黃振國、汝寧知府張玢、息縣知縣邵言綸、固始縣知縣汪誠等人。雍正對田文鏡大加鼓勵，硃批說：

> 覽爾題參黃振國之疏，甚屬可嘉，如此方不負朕委任之意，克勝封疆重任也。凡事惟中正為無弊，能照此秉公執法，一無避忌，放膽為去，保爾永永平安，受朕恩榮不既，勉之勉之。倘若稍涉縱肆，過於深刻，又非朕見重之意矣。

1　實授官職。暫任、代任（代理）、助任、處任、試任轉為正任者，即稱為「真除」。

雍正三年十二月，田文鏡向全省官員發佈通令，以黃鎮國為戒，通令說：

黃振國賦性狂悖，肆意貪劣，業經本部院特疏題參，請旨革職提問。為此飭知司道府州官員，並轉飭所屬，以黃振國為前車之鑒，不得勒索派借，壞法害民，一致身家性命不保，倘若以本部院為可欺，一經訪查得實，則鐵面無私，將來一家哭者又不獨黃振國一人而已。[1]

有雍正撐腰打氣，田文鏡再接再厲，於四年正月參奏多人：

汝寧府知府張玢近日浮而不實，漸加放縱，一任信陽州參革知州李廷基橫行勒派，該府非惟不能禁飭，且親至碻山縣反為勸諭紳衿令其幫助，碻山縣知縣張邦憲瞻徇情面，並聽知府指揮，膽將南汝道陳世倕所發禁止告示匿不張掛，從中勸諭紳衿，派幫廷基；又有息縣知縣邵言綸、固始縣知縣汪誠、陳州知州蔡維翰，或任櫃書銀匠朦官作弊，重等（戥）收糧，或向鹽商借貸，致用十四兩小秤發賣食鹽；或怠惰偷安，並不清查保甲，盜案纍纍，亦不比緝。以上各官並皆劣跡昭著，勢難一日姑容。臣伏查前參信陽州知州黃振國一案，荷蒙皇上硃批諭旨，格外獎賞，臣跪讀之下，固已受寵若驚，及讀至戒臣過於深刻之聖諭，臣益加悚惕，不覺涕泗交流。田文鏡奏稱，這些劣員，臣久已訪聞，誠恐未確，又復細加察訪，事事確實，有憑有證，復據司道等官揭報到臣，臣惟有據實入告，並不敢故為深刻也。

對此參奏多人，雍正硃批道：

---

1 田文鏡：《撫豫宣化錄》，中州古籍出版社 1995 年版，第 170 頁。

各員果如此不法，豈可一日姑容，理應糾參者。但近日以來，每聞人論爾有任性尚氣之疵，當深自省察，切以為戒。

田文鏡還革去很多生員、監生的衣頂。有個王轍是癸卯科文進士，因參與不相干訴訟，田文鏡特疏將其革去進士。並發表通令，以王轍為戒。

田文鏡的做法，讓科舉出身的河南官員，人人自危。但有雍正支持，人們又無可奈何。這時，河南省城各處，傳抄捏造的雍正諭旨，內容如下：

三月初二日面諭中堂，黃振國係朕揀選留京緊要州缺補用，又經蔡珽保舉，所以特放信陽州，到任兩月，經田文鏡參劾數款，朕恐徇私捏參，詢問豫省京官，云田文鏡徇比枉參，所以朕降旨將黃振國速提來京，交三法司嚴審具奏，近日又閱田文鏡參府州縣數員，皆同黃振國一案牽連，參劾多員，自豫省至都中，人言怨聲載道，顯然有誣參情弊，田文鏡一切應奏事件巧飾，先摺後題，與前摺互異，偽罔顯然，情由可惡。

這時，人稱「鐵胎人」的李紱參劾田文鏡。李紱是康熙朝鼎鼎有名的理學大家。他是江西臨川人，少年家貧，負行囊數百里求學。考中舉人第一名，康熙四十八年考中進士。平生好陸王之學。李光地評價說，六百年以來，沒有人超過歐陽修、曾鞏，李紱大有希望。康熙也看重他的理學背景，將他連升五級，從編修超升二品的內閣學士。

但康熙的舊臣，雍正豈能買賬？說起來，這李紱又非常剛正。雍正初年，年羹堯、隆科多成為兩大寵臣，巴結夤緣的人唯恐其後，而李紱獨與相抗，雍正看重他的孤傲，對李紱說：你不是由旁人薦舉，是朕所特用的人。還說：誠然不黨者，李紱也。外放廣西巡撫不久，雍正三年底升為直隸總督，原是要委派他一個天大的祕密使命。這是後話。

李紱自廣西進京，路過河南。作為巡撫，田文鏡要盡地主之誼，何況直隸總督是天下第一總督，位置尤為重要，與河南又是鄰封，於情於理田文鏡都要

迎接。田文鏡一向知道這李紱不是一般的官，但令他萬萬沒有想到的是，田文鏡見面剛向李紱一揖，李紱就厲聲說道：「明公身任封疆大吏，我聽說你所參官員都是科甲出身的，你有意蹂踐讀書人，這是為什麼？」一時讓田文鏡非常難堪。但田文鏡也不是怕事的人，更何況他有辦法，於是來個先下手為強，先給李紱奏了一本。

李紱在雍正四年正月入京，隨後入覲，面奏田文鏡負國殃民。據記載：「漏三下，猶侃侃未退。退又連章糾之。」（袁枚《直隸總督臨川李公傳》）

李紱彈劾田文鏡「性情僻暗，信用憸邪，賢否倒置」。「憸邪」指沒有好人。李紱說，上蔡知縣張球，本來是市井無賴，最應彈劾的人，但田巡撫視為心腹，委署光州，借息縣知縣邵言綸一千兩銀子，邵沒有滿足他，即行揭參。張球又因查固始縣倉穀，向知縣汪誠索取不遂，鼓動田巡撫，使汪誠被巡撫誣參。我還聽說，巡撫不容讀書人在河南做官，要將知府黃振國致死滅口。李紱的參奏，不但否定了田文鏡在河南的用人，也間接否定了田文鏡在河南的作為。

雍正帝把李紱參奏的摺子，截去首尾姓名、職官等信息，發給田文鏡。同時用長篇硃批警告田文鏡：

> 有人具此一奏，發來汝看。汝之居心不肯負恩欺朕，原可確信不疑。至若汝之屬員負汝、欺汝與否，則未可定也。蓋用人最不宜護短，聽言尤不宜偏信。如上蔡令張球，覽此參摺，更訪之他處，似一憸邪劣員，汝或被其簧鼓不自覺知耳。今當加意體察，據實奏覆。朕往往見清正大臣於妻子家人屬員親友間，或牽於溺愛受譖訴而無疑，或比於私誼被愚弄而不悟，致冒不明之譏，因招敗檢之累者不可枚舉。不寧惟是，即年羹堯從前朕亦何嘗不被所誑惑，一旦覺悟即宜果決，切勿執迷以求文飾，自謂我何得有錯云云，橫此偏見於胸中，則其害至不可勝言矣。況又非親非友，何故以清潔一身，甘被其污而受眾人之謗耶？爾等當取法乎朕，虛公省察，務別真偽，倘誤信一二匪人，所係實非淺鮮。朕操生殺予奪之柄，利害榮辱可判於目前，而臣工之是非邪正，兼關其千秋後世名節，尚不能得奉公

持正致身為國者幾人，況爾等之屬官下吏中，豈易邂逅一心一德、同休共戚之儔，乃魚目混珠，燕石擬玉，以自蔽其聰明，何哉？朕此論發前人所未發，爾等封疆大吏膺激揚舉錯之責，當觸目警心以為終身誦志之，勉之。

田文鏡見參他的摺奏日期是四年四月初五，又從內容上斷定乃李紱所為。他思慮多日，於五月十九日上了一篇很長的密摺。這份密摺，成為田文鏡「翻身」的「祕密武器」，他對雍正的震撼，遠比李紱揭露田文鏡的問題更打動皇帝，也讓雍正立時改了主意。田文鏡開篇就架了大題：凡屬督撫大臣身任舉劾之責者，當仰體皇上立賢無方之聖心，惟以其人之賢否是憑，不當分別正、異兩途。此臣之素志，而亦好惡之公心。

田文鏡原摺，雍正用硃筆改動、刪節頗多，主要意圖是不要過多牽涉李紱。田文鏡主要講了三個問題。

第一，反駁不容讀書人在河南做官。因為李紱參奏的核心是賢否顛倒，背後的潛台詞是踩踐讀書人。因此，田文鏡開篇為自己辯護，講他自抵任迄今，共參革者 22 人，保舉者 19 人：

其中旗人、漢人、科甲、捐納紛然雜出。當舉劾時，惟考其賢聲，訪其劣跡，並未計及其人係何處籍貫，何項出身，如係才守兼優之員，即與臣素有仇隙，臣亦不敢不舉。豈敢妄參。如其人劣跡昭彰，即係臣至親嫡眷，臣亦不敢不參，豈敢妄舉。臨事詳慎之苦衷，惟賴皇上知之（雍正硃筆勾掉「知之」，以「察臣愚衷」代之）而已。黃振國狂悖貪劣，實出異常，臣於雍正三年十一月訪確題參。摘印之後，不但州民稱快，而通省亦覆帖，然毫無異詞。突於雍正四年二月，直隸督臣李紱從廣西進京，路由（雍正硃筆勾掉，自直隸）豫省忽造浮言，從此外廂紛紛傳說，或言臣不容讀書之人，在豫省做官；或言臣欲將黃振國致死滅口。如此物論，不一而足。豫省如此，京師可知。（以下雍正硃筆勾掉：一人如此，眾人可

知。然此皆臣得之傳聞，並無實據，不敢瀆奏。惟於本年三月初二日，據汲縣知縣陳峻樹稟稱，二月二十八日，直隸李總督道經衛郡，該縣同衛輝府通判李先益出郊迎送之後，據李先益告訴陳峻樹云，昨見李總督詢及信陽收黃振國被參一案云，我由信陽經過，知其居官尚好，所參各款，俱不甚實，今又取具病呈，不知何故等語。嗣經臣前赴河北三府，會勘河源，復據該縣面稟，李先益曾經回稱，因祥符縣誤報患病，已將該縣題參。復據李總督笑云，此是諉過於人等語。現有汲縣知縣陳峻樹印信稟帖可據。）臣參後（雍正改為：因）見黃振國奸險狡猾，恐其解京質審，無人質對，捏詞狡辯，於訊審之時，令其親筆寫供、畫押存案，內有收呂遜投拜門生一款，臣因參後又訪，係拔取案首是實，受賄屬虛，不敢偏執，隨於疏內聲明，其餘各款並皆有贓有證，事事確實。至於報病一節，臣於題參祥符縣知縣俞汝翼疏內，業經備細敘明，已久在聖明洞鑒之中矣。（雍正硃筆勾掉：況臣與李紱同沐皇上天恩，共為封疆大吏，雖未謀面，亦無嫌怨。然伊前任廣西時，臣聞其操守廉潔，心甚敬服，近又與臣接壤，深幸臨封相照，冀其協恭和衷共報聖恩，不謂李紱與臣居心迥異，臣因再三體察）。

第二，反駁賢否顛倒，張球是大大的好官。田文鏡說，說張球是市井無賴，我經過調查，他是河南為數非常少的能幹又有操守的官員，而彈劾黃振國後，河南官員、百姓都舉手加額，沒有什麼議論。

以上是「正題」。如果僅僅就此上密摺，肯定不會打動雍正，說不定田文鏡的位置就有危險。據袁枚講：「世宗頗直公言，將斥田」。因此，田文鏡話題一轉，拋出一個令雍正高度敏感的大「問題」：

　　查黃振國係己丑（康熙四十八年）進士，（李紱亦係己丑進士，雍正硃筆勾掉），並不料臣於本年正月內所參汝寧知府張玢、固始縣知縣汪諴、息縣知縣邵言綸，俱係己丑進士，在臣實出於無心，而在李紱或見（雍正勾掉四字，改為伊等）同年弟兄，一時被劾，不無徇私袒護。

這算「陳述事實」，接下去，就有「危言聳聽」的味道了：

> 屢蒙皇上特頒諭旨，解散朋黨，至再至三。又接准部諮，嚴禁私結聲
> 援，瞻徇交好。凡為臣子者，自應仰體聖懷，洗心滌慮，一皆出於至公，
> 豈宜瞻徇同年，徇私妄議？（雍正在妄議前加：羣起）則嗣後科甲之員，
> 如有貪污苟且，督撫諸臣斷不敢再為題參矣。
>
> 陷臣於萬死之地（雍正：負君不公之罪），雖臣之聲名所繫最小，而
> 皇上用臣之當與否，所關甚巨。請皇上派欽差大臣審明，或容臣將各案官
> 犯卷宗，解送赴京，敕法司就近質審。（雍正加：如臣有，乞治臣重罪，
> 以儆不公）

以上田文鏡密摺，經雍正硃筆修改，而現存雍正《硃批諭旨》卷一百
二十六之七，四月二十七日遵旨據實覆奏一摺，已無李紱之名，且有頗多改易：

> 臣細閱摺內，指斥張球為市井無賴，此人必係進士出身。邵言綸、汪
> 誠俱係己丑進士，或與此人同年，亦未可知。再查邵言綸、汪誠經臣於本
> 年正月二十一日題參，果有冤抑，此人何不早為摺奏而必於本年四月內乘
> 參革信陽州知州黃振國解京質審之時具奏？而黃振國亦係己丑進士，明則
> 與邵言綸、汪誠辨冤，暗則欲擾亂黃振國審案，故施其烘雲托日之技，以
> 見臣所參各官俱不足憑，我皇上明並日月，無所不照，而此人尚敢肆其奸
> 狡，巧為攻擊，自難逃於聖明洞鑒之中。但屢蒙皇上特頒諭旨解散朋黨，
> 諄切垂誡至再至三，若瞻顧同年，徇私捏奏，並非出於至公，實皆由於私
> 黨。伏祈皇上詳察。臣思我皇上求賢若渴，賞善懲奸，況今捐例已停，將
> 來科甲自多，若此懷私挾詐，朋比為奸，則嗣後科甲之員萬一貪污苟且，
> 督撫諸臣斷不敢再為題參矣。至上蔡縣知縣張球可否容臣繕疏題參解任，
> 以與邵言綸、汪誠並黃振國、俞汝翼各案，伏乞皇上特簡廉明公正大臣來
> 豫，一併審明，庶邪正不致混淆，而臣心亦得以自白矣。

為什麼雍正對「朋黨」如此警覺？原來，雍正說，皇考之所以把皇位傳給他，就是看重他不偏不倚，與人沒有交往，而他最痛恨的就是朋黨，並刊刻御製《朋黨論》下發地方督撫。偏偏這些朋黨又經久不散，成為他執政的最大威脅。但當時雍正還不想一下子把問題捅破，他要找個時機。因此，田文鏡的位置絕對不能動，同時，雍正把田文鏡密奏中凡是涉及李紱之處，全部用硃筆刪除。在末尾，有這樣幾句硃批：

> 你為何如此尚氣懸揣？李紱係鄰省封疆大臣，何必牽連於內，外觀不雅。照朕所改另書進覽。此事朕已洞悉原由，你一絲不必繫念，只要自己信得及，可對天地神明。小人之流言何妨也，不必氣量窄小了。

欽差審案，田文鏡脫險

雍正應該在五月二十五日前後接到田文鏡的密奏並予以硃批。此時雍正還要李紱完成一件最重要的事情，即在直隸總督署保定，把允禵解決掉。所謂「漏三刻」，極有可能是雍正交待他這項祕密使命。也就是說，此時李紱作為直隸總督，還是奉有皇上特殊使命的人。

七月初一日，李紱得知田文鏡劾其「造作浮言，袒護同年」，上奏說：田文鏡「立說甚巧，而實未合，臣不能無辯：己丑（康熙四十八年）同年共三百零三名，當時已不能盡識，榜下一散，至今十八年，音訊不通。」並舉出他彈劾同年為證。

隨着這場總督、巡撫互參案的發酵，雍正只好派兩個欽差大臣帶着司員，前往河南查審。一個是刑部侍郎海壽、一個是工部侍郎史貽直。審查的重點，一是知府黃振國是否冤屈並有被殺人滅口之危險？二是張球是否像李紱彈劾的那樣，劣跡斑斑，市井無賴。

二位欽差帶着大隊人馬於雍正四年七月十三日啟程，二十七日到達河南。

田文鏡將布政使費金吾、按察使魏定國蒐集的犯證、案卷陸續移交給欽差。這實際是互相牽涉的五個案子。主要涉及黃振國、張玢、汪誠、邵言綸、俞汝翼五人。

一是田文鏡原參黃振國狂悖貪劣案。查題本內五款中，童生呂遜出銀拜門生一款，經巡撫奏明是虛；關於黃振國接受革職知州李廷基饋送、賠補虧空一款，經審不實；關於黃振國到任後因鋪墊等物，派典史 14 人各出錢二千文，黃振國雖未入己，但為黃振國鋪墊所用，與入己何異？關於該州鹽店三座，黃振國索借銀數百兩，商人無奈，每店出大錢 150 千一款，訊明黃振國向三店各借銀五十千，黃振國說用於驛馬草料支用，原說歸還，被參未及還，但無賬目。

田文鏡奏摺所參五款：除黃振國行香拜客不許柴擔入城並取用食物遲不發價二款情節較輕，又交代一款，共三款均於本內詳敘外，關於黃振國於南汝道陳世倕待飯時問他：還奏摺了與否？我倒可以進得摺子一款，又與陳綬來餞行時向李廷基說：我係蔡大人保舉的，你將虧空速完，我寫字與蔡大人，他就啟奏，你就可以復官一款，經刑訊黃振國，供我官卑職小，奏不得摺子，我在陳世倕席間問奏摺子的話，這是我該死，有何敢辯，我因李廷基問起，他說，你已經參革，何以復用知州？我告訴他，我是蔡大人保舉的，因勸李廷基速完虧空，也可以開復，並沒說寫字與蔡大人，他就啟奏復官的話。查黃振國是計參降調之員，蒙皇上擢用知州，到任伊始，就勒派鋪墊、索借商錢，一任營私，劣跡昭著，且以微末之員，於南汝道席間妄言奏摺，以聳人聽聞，係恐嚇上司，使將來不敢節制，又倚恃尚書蔡珽保舉之人，於稠人廣眾之中，極口誇張，毫無顧忌，巡撫所參是實，當從重計贓定擬治罪者也。

關於參固始縣知縣汪誠不法等事一案。汪誠於雍正三年十一月初十日到任，奉文採買穀石，因查該縣地方俱於冬內將穀碾米，交春無穀可買，且買穀用錢不用銀，當將鹽店商人吳挺等傳到縣衙，將買穀需錢向伊通挪，言明領到司庫銀即還，吳挺等二人以鹽店有錢正要易銀完課，因即應允。派經承陸續取錢 1100 串，分發各行戶，照市價採買穀石，十二月十七日領到司庫銀當即照依錢數兌還商人，餘存銀兩仍發行戶換錢買穀。鹽商改用十四兩秤（小秤，正常

十六兩秤），又止賣三斤。汪誠有失察之責。

關於參祥符縣知縣俞汝翼捏報參革官犯患病等事一案，黃振國於雍正四年正月初十解省時，在遂平縣地方翻車，擦傷左手，到省進監，刑書報病，知縣俞汝翼接呈後通報黃振國之孫黃志衡，其孫到按察使司控告。俞汝翼據呈轉報，實為溺職。

關於原參汝寧府知府張玢、碻山縣知縣張邦憲縱派不法等事一案。信陽州革職知州李廷基，於雍正三年十一月二十八日，赴汝寧府聽審，是夜住宿碻山縣三里店地方，有百姓五六人感念李廷基護理府印時曾妥處流民事件，來叩頭，李廷基告以家中無柴，百姓應允送來。並無倡捐銀兩以完虧空之舉。委無科派實據。

關於原參息縣知縣邵言綸昏庸等事一案。櫃書李蘭等趁邵言綸往州送考之際，私自下鄉包攬錢糧，經邵言綸搜出申詳在案。邵言綸並不知情，也無分肥。昏瞆失察。

結論是：以上五案俱經審明，撫臣所參並無冤抑。從前造作浮言，明係挾私怨謗。但臣等審訊各案時，並無供出造言之人，且浮言並無證據，似毋庸研究。

雍正旁批五個大字：「此事辦得是。」

在審案期間，管河道佟鎮向審案組揭發田文鏡信用的汝南道員陳世倕有重大問題。而佟鎮是隆科多的親屬。當時年羹堯已被賜死，隆科多成為雍正的又一個心腹之患。黃振國在與陳世倕吃飯席間，陳問黃振國，你是大計參革人員，怎麼重新啟用？黃振國說，我是蔡珽大人保舉的。審案人認為：黃振國倚恃尚書蔡珽保舉之人，於稠人廣眾之中極口誇張，毫無顧忌。雍正非常在意這個情節。在欽差大臣的審結密奏最後，硃批：秉公為主。過固似在陳世倕，然佟鎮似有人所使而然。有指東擊西之意。

隨欽差大臣來審案的，有個刑部員外郎陳學海，經過調查，掌握了田文鏡欺罔的事實。因而向主持審案的欽差大臣建議治田文鏡的罪。但欽差大臣行前已經受雍正旨意，故沒有採納陳學海的建議。此時，田文鏡也已知悉欽差大臣

一行完全掌握了他所信任的張球違法亂紀的種種敗行，因此被動參劾張球，同時寫密摺向雍正檢討，稱他為「張球所欺，羞慚無地」，摺奏請罪。雍正於是命欽差大臣審理張球案。經審理，張球確實劣跡斑斑，貪贓枉法。

雍正四年八月二十三日，准吏部諮開，河南巡撫田文鏡疏參上蔡縣知縣張球一案，奉旨：張球革職，王鑌解任。並本內有名人犯，交與海望等嚴審具奏。先據革職知縣邵言綸供，雍正三年三月，張球署理光州時向犯官索借銀二千兩，犯官不能應允，止將養廉銀湊了五百兩，派家人送去，其原借約是二千兩，犯官因不能如數借給，故不敢收他的借約。上年十二月間差人繳還。今年五月，張球遣其幕友柯象方攜銀二百兩來還。柯象方說，上年所借之銀，因巡撫訪聞了，一時又還不了五百兩，湊了二百兩，要寫一個還訖的收字與我，好去回巡撫的話，收字上你須要倒提做雍正二年二月張球來署光州時借的，並寫雍正三年十月你被參以前還的。犯官不肯依他寫雍正二年借的，只依他倒寫雍正三年十月還的，犯官見他還的銀子內有兩個元寶，恐是庫銀，不敢收下，收字並銀子一併帶回。今年六月，西平縣知縣王鑌又傳犯官到汝寧府去，拿出一張五百兩的借約來，王鑌傳上司的話，要犯官在借約上標明曾否還訖字樣，因上個月已寫還訖字據，只得仍標個還訖，其實銀子至今分厘沒有還清。據幕友柯象方供：雍正三年五月，張球向邵言綸借銀五百兩，十二月，邵言綸遣子將原券繳還，張球當即扯碎了，今年正月因巡撫訪知，面責張球，張球謊稱是雍正二年借的，雍正三年十月已還清，取有收字為憑。今年五月，張球叫我同伊家人張成拿二百兩銀子還邵言綸，張球說，要邵言綸寫個還訖的收字，倒寫雍正二年借的，雍正三年十月還訖的，還要寫個同寅字樣才好，犯人（柯象方）遂同張成於今年五月二十六日到息縣，將張球的話轉致邵言綸，邵言綸遂讓他兒子代寫一張收字。先寫的一張收字有張太爺借銀的字樣，我要他改寫張月翁寅長兄。邵言綸因銀子有兩個元寶不敢收，仍給我帶回。後張球將收字呈與巡撫驗看，巡撫不信，必要掣回的原借約看，張球因原借約早已繳還扯碎，叫犯人復捏寫一張五百兩的借約，同收字一併呈去巡撫看，巡撫委南汝道陳世倕，轉飭西平縣知縣王鑌，要邵言綸於原券上據實標明曾否還訖字樣，邵言綸因收

票早已寫了還迄字樣，不便異同，仍標一併還迄，其實銀子並不曾還，犯人先供還銀五百兩，俱是謊話。是張球要犯人這樣供的。審理認為：張球奸狡情形已據柯象方供吐歷歷如繪。提審張球，仍狡口不承，堅供還清五百兩銀子，並取有收字。經隔別訊問張球家人王朝觀，張球俯首無詞，一語不能置辯，始將其欺蒙巡撫，倒提年月、逼寫同寅、捏寫借票，賴銀不還，種種情弊，一一供認不諱，與柯象方後供相符。據此，張球貪婪欺詐，如鬼如蜮，奉旨發審，仍復狡口強行遮飾，希圖免罪。似此劣員誠為法所難容。

雍正在欽差大臣關於張球的審結密奏中，不談田文鏡，也不談案件本身，硃批只有一句話：張球之敗露，爾等服朕之遠照否？

互參案至此，儘管欽差大臣順着田文鏡的題參，被參五人都有失察等責，但田文鏡庇護不法劣員張球，吹毛求疵整治科甲出身的官員，已經昭然若揭，天下共知。接下去就看雍正如何處理了。

雍正帝因為田文鏡說進士幫「結黨」的事，提高到處理此案的原則層面，因而當審出張球問題後，不但寬慰田文鏡「不必急悶」：「一省之廣，屬員之眾，焉得人人而防禦之？只要此中立的是，凡汝此等拖累之事，朕實不怪。寬懷勉之。」還特地賜給他上好的荔枝，諧音是我雍正力挺你田文鏡。河南人聞知，驚為異數。

回過來看，怎麼處理李紱？李紱揭參田文鏡所用的張球是無賴，經審理是正確的，但說田文鏡想把黃振國殺人滅口，雍正乾脆命將黃振國押解到京城。雍正要藉此向所有朝臣證明田文鏡沒有殺人滅口，李紱是誣參。同時他要利用黃振國這件事，整治蔡珽。

李紱當時正按照雍正的旨意，在直隸總督署保定實施致允䄉於死地的方案，即所謂「便宜從事」，因此沒有追究李紱參奏不實。到了雍正四年十二月底，允䄉已死三個月，允䄉家屬也從西北回到保定為允䄉處理完後事，允䄿也死了，就把李紱左遷，降為工部侍郎。李紱不但沒有參倒田文鏡，自己反而降了官。

至於李紱參奏中引述當地人所說田文鏡要致死黃振國之事，也並非空穴

來風。因為黃振國是雍正降旨要押解刑部的人，雍正四年正月二十四日，解至省城聽候審解，暫時覊押在祥符縣監內。據田文鏡密奏說，緣黃振國於解省之時，行至西平縣地方，偶被車翻碾壞左手，皮破筋傷，於進監之時尚流血水，每日延醫調治。禁卒李玉見其左手帶傷，即告知刑房王文輔，隨寫報呈呈報祥符縣，知縣俞汝翼詳報到巡撫，田文鏡即批按察使撥醫加意調治。期間，黃振國之孫黃忠衡先因赴按察司呈保伊祖出監未准，乘該縣文內有血流不止飲食不進字樣，輒赴按察司呈控刑書捏報重傷，意在恣其凌虐，似有使令以輕報重、致死滅口之情，按察使沈廷正轉報到巡撫，田文鏡隨批令該司飛提祥符縣暨刑書禁卒醫生嚴審明確，並取捏報職名去後，據兩司審明黃振國帶傷入監是實，而刑書混寫血流不止飲食不進字樣，該縣不親加查驗冒昧率轉，亦屬情確。

田文鏡有雍正支持，李紱也參不倒。但令所有朝臣想不到的是，半路上又殺出個謝濟世，再參田文鏡。

謝濟世再劾田文鏡

謝濟世是廣西全州人，早年經歷與李紱差不多。18 歲那年應學使考試，學使傲慢無禮，赤腳坐在堂上，讓謝濟世跪地呈卷。謝濟世直立不動，被趕出考場。回家後向母親請罪，母親說：「吾兒何罪之有？今日為一領藍衫就下跪，他日當官，窺狗竇為門生義兒，都是忍辱求榮一念之誤。兒能這樣，我沒有什麼憂慮了。」康熙五十一年中進士，選為翰林院庶吉士。

雍正四年十一月出任監察御史。十天后，趕上雍正御門辦事，許科道官直言奏事。謝濟世列舉田文鏡「營私負國，貪虐不法」十款。疏上，雍正很不高興：怎麼專跟朕稱許的人過不去？對謝濟世說：「田文鏡是能臣，朕正依重他，你不要被浮言所蠱惑。」把彈章擲還。但謝濟世伏地不起，極力爭辯說：「皇上如果將田文鏡治罪，則河南士庶無不歡欣，百爾臣工咸知儆戒。」雍正大怒，令大臣嚴審。

雍正四年十二月初七，雍正先給謝濟世參奏定性：

田文鏡秉公持正，實心辦事，乃天下督撫中所罕見者，貪贓壞法之事，朕可以保其必無。而謝濟世於天下督撫中獨參田文鏡，朕不知其何心。從前聖祖皇帝見科道官員朋比作奸，互結黨羽，潛通聲氣，網利徇私，屢降諭旨切責，至再至三。朕即位以來，令滿漢文武諸臣及科道等官，皆用密摺奏事，蓋欲明目達聰，盡去壅蔽，以收實效也。而科道等官所密陳者，未見有裨益政治之事，是以停止密摺，令其專用本章。誠以欲正人心，端風俗，必自科道始。科道無私，方能彈劾人之有私者。若自恃為言官，胸懷詭詐，聽人指使，顛倒是非，擾亂國政，實大有害於人心世道，為國法之所斷不可容。朕豈不知誅戮諫官，史書所戒，然審其緩急，權其輕重，誅戮諫官之過小，而釀成人心世道之害大也。謝濟世若不嚴刑訊問，則鬼蜮之伎倆，得行於光天化日之下，人心何由正、風俗何由端乎？着將謝濟世革職，令大學士、九卿、詹事、科道等嚴訊，務將其中實情，審出具奏。

謝濟世本來是言官，又是在雍正一再鼓勵言官上條陳的背景下上奏，怎麼如何轉眼成了罪人？

原來，雍正帝發現謝濟世所上十條，特別是黃振國被冤屈的事情與李紱前奏一一吻合，而黃振國是蔡珽舉薦的人，李紱又是蔡珽門下，受蔡珽薦舉。謝濟世為廣西全州人，李紱曾任廣西巡撫。雍正斷定這幾個人「公然結為大黨，擾亂國政，顛倒是非，實係大光棍」。因此命將謝濟世革職，由大學士、九卿等嚴訊，務必審出實情。雍正特別交代，要追查謝濟世與何人交關？受何人指使？大臣嚴刑逼供，謝濟世就是不招。這時，御史陳學海站出來，大聲高喊：「與謝某交關者，我陳學海也」。大臣愕然不解。原來，陳學海跟同史貽直前往河南查案，得知田文鏡諸多欺罔之狀，史貽直受雍正旨意，不敢判田文鏡有罪，陳學海雖然力爭，但畢竟不是主審官。回朝後把此案真實情況私下向謝濟世說知。但謝濟世不承認是陳學海「交關」，自認所參各款「風聞無據」。審案大臣嚴刑拷打，謝濟世「拷掠急，大呼聖祖仁皇帝」。王大臣等皆瞿然起立，

乃罷訊。隔日又審，問何人指使，答曰：果有人，非學海，而是「孔、孟」。刑部尚書問怎麼講？回答說：臣自幼讀孔子、孟子書，粗識大意，不忍奸人罔上，故冒死以聞。如果一定要追查指使者，只有孔子、孟子。

此案雍正帝親自定案。第二天，雍正用了非常長的篇幅解釋他對田文鏡的重用、保護，說：

> 朕在藩邸時，從不識田文鏡之面，並不知其姓名。（田文鏡重用、被參）始則令李紱密陳於朕前，今則又令謝濟世顯參於章奏，公然結為大黨，擾亂國政，顛倒是非，實係大光棍。黃振國應照光棍例立斬，汪各處營求，冀翻前案，李紱、謝濟世相繼為之辯雪，應擬斬監候，秋後處決。此二本着發還刑部等衙門另行具奏。邵言綸比附匪黨，鼓動李紱、謝濟世為之陳奏；唐縣知縣關敫以行賄被參後，營求佟鎮寄信與隆科多，稱揚其善，着僉妻發邊衛充軍。朕思封疆大臣，能為朝廷實心任事，即為國之棟梁，朕之股肱，若不為保護而任人傾陷，則朕何顏對天下封疆大臣乎？況從前特頒諭旨言天下巡撫中實心任事，不避嫌怨，為國為民者，惟田文鏡、李衛、楊文乾三人。今謝濟世聽人指使，將田文鏡糾參，顯與朕之明旨相悖。且田文鏡並不可謂之權要，亦斷不能加以貪污之名，而謝濟世為此參奏者，其意不過欲使天下督撫，皆因循苟且，庸碌偷安，邀眾人之虛譽，保一己之身家，而不為國家實心效力，以快其黨錮之私心。

謝濟世革職，發往阿爾泰軍前效力贖罪。陳學海以病退抗議，經驗視無病，被革職，同謝濟世一起從軍贖罪。

當天，雍正召集大臣，大講漢官結黨營私，足以敗風俗而壞人心。最後說：「若科目出身者徇私結黨，互相排陷，必致撓亂國政，肆行無忌。朕必致盡斥科目而後已。即有議朕為不重科目者，朕亦有所不恤。若畏浮言之譏訕而不能果斷者，此庸主之所為也。」（雍正《上諭內閣》）

訓諭時，雍正帝發現浙江人姚三辰「詞色神氣不以朕言為然」，「心術不

端，全無儆懼之意」，命其與謝濟世一同發往阿爾泰軍前效力。

　　雍正一直懷疑謝濟世是受李紱指使，但沒有審出來，他不甘心，祕密讓廣西提督、署巡撫事的韓良輔調查李紱任廣西巡撫期間與謝濟世的關係，韓良輔沒有查出，雍正就找個理由，把李紱革職議罪。議政大臣等會議，李紱有死罪二十一款，按律應斬，妻子財產入官。兩次在菜市口處決人犯，雍正命把李紱一同押解，雙手反綁。一個姓楊的刑部郎中，在綁赴菜市口途中，故意以經史上的疑義發問，李紱面對劊子手和森列一旁閃閃發光的刑具，應答如流。到了刑場，把刀架在脖子上，厲聲道：「皇上問你，現在知不知道田文鏡好？」李紱回答：「臣愚蠢至極，雖死也不知道田文鏡有什麼好！」楊郎中對人說：「李公真是鐵胎人也」。大臣向雍正奏報，雍正大怒，傳齊諸王大臣，把各種刑具森列一旁，雍正讓李紱跪在階下，親自審問，「天顏甚厲，聲震殿角」，嚇得一旁大臣顫抖不已，而李紱最終不屈。雍正帝最後以其學問尚好，從寬免死，令在《八旗志》書館效力。

　　過了兩年，即雍正七年，雍正讓各地奏報在軍中贖罪之人的情況。順承郡王錫保說謝濟世「注釋《大學》，毀謗程朱」。雍正帝大怒，曰：「謝濟世所注之書，不止毀謗程朱，用《大學》內『見賢而不能舉』兩節，言人君用人之道以抒寓其怨望誹謗之私也。其注有『拒諫飾非，必至拂人之性，驕泰甚矣』等語，則謝濟世之存心，昭然可見。」謝濟世應作何治罪，着九卿等秉公定議具奏。廷議坐以誹謗罪，令軍前正法，斬立決。隨即將謝濟世與陸生楠同時綁赴刑場，得旨，陸生楠於軍前正法，謝濟世從寬免死，交與順承郡王錫保，當苦差效力。乾隆即位招其回京，任監察御史。

　　在這場轟動雍正四年的參奏案中，田文鏡是最大的贏家，雍正公開宣佈，田文鏡是「巡撫第一人」。雍正四年十二月十七日，雍正處理完謝濟世參奏一案後，雍正對內閣大學士富寧安、朱軾、張廷玉說，「河南巡撫田文鏡被御史謝濟世特疏糾參，朕秉公據理降旨決斷，田文鏡見旨後，自應具本謝恩，爾等三人可密寄信去，令伊將謝本先從奏摺內進呈，朕覽發回，伊再具本。」田文鏡因尚未接到部文，不清楚雍正就謝濟世案的具體諭旨，為此先寫謝本進呈。雍

正五年四月十三日，准刑部諮，遵旨重審事，案內錄有上諭一道。田文鏡始知詳情，於二十八日先寫奏摺，表示：「跪讀之下，涕泗交零，泪盡繼血，臣何人斯，內外大小臣工有如臣之受恩深重者乎？千古以來凡為臣子者，有如臣之受恩深重者乎？臣清夜自思，實所未有。」

在以下一段，雍正逐字朱圈，並加旁批：「將此一節，酌量添入疏內。」

　　　如臣在任有一事敢於欺君罔上，臣必不能瞞眾人之耳目而掩其指摘之口。臣嘗為隆科多所排，年羹堯所擠，然彼未必能明指臣之劣跡也。未幾而李紱入告矣，未幾而佟鎮內揭矣。倘黃振國、汪、邵、張球等案之外，如臣所行之事，尚有一二足以誅臣殺臣者，李紱或不盡知，佟鎮必不輕恕，今於欽差審明之後，九卿議奏之時，忽有台臣謝濟世從而糾參，科道係朝廷耳目近臣，督撫而干科道糾參，則罪不容誅而法無可挽矣。（雍正將誅改為逭）乃蒙皇上天威（雍正改為離明）乾斷，不但不將臣治罪，而反將謝濟世革職，命往阿爾泰軍前效力贖罪，此乃我皇上為天下萬世人心風俗計，一皆本於大中至正之天懷（雍正改為天心），而准乎公是公非之至理，臣又何敢復言，但皇上因參劾臣而輒（雍正刪除輒）處分言官，臣不勝恐懼悚惕之至。（朱圈結束）蓋臣之愚而被人攻擊者多矣，皇上赦臣亦已屢矣。平心而論，臣實不能無罪，即如張球之不肖，臣不能覺察，而反被其欺瞞，臣雖認過請罪，蒙皇上寬宥，部議於張球諱盜案內，將臣照徇庇例議處，又蒙皇上銷去臣加三級，抵降三級，免臣調用。以下宜罪：臣罪原重，處分原輕，皇上加恩於臣，原為獨隆，實未足以滿怨臣者之口而快恨臣者之心，此臣之宜罪，一也。謝濟世奏稱，將臣治罪則中州歡欣，百爾臣工，咸知儆誡，臣待罪中州，既不敢以私恩小惠得人歡心，紳衿之中有抗欠錢糧，武斷鄉曲者，臣嫉之如仇而不能容；百姓之中有土豪地棍，唆訟作奸者，臣治之如律而不敢恕，其歡欣可知，即安分之紳衿，力田之百姓，平日凡有澤及斯民之事，臣必明白曉諭，宣佈皇上恩德而不敢從中市惠邀名。皇上於臣如此加恩，而臣如此負職，以臣為儆戒者亦復

不少，臣實不能免此二言，此臣之宜罪，二也。臣因此一番，益加小心，痛自刻責。（摺尾寫明：此係密奏之摺，硃批內有密諭田文鏡之旨，並有硃筆圈改之處。）

同日（二十八日），田文鏡又上長篇謝恩疏。這篇奏疏引用了雍正發佈的長篇諭旨原文，這個諭旨與實錄所記有非常大的不同，更能體現雍正帝的意旨。田文鏡說：

> 臣既無祖父門第，更乏交際提攜，孑然孤立，親戚亦無，委致既專，瞻顧盡絕。三年之前臣既知任怨招尤，在所不免，然臣之敢於奮不顧身者，惟恃皇上聖明，超越千古，臣又何慮何危！但臣竊以為，一味戇直，恐有疏虞，刻意慎重，謹而又謹，凡參一屬員，惟恐訪聞不確，幾費躊躇，必實在劣跡彰著確有可憑，委難一刻姑容者，方敢列諸章奏。臣又以為，平民誣告尚有反坐加等之條，督撫誣參，更當律以欺君罔上之罪。謝濟世於欽差審明後風聞，應並參欽差。今臣年66歲，精力漸不如前，然臣一點天性愚誠，則不特臣在生一日，當竭蹶圖報一日，即委填溝壑之後，生生世世敢不矢效犬馬以盡臣心，臣敬書至此，泣血哽咽而不能言也。

雍正硃批：「好。將前摺圈去者增上。」

「圈去者」是何內容？查閱田文鏡的《撫豫宣化錄》，對照田文鏡同一天所上奏摺，所謂前摺，就是指經雍正改擬、朱圈的內容。雍正又將田文鏡升為河南總督，還通過大臣傳話，問田文鏡還有什麼心願？田文鏡說，他是漢軍正藍旗，是下五旗。雍正說，那就抬入上三旗，至於哪個旗，讓田文鏡自己選，田文鏡選正黃旗。於是，田文鏡進入正黃旗。

雍正七年四月初五這一天，河南各司道官員在巡撫衙門會議車騎行裝等事時，接到邸抄，內容是雍正將陳世倕補授河南按察使、張建德補授開歸道。陳

世倕洽在田文鏡旁，聞之驚惶無措，備述革職之員，蒙皇上隆恩，至於如此，不覺感泣失聲。田文鏡與署布政使謝旻、按察使公元，也無不感激流淚。初七日張建德因公至省，田文鏡又向雍正密奏，說臣觀其感激之懷，謹凜之意，現於詞色。甚為真切。總之，連同陳世倕二人，臣實可保其始終如一。雍正旁批表示不以為然：

> 斷不可在此等外像上信人，況目下便出至誠，將來日久亦自疏忘，只就辦事為人上，件件留心觀看好，彼方改移，我自覺矣。如此則不為人愚也。用人之道無他，秉公留心耳。

因山東巡撫岳濬八月後才能回任，雍正徵詢田文鏡的意見，田文鏡提出在京內賢員中署理為穩便。雍正表示：京中豈有賢員？況數月亦摸索不着頭緒，無益也。

田文鏡用人，確實受到質疑，尤以苛察為才能，致使受到蒙蔽而不覺。酷吏中以窮凶極惡著稱的山東文登縣知縣王維幹，原是河東總督署稿房吏之子，前任山東茌平縣時，於署東平州任內，以活斃二命題參革職，經總督田文鏡保題留山東委用，復署文登縣知縣。此人巧詐百端，工於迎合。他見開墾報多者連得升遷，不論地方有無隙土，急令百姓多首邀功。又依仗其父保護，殘暴益甚，肆無忌憚，自號王老虎，創不經見之非刑，草菅人命，荼毒生靈。有點力量的都移居他鄉，怨聲載道，壞名聲傳播到京師。

乾隆即位後，已升任太常寺卿的王澍列款參劾。乾隆帝將王維幹革職，並命總理事務王大臣，將其訪聞各款，一併交與巡撫岳濬，嚴審定擬具奏。似此酷劣之員，岳濬身為巡撫，何以不行查參，着伊明白回奏。此次奉旨嚴審，不得回護前非，絲毫容隱，自干嚴譴。山東巡撫岳濬遵旨奏陳文登縣令王維幹劣跡，得旨：「朕既敕部傳旨，令汝明白回奏，汝當具本，何得僅具奏摺，希圖蒙混耶。且摺內多有粉飾處，朕何暇一一批諭？」

雍正保護有加，田文鏡的薪水、養廉銀也一再提高。雍正七年五月，署山

東巡撫岳濬請准，於山東耗羨項下給田文鏡增加養廉銀一萬兩。田文鏡說他起家寒微，已在豫省司庫耗羨內，每年支領養廉銀 28900 餘兩，俯仰從容，公私給足。豫省各州縣自雍正六年加給養廉銀，奏請各道加一千兩。雍正硃批說：

　　岳濬初次開奏養廉時，即命與卿商酌，而未議及加增卿者，朕意卿不便自議添給，原朕命岳濬應議加卿養廉者，實非出伊之意見也。卿今既如此懇辭，可再酌量，若接受，於諸用度從容些，亦不必競廉，此乃分中應取者。再前見東省道員養廉，浮於豫省，朕正欲隨便問卿，今奏欲加道員養廉，甚是。況朕前早有諭，耗羨既充裕，當加屬員養廉之旨。此議欲朕前旨相符，可照所請加給。至於府州縣，較東省未知如何也，亦當畫一，不甚上下為是。

二十八、烏師爺與田文鏡

　　雍正為什麼如此力挺飽受爭議、屢受彈劾的田文鏡？我們不能不提到一個人，這就是田文鏡的師爺——烏（鄔）先生。野史筆記說，田文鏡在雍正朝的所有榮華富貴，都是借重烏先生，幫助田文鏡成為名總督，並屢次讓田文鏡化險為夷的，也是這位烏先生。還有人說，烏先生後來給雍正當了師爺，這是真的嗎？我們接下來說說這位奇特的師爺。

奇特師爺

　　烏先生，確有其人。而且，很早就有田文鏡信任烏先生，把河南攪翻天的說法。在李紱參劾的奏摺中，第一款就涉及烏先生。原文是：

> 上蔡知縣張球，本屬市井無賴，因將烏姓幕賓薦於巡撫衙門，藉此招搖恐嚇同官，撫臣信為心腹。

　　也就是說，上蔡知縣張球，因為向巡撫田文鏡推薦師爺——烏先生，田文鏡遂對張球備加賞識，提拔有加。

　　而田文鏡向雍正的密奏，第一款就是回應他的師爺烏先生：

> 臣兩任布政使，原無幕友，蒙皇上簡任巡撫重任，政務殷繁，必得一人檢查簿書。浙江人烏思道，係臣素所認識，聞伊覓食上蔡，臣隨延至臣署，實非張球所薦。且臣所延之烏思道，不過令其查對文移、核算錢糧而已。至於機密大事，以及進退人才，俱係臣親自裁決，不但不與之參酌，並不令其與聞。

　　田文鏡雖然極力否認張球向他推薦烏先生的事，但在雍正一再提醒的情況下，還為張球辯護，說他就任河南布政使就知道張球，才具操守均有足取，前委署光州，今委署陳州，詳革陋弊，政聲俱優，訪之本任與署任內，民情俱各愛戴，似此賢員，通省不過數人。「臣為國家用人起見，所以屢次奏請，並不敢阿私所好，顛倒是非。今臣密訪張球，實無藉此招搖恐嚇同官之事。」

　　但田文鏡顯然說了假話。後來欽差大臣查出張球諸多貪贓枉法的事實，田文鏡自己打了大嘴巴。他一再撇清烏先生不是張球推薦，但承認是從上蔡縣招來，也就難以說得清了。而李紱在參奏書中，開篇就講這位烏先生，他的信息要麼得自河南的同年進士，要麼得自他本人，但無論如何，烏先生沒有給田文鏡出什麼好主意。

　　有關烏先生的傳聞，在晚清筆記《春冰室野乘》中有「田文鏡之幕客」一文。該書一直為學者所引證，因為作者李岳瑞是光緒時期的進士，多在朝中做官，清亡後參預《清史稿》的編寫。值得注意的是，該文開篇就把田文鏡成為雍正朝有名的三總督之一，直接與烏先生聯繫起來。而且從籍貫、給田文鏡做師爺的時間、所掌之事，高度吻合。並說這位烏先生「習法家言」，這與田文鏡密摺的筆法，特別在河南的諸多嚴刻做法，又高度一致。

　　這篇文字中，主要講了兩件事，第一件就是代田文鏡起草彈劾隆科多的密摺。說有一日，烏先生對田文鏡說：「君願為有名督撫，還是願意做庸碌督撫？」田文鏡答，當然想做名督撫了。烏先生說：「既然你想做名督撫，就得聽我替你辦一件事，此事你不可掣肘。」田文鏡就問是什麼事，烏先生說：「我替你準備了一篇寫給皇上的奏章，如果這道奏章送上去，君的大業可成，只是此奏章內容，你一字也不能看，不知你能不能信任我？」田文鏡深知烏先生有膽有謀，於是慨然應允。原來這篇奏章的內容是彈劾隆科多。

　　隆科多是雍正的娘舅，非常有幹才，雍正得大位，隆科多出力甚大。但憑藉擁戴之功，常做越禮違法的事，雍正對此很煩惱，滿朝文武懾於其權勢，無人敢揭發他的罪行。烏先生窺知雍正的意圖，所以敢做這件人不敢做的事。奏疏上達後，隆科多果然獲罪。從此，雍正對田文鏡寵遇日隆。

有人否定這件事，認為一個幕友豈能知道國家的大事，更何況是皇上的心腹事。而田文鏡也沒有參與倒隆科多的事情中來。此事真假難辨。因為欽差大臣赴河南審案時，隆科多的親屬佟鎮向審案組揭發田文鏡信任的陳世倕。雍正在欽差大臣的審案報告中，並沒有其他硃批，唯獨對佟鎮揭發一事做了硃批，還說背後有人指使，聲東擊西之類。這讓田文鏡聯想到背後的指使人正是隆科多。而隆科多被派往北部勘界、革去吏部尚書、公開他結交阿靈阿等，也發生在此前後。

早在雍正二年，雍正透露說：「大將軍年羹堯曾奏田文鏡居官平常，舅舅隆科多亦曾奏過。此皆輕信浮言，未得其實。」從時間上看，年羹堯、隆科多在康熙年間就是手握重權的高官，與默默無聞數十年的田文鏡，一個天上，一個地下。地位懸殊。雍正即位後重用田文鏡，可能徵求過這兩個寵臣的意見，而二人意見高度一致，說明二人的看法是基於事實，而不是成見、浮言。

這篇文字接着寫了第二件事，即烏先生與田文鏡鬧意見，暫時離開。說田文鏡和烏師爺意見不合，時有矛盾，「漸不用其言」，烏師爺憤而離去。結果田文鏡每奏事，不合雍正的意，多次被訓斥。田文鏡只得請師爺回來。這次，烏師爺提出條件，每天要有五十兩銀子，才肯就幕。田文鏡想想自己的仕途，也只好答應。這次烏先生不再住巡撫衙門，而在外面租了房子，每天辰入酉出，每次來時，見桌子上有紅封元寶一包，才肯命筆，偶然沒有，翻然而去。田文鏡對他很忌憚。但雍正對田文鏡寵眷如初。雍正皇帝也清楚烏先生在田文鏡幕中這件事。有一次竟在田文鏡的請安摺上硃批：「朕安。烏師爺安否？」田文鏡去世後，各地督撫紛紛以重金聘請烏師爺，可這位烏師爺卻失蹤了。後來有人在北京看見他，原來他已入宮替雍正帝辦事。

雍正肯定清楚烏先生在田文鏡幕中這件事。從上面記載看，烏先生是田文鏡的代筆，是草擬重要章奏的書啟幕友。清代有「代官出治者幕友」的說法。康熙朝就非常盛行。這本來是極為平常的事，而田文鏡極力否認烏先生參與巡撫衙署機密文書包括密奏的起草，一則密摺制度規定，而更主要的是，田文鏡擔心承認烏先生起草章奏，等於承認自己的無能，被人所操縱。

　　前述筆記的記載，從田文鏡與雍正之間往返的奏批中，也得到驗證。雍正四年十一月十三日，田文鏡就雍正賜給御書唐朝名臣魏徵《十思疏》一軸回奏，但詞不達意，與前此行文頓異，說什麼「聖明所以賜此十思疏，以飭臣躬也，臣敢不朝夕仰瞻、終身效法，而徒什襲珍藏奉為世寶已乎？選工鈎勒鐫諸瑉石，建造御書碑亭敬謹供奉。」雍正硃批：「此篇文字係出之自手耶？抑或倩人代撰耶？何其辭之不達也。偶爾戲諭。」

　　在田文鏡的巡撫衙署這裏，還有一個人，也是壞名聲。這個人就是田文鏡的女婿崔鐈。《永憲錄》記載：「文鏡侍上於藩邸，以苛刻繩屬員。己無子，婿專橫用事。」這是把田文鏡的苛刻，歸於他的女婿。

　　雍正二年九月，田文鏡作為河南布政使署理巡撫，向雍正寫密摺奏請：臣年六十三，只有一女，並無子嗣。六月染咳血之病，凡有機密奏摺及緊要事件，既不能親自繕寫，又不敢假手於人。孤苦無依，再三籌畫，因思臣婿現任湖南湘潭縣縣丞崔鐈，去年十一月同給事中陳世倕押運米石進京，道經河南回任。自幼小心謹慎，可以相為倚依，且係地方微末冗員，聽其在署侍臣左右，以供書寫。雍正硃批：依田文鏡所請。該部知道。並叮囑田文鏡：極當勉勵職守，檢點政務，近日輿論甚屬平常。爾乃朕獨加賞識之人，必須克稱知遇，方不貽羞於世也。

　　雍正六年二月，田文鏡還保舉他的親戚姚應鶴：現任雲南臨安府寧州知州。係鑲紅旗漢軍舉人，原係臣疏遠親戚，未出仕時曾在臣家教書，「臣素知其學問人品，自選授貴州普安縣知縣、及升任雲南寧州知州，雖去臣甚遠，然臣亦聞得該州居官臨政，守潔才優，洵稱有猷有為有守，品行才具足備國家之用者。密封進呈。」（鄂爾泰不認可）

　　雍正四年七月，田文鏡還參光山縣參革知縣傅之誠，將雍正元年、二年、三年，已徵在官耗羨共銀 1468 兩虧空無存。雍正硃批：「此事甚是。但不當以耗羨虧空參處。何不將正項作耗羨銀兩，有印記乎？但不知光山可有如許正項否？朕不知也。朕何故有此旨？至擬罪條款，恐難引例也。已過之事，此乃閑論耳。」

田文鏡在康熙朝為官近四十年，蹉跎歲月，進入雍正朝，年逾六十。而他的擔子越來越重，這對他很吃不消。在多子嗣的旗人中，田文鏡沒有兒子，這是一個很大的人生缺憾。雍正一再鼓勵他，卿肯定會有子。到了雍正八年，雍正還沒有忘記自己的愛卿，膝下無子這件事，把他得來的「屢經應驗」的「種子藥方」賜給田文鏡。

雍正得病，特別是允祥去世後，在圓明園祕煉長生不老藥，還專門請來不少民間道士高手。他也經常把各種丹方賜給親近大臣，賞賜田文鏡的很多，並說：「此丹藥放膽服之，有益無損之藥，朕甚見得的確者。」田文鏡回奏謝恩說：「寶丹出自御製，原係罕有難得之至寶，臣蒙恩賜，殊屬逾分，臣實放膽服食，並無絲毫疑慮，近來精力漸加，何莫非丹藥之效也。」但我們知道，君臣之間持久的關係，僅僅靠這些是維繫不下去的。而雍正又是非常挑剔的主子，田文鏡靠什麼恩寵如初？

受寵之謎

雍正對田文鏡始終寵眷不衰，這在雍正朝大臣中，並不多見。原因何在？有人說，雍正看了田文鏡的「八字」，感到此人絕對可靠。雍正向田文鏡要過八字，確有其事。而且是發生在收到李紱等參奏後。皇上要八字，讓田文鏡「榮生望外，感入五中」，寫好後等待雍正的批語。雍正的評價是「體國公忠，毫不欺詐」。但田文鏡得寵，有四大原因。

一是堅決執行雍正的革新政策。雍正清查虧空，嚴懲侵貪，禁止陋規，其他如攤丁入畝、士民一體納糧當差，都是損害既得利益者的事，只有有魄力的封疆大吏才能執行下去。田文鏡不打折扣，執行的最徹底，甚至執行的有些過頭。雍正不止一次規勸他：朕不擔心你做的不到位，擔心你「報效心切，或失之少過耳」，「諸務從容辦理，毋過於猛」，「措施不可過猛」。雍正以嚴刻稱，田文鏡矯枉過正，比雍正做的還嚴、還猛，但雍正的政策，田文鏡給執行落地。因而，保護田文鏡，就是保護雍正的新政策執行下去的重要標誌。另一方

面，從雍正的「總督三傑」而言，田文鏡在雍正朝發跡最早，河南具有「試驗田」的意義，在這裏推行不下去，他的改革政策就面臨半途而廢、甚至夭折的危險。

這種關係，雍正說的最清楚：

> 朕每將河南為表標，示諭督撫。直省督撫果能如田文鏡之存心行政，朕可力保。
>
> 直省惟卿豫省，能如朕意行之也。
>
> 卿之是即朕之是，卿之非即朕之非，其間有何區別？

田文鏡與雍正一樣，對科甲出身的不留情面。罷考案處理的那樣嚴，密摺中甚至有「生員何物」這樣爆粗口的話，把他看不起讀書人的真實心境表露無遺。田文鏡得罪的不是幾個人，而是整個士大夫團體，包括河南學政張廷璐的哥哥張廷玉。按照以往的規定，有身份的人犯事，除去生員、監生、舉人等身份，要經中央禮部審核、批准。田文鏡覺得這樣的話，地方官不能約束士子，時間也拖的太長，於是向雍正上疏說：以後貢監犯事，應行褫革者，令地方官申報，其事屬督撫者，准督撫移諮學臣；其事屬學臣者，准學臣移諮督撫。與生員一體約束。這等於把有身份人的革除權，下移到地方特別是督撫手中。

二是孤立無援，敢於碰硬。田文鏡一再向雍正表白他自己非常孤立：臣既無祖父門第，更乏交際提攜，孑然孤立，親戚亦無，任怨招尤，在所不免。雍正最痛恨結黨，他說自己當皇子時，從來不與人結交。做皇帝後，對大臣拉幫結夥，深惡痛絕。田文鏡遇到多次仕途危機，彈劾他的太多。當廣東巡撫楊文乾受到排擠時，雍正在他的密摺上硃批：「楊文乾不過同省四人合力排陷，如田文鏡內外合力排陷豈止四人！田文鏡實能爭氣，全朕之公明二字。」

在古代官場中，孤立無援，往往成為另類。田文鏡每當遇到危機時，他堅信的是自己，更相信雍正。不但年羹堯、隆科多，連雍正推崇的李衛等人，田文鏡也從沒放在眼裏。雍正欣賞他這種性格。田文鏡在河南，用他自己的話

說，「謗騰毀積，物議風生」。但雍正清楚這是田文鏡勇於任事，得罪了人。為表示對他的支持，把他任命為河南山東總督，田文鏡就任時給雍正說，臣會把河南的政策、做法移到山東，肯定也會「怨聲蜂起」，但表示不會在乎。雍正大為讚賞。

三是投其所好，經常報祥瑞。中國人敬畏天帝。而雍正對天人感應，深信不疑，特別喜歡祥瑞。上有所好，下必甚焉。田文鏡起到了帶頭作用，報的最多、最勤，各省紛紛效仿。《永憲錄》記載說：「田文鏡每年必以休嘉入告，由是別省相效報聞。」

這是田文鏡投其所好。雍正三年初，正當年羹堯四處宣揚「今明兩年有事」時，田文鏡向雍正奏報「黃河清」，是幾百年不遇的祥瑞。雍正又是告祭，又是讓欽天監記述，大搞輿論戰。雍正四年十二月初九，田文鏡從衛輝府兌漕事竣回署，由祥符縣柳園口渡河，親見浮冰開凍之處，微覺清澈，不像往日濁流。心以為異，隨即委員西到陝西交界，東到江南交界，分路上下查看。豫省黃河西到陝州以下，東到虞城縣，一千餘里，自雍正四年十二月初九日起漸漸澄清，至十六、十七日，竟然與湖澱清水無異。至雍正五年正月初仍清澈。他向雍正奏報說，「臣考之典籍，黃河十年一清，至聖之君以為大瑞。但從未有清至一千餘里，久至一個月，如今日之獨盛者也。通省臣民莫不歡呼，踴躍稱頌。皇上朝乾夕惕，聖德格天，昭此大瑞，以垂億萬斯年之宏庥；遇此奇逢，幸生六道化成之盛世。」雍正也很配合，命河南官員全部加一級。

雍正五年授田文鏡為河南總督時，雍正說：從來天人感召之理捷於影響，凡地方水旱災害，皆由人事所致。田文鏡在河南，該省連年豐收，穀秀十三穗，麥秀三岐。封疆大臣皆能如此存心，地方斷無不受福之理。田文鏡着加兵部尚書銜，授為河南總督，總兵以下悉聽節制。此係特恩，不為豫省定例。

既然報祥瑞，能夠得到重用，田文鏡不但年年報，而且樂此不疲。升總督後又報，一根穀子上長出 15 棵穗。孟津縣農民翟世有在路拾獲陝西棉商遺銀一百七十兩，路遇原主給還，並不受謝。雍正說：此乃「風俗休美之明徵，國家實在之祥瑞」。命給翟世有七品頂戴，賞銀一百兩。過了些日子，田文鏡

又報：商丘貧民陳懷金拾銀二十四兩，歸還原主。雍正命給九品頂戴，賞銀五十兩。

六年五月，雍正諭內閣：

> 田文鏡自到河南以來，忠誠體國，公正廉明，豫省境內，吏畏民懷，稱為樂土，以此上感天和，從前三年，收成豐稔，而今歲八府各州，二麥複登大有。又如連年豫省黃河工程，當暑雨時行之際，全無泛溢，此皆天地嘉祐之明驗，吏治民風之善，實為直省第一。從來天人感應之理，捷如影響，若各省督撫皆能如田文鏡、鄂爾泰，則天下允稱大治矣。朕久欲用田文鏡為他省總督，因豫省官民，受其化導撫綏，深切愛戴，朕不忍令其捨之而去，今思山東民俗官方宜加整理，河南與山東地界相連，以田文鏡之精神力量，辦理兩省之事，綽然有餘。着將田文鏡授為河東總督，管理二省事務，凡山東應行關會總督案件，俱照別省總督之例，定限辦理。山東官吏不得藉口有所稽遲。此朕因人設立之曠典，不為定例。

四是頻繁密奏，及時溝通。在現存的硃批奏摺中，田文鏡的密摺是最多的之一。他大小事情，頻繁密奏，有時雍正也厭煩。在四年十一月的一份奏摺上，雍正硃批道：「汝賚摺之入太覺頻數，未免虛耗盤費。朕萬幾在御，日不暇給，亦苦紛煩。汝既有敷陳，自須批答，一往一來，竟無寧息矣。嗣後朕所降諭旨，如有回覆，匯集一處，附同奏請事件之摺賚呈朕覽，殊為省便。」

攤丁入畝與墾荒

田文鏡在河南推行攤丁入畝政策，是在雍正四年。他在任河南布政使時，考慮到豫省丁銀不隨地派徵，民間苦樂不均，就通飭各州縣確查妥議，因各州縣紛紛議詳不一，屢經駁查。升任巡撫後，他又多次嚴催。四年八月，布政使費金吾詳稱：丁糧同屬朝廷正供，派之於人與攤入地畝，均屬可行。但與其派

之於人，而致使貧民受累，不如攤入地畝而使賦役均平。況且，盛世滋生人丁，永不加賦，則丁銀自有一定之數額，按照地畝均輸更為容易。查各府縣人丁多寡不一，今就一州縣之丁糧，均攤到一縣地糧之內，不論紳衿富戶，不分等則，一例輸將。如某縣原額丁銀一千兩，攤入地銀一萬兩之內，則每地銀一兩，應加丁銀一錢。以此核算，在丁少地多之區，每兩不過增至分厘，即使有丁多地少之處，每兩所增也不過一、二錢而已。至於河南各州縣，每年均有報墾升科，以及過閏之年糧額無定，嗣後地糧如有升增，應將丁銀隨年另行均派，攤入正閏銀內，照數收納。再有，光山等十二州縣雖然也是按照地畝收納丁銀，但丁糧仍分等則，今應與其他各州縣一體按糧均攤，以便統一。自雍正五年始實行。田文鏡於雍正四年八月上奏，十二月得到批准。雍正五年，河南總督田文鏡又以豫省紳衿苛虐佃戶，奏請定例嚴行禁止。吏部等衙門議復：嗣後不法紳衿，如有苛虐佃戶者，地方官詳報題參，鄉紳照違制例議處，衿監吏員、革去職銜。雍正以凡立法務得其平，本內但議田主苛虐佃戶之非，儻有奸頑佃戶，拖欠租課，欺慢田主者，何以並不議及，着再議具奏。隨即議定：嗣後奸頑佃戶，拖欠租課，欺慢田主者，請照不應重律論杖，所欠之租，勒追給主，直省一體遵行。

田文鏡還在河南進行大規模墾荒，這本是一項利國利民的善政，但後來出現多報、虛報等弊端。特別是墾荒十年後升科，即徵收賦稅，從而加重民眾的負擔。雍正三年二月，他發佈告示，說河南荒地甚多，地方官自應遵旨勸墾，紳衿百姓也應該將已墾成熟之地遵例首報，依限升科，而各州縣奉行不善，未墾之荒地既不勸墾、認墾，已墾之荒地又不聽民首報，非履畝親丈，即差役踏查，對民眾擾累甚大。西華縣知縣，更獨出心裁，不論有無欺隱，凡土民戶內有糧地一畝，派令首墾三分；糧地一頃，派令首墾三畝。此令一出，有欺隱者反而首報不盡，沒有欺隱的反抱有糧無地之冤。田文鏡予以糾正。對奸民漏課，不即報熟成糧，一經查實，按照欺隱田糧律治罪。

匿災不報，初心盡失

田文鏡仕途發跡，是因為直言山西匿災不報。令人難以置信的是，田文鏡晚年最大的一件失信於雍正和河南百姓的事，竟然也是匿災不報，而且，匿災時間很長，涉及範圍很廣。這成為田文鏡一生為官難以洗脫的污點。

早在雍正三年十月，雍正在田文鏡謝恩摺上提醒他：「善始者實繁，克終者蓋寡。當日聖祖時曾有諭：『督撫初用，各各多有好的，日久年多就變了。』此聖祖經歷之確論。人能不改變、不忘初志就好了。朕亦以此自勉。」

雍正八年，河南災情嚴重，雍正從其他渠道獲知災情，並已下令免徵遭受水災州縣的漕糧。田文鏡不但拒絕賑災，且嚴徵錢糧，到九月已經徵齊。百姓背井離鄉，出省乞討。湖廣總督邁柱奏報山東、河南被水災民流入湖廣，有攜眷至武昌、漢口就食者，有流入麻城、黃安等處者，已派員賑濟。隨後，署兩江總督史貽直密奏說：「山東災民逃荒南來，擬以存公銀兩賑濟，並資送回籍。」雍正帝在田文鏡奏摺上硃批：「山東被水災民流亡他省，尚屬意料之中。麻城等處亦有豫省飢民就食，此係何故，朕殊不解。河南所屬地方從前未聞荒歉如此之甚，為什麼拋棄鄉井、紛紛就食鄰省耶？」

雍正九年正月，雍正諭責田文鏡：「凡豐歉皆每每有之事，何敢期其必？若令屬員隱飾捏成，不但不能免物論，亦無趣、無恥事也。」田文鏡回奏，說自己「汗流浹背，悚惶惕懼。」但還是報雨雪充足，豐收大有。檔案顯示，雍正九月四五月，田文鏡密奏，河南「二麥豐登，家給人足」。十月又報豐收後瑞雪紛飛，二麥皆已下種，長勢茂盛。又報山東豐收，雨雪充足。密奏還有「此皆聖天子挽回造化，天人感應，捷於影響。」

此時，田文鏡匿災不報，致使河南百姓遭受更大人禍。一時間，密參田文鏡的摺子一個接一個。雍正最初還為田文鏡辯護，說他多年來為國家，把河南治理的很好，豈能因為一件偶然的疏忽，就否定他一直以來的善績。

到了雍正九年二月，災情蔓延，且越來越嚴重，許多州縣出現搶劫富戶、賣兒賣女的情況，山西、陝西商人，買走不少河南幼童。田文鏡卻禁止買賣，

雍正得知後斥責說，這在災荒之年，無異於把人往死亡裏推。他說：

> 今聞祥符、封丘等州縣，乏食窮民，沿途求乞，而村鎮中更有賣鬻男女，為山陝客商買去者。田文鏡欲將說合之中保媒人拘拿懲治。至於鄉村有糧之家，多被附近窮民呼羣覬覦，於昏夜之中，逼勒借貸，有司不能究問。朕聞之深為駭異。田文鏡近來年老多病，精神不及，故為屬員所欺誑耳。夫賣男鬻女之事，在平時亦有之，此乃出於本人之情願，非官長所可禁止者。至於荒歉之歲，自以撫綏安插，使民不至離散為第一義，若不能撫綏安插，而但禁其賣鬻子女，以避離散之名，是絕其生路也，豈為民父母者所忍言乎？

隨即派曾在河南為官的現任刑部侍郎王國棟為欽差大臣，馳驛前往，動用本地倉穀錢糧，核實賑濟；其應行緩徵之州縣，着傳諭旨，即行緩徵，以免追呼之擾。

山東的情況也非常不好。有人奏報：山東去年水災，收成僅三、四分，而地方官以七、八分捏報；又迎合上司之意，將飢民戶口駁減；遇外來就食之人概行驅逐，而本地飢民又攔阻不許他往。雍正降旨詢問。田文鏡、岳濬先後回奏辯解。雍正帝袒護田文鏡，諭責山東百姓於朝廷之撫綏「不但不知感激，且加官員等以苛刻之名，誣以奉行不善之罪，肆行謗議，惑人聽聞。」

欽差大臣王國棟至河南後奏報：目擊飢民或挖掘草根，或採摘野菜，情殊堪憫。被水受災之三十餘州縣窮民，於三月初七日起賑濟，每月大口三斗、小口一斗五升，給發兩月，接至麥收。

在一片輿論非議中，田文鏡於雍正九年四月因病乞休。雍正命其暫行來京調理，並降旨：伊常服按察使陳世倕方劑，亦着隨其來京。河東總督之銜，原為田文鏡而設，今仍以巡撫銜，着浙江布政使張元懷署理。到六月，雍正又降旨，田文鏡進京之時，沿途官員等供應迎送，悉照上年大將軍岳鍾琪進京之例行。七月十五日，田文鏡舟次德州，接到請安摺上的雍正硃批：「朕安。卿好

麼？君臣相會日近矣。何快如之。新製初造牙香袋一枚賜卿。」田文鏡密奏說，「臣遠違闕下，八載於茲，七月二十一日，舟行已過天津，不日仰見天顏，臣歡欣踴躍，手舞足蹈。」

十年十一月，田文鏡以久病未痊，解任調理。隨即病逝。雍正對田文鏡予以極高評價，諡「端肅」。後入賢良祠。

乾隆即位後，於雍正十三年十一月，對田文鏡重新評價，諭稱：「河南地方，自田文鏡為巡撫、總督以來，苛刻搜求，以嚴厲相尚，而屬員又復承其意指，剝削成風，豫民重受其困，即如前年匿災不報，百姓至於流離，蒙皇考降旨嚴飭，遣官賑恤，始得安全。」其後所發諭旨還有「幸伊早死，得全首領」的話。田文鏡種種苛刻之政，在乾隆朝也一再被糾舉。乾隆元年，管詹事府事王奕清就奏稱，田文鏡內鮮愷悌之心，外多苛刻之政，即其匿災不報一節，罔恤民瘼，至今人猶切齒，他如流毒學校，仇嫉士人，凡所措施，皆成嚴酷，其居心行事，險詐堅僻，應從賢良祠中將其削名撤主。

最權威的還是河南官員。乾隆五年三月，河南巡撫雅爾圖奏稱：

臣未出仕時，田文鏡即服官河南，後任部曹，雖聞田文鏡綜核太甚，尚未知其過端。任河南巡撫，是臣初次外任，諸事未諳，不得不體訪從前督撫作為。因細加按驗，始知田文鏡在任時，凡所敷陳，盡多虛誕，凡所措施，悉屬乖張，豫省士民怨毒田文鏡之深，至今未消，遍訪確察，眾口無異。田文鏡自任布政使、巡撫、總督，在河南前後十年，專務欺詐，惟事煩苛，逞其偏心，不識大體，以詭譎為匡躬，以唊怨為盡節，以嚴峻沽剛直之名，以深刻博強幹之譽，其在任時貌為察吏嚴明，其實黨同伐異，凡屬員附己者即巧為提拔，不數年而保為大吏，不附己者，即百計苛求，不數月而即掛彈章，舉劾既徇私情，官吏惟承意指。凡諱匿盜賊，鍛煉無辜，勒首欺隱，謊報新升，濫罰富民，剝待紳士，種種上欺君父，下剝民膏之處，難以悉數。如雍正八九年間，即此匿災一節，已於賢良二字，大不相稱。中州素稱富庶之地，淳樸之俗，邇年以來，竟致凋敝已甚，盜賊

充斥，小民之元氣大傷，迄今未能培復者，田文鏡實為厲階也。其後任督
臣王士俊，原係田文鏡舊屬，感其從前保題之私恩，遂將田文鏡蒙混請入
賢良祠，實非出於豫民公好，以致豫民至今嘖有煩言。

對雅爾圖的密奏，乾隆帝另有考慮，更不願留下翻案的名。他硃批表示：
「此等事何須亟亟為之？豈不有悖於前旨乎？使田文鏡尚在，朕不難於去之、罪
之，今已歿矣。在祠與不在祠，何礙於事？況今之在祠而將來應撤者，不知其
幾何也？何必亟亟於一田文鏡？若出於識見之愚尚可，若出於逢迎與彼不合人
之意，則朕所期望於汝者，又成虛矣。」

由於田文鏡生前曾在易州任知州。他也多次表示，願生生世世追隨雍正。
因此，在雍正泰陵附近，為田文鏡修了超規制的「田大人墓」。據傳，有一次
乾隆去雍正泰陵拜祭途中，見一座超大規模的墓園，問手下人，告知是田文鏡
之墓，並說超規制等等。乾隆帝思索片刻，說：「拉倒吧」，即罷了之意。手下
人誤認為是要毀平。田文鏡墓現已不存。

二十九、李衛發跡之始 [1]

　　雍正朝有「總督三傑」，都備受雍正賞識，但治道不盡相同，心術更不一樣。雍正十三年，乾隆帝即位之初，在李衛的密摺上藍筆批閱：「向來外邊議論，以卿比之田文鏡。以朕觀之，田文鏡之不如卿，何啻霄壤！蓋卿陽而彼陰也。如卿之才識，朕實資封疆之助，勉力為之。至於取怨於人，皆因卿口太直率，此雖小疵，然非明哲保身之道，應戒慎之。」

　　乾隆時著名大才子袁枚，提出這樣的問題：「世宗皇帝時，才臣任封疆者，田、李並稱。然世之人往往優李而劣田，意頗疑之。……兩人見解心術，判若天淵，已可見矣。」（《李敏達公傳》）袁枚是如何得出這樣的結論？他是比較了兩個人給雍正的上奏——禁止民間使用銅器。李衛上奏說，國家應該提高銅的收購價格，凡是有出售的就按價給值，不要問銅從哪裏來，也不要治藏銅人的罪。而田文鏡上奏說，凡是民間拋擲製錢就發配充軍；凡是奴婢告發主人藏銅的，就把奴婢放出為民，並治主人的罪。當然，乾隆與袁枚的評論也並非全面。李衛也投雍正所好，調任浙江後大揭原來的頂頭上司雲南巡撫楊名時的「陰私」，而得皇帝寵信。

　　李衛在雍正朝仕途的第一站是雲南驛鹽道，當時年已38歲。他是江蘇豐縣城南莊人，寄籍銅山（徐州）。李衛的出身和早年經歷，對他後來為官有非常重大影響的有兩個：一是他的先世於明朝初年靠軍功起家，襲職錦衣衛。這對李衛一生頗有影響。錦衣衛屬於朱元璋所設的特務組織，專門偵緝。李衛顯然承繼了這個本領，而且發揚到極致。二是他十歲時父親去世，由母親撫養長

1　此節寫作時，參考業師郭成康先生：《政治衝突與文化隔閡：楊名時案透視》，載《清史研究》，2002 年第 4 期。特此說明。

大，他對母親非常孝，後來居官，也一直奉母而居，再者他讀書不多，惟好習武。這兩個從先輩那裏承繼的「基因」和早年經歷，使得李衞當官有鮮明的「李氏特點」。一是喜歡偵緝，一生樂此不疲。二是與文官主導的官場關係不好。而這兩點又與雍正對官員的使用和要求異常合拍。這是他能夠與田文鏡、鄂爾泰並列「總督三傑」的重要原因，而其他二人都是旗人，即旗員。雍正在漢官中欣賞的封疆大吏，李衞雖非絕無僅有，但確實非常罕見。

鹽官發跡，改革雲南鹽政

李衞敢於擔當，不畏權貴。他入資為員外郎，康熙五十八年任戶部郎中，管理銀庫事務。當時有位親王的部屬，對於收納的白銀都要每千兩額外加收十兩作為庫平銀。李衞堅決反對，但親王部屬執意要收，李衞就將銀櫃抬到東廊下，上面貼一封條，上寫：這是某某親王的「贏餘」。親王聞此大驚，下令讓部屬停收庫平銀。還有一次，一位王府唱歌的人殺了人，李衞參加刑部的會審，刑部因為殺人者是王府的人，想減輕判決，李衞很氣憤，同僚勸他不要爭，李衞堅持。當時的雍親王因為這兩件事，很佩服李衞，雍正即位後，在怡親王允祥的推薦下，對李衞大加重用，提拔為雲南驛鹽道。

驛鹽道是個四品官。這與田文鏡很像，也是中層官員。兩人都不是通過科舉考試走上仕途的。不同的是，李衞在康熙朝做官時間很短，只有五六年，而田文鏡的中層大約經歷近四十年。

雲南、四川主要生產井鹽。戰國時有個大鹽商猗頓是靠池鹽致富的。自漢武帝時開始，經過鹽鐵大辯論後，這種百姓每天都要用的生活必須品，就實行嚴格的官賣制度。古代戶籍有所謂「士農工商」，實際還有一個「灶戶」，就是指生產鹽的。但鹽從生產、定價到銷售都由國家控制。商人要從官府購買「鹽引」，即銷售許可憑證，到指定地方銷售。雍正初年，雲南的井鹽實行官賣制度，即官運官銷，這樣，官員指使家人、衙役經手運銷，這些人小秤稱鹽，大戥收銀，魚肉百姓。國家鹽課收入減少，百姓吃鹽又成問題。官鹽價高，百姓

就食私鹽。就又出現私鹽氾濫的問題。當時有「天下鹽政之弊，未有勝於雲南」的說法。

李衛是雍正元年正月十二日恭請聖訓，十九日出京，五月到任的，他先到總督衙門密將面奉諭旨傳與高其倬，又到巡撫衙門將面奉諭旨傳與楊名時。他向雍正皇帝密奏說，雲南表面是官運官銷，實際是官運私銷，因為官府的書役、官員的家人壟斷了銷售，他們「先私後公，有利則眾人瓜分，虧缺反算作正項，奏銷概多捏造，庫內實在虛懸，種種積弊難以枚舉」。李衛探究原因，可以追溯到原任巡撫吳存禮加派餘銀將及十萬多兩，煎私鹽誤正課，其後，原任總督蔣陳錫、巡撫甘國璧相繼效尤，造成虧空近十二萬兩，而原任提督張文煥，署理總督期間得過鹽規約三萬兩，且收節禮必要雙份，勒令屬員多拜門生，臨行載去十餘萬兩，致損全省元氣；再者，甘國璧任內將黑鹽井地方挖出新井一處，每年可煎鹽五六十萬斤不等，本來可以抵補黑井加增鹽課缺額不敷之數，竟被從前各官通同瓜分，反加派土民和州縣。前任驛鹽道沈元佐任內詳明督撫，差家人收買沙鹵所煎私鹽不下百萬，每百斤止發價九錢，州縣各官希圖比官鹽價賤，每百斤願出現銀一兩六錢，所得盈餘上下分肥。再黑井發鹽上省，每百斤外加秤頭鹽五十斤，總督高其倬到任裁去十六斤，尚存三十四斤。李衛對雲南官員予以評價，稱總督高其倬居官清正，實心政務，慎重地方，並不受賄，但他任用屬員，頗欠識人之明；「巡撫楊名時心有餘而才稍平，不收節禮，為人古道，亦無識人之明，但深得滇省百姓感激，因向來折徵兵米等事俱有加派，每石州縣多收銀七八錢一兩不等，從前有督撫陋規數萬，被巡撫裁減。」為此，李衛奏請實行招商行鹽。

恃寵而驕，與石禮哈互參

有記載說，李衛原是雍王府邸的人。雍正對這位藩邸舊人觀察已久，即位後知其才可大用，但對他尚氣的毛病了如指掌。為此硃批不厭其詳，肯定之餘，指導訓誡有加：

　　爾為人剛直，居心莅事忠誠勤敏，朕所深知，但防太過，莫患不及，百凡處加詳加審，方無鹵莽之失。覽所奏數摺，實具一片血誠，毫無顧避，且其中分析款項井井有條，甚屬可嘉，殊不負朕一番識拔。所慮者爾以少年鋒銳之氣，而兼報效情殷，於上司僚友中過於強毅自用，致招恃恩狂縱之譏，則又非朕期許之意也。事事務宜周詳謹密，即一切章奏所奉批諭，不可令一人知聞，慎勿藉此作威，誇詡於眾，惟秉公據理而處之，以謙能如是，則在上者自然見重，在下者亦必傾服，庶免以氣陵人之咎，將來底於有成否，則鮮有不蹈倚才傲物覆轍者。勉之慎之，切諭切諭。

　　李衞實行的招商行鹽改革，沒有成功。但他降低鹽價很有成效，又嚴行緝私，裁減鹽規，使得多少年氾濫成災的私鹽失去了市場。經過半年的整頓，雲南鹽政出現重要轉機。期間，他得到總督、巡撫的鼎力支持。他向雍正密奏說，「鹽弊日久，剔除非易，必使國課充實，邊氓有益，方可稍盡厥職。幸督臣高其倬居心寡欲，同撫臣楊名時協恭黽勉，使臣得以盡力興除。」李衞還就鹽課虧空進行整頓。次年二月，他升任布政使，成為一省方面大員，雍正帝命他仍管鹽政。李衞具摺謝恩，雍正硃批說：

　　爾乃國家偉器，豈止克勝藩司之任，黽勉為之，莫移初志。覽不容不慎四字，朕甚嘉悅，果能受寵若驚，自必獲福靡涯，非但本省庶務，舉凡天下有關吏治民生、興除勸懲各事宜，一切見聞，罄言無隱。密之。李衞因有雍正帝的寵信，我行我素。有人向他送禮，他來者不拒，又令下屬給他製作「欽用」牌，作為出入儀仗。對上司尤為不敬，私下呼總督高其倬為「老高」、巡撫楊名時為「老楊」。每次彈劾他人，還高調將奏章向彈劾之人展示。貴州威寧總兵石禮哈參劾李衞。雍正硃批訓誡說：「朕前次批諭，曾諄切戒汝禍躁尚氣，近日有人奏汝恃寵放縱，於督撫上司前粗率無禮，而私地直呼為老高、老楊，操守亦不能純，間有巧取處等語。況抵補錢糧之奏，即屬孟浪僭越，若如此行為，則大負朕之倚任，汝不自保始

終，異日莫怨朕不始終保全之也。嗣後極宜謙恭持己，和平接物，川馬、古董之收受俱當檢點，兩面欲用牌不可以已乎？是皆小人逞志之態，何須乃爾，其克謹克慎毋忽。」但李衞不服氣，回奏說：「臣受恩重，當不避嫌怨。」雍正批評說：「不避嫌怨，與使氣凌人、傲慢無禮，判然兩途。你應該勤修涵養，勉力做一個全人，方不負朕對你的器重。」

李衞與地方大吏關係不好，與按察使張謙不和，尚在情理之中，因為布、按兩司雖責有分工，但同為一省方面，許多職權又有交叉。而與石禮哈鬧的不可開交，乃至互參起來，就頗有點匪夷所思了，因為二人不曾共事，又一在雲南，一在貴州，從職官體係上又是一文一武。石禮哈是河南巡撫石文焯之子，雍正二年八月被任命為貴州威寧總兵。雍正帝命石禮哈與李衞有事，都交怡親王傳奏。雍正對石禮哈整飭軍伍頗感滿意，硃批還透露，本想將石禮哈任命為一省最高軍事長官提督，只是太年輕了：「汝真為汝父之跨灶子也。自蒞任以來，諸凡辦理，殊為朕所鑒賞，勉之。朕原欲擢汝為提督，一者因汝少年，經朕簡用未久，汝之居心行事、一切敷奏，外人不知，恐生議論；二者威寧一鎮，亦需汝措置盡善，所以將馬防伯補用也。」

石禮哈與李衞的矛盾，源於雍正命石禮哈調查貴州巡撫「毛文銓之向日居心行事，並近來吏治如何」，石禮哈密奏說，毛文銓為免於追查其任雲南布政使時的虧空，與李衞結為兒女親家。石禮哈還密奏說：

撫臣毛文銓事事懷疑，時時猜忌，近日臣聞得毛文銓悖理之事甚多，每參一官則曰：吾豈好為此刻薄哉？吾若不參，若被別人啟奏，吾擔不是矣。又如黔省查明稅規官莊一事，該撫與司道威寧府等官言曰：此必石總兵所奏也。吾豈願為聚斂之臣，留罵名於後？吾不得已也。石禮哈又密奏說：查毛文銓在雲南布政司任，前督撫臣俱貪婪不堪，毛文銓身為方伯大員，惟隨聲附和而已，所辦軍需亦不無冒銷之弊，後雲南布政司李衞新舊交代，結為兒女姻親，諸事一力擔承，得以脫然無累，因此敬之如神明，

言聽計從。毛文銓所仰仗者，惟布政司李衞而已。

雍正硃批說：「毛文銓向來輿論不一，朕懷疑未釋，所以調伊來京以審觀其人，並非因爾所奏而起見也。今命爾署理巡撫印務，其勉為之，但爾少年心性未免好動喜事，朕只慮爾太過，不慮爾之不及也。撫治地方雖當振興不宜因循，然斷不可孟浪生事，一切作為必講求萬全而後舉行，切諭切諭。」

石禮哈署理貴州巡撫時，密奏李衞行止不端：李衞在雲南「每言於人曰：『永順楚姚等鎮總兵是我所摺奏也。』又如雲南按察司張謙，臣閱邸抄，經督臣高其倬奏其衰病，奉旨調回，而李衞又言於人曰：『老高如何肯參他？是我具摺啟奏，摺子已去三五日，告訴他，他才奏的。』諸如此類，竟似官員進退之柄，操於李衞之手。」他還密奏說，「李衞到貴州時，遍訴司道各官，說臣參伊四款。」雍正帝為此對李衞予以戒飭，但李衞推測出這是石禮哈所為，從此誓不兩立，密參石禮哈「本質不端，巧飾外貌，狡詐中藏」，妒賢嫉能，好大喜功，擅作威福，逞勢攬權，「大有年羹堯之氣度」。雍正帝把他們二人的參奏發給總督高其倬評判，考慮到李衞不適宜在邊疆地方任職，如果調任內地，又憂慮雲南鹽銅事務找不到合適的人接手，為此特諭高其倬：

　　李衞、石禮哈互相密參之摺，發來爾看，人心如此，真堪發一大笑。二人皆具可用材器，感激出於真誠，圖報實屬懇切，且操守俱清，才猷皆敏，但嫌過於勇果。謬誤多端，都緣尚氣恃才，矜己傲物之心使然耳。即如李衞，朕經再四嚴加教誡，總不肯改行易慮，一惟偏執己見，其意蓋謂身無貪婪敗檢之疵，何惜物議，所以全不自反，第稱被人屈陷，急欲辯明；石禮哈秉性與之相同，若欲推求二人之過，又實具一片公忠，兼其敢言不諱，鋒利英銳之氣，亦不易得。朕於此殊難持定鈞衡，所以與爾商酌。李衞經管鹽銅之事若可卸責別員，料理就緒，朕觀伊情性頗不宜於邊方，欲試用近省撫任，以策後效；至於黔撫一缺，俟毛文銓到京陛見，其人果妥不必言矣，但以向日所聞伊之聲名，與近日撫黔之後一切章奏觀

之，非致身為國人也。朕甚不取。貴州吏治敝壞日久，非才長而激切奉公者弗克勝任。石禮哈雖年少稍覺輕躁，然果敢可嘉，欲命伊撫治其地，整頓委靡，復慮伊振作過當，不能收功，則貽害匪淺，為此猶豫莫決，亦與爾酌計，爾意以為宜否？朕前降旨教訓李衛，伊有回奏之摺並發來爾看，試評論二人優劣究竟如何，暨朕一切所問，悉秉公據實，絲毫毋隱，速行奏覆，朕以便決定去留，縱或與爾身干涉之事，亦不可稍有回護，直言剖悉以聞。若止據彼此互揭之詞以定斯案，則二人不但不可委用，實亦難留於人世矣，豈非大笑談乎！

高其倬於八月接到諭旨，正在擬奏回覆時，於二十八日忽渾身壯熱，兩眼視物迷離，至九月初六日成為瘄症，經數日診治，仍手顫不能成書。因此事令其速行奏覆，事關緊要，不容遲緩，高其倬只得令其姪高定勋代寫，高其倬特別向雍正保證：「臣必不令其一毫漏泄。」高其倬密奏對於李衛的去向頗有關係。他說：

　　據臣所見，二人才皆有餘，倚之辦事皆係美才，若云純正，臣不敢許。李衛在雲南，鹽政煥然一新，一切盡力料理；石禮哈署貴州巡撫以來，實力振作，毫不因循，就此而論二人所為，臣以為實皆可取，但就其才氣之中細求其稍不足處，若當大事，李衛失之疏脫，石禮哈失之輕易，恐至志得意滿，皆不免驕盈之病。至李衛所辦雲南鹽銅之事，規模已屬小定，雖後來之人恐難企及，然大概亦可守其成規。雲南鹽銅可不需李衛料理。至石禮哈目下貴州得之甚好，實能振作，比毛文銓頗優，所稍可慮者惟恐氣銳，更張太過，看事太易，苗猓之地或有孟浪之失。

雍正三年十月，李衛調離雲南，升為浙江巡撫。四年五月，石禮哈出任廣州將軍，但二人仍互相攻訐不已。雍正帝又將二人互參的密奏發給鄂爾泰評判。鄂爾泰回奏稱：

　　臣查石禮哈多躁進之心，無堅定之識，然努力辦公，殊可以濟事。李
衞曾面告臣，此去雲南，須防備石禮哈。臣云：人但自防，何用防人？（雍
正帝硃批道：此朕生平之夙志，從來之居心。但知畏天，從不畏人。此朕
時常訓諭廷臣者。）李衞也首肯臣所言，只說：你到那裏去就知道了。臣
赴雲貴，石禮哈與臣始終相安無事。李衞、石禮哈皆與臣和好，極相敬
重。然論心地，李衞頗正，石禮哈近於狡黠；論人品，李衞高尚，石禮哈
卑劣。

落井下石，密揭楊名時「隱私」

　　李衞離開雲南升任浙江巡撫一年後，向雍正帝寫了一份密摺，講他過去的
頂頭上司、雲南巡撫楊名時兩件「欺罔」事：第一件是李衞在雲南做布政使時，
查出現任雲南永平縣卓異令馮慶長，從前承辦軍需，將所存草豆賣價瓜分一
事。而總督楊名時以馮慶長是他薦舉的門生，改變前案，不令交庫，後知眾論
不服，止將一半收貯，其餘之銀仍行給還，置錢糧於不問。第二件是：楊名時
同臬司江苪各出現銀數千兩，代已參順寧府范溥包賠本任內虧空倉穀等項共銀
一萬有奇。李衞最後說：且伊（楊名時）偏徇之處尚多，不敢逐件瑣陳。雍正
帝對李衞的密奏極為重視，硃批道：「一派真誠！可謂一德同心之封疆大臣，朕
實嘉而幸慶焉。止務『密』之一字為要。」雍正又在李衞「且伊（楊名時）偏
徇之處尚多，不敢逐件瑣陳」一句旁硃批：「可將此事不必落名，但將事情為弊
情節寫一摺來，朕發與鄂爾泰詳究。」
　　李衞為此寫了一個「不落名」的參劾摺子。雍正立即啟動對楊名時的懲治
程序，楊名時宦海沉浮，命運隨即發生天地般逆轉。楊名時與李衞究竟有什麼
過節，雍正為什麼要借李衞之手治楊名時的重罪？
　　楊名時是江蘇江陰人，順治十七年出生。康熙三十年中進士，主考官是理
學名臣李光地。李光地對這位門生非常欣賞，曾說：「將來漢人楊賓實（名實）

未可量也。志氣強毅，臨事有擔當，外面卻如田夫野老，甚好。」楊名時隨後入翰林院庶常館深造，三年後以翰林院檢討入值南書房，成為天子近臣。康熙五十九年，升任雲南巡撫。雍正即位後，最初對楊名時也頗為肯定，雍正三年九月晉兵部尚書，仍管雲南巡撫事，十月升任雲貴總督，仍兼任雲南巡撫。四年七月，轉吏部尚書，仍以總督管巡撫事。但兩個月後，鄂爾泰代楊名時為雲貴總督。五年二月，湖南布政使朱綱升任滇撫。楊名時不但被掛了起來，到了八月，成為被審查治罪的對象。

楊名時與李衛究竟有什麼過節，乃至李衛離開雲南要密參？事情還要從李衛說起。李衛出任雲南驛鹽道之初，總督高其倬因題寫大將軍允禵時「抬寫」被雍正革職，李衛向雍正密奏為高其倬說情，連帶對楊名時的評價，也頗為稱讚。說臣自抵貴州地界即聞頌總督賢名，初尚以為未確，及親見其行事，果能正已率屬，寬嚴並濟，兵民咸相感服，抵任雖近一載，同撫臣楊名時革除科派，使邊末黎庶稍獲安全，今聞其緣事革職，冒昧具奏云云。楊名時作為一省之長，對這位帶着尚方寶劍而來的驛鹽道，所做的種種改革完全支持。李衛升任布政使後，驕縱本性暴露無遺，又恃寵而驕，「陵諸大官出其上，楊名時遇事則裁抑之」，也即磨磨「小李」的性子。對此，楊名時也向雍正做了彙報，說「李衛於辦理鹽課實能幹濟，臣自知遠不及，此皆人所共知，第臣性魯拙，見李衛氣質不好處，每直言相勸相規，盡臣之心，實欲去其小疵而成大醇」。但李衛心胸偏狹，因此祕密蒐集楊名時的「情報」。

據見過楊名時的乾隆時的史學家全祖望說，楊名時有個屬吏，雖然有才但為人輕佻，此人對於吏務確有過人之處，但不學無術，做事經常自做主張。楊名時經常教誨他，而這個屬吏以為楊名時是個老儒，不能做事，人愚腐，故與之爭辯，楊名時愛惜人才，仍然言之不已，屬吏反憾。恰巧趕上屬吏進京入觀，遂向雍正帝講楊名時在雲南姑息以要名，且年齡已老，百務俱弛，雍正皇帝為其所動。（《鮚埼亭集外編》）

全祖望所說的楊名時的這位「屬吏」，就是李衛。雍正借力打力，向來對科甲出身的官員很輕蔑，認為這些人沽名釣譽，又好結朋黨。雍正二年十月，

雍正以楊名時題奏時無意泄漏密摺密批為由，停止他密摺奏事。一省巡撫被剝奪密奏權，而一個道員李衞卻給這樣的權力，雍正有意讓楊名時難堪。這也是李衞沒把楊名時看在眼裏的「底氣」所在。但包括楊名時在內的科甲官員，不會向李衞、田文鏡那樣在主子面前表現出十足的奴才兒臣之相，更不會說那些肉麻的詞語討皇帝的歡心，他們也沒有雍邸舊人的特殊身份，為官為臣仍講君臣體統和士人的「氣節」。因此，停止密奏權後，楊名時也不向雍正搖尾乞憐。雍正也只好恢復其密奏權。雍正三年，雍正密諭高其倬：楊名時是一好巡撫。但前者不許奏摺，求也不求，未免自恃沽名，朕所以着他為難，亦自取之也。朕無怪他意。密之。經雍正授意，高其倬「開導」楊名時承認泄漏密摺之錯，楊名時又恢復了奏摺權。雍正硃批說：「前因人捏陷你，朕偶失斟酌，所疑今已明白，何罪之有？朕再不粉飾一時之誤，枉罪汝也。朕之性情如此，不畏有過，但慮朕不能改耳。往事當釋然於胸，不必絲毫繫念也。」君臣之間又相安無事。隨後在處置年羹堯問題上，楊名時又不識時務，當滿朝文武阿雍正之旨提出殺年羹堯時，楊名時說人才可惜，應留年羹堯一命。這讓雍正內心極為不滿。四年七月，雍正發佈上諭，提出封疆大吏有猷、有為、有守三者並重。但恃其操守頗廉，以為可以博取名譽而悠悠忽忽，於地方事務不能整飭經理，苟且塞責，姑息養奸，此等之人，貽害甚大。故但潔己而不奉公之清官巧宦，其害事較操守平常之人為更甚。

　　雍正即位之初在發佈的上諭十一道中，第一道諭總督中就以「清官巧宦」為戒，但當時僅是羅列現象。此次卻是雍正在朝堂上明確提出用人的新「標準」，表明雍正用人政策的大轉向。與康熙時期倡導理學名臣政治迥然有別。在這次公開發佈的上諭中，雍正又點出幾個「清官巧宦」的典型，包括楊名時、張楷、魏廷珍等五人，上諭又舉出他心目中的模範督撫田文鏡、楊文乾、李衞和諾敏（岷）四人。諭旨結尾處說：「朕深望爾等為明達體用之全才，而深惜爾等為同流混俗之鄉愿。」

　　鄉愿是指沒有是非的「老好人」。由於有自己的名字，又是明發上諭，楊名時不得不上奏表態，他首先肯定雍正帝對鄉愿的批評，但否認他的行為不是

407

鄉愿。而令雍正帝不能容忍的是，楊名時借用孔子、孟子對「鄉愿」的批評，委婉批評雍正的用人、行政。他用「謹按」領起一番議論，大概意思是說：聖賢譴責鄉愿，對於用花言巧語諂媚人的「佞」，對能言善辯、專會說好話的「利口」，以及不恭順、不辭讓「無禮不遜」，特別是以揭發別人隱私並加以攻擊人的「徼訐為智直」之流，因為這些都屬於詐偽，故斥絕倍嚴。

這番話引用了儒家孔孟聖賢關於「佞與利口、無禮、不遜及徼訐為智直」的論述，旁敲側擊雍正的用人政策有問題。雍正隨手在以上數句之間硃批：「朕已悉汝所識指之人。但可以不必。即此不免自蹈於佞與利口、無禮、不遜及徼訐為智直矣！鄉愿之咎，除與否未定，如何又干許多由怨也？凡此等居心行事皆不必，一切靜聽朕之指訓，竭力為之，有則改之，無則加勉，不在此舞脣舌、弄譏諷，徒自取輕於朕耳！」雍正清楚，楊名時所指之人，就是雍正重用的的李衞、田文鏡。

如此一來，楊名時不但委婉批評雍正的用人政策，而且暗指李衞、田文鏡。李衞於是按照雍正的授意，寫了一個「不落名」的參摺。雍正據此啟動對楊名時的罪責審理。雍正又授意欽差大臣必須審出「罪行」。在總督鄂爾泰的極力保護下，楊名時沒有受到皮肉之苦，欽差大臣挖空心思，對照李衞「不落名」所參款項逐一審理，結論是：

第一款，楊名時徇庇永平縣令馮慶長虧欠庫銀四千兩一款，經審，實無所指參之事；

第二款，原參楊名時與臬司江苣代順寧知府范溥賠補虧空一款，經審，楊名時與原任雲貴總督高其倬各幫過范溥銀七千兩，江苣幫過二千兩；

第三款，原參楊名時夥同署理藩司江苣外販錫廠之錫牟利入己一款，經審，此事與楊名時無關；

第四款，原參楊名時徇庇科甲一款，經審，楊名時保舉的潘允敏、龍為霖、栗爾章俱係進士，且栗爾章為楊名時原任陝西鄉試正考官時手下取中的舉人，原屬門生，至題調王開詮則「並非楊名時之曲從代題」。

更令雍正想不到的是，案件還牽涉到李衞，不但徇庇范溥有李衞一份，而

且馮慶長虧欠庫帑三千九百四十兩，竟是李衞挪用來為與其「相好」原任雲南藩司、升任貴州巡撫毛文銓彌補虧空造成的。

欽差大臣清楚李衞是不能動的人，為此只好另摺密奏。雍正硃批肯定「料理甚屬可嘉，但原因楊名時可惡起見，此事高其倬、李衞三人之罪等若牽扯一處，高其倬、李衞皆朕倚任之人，面上不好看，況親朋情面，又不關公帑，尚有可恕。所以此事朕未發出，爾等亦當密之。」

在雍正朝類似這樣的「案子」甚多，想辦誰的罪，就欲加之詞，保護誰，有罪也無罪。所以孟森先生說，《清實錄》記載帝王本身者多不可信。實際情況可能更糟，雍正朝的許多大案，特別是欽定的案件，難以經得起事實的檢驗。因楊名時拒不承認自己有罪，最後刑部援引「挾詐欺公律」，將楊名時擬「斬監候」。雍正帝命將楊名時寬免，但終雍正之世，楊名時一直「待罪」雲南，直到乾隆即位才被召進京。

三十、「滿洲二姑」與巡撫

浙江是清朝的財賦要區、人才資源基地和海上門戶。這裏也是反清復明力量最盛的場所。李衛自雍正四年正月抵任浙江巡撫，十年七月調任直隸總督，他在浙江連續任職的時間長達七年之久，佔去他一生任封疆大吏的大部分。他到任浙江半年後，又受命兼理兩浙鹽務，五年十一月升任浙江總督，仍管巡撫、鹽政。李衛長期集總督、巡撫、鹽政三大要職於一身，事權之重，前此未有。期間，他做的最出色的還是鹽政。

懲治「滿洲二姑」

清代劃分十幾個鹽區，浙江鹽區是產鹽大區之一，它領有三十多個鹽場，分佈於經濟最發達的嘉興、杭州、紹興、寧波、溫州、台州及江南松江七府，行銷於浙、蘇、皖、贛四省。每年正額鹽引七十餘萬引。但因體制僵化，浙鹽區又靠近最盛的兩淮鹽區，故越區販私盛行，官鹽運銷不暢，影響鹽課收入。長期以來，鹽商要將他們所承擔的高額鹽課和浮費包括五花八門的「鹽規」計入成本，轉嫁給食鹽民眾。同時，浙江「四面水鄉，港汊雜沓，巨梟大船百十為羣，巡捕兵丁力難制服」，形成惡性循環。

李衛首先從裁減鹽規開始，降低鹽價，還把灶丁課餉歸併灶地徵收，以調整灶課；選派家境殷實、願出力的候選同知、通判、州縣官分往各鹽場辦理鹽務。而李衛最嚴厲的還是緝私。他組建龐大的緝私隊伍，多達近千人。他通過調查，發現浙江海寧、海鹽、平湖、桐鄉等私梟最盛，從這裏走私的私鹽都進入江蘇。而海寧長安鎮是往來適中地方。為此，他在長安鎮專設巡鹽營把總一員，有兵力一百人，直接隸屬撫標左營。在其他幾處也設有多少不等的緝私隊

伍。當時巡撫標兵有八百人，他抽調六七百人派委分地巡街。此外還招募勇健兵丁。緝私站點設好後，他親自抽掣過所鹽船，親力親為。

由於清朝一直有一條政策，就是肩挑背扛，四十斤以下的百姓自用，是不作為走私對待的，但如此一來，私販可以化整為零，使得官府難以分辨。李衛想了辦法，他發給近場地區的老少貧難婦弱買零鹽的路牌，以杜絕梟徒混冒。李衛有個鏢頭叫韓景琦，跟隨多年，李衛向雍正奏請重用：「臣向日候題時，往來京城，曾有常帶護身，保送錢糧上庫之韓景琦，頗有膽量技藝，係兗州府回回。……隨傳其來浙，令伊帶兵巡緝。」（《雍正朝漢文硃批奏摺彙編》第 10 輯）

韓景琦武藝高強，過去是李衛的第一貼身保鏢。而李衛緝私最有名的，就是把號稱「滿洲二姑」的大鹽梟沈氏女子團夥抓獲。

說起「滿洲二姑」，在江湖上是鼎鼎有名的人物。她是松江府婁縣人，沈氏。她膽力過人，武藝高強，羽黨有數百人，是典型的武裝販運：大船裝載，動輒統眾執械拒捕。每當走私時，各船排列於前，沈氏押送於後，如保鏢一般。若遇巡船盤詰，無不被她打敗受傷。這個女鹽梟長相俊俏，又揮金如土，結交各處衙門吏役，線索如響。鹽捕、弓兵猝與相遇，俱向請安迴避，莫敢攖其鋒。

沈氏還有特殊的護身符，凡有事情敗露，官府提拿時，就買出旗下棍徒，認她為自己的女人，或稱她是自己旗人的僕婦，還假造出逃旗人的檔案，聲稱自己是某某旗、某某旗主的人，經常變更姓名，她的真實身份，官府也弄不清楚。因此儘管有五次卷宗鑿鑿，但都脫身事外，橫行於江浙兩省之間，皆莫能制。久之，人都稱她為「滿洲二姑」。

李衛初兼鹽政時，即聞「二姑」的大名，訪拿已久，但都無獲而歸。這時，「二姑」也越來越猖狂。雍正五年閏三月十五日，在松江地方販鹽時，撞遇提標千總謝章帶兵阻截，沈氏統領五十多人持械拒敵，拆橋斷路，打翻巡船，千總墜河，毆傷水手。江南提督魏經國移諮查拿。七月十五日，通過松江府海防同知金文宗設計將「二姑」抓獲。李衛給雍正的密奏中說：「沈氏實為私梟之巨憨，婦人中之大怪。臣於條陳鹽務本內不便盡言，只列大概。」

但在哪裏審理？又頗覺麻煩。清朝審理司法案件，也是採取屬地原則，即在案發地審理。滿洲二姑是松江府人，又在松江犯事被抓，按理應在江蘇審理。但李衛清楚，這樣的大鹽梟能夠橫行十幾年，肯定與江蘇官場有千絲萬縷的關係，如在江蘇審理，二姑極有可能被替換，或者輕判幾年又出來故伎重操。因此他向雍正特別請求，應將二姑移交浙江審理。雍正帝告訴李衛，他自有道理。隨後在江蘇巡撫陳時夏密奏中，雍正批示解送浙江審理。

二姑解送杭州後，李衛隨同將軍鄂彌達在將軍衙門親審。杭州也有八旗駐防。浙江旗人不敢出來冒認。李衛想，這二姑一定要死。但怎麼判？這是難題。他密奏說，似此梟婦斷難容其漏網，但題本內若不盡陳其惡，則罪不至死，「若將其歷次毆官拒捕情狀，臚列載入，則從前江浙官兵被一婦人屢次打敗，殊於國家大體未便。」（《雍正朝漢文硃批奏摺彙編》）

李衛表示，臣請將此惡婦即於浙江省會立行杖斃處死，為江浙鹽務除此大害；或仍行解回江南，聽江蘇撫臣再為審結，臣不敢擅自主張。雍正在「立行杖斃處死」旁，硃批六個大字：「好！應如是發落。」（李衛，雍正六年四月二十一日）

「滿洲二姑」被抓獲後，浙江的鹽業也迎來發展契機。到雍正六年正月，浙省一年行鹽引九十四萬多道，比當時定額的七十一萬引，多出二十三萬。不但完成當年定額，還把以前的餘引銷售。鹽課收入大為增加。

為保證浙江鹽務政策的連續性，雍正十年李衛調署直隸總督時，雍正面諭李衛：直隸離浙江不遠，所辦地方鹽務各事，照雲貴之例，仍舊與聞，有未完應寄信者寄字去辦理，其要緊事務，伊等自必帶信問你，可商酌完結，如有應奏者，仍具摺請旨遵行。李衛的家口七十餘人一直隨任居住在浙江杭州。接到署理直隸總督後，除兩子赴江寧應文武鄉試外，其餘的人陸續北上。而他發給近場老少貧難之人的烙牌，又成為對普通百姓的危害。大舟販私，「往來如常，而肩挑背負自三五十斤至數斤以內者老弱婦女悉罹於法，問徒者不計其數。」到了道光年間，陶澍實行票鹽改革，千萬私梟成為合法商販，才徹底解決私鹽問題。

有作為的巡撫

李衞在浙江長達七年之久。他堅決執行雍正確定的各項政策，做了很多事。

一是實行攤丁入畝。概況說來，雍正時期實行的對清代經濟制度最大的變革就是攤丁入畝，又稱攤丁入地，也叫丁隨糧起。主要目的是解決賦役不公問題，對沒有土地或者土地少而人丁多的家庭是一大福音，而對那些田地多的大地主，增加了負擔。因此，這是窮人與富人的鬥爭。雍正堅決支持地方官實行這項改革，但他不搞一刀切，因為各地發展很不平衡，雍正沒有給出必須完成的時間表，允許各省各地區逐漸探索，以期減少社會的陣痛。

浙江由於大地主並不多，丁糧攤派到地畝裏進行徵收，數額也不大。無地或少地而勞動力又多的農戶支持這項改革。法海任浙江巡撫時，這項改革推行的很好，但有田多丁少「土棍」百餘人齊集巡撫衙門，喊叫反對攤丁，法海令官員勸散，暫緩進行。如此一來，有丁無田的鄉民要求改革的聲浪更高，甚至圍着巡撫大人的坐轎吵鬧。從此，攤丁入畝在浙江停擺。雍正三年六月，法海離任。巡撫由福（傅）敏接署，但他也束手無策。李衞到任後，實行攤丁入畝，但很多人即以此事紛紛來控，李衞批示布政使司查議，但多時杳杳無回覆，李衞只得出示開導，招集城鄉老民，面諭着令聽候編審，務使均平，不致偏累，遂欣然樂從，無復纏擾。忽於七月二十八、九兩日，乘鄉試人眾，又有金濟路暗中倡出土棍聞尚德等復挾故智，聚眾進城，闖至錢塘縣堂，因知縣秦炌初任未諳，不能開慰，遂將沿街舖面拋擲瓦泥，並勒令罷市。李衞聞知後，即令杭州知府李慎修率領仁、錢二縣，密囑以辦理之法，而李慎修與秦炌竟手足無措，不能驅逐。仁和縣聚眾的一百多人在李衞勸解下，隨即散去，而在省城杭州的司道官員就像不知事情發生一樣。李衞只得令杭州協副將李燦協同署仁和縣張坦熊，諭以利害，押令錢塘棍徒出城，始得解散。李衞密奏提出，此事若不將首惡分別懲創，則十一郡貢監劣衿俱在省下場，從今愈長聚眾挾官之惡風，為害非細。李衞原想把從前因攤丁入畝所發告示底稿，一併呈雍正御覽，

但覺得事情瑣碎，為此將原任晉撫諾岷攤丁入畝碑摹並辦過事宜底案進呈。雍正對李衞的處理深表滿意，硃批說：示約底稿朕俱經覽過，殊屬通情順理。凡所措施，悉預為推誠誥誡，乃極有益之事。在雍正的支持下，「攤丁入畝」得以在浙江實施。

二是清理虧空。浙江是清朝的財賦重地，每年應徵地丁雜項銀約三百萬兩，漕糧一百八十多萬石。但歷年多有虧空。李衞的做法與田文鏡完全不同。「衞始以寬容和緩見稱，所劾虧空寥寥，蓋代為彌補，以免禍及身家。」（《永憲錄》）

據袁枚《李敏達逸事》記載：雍正下詔清查虧空，天下震懾。李衞作為浙江總督，立刻召集幕僚們商討對策，但都瞠目不語，想不出什麼好辦法。李衞說：「不請朝廷派人來，皇上不相信我們；但欽差大臣一來，我作為封疆大吏無權過問清查的話，虧空的事情就會敗露。不如我立即上奏朝廷，把浙江省虧空的事情講的更嚴重一些，就說「浙省錢糧廢弛日久，亟需欽差大臣整治。只是欽差大臣初到地方，一時難得要領，臣職任封疆，理應協助辦理，但事情還請欽差裁決。」師爺們一致贊成。

奏疏上呈後，李衞宣稱自己要過生日，設宴接受下屬官員的祝賀。浙江七十二州縣的官員全部到場。李衞張燈結彩，還把各地有名的戲班子全部請來，輪番上演。筵席最熱鬧的時候，李衞假意給州縣官還禮，把他們召到總督署的密室裏，說：「朝廷負責清查虧空的欽差大臣就要到浙江了，你們各州縣，倉庫錢糧有虧欠的話，即便一絲一毫，也不要欺瞞我，把真實情況告訴我，我李大人還能救你們。不然的話，查出虧空被判死刑，掉了腦袋，諸位可不要怨恨我。」各州縣官有流淚的，有叩頭的，紛紛表示說：「我等下官的身家性命就靠大人保全，一切聽大人安排。」州縣官回到所在地方後，全部拿着賬簿與實存錢糧一一核對，隨即把結果祕密呈給李衞。沒有虧空的也具狀上聞。李衞看到州縣官的密呈，眉頭緊蹙，但早已有了主意。

再說雍正帝接到李衞的密奏後，同意了他的奏請，立即派戶部尚書（時為刑部侍郎）彭維新為欽差大臣，到浙江清查虧空。彭維新是湖南茶陵人，為

官清正廉潔，做事極為認真，他是雍正六年底奉命帶領龐大的隊伍到江南進行清查的。欽差一行過境江南，先在江蘇進行清查，勾考繁密，江南督撫噤口不敢置一詞，結果查出來很多問題，僅自康熙五十一年到雍正四年止的 14 年間，就有積欠 1011 萬兩，分為官侵、吏蝕、民欠三項，其中官吏侵蝕包攬者共四百七十二萬六千三百兩零，實在民欠者共五百三十九萬零。因此被處以「流、斬、監、追」的州縣官無以計數。

在江南旗開得勝，彭維新帶着更大的抱負來到浙江，此人於雍正五年任浙江布政使，更早時出任浙江學政，非常清楚這裏的虧空情況。李衛遠迎欽差大臣，一見面就把雍正帝的硃批諭旨給他看，說：「朝廷讓我協助你做浙江的清查工作，我李衛有參預權，我請求大人不要像在江南那樣查辦了。」彭維新滿心的不高興，但見李衛手裏有雍正帝的硃批諭旨，氣勢減了不少，對李衛也稍稍禮貌待之。

到了杭州城，李衛為彭維新設宴接風，酒過三巡，李衛慨歎道：「凡是一起共事的大僚，從來沒有不鬧爭執的。我李衛性子粗俗，喜歡和人爭辯，屢次被皇上訓誡、教誨。這次和大人共事，我發誓絕不與彭公爭，但我不知道怎樣才能不發生爭執？還請彭公指點一二。」彭維新見李衛態度誠懇，就說：「我們分縣清查，如何？」李衛說：「善」。

李衛便讓侍從把浙江各州縣的名字分別寫在紙上，然後把紙揉成豆粒大小的小紙球，全部放在一個盤子裏，彭大欽差拿一個，李衛隨後拿一個。不一會，二人就把七十幾個州縣全抓完了。李衛暗中做了手腳，虧空與不虧空的州縣，暗中都做了標記。結果，李衛把那些虧空的州縣，都抓在自己手上，沒有虧空或虧空不多的，被彭維新抓了去。

彭維新不知李衛做手腳的事，自己抓鬮的州縣，每到一處都認真清查，手中拿個大算盤，口袋裝着州縣的賬簿，以兩條腿支起來做架子，算盤打得山響，結果卻大出意外，沒有查出虧空。每到一個州縣都如此。而李衛清查的州縣，都是虧空較為嚴重的，他用省裏有的贓罰銀、閑款、鹽課贏餘等暗中把虧空補上。清查快結束了，李衛專門派人問彭大人：「怎麼樣，彭大人查出虧空了

嗎？」彭維新說：「沒有。」李衛裝作很感意外的樣子說：「我這裏也沒有查出
虧空。」於是兩人一起聯銜上奏，浙江沒有虧空。雍正接報後龍顏大悅，對朝
中大臣們說：「各省一聽到清查虧空，憂愁的不得了，唯獨李衛竟敢張燈設宴，
這是他平時對下屬督教有方，自己很自信啊。」命給李衛加太子太保銜，賞賜
無算，浙江的官員全部各加一級。從此，下屬對李衛言聽計從，奉命唯謹。江
南官吏得知浙江清查的結果，望如天上。

實際主持浙江清查的是性桂，查出虧空六七十萬兩，與江蘇相比，確實
不多。為保證不再出現虧空，並確定土地權屬，李衛把徵收稅賦與保甲結合起
來，自雍正五年三月在浙江全省推行順莊均田役法，具體做法是：令通省各縣
照依保甲煙戶冊內人戶，查其所有田地糧額，歸入本戶的名造冊，於各里就近
用滾單傳催，限以年終完竣，並着杭嘉湖道徐鼎遵照辦理。此冊一定，則田地
戶名已有根據，因而查丈詭寄侵隱不難清釐。順莊滾催辦法在浙江試行成功
後，在全國不少地方進行推廣，革除數百年里書圖甲之弊，豪猾無所容，而逋
賦頓清。

三是開放浙江海禁，祕密觀察日本貿易。清朝的開海政策，幾經變化。康
熙收復台灣後進行開海。但對出海貿易，政策時有反覆。雍正五年，開閩粵海
禁，規定洋船出入，在廈門、虎門守泊，別處口岸概行嚴禁。時任浙江總督的
李衛上疏說：「內地商民船隻，向例禁止出洋。嗣因閩省產米不敷食用，准督臣
高其倬奏請，令該省與南洋貿易，他省仍行禁止。查浙江洋面接連閩省，恐奸
商趨利，冒險前往，而沿途洋訊，以非閩船，反至稽查不及。請照閩省，准其
一體貿易，其洋船向無買米裝回之事，仍循舊例，毋庸與閩省相同。」經兵部
議覆，雍正帝予以採納。至此，已有閩、粵、浙三省開放海禁，允許船隻出海
貿易。

雍正時期經濟恢復發展，對鑄錢所須銅的產量需求更多。清朝組織龐大的
銅商前往日本採購，而浙江是銅商擁有船隻最多的省份。李衛多次向雍正密報
日本情資。雍正六年八月初八日，他密奏說：

查海外諸國與浙江最近者莫如日本，臣每留心察訪，初時風聞彼國有招致內地之人教習弓箭不甚守分，因尚未得確實不敢冒昧瑣奏，近於各處出洋商船時常設法密探信息，有蘇州餘姓洋客露出口聲，言倭王原係中國人苗裔，歷世相傳，若土著為之則該王不能享祚，倭民皆有天災，其臣下雖極強盛，猶奉以虛名，故本處從無爭奪之事，而號令征伐一秉於將軍，不由國王主持，反受節制，由來已久，因此伊國將軍肯出重金聘倩內地之人，教演弓箭藤牌、偷買盔甲式樣，初時有福州民王應如於天文戰陣之事涉獵不精，好為談論，首受其萬金厚利，排演陣法年餘，即伏冥誅，復薦引一廣東長鬚年滿千總，不知姓名，每年受伊數千金，為之打造戰船二百餘號，習學水師；又有洋商鍾觀天、沈順昌久領倭照，貿易彼國，信託鍾則為之帶去杭城武舉張燦若，教習弓箭，每年亦得受銀數千兩，沈則為之帶去蘇州獸醫宋姓在彼療治馬匹，又有商人費贊侯曾為薦一紹興人革退書辦，往彼講解律例，因其不能通曉，隨即逐歸，曾留該商銅船質當，凡平常貿易之人，到其所給回棹時逐一消算，扣除交還所換銅斤貨物，押住開行，至於聘去之人則又另在別處隱密之地，日久終未放回，故實信無從探聽，惟造船之聲則有人親耳聞之者。臣恐傳說未確，再加密訪，別處所得情節亦復相似。其鍾、沈、費姓三人，現在所行狡詐，果出外年餘，至今未歸其家，有父張彬如曾充過衛百總，原係弓箭教師，臣遣人託言寄信往問蹤跡，伊父答以其子由京前赴陝西撫標中軍孫王發署內，再詰便有驚窘之狀，即此一人形跡堪疑，其餘不皆風影可知。

臣查日本雖係叢爾島夷，恃其銅鑄炮火攻擊甚遠，倭刀器械犀利非常，前明曾屢為海患，於東洋稱一強寇，本朝威靈懾伏，屏跡多年，從無干犯中華，聖祖仁皇帝俞允會議於東洋貿易，止許內商往販，禁其自來，原有深意，今彼不惜重資招集無賴，習學內地弓矢技藝，打造戰船，奸懷叵測，不無窺伺，乘有空隙，欲為沿海搶掠之謀。然前明水師不設、戰船不修，被其突犯，登陸始與接戰，使得展其跳躍之長，故從前江浙地方多受荼毒，今沿海水師星羅棋布，戰船駕駛精熟，官兵皆能奮勵用命，倭夷

平素未嘗諳於水戰，設或有警，臣等聯絡鄰省會同堵截，邀於海中剿殺，攻其所短，自可必獲萬全。但彼狡謀，惟在重利引誘，凡屬愚人孰不貪婪，往洋往來人多傳至彼地，恐即致激而生事，臣一面密飭沿海文武營縣及各口稅關員役，借盤詰米穀軍器名色嚴行稽查，凡出洋裝貨包箱等物，悉令打開驗明，一應水手舵工商人奴僕附搭小客，俱着落牙行查明籍貫年貌，出具保結限期回籍，返棹進口點驗人數，將缺少者即行拿究，其水師兵船嚴督各鎮協營，整頓炮械練習攻戰之具不時哨巡耀揚威武以為有備無患之計，一切廢弁驗其因公罣誤，原無大過不在解發安置之列，而人材尚可效用者分別收錄，令其食糧不使閑居窮苦，為人所誘。

雍正對此極為重視，硃批：

當年聖祖曾因風聞動靜，特遣織造烏林達麥爾森改扮商人往彼探視，回日覆命，大抵假捏虛詞，極言其懦弱恭順，嗣後遂不以介意，而開洋之舉繼此而起。朕即位後亦經念及，尚未暇諭，卿所以此奏，深合朕心。又聞噶喇叭、呂宋聚有漢奸不下數萬，朕經屢次密諭閩廣督撫加意體訪具奏，且複聞日本與朝鮮往來交好，蹤跡甚密云云。總之，安內攘外，要不出前諭，固本防患盡人事以聽天命為第一良防也。李衛經雍正批准後，又因江南係緊接浙省洋面，崇明與日本亦近，隨將大概情形密封知會江省督撫提鎮諸臣，共相防範。

四是恢復浙江科舉。在查辦年羹堯的過程中，其幕友浙江人汪景琪所著《西征隨筆》被搜出，文中有《歷代年號論》一篇，影射雍正年號「正」字不吉，乃「一止」之意，汪景祺被以逆案處理。在查辦隆科多案中，又有禮部侍郎查嗣庭，也是浙江人，他在科舉考試中因試題犯下「大不敬」之罪。雍正以浙江風俗澆漓甚於他省，命專遣一官前往浙江，「省問風俗，稽察奸偽」，設「浙江等處觀風整俗使」，鑄給關防，以重職守，以河南學政、光祿寺卿王國棟為之。

又以浙江風俗澆漓敗壞，雍正四年起停該省士子鄉會試，俟風俗漸趨淳厚，再降諭旨。時浙江籍吏部侍郎沈近思疏言：「浙江一省，逆種並生，越水為之增差，吳山盡皆蒙恥。」敬陳浙省舊弊。雍正稱所奏「切中時弊」。發與李衛、王國棟，照所言嚴行禁約。

雍正五年正月十四日晚，浙江平湖縣城南門居民訛傳屠城之語，紛紛驚慌，間有欲攜帶家口出城者，經該知縣等挨戶曉諭，民心始定。雍正對此很在意。浙江巡撫李衛奏報說，此事由於汪景祺曾僑寓該縣城，遂有無賴刁民造作訛言，煽惑愚人，希圖趁民人倉皇之時攫取財物。至三月初七日，錢塘縣又有屠民謠言，波及蕭山、海寧等縣，百姓驚慌逃避，曉諭後方始安定。雍正接到密奏，在屠城旁批：可笑之極。對於地方官發安民告示，雍正也不贊成，旁批：「並具此一告諭皆屬多餘，大笑話，可謂愚民矣。」但對李衛事事密奏，大表讚揚。硃批道：「總之，事事皆不可隱諱一點。」對李衛請求把查嗣庭發往浙江凌遲示眾，雍正說：朕自有道理。

雍正六年八月，李衛與王國棟聯銜上奏：「浙江士氣，整理二年以來，士子省愆悔過，將舊日囂凌奔競之氣痛自改除，請該省明年照舊鄉會試。」雍正批准。

其他如治理海塘成績卓著。

三十一、智取大俠甘鳳池

　　善於緝捕，是李衛的特長。雍正六年七月，雍正不滿意江南蘇松等地的治安狀況，命把江南交給李衛，並根據辦案需要，授予李衛節制江蘇文武官員的權力。李衛是江蘇人，清朝實行嚴格的官員迴避制度。雍正帝打破這些制度框框，可見對李衛的信任。李衛也確實不負雍正的期望，偵破了以張雲如為首、大俠甘鳳池為二號人物的大案。

廣佈眼線

　　當時江南盜案頻發，江南總督范時繹、巡撫陳時夏都治理的不好。有一次，陳時夏上奏稱，有四人竊得綢緞布三千餘匹，雍正得奏後大怒，硃批說：「哪裏有四個人偷盜三千匹綢緞布的道理？這顯然不是小偷小摸的盜賊，絕對是江洋大盜。」雍正於是把江南緝盜事宜交給了李衛。據記載：「上以江南多盜，時繹及巡撫陳時夏非戢盜之才，命蘇、松等七府五州盜案，令衛兼領，將吏聽節制。」（《清史稿‧李衛傳》）

　　李衛治盜也特別有辦法，最重要的就是廣佈眼線、偵緝。他甚至在歌舞妓院安插眼線，蒐集有用的情報。朱軾是一代大儒，是小弘曆（後來的乾隆皇帝）的老師。康熙末年在浙江做過近四年的巡撫。下車伊始，他以澄清吏治、整飭風俗為治浙綱領，而整飭風俗以崇儉禁奢為入手，因此婚喪嫁娶皆有品式，宴會菜肴最多不能超過五品，什麼燈棚、水嬉、婦女入寺燒香、遊山、聽戲諸事，一概禁止。這樣一來，小民肩背資生如賣漿市餅之流，弛擔閉門，默默不得意。李衛到任後，重新開放，不但茶坊酒肆不禁止，而且妓院也不禁止。他說：「此盜線也，絕之則盜難蹤跡矣。」認為青樓妓女、酒坊茶肆等「盜線」不

能禁絕,一切聽民自便,歌舞太平,故意張大之,百姓中越是地位卑微的,越歌頌他。他有時命人喬裝改扮混入賊窩,有時令已歸誠的盜賊暗通情報,每次行動時,李衛將一錦囊交與將士,告訴如何如何,定能直搗賊巢,大獲全勝。江湖千里如枕安席。

李衛最擅長的手段就是偵緝。袁枚在為李衛寫傳時,把李衛寫的更是惟妙惟肖:李衛身體魁梧,身高6尺2寸,膀大腰圓,臂力過人。李衛的兩個鼻孔中間相通,麻子臉,而且麻點有銅錢大小。李衛好習武,召兵設勇建營,專門練搏擊拚刺之法。每當捕盜之時,李衛都要身披金甲,親自登台指揮。他讀書不多,師爺等人起草公文奏章,都要讀給他聽,有不合意的地方,他就口述修改,而且往往能切中要害,因此身邊人對他佩服得五體投地,總以為有神相助。李衛在公幹之餘喜好聽人說書,每遇到忠賢遭到不平,李衛就會嗚咽、憤恨,甚至拔劍而起。

李衛還向雍正主動請纓,到軍前衝鋒陷陣。西陲用兵,請效力行間,未被允准;雍正末年,貴州苗地蠢動,他請以長子李星垣從軍,尋以奏捷不果行。

驚動五省的邪術大案

雍正七年四五月間,李衛奉召入朝,雍正帝賜給他尚方珍膳,命遊覽圓明園,又遣畫工圖李衛狀貌,並晉階兵部尚書。

這次入覲,李衛向雍正帝祕密報告了活動在江蘇等地的邪術不軌團夥。其後,橫跨四五省的邪術大案由李衛偵破。該案以張雲如為首,武師甘鳳池為輔,牽連親王及地方多位高官,又與曾靜策反案在時間、地域上高度重疊,因而引起雍正帝極大關注。與處理曾靜案的高調宣諭不同,雍正帝對此案採取祕密處理,《實錄》等官書不載,故不為世人所知。

雍正七年三月十四日,李衛因進京觀見,浙江總督印務由新授漕運總督性桂署理。李衛觀見時,向雍正帝簡要密報了江蘇等地有不軌之徒活動的事情。返回江寧途次,他接到李奇的密稟,本想回任就實施抓捕行動,但隨即接到母

親汪氏棄養的消息，丁憂離任，不好派大員越境到江蘇，於是派原任游擊馬空北與韓景琦一起第二次到江寧，「密訪確實，逐漸開導于璉，許其自首免罪，止據繳出符籙一紙，而首從姓名尚未吐露」。

雍正給李衛三個月時間，命他回家安葬母親後在任守制。閏七月初三日，李衛因次日回籍，與署理浙江總督性桂敘別時，屏去眾人，祕密對他說：「江南、福建、廣東及浙江杭嘉湖三府，有匪類結黨陰謀，我遣人扮星卜打探，已查出為首係江寧人，各處分散銀兩結納」。因李衛「言之鑿鑿」，性桂於閏七月二十三日密奏說，他密飭各鎮協營訓練防備，並稱不敢稍有泄露。雍正一併肯定，在性桂的密奏上長篇硃批說：「此等事正汝等封疆大臣之所當深為留意者。凡百不可大意，視為烏有、無謂，所害積小就大，寧防於未然，堵於未萌，雖似乎多事，卻不知省多少事也。令人知督撫留意，此輩匪類孰不斂跡，便無事防微，亦美事也，何況有影響之跡也。李衛之人朕嘉信者，此等處明大體、知利害也，當法之。可嚴加防範，不可絲毫疏忽。江南閩廣，朕皆有密諭矣。」八月初六日，性桂再次密奏，雍正非常不滿，擔心這樣頻繁密奏會走漏消息，硃批斥責說：「此事非再三頻奏之事，況書寫之人倘或不謹，未免宣露，此皆李衛誤言與汝等庸流之咎也，真可謂失言矣。」

八月十一日，因取得重要進展，李衛密奏：

臣於三月內進京之前，因江寧省城屢見盜劫案件，恐係回子及營兵作匪，便委派督標巡鹽千總韓景琦，原係（信）回教，勇於出力拿賊，密差帶同數人四散，改裝緝探，一時未得正線，該弁先行旋浙，留下巡兵在彼。內有李奇，向日略曉六壬，藉此賣卜為名，遇有一人名于璉者，居住江寧本城，亦知此技，因起課熟識，遂相往來，其行蹤詭祕，言語支離，每露勾合之意，而家道從容，又非盜竊等輩，李奇假與相好，知其多在常州等處，行教拳棒，久而逗出情由，始悉又以符咒燒灰、吞服煉習神槍，據稱省中及蘇松常各地方黨羽甚多，每月皆領偽餉二三四兩不等，即浙、閩亦有同類，聲氣相通，待有地方事端，始敢乘機起釁，凡邀至其家，皆

在四顧無人夾牆密室之中，而為首之人尚不肯說出。臣聞訃（六月初三）回浙，李奇途次接着，不便具稟，到署數日後，韓景琦密行帶來訴知。因不得其正實形跡，復差韓景琦等再往細探，並遣原任游擊馬空北與之偕行，指授方法，令其各自分路，改換裝束，更易姓名。雍正在符咒一節旁批：符咒何妨？若藉此惑亂多人，極當處治者，何況有無他意也。

八月十二日，雍正將諭旨通過祕密渠道「廷寄」給署理福建總督印務史貽直、福建巡撫劉世明，令其密密留心整飭營伍，預為防範，但不可驚慌聲張，使屬員弁兵等知覺緣由。九月十二日，史貽直接到「廷寄」密旨，十九日密奏。此時雍正綜合各方信息，感覺李衛有誇大其詞之嫌，硃批：「好。此風聞似屬子虛。告誡汝等封疆大臣當時刻以訪察此等匪類為務，萬不可言多事。此輩較賊盜之為害更甚，而察訪更覺無憑。若非公忠實心任事之賢大臣，不但不能行及此，亦視為膜外，並念不及此也。所以呂留良、曾靜之輩肆行無忌數十年，總無一人察究也。不以為戒可乎！」

十月二十八日，署廣東巡撫傅泰密奏，九月十四日接到八月十二日上諭，經與總督郝玉麟一同偵查，安靜並無匪類。雍正硃批：李衛、范時繹若有諮緝之犯，可作速嚴密查拿解送，不可絲毫疏忽，怠玩從事，倘令正犯遠揚，干汝之休戚事也。「惟李衛深識輕重矣，他督撫不及也，而溺職無能輩反目為多事生非，深可痛恨也。」

十一月十三日，署江南總督范時繹密奏，十二日李衛將應拿名單諮到，並有「夥黨並有假稱貿易，藉端出洋交通聲氣，潛匿隱僻之所，窺伺釁端，陰謀不軌」，江寧應拿3人、蘇州10人，松江1人，鎮江2人，又差員馬空北口稱江寧應拿4人，僧人1人。單內有張雲如一名。雍正硃批：凡李衛移諮緝捕之人，若如趙七之案苟且塞責辦理，疏縱一人，則汝增一分罪戾。當慎為之。若非實心任事設法留意，鼓舞屬員捕役不能，必遺後悔不及也。

儘管雍正與李衛都想祕密實施抓捕，但一則牽連數省，二則人數眾多，三則與高級官員多有牽涉，因此，案件沸沸揚揚，各種流言不斷。其中，福建馬

廷錫流言惑眾，經李衛於四月初一日諮福建總督高其倬查拿。馬廷錫四處散佈說，他在京中聞知，皇上因欽天監啟奏，紫微星落在福建地方，為此特差大人赴閩，將三歲以上九歲以下男子盡行誅滅。福建總督高其倬密奏表示，一旦將馬廷錫拿解到省，定要審出此言起自何人何處。雍正在此硃批道：「必有匪人向伊言者，必窮究之。如都中之人言，可速密奏以便緝捕；如外省人，可密速諮該督撫拿送來閩質審。」雍正在高其倬「不勝愧赧之至」旁批：「有何愧赧，朕亦不敢望汝等如此為朕與國家留心，但不怪李衛多事足矣！」

大俠甘鳳池

雍正七年底，李衛將張雲如為首的團夥一百多人抓獲。其中，享譽天下的武術大俠甘鳳池被列為二號人物，也被抓獲。由於該案橫跨四五個省，與地方文武高官多有牽連，因此舉朝震動。

為什麼一件邪術案會牽連四五省？武俠大師究竟是死是活？有的野史說甘鳳池支持呂留良的後人，呂四娘跟隨甘鳳池習武，後來在宮中刺殺雍正；還有的說甘鳳池後來成為乾隆帝的貼身侍衛。真真假假，不得其實。這件雍正朝僅次於曾靜策反的大案，它的緣起，據《永憲錄》記載是李衛要收一位大商人做門徒不成而報復：「緣（程）漢瞻欲投拜（李）衛為門生，（李）衛索銀二萬金，乃以二千金贄見（范）時繹，時繹受之。遂因私憾啟大禍。」

說的是大商人程漢瞻也習武，想要拜李衛為師，李衛不但在官場有很高聲望，在民間也是家喻戶曉的人物，因此他的門檻很高，要交二萬兩銀子才能收為徒弟。這商人的思維跳不出錢來，他想：同樣拜師，江南總督范時繹也是武藝高強，身份與李衛也不差，遂帶二千兩銀子投拜，范時繹遂收為徒。這件事傳開後，李衛要治商人，因此興起大獄。

我們先說說甘鳳池。《清史稿·甘鳳池傳》（卷五百五，藝術四）等記載：甘鳳池是江寧人，自幼習武。特別精通內家拳。康熙中葉，甘鳳池曾做客京城一位權貴府邸。濟南有個張大義，身高八尺有餘，力大無比，尤以腿功見長。

他的腳趾都裹上了鐵，騰躍起來，如風馳電掣。他仰慕甘鳳池，走了數百里路到了京城，找到甘鳳池要比武。鳳池推辭，府邸的王爺卻竭力鼓動，甘鳳池勉強同意。鳳池倚在一根柱子旁，張大義認為甘鳳池膽怯，騰空躍起，飛腳向鳳池襲來，只見鳳池不動聲色，抬起手來，以手掌接腳。掌腳相接的瞬間，大義撲倒在地，血流滿靴。眾人一看，腳趾都嵌入所裹的鐵中！從此，甘鳳池名揚天下。

不久，甘鳳池應邀到揚州一個大富商家中當門客。在他之前，有一位叫馬玉麟的門客已在富商這裏服務多時，這馬玉麟是山東即墨人，長軀大腹，以帛約身，翻牆爬樹，卻比猴子還靈快。他見後來的甘鳳池被主人奉為上賓，大為不滿，因此借切磋武藝之名，想制服甘鳳池。但兩人經常較量的結果，是分不出高下。甘鳳池說，這是勁敵，非張大義可比。第二天兩人又開始比武，鳳池攻擊玉麟的弱點，玉麟逼到鳳池前就要擒拿，甘鳳池以駢指卻之，玉麟僕倒在地，慚愧而退。事後甘鳳池對人說，「我的力氣不過是一般人，之所以能戰勝他人，是因為我能善於藉助他人的力而制服他人罷了。」

甘鳳池手能破堅，握鉛錫化為水，又善導引術，常常以氣功給人治病。同里譚姓有個兒子，生病很久，吃了許多藥都不見效。鳳池便用氣功給他治療。在一間靜室之中，兩人背靠背趺坐了四十九夜，終於治癒。

鳳池為人謙虛，史書說他「喜任俠，接人和易」，儘管名滿天下，但與武林中人關係很好。大約二十幾歲時，他曾到浙東四明山，向黃百家學習內家拳法。黃百家的父親是明末清初著名思想家黃宗羲。康熙四十六年，他參加了轟動一時的一念和尚起事。原來，明清鼎革時，崇禎皇帝有三個皇子逃出北京，兩個皇子先後死去。四皇子朱慈煥隱姓埋名，到處躲避。康熙四十六年，一念和尚以朱三太子名義，安營於大嵐山，有徒眾一千餘人。成員包括呂留良之子呂葆中。被發現後，清兵上山，雙方交火，有八十多人被拿獲。清兵損失也不小，千總以下十餘人戰死。起事的另一支在蘇州被拿獲。康熙帝令戶部侍郎穆丹為欽差大臣前往審理。次年正月，反清案審結，浙江和江南共有十幾人被凌遲處死，處斬的有七八十人，被發配到寧古塔的有六七十人。

在這場舉世震驚的反清大案中，甘鳳池參預其中，但他不是核心成員，被捕之後夾訊兩次，問不出什麼名堂。因他熟識人多，有個名叫馬姿逸的軍官為他開脫，便被釋放了。

大約在康熙末年，甘鳳池回到老家金陵。人們不知道甘鳳池參預當年的朱三太子反清案中，反倒是他的武俠大師的稱號越來越響。金陵是明初的都城，後來明成祖朱棣遷都北京後，仍然作為陪都，一應建制，擬於北京。明亡後這裏率先成立南明政權。清朝定鼎後，在這裏設八旗駐防，最高軍事長官是江寧將軍。同時，這裏也是兩江總督的駐地，而兩江總督例由旗員出任。

梁羽生的武俠小說《江湖三女俠》，寫的是呂四娘、馮瑛、馮琳組成的江湖三女俠的傳奇經歷。其中，又重點寫了「江南八俠」，甘鳳池就是其一。這本小說的原型，從內容上推斷，部分取材於李衛發起的這件大案。

一號人物張雲如在江寧居住已數十年，相命、氣功、符籙、奇門遁甲等無所不通，上自文武高官，下至三教九流，朋友眾多，廣收門徒。更奇的是，兩江總督范時繹、江蘇按察使馬世烆俱以坐功筆籙，與張雲如往來甚密，奉張為上賓。張雲如又以星相著名，江寧將軍伊禮布曾命其子易衣而往，被認出，兵弁信其靈驗，從此門庭若市。甘鳳池本人就是金陵人，又是名滿天下的武俠大師，自然與張雲如多有來往。有個河南商丘人周昆來也一直住在江寧，自稱是明朝周王之後，改名單字一個「璕」，這個字拆開就是「尋王」之意。「尋王」就是尋找明朝朱氏的後裔。他曾同一個叫葉伯玉的人一起到蘇州見過朱慈煥，並認了叔姪關係。還有個蔡思濟在安慶活動，人稱蔡鬍子，是位算命先生。還有陸劍門，會天文六壬奇門，又知兵法，曾遍游南方十省，結交天下綠林豪傑，他把平湖貢生陸同庵拉來入夥。而陸同庵曾是松江提督柏之藩的幕僚即民間俗稱的師爺。范龍友是無錫秀才，以教習拳棒、設壇扶乩[1]，到處活動。這個組織有商人的支持。

---

[1] 扶乩：中國民間信仰的一種占卜方法，又稱扶箕、架乩、扶鸞、揮鸞、飛鸞、拜鸞、降筆、請仙、卜紫姑等等。

李衞是偵緝出身的，對江湖的事情向來很關注，也有「職業」的敏感。雍正七年正月，江寧省城發生了多起盜劫案，便委派千總韓景琦率領幾個人到江寧去訪緝，未查出什麼頭緒，韓景琦便轉回杭州，留下幾個人在那裏繼續活動。其中有一個人名叫李奇，因會算命，便化裝成算命先生走街串巷。張雲如團夥中操星相術本來就多，自然引起對李奇的注意。張雲如有個弟子于璉，是上元縣監生，以起課為名，與李奇交談。于璉拉他入夥。李奇盤出不少機密，立即報告李衞：「透露有一班謀為不軌之徒，以符咒惑人，各處煽惑，江、常、鎮、蘇、松等屬，以及浙、閩皆有聲氣相通之輩」。

恰好趕上李衞母親去世，在家料理後事。此間之事已如前述。三個月後，李衞回任浙江途中，與江蘇巡撫尹繼善、按察使馬世烆講到此事。馬、韓兩人對于璉威逼利誘，許以自首，于璉便將團體中張雲如、甘鳳池等十餘人供出。並說，甘鳳池煉氣精勁，武藝高強，各處聞名，聲氣頗廣。

于璉所開名單均在江寧，屬兩江總督轄區，但李衞有在江蘇捕盜權。為抓到首犯張雲如，李衞移諮兩江總督范時繹、江蘇按察使馬世烆，並派馬空北前往提解。不料張雲如與總督范時繹關係甚好，馬世烆還請張雲如教他兒子學法術。范、馬二人就是不放張雲如，還許諾重金給馬空北。李衞向雍正帝告御狀，迫使范時繹將張雲如押送浙江。

對於甘鳳池，李衞用智取的辦法。因甘鳳池「既有煉成功夫，不畏刑法，難得確供，未可輕舉妄動。李衞隨一面訪尋甘鳳池，託言臣子欲學弓力武藝，將其父子再三設法，羅致署中，徐圖逐漸盤詰。一面分行飭拿匪犯。」甘鳳池父子到巡撫衙門後，李衞親自審問甘鳳池。鳳池知道上當，悔之無及，便承認了他因年少無知，牽連到一念和尚案內，其他情況概不吐露。

李衞喚來甘述，好言安慰，誇獎他父親本領高強。甘述年幼，不知利害，本來就為父親而驕傲，聽到大官如此稱讚父親，不禁忘形，不自覺中把與父親往來的人和平時活動和盤托出。李衞隨即編造了幾份被抓獲人員的假供單，將甘述提到的人、事摻雜其中，讓甘鳳池觀看。鳳池一看內容，大驚失色，以為其他同夥已吐實情，便趕緊叩頭求饒，一吐真情。李衞在向雍正帝的密奏中寫

道：「伊見正情畢露，認為同夥所吐，聳然驚懼，叩頭乞哀，願以自首求贖。悉將江寧之周昆來供出在案。」

欽差審案

李衞是於雍正七年十二月初二日上奏的：奏明拿獲奸匪情形請旨差審結案事。李衞密奏很長，雍正有近二十處夾批，末尾還有很長一段硃批。在夾批中，雍正懷疑道：「張雲如係那省人？名姓似與湖南所獲匪類、俱出天師之叔相似名，江西人，應嚴究者。」夾批還有「如果馬世烆有為匪類掩飾，一面拿問嚴究，一面奏聞」的話。雍正在密奏後的長篇硃批，主要有四點指示：

第一，肯定李衞破獲大案。說這些匪類關係國家休戚。「朕一再告誡封疆大吏要防微杜漸，但如卿這樣領會的少。卿此立心，朕不但嘉之，而實感焉。此案卿之功大矣。」

第二，「你只管勉勵辦去，莫因無知之妄論，稍有疑貳。此等匪類即便拖累多人，亦必皆不法遊蕩奸民，再無有株連安分良善之理，何可憐惜，盡情究治。」

第三，范時繹要換。「范時繹（硃批「世繹」）原係一庸才，其才尚不能欺朕，膽尚不敢謂非，有身家操守可保，大族姓，料不負國，乃將就而用，不得人無奈起見也。現今督撫中除鄂爾泰、田文鏡，卿可舉一能勝兩江總督之任者。」

第四，「此案發端在卿，外人自無不覺知之理，若一人料理徹底，在卿實有難以為情處。朕意但斟酌一有本心人，同性桂來浙會同卿審結此案，密諭伊等不過應名色耳。」

關於馬世烆，雍正硃批：「馬世烆更可駭異，在伊受朕天高地厚之恩姑不論，伊乃馬雲霄之姓，誠親王門下人也，不但伊本身赦過擢用之恩，況伊又係年羹堯之犬馬，即此二案，朕不究伊治罪之德，朕從來屈心立志寧令人負我。差來大臣新正初十內，命從京起身來。」

　　李衛先後移交江蘇名單共 158 人。范時繹、馬世烆等先後拿獲 127 人，已解送浙江 91 人。在李衛一再催提下，江蘇於十二月初三日，即李衛密奏次日，將周昆來等八人解送浙江，而李衛列為一號人物的張雲如，以及鹽商程漢瞻等仍然留下。數日後（雍正七年十二月十一日奏）李衛密奏，等於重重參了范時繹等江蘇官員一本，說范時繹等江南官員，「要犯未曾行提，無關緊要之人，各處羅織，並拿年未及歲者。這是要把妄拿無辜、邀功喜事之名悉歸於臣。」到了二月二十五日，李衛上奏對范時繹的參奏明顯升級，說范時繹另有意見，從中掣肘，揹留要犯，株連無辜，欲令歸怨於臣。

　　由於江南、江蘇文武高官與李衛意見不一。雍正八年二月，雍正帝命工部尚書、都統李永升、漕運總督性桂前往浙江，同李衛會審此案。但名為「會審」，且是「欽差」，說白了，雍正只是讓欽差大臣應個名，一切均由李衛主導。

　　張雲如解到杭州後，又牽連到廢太子「二阿哥」之事。張雲如供出：「胡萬勝曾在二阿哥管船差使處行走，待之最厚，皇上即位以來，伊恐查及抄家，託故回籍，交結好漢，立意欲為報仇。」而胡不承認報仇之事，因年過六十，未敢動刑。

　　此案發生在曾靜策反案期間，雍正不想節外生枝，讓外面感到他的江山不穩，因此對牽連到廢太子允礽這一層，雍正硃批：「此事不可深究者，況朕待二阿哥天高地厚之恩德，有何仇可報復也。」

　　欽差大臣、工部尚書李永升、漕運總督性桂與李衛會審，奏請將按察使馬世烆、副將張玉金革職拿問。雍正令將馬世烆查抄家產，所有兒子全部拘禁搜查圈固。經審理：范時繹令按察使馬世烆，以人犯在江南，先期錄供為由，拖延將張雲如移交浙江；並找副將張玉金出面，由張玉金的姻親、鹽商程漢瞻出錢，留住李衛派來的馬空北。但張玉金拒不承認。馬空北也沒有銀子入手。最後擬判馬世烆斬監候、范時繹解任。欽差奏稱：「重案人犯，半夾不過四五人，其中有謀匪未成及造言惑眾，或從前叛案漏網，或被誘附和好事之輩，輕重不等，現在匯核各供、分別定擬，另行具題。」雍正硃批：「題到有旨。」

　　我們在檔案中，沒有發現對甘鳳池、張雲如等最後判決的密奏或題本。據

《永憲錄》記載，李衛母喪留任後，由於雍正對他委用益專，李衛遂事苛虐，作威福，邏卒四佈以興大獄。探聞江寧風鑒張某（雲如）許江都鹽商程漢瞻富貴，又薦其徒書有代為安插語，遂指為逆謀，搜其旅邸，得歷相留驗底本，由是牽連五省之人。後來雍正令果親王密往案治，皆從寬典，而江蘇按察使馬世炘、總督中軍副將王英皆以代漢瞻鑽營得罪，王英憤懣暴卒於法堂。總督范時繹逮問，以勛臣之後免死。漢瞻流徒，得贖留京師。

如果皆從寬典，就是沒有處死，這是果親王允禮赴江南審理的最後結果。那麼，一代武俠大師甘鳳池究竟是死是活？《清史稿·李衛傳》說他被處死。而《清史稿·甘鳳池》載：雍正中，浙江總督李衛捕治江寧顧雲龍邪術不軌，株連百數十人，鳳池亦被逮讞，擬大辟。世宗於此獄從寬，未盡駢誅。或云鳳池年八十餘，終於家。

現存清宮檔案揭開這位大俠的生死謎底。乾隆四年，經閩浙總督郝玉麟、浙江巡撫盧焯密奏，因甘鳳池之弟甘如岱上訴，其兄因張雲如案牽連，已關押十年，請求釋放。查甘鳳池今年將六十，監禁十年，於張雲如案內，審未夥同為匪，審無匪跡，恐縱逸為非，奏請將甘鳳池遞回江南，交地方官嚴行管束，不許出境，則該犯生歸故里，終此餘年。乾隆帝硃批：該部議奏。甘鳳池隨即釋放，回到家鄉，約乾隆中葉去世。

張雲如案審結後，李衛還曾派人到海外特別是呂宋島查詢「朱家苗裔」。

三十二、李衛的「宦海恩怨」

　　李衛長期在地方任督撫高官，性格直爽，嫉惡如仇，與很多官員不和，在官場結下不少仇怨。他本人識字不多，缺乏修養，又長於偵緝，猜忌心重，這讓他的仕途生涯蒙上更多江湖色彩。儘管雍正全力保護他，但也為此付出代價，特別是家族人受到牽連。

　　李衛的做法，似乎處處與人為敵。在雲南與石禮哈互參，這場夾雜個人恩怨的官司一直打到乾隆即位以後。雍正三年冬，李衛奉旨赴任途中至清江浦，與河道總督齊蘇勒議河工，因禮貌疏慢，得罪齊蘇勒。他到任浙江，承雍正旨意，對名臣楊名時落井下石。五年，買米回浙江，嫌湖廣收取過境稅多，竟然行文查訊，為此觸怒總督邁柱。六年，因清查馬廠等事，與杭州將軍鄂彌達大生芥蒂。又因行使職權，與浙江觀風整俗使王國棟、許容等人鬧得不可開交。李衛在浙江為督撫近七年之久，他秉承雍正意旨，執政以嚴苛著稱。許多做法甚至連雍正都覺得太過。如此與官場格格不入，李衛由此處處懷疑他人。

密奏遭「報復」

　　雍正六年四月，李衛密奏說：「臣讀書不多，自入仕以來，只知事君忘身之義，一切公務，竭盡辦理，於報效皇上之外，無所瞻顧，未知利害云何。如在滇之日，查出黃振國廣西捐納一事，伊子黃焜、黃炳視為父仇，無怪其恨深入骨。黃炳奉旨差往雲南審理范溥虧空一事，乘機報復臣徇庇題參。蒙聖明不即一併交部議處，令臣明白回奏。」

　　雍正帝對李衛密奏遭到黃家「報復」頗為不解，旁批道：此事朕未露一字與人，皆另錄發出，伊等如何得知？總有知覺，必亦係你自己口角不穩也，如

黃叔琳之案，可曾聞得說是何人所奏？

李衞隨即於六年四月向雍正密奏他親外甥、現任湖廣荊門州知州王佳士被黃焜等陰謀排陷致死之事。該密奏封套上標記稱：「此係李衞密奏之摺，硃批內有密諭之旨，奉旨不錄。」該密奏及雍正硃批，頗有價值。可以作為雍正帝處理其親近大臣隱衷之事來分析。李衞密奏說：

臣自幼孤苦，父兄早背，止存親姊，獨生一男，即王佳士，彼家原一無所有，當年係贅婿過門同居，量給產業資生，臣母因僅有子女二人，是以從幼撫養此甥，相依為命，佳士少壯時，與臣外貌相似，同時長成，臣母愛護無異。後於授職引見之日，皇上因其履歷頗悉，垂問良久。甥居官四年有餘，黃焜為湖北布政使時，知係臣之親甥，藉以報復。先因湖廣總督楊宗仁勒令屬員捐社倉穀一事，荊門州額糧每年止有七千餘石，反派壓報捐萬數之多，黃焜授意安陸府（硃批：是誰）彼此心照，逼令代民賠納，否則定以虧空揭參，甥變產賠補，家私將盡。皇上頒旨：民間原未交倉者，概免追賠；實在侵蝕者治罪。黃焜又以才幹可用，一切繁雜苦差，悉行調委，一人委查數處災荒，賠墊錢糧，殆無虛日，臣屢欲懇請解任別用，緣係私情中止。荊門州屬於衝繁刁頑抗糧之區，本任尚為棘手者，遂令署荊州府附郭，災荒凋敝、百孔千瘡之江陵縣令，使之兩頭不能兼顧。甥於本年三月初六殞命，臣於四月初四接信始知（旁批：汝甥是汝殺之也。為何不早奏？）止存日暮途窮之父母，與殘疾垂斃之幼男，臣逆料司府等勢必搜剔賠墊款項，不准抵消民欠，又未便於故後揭參，自幹分賠之例，必倒提月日，捏飾於生前先參虧空，後報病故，拘繫幼眷，搜變衣物，皆其一定之圈套。臣心實有不甘隱默，是以冒昧歷陳，非欲有煩瀆宸聰，但得將此陰謀排陷之由，達於聖主之前，臣甥雖死，其願足矣。至臣愚憨出於天性，必不因此而畏避禍患（雍正自「不甘隱默」至此旁批：似此何為煩瀆應奏者？但此事朕從何發處？便含糊有旨，人自然亦必知是你所奏，便將黃焜請開，為轉託他人擋成？又費一番事，更不明不白矣。你若與之

明來，單此事應減去者減去，錄一摺奏，朕便察究；若乞恩暗結如何？乞恩處明白奏來），稍改素心，以求解免於怨家，取悅於眾口，惟有捨此一身，在一日為皇上盡一日之力。臣之子雖已長成，即監生微職，並未為之捐納，非不願接續報效，實不敢使之輕入仕途，以為眾人報怨之的。（旁批：亦不必存此心。太過了。）黃炳前任浙江鹽驛道時先後婪贓二十萬有奇，及離任已久，前次奉旨江南審事之時，尚寫書與浙江甲商，勒借盤費九摺銀二千兩，有原書確鑿憑據。此外尚有多端，難以盡悉。（旁批：如應參奏者，亦當參奏）總之，孤苦如臣，惟賴皇上洞燭隱微，伊等又不能害及臣身。（旁批：豈止伊等而已哉！放心、放心！自己不陷害之人，雍正之年，朕可保其平安無事也。）臣尚有堂兄李綺，副榜教習出身。臣在雲南（為官），迴避改調四川，補授榮經縣知縣，先被法敏等差往口外，遍查年羹堯新築城工，仍勒令出具並無冒銷、嗣後如有損壞願甘任咎印結，在外幾及一歲，已經賠累盤費千餘兩。今春臣姪到浙，問其情狀，據云（旁批起：現在川大吏，皆係新用，與你有何說話而留心至此？朕不解！法敏原係混賬，攀援人事，已過矣。可明白書奏。）現在四川，諸凡動遭疑心，彼處大吏若遇有不便上聞之事，必再三嚴諭臣兄：「本地政務，斷不可令汝兄弟知道，否則惟該縣是問」等語。以此推度，則因忌臣而或波及於堂兄，將來未必不為王佳士之續。（何故生此？朕實不解。）請求將李琦調京驗看（已有旨調來，朕酌量另用）其人應否解任別用，或令回籍養親，俾獲保全生命。臣因至情迫切，語無倫次，干冒宸嚴，不勝悚惕（旁批：君臣之間應如是，朕實嘉悅之，能肯如此，公私皆便。）

黃焜曾在年羹堯下任職擔任陝西按察使，在年羹堯查拿陝西郃陽縣私鹽用兵一案中受到牽連，雍正三年十月，革其河南布政使之職。後任陝西布政使、鑲紅旗漢軍副都統、湖北布政使等職。雍正對李衛密奏私事，感覺難以公開處理，而用「暗結」辦法，又有違體制。李衛在官場得罪人實在太多，但並非都是因公而起，多數也並非因其主持公義。這份長奏將內心委屈向皇帝訴說，雍

正帝有的相信，有的認為李衛疑心太重。

被開除「族籍」

李衛的權力早已超越浙江，而在他的家鄉，族人依仗他的權力做了不少不法之事。雍正六年九月，他的堂弟李懷謹、李信枝居鄉放縱，李衛擔心江南總督范時繹藉此向他的族人發難，竟然把二人押解到浙江，關押在總督署，直到范時繹於雍正八年解職後才放回鄉。

雍正六年七月，李衛密奏：

> 臣籍隸徐州，族繁丁眾，賢愚不等，豐碭各鄉散處頗多，今春因有堂弟李懷瑾、李信枝皆少年喪父，鮮有管束，任意放縱，不循理法。臣訓之不改，招之不來，誠恐久益驕橫，有害地方，無可如何，於四月間行文淮徐道，煩其轉飭本縣將二人拿解赴浙，以家法懲治，圈禁在署，俟其改悔始放，並諮明江蘇巡撫衙門在案。此臣藉以警戒保全族人之苦情，而眾皆不諒，反生怨尤，即臣親房尊輩亦復附和，言臣為己不復顧人，交口騰謗，甚有欲改姓氏以為加罪之地者。不思臣本支相承，原係大宗嫡長，平素家居，族內諸事，例得主之，況今身荷封疆，執持綱紀，雖仇怨滿前，皆非臣所顧惜。此後如有大干不法，仍然怙惡不悛，臣若得知，即尊行尚當參奏，豈肯畏縮以負君恩，但臣因除窩、拿鹽、勘塘諸事獲罪於范時繹，而奉命議論河工，又與齊蘇勒有芥蒂之嫌，皆臣本省公祖大吏，若不奏明此中情由，將以臣因私家之事，煩動地方官為咎，則臣之心跡無以自明，而公私之交謫，亦難堪矣。

李衛在密奏中說他「非敢故為多事，洗白自身也。」李衛擔心他的做法會受到江南大吏的報復，而他將族人押解到浙江總督衙署的做法，又引起族人的極大憤慨與不滿，乃至要將其開除族籍。對李衛的種種擔心，雍正在硃批中一

再安慰他，說「范時繹乃不足置論之人」，與齊蘇勒之間的矛盾，雍正說「其過不在齊蘇勒也，齊蘇勒為人公忠直率，斷無有暗含宿怨假公報私之理。朕意舉凡此等形跡，皆不必繫念，人事參差不齊，何能計較纖悉無遺，惟坦懷靠天而行，一生受用不盡。」

關於李衛「非敢故為多事，洗白自身」的說法，雍正硃批說：「果肯洗白自身，乃係省事之舉，何云多事？但審辨公私，最為不易。倘向日於鄰里鄉黨間，先存曲嫌小憾，則又當一論。朕每言公中私、私中公，樞機正在於此，其中原委既不確知，難以批論是非當否也。」（雍正《硃批諭旨》卷一百七十四之八）

我們無法確知，兩江總督頻繁更換，是否因為李衛與之「結怨」，但可以確定的是，李衛族人特別是其堂兄弟，依仗李衛的尊崇地位，做了很多違法亂紀、擾害鄉民的事。雍正十二年九月，江南總督趙弘恩密奏說：，

> 風聞徐州府屬銅山縣胡家口地方，有李、郭兩家搶奪高糧，各統百人執持槍械互相打降，李姓用鳥槍打死郭姓二人，郭姓用長搶戳死李姓一人，其餘死而復甦及身受重傷者亦復不少，似此雀角微嫌，輒敢糾聚多人，私用火器兵械，肆橫殺傷戕害人命，大屬不法，隨於八月十二日飛飭司道府營查究，嗣於十八日據銅山縣報，係候選州同李緒糾領佃戶打手多人，爭割秫秫起釁等語，臣又細訪李緒係直隸督臣李衛堂弟，而郭姓以及縣民皆稱李緒弟兄素恃顯宦，佔奪民業，屠害鄉里等語，眾口如一。臣思李衛受主深恩，竭誠報效，素無瞻徇，亦無偏曲，斷不敢縱容族人肆行無忌以干國典。

他表示命地方官「務期秉公執法窮究，既不使奸豪逞志欺陵良懦，亦不得因係宦弟故為屈抑，庶國法昭彰而人心咸服矣。」趙弘恩密奏李、郭兩姓爭鬥之事，李衛也向雍正帝密奏在前，李衛還奏稱，李緒之爭鬥又由於伊親兄李綰之授計主使，必須追究李綰。雍正帝對李衛奏請追究李姓族人戕害人命之事，

予以批准。故此，雍正帝在趙弘恩的密奏上硃批指示：「此事經李衞屢次備細奏聞於朕，從前命李綺終養之旨，正為此而發也。於李衞奏摺中批諭甚悉，且曾令伊密寄江省督撫臣閱看，今事已到案，汝其揆情酌理，秉公執法，審理具奏。」

趙弘恩隨後接到了有雍正帝批諭的李衞密奏，「欽遵諭旨鈔錄，差送到臣」。趙弘恩隨即又密飭府縣等官一體留心，秉公查拿究擬，並再次奏明。雍正硃批：「李綺一事前經批諭，第當秉公執法審擬可也。」（雍正《硃批諭旨》卷二百十六之四）

參劾鄂爾泰胞弟

雍正清楚李衞與內外大吏結怨頗多，無法在朝中安排更高職位，遂於雍正十年八月，把李衞調任直隸總督。直隸乃畿輔重地，京師門戶，旗民雜處，最不易治。而調他到直隸，還有一項重要任務，即雍正的陵寢所在。此事容後詳敘。

李衞任直督後，仍不改他一貫的做法，專事與權貴巨室相鬥。或許這正是雍正想要的。這一次，李衞盯住了大學士鄂爾泰的胞弟、戶部尚書署步軍統領鄂爾奇。鄂爾奇才能一般，資質也平常，但雍正「愛屋及烏」，為表示他對鄂爾泰的寵信，遂對其胞弟升擢有加。李衞清楚鄂爾奇的「硬關係」，他無論如何也不會公開參劾，為此先「試探」聖意，密奏說直隸受災時，臣兩次請求賑濟的題奏，戶部尚書鄂爾奇竟然拖延數月之久。雍正帝硃批說：

> 密奏鄂爾奇一摺尤屬可嘉，苟非深悉朕衷、毫不瞻顧，安肯毅然直陳？但若從內發摘，事屬無因，殊與政體有關，且眾口囂囂，亦必猜度及卿，反不如公然指參，名正言順，亦見當代有如是剛方大臣也。原摺暫為留中，俟卿彈章到日，簡命果親王等公正王大臣數人，察審真偽，何能遁逃？從前王士俊參其妄提人犯等事，朕已嚴加呵責，大低伊秉性迂執，而

又悻愎自用，較之乃兄鄂爾泰不啻霄壤之分，向日屢曾戒飭，甚至加以夏楚，尚未料乖謬至於此極也。覽奏獎許之懷，筆莫能罄。

有了雍正帝的「鼓勵」，李衞又查出鄂爾奇庇護家人，及越職使用戶部印牌干預直隸房山公務等不法證據，遂於十一年九月參劾鄂爾奇挾詐欺公、紊制擾民種種不法罪狀。經果親王允禮等遵旨審理，請將鄂爾奇加倍治罪。雍正「念鄂爾泰裨益國家政務甚多，以之相抵。所請將鄂爾奇加倍治罪之處，着從寬免。」（《清世宗實錄》卷一百三十八）為安撫李衞，將其議敍、加一級。至此，李衞也知道被皇帝所利用，不久專摺奏請，請皇帝收回成命，免其議敍加級。雍正明白李衞是在鬧情緒，遂於十二年四月，硃批敲打說：

近日每有人在朕前進姜菲之言，大抵皆謂卿任性使氣，動輒矢口肆詈云云。謹言之戒，朕屢經諄訓，不啻再三。丈夫立身行己，於此等小節不能操持，尚何進德修業之可期？向後當竭力悛改，時自檢點，勤加從容涵養之功，漸融粗猛傲慢之習，則謗毀不弭自消矣。

但李衞鬥氣使性的本性難改，他為自己辯解說：

臣本質愚戇，心直口快，即屬官中從無一語輕於肆詈，何況他人。惟嫉惡過嚴，凡遇公事即覿面相對，不肯依違曲從，或遇有心鈎探藉以進身之人，但能隱而勿答，若問之不已則於是非二字從未慣粉飾虛詞，言不由中，再加添出枝節駕辭，聳動結恨益深，此實臣一生招尤取禍之大病，久蒙皇上洞鑒，屢賜教誨，臣朝夕服膺不敢暫忘，今忌臣者同心附和，即以此漸入其罪，且彼此聲援，多設巧法排擠冀以傾陷，若非仰邀聖主日月照臨之明，天地覆載之恩，開誠指示，諄切微戒，臣被獲重愆而不知所由來，惟有循誦御批，一字一淚，務期竭力改革，以仰副聖訓於萬分之一耳。

雍正對李衛的辯解不以為然，硃批說：

前摺所諭卿矢口詈人之處，據云從無其事，或出於有心鈎探駕辭傳佈，若然第一須防鼓弄脣吻之輩。譬如有人來告某某退有惡言，於此即當逆察其情，是來也果出於真誠耶？抑或激我之怒，竊記我語，復以播揚於人耶？審思而明辨之，庶免墮其術中。倘一被所愚，窺伺者接踵而至，朱紫混淆，涇渭莫分矣。古人有言止謗，莫若自修，必也毀譽不動於中，喜怒不形於色，能具此等襟懷，方得受用，否則，滿腔冰炭，苦曷可言哉！

雍正將即位前編寫的《悅心集》賜李衛閱讀，命其陶冶性情。李衛先對雍正帝「龍潛藩邸隨境而安，淡泊寧靜，久留睿思」大為欽服，稱「皇上以之涵養聖心，即以之教訓臣下，使氣質化於和平，性情歸於恬淡，如臣粗浮，更同釬砭，豈惟悅目清心，防詳醒悟，實在鏤肝刻骨體驗只循，以期稍得萬分之一耳。」雍正表示滿意，硃批稱：「奏謝之辭極有解悟，若能如是領防將來，與體究本分處，甚屬捷近。」

李衛中年發達，報主心切，是一個優缺點極為突出的能吏。雍正對他的秉性品質深信不疑，對其缺點再三訓誡。雍正八年九月，李衛患病，雍正派監生謝鵬先赴河南，為田文鏡看視，田文鏡給謝鵬送了四十兩盤費。謝鵬又奉命於十月初到了杭州，為李衛診治。謝鵬診斷說，李衛脈象心經虛細，肝氣太盛，克制脾土。皆平日過於思慮，積勞所致。現在上實下虛，比春間少欠，雖失血已止，面色微瘦，恐成怔忡之症。用歸芍地黃湯、八珍湯、六君子湯三方合用調理，便可逐漸奏功。雍正硃批：「調理督臣痊癒，毫無疑慮時奏聞，奉旨再來京效力，不可草率將就。」

雍正自八年春天得重病乃至一度病危，痊癒後抓緊西陵的建造。而西陵地處直隸，雍正調心腹重臣到直隸，也是為其「後事」做安排。雍正十三年八月，雍正帝突然去世，乾隆帝登極，與李衛結怨甚深的鄂爾泰被任命為總理大臣，李衛自感結怨招尤，孤立無倚，對雍正去世「苦臨極哀」。嗣皇帝弘曆及時召

見安撫他。李衞最後為雍正所做的是，修建自直隸房山到易州雍正陵寢路上的幾座行宮，配合乾隆帝把雍正帝安葬在清西陵。乾隆三年十月，李衞去世，享年 50 歲。

有評價說：「敏達（李衞）雖恃氣驕倨，不純用儒術，而澤及海隅，蓋猶封疆中之佼佼者。」（《郎潛紀聞二筆》）這或許言過其實。雍正曾評價李衞「狂直不謹」。鄂爾泰說：李衞長處甚多，短處時有，聖諭「狂直不謹」四字足以該其生平。

乾隆四十五年三月，乾隆五度南巡至杭州，見西湖湖神廟內有李衞及其妻妾的塑像，遂下令撤毀，降諭稱：「李衞於督撫中並非公正純臣，其在浙江亦無甚功德於民，並聞其仰借皇考（雍正）恩眷較優，頗多任性驕縱之處，設使此時尚在，猶當究治其愆，豈可令其託名立廟，永享祭祀乎？」（《清高宗實錄》）

三十三、從被懷疑開始的鄂爾泰

「封疆楷模」這四個字，源於雍正帝對鄂爾泰的特別期許。雍正把鄂爾泰和怡親王允祥，分別作為內外的榜樣，他推心置腹地對鄂爾泰說：「朕有此賢弟，為在廷諸王大臣之表率；得卿為直省封疆之楷模，不數年中外得以肅清，海內可望大治。」

不錯，雍正帝確實向不少官員推崇過李衛、田文鏡等人，還有「總督三傑」之稱。但事實上，這三人不可等量齊觀，也絕不在一個層面。乾隆帝即位後，曾以過來人的身份評價道：「當日鄂爾泰、田文鏡、李衛，皆督撫中為皇考所最稱許者，其實田文鏡不及李衛，李衛又不及鄂爾泰。」乾隆的這個評價堪稱公允。鄂爾泰後來內招為內閣大學士、晉封一等伯，雍正去世前特許其陪祀太廟，又是雍正臨終時的顧命大臣。這是田、李達不到的境界。雍正對李衛、田文鏡都不免有權術之用，二人又有藩邸舊人的經歷，而他把鄂爾泰稱為「朕之知己」，還特別用幾個「最」字表達他與鄂爾泰之間的關係。雍正說：「朕有時自信，不如信鄂爾泰之專。」還說朕可以保一生的，只有二個人，一個是怡親王允祥，一個是鄂爾泰；他還說：「鄂爾泰乃滿漢內外大臣中第一人也。」

有學者研究，雍正先後至少向近三十位封疆大吏單獨推薦過鄂爾泰。如果包括與李衛、田文鏡、高其倬等一起推薦，多達五十多次。這給我們一個巨大的疑問：雍正時期，皇權高度發達，而雍正帝多疑善變，是個性十足的皇帝，鄂爾泰如何能夠取得如此高度信任，成為「滿漢內外大臣中第一人」呢？

從被懷疑開始

忠誠在中國文化中，具有非常特殊的含義，它首先是指忠於國家、忠於職

守。在家國一體、朕即國家的中國古代，忠誠也代表忠於君主。我們通常所說的君臣大義、忠君報國，就包含了這樣的意思。

鄂爾泰的忠誠，早在雍正為雍親王時期就領教了。鄂爾泰是滿洲鑲藍旗人，西林覺羅氏，康熙十九年二月出生於順天府宣武門內甘石橋祖宅。由於滿洲應童子試，必須先考試弓箭，而鄂爾泰少年時身體弱，至16歲時才參加科舉考試。深得學政李光地的賞識，得鄂爾泰試卷大喜，說：「不意童子中竟然有此佳士！」召語竟日，以國器目之。康熙三十七年，補廩膳生，次年中舉人。據見過他的著名文人袁枚記載，鄂爾泰方頤廣額，鬢髯若神，色溫而語莊，面兼春秋二氣。由於祖先在關外時期有戰功，二十一歲襲佐領世職，充任侍衞。

這個侍衞一做就是十幾年。按照正常人的思維，當侍衞就是混日子，但鄂爾泰沒有放鬆自己，在多年的侍衞生涯中，他手不釋卷，時出懷中所攜古文、時文各一冊。後來他對人說：「生平得力，全在禁廷直宿時」，他從明朝的各代文獻，上溯到周、秦、漢、唐、宋，無不窮究，「後得以稍能淹貫大義者，皆數年之力」。康熙五十五年，他三十七歲時，康熙舉行御試詞林，他也自撰一卷，借入值之便，附入進呈，康熙閱後稱讚不已，令以文員出任內務府慎刑司員外郎。

慎刑司掌管上三旗刑獄案件，他忠於職守。有一次，雍親王有事召鄂爾泰，鄂爾泰予以拒絕說：「皇子宜毓德春華，不可交結外臣。」雍親王吃了閉門羹。還有一個郡王，命鄂爾泰替他辦事，鄂爾泰不從，郡王要杖責他，鄂爾泰袖中帶了匕首去見，對郡王說：「士可殺，不可辱」，郡王見他如此強直，向他道歉。

鄂爾泰忠於職守，不趨炎附勢，不畏強暴。但他的職位一直沒有大的升遷。康熙六十年元旦，正值四十二歲，他在《詠懷》詩中吟道：「看來四十猶如此，便到百年已可知。」為自己的前途感到迷茫。

雍正帝即位不久，就召見鄂爾泰，親友無不擔憂。雍正卻稱讚他：「你以一個小小的郎官，敢上拒皇子，說明你守法甚堅，今命你為大臣，必不受他人的請託」。雍正元年五月，破格提拔他為江蘇布政使，成為地方大員。

當時年羹堯是雍正第一寵臣，自恃功高，封疆大吏都趨炎附勢。一次，年羹堯派奴僕到江蘇，巡撫開中門迎接，奴僕到布政使司見鄂爾泰，鄂爾泰高坐上面，召奴僕，問道「你主子安否？」奴僕見鄂爾泰莊重異常，不得已屈膝而出，年羹堯也無可奈何。

當然，鄂爾泰取得雍正帝的信任，也經歷了較長一段時間被「考驗」的過程。雍正最初也懷疑鄂爾泰。

雍正二年十一月，鄂爾泰時任江蘇布政使。因鄂爾泰所上密摺，令其兄弟在京閱看，雍正將鄂爾泰等四人停止使用密摺。雍正在發佈的上諭中強調說：「密摺是國家機密緊要之事，關係甚重。託家人探聽消息，是諸臣不能自信，又不能信朕，其存心如此，其密奏又何益乎？鄂爾泰等停其摺奏。」

這件事對鄂爾泰的影響非常大，他通過部文奉到雍正帝上諭後，通過頂頭上司、署江寧巡撫何天培代奏，其中有「伏讀皇上諭旨，祗承之下，心膽俱裂」，皇上沒有把我罷斥，感激泣下，不敢具摺，伏乞代奏。雍正帝在何天培代奏的密摺上硃批：

> 鄂爾泰可惜將自己的好，反算別人的，亂跑門路，尋倚仗，到（倒）誤了自己的進路了，所謂求益而反招損也。凡人求人不如求己，無能的人，尚不肯求人，何況如他如此人材學問之人乎？是其自取，錯認門路也。可惜朕恩，教他着實勉力做好官。若因此懷疑懷畏，剩一分力添一成禍也。好生教導他。

何天培回任京口將軍後，張楷出任江蘇巡撫，三年四月二十八日到署，向鄂爾泰轉傳諭旨說：

> 鄂爾泰做官很好，朕曾說他是天下第一個布政司，既然說他好，為何不放他做巡撫？因年羹堯、隆科多極力薦他，必是他附託於人。我若放他做巡撫，他只知感激年羹堯、隆科多。我豈肯將大權落於人手？你如今

下諭旨與他，教他改過，照舊實心辦事，朕自然用他。若不肯實心幫你辦事，你也將情節奏明。

鄂爾泰立即表態說：奴才受皇上厚恩，係皇上特用之人，與年羹堯從未識面，隆科多也並未附託他，不知他們為何保薦。今奉聖訓，惟有實心辦事，不敢依附他人。

雍正初年，年羹堯、隆科多是雍正帝最寵信的大臣。雍正帝何以對這二位推薦的人都懷疑？真實的原因是廉親王允禩。原來，鄂爾泰在清理江蘇虧空，密奏涉及前總督赫壽時，用了「貪污劣跡亦未嘗昭著」這樣判斷的話，由此觸怒雍正帝，硃批用語極為嚴厲：「赫壽乃廉親王之黨首，國家之元惡，你若少受請託瞻顧，恐有身家性命之累也。」

鄂爾泰在江蘇清除火耗、加徵之弊，整頓奢靡之風，興修水道，賑濟災民，特別是奏准免徵蘇松浮糧 450 萬石，堪稱盡職盡責。但有的事情，如禁止婦女入寺燒香、結伴遊山、露臂外出，禁止男子穿裙等，事涉瑣碎。

雍正又通過巡撫傳密旨：「聞得他在蘇州，要移風易俗，將酒船戲子盡行禁止，這原是好事。但移風易俗非數十年工夫不能，豈是急迫得的？蘇州風氣虛華，只好慢慢去勸諭，如造了酒船，他一家衣食全靠它，從小學了唱戲，捨此無以營生，若一旦全禁止了，這些人必致失所。為官者自己要儉約，不去做興他罷了，也不必禁之太甚。」雍正三年四月，鄂爾泰上奏檢討說，「奴才初到任原來是禁止的，後來就不禁了。現在百姓蒙皇上減免浮糧，到處搭台演戲慶祝。」（《雍正朝漢文硃批奏摺彙編》）

鄂爾泰多次「緊急表態」，對履行布政使職責堪稱無可挑剔。雍正帝於是在當年八月，內召鄂爾泰，隨即擢為廣西巡撫，尚未赴任時，江蘇巡撫張楷與兩江總督查弼納於十月二十六日所上的查核倉庫奏文，對鄂爾泰是個極大的「加分」。二人奏報說：鄂爾泰任布政使，除應支出錢糧，應存庫銀 111 萬 1457 兩，絲毫無缺外，他個人應得餘剩銀兩，全部捐出買穀 33404 石，分別儲在蘇州、常州、松江，以備賑濟。

從時間上推斷，鄂爾泰捐資買穀交倉賑濟，不可能是為了「表白」他如何急公好義，而是他實心為民的自然舉動。這在康雍之交的方面大員中，確屬鳳毛麟角。

「如師如父」的表態

十一月初，鄂爾泰自蘇州啟程，赴京請訓。因七月他在江蘇衙署得瘧疾，臥牀二月有餘，此時尚未痊癒，雍正帝命肩輿入朝，留侍五日，六蒙召見。雍正還親自命尚書蔡珽為他看病，並把蔡珽所開的二方讓鄂爾泰早晚分服。

十二月初二日，鄂爾泰自京城啟程，因病未痊癒，雍正帝將其所乘御輿賜給這位新任封疆大吏，並命其乘坐赴廣西巡撫之任。途次襄陽時，接到改授雲南巡撫，管雲貴總督事，雲貴總督楊名時，以總督管理雲南巡撫事的新命。鄂爾泰當即在途上奏說：臣本庸才，而皇上訓誨儼若嚴師，矜憐宛如慈父。臣如果自甘暴棄，稍易初心，顧念身家，在一般大臣應受責罰，而臣應該受顯戮。鄂爾泰把雍正帝視為「嚴師」「慈父」的這番露骨表白，頗讓皇帝受用。雍正帝於新年正月初一接到上奏，心情甚好，硃批道：新正大喜，諸凡平安如意。朕與卿一種君臣相得之情，實不比泛泛，乃無量劫善緣之所致。期共勉之。

鄂爾泰於雍正四年二月抵任，他與皇帝這段時間的「溝通」大見成效，心情大好，他感受到昆明四季如春，對於身體恢復大有益處。

雍正帝對他寵信的大臣，大多超越君臣的「公務」範疇，而進入「私人」領域。想想年羹堯，想想隆科多，還有延信、岳鍾琪，這樣一份名單可以開出很長，但極少有「善終」的結果。以鄂爾泰的智慧，他不會不清楚皇帝對他的着意籠絡。但皇帝可以把戲演下去，大臣絕不能視為戲目中的一曲。

雍正五年八月初十這一天，鄂爾泰捧讀皇帝的硃批，竟然痛哭失聲，一旁的妻子不知道發生了什麼事。原來，雍正帝硃批說：「朕身體非常好，但每年夏季，便覺稍有不爽，總不像今年這樣好。每每想到交給愛卿辦理倚任的事情，想到愛卿的勤勞，心中總有不忍。」鄂爾泰大為感動，遂發生讓妻子驚訝的事。

他上奏說：「皇上日理萬機，每天在勤政殿聽政，寒暑從未間斷。天下萬世有這樣勤勞的天子嗎？內外大小臣僚，都應知感知奮，自訟自慚啊！臣鄂爾泰血氣自存，心肝不昧，如果念及身家，實同狗彘；如果愛惜自己的性命，神明在上。寫到這裏，涕淚盈襟，此生此世，為國家竭盡全部身心，自受事迄今，惟思勤以補拙，曉起夜眠，巨細皆親理，同官屬吏謂臣羸瘦，時有勸詞，殊不知盡得一分力，安得一分心，心之所安，即是樂境。」

鄂爾泰勤奮忘我的精神，連最勤政的雍正帝也大為感歎。雍正四年十月初二日，雲南知府袁安煜到任，口傳雍正諭旨：「你到雲南下旨與總督鄂爾泰，聞得他些須小事每辦至二三更天，若是勞壞了時，不是欲報朕恩，反為負朕矣。嗣後但辦大事，斷不可如此。」同時把雍正自己用的既濟丹一餅賜給這在邊方的愛卿。鄂爾泰表示：

> 邊方重地，臣自應持其大綱，示以鎮靜，以馭羣才，今於尚無條理時，倘不亟加整飭，破其因循，雖託言知體，實無以濟用。況督撫所謂小事，至府縣則為大事，府縣所謂小事，至本家本人則為莫大之事。稍有疏忽，貽累匪淺。自八月以來，精神漸長，肌肉漸生，舊疾頓除，日益強壯。十月初四服御賜既濟丹，迄今逾月，大有功效。但臣舊服藥方有人參、鹿茸無金魚鰾，今仍以參湯送之。

雍正五年十月三十日，是雍正帝的五十萬壽節，鄂爾泰早在三月就懇請進京祝壽。雍正說：「今年萬壽節，朕不受禮。地方事務雖然就緒，但正是料理之時。朕清楚你想來是出於至誠，不是客套。朕也很想念你。凡是外用大臣，朕不忍別而至於落淚的，只有卿一人。況且我們君臣年紀（不老），他日歡聚有日，不必做兒女態，安心治理地方要緊。」鄂爾泰表示：「我與皇帝，義屬君臣，實同父子，淚從中來，不禁又作兒女態。」同年九月十六日上奏說：「（皇上）愛臣諄篤，臣之慈父；勉臣深切，臣之嚴師。臣當念念存公，刻刻去私。」

到了五十萬壽節這一天，由於諸王大臣一再懇請，雍正帝勉強答應，辦一

場小型的「祝壽」活動。當天京城下了一場小雪，氣氛特別融洽。雍正帝想到鄂爾泰遠在邊省，沒能參加，特意留下幾種雍正帝親自品嚐過的食物寄給鄂爾泰，「如同我君臣當面宴會一樣。」次日，雍正帝在西暖閣召見羣臣說：「朕對羣臣無不關切。二年前鄂爾泰在朕前數日，朕每閱讀他的奏摺，就落淚。這難道是君臣前世結下的緣分嗎？昨天萬壽節，諸臣祝壽，朕見班中不見鄂爾泰，心中感感然，特意留下宴席上果品四盤，令奏摺家人帶去。」

雍正七年，雍正得知鄂爾泰病了，又是下諭旨、又是派御醫。鄂爾泰則表示：「蒙皇上垂注，臣心益切難安，愛身以備馳驅，奮志以免背負，一寸血誠，惟生死以之。」

八年九月二十三日，雍正召見鄂爾泰的奏摺家奴戴住，並傳旨說：「

總督現在患病，大概總督的病症，皆因朕體欠安，並怡親王仙逝，心懷憂慮所致。朕從二月間欠安起，以至五六月間，不過稍覺違和，並未甚病。八月間朕得一老人，乃異人也。賴伊醫治，朕體是以痊癒。明年（總督）正月二十起身進京，並非前來過節，因朕所得老人今年尚回河南，於明年二月來京，可以見他。朕不但身恙痊癒如初，而心病亦豁然盡除而無纖芥矣。

鄂爾泰上奏請安，對皇帝龍體欠安憂心如焚。雍正帝反而用長篇硃批，予以安慰：

朕躬甚安好。卿可好，愈如舊手。朕問及卿來人雅思哈，言卿因烏蒙事又復心煩，飲食減少些，覺氣色瘦些等語。若如此少有不遂心事，則便動心亂神，則無能為之，不安命者也。至誠感天，非（亦）此理也。當猛醒戒之。朕今歲違和，實遇以大怪誕事而得者，實並非為憂思煩惱而病者。着實聽朕訓諭，為朕珍重，向後不可蹈此愚淺不通之見。餘俟卿或明年或後歲來陛見時，當面細詳再諭。

鄂爾泰對皇帝表現出絕對忠誠，也以忠誠勉勵同僚。雍正五年十月十八日，新任雲南巡撫朱綱到雲南就任，他勸告朱綱說：

> 皇上用人行政，其實並沒有什麼神奇，只是一個至誠，事事從上天體貼下來，以一貫萬，一切刑賞予奪，皆聽人自取，而了無成心。如果毋欺，雖大過必恕；設或弄巧，雖小事必懲。我輩身任封疆，只須實心實力為地方兵民計，即所以酬恩，即所以自為，一切觀望揣度念頭皆無所用，也不能用。

雍正帝閱後，大為感動，從「只是」到「必懲」一段，每個字都畫了朱圈，硃批道：「朕實含淚觀之。卿實可謂朕之知己。卿若見不透，信不及，亦不能如此行，亦不敢如此行也。朕實嘉悅而慶幸焉。」

雍正一再稱讚鄂爾泰的，是他「居官奉職，悉秉忠誠，此專心為國，而不知其他者。」（《上諭內閣》，雍正七年十月）雍正向其他大臣推崇鄂爾泰的主要也是忠誠。他對貴州巡撫何世基（王邊）說：「鄂爾泰非尋常督撫可比，其才既優，心復公誠，封疆大臣中，實難多得者。」對廣西巡撫韓良輔說：「大抵才具關乎天分，何可勉強，但能效法鄂爾泰之忠勤，則一生用之不盡，諸務亦不難辦理。」雍正帝毫不吝惜他對鄂爾泰的讚賞，說「內外大臣朕一人調停訓導，皆可為國家賢助，若求獨立不倚、心如金石者，朕八年來觀內外諸王大臣官員中，惟怡親王與卿也。」把鄂爾泰與怡親王相提並論，這是對鄂爾泰的最高評價，也是其他大臣難以攀登的高度。

愛屋及烏，對鄂爾泰家族的重用

鄂爾泰兄弟眾多，其五弟鄂爾奇比他小二歲，是康熙五十一年壬辰科進士；六弟鄂禮比他小四歲，歷監察御史，兩次出任鹽政大臣。雍正五年五月，雍正降諭旨給鄂爾泰：「鄂禮前朕未審其人，昨補用時見其人甚可取，此卿之祖

父必有積德處。加意教導他。卿這弟如何？朕觀似在鄂爾奇之上。」鄂爾泰回奏說：「臣弟鄂禮存心忠厚，亦頗明晰，策勵用之部司，尚可辦事。但無卓識，難有定力，雖為人平易，比鄂爾奇較優，然鄂爾奇多偏，鄂禮少軟，過猶不及，均未成就。臣當不時教導。」

鄂爾泰的原配夫人瓜爾佳氏，康熙五十年為其生長女，當年病故。次年，繼娶邁夫人席他拉氏，乃大學士兼吏部尚書邁柱之女，她為鄂爾泰生下六男二女。長子鄂容安，次子鄂實過繼給鄂禮為嗣子，娶高斌之女為妻。三子鄂弼，四子鄂寧娶戶部尚書海望之女為妻，五子鄂忻，莊親王允祿請旨，以其女為之妻。六子鄂謨。又鄂昌，是鄂爾泰長兄鄂善之子，鄂敏，乃鄂爾泰三兄鄂臨泰之子，並於雍正二年中順天鄉試舉人。照例應迴避，蒙恩中進士。雍正六年三月，鄂爾泰從其家兄鄂臨泰家信得知，胞姪鄂昌得重用，為此謝恩。雍正表示：「廣眾之人，尚賴卿代朕鼓舞教導，以培養人才，況卿弟兄子姪，豈有不加意訓誨、令竭誠報朕之理？朕原求得人而用，非私卿親戚有所偏向也。設如用而不是者，必係不聽卿訓導之。」七年四月，鄂爾泰擔心鄂昌在外任出錯，奏請將其胞姪寧夏道鄂昌調部內學習。

雍正不以為然，硃批說：「鄂昌人甚用得，存心似正，才具俱可，再加教導歷練，不改初心，可望成人。在內學習與在外事體不同，及至外轉大用時，仍須歷練，豈不多費功夫歲月。朕意不過恐其錯誤，然朕用人，自有斟酌，除自暴自棄之下流，無可奈何，但肯存心向上者，自有造就之道也。」雍正九年三月，鄂爾奇授左都御史，仍兼理工部侍郎事。鄂爾泰謝主隆恩，表示「任愈大而稱尤難，志雖切而才不逮。」雍正硃批說：「鄂爾奇居心立志一無瑕玷，識見多，率偏鄙，然根本能立，其枝葉何妨出入。朕數年來不時破顏羞辱訓誨之，不但卿弟，凡內外臣工，朕皆望其玉成。卿自放心。」十月，授鄂爾奇兵部尚書、協辦工部尚書事。鄂爾泰奏稱「臣兄弟叔姪一門之內，同受殊恩，古今罕比。」雍正十年，鄂爾泰內招，授為大學士，晉封伯爵，賜相府一宅，進入仕途巔峰。其兄弟子姪也飛黃騰達。鄂禮授長蘆鹽院，鄂爾奇任戶部尚書。

三十四、改土歸流

雍正對鄂爾泰推心置腹地說：「凡封疆大吏，能保名祿者，即為上上人物矣。」

由於康熙晚年留下的積弊太多，雍正以時不我待的緊迫感，大刀闊斧實行改革。因而，他不用那些庸官、懶官、太平官，而大膽啟用並重用勇於擔當而有作為的官員。鄂爾泰勇於擔當，最突出的也是他一生最大的功績，是在西南實行改土歸流。

聚訟紛紜的大治策

鄂爾泰於雍正四年二月走馬上任，是以雲南巡撫管雲貴總督事，真正的封疆大吏。他到任之初，恰好趕上與雲南毗鄰的四川東川、烏蒙土司為爭地而大興干戈。二月二十四日，他向雍正帝上奏：「滇、黔二省苗族等各族雜處，欲安二省，先解決土司，欲解決土司，務期改土歸流，只有改土歸流，才能長治久安。而苗疆多與鄰省犬牙交錯，必歸併事權，始可一勞永逸。如東川、烏蒙、鎮雄，皆四川土府，距離成都府城甚遠，距離雲南省城僅數百里，如改隸雲南，可相機改為流官」。雍正帝以鄂爾泰能辦大事，下詔以東川、烏蒙、鎮雄三土府改隸雲南，從而拉開了歷時六年之久，涉及西南地區的大規模改土歸流。

原來，在雲貴、廣西、四川、湖南等西南地區，有苗族、布依族等少數民族，長期處於土司的統治下。「其受地遠自周、漢，近自唐、宋，而元、明賞功授地之土府、土州縣亦錯落其（苗）間。」這些土司由王朝中央發給印信、號紙，上面書寫土司姓名、職銜、世系、授職時間等，以示為朝廷的命官，但世代相襲，不但佔據土地，而且土民也歸其所有。從管轄系統而言，既有隸屬吏

部的土府、土州、土縣，還有隸屬兵部的宣慰司、宣撫司安撫司等。有職銜的
土司多達約八百個。國家之法無法真正實施。早在雍正二年，雍正帝就想解決
土司問題，他在給西南等地的督撫上諭中說：「朕聞各處土司鮮知法紀，所屬土
民，每年科派，較之有司徵收正供，不啻倍蓰，甚至取其牛馬，奪其子女，生
殺任情，土民受其魚肉，敢怒而不敢言」。土司的存在，成為西南治亂的樞機。
魏源在《聖武記》中說：明朝播州、藺州、水西、麓川之亂，皆勤大軍數十萬，
殫天下之力而後平之，故云、貴、川、廣，恆視土司為治亂。[1]

　　改土歸流，可謂極具挑戰。這挑戰一則來自土司。改土歸流通俗地說，是
廢除世代承襲的土司制度，實行由中央按照內地選派官員直接管理的制度。這
自然會遇到土司的頑強抵制，甚至武裝反抗。舉例而言，與雲南毗鄰的四川東
川府，康熙三十一年就實行了改土歸流，但由於土司力量太強，改流三十年，
東川仍為土司盤踞，東川府的文武長官，長期寓居在省城成都，膏腴四百里無
人敢開墾。雍正四年三月，鄂爾泰奏請將東川改隸雲南管轄。雍正硃批：「東
川歸滇，高其倬未到之先，已有旨矣。其餘所論極是，應具題者具題。」二則
來自清廷對改土歸流的認識不統一。一直到乾隆時期還有爭論。楊名時就反對
改土歸流。三則來自西南地區官員本身對其分歧更大。剛開始推行時，丁士傑
就以「三不可」反對，他還直接上疏雍正帝，表示明確反對。還有的人如劉業
浚，開始覺得此事容易解決，有苟且邀功之念，其後見事情非常艱難，又膽落
技窮，也同聲附和表示反對。雍正帝對鄂爾泰的硃批也異常坦誠：「丁世傑亦將
此事數次奏言其不可，朕未被其搖惑，若非信得及卿，朕亦不敢輕做主張也，
良心話。」

　　由於鄂爾泰的擔當、定力，雍正的堅決支持，使得這項影響深遠的制度變
革得以實現。

1　魏源：《聖武記》卷七，嶽麓書社 2011 年版，第 286 頁。

有節奏的推進

特別值得肯定的是，鄂爾泰在這一過程中，非常注意推進的節奏、掌握政策的力度，尤其善於用人。從策略而言，不專恃武力，爭取波及面小，儘量減少阻力。雍正高興地說：「好啊！鄂爾泰真是上天賜給我的奇臣啊！」雍正六年元旦前夕，雍正帝賜給遠在邊地的鄂爾泰許多禮品，並以有猷有為有守勉勵他。鄂爾泰回奏說：「自念守不足難，或可自信，而何以有猷？何以有為？對越之下，敢不凜然。惟願滇黔父老子弟，年年歲歲同遊春風化日之中，是臣之心，是臣之志。」

鄂爾泰在西南推行的改土歸流，是從東川、鎮沅等地逐漸開始推進的。尚未接到雍正帝將東川從四川劃屬雲南前，鄂爾泰就對處於與烏蒙爭地的東川進行詳細調研和部署。雍正帝的批諭一到，立即將所有土目撤換，改為流官管理，奏請以黃士傑為東川知府。他隨即將雲南鎮沅土府改流，該土府刀瀚貪淫強暴，每年額徵銀 36 兩，實收 2348 兩；額徵米 100 石，實收 1212 石，其輸之國庫者，十不及一、二。鄂爾泰派人將其抓捕，收繳印信、號紙。但由於威遠同知劉洪度署府事，編糧苛刻，家人勒索銀錢，威逼寨民，激起刀西明等聚眾一千餘人，焚燒知府衙門，劫走所徵課銀，釋放被捕者，縛劉洪度於柱，剝心祭旗。鄂爾泰聞變後立即奏報。雍正帝批諭：「改土歸流，固係美事，然必委用得人，方保長治久安，觀此，劉洪度必有自取死之道。」囑鄂爾泰「酌中料理，疏而不漏」。雍正五年五月，鎮沅平。鎮沅原土知府刀瀚處絞監候，其家口遷往江寧。雍正帝由此降旨：「凡有改土歸流之土司，其遷移何處及如何量給房屋存養，着九卿等酌量該土司所犯罪案詳議。」十月初二日定例：「雲、貴、川、廣西、湖廣五省改土歸流之土司有犯斬絞重罪者，其家口遷往遠省安插；犯軍流罪者，土司家口遷於近省安插。令地方官稽查，不許生事疏縱。」

東川等地改土歸流的順利實行，給了鄂爾泰極大信心。四年九月他上奏提出，改土歸流為滇黔第一要務：「竊以苗倮逞凶，皆由土司。土司肆虐，並無官法，恃有土官土目之名，行其相殺相劫之計，漢民被其摧殘，夷人受其荼毒，

此邊疆大害，必當剪除者也。」自此，改土歸流在西南全面推進。按其影響較大的，主要有：

一、雲南烏蒙、鎮雄。鄂爾泰提出圖烏蒙以絕後患的建議。雍正帝對此表示贊成，說四川烏蒙土司，縱恣不法，擾東川府巧家地方；雲南與烏蒙接壤，命與川陝總督岳鍾琪和衷辦理，將來若可改土歸流，於地方大有裨益，但一切機宜務出萬全、縝密，勿少輕易，致生事端。為提高鄂爾泰的威望與事權，當年十月，特授雲貴總督加兵部尚書銜。隨即，鄂爾泰從雲南前往貴陽處理長寨後，駐紮威寧，規畫東川等地事宜。懾於強大的政策攻勢和兵力，烏蒙土目祿鼎坤攜其子祿萬福等，在鄂爾泰到達東川前一天，將所管魯甸地方 2800 多戶，造冊投獻，願歸版圖。雍正諭允。烏蒙各地土目、頭人也紛紛歸降。

鎮雄與烏蒙脣齒相依。五年三月，鄂爾泰奏請在烏蒙、鎮雄實行改土歸流事宜。雍正帝硃批指示：今滇黔數處改土歸流，新定苗夷，正資彈壓，烏蒙、鎮雄等處擴地甚廣，應添兵處不可惜此小費，當謀一勞永逸，萬不可將就從事。雍正帝批准，在烏蒙設府、鎮雄設州，均劃歸雲南設流官管轄。

二、廣西泗城。泗城土府位於廣西北部，與貴州相鄰，轄地二千多里，比烏蒙、鎮雄還要強大。泗城土府岑映宸橫徵濫派，民不聊生。鄂爾泰提出，泗城土府不除，川、滇、黔、粵四省邊界難安，應改土歸流。雍正帝命廣西巡撫韓良輔、前任廣西巡撫，現工部侍郎李紱，與鄂爾泰面商，如果用兵，粵省聽鄂爾泰節制。五年六月，鄂爾泰邀韓、李二人到貴州安籠會商。二人見鄂爾泰沒帶一兵一卒，大為不安，鄂爾泰答曰：「我已攜三十萬兵矣」。二人問：「三十萬兵安在？」答曰：「煌煌明詔當兵十萬，烏蒙先亡當兵十萬，某不才，從諸公後親莅南籠，亦可當兵十萬，是則強兵十萬也。」二人斂容而退，曰：「誠不可測」。[1] 由於鄂爾泰做了周全部署，次日，岑映宸跪繳印信、號紙，並率其子弟頭目，懇請改流存祀。鄂爾泰奏請將岑映宸連同其妻子家口解至浙江原籍安

1　鄂容安等：《清史資料》第 2 輯，中華書局 1981 年版，第 92 頁。

插。泗城知府改設流官，以江為界，江北歸粵，江南歸黔。

當年底，雍正帝發佈諭旨，改土歸流向所有土司地方推廣。諭稱：

> 向來雲貴川廣以及楚省各土司僻在邊隅，肆為不法，擾害地方，剽掠行旅，且彼此互相仇殺，爭奪不休，而於所管轄苗蠻尤任意殘虐，草菅人命，罪惡多端，不可悉數。是以朕命各省督撫等，悉心籌劃，可否令其改土歸流，共遵王化。此朕念邊地窮民皆吾赤子，欲令永除困苦，咸樂安全，並非以煙瘴荒陋之區尚有土地人民之可利，因之開拓疆宇，增益版圖而為此舉也。

至雍正六年初，雲南東則東川、烏蒙、鎮雄，西則鎮沅、威遠、恩樂等處實行改土歸流。鄂爾泰上奏規劃雲南全省邊疆。雍正說：「凡鄂爾泰所辦之事，朕實在無一言可諭矣，卿之功勞，實難筆諭，勉之一字，皆不忍書；嘉之一字，實亦有負卿之心。」

為鼓勵苗疆效力之官弁，雍正帝令鄂爾泰將近年在鎮遠、烏蒙等地作戰勇敢、效力卓著者補總兵，因新附之地關係緊要，若以他省之員補授，未必熟悉滇省事宜。鄂爾泰以事權過重，請雍正帝特簡，雍正只將他所知的元江副將張應宗補授楚姚總兵，所遣元江副將一缺，着鄂爾泰於哈元生等三人中補授。鄂爾泰向雍正解釋他未能提名的原因，並說三人皆可稱副將，參將哈元生更優，人才精悍，有勇有謀，前取烏蒙，諸將皆不如，補授沅江副將。雍正硃批：「甚好。朕非本心怪卿，實為卿將來易於舉劾，他人不得議論之意，卿自然亦理會，但不肯認此一着耳。」

「封疆大臣之法程」

隨着改土歸流的推進，與貴州接壤的廣西，改流事務較多，加之吏治、營伍廢弛不堪，六年十一月初，雍正帝給鄂爾泰發硃諭，欲將廣西從兩廣總督劃

出，就近撥入雲貴，歸鄂爾泰總督。鄂爾泰表示，他任雲貴總督三年以來，雖竭盡全力，不敢稍有懈怠，但常懷隕越，而廣西重地，廢弛已久，擔心更多疏略。如果皇帝降旨，他也不推辭，他總理大綱，分任條目，一二年內，或漸有改觀，他也絕不單為廣西一省考慮。隨即，雍正帝特授鄂爾泰為雲南貴州廣西三省總督，一應軍民事務，俱照總督之例管轄。雍正還對鄂爾泰說：「卿三省總督之印，乃朕合對卿之年命，選擇吉日良時，在養心殿交怡親王監視成造者。卿可愛惜，長久用之，事事如意也。」

到雍正九年，雲貴廣西三省共有七個土府、六個土州、十幾個長官司，以及車里宣慰司江內六版納，實現改土歸流。在黔東南闢地二三千里，幾乎佔貴州全省一半。

改土歸流堪稱是西南貴州、雲南、廣西的一次大開發。當雲南、貴州改土歸流取得重大進展後，鄂爾泰就開始籌劃興修道路、疏浚水利工程。率先疏浚雲南府之滇池海口及下截盤龍江、金汁、銀汁、寶象、馬料等六河，並自阿迷州以下一千五百里至剝隘之水道，已通八達河，直達廣西的大河，而土黃一百六十里旱路修整平坦，可行車馬，不但東西兩粵片帆可至，將來通商並可直達吳楚。鄂爾泰飭令地方多造秋船、麻陽船，並在湖北僱募熟練工匠、水手，前往廣南府教習民人，打造撐駕，並刊刻告示，飭發三省地方官，招徠商賈進行貿易。鄂爾泰拿出歸入自己的養廉銀五六千兩，以為費用。雍正對此極力稱許，說這是「超羣拔類之辦理，開從來封疆大臣未舉之善政也，朕滇南赤子曷勝慶幸，凡此等有利與地方民生之事，若有應動正項者只管奏請，不可瞻顧，竭蹶從事。」當以上工程完竣後，雍正硃批：「欣悅嘉獎觀覽六字，不能諭朕之意，而此外又覓欲諭之辭不得，在卿自為參詳可耳。」

在改流地方興修水利，僅雲南昭通就有 10 項，可灌溉土地兩萬多畝。雲南全省改流後興修水利工程 70 多項。鄂爾泰還修浚了 1200 里的清江，300 餘里的都江。修築上起土黃下至廣西百色全長 700 餘里的河道，使「兩粵、楚湘為之溝通」。鄂爾泰把內地的耕種、紡織、冶鐵、燒窯、採礦等生產技術，在這些地區傳播。

改土歸流也促進了當地文化的發展。鄂爾泰普遍開設學堂，設教官，讓兒童免費入學。雲南一省就開設義學 463 所，貴州開設義學 24 所。雲貴地區有「骨種之習」，即姑之女必嫁舅之子，屬於近親通婚。鄂爾泰令其改之。

雍正八年是庚戌年，為紀念鄂爾泰「改土歸流」的功績，在雲貴邊界建橋一座，雍正親筆命名該橋為「庚戌橋」。魏源還為鄂爾泰不平，說世人懷疑鄂爾泰經常上奏祥雲，是固雍正之寵，實則原來陰氣太重，自陰隨陽解，則山澤之氣不得不上升，升則不得不為縵空五色之祥雲。[1]

鄂爾泰的擔當，還可以舉出一個事例，即委婉勸說雍正帝，不要調他出任兩江總督。雍正四年八月，鄂爾泰到雲貴半年，正當他提出全面改土歸流時，雍正帝在他的密奏中硃批：

卿此心此行，不但當代督撫聞之可愧，實可為萬代封疆大臣之法程。兩江非卿不能整理，如朕之意，雲貴一切事宜，俟料理有頭緒時，還向卿要一可代之人，來兩江與朕出此一大力。可留心，但諸務不可因此旨促迫為之。常德壽可勝撫任否？楊名時朕原欲調進大用，今覽卿所奏，外任亦甚屬緊要，卿意如何？

鄂爾泰密奏表態：

兩江重任，原非臣愚所能勝，然誓欲酬恩，難易非所計，亦何敢固辭。但雲貴極邊，關係緊要，一切事宜尚未有頭緒，臣即竭蹶料理，亦必須時日。茲蒙聖諭，不敢不盡言之：一夷情之難制也；一軍伍之不振也；一地利之未盡也；一水陸之不講也。以上四條，撮舉大要，節目繁多，不敢瑣瀆，臣欲略定規模，使後來勝臣者可以推廣，不及臣者亦可以依循。斯臣力稍竭，臣心稍慰。仰懇聖恩，兩江另簡賢才，留臣三五年，俾得詳

1　魏源：《聖武記》卷七，嶽麓書社 2011 年版，第 294 頁。

籌緩理，庶幾可有頭緒。至於楊名時，誠實端正，內外如一，撫綏之任有餘，但營務軍機不能料理。若與臣同事，可以共濟，伊因虛心，臣能直告也。據臣愚見，內任實堪大用，外任或難總理。常德壽存心甚好，人亦明晰，小省督撫可以勝任，但識見尚未通達，猶少果斷。雍正帝覽奏，頗感欣慰，硃批道：上蒼鑒之，朕臨御四載，亦只得卿與怡親王二人耳。勉之一字，朕皆不忍下筆矣。

雍正說：朕有時自信，不如信鄂爾泰之專。雍正八年六月，鄂爾泰得知雍正身體有恙，要進京看望。雍正告訴他不必來：

卿可將三省事宜竭力辦理一二年，如三省總督之代，內外滿漢文武大臣中，除卿再不能得稱任人也，惟其高其偉心志尚可，才力不及，況此人朕亦欲就近省以備用。朕意或雲南、粵西設一總督，川貴設一總督，或雲、川設一總督，貴州、廣西設一督臣，應如何分理處，卿可代朕詳細斟酌，籌劃奏聞，內外滿漢文武大臣，便微員中有可大任者，不妨擬奏孰可應何任，孰可稱何職，將卿尚有意清理而尚未舉行者，可暫緩將就料理，一一妥協穩當，卿可信而不疑時，再奏請來京。得卿在廷，朕寢食俱為之安寧矣。但卿聞此諭，若草率辦理，只圖速慰朕念，倘三省新辟事宜或有乘隙反覆，文武屬員變移心志，懈怠安撫，至令若輩少有蠢動，那時若再命卿來料理，則內外皆致貽誤，則不但卿為國家之罪臣，而朕亦不免天祖之責咎也。暫時卿可為朕放懷，勉強擺脫鼓舞，料不致錯誤，不可以過忠愛朕之心，有負朕倚信之意。一一遵旨，詳細斟酌籌劃奏聞，再生為忠正之人，沒必為光明之神也。

雍正四年六月，雍正帝親自做主，把鄂爾泰的胞兄鄂臨泰女兒許給怡親王允祥長子弘晈。雍正說：「怡親王乃不世出的賢王，卿實國家之名器，都是朕的股肱心膂，朕有意撮合這門親事。你前時陛見時，朕想讓你與怡親王見面，因時間倉促，加之怡親王正在查勘河務。你動身後，王回京，朕告以為人居心，

王敬慕稱讚之懷，實難筆諭。你寫的一切奏摺，朕多給怡親王看。朕所悉知的，當代只有你二人朕保再不移志者，其他人朕實不敢信。今奉旨聯姻，你與親王就不是私交，一切書札、問候、來往，正可彼此勉勵，同心同德，贊襄朕與蒼生造福，凡形跡影像之懷，一點不必存於中。」

雍正七年十月，上諭把鄂爾泰與高其倬進行對比：二人外間俱稱為好總督，實際不同，鄂爾泰居官奉職，悉秉忠誠，此專心為國而不知其他者。高其倬謹慎廉潔，平和，他怕謗議，為己之念多，也是他不及鄂爾泰的地方；高其倬為總督，只圖把他任內的事情做好，不考慮後來的，而鄂爾泰每事籌及遠大，即便接任的人是中等才能，也能做好。

清廉為官

鄂爾泰有句名言，張廷玉都非常佩服，即「大事不可糊塗，小事不可不糊塗，若小事不糊塗，則大事必至糊塗也。」鄂爾泰原夫人早卒，後娶大學士邁柱之女為夫人。二人感情甚好，生有二女六子，也可以說是大家庭。

鄂爾泰是旗人，按照規定，他退職後必須回京。但堂堂的一品大員，一直沒有在京置辦房子。雍正七年正月，鄂爾泰的家奴接到內大臣傳旨，令他到怡親王處去，有交給你事情。家奴初九到怡親王府，親王當面對家奴說：「皇上賞總督內庫銀四萬兩，你回去說知，着來請領。」家奴把事情稟報後，鄂爾泰欣喜之餘，內心很沉重。他向雍正帝詳細密奏他的家庭財產情況。他說自擔任要職以來近六年了，所得養廉銀不止十萬，除日常花費外，如果存起來置辦田房，也是能夠辦到的。只是感到國家公事未完，不敢計及家私。因此至今京城並無房屋，也無莊田，除隨任家口外，也沒有家人在京。去年兼理巡撫，又得養廉銀九千多兩，除用度外，尚有六千多兩。曾用七百兩把早年出典的老宅贖了回來，再添幾百兩進行裝修，改造成祖父的祠堂，還用九百兩在墳園立了三通碑。現仍有三千多兩，存在司庫裏備用，原想祠堂等事情辦好後，再買房子。這不是矯情，而是不敢悖理。現在改土歸流的事情已經基本就緒，總督的養廉銀，每年是花不完的。生活已經非常充裕，更主要的是，天性節儉，不事

浮華，除衣馬犒勞不敢苟簡，有損封疆大吏體統外，沒有其他開銷。妻子在衙署，衣服不過綢絹，並沒有首飾等物。「臣經常捫心自問，受到皇上恩遇之隆，痛父母之不逮，不敢令妻子兒女過於享受。皇上憐愛之深衷，成全之至意，感極無言，領受何辭？請求或准於雲南藩庫餘銀內暫且動撥，臣當陸續支領，除買田外，餘留備臣需用。」

雍正硃批：「好，已面諭怡親王了。王自有料理，說與七斌（鄂爾泰家奴）來。」

鄂爾泰任雲貴總督兼兵部尚書後，當年（雍正四年）舉行鄉試，由於滇黔兩省交通不便，距離省城又非常遙遠，儘管國家給驛馬參加鄉試，但貧寒子弟尤多，鄂爾泰捐一千兩，作為舉子公車盤費。在他的帶動下，各級官吏也自願捐款，合計每個參加鄉試的考生可以有 30 兩銀子，鄂爾泰令地方官勸士子應試。故這一科雲南中進士 10 名，貴州中進士 6 名，號稱得人才極盛。

《古今圖書集成》原是康熙皇三子胤祉奉康熙之命，與侍讀陳夢雷等編纂的一部大型類書，最終完成於雍正六年，一萬多卷，六編 36 典，用銀百萬兩以上，當時內府只刷印六十部，雍正只賞給諸王與在朝實心辦事、學問優通的大臣，存內府的不及一半。雍正沒有忘記鄂爾泰，賞賜他一部。鄂爾泰慨歎說：「與其留給我一家子孫讀，何如存在書院，留給一省子孫讀。」遂將該書永遠存放在雲南省五華書院。他離開雲南赴京時，考慮到雲南地處邊省，即便縉紳之家也很少有藏書。找博學者難，並非不讀書，而是無書可讀，乃把從京城帶來的家藏書二萬多卷，全部永遠存在五華書院，此外，十三經、二十一史、三通、太平御覽等一萬多卷，連同《古今圖書集成》也全部存放書院。他令專員職掌，立規例九條管理。

雍正九年十月，在大西南整整六年的鄂爾泰離開昆明，前往京城。他一出轅門，當地百姓遮道相送數十里，攀援不忍與其別。八總兵更是肩鄂爾泰而行數里。

次年正月，授鄂爾泰為保和殿大學士，位居首輔。他也成為繼怡親王允祥之後，雍正最信任的旗人大臣。

三十五、知人善用

雍正帝提出：治天下之道，惟用人一事，其他皆支葉事耳。他對封疆大吏提出一個硬要求：「不能統率、甄別、造就、訓導屬員，則非督撫才也。」（《雍正硃批奏摺》，雍正六年四月二十二日湖北巡撫馬會伯奏）鄂爾泰是鑒識人才、使用人才的「高人」，具備雍正提出的「督撫四條」。雍正特別說，封疆大吏中，田文鏡參劾官員最多，而鄂爾泰從不參劾屬員。這使得鄂爾泰更能團結人，這也是鄂爾泰在西南推進改土歸流，並能夠很好處理後續問題的重要因素。

西南三省用人，雍正不但徵詢鄂爾泰的意見，有時把用人權下放給鄂爾泰。他對鄂爾泰說：三省官員，卿可酌量人地相宜者，只管一面調用署理，一面請旨。還說，雲南路遠，或朕有諭，或卿由奏，其中有時勢更易之處，不可拘執已奉旨、已奏請之見。鄂爾泰有識人之明，也知道雍正朝需要什麼樣的官員。鄂爾泰對人才的做法，可以概括為三個方面。

培養人才

幾乎鄂爾泰所有的個人傳記都寫到他培養將才的事。見過鄂爾泰的袁枚在為鄂爾泰寫行略時說：「公知人善任，賞罰明肅，一時麾下文武，張廣泗、張允隨、元展成、哈元生、韓勛、董芳等，各以平苗立功，致身通顯。」（《袁枚全集》）袁枚所說的「致身通顯」，即是封疆大吏。

這裏主要講「二張」，即張廣泗、張允隨。這兩人一直到乾隆時期，都是坐鎮西南的大吏，是清代的名將，均出自鄂爾泰麾下。張廣泗是漢軍鑲紅旗人，初以監生入資授知府。康熙六十一年，選貴州思州。雍正四年調雲南楚雄。他向鄂爾泰稟請取古州，鄂爾泰將其調任黎平知府，命前往準備。雍正六

年，張廣泗前往昆明請示用兵方略。鄂爾泰開筵設樂，談笑竟日，而不及兵事。及暮，張不得已請將略。鄂爾泰很失望的樣子，說：「老夫誤用人矣！夫轉運糧糧，整備甲仗，惟老夫是問。至於兵機難測，轉瞬變易，惟在臨事處決，安有預定機謀而能勝人者哉！」張懾服。黎平有諸葛營，是古州戰略要地。其五丈台據傳只有諸葛亮登上，而張廣泗輕騎而上。後經招撫，古州得平。

張廣泗由黎平知府出任按察使，僅半年升任貴州巡撫，雍正帝基於對鄂爾泰的信任，但因未見過其人，不明其底細，雍正七年在硃批中問鄂爾泰：「張廣泗較金鉷的才能怎麼樣？觀其居心行事，亦甚可取，但胸襟立志未知可能開闊堅定否，朕觀若以擔荷力量而論，似覺較金鉷尤殊勝，但未見此人，不敢預定。二十年前曾因張廣泗他父親的私事，曾見過一次，已忘記他的面貌形態了。你見面時不必特意提起，他如果說起，你就告訴他朕記得這件事。」雍正的記憶力驚人，幾十年的事情能夠記得特別清楚。他召見中低層官員，隔了幾年第二次見面，能說出當年這個人是第幾個進殿的。

鄂爾泰回奏說：「張廣泗胸襟很開闊，立志也頗堅定，明敏強幹，但也屬於見事辦事的人，若夫先籌全局，次扼要領，不遺瑣細，而一視繁難，張廣泗心能知及，而尚未能了了。就現在料理而論，張廣泗較精細，就將來成就論，金鉷較遠大。」

張允隨也是漢軍旗人。康熙末年任雲南楚雄知府。鄂爾泰到任不久，張允隨丁母憂，奏請留任管理銅廠，擢糧儲道。鄂爾泰舉薦他可大任，雍正帝召見。五年六月擢按察使，半年後遷布政使。雲南產銅以供鑄錢，因不足鼓鑄，清政府發內帑委員前往日本採買洋銅。張允隨整頓銅廠，每歲得銅八九百萬斤。於是停採洋銅，省國帑，除官累，礦業大興，百姓樂業。

早在雍正六年八月，鄂爾泰就向雍正推薦張允隨，說他才具明晰，辦事穩細，無因循，亦無孟浪，將來仍有長進。轉眼到了雍正八年五月，雍正任命葛森為雲南布政使，而把在雲南布政使任上做了近三年之久的張允隨平調到貴州任布政使。為取得鄂爾泰的理解，雍正專門給鄂爾泰發諭旨，說他這項任命有深意：葛森此人聰明氣度，滿洲人員中，大有可望人也。但不知其居心立志如

何，恐自恃其小才而不識大體，用聰明而不務誠實，操守未知出於勉強還是自然，公私二字恐認不的確，因特調令此任，欲令卿就近訓誨，亦令他知封疆大臣，必如卿心行而方可之意也。俟到任後卿加意訓示留心，試觀其心跡品行，有確見時隨便奏朕知之。

鄂爾泰此時還沒有見到葛森，但他體會雍正帝的意圖，概括葛森是「具才器而尚未成就者」。隨後就公私二字發表他的看法說：

> 公私二字，界限雖極分明，然根底在心，形跡在事，有事類私而實為公者，有事本公而實為私者，公中私、私中公。只為一己而不顧國家者，固全然是私，而知為國家而兼為一己者，亦未嘗非私。故但循天理而利害成敗不暇計者，公之至也；一涉人慾，即忠孝廉節皆有所為者，私之歸也。果能認得的確，自必行之自然。臣願與大小臣工共勉之。

鄂爾泰隨即話題一轉，向雍正強烈推薦張允隨：

> 臣看張允隨勤慎誠實，辦事精細，任滇日久，一切熟悉，所委管理事件甚多，俱有條理，實屬滇省賢員。論其才具，即三省巡撫皆可以勝任，而於雲南尤屬相宜。在黔藩事簡，自可優為之。他任內經手錢糧，臣等新經盤查，毫無虧短，即銀錫各廠款項，也件件清楚。自應委署交代，即令赴貴州新任。但糧道、按察使都患病，請張允隨仍暫留雲南，俟葛森到任新舊交代畢，再赴黔任。

鄂爾泰從來不說模棱兩可的話。他是雍正八年七月二十四日上奏的。雍正接到後，在鄂爾泰推薦「賢員」一節硃批：「未料張允隨能如是也，已用滇省巡撫矣。」在交代後赴任貴州布政使一節硃批：「是可以不必事矣。」這樣，張允隨沒有到貴州赴任布政使，而直接升為雲南巡撫。張允隨官雲南多年，熟知郡國利病、山川險要和少數民族情狀，一直到乾隆十二年升任雲貴總督，為內閣大學士。

愛護人才

鄂爾泰在雲貴主政六年，如何「統率」協調好二三省的省級大員，是對鄂爾泰的重要考驗。因為省級大員由皇帝任命。巡撫、布政使、按察使加在一起是九位大員，再有武職的提督，至少有十幾位。

我們先講雲南布政使富貴這個人。雲貴總督署、雲南巡撫都在昆明。鄂爾泰的身份是以雲南巡撫管雲貴總督事，因此，布政使、按察使屬於他的直接下屬。

雍正四年二月，貴州缺一位按察使，雍正提出要用滿洲人，御史出身。大臣舉薦富貴，雍正又親自召見，看富貴這個人很老成，似乎有些才能，雍正問他識不識漢字，他說識漢字。因此派到貴州出任按察使。當年冬天，鄂爾泰去貴州審理苗案，富貴作為一省最高司法官的按察使，一問三不知，諸事不能應對。鄂爾泰幾乎與富貴同時到任，他沒有按照自己的「標準」責怪富貴，考慮到富貴第一次出任地方官，不熟悉刑名，也在情理之中，因而每審結一個案子，一定詳細指示，告訴他所以然，可以說是手把手地教。鄂爾泰見他虛心領受，也知道愧勉，希望其日久學習。後來讓他看審詳事件，但仍沒有大長進。

可能雍正也覺得不合適，一年以後的雍正五年六月，把富貴升任安徽布政使，幾個月後調回雲南做布政使。雍正的原意是希望鄂爾泰能教導他，對鄂爾泰說：「富貴這個人柔善，沽名釣譽，不實心任事。到雲南後你要實心教導他，用用看。還特別囑咐鄂爾泰：看富貴能不能做地方官。」十一月十一日，鄂爾泰上奏：「富貴居官謹飭，辦事平庸。人雖柔善，但沽名釣譽都做不到。」於是把去年冬天他去貴州審理苗案，富貴一無所知的情況向雍正密奏。鄂爾泰還密奏：「富貴此次到雲南已十餘日，臣試問各種事情，既無頭緒，又無主見。」鄂爾泰分析說：「總緣他才具既短，又不識漢字，恐稽查、料理皆所不能，據臣看來，不但他遠遠不能勝任藩司重任，即尋常供職也難設施。」最後的結論是：富貴做不得地方官。

雍正接到鄂爾泰的密奏，只好把任命富貴的原委向鄂爾泰講了。硃批說：

「所論公當之極，朕不深知此人，因一時不得其人，黔省意欲用一滿洲人，御史內眾舉者，觀其人尚老成，似乎有些力量人。記得他自言識漢字，朕實未詳審。若不識漢字，如何掌刑名錢穀。已另有旨矣。」

當年底，雍正把富貴召回京城。

在處理富貴這件事上，鄂爾泰沒有彈劾，而是給人以機會，並誠意幫助人，做到了「訓導」二字。富貴出身御史，是監察官，更何況他是經大臣推薦、又經皇帝召見任命的。一上彈章，會引起御史們的反彈。一直到雍正詢問，鄂爾泰才明確給出自己的意見。

我們再看鄂爾泰與廣西巡撫金鉷的關係。金鉷是漢軍鑲白旗人。又名郭鉷。雍正二三年，雍正支持山西巡撫諾敏，實行耗羨歸公，金鉷當時是太原知府，是巡撫的屬官，但他入覲時明確反對這項政策，提出「財在上不如在下」，雍正看重他敢於講真話，雍正六年五月任命為廣西巡撫，一直做到乾隆元年。這在雍正朝是比較少見的。鄂爾泰的解釋、保護、協調起到了重要作用。

雍正六年十一月，雍正以廣西一切吏治、營伍廢弛不堪，欲將廣西就近撥入雲貴，交鄂爾泰總督，因八達寨軍事尚未完結，說郭鉷着實好，命鄂爾泰與之商酌料理，可望起色。田畯柔善，平常人，不宜此任，張耀祖可勝此任否？如果也勉強，着鄂爾泰於雲南幾個總兵內推薦一個人出任提督。雍正隨即降旨，並在鄂爾泰「總理大綱」硃批：「早有旨矣。在卿勤誠可以從容料理，勉為之。」

雍正七年，雍正命將廣西巡撫金鉷的奏摺抄錄後交給鄂爾泰，隨便看看，並說明：這些奏摺已交廷臣看過，多數人認為所奏太過，朕對廷臣說：

> 若論奏而言，鄂爾泰處朕尚以不足朕意，但朕深嘉金鉷之服善而稍不存回護（原文互）之心，卜度之念，據情據實能奏，朕深慶幸又得一金鉷，好勝任封疆之大臣矣。若非誠實無偽，信得及朕深知朕者，即有此意，亦斷不肯如此奏，一者恐朕輕視，又恐天難堪（原文：諶）一句，又恐同任封疆，阿順總督之嫌，多少應留心處，概不在意，朕實嘉之，而廷

臣人人點首，心悦誠服焉。金鉷自撫粤西以來，一切奏對，言言真實，事事妥協，而一番感恩思奮之誠，昭然在筆墨間。此人實係一好的。朕實慶幸又得一好封疆矣。可同意和衷，凡有所見所聞，必開誠助其不逮可也。再張廣泗較金鉷可能及否？觀其居心行事，亦甚可取，但胸襟立志未知可能開闊堅定否？朕觀若以擔荷力量而論，似覺較金鉷尤殊勝，但未見此人，不敢預定。二十年前曾因張廣泗其父私事曾見一次，亦忘記其面貌形態矣，亦並未言及一公正之語，見面時伊不言及，可以不必問矣。

鄂爾泰委婉表達不完全贊同皇帝的意見，他說：

金鉷肝膽可用，只是識力未充，閲人無多，歷事有限。臣初次與他見面時，他頗有驕矜之氣。與他討論廣西的事情，也是離合常半，他還誇口說過這樣的話：「廣西的事情我都辦理就緒了。司道府縣無所事事。」臣當時回答說：「辦是辦了，未必就完了；完是完了，未必即妥。一個人的聰明才力畢竟有限，如果取眾人之長為己長，則長處更多；視眾人之短處以為己短，則短處就少。」委婉勸他不要過於自是。金鉷欣然接受，以後每有事情，一定與我商量，我也直言相告。金鉷才具明爽，毅然有為，論擔荷力量不遜於張廣泗，若再進以學識，求理審機，破除我見，可為勝任之封疆。倘以此自限，也不過是一個精悍材，不能進入經濟之選也。張廣泗胸襟亦頗開闊，立志亦頗堅定，但明敏強幹，尤屬見事辦事。如果就先籌全局，次扼要領，不遺瑣細，而一視繁難，張廣泗心能知及而尚未能了了。據臣所見，兩撫臣皆非經濟才，就現在料理論，張廣泗較精細，就將來成就論，金鉷較遠大。

雍正硃批說：「經濟二字何可輕言。卿所評亦春秋責備賢者之論。」
但雍正對金鉷也有嚴屬批評，甚至要把他革職。關鍵時，鄂爾泰向雍正解釋、協調。雍正八年中，金鉷給雍正上請安摺，雍正帝因為身體欠佳，對這

種純屬禮儀性的問候沒有批示「安」字，金鉷感到惶恐不安，就連篇累牘上奏不已，而且還把京城地震以及怡親王去世也寫進奏摺中，這讓雍正大惑不解：「這哪裏是請安？是故意讓我雍正不安！」發佈諭旨予以訓誡，說其餘所奏事件多屬糊塗，「不似伊從前光景，看來伊福量淺薄，不能承受朕恩。」雍正還把金鉷的請安摺、參奏按察使張體義的摺子，以及他的訓誡諭旨，一併交給鄂爾泰看。雍正認為，凡是做督撫這樣的封疆大吏，都有責任教導下屬官員，使他們成為好官。張體義原是好官，現在好像做不得地方官了，金鉷有責任。鄂爾泰說：

> 人臣事君，一如子之事父，忠愛之誠同出於天性。臣寫札切責，他已深自悔懼。至於金鉷參奏張體義，他不知大體，也是有私心的。張體義才具、識見都是中等，而操守是好官。金鉷赴貴州時，第一次與我相會，對廣西省司道內，唯獨讚賞鹽道張體義，而對調任布政使張元懷、前任按察使常安，認為不可用。常安後來調到雲南做按察使，臣親自到廣西見他，知他清介勤慎，實心任事，張元懷人也非常明晰，一切留心，而且有骨力，都屬賢員。而張體義徇謹自持，諸事唯唯諾諾，而陰氣未除，頗有心計，我當時就向金鉷詳細言之，並囑咐道：放膽辦事，小心求理，不要自是，不要護短，不要輕信，不要過急。張體義升為按察使後，漸露矜張，欲示風厲，以通屬惟敬藩司，巡撫亦屬優待，於是日相牴牾，故作嫚語。如瓦塘一案，知府尚未招詳，臬司並未親審，是命是盜尚無確證，金鉷不即據參，或亦慎重之意，何至驟揭部科，指為徇庇，且既經通揭，自應靜候，撫、藩果有徇庇，得其把柄，然後再揭未晚。乃復恐所揭不實，自干處分，轉徑提獨審，以為已得實據，復通揭部科，復牽連直指撫、藩為陰謀，意為先發制人之計。張體義此舉殊未免躁妄。張體義兩次通揭，奉旨交臣審理。

雍正硃批：「此案張體義其不至於大不是，原欲與卿商酌，與常安更調用

之，未知應機宜否，常安近日居心歷練，並其才識力量，可勝撫任否？」雍正接到鄂爾泰的上奏後硃批：「張體義朕深惜之。若據郭（金）鉽之奏，則不可居大員矣。前次揭案，朕已着卿察審矣。但二人不和已露，不便同省。或與張鉽對調，卿以為何如？若應如是，可一面傳摺批有旨，着二人調換，將情由具題照覆，若另有意見，仍摺奏朕知之。」鄂爾泰遵旨將二人對調。

經過鄂爾泰的批評、勸解，金鉽向雍正表態，承認自己的錯誤。雍正也諒解了他。

雍正七年，雍正命福建副將仇元正，馳驛前往雲南，交鄂爾泰試看，如人好，或放左江、右江總兵；如左江、右江總兵俱好，可留雲南，俟有總兵缺補放。左江總兵齊元輔也着鄂爾泰再試看。三月十四日，仇正元到了貴陽，鄂爾泰委派他管行署中軍事務，以便試看。齊元輔隨後自廣西南寧由安籠，也到了貴陽。鄂爾泰留他住了十多天回粵。鄂爾泰試看後密奏說：「左江總兵齊元輔，原非廢材，雖係中材，猶非庸材比也，人頗精細，並多勞績，問以地方營汛及良頑強弱等事，亦皆曾經心，總兵一官似乎稱職。但聰明處多，堅實處少（雍正旁批：此論與朕所視相同），若時加策勵，力可以向前（朱圈）。似應仍留左江以觀後效。（硃批，好）副將仇正元才具明晰，器度安祥，見地亦不低微，心地亦甚平實，好聰秀鮮明人物。雖其出身、歷任，於軍旅之事少有經練，而凡調劑、彈壓（硃批：是）必能踐實料理。臣看此人似不宜廣西總兵，在雲南各鎮內，與開化更相宜，內撫邊彝，外控交趾，地方有賴。」

舉薦人才

郝玉麟是漢軍鑲白旗人，驍騎校出身。雍正元年授雲南提督，是雲南省的最高軍事官員。鄂爾泰到任後，兩人一文一武，在改土歸流等事務上，郝玉麟配合的很好。雍正六年十月，雍正讓鄂爾泰評價郝玉麟。鄂爾泰說：『郝玉麟明白勤慎，亦復通達，近來更覺長進，全滇軍務可資調度。」雍正帝收到後，頗為高興，立即硃批：此人可勝督撫之任否？

雍正用人，經常文武互用，這無異具有很大風險。鄂爾泰接到雍正的硃批諭旨後，非常慎重，他首先對比近年來由武職大員改為文職封疆大吏的人，隨後於七年正月二十五日密奏，實際是舉薦郝玉麟。鄂爾泰向雍正表達了兩層意思：一是郝玉麟明白解事，兼識滿漢文。督撫這樣的封疆大吏，它不像武職大員，職責相對單一，而更重要的是統轄文武，對一個省的吏治民生負責。雍正硃批：「如此則可用矣。大概必在孔毓珣之上。」孔毓珣是孔子67世孫，以熟悉河務名，時任廣東總督。

鄂爾泰又說出第二層：雖難言經濟，然據臣所見，才具似在馬會伯之上。馬會伯恰恰是由武職改為文職，原為甘肅提督，雍正四年授為四川巡撫，後改任湖北巡撫。雍正硃批：「馬會伯：中材，俗漢，現今撫臣中為第一劣者，不得其人奈何。又說魏廷珍等四人皆非封疆才，只得將就取其一長耳。」

當年三月，雍正接到鄂爾泰的密奏後，升郝玉麟為廣東總督。硃批着鄂爾泰罄其所知，教導勉勵他赴任，不可因為是同列，而稍有回護。鄂爾泰表示：

> 廣東事繁，勝任不易。有應振作處，有應安靜處，有意本急而姑示以緩，有法本寬而故示以嚴，（自有朱圈）總期濟事，原出一心。郝玉麟明白解事，亦慎亦勤，身受殊知，自必益加奮勵（旁批：未有學養，總根本主見不邪僻，力行數時自能請諒也。朕雖未見面，甚望其造就一大器。）但文武事別，終少歷練，知行兩難，臣不勝代為惶悚，俟見面時罄臣所知，備細囑咐，即他到任一年內，仍當不時留意寄札相規，俾先自知不足，時存敬畏之念。庶幾日有進益，不致有負封疆也。廣東提督王紹緒，前於江南參將任內，與共事數月，見其人甚體面，（硃批：大聰明人，武弁中少者，朕一見賞目，所以不次擢用，但棄善沽名，恐不勝嚴疆之任耳，但肯破頑，毫不瞻顧，非不能之人也。着實寄字鼓舞之。）留心地方，新設營伍，整頓一新。今已相隔數載，不知其近日造就。到了六月，郝玉麟赴任時經過貴州，鄂爾泰對他詳細勸勉。除了談到廣東應該處理事情的輕重緩急外，特別講為臣事君之道：心術行止，全要自己檢點，可以自信，即所

以酬恩。一切揣摩瞻顧念頭萬萬不可起。福是自求，禍是自取。幾曾見詭詐乖巧等人得有好處？我輩亦不須遠學，只將前後一切上諭敬錄一冊，常供案前，時時詳繹，事事體貼。若將大小、輕重、寬嚴、緩急種種不同處，俱能看成一片，則立身治事，自皆有定見。

雍正帝頗受感動，對郝玉麟說：「鄂爾泰可以作為師範。你與他共事多年，自然洞悉他的居心行事，朕所喜者此等大臣，若能效法一分，即為能遵朕訓一分也。如果你還有什麼不諳熟封疆大吏的事，應該虛心向鄂爾泰請教，朕可以保證，他一定會推誠告訴你。」（硃批諭旨，雍正七年二月初四）郝玉麟後來成為有名的封疆大吏，出任閩浙總督，平定台灣動亂，奉命主持撰寫《廣東通志》，特別增加「外藩」一門，具有開眼看世界的視野。

七年六月，鄂爾泰還密薦貴州學政徐本可勝藩司之任：

他才具明晰，操持端正，器局安詳，亦復開爽，並無浮動陰深習氣。據臣所知，似可勝藩司之任。（硃批：甚是。此人甚明達，朕時常獎許者。廷臣皆知之一些。無書生迂氣。但恐不能誠實，可隨便開導之，若肯下實力，屏除科甲陋習，此人實可用者，較伊父覺奔灶。）貴州布政使鄂彌達（硃批：但恐狹小，氣急，今據卿所奏，可用之人也。滿洲人才甚少，可加意訓導造就之，第一着他勉勵操守可也）存心甚正，辦事甚勤，人亦明白，兼通文理，臣駐黔將近四個月，凡於地方一切要件，他無不詳細籌議，知計久遠，此本心全在實力報功之員。

但對自己特別了解的人，不管是何人推薦，鄂爾泰也一定說出自己的意見。雍正六年三月，田文鏡舉薦他的內親、雲南寧州知州姚應鶴，說他學問、人品俱可用，是有為有守的人才。雍正為此在鄂爾泰請安摺硃批之便，發諭旨：「聞得安寧知州姚應鶴學問、人品俱好，才守兼優之員，果否？此人年紀多少？」鄂爾泰密奏說：「姚應鶴現年 51 歲，是漢軍鑲紅旗人，舉人出身，僅通

文義，學問無足取，人品中等，操守謹飭，才具明晰，雖無大過人處，然努力辦事，頗有向上之志，但氣局非常小，也缺少見識。以前他在貴州普安縣任知縣十多年，也只是尋常料理，沒有什麼過人之處。據臣愚見，他做一個同知可以做得好，做個小知府或分知府，能夠勝任。似非大才。」

由於雍正把安寧知州與寧州想混，鄂爾泰奏明，安寧州是雲南府屬，寧州是臨安府屬。姚應鶴任寧州不足二年。這等於事實上不贊同提拔。

到了八月，雍正明確有人舉薦姚應鶴。但仍沒有說是何人舉薦。鄂爾泰說，「姚應鶴知道自愛，但缺少定力。至於說到有為有守，他還不足以當之。但保薦他的人，一定有深知確見，臣也不敢自是己見。還是請旨，或諮部引見，一經聖鑒，就可以定其終身了。」雍正收到後，向鄂爾泰透露原委，說姚應鶴有田文鏡、朱淪翰、遲維璽三人舉薦，其餘二人尚不足為憑，田文鏡所保，這肯定是有根據的，況且又是田文鏡的內親。你再留心試看，既然他有向上之志，可時加訓導。雲南距京城路途遙遠，就不必令他來京引見了。「卿之觀人，朕信得及。」但後來鄂爾泰也沒有重用姚應鶴。

最後值得提出的是，乾隆帝嗣位之初，鄂爾泰向其舉薦大臣的事。雍正十三年九月二十四日，鄂爾泰以總理事務大臣、大學士保舉工部侍郎富德、河東鹽政孫嘉淦等四人，乾隆帝時在熱孝，先用墨批，等大喪期一過，又在舉薦名單上硃批「已行」等字。而鄂爾泰所舉薦的人，全部得到重用，特別是孫嘉淦，成為一代名臣。足見鄂爾泰知人，尤見他在嗣君心中的位置之重。現將君臣二人的硃（墨）批密奏引述如下：

工部侍郎富德，心存忠孝，志在國家而諳練清明，亦足以治事，此臣所素信必能不負君父者，現在北路軍營辦事。墨批：用，引（見）。硃批：河南撫。

內務府總管來保，知自愛，能自立，頗識大義，持大體，是有所不為而可以有為者，如蒙簡任要職，似可以報稱。墨批：調。硃批：工部尚（書）。

原任侍郎現署河東鹽政孫嘉淦，心術端正，志氣果敢，是能不苟得不

苟免者，雖涵養未充，器量稍偏，而忠愛之忱，始終不渝。據臣愚見，似猶可以任用。墨批：用。硃批：左都（御史）。

原任直隸按察使今充發魏定國，操守廉潔，亦頗解事，屢任皆有政聲，查從前命案係為原任布政使張適所鉗制，雖罪有應得而情尚可原，倘仰邀聖恩，破格錄用，伊必能為好官，猶非自私自為者比也。墨批，引（見）。硃批，西安臬（司）。

以上四員臣（鄂爾泰）謹據實保舉。

鄂爾泰添注（特別說明）：最優者兩圈、優者一圈，中派者一點，劣者一直，尤劣者一叉。而圈、點之大小、直之長短又稍示分別，以為等次。

總結鄂爾泰的用人之道，一是國事第一。他把計較功名利祿的人，看做非大器之才。而把沽名釣譽之人，更在摒棄之列。蘇州人顧濟美是有名的孝子，出任嵩明州知州，雍正召見他，顧濟美提出，他有八旬老母，不忍到萬里之外的雲南去任職，雍正特別照顧，派他到浙江紹興出任知府。嵩明州一缺由鄂爾泰題補。鄂爾泰對雍正上奏說：居家為子，應以孝做忠；服命稱臣，應以忠做孝。作為官員，忠於職守是第一位的，也是最大的孝。在鄂爾泰看來，顧濟美沒有做到最高的境界，即國事第一。

其次，擔當為重。雍正和鄂爾泰都把「擔荷」作為最重要的用人標準。所謂擔荷，就是勇於承擔，至於破除情面，不做和事老。而愛惜自己聲名的人，瞻前顧後，做不到擔荷。鄂爾泰一再強調的破除「人我之見」，一切從國事出發，就是指愛惜自己身家性命、聲名之類的人，缺乏擔當精神。

第三，惜才教才。俗話說，麻木糧油，各有所長。對有才能的人，可能也有很多缺點，但要「惜之、教之」，即愛惜人才，教育人才。雍正帝在對比田文鏡與鄂爾泰時說：田文鏡參劾人最多，而鄂爾泰從不參劾人。這也是二人成就和後世評價迥然有別的重要原因。鄂爾泰給人以改正的機會，不一棒子打死，而是耐心幫助。「卿之識人，實越常人。」（《硃批諭旨·鄂爾泰奏摺》，

雍正四年十一月十五日摺硃批。）是指鄂爾泰能夠容納有缺點的人，進而造就人才。

最後，用新進少年。通俗地說，就是用新人。這些人有銳氣、有熱情、有血性，而少世故、無圓滑。

在著名歷史學家白壽彝的著作中，他把鄂爾泰作為有突出貢獻的政治家來寫。而鄂爾泰也是雍正推崇的「總督三傑」中唯一進入內閣出任大學士的人。而雍正親自促成了鄂爾泰與他的賢弟怡親王的一門親事。雍正對鄂爾泰推心置腹地說：「有賢弟（怡親王）作在廷諸王大臣的表率，得卿為直省封疆的楷模，不數年中外得以肅清，海內可望大治。」

那麼，雍正的願望能夠實現嗎？怡親王又是如何輔佐雍正，成為「國之大臣」的？

三十六、柱石賢弟

雍正八年五月初四，允祥去世，雍正當時病重，一連發佈十幾道諭旨，稱讚允祥是「公忠體國之賢王」，是國家的「擎天之柱」，是朕的「柱石賢弟」。私下甚至對最寵信的大臣鄂爾泰說出心裏話：

> 朕從前意望凡朕生前身後、朝廷內外，大綱節目，得王一人，朕實心神俱為之安悅，毫無疑顧。今不幸朕弟捨我先逝，方寸亂矣，心志恢矣。

可以說，雍正十三年的江山，允祥是國家最大的柱石。

允祥何以得到絕對信任？

這既有遠因，也有近因。遠因源於康熙晚期兩人的「生死之交」。而這一切，因為許多事情的原始材料已經不復存在，也使得允祥的身上有很多神祕色彩。

允祥出生於康熙二十五年，母親章佳氏，是正三品武官海寬之女，生前沒有正式封號。允祥13歲時，母親去世，追謚敏妃。在康熙成年皇子中，除皇太子外，允祥是生母去世最早的皇子。因此之故，康熙指令由德妃即雍親王、允禵的母親撫養允祥。後來康熙又令雍親王給允祥教算學。因此，允祥與雍親王胤禛感情甚好。允祥的《交輝園遺稿》收錄很多二人唱和的詩作。雍親王生日，允祥也寫了祝壽詩，有「純誠自是承歡本，仁厚端為受福基」之句。

但是，這種早年的「天然關係」，並不能成為允祥受到雍正絕對信任的條件。僅僅從此出發，雍正應該更信任他的親弟弟允禵。

答案應該從一廢太子事件乃至其後兩人的關係去尋找。

允祥非常聰明，文武全才，尤其對「武功」感興趣。是康熙出巡隨扈次數最多的皇子。據張廷玉奉雍正之敕撰寫的《怡賢親王行狀》記載：允祥年幼時與諸王在宮廷內侍康熙帝，康熙出巡，曾欲隨行，父皇以其年幼而沒有答應，「前視聖祖過，尋履跡，伏地嗅之，其孺慕如此。」年長後，康熙出巡，每次都令扈從。有一次隨扈圍獵時，猛虎從林間突出，向允祥撲來。眾人大驚，只見允祥從容操刀，一擊斃命，人們稱其神勇。不少文學作品描寫他身懷絕技，能飛簷走壁，未免誇大。

允祥深得康熙寵愛，特別是他的母親去世後，直到第一次廢太子的十年間，康熙只要離開京師，都要允祥隨行。

允祥命運的改變，是第一次廢太子時，允祥因帳殿夜警受到牽連。自此，允祥成為康熙的成年皇子中，唯一一位在康熙生前沒有得到封爵的皇子，說明仁慈的康熙一直沒有原諒允祥，肯定犯的過失非常嚴重。而這件事，有學者認為，與雍親王有直接關係。研究者認為，雍親王也是倒太子的主要人物，當時也被康熙圈禁起來，但允祥一力承當，使得雍親王得以很早脫身。雍正即位後回憶說：怡親王前因二阿哥之事，無辜牽連，一時得罪皇考，隨即鑒宥。《永憲錄》記載，允祥因東宮事波及，削貝子，後再復。但這一記載，包括雍正所說的未必可信。因為復立允礽為皇太子時，康熙對諸皇子進行規模最大的封爵，明顯是為了安撫諸皇子，平息爭鬥，取得政治平衡。但這次並沒有封23歲的允祥，而比他年齡小的皇十四子允禵封為貝子。如果「隨即鑒宥」即經過康熙聖鑒寬宥的話，不可能不冊封。當然，還有學者認為，康熙六十一年，允祥之女指婚出嫁時，禮部尚書陳元龍等就這位格格的身份，請示康熙時，康熙准為固山格格。這是按照其父貝子身份確定的。但相反的信息也仍不少。如康熙五十年後，允祥不見隨扈皇帝的記載。康熙五十一年十一月，對諸皇子從皇三子允祉到皇十四子允禵，都進行賞賜銀兩，而允祥卻不在其列。以致於後來雍正帝要給允祥賞賜時說，允祥最為貧乏的話。皇八子允禩之子弘旺在《皇清通志剛要》中明確記載，一廢太子後，有三個皇子被圈禁，包括皇長子允禔、皇太子

允礽，還有一位就是允祥。四十九年六月，康熙在允祉、允祥、允禵三位皇子的請安摺上硃批：「允祥乃不大勤學忠孝之人。爾等若放任之，必在一處遇着他，不可不防。」勤學、忠孝是康熙考察人的品性的關鍵內容，並非勤學還說的過去，滿洲是以弓矢定天下，但不大忠孝就是罪名了，顯示父皇對這位皇子很失望。後面說不可不防，就更加嚴重了，似乎是限制允祥的人身自由的一種委婉說法。

允祥是否屬於諸子奪嫡中的一員，還是以支持某一皇子的站隊者，大概二者兼具。何焯在康熙四十一年的一封家信中透露，允祥最有可能取代皇太子。考慮到這時皇、儲之間的矛盾已昭然若揭，而允祥受到朝中大臣的格外關注，似乎說明允祥有某些行動。何焯還說，楊國維已分給十三殿下允祥讀書，昨新選庶常為各邸伴讀，皇上說詩文無出楊國維之右者，十三殿下又是皇上鍾愛的皇子，將來際遇不可知。康熙在一廢太子後，身心受到極大摧殘，幾乎病倒。他傳旨給步軍統領托合齊，說御體違和之際，人言甚亂，此言皆出正藍旗地方。要托合齊留意。而允祥屬於正藍旗，康熙的話似有所指。

重新立允礽為皇太子後，約康熙四十九年前後，允祥得了一種病，右腿膝上長了毒瘡，泛起白泡，破後成瘡，經常流膿水。允祥原來就有腿痛病，經此毒瘡，一隻腿變得殘疾，外形皮薄毒淺，但筋骨時常疼痛。御醫診斷是鶴膝風症。這種病表現為膝、肘關節變形、腫大疼痛、肌肉枯細。因病人肢體瘦如鶴膝而得名。究竟如何患病，《八旗通志》等記載是受傷而致。康熙在熱河，一次派人回宮，允祥迎問起居，墜馬脫脛，強自抑按，仍齊集請安，而不知其足已傷。也有認為是因長年圈禁而患病。康熙也關心十三阿哥的病情，多次過問。康熙五十年六月初，胤祉等給父皇請安，康熙問胤祥瘡如何了？胤祉等奏：「據言目下胤祥瘡，較前月初十日奏聞時又稍好，瘡復出仍有二三處，膝痛亦稍好。」康熙硃批：「看起來並不好啊。」

無論如何，允祥在人生最好的年華，經歷了十幾年的磨折。康熙去世的次日，命貝勒允䄉、十三阿哥允祥、大學士馬齊、尚書隆科多總理事務。所有啟奏諸事，除朕藩邸事件外，餘俱交送四大臣，凡有諭旨，必經由四大臣傳出，

並令記檔。同一天，諭內閣，貝勒允禩、十三阿哥允祥封為親王。這可以肯定，允祥在康熙去世前沒有爵位。

「柱石賢弟」的四個方面

對此，允祥去世後，雍正曾經概況地說：「怡親王殫竭忠誠，贊襄於密勿之地者八年有如一日。」由於是密勿之地，更多隱祕已無從得知。但從雍正後來追述，主要有四個方面：一是佐治天下；二是整頓財政；三是舉薦人才；四是補救苛政。

一、佐治天下

雍正後來對他的心腹回憶說：朕沒有想到三年能夠輕易挺過來。允祥去世後，雍正歷數怡親王「事朕之大端」，說過這樣一句話：「王實能佐朕治安天下，朕實賴王翼讚升平，遍觀自古史冊所載賢王懿戚，未有可與王比倫者。」（《雍正起居注冊》）

雍正即位之初，最重要的人事佈局，是任命廉親王允禩、大學士馬齊、怡親王允祥、尚書隆科多四人組成總理事務大臣，進行輔政。但這四個人的任命，當時有雍正特殊的考慮。概括說來，雍正真正信任的只有一位，就是允祥。結束三年總理事務大臣職務時，雍正說：「怡親王極其敬慎，凡朕所交事件，竭盡忠誠，勤勞辦理，三年來佐朕治理之功甚大。」又說：「輔政之初，阿其那（允禩）包藏禍心，擾亂國是，隆科多作威作福，攬事招權，實賴王一人挺然獨立於其中，鎮靜剛方之氣，俾奸究不得肆其志。」這句話把雍正諒陰三年期間，允祥磐石般的作用，說的太清楚了。《八旗通志》稱讚允祥「有社稷功」，主要是講，允祥是雍正初年政局未穩時期的堅強柱石。

允祥成為總理事務大臣時，年僅 37 歲，因而，雍正重用允祥，也招致一些人的質疑，其中以宗札布散佈雍正重用允祥，國家不會振興這件案子，影響甚大。宗札布原為安親王王府的長史，康熙五十八年駐蘭州任副都統，在允禵的推薦下，隨大將軍王胤禵出征，保舉為將軍。雍正即位後，宗札布被派往移

設驛站，他心存不滿，到處散佈說：「怡王尚為孩子，無知，卻將國事交給伊等辦理。如此，何以能興旺。」後來此事被告發，雍正為此發佈長篇諭旨，斥責宗札布。雍正主要講三件事：一是他登基後，把皇父、母后大事，以及其他所有事情，均交給四位總理事務大臣辦理。只有怡親王、舅舅隆科多，不分晝夜，盡心辦理。大學士馬齊，一則年事已高，二則為人憨厚，應不論外，而廉親王只是毀壞朕的諸事，給朕取以惡名為能事。二是反駁怡親王是平常之人的說法：

> 怡親王自幼強健聰慧，人才優良，皇父優加恩寵，此事舉國皆知。怡親王並非膽大妄為之人，從無非分之想。第三，自朕登基後，委用至今，凡是交付事情，竭盡血誠，王本無所經歷之人，而釐清戶部弊端，井井有條。你卻說王是無知平常之人，以朕之見，王實為行大義、明事理、盡忠誠、利國家、多知識之人，與你所見完全相反。

由於此案涉及怡親王，雍正將案件交由年羹堯在陝西審理。雍正三年三月，年羹堯擬將宗札布照大逆不敬罪立斬。後來，雍正令怡親王傳旨，將宗札布等押解到京，交刑部審理。到九月，案經怡親王允祥、果郡王允禮及刑部審理，以石成、宗札布互相詆毀，別無干證結案。

二、整頓財政

雍正即位後，開篇第一位的事情就是清理虧空、整頓財政。而允祥以親王總理戶部三庫、主持會考府、總理戶部。戶部三庫是指順治時期設置的銀庫、緞匹庫、顏料庫的統稱。成為主抓經濟、整頓財政的第一負責人。

戶部是天下錢糧總匯，雍正早就知道虧空甚多，命允祥清理他主管的戶部，以便在全國各省做出表率。允祥也清楚這是難啃的硬骨頭，他在接手前向雍正提出一項請求：此項虧空，歷年已久，清查之後，必求皇上開恩寬免。雍正當時勉強答應。允祥隨即開始清查。但多年形成的積弊實在太多，僅理清賬目就不是一件容易的事，何況允祥白天要料理父皇康熙去世、皇太后的喪事，

清理賬目只能晚上做。幾個月來，每到晚上，他就率領一班人扎進戶部的故紙堆，從陳年舊賬中釐清頭緒。按照清朝各衙署處理事項的規定，都有時間限定。雍正元年八月，監察御史孫塔等題參戶部事件違限。雍正雖然肯定御史孫塔等人是照章辦事，但他覺得這樣很不公平，說：

> 從前戶部堂官將部中事件，累百壅積，怠玩不理。自怡親王辦理戶部事務，於展限四十日之內一切積弊，剔除殆盡，獎勸屬員，清理數千案件，甚屬可嘉，即使偶然遺漏一二小事，不但無庸議處，其清理如許事案，尚應議敍。察議之處着從寬免。指出戶部職掌皆係銷算會同稽考錢糧之事，較其他各部加倍繁多。應寬以時限。經討論決定，嗣後戶部辦理事件，其本部題覆者，於原限二十日外加增十日，其行查會稿各衙門者，於原限三十日外加增十日，如過限不行完結，照例查參。永着為例。

允祥一邊清理戶部，一邊建章立制。訂立了一些條例，重點釐清了中央戶部與地方督撫的責任，完善了機構設置。此時，經過一年的清理，國家財政的家底終於弄清楚了，康熙六十一年戶部存銀 2712 萬兩，虧空 259 萬三千多兩。但如何處理這筆巨額虧空，允祥與雍正的意見不同。允祥上密奏提出：「由於這些虧空，已查不出何人所為、何時所為，難以追補，提出以戶部每年的餘平銀、飯食銀等雜費，逐年代完，約計十年可以清楚，不要向官員追賠。」允祥也委婉地說，當初這件事是奏明皇上，查出之後不追究的。但雍正不同意，對允祥說：「儘管查不出是哪一年、哪一位官員虧空，但歷年管理戶部的官員，名冊尚在，這件事如果不查辦，無異於聽任官員任意侵漁國帑，置國家法律於不顧。如果不令他們賠補，何以整頓財政？何以清理弊端？國法安在？」允祥覺得皇上沒有兌現他當初的承諾，「王始而變色」。雍正說：「如果怡親王不能清理，朕自己清理。」事情到了這一步，允祥當即遵旨悉心辦理。於是由戶部尚書孫查齊領銜，戶部等官員各自「認賠」一定數額。但杯水車薪，距離賠補259 萬的虧空數字，還差得很遠。後來戶部尚書孫查齊被囚禁。

因而又有各種流言，議論紛紛，說允祥過於苛刻。雍正三年底，發生了兵部尚書兼署直隸總督蔡珽攻訐允祥的事件，一時引起軒然大波。雍正三年九月，川陝總督岳鍾琪赴京覲見途中，路過保定府時住在寓所，直隸總督蔡珽前去看望，兩人在中廳見面，對面坐下，寒暄後蔡珽說：「目今惟怡親王辦事頗合聖意，皇上友愛之道亦至極處，所以即有小錯，人俱不敢言，惟傅鼐在上前奏之。怡親王常說：『今日傅鼐又奏我一件不是了。』如近日我直隸因從前供支過往兵馬之事，動用錢糧，應當發給者，戶部總不發給，以致各州縣俱有虧空。我無可奈何，又不便啟奏。只得寫一稟到怡親王處，不料怡親王反不喜歡，即刻傳司官呵斥云：『你們把該發的銀子不發，叫人來催我。』即此看來，凡關係錢糧之事，你們外省督撫更不可不留心。」說這些話時，蔡珽高聲朗說，岳鍾琪的隨從人員俱共聽聞。

不料，蔡珽說的話，被岳鍾琪手下一個叫董繼舒的人，告訴了傅鼐。傅鼐是雍親王藩邸舊人。他把這件事密奏雍正。雍正令蔡珽和傅鼐各自錄了口供，並行文令岳鍾琪將董繼舒即行送部，與傅鼐質審。雍正四年十月二十八日岳鍾琪密奏：

> 當時聽聞蔡珽的話，不獨董繼舒也。至於怡親王如何好處，傅鼐如何不好處，蔡珽實未曾說。傅鼐所供怡親王着實不喜歡他，叫臣防備之說，蔡珽也不曾說。董繼舒是四川武進士，任江南常州營守備，被參回籍，從軍桌子山效力。今已回川。其如何告訴傅鼐之處，臣委不能知。除一面飛調董繼舒到日送部質審外，但臣思蔡珽所言戶部一段情節，雖與傅鼐所奏無涉，然係因怡親王說及，正是說話之始末情由，臣不敢絲毫隱漏。

硃批：「卿再不欺朕，朕信得及。知道了。朕豈肯將此等人來與卿對質？不必錄諮。只以已經摺奏情節覆部可也。應問與否，朕自有道理。」

此案後來的詳細情況雖不得而知，但據雍正說，這是蔡珽通過怡親王允祥之事，故意岳鍾琪陷害的伎倆。雍正四年十月十五日，蔡珽降為奉天府尹。五

年九月，刑部審理蔡珽十八款大罪，第一款就是：怡親王等查勘水利，撥兵引導，訛傳七省，騷擾營兵。最後一款是：讒潛岳鍾琪，稱為不可深信。後岳鍾琪經過保定時，又恐奸跡敗露，轉以無稽荒謬之語，巧為播弄，讒忌奸險。傅鼐於雍正三年十二月，任盛京戶部侍郎，四年八月因事革職。從以上分析，蔡珽、傅鼐二人的革職及受到懲處，均與他們誣謗允祥有關係。

允祥整頓財政、管理戶部期間，承受了極大壓力，對他非議的也有不少，甚至有的人，不敢直接質疑雍正的做法，就把怨氣、質疑乃至種種責難，全部發到允祥的身上。在如何解決虧空問題上，允祥與雍正的解決方案也不盡一致。但在當時這是君臣二人間的祕密，雍正想向外面做個說明，以減輕允祥的壓力，但允祥一再向雍正請求，由他一力承擔。允祥忠於職守，兢兢業業。使得戶部以往的弊端得以釐清，財政狀況有非常大的改觀，雍正稱讚他領戶部「無弊不除，無惠不舉」。到雍正五年，國庫存銀已經達到五千萬兩。允祥去世前的雍正八年二月，因允祥病重，雍正宣佈按照允祥最初提出的辦法，把所有因戶部虧空而受到牽連羈押的人釋放，並免於追賠，其餘應追未完人員也悉行免追，仍照怡親王所請，將所存餘平飯銀代為完結。

財政基礎夯實了，就可以改善民生。江蘇每年向國家納賦銀 350 萬兩，在全國十幾個省份中是最多的，而江蘇一省又以蘇、松兩府為最多。故蘇松自明代以來，就以重賦聞名，百姓不堪其重，由此引發的社會問題越發嚴重。康熙時期也有官員上奏，但多以國課攸關為由，沒有實行。雍正三年三月，怡親王奏請減少蘇松浮糧。雍正批准，將蘇州府正額銀蠲免三十萬兩，松江府正額銀蠲免十五萬兩。允祥又奏減浙江嘉興、湖州等賦重地方 16 萬兩。

六年三月，雍正帝以怡親王管理戶部事務，數年之中，庫帑漸見充裕，為此將蠲免之例，加增分數，其被災十分者着免七分，九分者着免六分，八分者着免四分，七分者着免二分，六分者着免一分。

特別指出的是，自雍正六年開始，清廷祕密籌備對西北的戰爭，但運送軍糧十幾萬石是最大的問題，官定運送糧食到阿爾泰，一石用銀 110 多兩。當時按照四萬多人，半年行糧計算，需銀 1540 萬兩，允祥採納商運辦法，由著名內

務府商人范毓賓運送，每石僅用銀 25 兩。僅此一項，節省近千萬兩白銀。

當然，在允祥執掌戶部的過程中，也有一些不利的傳聞。管鹽稅官員奏請湖廣省減鹽價，雍正帝命交戶部議定。鹽商出了 6 萬兩銀子，走戶部主管兩淮鹽務的書辦一個姓蔡的門路，請託怡親王允祥、舅舅隆科多。這件事經兩江總督查弼納密奏雍正帝。雍正硃批表示：「朕想化解此事，因為無辜牽連怡親王，無法說明，怡親王難道如隆科多般卑鄙無恥行事嗎？雍正不相信怡親王收受賄賂。」還有雍正三年，雍正說：「有傳言說，怡親王獲罪於朕，不准城內居住，驅逐到溫泉。」儘管此事雍正予以駁斥，但也並非空穴來風。

三、舉薦保護人才

雍正在雍親王時期，沒有更多參與到國家事務的管理中，又以天下閑人自居，與朝廷官員交往也甚少，加之即位之初的種種質疑，使得雍正初年的人才或者不為所用，或者尋常供職，一時間能幹之才尤為缺乏。雍正為此多次下諭旨令大臣舉薦人才。同時，雍正又有另一種擔心：即舉主與被舉薦者形成朋黨關係，拉幫結夥，成為私人勢力。對怡親王允祥，雍正絕對放心。雍正二年他在田文鏡的密奏上硃批說：今在廷諸王大臣中，實心為國家愛惜人才者，惟有怡親王。還說允祥「為國薦賢之處甚多」。允祥去世後，雍正在歷數允祥的功績時特別說，怡親王為國家保護善類，培養人才，一片篤摯真切之念，形於寤寐。

還有一種可能，雍正不便自己出面，而交給怡親王「教導」。四川重慶總兵任國榮，原來是個披甲，雍正元年分部，推為游擊，雍正四年輪流引見，觀見超擢二等侍衛，交怡親王教導，隨即升為頭等侍衛，任通州副將，到任不久即升四川今職。前後都是怡親王帶領引見，還有其子任世保、任世英也是怡親王帶領引見。雍正五年二月赴任，在盧溝橋恭迎怡親王回京，賜給盤費二百兩，囑咐不要謝也不要奏，勉勵做個好官，報效皇上。

署理江西巡撫印務太常寺卿謝旻，也向來受親王教訓培植，抱恙之時多方託故，不欲以病體上達，致廑聖懷。

內務府總管管理淮安宿遷關務年希堯稱為天地之全人，盛朝之柱石，其精

勤慎密有非臣工所能仰窺而臚列者。平日無不悉賴怡親王之訓誨教導，蒙被成全，尤為不比泛常，因在外職守，遣長子年裕恭赴王府，叩頭代祭奠。硃批：「應盡心者。」（八年五月二十三日）

那麼，允祥究竟向雍正舉薦了哪些人才？據雍正講，重要的大概有七八人之多。果親王允禮，雍正起初並不十分了解，但聽聞他是允禩一派的。雍正剛剛即位，隆科多向他密奏說：「聖祖皇帝去世當天，臣先回京城，果親王在大內值班，得知聖祖皇帝去世，打馬而出，在西直門大街與隆科多相遇，隆科多告訴他雍親王即位，果親王神色乖張，有類瘋狂，聞其奔回府邸，並未在大內迎駕伺候等語。」雍正大為驚訝，遂把他差往守護景陵。後來允祥對雍正說：「果親王居心端方，乃忠君親上、深明大義之人，力為保奏。」雍正遂加任用。開始是果郡王，管理藩院事，三年給親王俸祿，侍衛等也按照親王待遇。六年封為果親王，成為雍正朝僅次於允祥的又一個輔佐雍正的親王。

在雍正的「總督三傑」中，李衛是允祥推薦的。雍正即位初，並不了解李衛。由於允祥在雍正面前「極力保薦，謂其才品俱優，可當大任」，雍正遂用李衛為雲南驛鹽道。由於地位低，李衛叩請聖訓，臨別時雍正對李衛說：「你有什麼事情用奏摺奏事，交給怡親王代奏；雲南離京路途遙遠，有什麼想詳細奏報的事，可以另備啟貼細陳，也交怡親王轉交。」自此，李衛成為為數不多的經怡親王轉奏的人。但後來李衛做事魯莽，特別是擺闊氣，皇帝每有硃批，往往公之與眾，以示雍正帝對他的特殊寵眷，所到之處與官員關係也特別緊張，甚至連鄂爾泰都說李衛缺點太多。雍正對李衛也反覆訓誡數十次之多。關鍵時候，還是允祥力保。據李衛在雍正去世後向乾隆密奏：「臣被年羹堯內外勾結，朋比傾陷，賢王以身家力保。後奉面諭，方知其詳。」允祥舉薦的人，還有福建巡撫劉世明、趙國麟，陝西總督查郎阿，山西巡撫石麟等。

「保護善類」的事情也很多。岳鍾琪由於是追隨年羹堯而發展起來，後來又接任年羹堯出任川陝總督，說他壞話的非常多。蔡珽就對雍正說，岳鍾琪是「年羹堯之黨」，還多次在雍正前排陷，說他不可信用。雍正五年三月二十五日，岳鍾琪上奏陳事，密奏的開頭先引錄了幾句雍正帝前一次硃批的話，岳鍾

琪在引錄時只寫了「雍正五年三月初 日奉到硃批」，具體日期沒有填上，或許是後來疏忽，就把摺子發出去了。雍正一向認真，閱讀後在「初」字與「日」字之間畫了一個圓圈，並旁批「不必介意，戲圈來的」八個字。雖說是「戲圈來的」，但令岳鍾琪十分緊張，「惶恐萬狀」。關鍵時還是允祥向雍正懇切陳奏，「岳鍾琪才識兼備，赤心為國，必無負恩忘義之事，臣願以身家性命相保。」

年羹堯作為藩邸舊人，雍正初年得到重用，但當年羹堯主張平定青海叛亂時，隆科多一直從中作梗，百計阻撓，甚至置軍國重務於不顧，雍正也認為勝算不大，一再囑咐年羹堯不可冒險從事。這時，還是允祥耐心向雍正說，此次軍旅之事，既然已委任年羹堯，就應採納他的意見。最後獲得勝利。

四、補救苛政

雍正初政，由於清理積弊迫在眉睫，有些政策顯得過於嚴厲，有的過頭，大臣們看在眼裏，誰都不敢提出。有人在私下議論說，雍正「求治太速」。有一次，怡親王對雍正帝說：皇上用法稍覺嚴厲。雍正對此不贊同。說：「人心玩愒已久，百弊叢生，此時若不懲創，將來無所底止」。雍正雖然沒有當即聽從怡親王的勸諫，但怡親王一片寬厚忠直之意，始終沒有忘記。到了雍正八年，雍正見貪贓侵帑作奸犯科之風漸次息止，吏治漸次肅清，因想到怡親王的話，將雍正三年以前各省官員名下應追銀兩，令該部查出，請旨豁免。八年三月，怡親王見雍正時，雍正說這件事是採納怡親王而做出。允祥卻很惶恐，說：「這是皇上斷自宸衷，如果說是臣奏請，臣萬萬不敢居。」《清世宗實錄》還記載，雍正八年三月，允祥患病後，雍正以官員失察衙役犯贓十兩以上，即被革職，未免處分過重，使得賢能官員因此革職者多，命吏部另行定例。隨即改為嗣後直省衙役犯贓，本管官除知情故縱照例革職外，其止於失察者，照在京部院司官之例，十兩以上將該管官降一級留任；不及十兩者罰俸一年。

雍正還想在雍正八年秋冬時節，把內外文武大小官員的所有參罰各案，全部寬免，准其開復。因京師四月雨未時至，遂提前下詔，將內外數百人員，因參罰而得罪者，予以自新之路，除特旨永停俸祿者不行開復外，將內外滿漢文武大小官員，一應革職、降級、留任，及罰俸停升之案，悉行寬免，准其開

復。這件事也是因怡親王奏請而實行的。雍正整飭官方，不稍假借，議罪時常論以「加倍治罪」，久之遂成風氣。此時下詔規定：嗣後凡有議處議罪之條，俱照本律定擬，不得擅用加倍字樣，開蒙混苛刻之端。

雍正朝儘管只有短短的十三年，但政策措施的寬猛也有一些變化。前期嚴厲，後期有所寬緩。而重要轉折點就是雍正八年。雍正說：「國家用人行政，惟寬與嚴。寬者，博大之謂，姑息不可以為寬也；嚴者，細密之謂，苛刻不可以為嚴也。」乾隆帝后來評價乃父的政策說：「皇考初政駿厲，至雍正九年十年以來，人心已知法度，吏治已漸澄清，未始不敦崇寬簡，相安樂易；見臣工或有奉行不善、失於苛刻者，每多救其流弊。寬免體恤之恩，時時下逮：是即十三載之中，而劑酌盈虛、調適競絿，前後已非一轍矣。」

允祥還承擔了很多其他重要的工作。他生前事實是養心殿造辦處的最高管理大臣，其中最重要的，攢畫各省輿圖工作，由怡親王親自管理，並在其王府展開。據造辦處檔案記載，怡親王去世的次月，即雍正八年六月，內務府總管海望上奏說：怡親王前因在府攢畫各省輿圖，將造辦處庫內輿圖並柏唐阿數人隨在府內攢畫輿圖，現今未回。內有原任主事諾赫圖在藏畫過輿圖，於雍正三年怡親王奏准要在府內攢畫輿圖，此人輿圖、儀器之事甚屬明白，意欲着伊在養心殿管理處行走。再，於柏唐阿內揀選一人放司庫，協同諾赫圖料理。再將王府內所有已完、未完之輿圖俱欲要回造辦處存收。雍正允准。[1]七月，雍正命將四寸一格十五省單省輿圖，挖嵌着色，十五張印成木板。九月又傳旨：着向造辦處查地球，或銅的，或合牌的，若無，或武英殿西洋人處亦查。宮殿監督領侍陳福隨即查出，武英殿貯有黑漆地球一件、白油地球一件、暢春園收貯白油地球二件，由內侍進呈一件。雍正帝覽後降旨：「着問西洋人，此地球上寫的拉底思阿西阿等字是何話？」西洋人說這是「四大部洲之類」語。奏事太監奏聞後，雍正帝又降旨：「吾弟怡親王先曾奏過，鄂爾斯地方圖樣還有些不妥處，

---

1 朱家溍、朱傳榮：《養心殿造辦處史料輯覽》第一輯，故宮出版社 2013 年版，第 258 頁。

今此地球白色處一片，不知此圖曾改過否？若無改過，將此地球四個鄂爾斯處，俱照怡親王畫的輿圖改畫。查此地球係何人做的？仍着此人照此球樣式、照新收畫紙圖，白油的做一份。欽此。」隨後查得係欽天監冬官正劉裕錫做過。（《養心殿造辦處史料輯覽》）

　　可以說，雍正十三年的江山，允祥的功勞最大。而允祥能夠自始至終得到雍正的絕對信任，絕非僅僅因為允祥盡忠國事，這與他的謙抑之道頗有關係。

三十七、允祥的謙抑之道

　　在雍正朝的所有諸王大臣中，允祥堪稱是最完美的人，雍正稱他是「宇宙之全人」，並對大臣們說：「王之年齒小朕八歲，不但賴王襄贊朕躬，且望王輔弼於將來，為擎天之柱石，立周公之事業。使我國家受無疆之福，此實朕之本懷。」（《雍正朝起居注冊》）這段話是說，雍正本來設想比他年輕八歲的允祥，應該走在他後面，屆時他會把新的年輕的皇位繼承人託付給允祥，像周公輔成王一樣。由於雍正的話頗有忌諱，因此沒有載入乾隆時修編的《清世宗實錄》裏。45歲的允祥先他而去，雍正這才把允祥在八年間所做的「密勿之事」慢慢揭開。而允祥謙抑臣道異常突出。雍正說：「王之生平，謙抑退讓，朕每加恩禮，王必再四懇辭。」

　　可以說，允祥作為親王大臣，公忠體國之外，他「謙抑退讓」的品格，也是他得到雍正帝自始至終絕對信任，並成為雍正眼中「宇宙之全人」的關鍵所在。乾隆時的名進士彭紹升在為允祥做傳時，也特別提出，允祥「每承恩禮，益加謙畏，故上眷遇日篤。」當時與允祥同朝受重用，「晉接之時為多」的張廷玉，奉敕撰寫的《怡賢親王行狀》中，進而歷數允祥的「謙抑臣道」。

　　在中國傳統文化中，把臣道比喻為「地道」，而君主要行「天道」。臣道要求拚命報國，忠勤王事，同時要淡薄名利，公而忘私，國而忘家。只有把這二者統一起來，才是一個「完人」。雍正稱允祥為「宇宙之全人」，講的也是允祥把二者完美統一起來。

　　允祥的謙抑之道表現在以下方面。

精白一心

雍正經常讓特別寵信的大臣傳旨。所謂傳旨，就是代皇帝發號施令，可以說是「口含天憲」，是皇帝的代理人。有一些人，或者因為級別不夠，或者因為身份特殊敏感，雍正把他們交給允祥「代管」，特許他們上密摺，交給允祥轉奏。還有的事情，直接與皇帝上密奏不合適，或不方便，雍正也請允祥先期把關。前面我舉過李衛的例證。雍正給直隸巡撫李維鈞硃批說：「怡親王甚待你好，若有為難不便奏聞之小事，密密使人同王子商酌，他不肯指使你落空的。」蘇州織造胡鳳翬是雍正的「連襟」，雍正帝年妃妹妹的丈夫，雍正把他交給允祥照管，硃批提醒說：「毋謂朕將爾交與怡親王，為已得泰山之靠，遂放膽肆志任意招搖也。倘少有辜負朕恩處，第一參劾爾者，即係怡親王。」諾敏是雍正初年得到信任的封疆大吏，比「總督三傑」更早。雍正也把諾敏交給怡親王，對諾敏說：「你如果有事懷疑，又不便於打聽，則告訴怡親王代你打聽。」後來雍正發現，諾敏的兒子在京城妄行串聯，非常氣憤。雍正二年十月，雍正在諾敏密奏上硃批：「你的兒子們在京城妄行交通，尋找門路，是你指示的嗎？可見你不相信朕了，如此朕也不相信你了。想朕指示你奏報怡親王的情景，由此看來，你以為怡親王不能照管你的事了，這是朕指示錯了。除怡親王外，除你的貝勒主之外，再沒有人對你有益，只是招禍而已。」（《雍正朝滿文硃批奏摺全譯》）。又在廣東布政使圖理琛密奏上硃批：「你若有應密奏奏聞之事，則遣家人往呈怡親王轉奏。如果照常請安可以告訴平常人的事情，仍交總督巡撫代奏。」

就目前所見檔案顯示，允祥可能是雍正帝唯一允許他看密摺的人。雍正帝就曾對鄂爾泰說過，你的密奏大多給怡親王看過。

允祥是親王、皇弟弟，又是雍正之下獨一無二權力最大的人，他管的事軍國要務特別多，除了「贊襄於密勿之地者八年有如一日」外，「軍務機宜、度支出納，興修水利，督領禁軍，凡宮中府中，事無巨細，皆王一人經畫料理」。真正是萬人之上。但允祥對所有事情，除兢兢業業做好外，他保持高度警惕，

雍正後來說，所有人「進啟王之書札、物件，一物一字皆不隱朕，呈送朕覽。將物件必求朕擇而收之，朕留一二，其餘發出者，王仍還給本人，一物不受。其字啟呈進朕覽處，亦不令一人知之。」真正做到了精白一心。

小心敬畏

雍正是個追求完美的人，遇事也很挑剔，忌諱特別多。地毯會被人踩，所以上面不准畫龍，座毯上不許畫夔（奎）龍。有一次，內務府進呈香料中有「龍掛香」之名，允祥神情嚴肅，吩咐以後不准叫「龍掛香」。皇上是真龍天子，把龍掛起來，是要殺頭的。張廷玉在為允祥寫《奉敕撰和碩怡賢親王行狀》中，有這樣幾句話：「奏牘呈進御前者，筆札必致精謹，微至縹囊緹篋，一一經心，王事上之心毫不敢苟如此。」（《張廷玉全集》）

縹囊，用淡青色絲帛製成的書袋。緹是橘紅色的絲織物。篋，是小箱子。這是說，儘管允祥是皇上的弟弟，又受到絕對信任，但他每次呈給雍正的，即便是一個小書袋、小匣子，包括片紙隻字，都絕不怠慢，而是整整齊齊，沒有任何瑕疵。

允祥除到直隸負責水利工程外，最長一次與雍正分別的，就是雍正二年他奉命帶領諸位阿哥去木蘭秋獮。雍正一直說，他事事不如皇考，武功更是如此。由於殘酷的形勢，他即位後執掌大清王朝的十三年，除去東陵外，一刻也沒有離開京城。而木蘭講武，堪稱是祖制。雍正把這個特別的使命，也是他作為皇帝的缺憾，交給允祥去完成。這段時間僅有二個月，而允祥上給雍正的密奏多達十幾次，幾乎每三五天密奏一次。從滿文密奏可見，允祥不厭其詳、事無巨細，向雍正密奏。君臣間感情融洽，雍正詼諧、調皮，允祥不苟言笑的個性顯露無遺。

允祥是七月十七日啟程的，四天后就密報住在順義南石槽。雍正告訴允祥說，這次是帶阿哥們學習游獵，不要兼程趕路，舒緩日子好。雍正覺得這是一次難得的讓自己親近的諸王大臣放鬆身心的機會，又派大學士馬齊的弟弟馬武

追趕。數日後，允祥密奏馬武已趕上。二十七日自喀喇城進入木蘭。八月初在巴彥喀喇、博登圖哨鹿。雍正說：「眾阿哥初次學習游獵，回京後仍思念方好。」還開玩笑說：「朕憂慮的是，你們返回時，肥壯得讓朕認不出來。」允祥密奏說：「臣的舊病也清除了，身體也肥壯了。將來不堪入目，如何是好？」雍正說：「對發胖後不堪入目之事，絲毫不要介意，盡量發胖。只是馬爾賽（領侍衛內大臣）回來時，朕擔心馬力不支，受不住，怡親王選二匹腳力強的賞他吧。」允祥回奏說：「臣預計八月初九開始返回。這裏野獸很少。馬爾賽身體笨重，領中軍爬大山。此賴皇上指示、教誨。」細心的雍正發現，允祥密奏有一處應該「抬寫」[1]，而允祥沒有抬寫，故鄭重其事硃批三個大字：「應抬格」。也許是塞外圍獵的日子過於輕鬆，允祥接到後一再檢討。允祥的兒子弘昌已封貝子，他也向雍正奏報，雍正硃批說：「你們如果能夠讓朕垂涎欲滴，你們方是一羣強健男兒，奮發向前。」

推讓名利

張廷玉為允祥所做「行狀」，說允祥「操履廉節，謙讓一出於至誠。上屢加錫賚，王必懇款固讓。」

雍正元年十一月，雍正考慮到允祥在皇考時，幾乎沒有參與任何管理國家的事務，因此家計空乏，而任總理事務大臣以來，所交事務，悉效公忠。遂按照他們弟兄分封之例，總計各得錢糧二十三萬兩，援此例賜給允祥，但允祥一再奏辭，經雍正再三勸諭，僅受十三萬兩。雍正又照裕親王例，令支官物六年，允祥叩首固辭，極其懇切。雍正不得已，允其所請，「以副王謙抑之懷。」

雍正為康熙帝服喪期滿，四位總理事務大臣也完成了他們三年的使命。在論功行賞即「議敍」時，怡親王着賞一郡王，但允祥一再奏辭。雍正令其不必

1　凡臣下奏章及一般文書中，遇及皇室、陵寢及天地等字樣，必於次行抬頭一格或二三格書寫，以示尊敬。

固辭。但允祥面見雍正時，復再三陳奏，雍正以其情詞諄切，又一次收回成命。

雍正七年十月，雍正命把怡親王的儀仗，增加一倍，以表觀瞻。允祥再三奏辭，情詞懇切。

力辭非分

雍正即位後，賜給允祥的王府在東華門外，即今王府井金魚胡同、校尉胡同，賜給別苑名交輝園，與圓明園緊鄰。乾隆年間改名綺春園，併入圓明園內，都與自己的居所緊鄰。

怡親王為雍正相度萬年吉地一事，非常盡心，後來在易州泰寧山太平峪，選得一上吉之地。這就是後來清西陵的首陵 -- 雍正的泰陵。在泰陵相近地方，山水迴環，形勢聯絡之處，又有中吉、次吉之地。雍正打算把中吉之地賜給允祥，誰知，允祥得知後驚悚變色，上奏說：「此等吉壤，必有大福者乃足當之，若臣冒昧得此，不惟不能蒙福，子孫必罹禍殃。」「惶懼固辭，尚有不便明諭激切之辭。」雍正不得已把這件事擱置下來。後來在六十里外淶水縣境內，允祥得一平善之地，立即向雍正密報說：「此庶幾臣下可用者」，奏請賜給。雍正一時沒有答覆，也沒有降旨，怡親王當時已經得病，而且知道自己可能一病不起，擔心自己去世後，雍正把皇陵之地賜給他，遂令侍郎劉聲芳懇切轉奏，雍正不得已允其所請，允祥得旨，喜極而泣，竟然像孩子一樣，踴躍忭舞，說：「皇上待我隆恩異數，不可枚舉，今茲恩賜，則子孫世世俱受皇上之福於綿長矣。」當天就派遣護衛前往雲溪水峪起土。數日後，護衛呈看土色，允祥取出一塊，捧而吞之。他惟恐安葬之地未定，將來雍正仍把以前所欲賜給之地賜之，「其用心之謙謹周密至於如此。」

逝前體貼

令雍正最難以忘懷的，是允祥自得病到病重乃到去世的大半年期間，對

雍正帝的體貼。允祥雍正四年得過一次大病，歷時四個月才恢復。雍正七年冬月，允祥病的很重，他所居住的交輝園，與圓明園相近，雍正隔一段時間，就想去看望，允祥再三辭謝，說自己一定會在一旬半月之間，以抱病之軀到圓明園拜見皇上。後來病勢加重，惟恐分雍正帝的心，就向雍正奏說：「交輝園是自己得病的地方，臣暫時要搬出去住一段時間，躲一躲。」於是到西山去養病。

允祥為什麼選擇西山養病？因為西山離圓明園很遠，使得關心自己病情的雍正帝不能確切知道他的病情，而每當雍正派人問起時，都回答說漸漸好了，以安慰皇上。據學者研究，早在雍正三年，允祥治理京西水利的時候，指揮部就設在西山白家疃。他覺得這裏空氣清爽，民風純樸，工作間隙，常與百姓話家常。允祥喜歡聽戲，傳說每年村民交錢糧時，允祥都要請村民聽戲。據《西郊鄉土記》載，白家疃村西石窩村有三座廟宇，即玉皇廟、溫泉廟、財神廟，建造佔用的土地也是允祥捐助的。允祥想在這裏蓋一所別業。

允祥在西山住了幾個月，病情不但不見好轉，反而越來越重。三月十八日，為允祥安心靜養調攝，雍正命將怡親王一直管理的直隸水利營田工程，一切大小事件，俱稟知大學士朱軾定奪辦理，有應行奏聞者，朱軾請旨辦理，俟怡親王全愈之日，再行通知。次日，又命大學士張廷玉、蔣廷錫，暫理戶部三庫事務。這說明允祥的病情已經很重。允祥在此前後，回到城裏的怡親王府，即王府井大街路東的王府。王府井源於元代，明成祖朱棣遷都北京後，在這裏建造了十個王府。允祥回王府時，正趕上雍正祈雨回皇宮。京師一帶，自三月大旱無雨，雍正帝發諭旨檢討施政得失，又去大高玄殿祈雨。大高玄殿簡稱大高殿，是明清皇家道觀，位於北海之東、景山之西，離皇宮很近。在皇宮處理朝政，距離祈雨的地方很近，也兩不耽誤。得雨之後，允祥屢次奏請雍正回圓明園理政。四月初八，雍正帝回到圓明園。等到雍正得知允祥病勢沉篤，方欲臨視，允祥聞知後，於五月初四日去世。「蓋王不欲以永訣傷朕之懷」。允祥去世後，雍正寫了很多情深意重的詩文悼念這位只知為國，不知有自己的賢弟。

允祥輔佐雍正的八年間，謙抑臣道，有如一日。雍正在上諭中盛讚允祥，「為宗室之楷模，百官之坊表」，「裨益於人心世道顯而可見者也」。雍正為什麼

要把允祥抬高到這種境界？雍正概括了允祥為臣的四句話：公正持身、溫和處眾、端方率屬、慈厚待人。

按照允祥這種身份：皇弟、親王、重臣，他有太多張揚的資本，但他小心翼翼，謙抑自持，他秉持這種臣道，原因有三。

允祥何以謙抑自持？

第一是歷史的教訓。允祥從最受父皇康熙寵愛的文武兼優的皇子，在一廢太子後被圈禁高牆，此後在康熙朝十幾年，他沒有得到封爵，賞賜全無，家計空乏，是所有皇子中的「困難戶」。而且，他身患疾病，不良於行。這種太大的人生「落差」，如果對平庸的人到也沒有什麼，而對於聰明能幹的皇子允祥，無疑成為他一生的教訓。這一年，允祥只有 22 歲。我們舉一個張廷玉為允祥寫「行狀」中的一件事。大概康熙四十九年前後，允祥得了一種怪病，右腿膝蓋上生濃瘡，時常疼痛，後來被御醫診斷為鶴膝風症。對於這種病的原因，有人認為是允祥長期圈禁的結果。而在張廷玉所寫的允祥「誠敬恪恭」的這件事，似乎可以找到答案：康熙帝在熱河時，一次遣太監回宮，允祥急於問詢父皇的身體起居，竟然墜馬脫脛，把小腿脛骨傷到了。但在父皇中使面前，他忍住劇烈的疼痛，手自抑按，仍齊集請安，就像不知道自己的小腿已經受傷。這件事一則反映了允祥的「誠孝」，也是允祥對子臣職分的敬畏。雍正說允祥對皇考「慎密有加，小心安分」。當是實話。

第二，對雍正的判斷。

允祥雖然貴為親王、總理大臣，但他也有「不能承受的人生之重」。他承受了常人難以想像的壓力。我們在檔案中沒有發現允祥「告退」的記載。但通過雍正後來的描述，仍能感受允祥所承受的壓力。在上集所講的宗札布的案件中，雍正還有這樣的諭旨：「去年，你們傳言，怡親王獲罪於朕，不准城內居住，驅逐到溫泉。」這件事不見其他記載。儘管雍正予以駁斥，但即便是傳言，也肯定會對允祥形成極大的心理壓力。當雍正食言，沒有答應對戶部虧空官員

寬免懲罰的請求後，允祥「始而變色，後即遵旨」，都說明允祥不是惟君是從，而是能夠坦陳意見的人。雍正在講允祥奏保允禮後對大臣們說：「似此密陳補助，為廷臣所不知者甚多」，又說「其有關於吏治民生之利弊，有聞必奏，每語必詳」。說明允祥敢於提出自己的意見，但當他的意見不被雍正採納時，他堅決執行。張廷玉說，允祥為國為民所做好事頗多，而唯恐人知。雍正帝「偶一宣佈，則惶悚不可名狀」，這也是允祥有功不居的自然流露。

第三，個人的特殊身份。

筆者認為，儘管允祥位高權重，但他可能是心裏最苦的人。康熙後期的皇儲之爭，延續到雍正時期，終於導致皇室內部的蕭牆之禍。拋開是非不講，畢竟都是兄弟，允祥夾在中間，內心的煎熬可以想見。允祥去世後，大臣上表有這樣的話：雍正初年，允祥總理政務，「守義不阿，丹心炳於日月；中立無倚，素志凜於冰霜」。以允祥的特殊身份和地位，他無疑也是允禩等人爭取的對象，我們在檔案中看到，雍正元年允禩、允祥一同就浙江海塘工程上奏。一方面，他是雍正初政的穩定器。另一方面，他也沒有落井下石，做手足相煎的幫兇。這個分寸是很難拿捏的。

允祥謙抑之道的啟示

《易經》謙卦有「勞謙君子有終吉」這樣的古訓。允祥堪稱是這方面的典範。也給後人留下了很多啟示。主要有二點：

第一是自我約束，永不膨脹。允祥作為皇帝的弟弟、親王，宮中府中，無事不管，他擁有萬人之上的權力，又有社稷之功的貢獻，但他從不膨脹。這在歷史上也沒有幾個人能夠做到。允祥生前做了很多利國利民的事情，但他歸美皇上，宣揚君德，而自己默默承受一切不滿和指責，又從來不辯解，也沒有一句怨言。允祥去世後的第十天，即五月十五日，雍正發佈上諭稱：「王一生為國為民，濟人利物之事，不可枚舉，常存唯恐人知之念，若偶一宣露，則王之惶悚，不可名狀，是以往在生之日，朕不忍違拂其意，以此播揚於眾。今王仙

逝矣，若朕仍祕而不宣，則內外臣民隱被王之厚德而莫知其由，是朕泯王之善也，此心何以自安。據天理本良，朕實難於隱祕。」我們還可以與年羹堯做個比較。年羹堯也很有才華、有能力，也為平定青海叛亂建立功勛。堪稱是雍正初年外臣的台柱子。但他不斷膨脹，醉心於權力和物慾，甚至做起分九鼎的黃粱美夢來。最後驕縱貪婪而敗。

第二是善始善終，福澤子孫。詩經有「靡不有初鮮克有終」的古訓。講的是一個人做事不難在有好的開始，難的是能夠持之以恆，一生堅守。人有時候容易被環境所左右。而允祥八年如一日，用自己的一生詮釋了善始善終四個字的分量。大臣在上表中說，允祥「有功不矜，有美不居，考之歷代懿親貴戚，未聞有此廣譽令名，即自古輔弼名臣，亦皆不足比擬於萬一。」

允祥封為親王後，封誥命的嫡福晉兆佳氏，側福晉富察氏、烏蘇氏、瓜爾佳氏，庶福晉石佳氏、納喇氏。這六位福晉為允祥生有九子四女。九子中有封爵的有五人。長子弘昌，雍正元年封貝子，十三年封貝勒，乾隆四年因參預廢太子允礽之子謀奪事件被革爵。三子弘暾（日旁）雍正六年卒，照貝勒例安葬。四子弘晈，雍正八年封寧郡王。七子弘曉，雍正八年襲爵。

允祥去世的第三天，雍正發佈諭旨說：「王之事朕，誠敬忠愛之心，八年猶如一日，自古以來無此公忠體國之賢王，則朕所以待王之禮，亦應在常例之外。」最主要的「常例之外」有三件事。

第一件是恩封親王，世襲罔替。在允祥之前，皇室爵位基本都是以功冊封，到乾隆年間正式定製，形成民間俗稱的八大世襲罔替的「鐵帽子王」，即後代不降封爵。這分別是禮親王代善、鄭親王濟爾哈朗、睿親王多爾袞、豫親王多鐸、肅親王豪格、莊親王碩塞、克勤郡王岳托、順承郡王勒克德渾，他們都為清朝建國立下卓越功勛，因此獲得世襲罔替的永久封爵，同時還享有配享太廟的殊榮。

怡親王是第一個恩封的「鐵帽子王」。雍正八年八月，雍正帝以怡賢親王裨益於宗社國家，民生吏治者，自古罕有比倫。允祥之子弘曉，着襲封怡親王，世世相承，永遠弗替。雍正發佈諭旨特別強調稱：「凡朕加與吾弟之恩典，

後代子孫不可任意稍減。佐領屬下等項，亦不可那移更改。再者，朕於雍正三年春曾降諭旨，於王諸子之中，再封一郡王，彼時王再四懇辭，朕勉從所請。弘晈着封為郡王，世襲罔替。」

第二件是九字諡號。按照親王諡號，禮制規定應有一字。雍正認為，允祥自應錫以上諡，但一字不足彰王之美善，朕曾親書「忠敬誠直勤慎廉明」八字賜王，字字皆王之實跡，於諡號賢字之上，加此八字。

第三件是修建超規制的王陵。歷時二年建造。雍正帝動用自己即位前的私人小金庫——雍親王藩邸存銀為允祥建造墳塋。

此外，允祥的母親章佳氏於康熙三十八年去世後，封為敏妃。雍正元年，追封為敬敏皇貴妃。當時，允祥的母親已去世二十多年，並安葬在景陵妃園寢。追封皇貴妃後，雍正特別把她從妃園寢中起出，九月初一日，同康熙帝、孝恭仁皇后一起入葬景陵地宮。從而開創了清朝皇帝陵地宮祔葬皇貴妃的首例。

與允祥在朝中共事最久，也同樣為雍正所信任的大臣中，張廷玉堪稱第一。張廷玉的「臣道」又是如何？他在雍正十三年中，有什麼特殊的建樹？桐城父子宰相家訓，又給世人什麼啟示？

三十八、契友張廷玉

在清朝近三百年的歷史中，張廷玉是三朝元老，也是唯一一位配享太廟的漢大臣。太廟是皇帝的家廟，祭祀皇帝祖先的地方，只有有大功的親王等人才有資格配享，這其實是一種承認，承認張廷玉對清朝的貢獻。

這裏先要明確的是，張廷玉歷仕康雍乾三朝，為官近五十年。只有把他近五十年的作為統合起來，才能做出全面的評價。但這一章我們僅僅就雍正朝而言，概括說來，他的成就主要有三個方面。

參預機務，創立制度

自雍正即位到其去世的十三年間，張廷玉參預了雍正時期幾乎所有國家重大決策。雍正十一年，張廷玉特例把他上奏的刑部事宜二條，載入他親手修訂的「年譜」中，後面特別寫了這樣一段話：「張廷玉侍奉皇上左右十一年了，內直趨承，沒有一天不蒙皇上召對，我每有一得之見，或者口奏，或者寫摺子，所有這些都請皇上特頒諭旨，宣播於外，從來未把片稿隻字留在家裏。只有此次奏摺，皇上命發九卿議奏，我張廷玉即便把稿子焚燒，外面也會清楚這件事是我建議的，因附載於此。」

這段話雖然很委婉，但也說清楚了他每天隨侍皇帝身邊，參預機務隨時都跟皇帝交流的。但除非公之於眾，是不能記載的。

在《張廷玉全集》和幾萬份《雍正朝漢文硃批奏摺彙編》中，幾乎找不到幾份張廷玉的奏摺。這說明，張廷玉所參預的重大決策，他有意識地淹沒不彰。以至於張廷玉的門生、後來成為軍機大臣的汪由敦，在為張廷玉寫墓志銘時，只能含蓄地寫道：「凡軍國大事，奉旨商度，恪勤匪懈，造膝對揚，率移暑

漏。其所籌劃，非可以一事名，非可以形跡數。」

雍正七年，雍正帝在張廷玉的自陳疏中，硃筆親批這樣一句話：「卿自簡任機務以來，夙夜匪懈，協贊朕之不逮」。這分明是說，張廷玉所參預贊襄的，有時是雍正所沒有想到的。張廷玉讀此，惶悚不安，急忙跑到宮門，懇請雍正帝收回成命。雍正對他說：「朕嘉獎臣工，一字一句不肯假借，必實在有這方面的好處，而後加以褒美之詞，難道對於愛卿反而以不誠相待嗎？卿實在當此無愧。」

在張廷玉的《自訂年譜》中，類似這樣「協贊朕躬」的記載，有數處之多。十一年，雍正特別給張廷玉放假，回家鄉桐城，雍正說：「朕即位十一年來，在廷近內大臣，一日不曾相離者，惟卿一人，義固君臣，情同契友。」雍正信任乃至寵信的大臣有不少，但把君臣二人的關係說成是「契友」，實屬罕見。也可以看出張廷玉在朝中的分量。

雍正五年五月，張廷玉患病，雍正急派御醫前往診視，並多次派身邊內侍問寢食狀。有一天，雍正對身邊的人說：「朕連日來臂痛，你們知道嗎？」身邊的人感到很驚訝，雍正解釋說：「大學士張廷玉患病，難道不是朕的臂痛嗎？」後來張廷玉病癒，雍正向他講述這件事。

如果以上所說仍過於籠統，這裏舉出兩件事，一是西北用兵。清朝幾乎用了近百年時間，經過康雍乾三朝的持續努力，才解決西北的威脅。雍正十二年七月，西北用兵已經數載，將士疲勞在外，國庫存銀減少。是戰是和，雍正召前方統帥回京與王大臣議奏。前方將帥包括北路副將軍額駙策凌、西路署大將軍查郎阿等都主張繼續用兵，說二十萬大軍指日可定。康親王等絕大多數人也主張出兵。張廷玉反覆思考、權衡，主張派遣大臣，宣諭朝廷政策，給予自新之路，然後罷兵。但如此一來，他要承擔勞兵糜餉、無果而終的後果，使自己成為受孤立的少數派。他獨創一稿，希望有人支持他，但只有十幾人肯在上面簽字，參加聯署。最後，雍正帝承認自己「無能不明之咎」，採納了張廷玉的意見，與準噶爾言和罷兵。對此，歷史學家孟森先生認為，這是「明主之事。」

二是如何管理流動人口，解決「棚民」問題，有獨特建樹。自康熙後期實

行滋生人丁永不加賦政策後，極大刺激了人口的增長，加之國家處於長久的和平，人口與土地的矛盾逐漸顯現。雍正初年，在浙江、江西等省出現了很多流民。他們大多從廣東、福建而來，攜帶農具，墾山種麻，搭建棚子，居住在深山之中，有的數家為一處，有的數十家為一處。經過多年滋養生息，人越聚越多，來去自由，從未納入官府管理。張廷玉建議，納入所在地方管理體制，讓他們成為「編戶齊民」。他具體提出四條辦法：

一是在流民聚集多的府縣，應該選拔才守兼優的官員去任用，以免激成事端，提高管理官員的隊伍建設。二是將棚民納入地方保甲系統，成為國家的編戶齊民；三是對讀書向學之人，應該一視同仁，允許參加考試；四是對有技藝的人，國家要重視使用。張廷玉把他的建議寫成條陳，雍正令戶部等與浙江、江西等省地方封疆大吏討論，最後完全採納了張廷玉的建議。一百多年，這裏安然無事。

張廷玉還是雍乾時期國家重要制度的創立者。特別是有清一代具有重大影響的軍機處制度，由其一手創制。

《清史稿》「張廷玉傳」記載：軍機處初設，職制皆張廷玉所定。

軍機處是雍正時期為適應對西北用兵而建立的重要制度。由於用兵涉及國家重大機密，特別是長途跋涉，糧草、軍餉保障，稍有動靜，即為對方所知。因此，當策妄阿拉布坦一死，其子噶爾丹策凌繼立，人心不穩之時，岳鍾琪密奏出兵有十大有利條件時，雍正肯定。並把所有戰事交由岳鍾琪，而把軍需等所有事情交給怡親王、張廷玉、蔣廷錫三人祕密辦理。三人「小心慎密，是以經理二年有餘，而各省不知有出師運餉之事。」後來張廷玉回憶這段時光說：「自雍正八年冬天到九年九月，皇上因西北用兵，聖心焦勞，指授方略，廷玉每天在內廷侍直，從早到晚不敢退，間有待到一二鼓時。」軍機處運行制度，到雍正八九年正式確立。它主要有三大特點：

一是勤。皇帝與軍機大臣，除萬壽節和除夕元旦放假過年外，幾乎沒有一天不見面。這與明朝君主如萬曆十幾年不見朝臣，迥然有別。因此，從決策層面看，從沒有積壓的事情。

二是速。每天處理大臣的摺奏五六十件，最多時有一百多件。全部當天處理完畢，從沒有延遲到第二天的。應該交由兵部祕密寄出的，以軍機大臣某某名義寄出，是為「廷寄」；應該交由內閣發佈的，是為「明發上諭」。年終截止時間為十二月二十五日，為最後處理日。

三是密。軍機大臣召見時，太監不得在側，例由軍機大臣最後一人挑簾，被稱為「挑簾軍機」。軍機處值房，不允許任何人窺探。所用「蘇拉」即聽差，要挑選 15 歲以下不識字的幼童。

而文書奏章制度，也同樣是張廷玉的改造。張廷玉之前，雍正所發佈的諭旨總不能令他滿意，要麼不夠文雅，要麼漏掉旨意，旨不達意時居多。自張廷玉承旨書諭，與雍正原意絲毫不差，又文雅周至。七年十月，雍正帝諭內閣稱：「朕嗣統以來，元年二年，內閣面奉之旨，書寫時動輒訛舛，自張廷玉為大學士，聽朕諭旨，悉能記憶，繕錄呈覽，與朕言相符。蓋記載一事，良非易易，毫厘千里之差，不可不慎，是以諸臣欲記朕諭者，朕皆令繕寫進呈之後，方許存稿，恐其失實以傳訛也。」

自軍機處建立後，凡是詔諭外吏，屬機密事件，皆命軍機大臣封固嚴密，由驛傳遞，名曰廷寄。最初封面標軍機首揆名姓，自阿桂去世後，乾隆帝命改為軍機大臣等寄字樣。每個月「兵部將所寄封數，及寄外任何人名目，匯奏一次，蓋亦杜大臣有所私請託。實一代之良法，較諸前代綸音未降而輿隸咸聞者，真不啻霄壤之別也。」[1]

無可替代的角色

即位之初和雍正八年長達半年多的病重是雍正在位十三年的兩大關隘。在這兩個特殊時期，張廷玉都承擔了他人無可替代的角色，也是他配享太廟的關

1　昭槤：《嘯亭雜錄》，中華書局 1980 年版，第 399 頁。

鍵所在。

雍正即位初，不合作者有之，拆台者有之，觀望者有之。尤其是一系列的大典禮，對於以往以天下閑人自居的雍正，無疑是一場大考。康熙去世的第三天，雍正還沒有即位，就宣旨：「大事典禮繁多，文章關係緊要，張廷玉着兼學士銜，協同掌院學士，辦理翰林院文章之事。」

張廷玉回顧當時康熙帝梓宮在乾清宮，雍正在東廂房作為苫次（守喪地），「凡有詔旨，則命張廷玉入內，口授大意，或於御前伏地以書；或隔簾授機，稿就即呈御覽，每日不下十數次，皆稱旨。」

這一時期，重大的事情有康熙大喪禮、雍正即位典禮、皇太后喪禮等。時禮部尚書陳元龍不得人，被雍正趕往康熙的陵寢地，陳元龍在密摺中向雍正檢討，說他是有罪之人。而接替陳元龍的正是張廷玉。雍正特別說：「正當大禮舉行之時，禮部尚書一職，關係甚重，朕再四思維，非汝不克勝斯任。」張廷玉這段時間，白天行禮，晚上夜宿禮部，半年間兩遭大喪，而儀章備舉，加之上列祖尊謚，康熙尊謚、廟號；皇太后徽號及大喪儀；山陵升祔；郊壇配享，一切巨典隆禮，都是禮部專司。張廷玉引經據典，使得所有典禮得以舉辦如儀。

雍正即位之初的這些大事，是對雍正掌控國家能力的一大考驗。也可以說是一次大考。雍正一再向他親近大臣說他為皇子時，秉性疏懶，喜愛清閑，既未留心政事，也未結交一人。這些話雖然不盡如此，但多數是可信的。雍正能夠在臣民中樹立起他是康熙的合格接班人形象，在即位前後的大考中，張廷玉發揮了重要作用。張廷玉傳記載：「時初政殷繁，諭旨日數十下，廷玉承命，應奉敏贍，悉稱旨。」（《廣清碑傳集》）

雍正病重期間。雍正八年春天至秋冬之交，雍正得了一場重病，時間長達八九個月之久。期間，雍正非常倚重的怡親王允祥去世，他甚至懷疑自己能不能挺得過去，並交代「後事」，連「遺詔」的大意都擬好了。在此期間，張廷玉不但授命處理日常事務，而且，為醫治雍正的病情，與大臣、御醫們日夜不離左右。

張廷玉自訂年譜記載：「自春往秋，聖躬違和。命張廷玉與大學士馬爾賽、

蔣廷錫辦理一切事務，並與御醫商訂方藥。間有密旨，則命廷玉獨留。」這裏的關鍵是「獨留」。三月，允祥病重，張廷玉奉命接替允祥原來管理的戶部三庫事務。五月初四允祥病逝，為這位功在江山社稷的親王辦的喪禮，主導者是雍正，實際操辦人是張廷玉。他還奉雍正之命為允祥寫「行狀」，這在張廷玉也是非常罕見的，也表明他在雍正心中的分量。

以往研究者沒有注意到，對張廷玉在雍正病重期間的褒揚，在此時達到最高。將張廷玉配享太廟的密旨也寫於此時。繼雍正五年底，雍正賜給張廷玉典鋪一所，本銀 35000 兩，雍正八年四月，雍正賜白銀兩萬。雍正特別說：「這些銀兩是朕藩邸之物，沒有用處，特別留下來賞給有功之人，你難道不是大臣中第一宣力者嗎？你應當體會朕的心思，不要再推辭了。」

配享太廟和第一宣力大臣，是雍正對張廷玉在朝廷政務中獨特地位的表達。雍正還表示，張廷玉的作用要超過在前方立功的將帥。這不免使人聯想到他的評價會超過鄂爾泰。鄂爾泰於雍正九年底進京，次年正月授保和殿大學士，居內閣首輔。而在此前的近兩年間，張廷玉實際處於獨有的地位。

雍正八年七月，雍正決定在京城白馬關帝廟，建立賢良祠，以祭祀開國以來的有功之臣。雍正在諭旨中着內閣會同禮部核查「滿漢文武大臣才德着聞、完名全節者」名單上奏，但張廷玉的父親張英是諭旨中赫然在列的人。不能說雍正建立賢良祠是為單純褒獎張廷玉的父親張英，但聯繫雍正的一貫做法，此舉也含有父以子貴、尊崇張廷玉之意。

當年十月，雍正完全康復，通過內閣明發上諭：

> 今年夏秋之間，朕躬偶爾違和。馬爾賽、張廷玉、蔣廷錫贊裏機務，公正無私，慎重周詳，事事妥協。至誠之悃，方之史冊所載、一心一德之風，洵屬無愧。數月之中，朕躬得以靜養調攝者，實賴伊等翊贊之力也。今朕躬已經全愈，宜加恩錫，以襃良佐，以勵臣工。馬爾賽、張廷玉、蔣廷錫，着各賞給一等阿達哈哈番，永遠承襲。仍各加二級。其所賜世職，伊等或帶於本身，或給與伊子，聽其自便。

張廷玉固辭，雍正說：你的功勛在疆場汗馬之上，朕意已定，不必固辭。

後來雍正對大臣公開說：前年朕身體不好，「凡有密旨，悉以諭之，彼時在朝臣工中，只此一人。」這說明在雍正病重也是他自認為最艱難的時期，對於朝政的正常運轉、穩定朝局，張廷玉起到了至關重要的作用。

轉移士風，舉薦賢能

張廷玉任大學士24年之久，又掌詞林（翰林院）27年，三次出任會試主考官，主持順天鄉試。這樣的經歷使得張廷玉成為雍乾時期士林的盟主。康熙晚年，科舉取士屢有物議。

雍正元年春，順天鄉試，雍正命張廷玉和朱軾為主考官。雍正對張廷玉說：科場乃國家掄才大典，而北闈歷科以來，每多物議，不但有傷於士習文風，也有關於國政國體，今當雍正開科之始，特簡朱軾與你主持考試大事，希望二位識拔公明，使得士論翕然，羣情悅服。張廷玉和朱軾進入考場後，焚香告天，經過一個多月晝夜讀取，在六千一百多份試卷中，取中293人，發榜後天下稱頌。雍正命加議敘，張廷玉說：「這是我應該做的。請免議敘。」雍正卻不這樣看，他說：「京師是首善之地，關係重大。朕想要肅清科場弊端，必自開科始，必自京師始。優者賞劣者罰，這是國家勸懲制度，不是你個人的私事。」張廷玉加太子太保。

張廷玉多次主持掄才大典，有人以財物試探他，張廷玉得知後做絕句四首，其中有：「簾前月色明如晝，莫作人間暮夜看。」這就是儒家講的「君子慎獨」。一時士林傳誦，送禮的人也悻悻而退。

由於科舉考試存在諸多弊端，也有主張廢止的人，張廷玉堅持認為，儘管科舉取士不能全是國家有用之才，但主持其事的，如果能夠公正無私，則士風自會安靜，士子品行自然端正，這對於培養人才，還是有效的。就目前看，捨去科舉，還沒有更好的辦法。他在家訓中說，自己多次主持考試，秉公之念，可以對天地神明。這也是張廷玉贏得雍正信任、士人擁護的重要原因。

自雍正六年起，張廷玉以大學士管理吏部二十年，這一時期，可以說是清朝歷史上吏治最清明的時期。張廷玉的作用尤為重要。特別是雍正初年，新君求治銳盛，啟用新人迫在眉睫。而主掌吏部的張廷玉不斷向雍正舉薦人才。在現存檔案「引見單」中，留下不少記載。這裏舉出兩個鼎鼎有名的人。

一個是陳宏謀。陳宏謀是乾隆時期與尹繼善齊名的著名封疆大吏，而他得以重用，與張廷玉的多次舉薦、培養，有重要關係。陳宏謀是廣西臨桂人，雍正元年中進士，主考官就是張廷玉。發榜後，陳宏謀以門生身份拜見張廷玉，請他為自己的書齋題堂額，張廷玉即書「培遠」二字，以期陳宏謀厚植基礎，前途遠大。後來，陳宏謀一直以「培遠」二字作為自己的名號，他的文集也名為「培遠堂文集」。翰林院散館後陳宏謀授檢討。雍正帝此時重點提拔中下層官吏，張廷玉向雍正推薦陳宏謀，但有人議論說，陳宏謀舉止不穩當，張廷玉誇讚說，「陳君才可大用，吾正懼其沉淪詞垣中耳」，極力推薦陳宏謀補吏部郎中。雍正七年初，作為主管吏部的大學士，張廷玉又一次向雍正舉薦陳宏謀，陳宏謀出任浙江道御史，仍兼吏部郎中。當年十月，出任揚州知府，正式走向外任。

雍正隨即召見了陳宏謀，對他的印象極佳，也稱讚張廷玉慧眼識才。「引見單」中留下雍正的硃批：「實心任事。吏部出色司官，張廷玉都不讓的。請訓旨，人着實有本，心亦明白，不似廣西人。」雍正對陳宏謀的孝也留下深刻印象。硃批說：「接父母來任，多嘗伊父母寧綢、豹皮的。將來可大望成人者。」

二是楊錫紱。清代漕運與鹽、河並稱三大政。有清一代漕運總督數以幾十計，而最有貢獻的是楊錫紱，他在漕運總督任上12年，一代制度多所創立，編纂《漕運全書》，自後任漕政者，乾隆帝悉令取法。而張廷玉四次保舉楊錫紱，尤傳佳話。楊是江西清江人，雍正五年進士，仕途第一站就是張廷玉主管的吏部。七年二月，經張廷玉保舉，楊錫紱任吏部員外郎。兩年後的九年五月，張廷玉再次保舉，楊錫紱出任吏部考功司郎中。半年後，張廷玉第三次保舉，楊錫紱升任監察御史，仍兼吏部額外郎中。一年後，張廷玉第四次保舉，雍正特授其廣東肇羅道員。雍正在「引見單」是硃批：「人着實聰明安祥，一派良心正

氣。」張廷玉保吏部考功司。出色好。同僚敬服的，大望可以成人者。給出最高的「上上」等。

張廷玉培養、提拔的人，不限於前面講的二位。如乾隆時的汪由敦、于敏中，都出自他的門下。

修纂《實錄》，為雍正「曲筆」

《國朝先正事略》評價張廷玉時，把他與雍乾盛世聯繫在一起，最有見解。「觀雍正以來數十年間，吏治肅清，人民樂業，沐三聖涵濡之澤，而公雍容坐論，極人世遭逢之盛，則其慎密周詳，所以翊贊聖謨者，可想見其概矣。」而清朝宗室昭槤的《嘯亭雜錄》中，認為張廷玉以敬慎侍上，取士尤重端楷，這對於士風的影響雖在當時有益，但造成拘謹無為的弊端，這在國家處於危機時，會顯露出人才不振、無人承擔的危害。

雍正帝說他可以保其一生的，只有兩個人，即鄂爾泰和張廷玉。與鄂爾泰不同的是，張廷玉在康熙朝，已是高級別的侍郎，而且年逾五十了。這就有個疑問，為什麼雍正一即位，就對五十多歲的張廷玉高度信任？原因何在？而在雍正帝去世的「遺詔」中，載有張廷玉與鄂爾泰配享太廟的原因：「大學士張廷玉，器量純全，抒誠供職，其纂修《聖祖仁皇帝實錄》，宣力獨多，每年遵旨繕寫上諭，悉能詳達朕意，訓示臣民，其功甚巨。大學士鄂爾泰，志秉忠貞，才優經濟，安民察吏，綏靖邊疆，洵為不世出之名臣。此二人者，朕可保其始終不渝，將來二臣着配享太廟，以昭恩禮。」

按照雍正帝遺詔，張廷玉配享太廟，能夠明確的功績是纂修聖祖實錄。而在乾隆帝心目中，張廷玉又是另一種形象，他對羣臣說：「太廟配享，皆佐命元勳，張廷玉有何功績勳猷，而與之比肩乎？鄂爾泰尚有經度苗疆成績，而張廷玉所長，不過勤慎自將，傳寫諭旨，朕詩所謂兩朝綸閣謹無過耳。」「朕平心論之，張廷玉實不當配享。」

那麼，除以上所論外，這裏不能不說的是，張廷玉修纂《聖祖實錄》。《實

錄》是清朝的國史，本來應該是一部信史。但正如著名史學家孟森先生所說，《清實錄》於帝王本身者，多不可信。他認為清朝統治者對《實錄》「欲改則改，毫無存留信史之意」。歷史本來是由勝利者記述的，具有很強的主觀性，儘管歷史是客觀的，但歷史記述的取捨有很強的主觀性。

　　康熙帝執掌清朝六十一年，而康熙朝實錄的總纂官就是張廷玉。康熙六十一年十二月，剛剛即位的雍正帝就啟動了實錄修纂工作，命大學士馬齊為聖祖實錄館監修總裁官，吏部尚書隆科多、大學士嵩祝、白潢、吏部尚書張鵬翮為總裁官，禮部尚書張廷玉等為副總裁官。雍正四年正月，命協理大學士事務戶部尚書張廷玉，為文淵閣大學士，仍管戶部尚書、翰林院掌院學士事。隨即，張廷玉成為實錄館總纂。雍正十年二月，因聖祖實錄修成，雍正帝命給張廷玉議敘。張廷玉奏稱不敢以載筆微勞，更邀議敘。而據張廷玉恭進實錄表記載，「實錄、聖訓，合目錄、凡例，清、漢、蒙古文，共一千二十九卷，繕寫進呈。」（《張廷玉全集》）

三十九、父子相承的宰相之路

　　雍正即位後重用的人，大多都是特別是有衝勁的年輕人，包括藩邸舊人。那麼，張廷玉作為康熙時期就是部級大員，且年逾五十的人，為什麼一開始就受到重用，且在雍正朝十三年間，成為唯一一位「一日不可離」之人？

　　這有三個原因，一是他是雍正老師之子，秉承良好家風。一是他的才能，特別是他「國而忘家」的勤勉。而後者也受到家風的影響。因此，我們側重從家訓的視角講講張廷玉。

父親的眼光與母親的督教

　　在張廷玉的成長過程中，父親的眼光與母親的督教發揮了極大作用。張廷玉於康熙十一年九月出生在京師。七歲開始在桐城倪伯醇先生就讀。十歲讀完尚書、毛詩，能粗通大意。父親張英非常高興，說他「聰慧異輩兒」，「已通典誥兼風雅，遠勝而翁十歲時」，「退直疏傭畏簡編，每呼稚子向燈前。老夫茶熟香溫候，愛聽豳風無逸篇。」十一歲，張廷玉隨父親回桐城，開始學作詩。時經一年，詩已能成句。張英有「喜看玉兒剛十二，也能捉筆詠寒蓉」。張英於康熙二十四年回朝，張廷玉在家鄉陪同母親。第二年隨同母親到了京城。康熙二十六年，回家鄉應童子試，取縣學第六名。當年秋，本想應鄉試，因父母阻止而止。17 歲，娶原刑部尚書姚文然第六女為妻。後經過三次鄉試，於 25 歲考中舉人。試卷解禮部，李光地評為通場第一。康熙三十六年，張廷玉因父親張英為會試主考官，迴避沒有參加。康熙三十九年會試，考中第 45 名，總裁是熊賜履。殿試三甲第 152 名。在保和殿受到康熙帝召見，他與年羹堯等四十三人，當年五月改為翰林院庶吉士。張廷玉奉旨派習滿書，年羹堯習漢書。

四十二年四月，經過三年的學習，考試滿書庶吉士僅有三人，經康熙帝御試，張廷玉排在第一；而習漢書庶吉士中，包括年羹堯，共有六人成績最好。按照甲第，張廷玉授為檢討。康熙四十年，父親張英休致，奏請交還內城賜宅，康熙說：「此屋即賜卿兩子居住，朕見卿子，如見卿也。」張廷玉一直在其長兄張廷瓚的篤素堂居住，並隨大哥研究清書，廢寢忘食，每次考試第一，庭訓嚴切，得清書奧妙，同習之人，無出其右者。四十一年十月，張廷瓚去世，張廷玉經辦喪事。四十三年，充日講起居注官，入直南書房。

張廷玉與姚夫人感情深厚。康熙三十八年，姚夫人自知不起，派人赴金陵，為丈夫聘側室吳氏，不久病卒。康熙最後兩次南巡，即四十四年、四十六年，張廷玉隨扈在側，張英雖已退休在家，但均前往迎駕。康熙四十七年，張廷玉隨扈康熙塞外，病得很重。康熙派御醫每日診視。七月，母親病逝訃告到達，康熙說：「張廷玉正患病，不宜以凶問遽告，俟稍愈告之，此朕旨，非爾等擅專也。」十天以後，張廷玉病情好轉，家人才告訴他，康熙派太監李玉到私宅傳諭旨說：「你的病剛剛好轉，又遠隔南方，要體貼親人的心情，不要過於悲痛。你到家傳朕的旨意，問你父親起居。年過七十的人，可善自調養，不可過於傷感。聽說你有三個弟弟，可以在家侍奉，你一年後仍來京師，在內廷編纂行走，照勵廷儀例，不算俸，不參加朝會，朕便於詢問你父親的近況。你尚未生子，聽說已經有孕，眷屬可以留在京城宅邸，以待免身。」張廷玉從避暑山莊回到京城，九月初三日南奔。

張英於妻子去世後，身體時好時壞，九月中旬，又添脾泄之病，數日元氣大耗，九月十七日去世，距離妻子去世不足百天。張廷玉尚在奔喪途中，於二十四日回到家鄉，竟然沒有見父親一面。

張廷玉請常熟人堪輿家傅晉公到桐城，為兩大人卜宅。張英生前以龍眠山水清秀，雙溪佔龍眠之勝，張廷玉經與堪輿家反覆商量，又請命於先靈，於四十九年十二月初一日，安葬父母。

張英與妻子姚氏感情甚篤。妻子的去世，對張英是極大乃至無法承受的打擊。張英為妻子寫下充滿深情的《姚氏行實》。也可以說，張家乃至張廷玉後

來的發達，與母親姚氏密不可分。姚氏出身於吳興望族，家世鼎盛，13歲就嫁給張英，在張家操勞56年之久。二十歲那年，張英身患重病，歷時三年之久，夫人把從娘家帶來的所有嫁妝全部變賣，親自調治飲食，張英得以好起來。張英隨即進入士人必須走的科舉路，伊吾之聲，終夜不倦，家事全部由姚氏料理。姚氏為張英生有六子、四女，上又有公婆，是個大家庭，因而始終沒有擺脫生計的煎熬。最難能可貴的是，其後丈夫張英及長子張廷瓚、三子張廷玉，相繼為官，張英從翰林院到大學士，又多次主持鄉會試，妻子總是以清廉相砥礪。而夫人口中從未向外人說過一句貧窮的話，偶爾有親友接濟，夫人面紅不肯接受。有一次，張英作為主考官入闈，家人十多天沒有吃的，夫人搜出家中麥子數鬥，全家人幾乎吃了一個月的麥湯。當時張英家住在虎坊橋，家中能夠典當的全部典出。小時候，民間為求孩童平安，有用銀鎖栓在項上的習俗。張英命二郎張廷玉把項下銀鎖解下交給母親質錢。過了一會兒，二郎跑過來告訴父親：「已將項鈴給母親了」。康熙十六年，康熙帝設立南書房，張英成為在南書房入值的第一批漢大臣，康熙帝優禮詞臣，也便於請問，在西安門內賜給宅第，這是清代詞臣賜居禁城之始。自此張家人結束了租房的日子，但清苦如舊，仍然靠典當過日子。長子張廷瓚入翰林院，每逢鄉會試，夫人對兒子說：「自從我嫁到你們張家，見你的父親在鄉會試時，都是冰清玉潔，即便在內廷考教習，總是與勵廷儀信誓旦旦，雖得罪朋友，也不敢屈撓，從來沒有一句閑話，況且鄉會試？你要謹守，不可以以一字與人口實。」張廷瓚、張廷玉多次出任地方鄉試主考、會試同考，皆守家訓，張英說「實無一事訾議，實夫人教之也。」

　　儘管這個大家庭始終在拮据中度日，但卻不忘賙濟需要的鄰居。張英開始居住在果子巷，一住就接近二十年，後搬到內左門，鄰居都稱呼夫人為老佛，因其素性謙抑小心，慈愛及人。張英退休，鄰居們一同前來道別，依依不捨，說「老佛去矣」。姚氏一生儉約自奉，平常吃齋時間長，有時一個月半個月僅以蔬菜瓜果果腹。去世的當年，每天吃韭菜數根，飯半勺而已。儘管後來封為一品夫人，但幾乎沒有佩戴過珠玉，也不穿綾羅綢緞的衣服，所有服用的，都

是自己一針一線縫製的，直到老年仍然如此。布衣疏食，五十年如一日。康熙最後一次南巡，張廷玉隨扈聖駕，請假先回家拜謁母親，留在家裏十天，眷戀不忍別，夫人趣令就道。張英在清江浦迎駕，康熙帝詢問夫人年齡身體，皇太子把他寫的《心經》一幅以贈，對張廷玉說：「知你的母親家居奉佛，可以此寄回去供養。」

姚氏出身名門，對於毛詩、通鑒，全部能夠淹貫，旁及醫藥、方術、相卜之書，尤好禪學。本來會寫的一手好詩，但作為張家的夫人，十個孩子的母親，從不作詩。後來張廷瓚隨康熙帝扈從塞外，以詩寄回，姚氏以詩回寄，勉勵忠貞敬慎。

康熙四十一年十月，長子張廷瓚去世，這對張英全家都是極大打擊。姚氏自此得病，經過半年調理有所好轉，後來兩個女兒相繼去世，舊病復發。四十七年夏，姚氏已經病重，得知張廷玉隨康熙塞外，寫信說：「你能盡瘁勿懈，正所以養志。我病已痊癒，毋以為念。」六月十日去世，享年 69 歲。[1]

張英、張廷玉二代「父子宰相」，與皇家結緣頗深。清朝極為重視皇子教育，年六歲即在上書房讀書。雍正為皇子時，跟隨張廷玉的父親張英讀四書五經。張英早期經大臣舉薦進入南書房，後升為大學士，兼禮部尚書，一時典禮安排和制誥之文，多出其手。熟悉典制、清文完全為張廷玉所承繼，這也是他為雍正所重視並進入決策圈的關鍵所在。康熙評價張英為官四十年，恪盡職守，清廉謹慎，有古大臣風。並時以張英家訓教育諸皇子。

張英致仕前一年，張廷玉考中進士，但名次靠後，在三甲中屬於最後一等。殿試的成績也好一般，名次 152 名。按照這個名次，是不大可能選授翰林院庶吉士，這或許是康熙看重張英，眷顧老臣，因此張廷玉選庶吉士後，奉康熙帝之命學習清書，即滿文。這項安排極有可能是康熙帝考慮到大學士張英有清書方面的造詣，這對張廷玉以後發展有非常重要影響，也可以說明康熙帝是

---

1 張英：《張英全集》，安徽大學出版社 2013 年版，第 439-442 頁。

把張廷玉作為天子近臣培養的。張英清書水平很高，最初是跟隨帥顏保、范承謨學習的，服闕後又跟隨摺庫納等學習清書。據張廷玉為父親寫的《行述》說：「府君時習清書，盡心研究，每遇館試，輒第一。」

如前所述，張廷玉的哥哥張廷瓚早於康熙十八年中進士。張廷玉奉命習清書前，已從父親、長兄處學習清書。中進士第二年，張廷玉送父親致仕回鄉，回到京城後繼續研習清書。這段時間，他的哥哥親手教他清書。張廷玉說：「自後依宮詹兄居篤素堂，研究清書，幾忘寢食，館師每試，輒取第一。蓋庭訓嚴切，且得清書奧妙，同習之人，實無出余右者。」

但令張廷玉悲痛的是，當年十月，他的哥哥張廷瓚即去世。康熙四十二年，庶吉士散館，經皇帝親自考試，張廷玉的清書考得一等第一名，當即授翰林院檢討，正式走向仕途之路。康熙帝對張廷玉清書成績大加讚許：「你父親任翰林院掌院多年，善於教習。」次年，張廷玉進入南書房。

康熙四十七年，因母親、父親相繼去世，張廷玉在家守制三年，康熙五十一年服闕期滿，升任司經局洗馬，這是詹事府的從五品官員。兼翰林院修撰。

處理山東大案，為雍親王賞識

在漫長的時間裏，張廷玉的仕途在康熙帝的親自過問下，於康熙五十四年迎來了升遷，出任翰林院侍講學士，五品官員。第二年，剛剛任侍講學士一年、論資歷排在最後的張廷玉，在康熙的親自安排下，升任禮部侍郎，兼內閣學士，正式躋身卿貳大員。此時距他出仕，已經 16 年。雍正對張廷玉的特別關注，就在這一時期。

康熙去世，雍正即位前後，有很多大典禮，雍正命禮部侍郎張廷玉兼翰林院學士銜，協同掌院學士辦理翰林院文章之事。雍正對張廷玉說：

　　朕在藩邸時，與廷臣交往很少，因此早先並不認識你。後奉皇考之

命，會同大學士辦理公事，你當時以學士供職其間，朕見你氣度端凝，辦事明晰，心裏非常器重。詢問他人，方知是我老師張師傅的兒子，心中大喜：我老師有出息的孝子了。後來聽說你在刑部、吏部任職時，都有好名聲，更加喜悅、欣慰。今見你居心忠誠，辦事敬敏，更加體會到這是上天所賜，皇考所教養，成就不凡偉器，用來輔佐朕的啊。你要加倍努力。

前面講過，張廷玉於康熙五十五年底，因康熙特命，破格升任內閣學士兼禮部侍郎。雍正關注張廷玉，就是這一時候。康熙五十九年，張廷玉出任刑部侍郎。隨後於次年二月，奉命去審理山東大案，這件大案也讓張廷玉名滿天下，雍正聽說張廷玉的好名聲，據推斷，也是這件大案。當時山東結成數百人的販賣私鹽的團夥，晝夜橫行，四處搶劫，鹽店、富戶數十家被洗劫一空。更厲害的是，青州有一批人以邪教之名，召集亡命之徒。一時天下洶洶。康熙帝下令嚴查，地方官先後抓捕一百五十多人。康熙帝以張廷玉為欽差大臣，會同其他兩位大臣前往審理。行前，康熙帝召見張廷玉一行，對他們說：「這些被抓捕的人都有王、將軍等名號，匪徒黨羽非常多，如果不立即正法，仍按照法律程序由刑部等審理上奏，則遷延時間，難免會發生大事變。你們到山東後，審理明確，應該正法的就在三月內在省城濟南正法示眾，然後再上奏。應該發遣的帶到京城發遣。」康熙的諭旨是說，此案重大，應按照叛逆案處理。一時舉國關注。

張廷玉任刑部剛剛半年，與他一起審案的大臣都是初交，從未共事。這對於他而言，是極大挑戰。他們於二月初三離京，到達山東後，張廷玉晝夜不休息，每日研讀卷宗、提審犯人、調查原委，經過近一個月的緊張工作，張廷玉認定此案是盜案，不是叛案，其他審案大臣表示不同意見，張廷玉說：「這些天詳看犯人口供，內有仁義王、義勇王、無敵將軍、飛腿將軍等名號，諸位細想，無敵、飛腿之類稱號，不過是市井百姓隨便加的名，無非誇耀他們善走之類。這些偽號，不足以定為叛案。」其他人表示贊成。

但地方大吏又提出不同意見，說：「犯人交代，他們的團夥有幾千人，沒

有把這些人全部抓捕，不足以定案。如果按照盜案處理，外面他們的團夥還會成為隱患。欽差大臣一走，他們重新糾集，到那時，干係可就大了，這個責任我們承擔不了。」張廷玉說：「如此一來，勢必株連到千家萬戶，整個山東都會洶洶不安，反而會激起事端，說不定會發生民變。如果為了各位着想，就草菅人命，這不是皇帝的本意。本大臣豈能如此。」

最後，此案僅把為首數人處死，發遣的三十餘人，其餘近百人全部釋放。張廷玉又親自手寫告示勸諭。後來盜夥全部暗中解散。康熙帝見張廷玉用時僅一個月，審理大案得體，毫不擾累，百姓帖然，讚歎良久。隨即升為吏部侍郎。

張廷玉在吏部任上，摒絕請託，杜絕陋規，將不法胥吏拿問法辦。其「家訓」（《澄懷園語》）記載兩件事。當時有個姓張的吏胥，一向慣於舞文弄法，很多人受其毒害，人稱張老虎。由於此人也會做事，故吏部大員都信任並庇護他。張廷玉到任後，趁其不備，宣示他的罪證，命下屬將他趕回原籍。當時為他說情的人接踵而至，有的還是張廷玉的知交，但張廷玉不為所動。地方大吏得知此事，拍手稱快，說，「沒有想到張侍郎有伏虎之力。」

有一天，張廷玉批閱文書，一個司員帶着一紙文書來請示說：「直隸省上報文書，把元氏縣誤寫為先民縣，應該把文書駁回去，請朝廷處分。」張廷玉說：「不用駁回去，你只要問問你屬下的書吏就清楚了。」司員不知所以，張廷玉笑着說：「如果把先民寫成元氏，肯定是直隸省誤寫。現在把元氏縣寫成先民縣，肯定是書吏幹的。這是書吏一舉筆之勞，略添筆劃，為索取錢財做鋪墊。你已經位至司員，怎麼還識不破這樣的小伎倆啊」司員恍然大悟，立即把書吏招來，一問確然，遂把書吏革除。張廷玉在自訂年譜中說，他任吏部期間「一時輦下翕然稱服。」

從張廷玉在康熙朝任職刑部、吏部的作為，可以想見，他如果外放封疆大吏，或者做各部尚書，也肯定是一位有作為的官員。這也可以理解，為什麼雍正一即位就重用他的原因所在。

辦事精敏詳慎

《張廷玉全集》中寫到：「張廷玉三事英主，得以練達謹畏自結於上。其投
艱負重，稍不如鄂爾泰。」這是就事論事，並不完全確切。張廷玉的才能，確
非一般，絕非「謹畏」可以概括。而另一傳記所說：世宗嗣統，繼之英斷，公
於此時，復以精敏詳慎之才為上所倚任。「精敏詳慎」四字似更準確。

張廷玉有特殊的天賦，就是能把皇帝隻言片語式的談話，立即整理成精
美絕倫的諭旨，既不失原意，又不遺漏絲毫。雍正遺詔載張廷玉得以配享太廟
時，除纂修康熙《聖祖仁皇帝實錄》宣力獨多外，還寫到「每年遵旨繕寫上諭，
悉能詳達朕意，訓示臣民，其功甚巨。」

張廷玉在其家訓中，也沒有掩飾這方面的出色才能。「雍正即位時，我張
廷玉年已五十一歲，日侍左右，凡訓諭臣民之旨，纏綿剴惻，委曲婉轉。玉恭
聆之下，敬謹默識，退而繕錄，於次日進呈御覽，少者數百言，多者至數千
言，皆與原降之旨，無少遺漏，屢蒙嘉獎逾量。同朝共事之人，咸以為難。」
由此可以肯定，雍正朝以皇帝名義發佈的煌煌幾千萬言諭旨之類，大都出自張
廷玉之手。張廷玉的精敏，甚至達到「五官並用」的境界。雍正元年、二年，
張廷玉與朱軾主持會試，在考官所居的衡鑒堂批閱士子的考卷，伏案執筆，未
嘗停批，而四座同考官彼此就卷子互相討論，或開龍門（考試正門）時，外場
御史向內簾御史通問訊，張廷玉不但全部聽進去，而且能一一向朱軾敘述。這
讓朱軾頗為驚訝，對張廷玉說：「古稱有五官並用的人，我沒有見過。今天真的
見識過了。」

張廷玉的精敏，既得之於天賦，也與其勤勉更不可分。張廷玉以大學士之
重，在雍正一朝，身兼數十繁要之職，且幾乎每天不離皇帝左右，甚至經常陪
雍正用膳，但他都能處理的有條不紊，乃至十幾年連個處分都沒有，這沒有勤
勉是不可想像的。他晚年回顧這段時光時說：

> 雍正五六年以後，以大學士兼管吏部、戶部，掌翰林院掌院學士，皆

極繁要重大之職。兼以晨夕內直，宣召不時，晝日三接，習以為常。而西北兩路，軍興旁午，遵奉密諭，籌劃經理，羽書四出，刻不容緩。每至朝房或公署聽事，則諸曹司及書吏抱案牘於旁者，常百數十人，環立更進，以待裁決。坐肩輿中，仍披覽文書，入紫禁城騎馬，吏人輒隨行於後，即以應行應止者告之。每薄暮抵寓，燃雙燭以完本日未竟之事，並辦次日應奏之事。盛暑之夜，亦必至二鼓始就寢，或從枕上某事某稿未妥，即披衣起，親自改正，於黎明時，付書記繕錄以進。[1]

雍正對他說，「爾事務繁多至此，一日所辦竟至成帙，在他人十日尚未能也。」

張廷玉勤勉國事，確實達到了國而忘家的程度。他說幾十年來，事務殷繁，即便正常的眠食二事，都無法保證，哪裏有時間過問家務，古人說「公而忘私，國而忘家」，不是有意忘之，而是無暇顧及。況且，職位越高，責任越大，即便沒有私心，也難免不出差錯，如果再有個人的私慾摻雜其間，就是有心之過，想要不犯錯誤，都不可能。

對張廷玉的勤勉，雍正特別體恤、關懷，賞賜也不吝其多。雍正元年五月，張廷玉家中着了一場大火，幾乎所有物品都被燒盡。張廷玉次日上朝，雍正特別慰問，賜白銀一千兩，又令內務府查官房一所賜給張廷玉。雍正三年，雍正開始在圓明園聽政，張廷玉以尚書署大學士事，日侍左右，雍正把圓明園東不遠一里的一處貴戚宅子賜給張廷玉。這所宅子奇石如林，亭台樓榭，無不備美。只是這處園林還沒有名字，張廷玉回想起康熙五十二年隨扈康熙出巡塞外，康熙賜給他御書「澄懷」二字，敬以二字名園，以示子孫不忘。雍正五年底，怡親王傳旨，賜給張廷玉典鋪一所，本銀三萬五千兩，張廷玉一再懇辭，雍正當面對他說：「你父親一生廉潔，沒有任何積蓄留給你們，你現在為國家做

1　張廷玉：《張廷玉全集》，安徽大學出版社 2015 年版，第 325 頁。

事，身兼數職，夙夜在公，朕常常憂慮你不能按時眠食，你哪裏還有閑暇過問家中日用衣食之事？朕把國家之物賜給你，就是使你用度從容，盡心公事。獎賞有功勞的人，這也是國家應該做的事，你要體會朕的用意，不要再推辭。」雍正七年，又因張廷玉舊居狹窄，特在西安門外賜宅第一所，同時賜白金一千兩，作為遷居之費。

張廷玉受父親的影響，特別喜歡飲茶，對茶道也頗講究。好友、僚屬、門生知道他從不收禮，就以一包清茶聊表心意。而雍正帝所賜最為佳品，經常一個月賜幾次，而且都是地方給朝廷的貢茶。種類也很多。父親張英的謹畏為官，對張廷玉影響很大。張廷玉曾說，父親為官三十餘年，侍從禁廷，參與機務，夙夜贊襄的，都是密乎森嚴之地，退食時從無一語及公事。

張廷玉還說：「凡事貴慎密，而國家之事尤不當輕向人言。觀古人「溫室樹」可見。總之，真神仙必不說上界事。「溫室樹」的典故出自《漢書》「孔光傳」。孔光是孔子的十四世孫，漢成帝時為丞相，掌機要十餘年，皇帝稱讚他周密謹慎，他舉薦的人，唯恐為其人所知。退休後與妻子兄弟拉家常，終不及朝廷政事。有人問他溫室省中所載種的樹是什麼品種，孔光沉默不應，而用其他的話岔過去。

祖訓四訣

在清代乃至中國歷史上，以良好的家風家訓傳承時間長、成就大的，桐城張氏，肯定入選。張英、張廷玉致仕後，分別寫有《聰訓齋語》《澄懷園語》，作為家訓，後人將其合編在一起，名為《父子宰相家訓》。其內容非常豐富，也值得我們去挖掘、借鑒。其中有四句祖訓：

> 讀書者不賤
> 守田者不饑
> 積德者不傾
> 擇交者不敗

張氏家族自明朝隆慶中進士，開始發達，歷經近二百年，都以讀書走科舉之路而顯達。

張英說，每見仕宦顯赫之家，其老者或退或故，而其家索然者，其後無讀書之人也；其家鬱然者，其後有讀書之人也。他把讀書看作子女盡孝報恩的重要方面：思盡人子之責，報父祖之恩，致鄉里之譽，貽後人之澤，唯有四事：一曰立品，二曰讀書，三曰養身，四曰儉用。讀書固所以取科名，繼家聲，然亦使人敬重。這就是張氏祖訓的「讀書者不賤」。張、姚兩姓世代聯姻，故有「張姚兩姓，佔卻半部縉紳錄」之語。有人統計，桐城張氏家族從其遠祖張淳明隆慶二年進士及第，直至清嘉慶初年其裔孫張聰賢成進士，在前後將近兩個半世紀中，有進士十八名，舉人三十餘名，另各類貢生、監生以及獲秀才出身者，難以悉數。而進入仕途的多達上百人。到乾隆初年，劉統勛上疏，稱張家太盛，應予以限制。可見一斑。

守田者不饑。就是不要有代代做官之想，而要回歸本分。張英晚年在龍眠山蓋草堂，不以宰相自居，以山間老人與百姓交往。

積德者不傾。就是做好事，謙和禮讓。特別是身居朝廷要職，能夠謙謹為懷。六尺巷的故事至今仍傳為佳話。據《桐城縣志略》記載：康熙時張英的鄰居吳氏要建房子，要佔張家宅基地，張家有人寫信給在京城任大學士的張英。張英接到後，寫了一首打油詩做答。共有四句：

> 一紙書來只為牆，讓他三尺又何妨
> 長城萬里今猶在，不見當年秦始皇

家人接書，主動退讓三尺。吳氏很是感動，也退讓三尺。遂形成今天仍然存在的「六尺巷」。

張家科舉興家，出仕做官的有數十百人。經濟情況也自然很好。但史書留下非常多的張家出資賑濟的事，而張廷玉出錢為家鄉修建的良弼橋，至今舊物仍在。

　　桐城是沿山溪建造，城東門是江、楚、閩、廣七省孔道，舊有石橋，已經傾廢一百多年了，後來康熙初年胡縣令建造木橋，但每逢大雨橋就毀壞。雍正十一年，雍正帝特給假令張廷玉回家鄉舉行父親張英的祭典，並賜一萬兩作為祭祀費。張廷玉早年就想為家鄉建造這座橋，此時拿出雍正所賜的大部分，囑咐弟、姪等家人，精心施工。這座橋建造三年之久，費六千三百餘金。家鄉人稱這座橋為「良弼橋」，取雍正帝賜給張廷玉的「調梅良弼」額而來。此橋十分堅固，至今仍在使用。

　　張廷玉讓鼎甲的事，更是載入《清世宗實錄》中。雍正十一年三月，張廷玉長子張若靄考中進士，隨即參加殿試考試。讀卷官把擬定的前十名卷子依次進呈給雍正帝，雍正在懋勤殿閱至第五本，見字畫端楷，策內公忠體國一條，大為讚歎，認為頗得古大臣之風。遂把閱卷大臣召來，讓他們再詳細審閱，遂把原擬第三卷改為第一，原擬第五卷改為第三。及拆號，第三卷乃張若靄。雍正大喜，說：「這是大學士張廷玉之子。策內議論確有見識，可以想見他習睹習聞，秉承家訓，得大臣忠君愛國之意，因此才有此佳文。張廷玉朝夕在朕左右，勤勞翊贊，時時以堯舜期朕，朕亦以皋夔期之。且自伊父張英累世厚德，繩繩相繼，其後代賢才蔚起，也就理所應當了。」

　　張廷玉當時在直廬辦事，雍正特意派內侍傳諭：「爾子張若靄，取中探花了。」張廷玉聞命後，驚懼失措，叩首懇辭。內侍轉奏，傳旨說：「此乃你家世德之報，朕秉公閱卷，非有意定之。」張廷玉再三懇辭，雍正仍不准，在卷面批定名次後令讀卷官捧出填榜。雍正回宮，張廷玉覲見，奏曰：

　　　　天下人才眾多，三年大比，合計應鄉試者不下十幾萬人，而中舉人的，不過一千多人。以數科之人來京會試，而中進士者，不過三百人。而鼎甲三名，雖從三百人中選拔，實際是從十幾萬人中出。臣家世受國恩，無所不極，臣現居政府，臣子張若靄若登一甲三名，佔寒士之先，於心實有不安。

雍正仍不准，張廷玉說：「皇上至公，但只算臣情願讓與天下寒士，若留其福分，以為將來上進之階，更為美事。」雍正見張廷玉情詞懇至，遂將張若靄改為二甲一名。隨即發佈諭旨，令天下士子知之。

張若靄於雍正十三年進入南書房，乾隆時遷內閣學士。

張廷玉說他登山遊覽，從來都是只到山半，不登最高處；入寺廟登塔，從來都是止於一二層，從來不登頂。他說是得先人之訓，時存知足之心，且凜高危之戒。這種智慧，對今人有極大的借鑒意義。

四十、祕密政治之兩級：密摺與軍機處

　　每當雍正打開摺匣，閱讀從四面八方呈來的密摺的時候，心中就有說不出的愉悅。他為自己足不出戶，便胸裝天下而滿意。這比明火執杖的特務要好得多。前明的錦衣衛和東廠雖然能夠充當耳目，但卻臭名遠揚，其荼毒臣民的殘酷和恐怖，讓人談虎色變。有了密摺制度，一樣能夠洞悉庶務，通達隱幽，督治天下，但一切都在不露聲色中進行，並且主動權完全掌握在皇帝一人手中，絕無矯枉過正之虞，尾大不掉之憂。真可謂「於無聲處見精神」了。

　　然而，就在雍正帝辭世不足百天，他所鍾愛的密摺制度和軍機處就遭到了猛烈的抨擊。曾任御史的謝濟世在代將軍欽拜書寫的《論開言路疏》中，對雍正朝推行神祕政治的兩大祕器提出嚴厲批評：

　　　　臣聞致治在乎求言，求言期於聞過，與其遍求諸有官守之人，不如專求諸有言責之人。而欲收開言路之益，且先除開言路之弊。夫開言路何弊之有？告密是也。自後世有密本之例，小人以此讒害君子，小臣以此搖動大臣，首告者不知主名，被告者無由申訴，上下相忌，君臣相疑，無論捉影捕風，將無作有，就令情真事實，而臣子陰私小過，亦非君父所樂聞，請自今除軍機外，皆用露章，不許密奏。即或論列宮闈，指斥乘輿，如唐魏徵之於太宗，後人美魏徵之能諫，未嘗不美太宗之能容。至於有言責者，台諫而已。內而六卿外而督撫提鎮，皆有官守，所條陳者任內之事，所舉劾者屬下之官。惟六科十三道，職銜雖有部省之分，而天下之事皆得條陳，天下之官皆得舉劾。今恐言路不開，捨科道而問諸督撫提鎮及藩臬，猶御膳不調捨尚食而問之尚衣及百執事也。臣愚以為言路當仍責成於科道。

他還提出嚴不言之罰、除文字忌諱之禁。欽拜稱其「世受國恩」，康熙時任散秩大臣、副都統二十年，雍正時任參讚大臣、內大臣。他上奏的時間是雍正十三年十一月十五日，此時仍在百日大喪期內。令人感到驚訝的是，乾隆帝對欽拜的上奏大表贊成。墨批道：「觀汝調（條）陳數摺，皆朕已行及現議之事。可謂千里同風好。勉力擴充識見，學為名臣。王大臣所議摺片夾來，汝觀後自知朕近日所料理之事矣。」

乾隆時期的密摺，與雍正時期相比，其密報功能已大異往時。而雍正皇帝對密摺制度的倚重，表明他不信任言官。

密摺成為「小報告」

密摺不是雍正的發明，現存最早的密摺是康熙時期。康熙曾自信的說：「人不能欺朕，亦不敢欺朕。密奏之事，惟朕能行之耳。」密摺的存在實際上是對科道官員的不信任。不過，也並不能因此將密摺制全盤否定。

密摺制還有一些優點。自古以來，臣下給皇帝的報告文書名目繁複，有章、奏、表、議、疏、啟、記、札子、封事、題本等，不一而足，而且手續繁雜，大多要求用宋體字書寫，附有摘要，錄有副本，並由主管衙門審核擬旨，方能送給皇帝御覽。這中間往往要通過幾個衙門，不利於保密，並且效率不高。而密摺制則省卻了這諸多的麻煩，書寫不拘格式，不限字體，內容豐富，範圍廣闊，並且無人敢拆閱，直達御前。這樣，既解除了上奏者的後顧之憂，激勵官員們不斷上進，又增加了皇帝的見聞，防止閉目塞聽的情況發生，更重要的是，皇帝在作出重大決策前，可以事先與心腹大臣私下商議，互相協調，從而避免出現尖銳的對抗，造成政局的動盪。

事實上，密摺不過是官吏與皇帝單獨對話的形式，只不過長期以來大多以應召奉對的形式出現。而採用文字的形式，大概源於明朝。明仁宗、宣宗時曾賜給內閣輔臣楊士奇「繩愆糾繆」等銀章，准其密封言事。張居正回籍安葬父親，也曾奏請萬曆帝為他製作類似銀章，以便將國家重要之事及時處理。而作

為一種正式公文的形式，密摺可能在順治朝就已存在，順治朝官員王熙在《自撰年譜》中曾寫道：「辛丑（順治十八年），三十四歲，正月初三日……及奉諭詢問『密封奏摺』俱不敢載」。這是至今見到的最早的稱「密摺」的文獻。但是順治朝沒有保留下密摺原件。現存最早的密摺是康熙三十二年（1693年），蘇州織造李煦到任後給聖祖所上的請安摺。這或許是滿洲人習慣給主子請安，由此最早衍生出來的一種文體。

的確，正像康熙帝自己所說的「密奏之事，惟朕能行之耳」，密摺的使用雖在康熙中後期，但現存當時的漢文密摺有3000多件，滿文硃批密摺有4300件。如果對照康熙朝六十多年，其數量並不多。

事實上，密摺最初並不具有太多的功能。在康熙年間，最初密摺奏事的多是皇帝的親信，人數很少，並且內容多是雨雪糧價、請安等事，並無機密可言。身居宮禁的康熙甚至將密摺當成了解悶的工具。康熙就曾囑咐曹寅之子曹頫說：「你雖不管地方之事，亦可以所聞大小事，照爾父密祕奏聞，是與非朕自有洞鑒。就是笑話也罷，叫老主子笑笑也好。」

密摺作為皇帝獲取信息的途徑，進而充當政治情報職能，是因為康熙中葉後政治局勢的日趨複雜。康熙四十五——五十年（1706—1711年）間，江南接連發生了太倉起事、張念一反清、朱三太子案、處州彭子英起事、科場案等許多事件，加上諸皇子為儲位激烈鬥爭，朝臣們也隨之朋比為奸，使康熙帝心力交瘁。為此，他將密奏人數大為增加，除了內務府包衣出身的官員以外，許多受到皇帝信賴的朝臣也獲得了這一特權。在當時，能夠獲得這一權力顯然是莫大的榮幸，因而他們盡心竭力之狀自不待言。

雍正帝將密摺制發展到了極至。此時，密奏的內容除了奏事，還增加了薦人。真正是天南海北，軍機家務無所不包了。擁有密奏權的人數也由康熙朝的100多人，猛增到1200多人。而且責成言官密摺奏事。雍正即位不久，號稱乃父實行密摺制，「較言臣風聞言事，勝什倍矣，以此皇考據所聞見，折衷行之。大小國政，措置咸宜，言官無所用其建白，而實則天下之利弊，無不洞燭於聖心也。」他以此為由，稱其即位以來，一切遵守成憲，尤以求言為急。於是雍

正元年命「各科道每日一人上一密摺，輪流具奏。一摺祇言一事，無論大小時務，皆許據實敷陳，即或無事可言，摺內亦必聲明無可言之故。在外候旨，或召進面見，或令且退，其所言果是，朕即施行，即或未甚切當，朕亦留中不發，不令人知。至於有能面摺廷諍，或彈劾權要，或更革弊端，不妨仍以露章奏聞，朕亦不拒。」

雍正即位之初，就有以密奏代替言官露章進言之意，但他說成這是沿襲皇考成憲。對於密奏中「言有可採而易於招怨者」，雍正將摺內職名裁去發出，或令諸臣會議，或即見諸施行，而外間不知何人所奏，「乃有詐偽之人，因所奏既行，而誇耀於人者，亦有因裁去銜名，無可稽考，竟將他人陳奏之事據為己有者；亦有謂出之自朕，託言諸臣，而實非諸臣之條奏者。種種浮言，深可痛恨。」為此於雍正三年規定，凡面奉諭旨者，俱着繕寫進呈，若不繕寫進呈，但私相傳播，及私自記載者，即係假捏旨意。定當從重治罪。

令言官密奏，實際是雍正即位之初面臨嚴酷的政治鬥爭，諸兄弟對雍正即位大表懷疑並進而密謀逼其退位，為此雍正希望通過更多耳目了解兄弟們的背後動向。雍正三年，他以御史「崔致遠等不堪小人，妄行瀆奏，是以將密摺停止。」但言官並未露章陳奏一事，乃至雍正氣憤的說，「科道官除徇私報復，黨同伐異之外，遂無可言之事矣，朕從前令爾等輪奏密摺，大有深意。因崔致遠等不堪小人，妄行瀆奏，是以將密摺停止」。並說「明季吏治之壞，多由科道巡按，結黨營私，紊亂是非所致。朕勵精圖治，耳目甚廣，雖不專恃爾等，但爾等身居言路，何竟默無一言？」

科道官行使密奏權，這與自古以來的監察制度設計大相悖謬。科道官實行的監察，就是要有警示、震懾以及進賢退不肖的效果。科道進入「暗道」，公開的監察轉入祕密狀態，而且與露章上奏沒有「分工」，致使察察為明的雍正帝也感到無所適從。特別是言官藉密奏「密行告訐，詆毀大臣，撓亂國政」經常發生，雍正為此「降旨停止科道官之密奏，止令各用露章。」但言官「相率而為依違緘默之計，竟未見一人一事，實有所建白，裨益於國計民生者。夫以朝廷耳目之官，視國家之政治如陌路。」命科道官嗣後條奏事件，着如文武大

臣等輪班具奏。

密摺自繕摺、裝匣、傳遞，到批閱、發還、收繳，都已規範化、程序化，每日有條不紊地進行，並且為此成立了專門負責轉呈、接收密摺的機構——奏事處。奏事處分內奏事處、外奏事處，由皇帝最為親信的「御前大臣」負責。密摺先交外奏事處，然後轉交內奏事處，呈給皇帝。皇帝批閱後，發還繕摺人，繕摺人捧誦皇帝硃批，知道處理意見後，再把硃批密摺繳還歸檔。這一切都表明密摺制度已經發展得相當成熟。

擁有密奏權的朝臣自然與雍正有着非同一般的親密關係。實際上，密摺中有相當一部分篇幅是有關君臣之誼和臣屬家事的。也許，雍正可以算作古代帝王中最具有耐心和毅力的人。他每天不厭其煩地翻閱親信們從四面八方上報的密摺，並不辭勞苦地在他認為重要的奏摺上親筆寫下批語，稱為「硃批諭旨」，其中就包括那些瑣細的家事。雍正五年（1727 年）五月，他為向寵臣鄂爾泰表示關懷，便在鄂的奏摺上批到「默祝上蒼厚土、聖祖神明，令我鄂爾泰多福多壽多男子，平安如意」。[1] 而八月，當鄂爾泰奏稱已連得二子之後，雍正便又批到，此乃他的祝福至誠感動了上蒼所致。[2] 面對如此款款深情，鄂爾泰自然感激涕零，很快他便在密摺中回應：「（皇上）愛臣諄篤，臣之慈父；勉臣深切，臣之嚴師」[3] 在這祕密的應對中，君臣間應有的禮節已無影無蹤，取而代之的則是這些讓人至今讀來仍不覺耳熱的直露的表白。

密摺最為重要的作用還是治事和察人。而這種作用的發揮則關鍵在於一個「密」字。如果不能保密，一整套苦心建立起來的制度都將形同虛設，甚至貽害無窮，那麼它的監控作用便無從談起。因而，雍正皇帝對此十分掛心，批閱奏摺時，每每提及此事。他曾說過：「縝密二字，最為要緊，君不密則失臣，臣不密則失身，可不畏乎？」憂慮沉重之心溢於言表。

1　　馮爾康：《雍正傳》，人民出版社 1985 年版，第 480 頁。
2　　同上。
3　　同上。

雍正帝的確應該加強保密措施。因為小小的密摺中所包含的，已不僅僅是單純的軍機大事，還有為人君的狡黠權謀，而後者是萬萬上不了台面的。中國的專制統治者，歷來崇尚權謀。先秦的韓非子，早在幾千年前就宣傳君主治國，要有「法、術、勢」的思想，主張搞神祕政治，實行愚民政策。這當然是維護專制集權所必需的。雍正帝處事謹慎，生性多疑，因而，他比他的父兄們更注意運用權謀。從現存的雍正年間的密摺中，我們可以發現許多有趣的事情。

在雍正的祕密調遣下，每一位重要官員幾乎都是身處多人的監視之中，很多人甚至有着相互監視的任務，卻蒙在鼓裏。為了考察廣東提督王紹緒的品行，雍正帝先後密令廣東將軍石哈禮、兩廣總督孔毓珣、廣東巡撫傅泰等多人暗訪密報。傅泰受命監視廣東布政使王士俊，而王士俊也正在受命監視傅泰。這種典型的政治控制手段，自然是天機不可泄露。因而，雍正最怕的是官員之間相互串通密摺內容。一旦失密，必將自己置於十分尷尬的境地，以往所有對臣下的關愛與寵信都顯得那麼虛偽。他將失去臣僚們寶貴的信任，而這一點對於維護一位皇帝的尊嚴與凝聚力是何等重要。楊啟樵在其《雍正帝及其密摺制度研究》中指出：「傳統政治，尊卑統屬，督察參劾，均有規定，世宗則出間道，混亂上下次序，使互相監視，只對皇帝個人負責。」[1]正如雍正自己所說：「如此用密摺，不具題本，則是非全在於朕。」一語道破密摺制的真諦。

因而，雍正帝竭盡全力地維護着密摺制度的神祕性。他親自規定了從摺匣到收繳的每一個細節，嚴禁官員們互通密摺內容，並且下諭說，一經發現，一律按泄漏軍機治罪。

但是，泄密的事件卻總是時有發生。由於當時通訊手段的落後，封疆大吏們很難迅速地掌握朝中政事的微妙變化，因而也就難以把握自己所呈奏摺是否符合時宜。為此，他們通常會在京城安置幾個親信，以掌握朝廷的動態，並負責預先拆閱奏摺，決定是否上奏；而對於皇帝批下來的奏摺，這些人也會先行

---

1 楊啟樵：《雍正帝及其密摺制度研究》，香港三聯書店 1981 年版，第 174 頁。

閱視，以便為封疆大吏出謀劃策。

當然，這種情形是雍正絕對不能容忍的。當他發現浙閩總督覺羅滿保、雲南巡撫楊名時的上述行為時，便立即宣佈停止他們的密奏權，以示懲罰。直到他們承認錯誤後，才肯罷休。

據說為了測試官員密奏的真實程度和官吏的忠誠與否，雍正還經常用一些生活小事向當事人當面對證。王雲錦於新年在家與友人耍葉子戲，忽然丟掉了一張。一日上朝，雍正問他元旦幹什麼了，王從實作答，雍正甚為滿意，說王雲錦不愧為狀元郎，細事不欺君，隨後便從衣袖中拿出葉子還給他。[1]

類似這樣的記載還有很多。如果沒有後人虛擬的成分的話，面對如此「至察」的君主，當時官員誠惶誠恐之狀便可想而知了。

「小班子」軍機處

軍機處的建立，是雍正帝實行神祕政治的又一翼。

關於軍機處設立的確切時間，史家歷來存在分歧，它與清廷對西北用兵有着密切關係。拋開具體的時間不談，軍機處由小圈子到小班子，再到行政中樞的發展軌跡卻是相當清晰的。

軍機處的建立，在中國的政治制度史上可謂是一個創舉。作為皇權的附庸，它將專制皇權推向了史無前例的巔峰。在明代，雖然明太祖朱元璋廢除宰相，後建立內閣，使皇權得到了空前的加強。但是內閣自明中期後事實上班居六部之上，地位崇高，對皇權仍然具有相當大的約束力。明代皇帝的詔令皆由內閣草擬，下旨必經內閣；閣臣對詔令擁有封駁的權力。皇帝的詔旨皆於邸報上公諸於眾，中旨、內降，也就是皇帝不經過內閣發佈詔令都被視為違反權力運作程序的不合法行為。因而，當萬曆皇帝想立福王朱常洛為太子，而得不到

---

[1]　昭槤：《嘯亭雜錄》卷一，中華書局 1980 年版，第 11 頁。

朝臣的同意時，只能毫無辦法地與朝臣們冷戰幾十年以示抗議。對於清朝統治者來說，這是絕對不可想像的。

軍機處的建立，使得原來作為行政中樞的內閣和議政大臣會議被貶抑成為有名無實的閑曹，只能處理一些程序性日常事務。大學士雖勛高位極卻沒有實權，成為無公事可辦的榮譽頭銜。整個國家政治運作體制發生了改變，由原來的內閣承旨，六科封駁，公事用題本內閣承辦、私事用奏本直達御前的方式，改為皇帝親書諭旨或口授，軍機大臣承旨書諭經雍正欽准後徑自廷寄各地。中央和地方官署的本章，經內閣閱看，附以意見後，仍要交給軍機處送給皇帝審議。題本成了「例行公事」的具文。這樣，皇帝的旨意就被毫無阻滯地貫徹下去，不受監督，不受約束，不受朝臣的掣肘了。

雍正肯定對自己的創造十分得意。他完全擺脫了那些令人生疑的朝臣們。與內閣相比，軍機處至少有着三大優點：一是簡。它機構簡單，人員少，只設軍機大臣和軍機章京二職。前者是兼職，俗稱「大軍機」，尊稱「樞臣」，多從大學士、尚書、侍郎中選任，人數並不固定。他們雖有領班和一般大臣之分，但沒有隸屬關係，各自對皇帝一人負責。後者是大臣的僚屬，負責滿、蒙、漢文字工作，俗稱「小軍機」。整個機構人數最多時不過三四十人，並且「有官而無吏」。由於成員都是由中央各衙門特別選進的，如不稱旨，隨時可以罷職回到原來衙門，因而省去了許多繁文縟節。二是「速」。它辦事效率極高。皇帝的詔旨直接交由軍機處辦理，省卻了以往各衙門輾轉交送的時間並且當日事當日畢。每日摺奏多者至五六十件，年終十二月二十五日為最末之一日，摺奏有多至百餘件者，或經內閣明發上諭，或廷寄地方大吏，皆於當天辦完，未有壓擱至一日者。廷寄的速度相當之快，有「馬上飛遞」日行三百里，日行四、五、六百里以及日行八百里等之別，根據事情的輕重緩急使用。皇帝的意志因此毫無阻滯地直達地方。三是「密」。軍機處地居宮禁，不易受到外界的干擾，並嚴禁外官擅入值廬。灑掃庭院、勤雜送水等工作，都由 15 歲以下不識字的兒童若干人擔當，等到 20 歲即退出。軍機大臣們都是皇帝的親信，他們入值時，太監不得在側。退而起草詔旨，則嚴格限於值房之內，改定發出時，要徑交徑

收。軍機處用印，也要嚴格按照程序進行，用畢馬上交還。

由於擁有上述長處，軍機處一經設立便功效卓著。其中的妙處，正像清末御史張瑞蔭所說：「內閣之制，在前明有嚴嵩之奸，張居正之專擅，周延儒、溫體仁之邪佞傾國。及至本朝，乾綱自秉，舊染一新。然以聖祖仁皇帝之天宣聰明，猶有鰲拜、明珠、索額圖之小作威福。自設軍機處，名臣賢相不勝指屈，類皆小心敬慎，奉公守法；其弊不過有庸臣，斷不至有權臣……軍機處雖為政府，其權屬君；若內閣，則權屬於臣」。因而，皇帝對軍機處自然另眼看待，視為體己。雍正帝也一改以往刻薄寡恩的常態，對軍機處成員不吝賞賜，或是綾羅綢緞，或是時鮮果蔬。每日入值的大臣、章京都由膳房供飯，備受恩寵。

然而，奇怪的是，終清之世，這樣一個權大威重的奇妙機構在法律上，一直不是正式的國家機構，也沒有獨立的衙門。光緒《大清會典》只稱其為「辦理軍機處」，軍機大臣為「內廷差使」，只有值廬，並無衙署。自從雍正時期創立後，軍機處被各位皇帝有意識地發展完善，成為一代定制，甚至越來越具備了行政中樞的職能。然而從結構上看，軍機處卻始終更像皇帝的私人祕書班底。這當然與雍正設立軍機處的初衷有關。軍機處的出現既然與清廷用兵有着密切關係，並且冠以「軍機」之名，自然帶有強烈的祕密色彩。而它所承擔的工作在帝國龐大的政權機構中均有專門的部門負責，這些機構是經過上千年的政治實踐演變而來的，雍正和他的後人們並沒有足夠的理由另起爐灶。事實上，帝國法定的行政中樞一直是內閣，而軍機處則是雜合了智囊團、貼身祕書及行政中樞多種功能的混合物，帶有強烈的御用機構的色彩。單就軍機大臣一職而言，並沒有多麼崇高的地位，因而最早擔任軍機大臣的張廷玉，在自陳履歷時，備言他歷任的各種官職，卻絕口不提軍機大臣之職。[1]

從某種意義上來講，軍機處的出現為帝國杜絕宦官和外戚專權起到了良好作用。與宦官、外戚專權有着本質不同的是，雍正所創下的軍機處完全掌握在

---

1 馮爾康：《雍正傳》，人民出版社 1985 年版，第 274 頁。

皇帝的手中。軍機大臣們雖地位顯赫，但絕對聽命附屬於皇帝，沒有絲毫獨立行動和決策的餘地，「只供傳述繕撰，而不能稍有贊畫於其間」。他們的一舉一動，都在皇帝的授意和監視下進行，處處謹慎，事事小心。到了乾隆年間，還開創了一人不能承旨，個人不作書諭的傳統，真正達到了雍正所期望的如「人之使臂，臂之使指」的要求。因而，當它逐漸代替議政大臣會議和內閣，而承擔行政中樞之責時，清朝皇帝絲毫也沒有感受到它的威脅。它完完全全充當了皇權的御用工具，成為專制極權發展到新階段的一個重要標誌。也許，不設正式機構正是控制它的妙處所在。

從根本上講，軍機處的祕密特徵，是反監督的。這種神祕政治的傾向是明顯的倒退。因為它的出現，使得六科給事中的封駁之權有名無實。皇帝決策以及傳達的無所滯礙，實際上已經宣佈中國古老的給諫制度的完結。這種名存實亡的言官與以往相比，實在不可同日而語了。

四十一、御園聽政

雍正三年八月，這是雍正第一次以皇帝身份進駐圓明園，在此後執掌大清朝的整整十年間，他三分之二的時間，都是在圓明園度過的，乃至他暴病身亡也在圓明園，並引發圍繞他的又一個謎案：雍正死亡之謎。

這給我們一個很大的疑問：雍正帝為什麼如此鍾情圓明園？常年駐蹕圓明園的雍正帝還會像往常一樣勤政嗎？御園聽政與紫禁城又有什麼不同？

雍正為何鍾情圓明園

第一，效法父皇，宜於勤政。

雍正鍾情圓明園的部分原因，他在《圓明園記》中點出了：「晝接臣僚，宵披章奏，校文於墀，觀射於圃，燕閑齋肅，動作有恆：則法皇考之勤勞也。」如此說來，雍正在圓明園常年駐蹕，主要是效法父皇勤政。因此，圓明園最大的一組建築羣，取名「勤政親賢殿」，簡稱「勤政殿」。

清朝是馬上天子。這與漢唐宋明有非常大的不同。清朝從順治帝開始，就在紫禁城外建造另外的處理朝政的地方，這就是清朝建設的三山五園中，最早的玉泉山靜明園（原為澄心園）。康熙二十六年以前，康熙帝也經常在玉泉山處理朝政。康熙二十三年，康熙帝在明朝武清侯李偉原來的園林中，開始修建新園林，歷時三年，到康熙二十六年建成，這就是京西有名的暢春園。從此，康熙帝幾乎每年都要在暢春園處理朝政，平均居園時間達半年左右。

為防止後世子孫寄情山水，不理朝政。自康熙時起，「勤政殿」成為皇家園囿的「標配」。中南海的勤政殿是康熙御題，圓明園的勤政殿是雍正御題。三山五園成於乾隆朝，自然，清漪園即後來的頤和園、香山靜宜園、玉泉山靜

明園、承德避暑山莊這四處勤政殿的題額，都出自乾隆帝御製。圓明園的勤政殿更是成為展示幾代皇帝勵精圖治的重要場所。御座屏風上有乾隆御書《無逸》，這是儒家經典《尚書》告誡人君不要貪圖享樂，要知民間疾苦的經典。乾隆又親自寫下《創業守成難易說》，請著名書法家梁詩正題寫在後楹東壁，西壁是乾隆御製《為君難跋》，由大學士于敏中書寫。

整體言之，雍正做到了他在《硃批諭旨序》所說的「自古帝王治天下之道，以勵精為先，以怠荒為戒。朕非敢以功德企及古先哲王，而惟此勤勉之心自信可無忝於古訓，實未負我皇考付託之深恩也。」他經常聽政，竟然無暇欣賞湖光山色。他在詩中說：

> 聽政每忘花月好，對時惟望雨晹勻。
> 宵衣旰食非干譽，夕惕朝乾自體仁。

第二，躲避喧囂，水土宜居。

皇宮處於紫禁城的中心，由於建築規制的需要，龐大的建築羣缺失植被。每到夏日，如同蒸籠一樣，讓人透不過氣來。儘管有降溫解暑的辦法，但無法抗拒自然的力量。康熙說他即位後日理萬機，從沒有一刻閑暇，但久之「漸以滋疾」，到了暢春園，「清風徐引，煩痾乍除。」雍正說的更清楚：「宜寧神受福，少屏煩喧。而風土清佳，惟園居為勝。」

早在康雍時，京城已是近百萬人口的大都市。城市的發展使得人對自然的親近，成為一種奢望。清朝皇帝很有宜居的理念，而日理萬機之暇，讓自己的身心在自然中得到一時放鬆，反而更有精力處理好國家大事。我們在內務府造辦處檔案中，看到很多雍正關於在京城綠化的指示。雍正每次都是從皇宮北門神武門（原玄武門，避康熙帝玄燁字）出，走西直門進入圓明園的。雍正六年四月初一日，他對領侍衛內大臣馬爾賽說：沿途所栽植的樹木，不甚茂盛，這都是因為草草移植，不以此為事所致。朕所經過的沿途道路尚且如此，其他偏僻一點的道路想必都沒有種植。隨即降嚴旨給內務府總管、工部大臣、五城官

員，命他們調查上奏。

京西在地理上得天獨厚，康熙飲泉水而甘冽。雍正即位後把自己的詩集起名為《四宜堂集》，就來自圓明園裏的《四宜書屋》的「春宜花，夏宜風，秋宜月，冬宜雪。」

第三，雍正「苦夏」，最為強烈。

清朝發祥於東北，對寒冷的氣候早已適應，而對炎熱的京城盛夏，倍感難捱。儘管皇宮裏按照品級發放冰塊，房間裏多有冰桶降暑，但不能從根本上解決暑熱。雍正對「苦夏」的反應，最為強烈。他與親近大臣每每談及於此。他甚至對夏天有一種恐懼感。為了避暑，雍正親自指導做風扇。雍正二年五月二十五日，他命郎中保德在養心殿西暖閣做風扇一座。四天后，保德報告做成楠木架鐵信風扇一架，上安小羽扇六把。雍正雖覺得涼爽一些，但仍要改進。他批旨：

> 爾等做的風扇甚好。朕想人在屋內推扇，天氣暑熱，氣味不好。不如將後檐牆拆開，繩子從牀下透出牆外轉動，做一架。照牆洞大小做木板一塊，以備天冷堵塞。俟保德收拾東暖閣之日再拆牆磚。再做一架放在西暖閣門北邊，繩子從隔斷門內透出。

這項工程不小，夏天在東西暖閣拆牆打洞，安裝大風扇，於七月初五做得拉繩風扇二架，冬天再封堵上。

他在《圓明園記》中說，自即位以後，「夙夜孜孜，齋居治事，雖炎景鬱蒸，不為避暑迎凉之計，時逾三載。」由於禮制的要求，他在皇宮為父皇守喪三年。三年期滿，他亟亟乎就把聽政地改到圓明園了。因此，在法國大文豪雨果的筆下，圓明園被稱為夏宮。

第四，不事出巡，防範安全。

雍正十三年，除了萬不得已短暫出京為父皇、太后奉安、謁陵外，他一次也沒有離開京城。這與馬上天子的傳統截然不同。他曾解釋說，之所以不能

像父皇那樣舉行木蘭秋獮大典，是因為允禩、允禟這些人「密結匪黨，潛蓄邪謀，遇事生波，中懷叵測，朕實有防範之心，不便遠離邊塞。」即便如此，在他即位之初的兩年，還是遇到幾次危險。有一次，他出宮祭祀，隆科多說有刺客，遂在各處搜查。還有一次，他到東陵，隆科多說諸王變心，要防備。年羹堯密摺明確勸雍正不要親自為父皇發喪，說他得到情報。但這關係甚大，後來加強戒備，平安無事後即向年羹堯告知。與京城多歸口的統系不同，圓明園是他原來的班底，用的全是雍邸的人。雍正駐蹕前的雍正二年，圓明園就設置了專門的護軍營，規模達四千人之多。統轄營務的總統大臣，一直由怡親王允祥擔任。除圓明園護軍營，圓明園外圍還有一支綠營，這就是由九門提督直接統領的巡捕五營。他們在圓明園四周的土山、樹林、橋樑以及偏僻小巷，設「推撥」（即哨所）百餘處，日夜巡邏警戒。雍正四年起，他把處理朝政的地方，從皇宮正式遷到圓明園。

圓明園建造的三大疑點

圓明園有「萬園之園」美譽。陳設文物多時達到一百五十萬件。它承載一個民族的輝煌與恥辱，堪稱是清朝興衰的歷史教科書。而圍繞圓明園建造史，截止到雍正朝，現在仍有三大疑點，沒有完全解決。

第一，建造時間是哪一年？是在原有建築上改建，還是平空地而起？

建造時間有康熙四十六年、康熙四十七年、康熙四十八年三種說法。現有檔案記載，它建於康熙四十六年，是康熙帝賜給胤禛的賜園。

與宋明等漢族王朝不同，清朝很早就讓皇子參預國家管理事務。既然康熙帝把暢春園作為主要的理政之地，因此諸皇子也紛紛奏請，在附近建造賜園。

康熙四十六年正月，皇三子允祉、皇四子胤禛向康熙帝奏請，在暢春園附近建房。康熙帝將暢春園北新建花園以東空地，賞給二位皇子。兩個月後，允祉奏報，他將水磨閘東南、明珠兒子揆芳家附近空地一塊，建造房屋。康熙帝批准。當年十一月，允祉花園已經建成，康熙帝在允祉的邀請下，來到花園進

宴。三天后，又來到胤禛的花園進宴。說明圓明園經過近一年的建設，於康熙四十六年十一月建成。兩年後，廢太子復立，康熙冊封胤禛為雍親王，康熙賜園名為「圓明園」，應該就是此時。據雍正後來解釋，父皇賜給他「圓明」二字，大有講究：「佳名之錫以圓明，意旨深遠，殊未易窺，嘗稽古籍之言，體認圓明之德。夫圓而入神，君子之時中也；明而普照，達人之睿智也。」按照雍正的解釋，父皇取自儒家經典《中庸》的「圓明」二字，「圓」指個人品德圓滿無缺，超越常人；「明」指政治業績明光普照，完美明智。連在一起，就是中國古代賢明君主的理想標準。

為此，雍親王把父皇賜書的「圓明園」匾額懸掛在「九州清晏」第一層正殿的上方，並配上自己撰書的對聯：

> 每對青山綠水會心處，一丘一壑，總自天恩浩盪；
> 常從霽月光風悅目時，一草一木，莫非帝德高深。

雍親王時期，胤禛對圓明園進行了必要的修建。據《清世宗御製文集》「雍邸集」「園景十二詠」詩推斷，雍親王時期建造的圓明園應該在 1200 畝左右，是具有相當規模的皇家園林。

第二，雍正時建造規模有多大？

雍正即位後，就開始對龍潛之地圓明園進行擴建。擴建工程由怡親王允祥負總責，莊親王允祿牽頭，內務府郎中保德等具體實施，潼關衛生員張尚忠為擴建工程查看風水。雍正二年正月，莊親王允祿等上奏：為圓明園擴建工程，採辦楠木事宜請旨。雍正命由內務府派員前往圍場一帶採伐林木。造辦處進行緊張的工作。

雍正時期，圓明園已經建成很大規模。建成區已達三千畝，乾隆時著名的圓明園四十景，在雍正時期已經建成 31 景。按照皇宮的整體規制，也是前殿后宮。前朝區包括大宮門、二宮門、各衙署值房，皇帝上朝聽政、處理日常事務的正大光明殿、勤政親賢殿等。寢宮主要集中在九州清晏景區一帶，位於皇帝

處理朝政的正大光明殿正北，前朝與後宮在同一條中軸線上。帝后寢宮在一個島上，前後都是湖水，左右設有橫跨溪流的小橋四座。從雍正初年開始，九州清晏殿內就設有火炕取暖的臥室，分別叫東、西暖閣。

第三，「樣式雷」如何參與建設？

在圓明園乃至清代皇家宮苑、園林、陵寢建設中，作出突出貢獻的，不能不提到清代有名的建築設計世家「樣式雷」。這個家族最早居住在江西，明初就從事土木建築。康熙年間，樣式雷的第一代雷發達來到京城。當時康熙帝正在修太和殿，雷家人參預工程。過去，安裝大梁和脊吻時要舉行典禮，一般由工部尚書或內府大臣行禮。由於太和殿是金鑾殿，康熙帝親自行禮，正當康熙準備行禮時，大梁由於準卯不合懸而不下，工部大臣急忙給雷發達穿上官服，帶工具攀上架木，只見他斧落準合，上梁成功，典禮如儀舉行。康熙帝遂敕授雷發達為工部營造所長班。一時有「上有魯班，下有長班，紫薇照命，金殿封官」的傳說。雷發達退役後，其長子雷金玉繼承父職，並投充內務府包衣旗，參加暢春園工程。

雍正即位後擴建圓明園，雷金玉已經年逾花甲，他擔任樣式房掌案，負責工程設計、畫樣、燙樣，指導施工。期間，雷金玉適逢七十大壽，雍正帝命皇子弘曆即後來的乾隆皇帝親筆書寫「古稀」二字匾額，賜給雷金玉。後來雷家把匾額運回老家，懸掛祖宅正堂。雷金玉於雍正七年去世，雍正帝賜銀百兩，命官驛運回遺體。

建立聽政規制

雍正三年二月，按照清代禮制的規定，雍正在宮內為父皇康熙帝守孝三年（實際 27 個月）期滿，諸王大臣奏請雍正帝到圓明園駐蹕。但雍正不贊同，因為皇太后守喪期還沒滿三年。他說：按照國家大禮，皇考皇妣，雖有輕重之別，但朕的私衷，皇考皇妣是沒有區別。你們奏請朕駐蹕圓明園，朕心實為不忍，諸王大臣毋得再奏。

到了八月二十三日，皇太后三年服制已滿。諸王大臣奏請說：圓明園密邇禁城，風物清淑，允宜隨時駐蹕，以慰萬民瞻仰之忱。雍正帝遂於八月二十七日，第一次以皇帝的身份正式進駐圓明園。當天，他向吏部、兵部等發佈諭旨說：

> 朕在圓明園，與宮中無異，凡應辦之事，照常辦理。爾等應奏，不可遲誤。若無應奏事件，在衙門辦事，不必到此。其理事之日，爾等於春末秋初，可趁早涼而來；秋末春初，天時寒冷，於日出之前起行。（《清世宗實錄》）

自雍正三年九月起，雍正帝正式開始在圓明園駐蹕、聽政。從雍正四年算起，雍正帝每年都在圓明園長時間居住，最少 185 天，最多 247 天，直到雍正十三年八月二十三日在圓明園去世。在這 11 年裏，雍正帝彙計去圓明園 47 次，居住 2314 天，每年平均 210 天，即接近一年的三分之二。通常情況下，雍正帝春、夏、秋三季多在圓明園居住，僅逢郊祀齋戒、視朝等大典時方回宮，冬季則住在紫禁城。

圓明園地處京城西郊，距離漢大臣居住的南城較遠。這對漢大臣而言，他們要五更起來，趕到圓明園奏事。為此，三年九月雍正諭內閣：除侍衞及職司看守人員外，嗣後雖稍遲誤，或一二人不到，亦無妨礙。

但如此一來，大臣們又常不到班。雍正四年正月的一天，他早早來到勤政殿，等待諸臣奏事，但令其驚奇的是，竟然各部院衙門、以及八旗各衙門，竟沒有一個奏事之人。雍正為此對大學士們說：「想必諸臣誤會朕了。以為朕駐圓明園，欲圖安逸，故將所奏之事，有意簡省吧。」他特別說明：

> 朕因郊外水土氣味，較城內稍清，故駐蹕於此。而每日辦理政事，與宮中無異，未嘗一刻肯自暇逸，已曾屢降諭旨，切告廷臣，令其照常奏事。若朕偶欲靜息，自當曉諭諸臣知之，儻廷臣不知仰體朕心，將陳奏事件，有意簡省，是不欲朕駐蹕圓明園矣。

雍正還發現各衙門奏事，有一日擁集繁多者，有一日竟無一事者，似此太覺不均。為此，訂立詳細的輪班奏事制度。主要內容可以分為三項：

一是八天一輪班的常班奏事制度。也即以八天為一個周期：八旗各分一日輪奏；部院衙門中，六部各分一日，其餘兩天，都察院與理藩院為一日，內務府為一日。其餘衙門，根據事務多寡，附於部院班次後。這樣一來，每日有一旗一部，同來陳奏，雍正每日皆有辦理之事，而不來奏事之大臣，又得在京辦理該衙門日常事務。如果該部院衙門輪班之日，無事可奏，其堂官即尚書、侍郎亦着前來，因為雍正會有召問、委辦之事。

二是御門聽政制度。這與在乾清宮一樣，自康熙時期已形成制度，所有各官要齊集。各部院分三班奏事。完畢後，大學士、學士留下，就有關「摺本」事宜面奏請旨。這一日，原不在輪班奏事之數，次日仍按班次前來。

三是緊要事件，不拘班次，即行啟奏。

通過完善圓明園奏事制度，建立其運轉高效的制度體制。幾個月後，又對輪班制度予以完善：嗣後有特旨所傳之官員，若有風雨無阻字樣，則不論風雨，即着前來。若朕御門之日遇有大風雨雪，即不必前來。

雍正十年，又對奏事班次進行調整：領侍衛內大臣、前鋒統領、護軍統領合為一班，列於八旗奏事班次之後。內務府、國子監合為一班，列於都察院、理藩院奏事班次之後。鑾儀衛、光祿寺合為一班，列於內務府、國子監奏事班次之後。

雍正在園的「多重形象」

雍正特別喜歡圓明園，每當聽政之餘，景物芳鮮，禽奏和聲，花凝湛露，得以親近自然，保養人的元氣。他有時扮成僧人，有時扮成樵夫，現存他不少「很萌」的畫像，大多是在圓明園。

雍正召見大臣，處理朝政之餘，也與大臣遊覽圓明園的湖光山色，欣賞這裏的美好盛景。在圓明園數十組建築羣中，雍正特別喜歡「四益堂」。雍正四

年五月初五，是中國傳統的端午節，雍正在「四益堂」招待十幾位王大臣吃「角黍」，即粽子。但很快就傳出他不理朝政，與大臣在游船上尋歡作樂的話。更可氣的是，報房小抄記載：初五日皇帝與王大臣等在圓明園乘坐數十隻游船，喝酒作樂，從東海遊覽至西海，玩到天黑才回宮。雍正見此，大為光火，他辯護說：「人君玉食萬方，偶於令節宴集羣臣，即御龍舟奏樂賜飲，在古之聖帝明王亦所不廢，有何不可。但朕於初四日即降旨，令在城諸臣不必赴圓明園叩節，初五日僅召在圓明園居住之王大臣等十餘人，至勤政殿側之四宜堂賜饌、食角黍，逾時而散，並未登舟作樂遊宴也，而報房竟捏造小抄，刊刻散播，以無為有，着兵刑二部詳悉審訊，以懲邪黨。」刑部等隨即把捏造小抄之何遇恩等判處斬決。

圓明園凝聚了雍正的多重情感。他在這裏傾注了太多的心血。造辦處檔案揭示了雍正帝對每一個「物件」的特別用心。僅以龍牀為例，雍正三年七月十六日，員外郎海望傳旨：做抽長花梨木牀二張，各高一尺、長六尺、寬四尺五寸，中心安藤屜；用綿做牀刷子，高九寸。三天后木作做成抽長牀小木樣一件。海望進呈雍正。雍正降旨：「腿子上做頂頭螺獅。」到了八月初八，海望奏請抽長牀上刷子應用何樣做？雍正指示，「牀刷子做綿的，牀面做氈的好。做牀刷子用綿，爾將造辦處庫內綿拿幾樣來，俟朕選過再做。」第二日，選出造辦處庫內綿七匹，緞庫內綿五匹，海望進呈。雍正降旨：「准深藍地小菱花綿做牀套用。」八月二十四日，做得藤屜抽長花梨木牀二張隨錦刷子二分。海望奏聞。雍正降旨：「送往圓明園安放。」造辦處檔案表明，雍正入住圓明園前後，對室內陳設、裝飾進行大量、細緻的工作，而雍正事必躬親，發縱指示，不厭其詳。雍正五年七月初十，圓明園太監傳旨：「九洲清晏後抱廈內東西兩邊牌插板做得粗糙，另鑲楠木邊。再，集的錦亦不齊，旁邊空處甚多，若將書格挪開不能好看，今着滿集錦，其東邊牌插背後將造辦處有巡撫楊文乾呈進，包象牙席的西洋金箋紙糊在東牌插上，紙的花紋要對縫。着海望酌量另將造辦處收貯的西洋金箋紙，亦照樣對縫，將西邊牌插板背後糊上。」半個月後，領催等帶領工匠按照雍正的具體指示重新裝飾完畢。

四十二、中西意趣

在清代皇帝中，雍正帝個性張揚，能言善辯，他既有「畫則延接廷臣、引見官弁，傍晚觀覽本章，燈下批閱奏摺，每至二鼓三鼓」，勤勉皇帝的形象；同時，政務活動中，他又是一位剛正嚴明，雷厲風行，鐵腕治國的皇帝形象。但當我們進入他的「私人領地」，走入他細微的內心世界，雍正又向我們展示出文雅博學、極有藝術鑒賞能力的「精緻」皇帝的一面；尤其是在當時畫家筆下，戴假髮、扮洋人，或道士、或樵夫，亦莊亦諧，是一位情趣滿滿、活力無限的皇帝。近年來，隨着內務府造辦處「活計檔」的公佈及挖掘，一個活脫脫、生活化的別樣雍正，正向我們走來。

以下我們從三個方面解讀雍正的文雅形象。

雍正文雅形象的三個方面

關於雍正的天賦，《清世宗實錄》開篇有這樣幾句話：「天章浚發，立就萬言，書法遒雄，妙兼眾體。」

前面八個字是講雍正很有「寫作」天賦，下筆萬言，才華奔放如海。後面八個字是說他的書法一流，真、草、隸、篆，無體不工。儘管官方《實錄》不無美化雍正的成分，但書法方面，雍正確有頗高造詣。這可以從三個視角觀察。

一是雍正的書法造詣。這既來自於他皇子時的訓練，也得自於天賦。清朝皇帝特別是順治、康熙這兩代，面對博大的漢族文化，他們如飢似渴，因此對皇子教育極為重視。康熙說他臨摹各家手卷，每至萬餘，所寫寺廟匾額五千餘。在張英的日記中，張英每寫字時，康熙總是不忘提醒皇子們：看他如何起筆。雍正做皇子時很閑適，廣泛臨摹歷代法帖，書法在眾皇子中出類拔萃。他

曾對岳鍾琪回憶說：「皇考當日甚喜朕書扇，每年書進百餘柄，有旨不着錄諱，命用閑子圖書。今尚存留在內者，賜卿數匣。」（《宮中檔雍正朝奏摺》）

從存世的作品看，雍正書法確實「妙兼眾體」。乾隆時還把他的作品刊刻為《四益堂法帖》及《朗吟閣法帖》，以昭範式。他的行草寫的尤其好，秀逸遒勁。現存故宮博物院草書《夏日泛舟詩》，是其代表作。

> 殿閣風生波面涼，微泅徐泛芰荷香。
> 柳陰深處停橈看，可愛纖儵戲碧塘。

而硃批所透過的書法，尤有意境。有學者專就雍正硃批研究，認為很多硃批，都是非常好的書法作品。而幾百字乃至上千字的硃批，幾乎一氣呵成，沒有任何塗改。其中，多數硃批是燈下所寫，他還不時與上奏人調侃說，「燈下所寫，不要說字醜」。

雍正所題匾額雖然沒有康熙那樣多，更沒有像他乃子乾隆所題，幾乎隨處可見，但也存留一些。故宮養心殿的「中正仁和」「勤政親賢」「敬天法祖」都出自他的手筆。檔案顯示，雍正為圓明園所題最多。

康熙景陵的功德碑，文字用滿漢體鐫刻，也是一件難得的藝術品。期間，雍正多次具體指導，可見他的書法造詣水平頗高。雍正五年九月十六日，副總管蘇培盛交來景陵功德碑文八張、漢字底文一張。傳旨：「此字畫略單些，俟落石時放惉些。將礬紙雙鈎填墨鈎八張。再隨落石時用的油條字亦鈎八張。」次年二月初六日，刻字人吳自德鈎得漢字景陵功德碑文一卷，交蘇培盛進呈。奉旨：落石時筆劃再放粗些。五月初三，吳自德按照皇帝的要求鈎得清字功德碑文一張，經員外郎唐英呈交怡親王。怡親王看過後，進內向雍正奏稱：「碑文清字樣已得，但字之頭尾腰身，刻字人雖竭力鐫刻，再不能合皇上指示至於一樣盡善盡美等語。」雍正對怡親王說：「你既然看過，朕亦不必看，即着刻字人用心鈎罷。」到了七年三月十七日，海望為景陵滿漢功德碑文啟奏怡親王。怡親王諭，此事係內閣料理之事，應當交給內閣料理。

雍正對篆刻也頗有研究。即位後篆刻的皇帝御寶，他全程指導。造辦處刻字作檔案記載，雍正元年正月十七日，懋勤殿首領太監蘇培盛交壽山石變龍鈕寶一方，上書朱字「雍正御筆之寶」。奉旨：「篆樣呈覽過再鐫刻。」隔日，翰林張照篆樣一張、技藝人滕繼祖篆樣一張、南匠袁景劭篆樣一張、刻字人張魁篆樣一張。怡親王呈雍正御覽。奉旨：「張照篆樣文範，但筆劃微細，照袁景劭篆書，其筆劃另篆。再，滕繼祖篆樣上之字篆法好些，問張照之字篆法有何講究。」按照雍正的旨意，該月二十二日，翰林張照篆樣二張，其他三人各篆樣三張。怡親王再次呈覽。奉旨：「准張照古篆『雍正御筆之寶』，將『之』字下橫取平，選吉時照樣鐫刻。」二十九日，照翰林張照篆樣鐫刻得壽山石「雍正御筆之寶」一方，怡親王第三次呈進。奉旨：「將此寶樣好生收着。」（《養心殿造辦處史料輯覽》）

二是促進中西方繪畫的交流。

書法與繪畫密不可分。雍正繪畫作品傳世不多，但他與中國美術史上清代最有影響的傳教士郎世寧的交往，特別是指導郎世寧與宮廷畫家唐岱「合畫」，堪稱是中西繪畫交流史上的一段佳話。

郎世寧生於意大利米蘭，康熙帝五十四年作為天主教耶穌會士來中國，後進入宮廷，深得雍正信任，朝中每有重大活動，都請郎世寧繪畫記錄。可以說，郎世寧是用繪畫記錄雍正朝歷史的人。

雍正喜歡祥瑞，地方官每有奏報，他都宣付史館，並命宮廷畫家繪畫以存世。雍正元年九月，郎世寧奉命完成《聚瑞圖》，畫中仿官窯炫紋花瓶內，插宮苑園林所罕見的植物，以表祥瑞。題識上特別寫明：「皇上御極元年，符瑞疊呈，分歧合穎之穀，實於原野，同心並蒂之蓮，開於禁池。臣郎世寧拜觀之下，謹匯寫瓶花，以記祥應。」

雍正三年九月初四，陝西、河南進瑞穀，郎世寧畫瑞穀圖五十二本。雍正五年閏三月二十七日，圓明園牡丹花開，雍正讓郎世寧繪畫。

在郎世寧雍正朝繪畫作品中，《雍正十二月令圓明園行樂圖》頗受關注。畫以十二個月份來展示，場景宏大，人物和建築渾然一體，繪畫細膩。板畫胎

質潔白堅致，結構緊密，細膩似玉，酥油般滋潤的釉面散發出莊重典雅的皇室氣息，也顯示了清代御窯器所具備的基本特徵。十二幅琺瑯彩瓷板組畫所展示的圓明園風光反映了圓明園原來的輝煌。學者聶崇正認為，曾被英法聯軍掠走，前幾年被購回的大水法 12 生肖部分獸頭，有些極可能出自郎世寧之手。《雍正十二月令圓明園行樂圖》2008 年在中國拍賣以 1.44 億成交。

雍正不時將自己的鑒賞與郎世寧交流。雍正四年正月，內務府員外郎海望、郎中保德持出西洋夾紙深遠畫片六張。奉旨：「四宜堂後穿堂內安隔斷，隔斷上面着郎世寧照樣畫人物畫片，其馬匹不必畫。」六月初二日，照樣畫得人物畫片一分，海望呈雍正御覽。奉旨：「此樣畫得好，但後邊幾層太高，難走，層次亦太近。再着郎世寧按三間屋內的遠近照小樣另畫一分，將此一分後一間收拾出來以便做玩意用。」至八月十七日，郎世寧畫得深遠畫片六張並原樣畫片六張，海望持進貼在四宜堂穿堂內。

雍正對繪畫的鑒賞藝術已經達到很高水平。四年正月太監杜壽交來美人畫一張。雍正說：「美人頭大了，另改畫，其下頜、肩膀俱要襯合着畫。」至三月初十，方改得美人畫一張，交給保德。

雍正有些癖好和禁忌，在畫作上也能體現出來。後世傳說他不允許王公大臣腳踏有龍紋樣式的地氈。此事在造辦處檔案中確有記載。雍正五年二月十五日，太監劉玉傳旨：「鋪地龍氈與人腳踏，不宜。將現有龍氈另有用處且用，嗣後不必做氈。俟進京時爾等傳與海望畫花氈樣呈覽，朕看准照樣成造。欽此。」本月二十一日，畫作工匠畫得花卉氈樣四張，郎中海望呈覽。雍正說：「此花氈樣俱好，但花紋太細了，恐其難染。爾將此樣收着，或做坐褥、或做氈子時用。再照龍形大小改畫花卉氈樣呈覽。欽此。」當月二十七日照龍形改畫得番花氈樣三張，海望呈覽。奉旨：「選得二張照樣准做，俱做紅地黃花，每樣先做一塊呈覽過再做。」

雍正還促成郎世寧這位西方畫家與中國畫家唐岱幾次「合畫」。唐岱是滿正藍旗人，自幼喜畫。康熙帝常召他入宮畫畫，賜為「畫狀元」，並有「我愛唐生畫，屢索意未已」，「位置倪黃中，誰能別彼此」的讚美之句。雍正即位後

正式把唐岱召入宮廷供職。雍正七年,根據雍正旨意,郎世寧與唐岱合畫,九月二十七日,兩人合作完成了玉堂富貴橫披一件。十一月初四日傳旨,着兩人畫絹畫三張。十二月二十九日,兩人畫年節絹畫三張。

這幾次合畫,成為中西繪畫交流史上的重要見證。根據雍正帝的安排,郎世寧向中國的宮廷畫家傳授歐洲的油畫技藝,油畫自此開始流行。郎世寧與怡親王允祥、果親王允禮、慎郡王允禧等關係很好,也為他們作畫。《果親王允禮像》等是郎世寧所畫的人物肖像。

值得一提的是,唐岱與郎世寧這兩位畫家,在乾隆時大放異彩。郎世寧參加圓明園西洋樓的設計。乾隆全盛時期的圖景,郎世寧的畫作充分展現。他乾隆三十一年去世。

皇子時期的弘曆非常喜歡繪畫,與唐岱私交甚篤,唐岱曾為弘曆畫《松蔭撫琴圖》。後弘曆登基為帝,唐岱成為宮廷畫院裏的代表人物,乾隆經常把重要的作品交給他。現存於法國巴黎國家圖書館的《圓明園四十景冊》,是乾隆三年唐岱和沈源奉旨合畫的。沈源畫屋舍,唐岱畫山石坡樹,每幅畫上都由工部尚書汪由敦抄錄乾隆御製詩一首。這套冊頁直到乾隆十一年才最後裝裱成冊,藏於圓明園。咸豐時英法聯軍火燒圓明園時被劫,流落海外。

三是繪畫中的雍正形象。

現存雍正畫像多達幾十幅,特別是行樂圖中穿喇嘛法衣修密的形象,以及扮道士、穿洋裝、帶假髮等各式「雍正」,與官書所留下的雍正形象大異其趣。從而為我們展示了多樣的雍正。

雍正與瓷器

論中國瓷器史,清代康雍乾是一個高峰,而從純藝術的視角評價,又以雍正時期為最高,這與雍正帝的藝術造詣,特別是他制定的「內廷恭造之式」密不可分。概括言之,雍正瓷器的進步,主要表現為三個方面。

一是雍正瓷的「內廷恭造之式」。

雍正對藝術的審美可以概括為「文雅精細」。現存養心殿造辦處檔案記載，雍正幾乎對瓷器的造型、紋飾、品種、工藝等各方面，都有具體要求。而特別重要的是，雍正瓷器要經過「呈核再造」這樣一個固定的程序。造辦處檔案對此記載可以說，所有瓷器必須先經雍正審定後才能燒造。因此，雍正瓷也代表雍正的審美旨趣和藝術品位。

雍正特別注意「知識產權」保護。督陶官到任後，就開始清理沒有年款的瓷器。雍正四年十二月的一份檔案記載：

> 內務府郎中海望持出紅磁白裏暗花茶圓二件，奉旨，此茶圓係江西燒造磁器處進來的，釉水、顏色俱好，但落款胎骨還糙。爾將此茶圓發往江西燒造磁器處，傳旨給年希堯：此二件茶圓若補落得款即落款，若不能補落得款便罷。此茶圓二件內，淡紅色的更好，燒造時着他仿淡紅色的燒造。茶圓其底不必燒紅色，仍要白花。落款不獨此茶圓，他先帶去的樣內好款式的盤碟俱燒造些。胎骨俱要精細。再，朕聞磁器胎骨過三年以後燒造更好，將此原故亦傳給年希堯知道。欽此。（《養心殿造辦處史料輯覽》）

十二月十四日，海望將這二件茶圓及皇帝的諭旨傳給年希堯的家人帶去。同年八月，郎中海望奉旨：此時燒的琺琅，活計粗糙，花紋亦甚俗。嗣後爾等務必精細成造。九月二十二日，海望持出高足宣窯碗一件，奉旨：「交與年希堯照樣燒些，其碗內款落大清雍正年製。」

雍正五年降旨宣佈：「朕從前着做過的活計等項，爾等都應存留式樣，恐其日後再做，便不得原樣。朕看從前造辦處所造的活計好的雖少，還是內廷恭造式樣。近來雖甚巧妙，大有外造之氣。爾等再造時，不要失其內廷恭造之式。」

雍正朝所燒瓷器都要經過皇帝或者代表皇帝的怡親王允祥審核後，「朕看準時再造」這樣必經程序。而且，嚴格內廷與民間的區別。雍正十一年重申：

「嗣後凡有一應傳做活計等項，不可即做，如有傳旨着做，爾等亦宜請旨，準時再做。再造辦處所管匠藝不可私做活計，當嚴加申飭禁止。」正因為最初管理沒有章法，雍正遂派年希堯管理御窯廠。

二是年希堯的「年窯」。

景德鎮原名昌南鎮，北宋景德年間，這裏的瓷器得到宋真宗的賞識，於是用他的年號來重新命名。明清時期，景德鎮成為皇家指定的唯一御用瓷器定點窯址。這裏「水土宜陶」，附近高嶺村土潔白細膩，是燒製瓷器的最好原料。景德鎮的東北部屬黃山餘脈，林木茂盛，為燒瓷提供了充足的燃料。流經景德鎮的昌江，既可淘洗瓷土，也為瓷器外運提供水路便利。

順治十一年，清廷正式設立景德鎮官窯。康雍乾時期達到鼎盛。而「年窯」「唐窯」至今仍是收藏界的珍品。「年窯」是指雍正四年到十三年間，內務府總管管理淮安關的年希堯兼管景德鎮窯廠署時的御窯。

年希堯是年羹堯的兄長，雍正帝認為其才能平庸。雍正元年，年羹堯最受寵時，雍正帝在廣東提督董象緯密奏上硃批：「文武和衷固屬美事，若志趣迥然不同則亦難以裨益封疆。總之，爾於此一年來多次見朕，所以深知朕心，楊琳從未覿面，受朕指訓，年希堯又庸愚無知，凡事爾宜自立主見，莫被伊等搖奪。」雍正評價「年希堯庸愚無識，自以為能，被楊琳所籠絡，將從前弊政皆代為隱飾。」次年九月，雍正向兩廣總督孔毓珣透露，「年希堯甚屬不及，朕意欲更換之」。作為廣東巡撫，年希堯也接受其弟年羹堯交代的事。年羹堯託年希堯代買紫檀木二百擔，並託孔毓珣代買紫檀木二百擔，孔毓珣還代為年希堯墊銀七百六十兩，買紫檀木二百擔，大小計四十一根，差人運送。後來年羹堯案發，孔毓珣向雍正帝認罪。雍正硃批說：

> 此等過失朕豈有不諒之理！並不嗔責爾也。年羹堯負朕深恩乃敢如此不法，不但爾未料及，實出朕之意外，爾非黨附下流輩之可比，朕雖未睹爾面，深悉爾之居心為人，為伊買木一事毫不必繫懷，朕無識人之明，誤寵匪類，正自引咎不暇，何顏復株連無辜。此奏知道了。朕從無心口互異

之言，日久天下臣民自當了然洞悉也。

後年羹堯被賜死，年希堯革職。雍正四年，年希堯以內務府總管派往管理淮安關務，並管理景德鎮官窯。雍正五年三月初九日，年希堯到達景德鎮後，上奏要趕造瓷器，雍正硃批：「不必急忙，坯越乾越好。還有講究的，坯必待數年入窯之論。若匆忙，可惜工夫、物料，置於無用。」《景德鎮陶錄》評價說：「年希堯管鎮廠窯務，選料奉造，極其精雅。」

淮安關在江蘇，距離景德鎮數百里之遙，往返一次要數十天。年希堯的本職是內務府總管，監管淮安關已屬兼差。他每年在春夏之交和秋冬之交開窯時，前往視察。為提升窯廠管理水平，造出最好的瓷器，雍正帝於六年八月，派內務府員外郎唐英作為督陶官前往駐廠辦窯。這樣，在領導體制上就更為完善：雍正——怡親王允祥——內務府總管年希堯——督陶官唐英。

三是督陶官唐英的「唐窯」。

唐英是清代傑出的陶瓷藝術家，他所著的《陶冶圖說》是我國陶瓷製作工藝過程的第一部系統著作。他自雍正六年始赴景德鎮督陶，直到乾隆二十一年去世，督陶近三十年，是清代雍乾時期陶瓷藝術達到巔峰的關鍵人物。這一時期的官窯也被稱為「唐窯」。

唐英出身於內務府正白旗包衣旗鼓人，16歲進入內廷，在養心殿供職，侍奉康熙帝二十多年，車駕所臨，無不扈從。筆墨詩文，多有精進，多才多藝、興趣廣泛。雍正元年，已逾不惑之年的唐英升為內務府員外郎，並以兼佐領的身份在內務府造辦處主管畫樣設計。而通過怡親王，接受雍正的旨意進行創作，成為他的日常工作。而圓明園的許多裝飾畫，有不少出自唐英之手。雍正三年十一月初二日，圓明園來帖稱，郎中保德來說：九洲清晏上仙樓北邊貼的美人畫一幅。奉旨：「畫的款式甚好，爾仍着唐英畫美人，其衣紋照先畫的衣紋

一樣畫。欽此。」於四年正月十二日畫得美人絹畫一張，郎中保德呈進迄。[1]

唐英還負責匠人招募、稽查當值匠藝人的出勤等管理事務。雍正帝對唐英的工作特別是藝術造詣充分肯定，遂有六年八月駐景德鎮御窯廠署，充駐廠協理官之命。

唐英在清代藝術史上有很高地位。他在陶瓷工藝史上的貢獻主要有三個方面。一是御窯廠管理走向制度化。陶瓷之事，對於剛剛接手的唐英而言，為有生所未經見，物料火候，古今款式，茫然不曉，每天唯諾於工匠之意旨，惟辱命誤公之是懼。他用了三年時間，謝絕交遊，聚精會神，苦心竭力，與工匠同食息者三年之久，到了雍正九年，於物料火候生克變化之理，頗得抽添變通之道。向之唯諾於工匠意旨者，變成工匠唯諾他的意旨。對於泥土、釉料、坯胎、窯火諸務，研究探討，得心應手。特別在管理上：「凡出納毫厘，器皿數目，俱係造冊報銷於內務府總管處按核。」[2]

二是保護好「雍正年款」特有產權。唐英到廠後查有次色腳貨一項，係選落之件，加上破損者，數量與全美之件幾乎相當，並無解交，散貯廠署，聽人匠使用，與成品混雜，難以核查，且容易流傳在外，仿冒者多。他與年希堯商量，將此按件酌估價值，造成黃冊，於每年大運之時一併呈進，交貯內府。有可以變價者，即在京變價；有可供賞賜者，即留備賞用。自雍正七年為始，總屬如此辦理。

官窯與民窯的根本區別除了做工、用料等不同外，主要的是官窯要標年款，而民窯禁止標年款。但官窯淘汰的產品以往沒有一套處理辦法，散落民間，仿冒甚多。唐英經奏請，徹底解決了這一問題。可惜的是，乾隆八年起，除黃器外，淘汰的御窯產品由商民領價發賣。[3] 此後出現大量仿冒。

三是仿古超古和創燒。雍正對瓷器的鑒賞水準非常高，對於前朝製作的精

1　朱家溍、朱傳榮：《養心殿造辦處史料輯覽》第一輯，故宮出版社 2013 年版，第 69 頁。

2　張發穎：《唐英全集》，第四冊，學苑出版社 2008 年版，第 1161 頁。

3　張發穎：《唐英全集》，第四冊，學苑出版社 2008 年版，第 1183 頁。

美瓷器，追慕不已。雍正四年六月，海望持來雙喜耳瓷瓶一件。奉旨：「此瓶釉水雖好，稱不得上好，爾傳與年希堯，再燒造時比此顏色釉水要做精細着，款式亦更改些。再造辦處亦照此顏色釉水合配着看。」唐英到任不久，複製宋代五大名窯及明朝瓷器成為雍正交給他的一項重要任務。他上任次年，就派幕友吳堯圃去河南調查鈞釉配方，雍正八年燒造仿鈞窯瓷爐 12 件，雍正稱讚道：「此爐燒造得甚好。傳與年希堯照此樣再多燒造幾件。」雍正十一年正月，雍正命首領太監傳旨：着照宜興缽樣式另尋宜興缽一件，交與燒造瓷器處，仿樣將均窯、官窯、霽青、霽紅缽各燒造些送來，其均窯的要緊。經過近一年的仿製，當年十一月，內務府總管年希堯家人送來均釉瓷缽十一件、官窯瓷缽七件、霽青瓷缽十一件、霽紅瓷缽七件。

唐英在雍正時期燒造多少瓷器？唐英在《陶成紀事》上說，當時在廠工匠、辦事人員，有三百多人，每年秋冬兩季，僱募船隻，伕役解送圓、琢器皿六百多桶，歲例盤、碗、鐘、碟等上色圓器，由二三寸口面以至二三尺口面者一萬六七千件，其落選之次色有六七萬件不等。其瓶、壇、尊、彝等上色琢器，由二三寸高至三四尺高大者，亦歲例兩千餘件，落選次色者二三千件不等。總共燒造三四十萬件。

值得一提的是雍正時期，對西洋琺瑯彩釉進行改造。此項工作由怡親王允祥主抓。雍正六年二月二十二日，柏唐阿宋七格等奉怡親王諭：着試燒煉琺瑯料。當天，員外郎唐英說：「此係怡親王着試燒琺瑯料，所用錢糧物料另記一檔，以待試煉完時再行啟明入檔。」至七月初十日，怡親王交西洋琺瑯料，包括月白色、白色、黃色、綠色、深亮綠色、淺藍色、松黃色、淺亮綠色、黑色，以上共九樣。舊有西洋琺瑯料，共九樣（各色同上）。新煉琺瑯料，月白色、白色、黃色、淺綠色、亮青色、藍色、松綠色、亮綠色、黑色。以上共九樣。新增琺瑯料，軟白色、淡松黃綠色、藕荷色、淺綠色、醬色、深葡萄色、青銅色、松黃色，以上共九樣。郎中海望奉怡親王諭：將此料收在造辦處做樣，俟燒玻璃時照此樣着宋七格到琉璃廠每樣燒三百斤用。再，燒琺瑯片時背後俱落記號。聞得西洋人說：燒琺瑯調色用多爾那們油，爾着人到武英殿露房去查，

如有，俟畫上用小琺瑯片時即用此油。造辦處收貯的料內月白色、松花色有多少數目？爾等查明回我知道，給年希堯燒造磁器用。宋七格等遂於三天后查得武英殿露房舊存收貯多爾那們油十六斤十兩餘；西洋國來使麥德羅進的多爾那們油四半瓶，連瓶淨重十二斤四兩；從蔣家房抄來的多爾那們油一瓶，連瓶淨重一斤四兩。以上共三十斤二兩。啟明怡親王，奉王諭：拿一小瓶試看。[1]

雍正的個人意趣

雍正時期，內務府造辦處是非常大的機構，在怡親王允祥的領導下，各項制度得以建立。當時按照物品類型分為各作坊，琺瑯作、鑲嵌作等多達幾十個，工匠有數千人之多。透過造辦處檔案，雍正生活化的「時髦」形象，與我們很貼近。這裏我們側重講講雍正的二大愛好。

一是雍正對「洋玩意」樂此不疲。

伴隨中西交往的擴大，特別是西方傳教士進入宮廷，西方的「洋玩意」也大量傳進中國。雍正對幾乎所有「洋玩意」，都表現出濃厚的興趣。更令人稱奇的是，他還有許多「發明」，即洋玩意「本土化」。

我們講四樣「洋玩意」的改造。

一是鐘錶。鐘錶是傳教士進入宮廷的最好敲門磚。傳說利瑪竇給萬曆皇帝進自鳴鐘而得到賞識。雍正時，自鳴鐘已不算稀奇，乃至「自鳴鐘」成為內務府造辦處內與諸作相並列的一類。雍正六年四月，有銀庫員外郎明書交來烏木自鳴鐘四架，註明「係安圖家抄來的，俱有破壞處。」安圖是康熙時大學士明珠的管家，雍正即位後將其家產查抄。管理內務府事務的莊親王命將這四架自鳴鐘交造辦處，經工匠拆看，認得二架是西洋鐘，雖有破壞處，如果收拾（修理）還能用；其餘二架是廣東做的，鐘裏面全部破壞，收拾不得。員外郎唐英

1　朱家溍、朱傳榮：《養心殿造辦處史料輯覽》第一輯，故宮出版社 2013 年版，第 167 頁。

將此情況報告怡親王並請其驗看。但不知是內部結構複雜還是其他原因，當收拾好時，已是雍正十三年十月，此時允祥、雍正帝均已謝世。從自鳴鐘的建造時間可知，西洋自鳴鐘質量顯然要高，而廣東造的已不能使用。康熙帝后期多居住在暢春園，園內嚴霜樓安放的自鳴鐘「年久破壞」，也於雍正六年在雍正帝過問下修好。雍正帝還檢驗自鳴鐘。雍正三年，雍正帝開始駐蹕圓明園處理政務，他對自鳴鐘的安放位置，親自佈置。九月十一日，員外郎海望奉上諭：圓明園後殿內仙樓板牆上安表一件，板牆上做一個火盆，不必用架子，改配座子，使表輪子藏內，其表上針透下樓板，樓板下畫一錶盤，表輪子聲音不要甚響。海望隨即檢查內廷大庫，報告有一件自鳴鐘與雍正的要求尺寸合適。但雍正不放心，命「俟朕進宮之日將表呈覽」。二十九日，海望遵旨呈覽。雍正看後「准安」。雍正看鐘錶「上班」，堪稱是「新聞」，雍正所有去的地方，都安裝自鳴鐘，甚至轎子裏。雍正六年正月傳旨：自今以後，出入轎子內、右邊、前頭，着安表。他嫌自鳴鐘聲音大，命工匠改造，使之聲音變小。鐘錶有對時功用。雍正五年七月，他通過太監傳旨：洋漆格子鐘打得快，着問太監趙進忠，此樣鐘可收拾得嗎？太監趙進忠當天回奏說：風旗若重些就打的慢。雍正於是降旨：宮內若有打得快的等鐘，俟朕駕往圓明園之後俱着收拾，再將圓明園各處所有打得快的鐘亦慢裏收拾。雍正還親自對西洋自鳴鐘進行改造。雍正五年三月太監傳旨：着將自鳴鐘處收貯本處所造的自鳴鐘查二三個來，明日黑早送進來，不要西洋的。隔日，查得自鳴鐘庫內收貯「御製鳳眼木架刻時間鐘一直座」。

二是風琴自動吹曲。康熙、雍正閑暇時玩「自行虎」，這是上了發條的玩具。雍正六年六月，管理暢春園事務官員報告，園內有自行虎一件，虎身上首尾毛略有脫落，再鐵輪亦有鏽，為此移交養心殿造辦處，由工匠攜帶工具進行修理。雍正帝受此啟發，設計在陳設鼓內安裝風琴，要求能吹整套曲子。這項工程着實不易，歷時一年三個月才做出。雍正五年九月，雍正還給內務府郎中海望降旨：圓明園陳設鼓樣並挺子座子照戳燈一樣做，將鼓牆厚些的鼓做二面，上安黏翎毛的雞一支，內安風琴。再將扁形的鼓做二面，上或安纓珞式樣或配

合何樣的，爾等酌量。再比此鼓小些的鼓亦做二面。俟畫樣呈覽準時再做。數日後工匠將畫樣通過海望呈覽。雍正降旨：「鼓上雞肚內安的風琴雖好，但雞肚內地方窄小，恐不能吹整套曲子，若有響聲亦可。再此鼓內若安得風琴，頂上就不必安雞，或安一夔龍式頂才好。其扁形安纓珞陳設鼓樣准做。至雍正七年正月，工匠做得陳設瓶式自鳴鐘鼓一件。」（《養心殿造辦處史料輯覽》）

三是鼻煙壺。有研究者不完全統計，雍正發佈過四十次以上關於鼻煙壺的旨意，加在一起數量多達幾千支，其中既有進獻的，也有造辦處打造的，大部分用來賞賜臣僚。有一次，有人把綠色玻璃雞鼓鼻煙壺呈上，雍正看後非常滿意，下旨說：照此款式，做紅玻璃。兩頭或燒珐琅，或塹花鍍金，中間夔龍款式。爾等酌量配合雞鼓，蓋子上的雞改生動些，口子開大些，做水注用，多做幾個。其匙子改做提水圓匙，原座子樣不好，改月牙鼓架式。據造辦處「雜活作」檔，僅雍正元年一年，怡親王就向雍正呈進鍍金蓋象牙匙五彩玻璃鼻煙壺98件之多。雍正對製作精美、特別滿意的作品，予以特別賞賜，有時一次賞銀超過一百兩。雍正八年三月，郎中海望持進畫飛鳴宿食雁珐琅鼻煙壺一對，呈進。雍正大為滿意，說：「此鼻壺畫得甚好，燒造得亦甚好。畫此珐琅是何人？燒造是何人？」海望奏稱：此鼻煙壺是譚榮畫的，煉珐琅料是鄧八格，還有太監幾名、匠役幾名幫助辦理燒造。雍正命賞給鄧八格、譚榮銀各二十兩。「其餘匠役人等，爾（海望）酌量每人賞給銀十兩。」當天，用造辦處庫銀，賞給鄧八格、譚榮各二十兩外，首領太監、太監、催總、柏唐阿等五人各賞銀十兩，鍍金人等六人各賞銀五兩。在珐琅鼻煙壺花卉款式中，雍正特別喜歡珐琅長春花鼻煙壺，雍正九年十一月他傳旨給宮殿監督說：「此鼻煙壺畫法甚好，嗣後若燒造珐琅鼻煙壺，俱照此畫法花卉款式燒造。」

四是千里眼、眼鏡。雍正時期，圓明園已經建成三千畝的規模，建築羣達三四十組。如何欣賞他傾注心血的美景，雍正要求所有重要景點，都要架設千里眼。他開始讓內務府調查千里眼數目，內務府不知皇上用意，後來清楚皇上要用於欣賞圓明園景色。五年七月初十日傳旨：將造辦處收貯好些的千里眼送些來，陳設在萬字房對瀑布處、一號房抱廈處、蓬萊洲流杯亭等處。將千里眼

掛在柱子上。除萬方安和外，九州清晏、西峰秀色等著名景觀，他都讓安裝千里眼。雍正特別喜歡一個人靜靜地思考、欣賞。

雍正燈下批摺，使得他的眼睛很早就近視。雍正元年十月初二，郎中保德奉旨：按十二個時辰的近視眼鏡做十二副。再，每個時辰看得多的重做六副。至十二月初五，做得玻璃近視眼鏡十八副。怡親王諭，近視眼鏡再做十二副。次年二月做得。雍正七年十月，太監張玉柱交來西洋玻璃眼鏡一副，係西洋人戴進賢所進。傳旨：着照朕戴的眼鏡樣式裝修。再將盒內西洋字白紙簽，着西洋人認看，因寫漢字。經郎世寧認得，係「七十歲」三字。雍正喜歡銅鈎水晶眼鏡，命將「鋼鈎上節做骨頭的，下節做銅的，可選好眼鏡光做。」雍正十二年正月，造辦處眼鏡作員外郎得到旨意：「做備用上用水晶、茶晶眼鏡各五副」。四月，總管太監傳旨：着做六十歲、七十歲眼鏡各做一副。俱照上用裝嚴。兩天后做得上用裝嚴玳瑁圈銅簧銀掐玻璃眼鏡二副，由總管太監持去進呈。雍正命安放在勤政殿、四宜堂。這一年雍正 57 歲。

「萬方安和」是中國歷代皇家園林中獨一無二的「卍」字型建築，宮廷稱為「萬字房」。它佔地近三萬米，整個漢白玉基座全部建在水中，上面建有 33 間東西南北曲折相連的屋宇。它四面鄰水，中設皇帝寶座。寶座上方懸掛雍正御書的「萬方安和」四個大字。西路有一個戲台，設計巧妙，唱戲者在西北殿唱戲，而皇帝在正西殿內觀看。中間以水相隔。雍正對這處建築最喜歡。雍正五年六月十一日，他令萬字房西一路第二間門外板牆上，安呼童鐘一件，對戲台屋內安耳順風一件。經過近二十天的緊張施工，七月初一安好，雍正一看，不滿意，降旨說：「萬字房內安的耳順風的嘴子不好，着另用犀角，做花插式嘴子，以備兩用。此花插內插珊瑚一枝，其下座勝水。」

千里眼也大量用於軍事行動。雍正七年，因西征需要，造辦處製作大量各式千里眼。僅當年四月三十日，怡親王帶領郎中海望持出千里眼二十多件，包括駝骨筒千里眼三件（各有多目鏡、顯微鏡）、木筒、銅筒、象牙筒等各種材質。雍正降旨：「將此千里眼等件持出去，再將類如此樣物件做些，賞出兵的官員用。再，將軍富爾丹、岳鍾琪，副將軍巴塞等三人，每人賞給小輿圖等件。」

當年十二月十五日，大學士張廷玉等傳旨：「着造辦處自阿爾泰至依裏（伊犁）等處圖樣畫樣一張，朕覽。」七天之後畫得，郎中海望進呈，雍正命「着添駐兵處」。

二是雍正在動物中最喜歡狗。狗通人性，因此有狗是人類朋友之說。雍正喜歡養寵物狗。他養的狗至少有十幾隻。自雍正元年到十年，活計檔出現數十次之多，名字也不一樣。而郎世寧奉命畫的狗也多達數十種。乾隆時所畫的狗大多體型碩大，雍正時所畫乖巧可愛。雍正三年，暹羅進獻狗，雍正「着郎世寧照暹羅所進的狗、鹿，每樣畫一張」。五年又傳旨：「西洋人郎世寧畫的者爾得小狗雖好，但尾上毛甚短，其身亦小些。再着郎世寧照樣畫一張」。八天后着他再畫一張。自二月二十一日動筆，閏三月十六日才脫稿。八年又傳旨：照着百福祿兒、者爾得狗樣，着郎世寧畫。「者爾得」狗，是一種小狗，是外國進獻的。據專家考證，郎世寧畫的「者爾得」狗就是這只狗。但不知何故，郎世寧直到雍正去世後的三個月後，於雍正十三年十一月二十六日，才將畫得百福祿、者爾得狗畫二張，由司庫交太監呈進。

為狗製作的狗衣有麒麟衣、老虎衣、豹皮衣、豬皮衣等，並不是真虎皮、豹皮，而大多是鼠皮。雍正十年傳旨，豹皮狗衣、豬皮狗衣，因圓明園隨侍年久，經夏蟲蛀落毛，難以應用，欲另換作豹皮衣一件，再做一木匣盛裝。給造化狗做的虎皮衣太硬了，着再做軟虎皮衣一件。虎皮衣上托掌不好，着拆去。狗衣上的鈕絆釘得不結實，着往結實處收拾。

四十三、宮闈家事

　　雍正帝是中國歷史上少有的勤政皇帝，有學者統計，他每天批閱奏章的文字，多達七八千字。而他每天還要接見文武官員，處理繁雜的政務，這樣算下來，每天屬於他的私人時間，實際上是很少的。

　　那麼，這樣一個政治人物，他的家庭生活又是怎樣呢？從歷史記載來看，雍正帝的祖父順治、父親康熙、兒子乾隆，都有很多後宮的奇聞異事。

　　相比之下，雍正與他的后妃們幾乎找不到什麼「纏綿悱惻」的故事，更不要說「衝冠一怒」了。這使得雍正的后妃，我們知道的很少。但顯然雍正不是一個隻知道工作，不知道生活的人，從造辦處檔案可見，他非常會享受生活，旨趣典雅。他的家庭生活，同樣精彩，只不過被他工作狂的狀態，沖淡了而已。我們現在來看看雍正的家庭生活。

　　皇帝的家庭是個大家庭。所謂「三宮六院七十二嬪妃」只是民間的說法，歷代很少這樣「標配」的。大概三宮六院的制度在明清時期相對確定。從今天故宮的建築規制上看，乾清宮、坤寧宮，與之間的交泰殿構成三宮，其東西各有六宮，即六院。雍正在近六十歲的一生中，前後共有 31 位后妃，僅埋葬在泰陵妃園寢的妃嬪，就有 21 位之多。但在清代帝王中，並不算多。遠不如他父親康熙帝的 55 位、他兒子乾隆帝的 41 位。但雍正在這方面還是受到攻擊。雍正六年，曾靜在策反岳鍾琪的逆書中，指責雍正淫色。雍正予以反駁說：「朕在藩邸，即清心寡欲，自幼性情不好色慾。即位以後，宮人甚少，朕常自謂天下人不好色未有如朕者。」「『遠色』二字，朕實可以自信，而諸王大臣近侍等，亦共知之。今乃謗為好色，不知所好者何色？所寵者何人？」（《大義覺迷錄》）。雍正的駁斥是否可信？朝鮮使臣卻向其國王報告雍正的宮廷生活很淫穢，乃至他五十歲以後要服用大量的丹藥。對於貴為至尊的皇帝而言，「遠色」是難以做

到的。

由於雍正朝大興文字獄，雍正真實的宮廷生活早已淹沒在歷史的塵埃中。因而在所有的清朝皇帝中，只有雍正的后妃們，除了必不可少的冊封等禮儀外，其他方面卻缺乏記載。這裏我們從四個「最」來解讀雍正的家庭。

最親的皇后

儘管雍正有 31 個后妃，但他生前只冊封過一個皇后，就是烏喇那拉氏，他與這位皇后，關係也最親。在清朝皇帝中，雍正即位時年齡最大，已經 45 歲，屬於人到中年。因此，他即位以後只有一次冊封過五位后妃，這對封建王朝的皇帝來說，顯然並不多。後來三次冊封，每次只有一人。正因如此，雍正後宮地位高的后妃，都來自他的皇子時期。

根據禮制規定，親王時代的妻妾大致分為三等，嫡福晉、側福晉和格格，福晉是漢語「夫人」的意思。嫡福晉就是正室夫人，格格即一般侍妾。據康熙四十五年《玉牒》所載，當時 29 歲的胤禛只有一妻一妾，妻子就是烏喇那拉氏，妾是李氏，後來的齊妃。而同一年，大阿哥允禔、皇太子允礽都是六位妻妾，三阿哥允祉是五位。其他阿哥也多是三位，如比他小 10 歲的親弟弟允禵都是三位。所以雍正說他藩邸時清心寡欲，還是可信的。雍正元年，早年的嫡福晉烏喇那拉氏被封為皇后，這也是雍正在世時唯一的皇后。

為什麼說雍正與皇后最親？這有兩個原因：一是這位嫡福晉是父皇康熙恩賜給雍正的。烏喇那拉氏，原任步軍統領費揚古的女兒。約康熙三十年，胤禛十四歲的時候，烏喇那拉氏被康熙帝恩點為胤禛作為嫡妻。六年後的康熙三十六年，她為雍正生下第一子兒子弘輝。不幸的是，這個皇長子八歲時就去世了。此後，烏喇那拉氏沒有再生育。雍正元年冊封為皇后，冊封禮於雍正三年十月，即皇太后孝期已過後補行，慶典場面浩大，極為隆重。

二是皇后去世後不再冊封。雍正元年，烏喇那拉氏冊為皇后時，已屆中年了。她承擔起統領後宮的重任，雍正帝同她相親相愛。雍正九年九月，皇后染

病在牀，二十九日病情惡化，移住到暢春園。雍正帝前往看望，當天皇后即去世。雍正帝異常傷心，他自己大病剛好，想親自去為皇后送行，大臣們極力勸阻，說皇帝大病初愈，今天已經臨視，不宜再勞。雍正這才作罷。他發佈的諭旨深情回憶說，皇后自垂髫之年，奉皇考恩命，作配朕躬，結褵以來，四十餘載，孝順恭敬，始終一致，忽焉長逝，實深愴惻。雍正輟朝五日，成服縞素，在暢春園舉哀，追念皇后：「居身節儉，待下寬仁。慈惠播於宮闈，柔順發於誠悃。昔年藩邸，內政聿修；九載中宮，德輝愈耀。」（《清世宗實錄》）

那拉氏去世後，皇后梓宮奉移到京西的田村殯宮暫安。十月諡為孝敬皇后。乾隆二年二月，隨雍正帝梓宮入葬泰陵地宮。皇后去世到雍正去世的四五年間，雍正沒有再冊封皇后。

長壽傳奇的耿氏

雍正在位只有十三年，壽享五十八歲，並不算長壽，但他的一個妃子，卻足足活了 96 歲，在人過七十古來稀的封建社會，算是一個長壽傳奇了。她就是後來被諡封為純懿皇貴妃的耿氏。

耿氏生於康熙二十八年，比雍正小 11 歲，從出身來看，耿氏是非常低的，她的父親耿德金是內務府包衣管領。作為內務府上三旗的包衣奴才，耿氏有參加一年一度的內務府選秀的資格，在康熙年間的一次內務府選秀中，耿氏脫穎而出，但是她並沒有被分到皇宮，而是被分到了皇四子胤禛的潛邸，成為一名侍妾，稱為格格。耿氏體格健壯，而且據說酒量還很不錯，經常與雍正一起飲酒。

康熙五十一年，耿氏為雍親王胤禛生下一個兒子，即後來的皇五子弘晝，據史料記載，皇五子弘晝曾經與皇四子弘曆一起辦理事務，由此可知，弘晝應該有很強的辦事能力。

雍正繼位後，耿氏先是被封為裕嬪。雍正八年晉封為裕妃，位列雍正後宮的上層。除此之外，耿氏對兒子弘晝的教育也絲毫沒有鬆懈，弘晝的成長雍正

也全看在眼裏，並在雍正十一年封其為和碩和親王。

乾隆繼位後，耿氏被尊封為皇考裕貴妃，乾隆生母崇慶皇太后鈕祜祿氏與裕貴妃耿氏的關係極好，乾隆四十二年，崇慶皇太后去世後，乾隆帝念及耿氏的恩情和與母親之間的友情，晉封耿氏為皇考裕皇貴太妃。

乾隆四十九年，96 歲的耿氏無疾而終，走完了她傳奇的一生。而 96 歲的壽命也使得耿氏成為了雍正最長壽的后妃，謚為純懿皇貴妃，葬於泰陵妃園寢。

最受寵的年妃

雍正還非常寵愛一個妃子，這個妃子就是年羹堯的妹妹年妃。皇子時期的雍正，最早的一妻一妾並沒有年氏，妾就是李氏，後來的齊妃。她是知府李文燁之女，是漢族女子，年妃到雍親王府之前，她是雍正的最愛。

可能人們會問：清宮制度，不許納漢女為妃，雍正為什麼敢於違背？實際上，康熙時就納漢女入宮，但地位不高。雍正作為皇子或親王，是可以納漢女的。李氏十年間先後為雍正生育了四個孩子，三子一女，不幸的是，三個兒子，弘盼、弘昀夭折，弘時成人後因犯錯被父皇削籍離宗，24 歲時死去。乾隆二年，齊妃病重時，乾隆帝奉皇太后親自探望。不久病逝，終年 60 歲。

年妃嫁給雍正，應該在雍正封為親王之後。她出身名門，父親年遐齡曾任湖北巡撫，二個哥哥年希堯、年羹堯也都是封疆大吏。她從小受到了嚴格的教育，有良好的文化素養。大約在康熙五十年前後，由康熙指婚，為雍親王胤禛的側福晉。在她之前，胤禛已納一妻一妾，一妻即嫡福晉，後來的孝敬皇后，一妾是齊妃李氏。但年妃很快成為雍親王的新寵，並從她入宮直到去世的十餘年間，是專寵。這從康熙五十四年至雍正元年的九年間，年氏先後為雍正生育三子一女四個孩子，可以說明。在這九年間，雍正的其他后妃妻妾，沒有人為雍正生下一個子女。這足以說明，年妃是雍正最寵愛的妃子。

年妃為什麼受寵？個中原因大概有三。第一，因為她的哥哥年羹堯。年羹堯在西北統領重兵，深得康熙信任，是爭奪儲位的阿哥爭取的重要對象。由於

年家與雍親王的主僕關係，雍親王有意籠絡本來屬於其旗下的年羹堯。雍正即位後不止一次在與年羹堯的通信中，談到年妃和她的孩子。

第二，年氏貌美如花。近年來，雍正十二美人圖的研究受到重視。有人認為，這套「十二美人圖」中的 12 位女子，實際是一個人，是身着漢服的宮苑女子，她們在品茶、觀書、沉吟、賞蝶時的清娛情景，也無不展現漢族女子清麗、嬌柔、嫵媚、婉約的風采。而「十二美人圖」的成畫時間，與年妃病重去世非常接近。傳說年氏病世後，雍正突發睹物思人之念，下旨命畫工照着年氏生前的畫像，作「十二美人圖」，而 12 個月正好是一年，隱含「憶年」之意。

第三，雍正喜歡漢族女子。在雍正一生的 31 位后妃中，沒有一位蒙古女子。這可以推斷，由於禮制的規定，他不能不納滿族女子為妻妾，但內心喜歡的，還是漢族女子。年妃屬於在旗的漢族女子，雍正寵愛她，可以規避祖制。

年妃在十餘年的專寵，是否會受到雍正其他后妃的妒忌進而攻擊，已不得而知。

年妃受皇帝恩寵，作為女子來說，是很幸福的。但不幸的是，年妃所生的子女，都沒有長大就去世了。她所生三子，都排在雍正其他妃嬪所生之後，分別是第八、九、十子。第八子福宜生於康熙五十九年五月，次年正月早殤，未滿周歲。第九子福惠，康熙六十年十月出生於圓明園。第十子福沛，雍正元年五月生，當時正值康熙、太后大喪，皇家哀禮甚重，這個孩子出生當天即卒。

雍正元年二月，年氏封為貴妃，地位僅次於皇后烏喇那拉氏。而比她入府更早，年齡更大，同樣給雍正生了三子一女、最早的側福晉李氏只封齊妃。冊封年貴妃這件事，年的父親寫信告訴了當時以廣東布政使署巡撫的年希堯，年希堯隨即寫密摺謝恩，表示「益加勉勵，小心謹慎」。雍正硃批說：「知道了。一切總仗不得。大丈夫漢自己掙出來的，方是真體面。勉之。」而雍正在年羹堯的密摺上的硃批，卻是另一種態度，說：「貴妃甚好，福惠上好，特諭而喜」。

人生總是有幸與不幸。年妃身體本來就很弱，尤其難以承受重大打擊。年羹堯災難臨頭，成為年妃的催命符咒。

雍正三年十月三十日，是雍正四十八歲萬壽節。百官在圓明園向雍正朝賀

萬壽節。年貴妃也在圓明園。到了十一月初三，是一年二十四節氣中的大雪，再過十天，就是康熙帝去世三周年。雍正回到皇宮，準備前往景陵，為康熙帝舉行去世三周年祀典，年貴妃以「不懌」留在圓明園。十六日，雍正回鑾京城，隨即準備十八日的冬至祭天大典。在此期間，貴妃的病情急劇惡化，雍正下諭旨說：「妃素病弱，三年以來，朕辦理機務，宵旰不遑，未及留心商確，凡方藥之事，悉付醫家，以致躭延，漸至沉重，朕心甚為軫念。着封為皇貴妃。一切禮儀俱照皇貴妃行。」捱到二十二日，年妃在圓明園去世。從雍正這段話可以推測，雍正在即位之初，出於對年家人的籠絡，對年妃異常恩寵。但隨着他對年羹堯的治罪，似乎在疏遠年妃。所謂「三年以來」云云，並非因為雍正處理機務繁多而忽略年妃，完全是有意而為。由此可以想見，年妃從「專寵」到被冷落，內心一定備受煎熬。年妃去世後，諭旨稱讚貴妃年氏：「性柔嘉，持躬淑慎。朕在藩邸時，事朕克盡誠敬，在皇后前小心恭謹，馭下寬厚和平。朕即位後，貴妃於皇考、皇妣大事，悉皆盡心，實能贊襄內政。」（《永憲錄》）

雍正為年妃舉行了隆重的喪禮。治喪的金帛牛羊靡費之巨令人乍舌，僅金銀錠一項，五日內就用了九萬七千五百個。因為沒有先例可循，禮部大小官員手忙腳亂地一番辛苦勞碌之後，雍正仍然大為不滿，指責喪事「儀仗草率」，禮部從尚書到侍郎四人「俱降二級」。謚為肅敏皇貴妃。

《永憲錄》所記與官方《實錄》所記不同，年妃是死後追封皇貴妃的。《永憲錄》還把年羹堯械繫到京，記在年妃得病的同一天，而且，詳細記載年妃得病、去世、喪禮等事，這讓人感到，年妃之死與她的哥哥年羹堯被械繫到京肯定有關聯。有人說，年妃向雍正揭發她的哥哥年羹堯，現存文獻並沒有這樣的記載。這或許是年妃驚懼、憂愁而死的說法由來。也有人認為，年羹堯沒有被處極刑，而是賜令自盡，與雍正寵愛年妃有關。

年妃去世後，僅有一子福惠尚在，年僅 5 歲。雍正對福惠十分寵愛。年妃去世，雍正命福惠只在圓明園自己居住的地方為母親送喪。雍正五年，福惠 7 歲，雍正帝開始為其安排屬下人。

雍正鍾愛福慧，當時是眾所周知的事，後來乾隆帝說過「朕弟八阿哥，素

為皇考所鍾愛」。但是，不幸的是，福慧於雍正六年，八歲時去世。雍正為這個兒子舉辦了超規格的葬禮。按照清朝規定，皇子幼殤無引幡，但 8 歲的福惠喪禮使用了引幡。乾隆即位後，追封福惠為和碩親王，謚曰「懷」。安葬在清西陵懷親王園寢內。

年遐齡還有一個女兒，嫁給了胡鳳翬。胡在康熙時出任宜興縣令，巡撫張伯行大計時將其罷免。雍正即位後任內務府郎中，後督理蘇州織造。雍正四年，追查蘇州織造事，胡鳳翬與年氏，以及一妾，自縊身亡。

最有福的熹妃

在雍正 31 位后妃中，其中有一位，是康熙帝親自看過，並說她是最有福之人。她就是乾隆的母親，雍正的熹妃，後來的孝聖皇后。

而有關這位女子，到底是漢女還是滿女，在乾隆時期就有很多爭議。近年熱播的電視劇《甄嬛傳》，有人稱原型即是這位孝聖皇太后。而北京故宮開放的孝聖皇太后居住的壽康宮，更成為參觀者必去的地方。這究竟是怎麼回事？

乾隆的母親鈕祜祿氏，滿洲鑲黃旗，四品典儀凌柱的女兒，生於康熙三十一年十一月，比雍正帝小 14 歲。康熙四十三年，年僅 13 歲的鈕祜祿氏被選中秀女，康熙帝賜給皇四子胤禛為格格。康熙五十年八月十三日，20 歲的鈕祜祿氏為胤禛生下了第四子弘曆，他就是後來的乾隆皇帝。康熙六十一年夏秋之季，康熙帝在避暑山莊，應雍親王胤禛之請，來到獅子園，康熙帝指着身邊的弘曆，對雍親王嫡福晉烏喇那拉氏說：「把他的生母召來見我。」鈕祜祿氏隨即應召而到。康熙帝見了鈕祜祿氏後，連聲說是「有福之人」。康熙帝為什麼要見弘曆的生母呢？幾十年後乾隆帝是這樣解釋的：「今仰窺皇祖恩意，似已知予異日可以託付，因欲豫觀聖母福相也。」

雍正即位後，於雍正元年十二月，封格格鈕祜祿氏為熹妃，連升數級。雍正八年，晉封為貴妃。雍正崩逝的當天，弘曆就尊封生母熹貴妃為皇太后。

鈕祜祿氏是母以子貴。並不能說明她如何受雍正的寵愛。相反，關於她

的身世，一直有不同說法。傳聞最廣的一種是，雍親王某年秋天在熱河打獵，射中一隻梅花鹿，喝了鹿血後躁急，隨便臨幸了山莊內一位相貌醜陋的李姓漢族宮女。第二年，康熙父子又到山莊，聽說這個李家女子已身懷六甲，就要臨產。康熙發怒，追問：「種玉者何人？」雍正承認是自己做的事。康熙怕家醜外揚，就派人把她帶到草棚。該女在草棚裏生下一個男孩，他就是後來的乾隆帝。這個草房破爛不堪，但此後每年例修，由官帑報銷，直到清朝覆亡，所用費用足以蓋一座宮殿。還有記載說，乾隆帝六下江南，太后在世的前四次都奉太后而行，而江南人見到太后，口耳相傳，說太后之貌奇醜無比。台灣學者莊練，著名作家高陽，都贊同這個說法，並考證說，這個李姓女子名字叫李金桂。

清人王闓運，是著名的學者、作家。他在所著《湘綺樓文集》裏，有一篇《今列女傳》，記載說乾隆的母親娘家在承德，家裏僱不起僕人，她六七歲時，父母常派她到集市上買酒漿面等日用品。奇怪的是，她所買的店舖生意都非常紅火，因此賣家都歡迎她，待之如貴客。到十三歲時，她到了京城，正好趕上選秀女，她去看熱鬧，把門的以為她是旗人，前來參加選秀女，就沒有在意。快到引見時，被主持選秀女的官員發現，但十人一列，已經排好隊，擔心此時更換要受處分，就讓她排在最後。但她相貌端莊，長得又白，結果被選上了，分到雍親王府，做了粗使丫頭。如何得寵，以下又記載：「憲皇帝肅儉勤學，靡有聲色侍御之好，福晉別居，進見有時。會夏被時疾，御者多不樂往，孝聖奉妃命，旦夕服事維謹，連五六旬，疾大愈，遂得留侍，生高宗。」（《湘綺樓文集》）大概意思是，雍親王感染瘟疫之類的病，平時服侍他的女子都不願接近他，怕自己也感染上。烏喇那拉氏不得已派使喚丫頭伺候親王。雍親王病了近二個月，這個丫頭朝夕不離，親王的病終於痊癒。丫頭留在親王身邊，生下一個男孩，即乾隆皇帝。

弘曆事母至孝。孝聖皇太后也是乾隆極盛之世的見證者。據統計，乾隆每次出巡，無論南巡、東巡、西巡，皆奉太后而行。特別是去避暑山莊 30 次，每次都奉太后而行。在有清一代的 11 位皇太后中，出巡範圍之廣、次數之多、時間之長，孝聖憲皇后名列首位。

　　農曆十一月二十五日，是皇太后的聖壽節。每到這一節日，弘曆於前一日遣官祭太廟後殿，屆日，弘曆親自到皇太后宮行慶賀禮。王大臣在慈寧門、百官在午門給皇太后行禮。弘曆或在重華宮，或在靜宜軒，或在壽康宮盛排筵席，慶祝皇太后聖壽。中國人的習俗，從 60 歲壽辰開始，每十年舉行一次大型的祝壽活動。弘曆為皇太后舉行了三次大規模的聖壽慶典，規模之大，場面之隆重，花樣之繁多，耗銀之巨，在清代祝壽慶典中堪稱為最。她在乾隆盛世當了 41 年的皇太后，享盡了榮華富貴。乾隆四十二年去世，享年 86 歲，按照太后生前的意願，她安葬在泰東陵。她堪稱是清代歷史乃至中國歷史上最有福的太后。

四十四、三位阿哥

雍正的 31 位后妃，總共為他生育了 14 個子女，即十子四女，其中，只有四個兒子一個女兒長大成人。這四個兒子中，最小的兒子弘瞻，出生於雍正十一年，他的事跡幾乎都在乾隆朝，且乾隆三年過繼給果親王。這裏着重講講前三位阿哥，即三阿哥弘時、四阿哥弘曆、五阿哥弘晝。

阿哥弘時緣何而死

弘時前面，有二位阿哥，一位是胤禛的嫡福晉即後來的皇后所生的皇長子弘暉，康熙三十六年出生，四十三年早殤，當時只有八歲。乾隆即位後追封為端親王。皇二子弘昀，康熙三十九年生，與弘時是同胞兄弟，康熙四十九年 11 歲時去世。因而雍正即位時，弘時實際是皇長子。

弘時生於康熙四十三年二月。康熙五十九年，康熙帝為新進入成年的皇孫們進行了又一次冊封，這時弘時已經是 17 歲的成年皇孫了，按理應該到了受封年齡，他也是雍親王府唯一的成年皇孫，但卻沒有得到任何封賜。而康熙對皇三子允祉的兒子弘晟、皇五子允祺的兒子弘升，封為世子。康熙為什麼這樣做？聯想到康熙看過弘曆的生辰八字，裏面說早年有浮災，因而把弘曆養育在皇宮，這就可以理解為，弘時要與弘曆有爭奪。

雍正即位後，於雍正元年八月，把總理事務王大臣、滿漢文武大臣、九卿召入乾清宮西暖閣，當面宣佈祕密立儲。雍正在「面諭」中也承認「今朕諸子尚幼，建儲一事，必須詳慎，此時安可舉行？」既然如此，為什麼要舉行呢？雍正說出他的理由：「向日朕在藩邸時，坦懷接物，無猜無疑，飲食起居，不加防範，此身利害，聽之於命，蓋未任天下之重也。今躬膺聖祖付託神器之重，

安可怠忽，不為長久之慮乎？「（《清世宗實錄》）

這道諭旨，明確說出密立儲君的二大理由，表面的理由是避免像康熙晚年那樣諸子爭奪儲位，實際是以備不虞，即擔心他受到暗害，也是給那些妄圖加害於他的人徹底死心。諭旨說：「聖祖既將大事付託於朕，朕身為宗社之主，不得不預為之計，今朕特將此事親寫密封，藏於匣內，置之乾清宮正中，世祖章皇帝御書正大光明匾額之後，乃宮中最高之處，以備不虞。諸王大臣咸宜知之。」雍正命諸臣退去後，仍留總理事務王大臣，在其見證下，將密封錦匣，收藏於乾清宮正大光明匾額後乃出。

這就是說，這次祕密立儲，是盡人皆知的事，只是儲君究竟是誰，只有雍正清楚。同時，此次密立儲君，有迫切性。彷彿事情即將發生一樣。這就使得儲君有望很短時間接班。

雍正的這個舉動明顯是對着妄圖與他爭奪皇位的人，但卻引起皇子們的不和。而弘時顯然更有優勢，第一，他實際是皇長子，年齡恰好 20 歲。從皇子的排位、年齡，他最合適。第二，他的母親齊妃李氏，是雍正最早的兩位福晉之一，而且很得雍正寵愛。

弘時是否參預這次儲君爭奪？滿文檔案留下一個證據。

雍正元年十一月十五日，山西巡撫諾敏向雍正密報，原馬邑縣知縣何清虧欠倉穀四千餘石，逾期未還，為此將其革職追賠，新任知縣前去清查，但何清拒不交出錢糧冊據，諾敏又改派候補知縣去搜查，但何清橫加阻撓，諾敏只好改派大同知府前去。原來，此何清不是一般人，是皇三子弘時的師傅。雍正在密摺上硃批：「着嚴查，切勿有絲毫顧慮。此何清攀結朕府，每年貢二斗面，令其上司畏懼，僥倖而行。於朕毫無效力之處。」（《雍正朝滿文硃批奏摺全譯》）

通過這件檔案，可以說明，此時雍正對弘時仍然沒有什麼不好印象。而給弘時教書的何清顯然沒有把心思用到教書上。

另據造辦處檔案記載，雍正二年賜給皇子圖書印章時，賜給四阿哥、五阿哥，而沒有賜三阿哥弘時。當年四月十二日，內務府總管太監張起麟交四阿哥玉圖書一方，上書「勤學好問」，水晶圖書一方，上書「存誠主敬」；壽山石圖

章三方，一方書樂善堂，一方永言配命，一方聿修厥德。怡親王諭，俱照原書字篆書鐫刻，配匣盛裝。遵此，於八月十三日鐫刻得「勤學好問」玉圖書一方，照原書字書鐫刻得水晶圖書一方，壽山石三方，配錦匣盛，總管張起麟呈四阿哥收。

四月十二日，內務府總管太監張起麟交五阿哥壽山石圖書六方，上書「中正仁義」「溫良恭儉」「進德修業」「日就月將」「稽古齋」「為善最樂」，怡親王諭，俱照原書字樣篆書鐫刻，配匣盛裝。遵此，於八月十三日將壽山石圖書六方，俱照原書字樣篆書鐫刻，配匣盛裝，總管太監張起麟呈五阿哥收。（《養心殿造辦處史料輯覽》）

八月十三日是四阿哥弘曆的誕日。怡親王奉旨在四個月前鐫刻圖書印章，將五阿哥的也在四阿哥生日這一天呈進，而且，四阿哥有玉圖書，五阿哥沒有玉圖書。排在前面的三阿哥弘時卻沒有賜任何圖書印章。這或許說明，此時的弘時已經被父皇拋棄。

祕密立儲後，雍正多次派弘曆參加各種重要禮儀活動，這或許讓弘時大為不安。弘曆是康熙五十年八月出生，是雍正的皇四子，比弘時小 8 歲。祕密立儲時，他只有 13 歲。但雍正隨後多次派他前往各地。十一月十三日，是康熙帝去世一周年，這是非常重要的日子，雍正命皇四子弘曆祭景陵。二周年仍如此。這實際暗示儲位就是弘曆。

隨着雍正與允禩、允禟等矛盾的劍拔弩張，弘時也成為雍正眼中的「問題皇子」。雍正四年九月，雍正帝召皇子、諸大臣共 94 人至乾清宮賦柏梁體詩，在與會諸皇子中僅有弘曆、弘晝二人，而無弘時。說明此時弘時已受到父親的打壓。

《清皇室四譜》記載：「雍正五年丁未八月初六日申刻，以年少放縱，行事不謹，削宗籍，死，年二十四。」弘時究竟是因為什麼，被父皇趕出宮廷，給允禩為子，並削其宗籍而死？研究者多認為是因為弘時覬覦儲位，被雍正帝處死。實際情況可能是，因爭儲被趕出宮廷在前，因不滿父皇對允禩整治在後。

弘時去世後，埋葬在東陵的黃花山。雍正十三年十月，乾隆帝登基後，追

念手足之情，下諭旨：「從前三阿哥年少無知，性情放縱，行事不謹，皇考特加嚴懲，以教導朕兄弟等，使知儆戒。今三阿哥已故多年，朕念兄弟之誼，仍收入譜牒之內。着總理事務王大臣酌議具奏。」

台北故宮博物院藏「宮中檔雍正朝奏摺」，有莊親王允祿等查奏密摺，其中關於弘時的獲罪經過，有較為清楚的交待。「雍正四年二月二十八日奉旨：弘時為人斷不可留於宮廷，是以令為允禩之子。今允禩緣罪撤去黃帶，玉牒內已除其名，弘時豈可不撤黃帶。着即撤去黃帶，交與允祹，令其約束養贍。欽此。」以上是雍正當年降旨的原文。

莊親王據此上奏：「臣等查三阿哥從前原因阿其那（允禩）獲罪株連，與本身獲罪撤去黃帶者不同，今已故多年，蒙皇上篤念兄弟之誼，欲仍收入譜牒。於情理允宜。應欽遵諭旨，將三阿哥仍載入玉牒。俟命下之日，交與宗人府辦理可也。謹遵請旨。依議。」

這說明，弘時早在雍正四年二月之前，就已經過繼給雍正帝正在懲治的允禩為子。雍正帝此時年屆五旬，身邊只有弘曆、弘時、弘晝三個兒子，雍正帝將最年長的兒子過繼給允禩，斷絕父子情誼。後允禩因罪被除宗籍，弘時也隨之被削宗籍。此後，允禩的親生兒子弘旺被「發往熱河充軍」，自此長期遭受拘禁，一直到乾隆即位以後。而對弘時仍網開一面，由弘曆的叔叔允祹約束養贍。

孟森在《海寧陳家》一文中，根據《清皇室四譜》的記載推論弘時的死因，與「世宗大戮其弟」有關：「世宗處兄弟之酷，諸子皆不謂然。弘時不謹而有所流露，高宗謹而待時始發也。」弘時確實性格直爽。弘時的師傅王懋竑，與弘曆、弘晝的師傅蔡世遠「同侍內廷，卯入酉出，敬謹奔走」。雍正帝繼位後，闔家遷入紫禁城皇宮，弘時雖已完婚生子，但一同住在宮內，並未分府另居。清宮每年歲末，例由皇帝向大臣頒賜福字。雍正元年十二月，雍正帝「命書房中有未得福字者，令親詣養心殿」。當時「三阿哥奉差出府」，王懋竑「不往書房，不得與賜，而蔡公獨得之。次日，三阿哥言當請賜」，王懋竑「以小臣不敢請」，找戶部尚書張廷玉相商，張廷玉對他的態度深表讚賞。綜合以上記載，

弘時被父皇拋棄，應在雍正元年二年之交。

《愛新覺羅宗譜》記載，弘時有三位妻子，一子四歲殤。乾隆時，弘時恢復宗室身份，並於乾隆三年十月，和端親王弘暉的金棺一起奉移西陵，十一月安葬於西陵阿哥園寢內。

弘曆出生地之謎

排行第四的弘曆，他就是後來的乾隆皇帝。而圍繞他的出生地，自乾隆在世時，就爭論不斷，而且還引起很大的波瀾。因為這涉及弘曆的母親是誰？是不是有漢族血統？而那次有名的圓明園賞牡丹，又牽涉康熙傳位問題，也頗為蹊蹺。這幾個謎一樣的問題，一環套一環。

先看乾隆帝出生地。乾隆在他的御製詩文裏，不止一次鄭重說過，他出生在雍和宮，即雍親王府邸。乾隆四十七年正月初七，他去雍和宮禮佛，賦詩有句，並在這句詩下特別加注：「設以古希有二論，斯之吾亦始成人。余實於康熙辛卯生於是宮也。」（《乾隆御製詩集》）乾隆三番五次寫自己的出生地，而且用「實於」二字，是為外人釋疑。但同是乾隆時期在軍機處供職十多年的章京管世銘卻明確提出，乾隆出生地是承德避暑山莊獅子園。而且，他的這首詩還寫在扈從乾隆木蘭秋獮時：

> 慶善祥開華渚虹，降生猶憶舊時宮。
> 年年諱日行香去，獅子園邊感聖衷。

在這首絕句下，管世銘還作了如下註解：獅子園為皇上降生之地，常於憲廟忌辰駐臨。（《韞山堂詩集》）

如果說一個軍機章京的詩文不可信，那麼，嘉慶帝分別於嘉慶元年、二年兩次給太上皇、他的父親乾隆進獻的祝壽詩和注，都寫了他的父親出生地是避暑山莊。這不由得不相信。乾隆出生於八月十三，嘉慶帝在詩後加注：「康熙辛

卯肇建山莊，皇父以是年誕生都福之庭。此中因緣，不可思議。」（《萬萬壽節率王公大臣等行慶賀禮恭記》）

嘉慶十二年，距離乾隆帝去世八年了，宮廷在編纂高宗實錄稿本時，向嘉慶進呈，嘉慶發現父皇乾隆的出生地寫在雍和宮，盛怒之下，要懲罰修纂大臣。但大臣們提出，乾隆出生地雍和宮的依據，是乾隆的御製詩。這就是後來的《高宗實錄》，記述乾隆出生地雍和宮的由來。但嘉慶帝經過再次校訂出版的他本人的《御製詩初集》，卻沒有改為雍和宮，並發給大臣們。這使得宮廷中至少有不少人，包括嘉慶帝仍然認為，乾隆出生地是避暑山莊。

這可能就是後來愈演愈烈的乾隆的母親是漢人，又有海寧陳閣老換子等等的由來。清史大家孟森先生著有《海寧陳家》大文。金庸先生的第一部武俠小說《書劍恩仇錄》，就圍繞乾隆家世展開。金庸是海寧人，自幼習聞乾隆軼事。但換子這一說法，已被史家否定，因為雍親王胤禛當時已有三個兒子，他沒有必要「換子」。

近年學者研究認為，乾隆帝出生地就是雍和宮，他的母親就是鈕鈷祿氏，只是她出身寒微，並不是什麼顯赫的滿族八大姓。按照《清皇室四譜》記載，乾隆母親鈕鈷祿氏生於康熙三十一年十一月，13 歲選秀女後，由康熙賜給皇四子胤禛。而康熙四十五年的玉牒，仍然沒有這個鈕鈷祿的記載。或許其地位低微，只是格格，或許尚沒有嫁給胤禛。直到雍正即位，鈕鈷祿氏才封為熹妃，時間是雍正元年二月。《永憲錄》記載：傳皇太后懿旨，以嫡妃烏喇那拉氏為皇后。數日後傳皇太后懿旨：封側福晉年氏為貴妃。李氏為妃。格格鈕氏為妃。宋氏、耿氏為嬪。這是雍正即位後十三年間唯一一次「批量」冊封，而且是奉皇太后懿旨。

第二個問題：乾隆的「八字」和雍親王邀請父皇賞牡丹。

據雍正初年內務府造辦處檔案記載，自西直門到西郊，沿途都是康熙諸皇子的賜園以及滿族權貴的名園。而皇三子允祉、皇四子胤禛、皇八子允禩的賜園，距離康熙的暢春園最近。康熙帝多次受邀，到暢春園附近的皇子園林去進宴。其中，康熙去世八個月前，前往圓明園賞牡丹，成為歷史佳話，也留下一

段對雍正繼位有力「證據」的故事。這就是著名的盛世三皇賞牡丹。

康熙六十一年三月十二日，暮春時節的圓明園，姹紫嫣紅，百花爭艷。再過六天就是父皇康熙帝的 69 歲萬壽了。康熙帝應邀游園賞花。最好的賞花處是楠木結構、覆以青藍兩色琉璃瓦的寬敞院落。庭院前有數百珠牡丹正在開花的盛放期。這就是著名的觀賞牡丹的地方，稱為「牡丹台」。正是這次賞花，康熙帝發現了「弘」字輩百餘名孫子中最出類拔萃的一個，他就是雍親王的第四子弘曆，後來的乾隆皇帝。

弘曆在親兄弟中本來排在第五，他上面有四個哥哥，但排在第二的弘盼不足三歲夭折，沒有載入《玉牒》，因而弘曆在《玉牒》上排行第四。當時觀見皇祖父時，他的大哥弘輝、三哥弘昀也先後早殤，因此最初給皇祖父印象的，弘曆是雍親王家老二。與弘曆一同觀見的還有僅比他小百天的弟弟弘晝。這兩個小兄弟，儘管相差只有三個多月，但弘曆足足比弘晝高了一頭，更讓皇祖父驚訝不已的是弘曆的長相，他身材修長，天庭飽滿，皮膚白晰。特別是澄澈明亮的一雙大眼睛，流露出足足的聰慧和靈氣。更令皇祖父驚喜的是，弘曆舉止安祥凝重，說出話來極為得體。比起局促不安的弘晝，簡直有天壤之別。數十年閱人無數的康熙帝覺得這個孫子氣象非凡。

這一年，康熙帝 69 歲，雍親王 45 歲，小弘曆年僅 12 歲。在清朝近三百年歷史中，康雍乾是盛世，因此，這祖孫三代皇帝實現了歷史性的相會，盛世三皇賞牡丹，也成為清代歷史上的一段佳話。

更令人驚奇的是，萬壽節過後沒幾天，康熙帝又一次也是最後一次走進圓明園。並向皇四子雍親王要去了弘曆的生辰八字。隨即，康熙帝把弘曆帶回皇宮裏養育。在康熙百餘名孫子中，只有原來皇太子允礽的第二子弘晰極得皇祖父喜愛，被常年養育皇宮。

此時，皇太子已經廢黜近十年，康熙已經年交七十。而向雍親王索要弘曆的八字並把小孫子養育皇宮，就有不同尋常的意義。

而後來公佈的、原來保存在皇宮內閣大庫的乾隆生辰八字，據歷史學家研究，有康熙帝的批語。這就更不尋常。乾隆生肖屬兔，生於康熙五十年八月

十三日子時。

有歷史學家最初看到清宮檔案上記載：「此命貴富天然，這是不用說的。惟幼歲總見浮災。」認為這一句是康熙帝的批語。如此說來，康熙帝把十二歲的皇孫弘曆養育皇宮，是大有深意的。

康熙帝決定傳位給雍親王，再傳弘曆的說法，來自乾隆帝的裕陵《神功聖德碑》。其中有乾隆帝承繼皇統一段是這樣敘述的：「年十二，隨世宗初侍聖祖，宴於牡丹台，一見異之曰：是福過於予。厥後扈駕避暑山莊及木蘭行圍，恭承恩眷，辭見聖（乾隆）制《紀恩堂記》。於是灼然有太王貽孫之鑒，而燕翼之志益定。」

「太王貽孫」用的是一個故典，史載周朝奠基人太王古公亶父有三子：長子太伯、次子虞仲和少子季曆。季曆生子叫姬昌，太王非常喜歡這個孫子，說：「我世當有興者，其在昌乎！」太伯、虞仲二子了解父親欲立季曆以傳昌的心思，便出走蠻荒之地，文身斷髮，讓季曆繼承周國。姬昌隨後為國君，他就是三代聖主周文王。這裏引用「太王貽孫」的故典，出康熙欲立弘曆為隔代接班人。而雍正當了皇帝。「燕翼」，典出《詩經·大雅》篇：「詒厥孫謀，以燕翼子。」意思也是因傳孫而立子。

乾隆裕陵《神功聖德碑》是嘉慶帝所纂書。這也是成例。而載入皇帝陵寢功德碑中的文字，要有確鑿的考究，屬於最權威的官方表達。何況，這裏援引了乾隆帝的《紀恩堂記》。

《紀恩堂記》所寫就是「牡丹台」。乾隆即位後把這處圓明園著名的景點改為「鏤月開雲」，並於乾隆九年寫下「猶憶垂髫日，承恩此最初」的詩句。後又題額「紀恩堂」並寫下《紀恩堂記》。其中有：「惟時皇考奉皇祖觀花，燕喜之次，以予名奏聞，遂蒙眷顧，育之禁廷，日侍慈顏而承教誨。」但《紀恩堂記》中專門駁斥了前引「太王貽孫」的故典，特別說明這是「後人想當之談，恐後人之謬為比擬，是以申而論之。」

這就是說，乾隆帝於乾隆三十一年所寫的《紀恩堂記》，儘管是重在記皇祖、皇考之恩，但也反駁了因皇祖要傳位給他而傳位父皇雍正的傳言。據此，

《聖德碑》援引的依據恰恰不能說明這段傳位的由來。

但研究者多認為，康熙去世前八個月的這次遊覽圓明園，很可能是雍親王的精心安排。只是我們不能據此說康熙因為看到弘曆的八字，而決定把皇位傳給雍親王。假如真的如此，弘曆母親斷斷不可能仍是一個最低級的「格格」。

「荒唐王爺」皇五子弘晝

在雍正成年的四個兒子中，最後我們講講與弘曆關係最好，只比他小百天的皇五子弘晝。他出生於康熙五十年十一月二十七日，母親耿氏，從他出生到雍正即位前的 11 年間，他的母親如弘曆的母親一樣，也沒有改變格格的身份。這或許是弘曆與他特別親近的原因之一。雍正非常重視皇子教育，為兩人找了師父。兩人的關係也特別融洽，這成為童年乃至少年時期弘曆最美好的記憶。後來他寫道：

> 髫年共學，友愛實深。吾弟少於吾甫三月，皇父在潛邸時，育吾二人於東西室。及九歲讀書，同受經於傅先生。與吾自孩提以至於今，且孺且耽，恰恰如也。余既以同氣之親，相親相勖於平日，晨夕之與俱，筆硯之與共，爾我形骸之悉化。予與王幼同學同課，習為詩古文詞。當是時侍奉皇考膝下，優游書府，日寢饋於經史文字中，世綱塵務，毫髮不以嬰其心。吾兩人者，相規以善，交相勉，相得無間，如是者垂二十年，天倫之樂無過於是。

這段飽含深情的文字，表明兩人的關係比親兄弟還親。雍正五年九月，雍正召皇子、大臣在乾清宮西暖閣柏梁體賦詩，弘曆和弘晝兩兄弟參加，雍正御製：天清地寧四序成，賡歌拜手頌升平二句。皇四子弘曆和的是太和景象彌寰瀛，皇五子弘晝和詩九族敦睦沐恩榮。以後雍正多次派弘晝前往各處舉行典禮。雍正十一年，弘曆、弘晝均已年逾二十，是成年了。弘曆封為寶親王，弘

畫封為和親王。在雍正去世前三個月，雍正命兩位親王皇子與大學士鄂爾泰、張廷玉等辦理苗疆事務。這是為後事做安排。

乾隆即位後，弘畫「備位親藩」，他對這位弟弟非常友愛，將父皇所遺雍邸舊資全部賜給，王故甚富饒。也許是因為乾隆帝的友愛，使得弘畫有些驕奢，有一次因為一件事與軍機大臣、封一等公的訥親起爭執，竟然當着滿朝文武的面毆打訥親，乾隆帝本想處理，但在皇太后的勸阻下，還是忍了下來。為此舉朝憚之。

史書留下了這位親王，後來成為「荒唐王爺」的記載，人稱他有兩大好。一是喜唱弋陽腔。二是演喪儀。他將《琵琶》《荊釵》諸舊曲皆翻為弋調演唱。但他的唱功可能不怎麼好，據說客皆掩耳厭聞，而王樂此不疲。他的代表作《金樽吟》流傳至今：

世事無常耽金樽，杯杯台郎醉紅塵。

人生難得一知己，推杯換盞話古今。

四十五、雍正暴亡之謎

　　歷史的時針指向了雍正十三年八月二十三日，一代有作為的雍正帝去世。官方《清世宗實錄》的記載說：八月二十一日，雍正發病，但照常處理政務。次日，兩位皇子即寶親王弘曆和親王弘晝朝夕侍側。到晚上七點後，病勢急轉直下，已近危重，急召莊親王允祿、果親王允禮、大學士鄂爾泰、張廷玉等到寢宮前，恭捧雍正御筆親書密旨，命皇四子寶親王弘曆為皇太子，即皇帝位。第三天子時，即凌晨一點去世。

　　根據實錄及起居注冊，雍正在一天多的時間內去世，沒有記載病因，屬於暴亡。

　　圍繞雍正去世，同其即位一樣，構成雍正的兩大謎案。自其去世至今，史家及文學家，費勁心力，試圖求得歷史真相，但仍疑點重重。概括起來，主要有三大疑點：一是雍正去世有沒有特別的事情發生？二是被呂四娘刺殺一說是否可信？三是雍正是否真的死於丹藥中毒？

雍正去世有沒有特別的事情發生？

　　雍正去世，官方《實錄》及《雍正朝起居注冊》均寥寥數語。而現場有二位目擊證人，留下了記載。一位是雍正十三年間朝夕不離的大學士張廷玉。向來謹慎的他，在私人日記裏有二處非同一般的記載。一處是講他「驚駭欲絕」狀：八月二十日，雍正身體發病，但仍然照常處理朝政，張廷玉每日進見，未嘗有間隔。這說明病情不影響辦公。可是到了二十二日接近二更鼓的時候，即晚上九點多，張廷玉剛要就寢時，忽然聽到非常急促的宣詔聲音，他不敢怠慢，立即起來穿上衣服，亟亟乎趕到圓明園時，發現三四個太監已經在圓明園

的西南門等候張大學士，他在太監的引導下來到雍正的寢宮，這才知道，皇帝已經處於彌留狀態。白天還正常召見，怎麼突然這樣子呢？張廷玉為此「驚駭欲絕」。這時，莊親王允祿、果親王允禮、大學士鄂爾泰、公豐盛額、訥親、內大臣海望先後來到寢宮，他們一同至御榻前向皇帝請安，但皇帝已經人事不醒。張廷玉等人一起退到寢宮外面，在階廊下焦急萬分地等待太醫搶救，無奈回天無力，進藥罔效，至二十三日子時，龍馭上賓矣。

與官方《實錄》不同，張廷玉記述雍正患病的時間早了一天，但都記載照常處理政務，說明雍正根本沒當回事。以下講每日進見，未嘗有間，確切是指二十一、二十二日兩天，仍在處理政務。這與《實錄》兩皇子朝夕侍側有不同。

最令人不解的是，如果是病重去世的突然，不會令張廷玉「驚駭欲絕」，因為他兩天前已經知道雍正得病，莫非他看到什麼「驚駭欲絕」的場面？

在太監找到雍正傳位弘曆密詔，按照當年康熙帝去世之例，敬備黃輿，恭請大行皇帝回宮一段，張廷玉又一次記述了「異常」：倉卒中得宮厩駑馬乘之，幾至蹠踣。至申時大殮，廷玉一晝夜水漿不入口。（《澄懷主人自訂年譜》）這段記述，更使人感到宮廷對雍正之死毫無準備，乃至於連一匹好馬都找不到。而朝夕侍側的二位皇子，怎麼也沒有任何準備？

《清世宗實錄》也是張廷玉總撰，與他的私人著述整體吻合，細節不同。再看鄂爾泰的記述。

曾數度接觸鄂爾泰的袁枚，撰有《鄂爾泰行略》一文，內中敘述雍正去世情節，就更奇了。「八月二十三日夜，清世宗升遐，召受顧命的，只有公（鄂爾泰）一人。公慟哭捧遺詔，從圓明園入禁城，深夜無馬，騎煤騾而奔，擁今上登極，宿禁中七晝夜始出。」（《袁枚全集》）

袁枚的記述當得自鄂爾泰。但他把雍正去世時間寫成二十三日夜，並說顧命者惟有鄂爾泰一人，都不準確。

但從圓明園到大內的「驚慌萬狀」，又完全可以與張廷玉的記述相印證。鄂爾泰還不如張廷玉，他甚至連一匹駑馬都沒有，而騎了一頭拉煤車的騾子。這頭騾子可能很瘦，把鄂爾泰的大腿硌得髀血淉淉而下，鄂爾泰竟全然不知，

這肯定是發生了突然的大事情。

「宿禁中七晝夜始出」與張廷玉所記的「四鼓即起，五鼓入內。自後以為常。」又相互印證。四鼓是凌晨 1-3 點，五鼓是 3--5 點。即便雍正死得突然，但每天夜半而起，又以為常，就多少有些不正常。

不管怎樣，可以肯定的是，雍正是突然死亡，因而就有種種說法。這些說法可以歸結為一點，就是雍正不是正常死亡。其中流傳最廣，甚至為有的史家採信的，是呂四娘刺殺一說。因此我們重點講第二個問題。

呂四娘刺殺一說

要回答這個問題，需要解決二個方面：一是查抄呂留良家屬後裔的情況。換句話說，呂四娘能不能逃脫？二是圓明園的警衛情況。即呂四娘有沒有機會進入圓明園下得手？先看查抄呂留良家屬後裔的情況。

傳說呂四娘是呂留良的孫女。這涉及雍正六年曾靜策反岳鍾琪案。在審理過程中，雍正「出奇料理」，置正犯不懲治，而將受其影響的呂留良以大逆罪判處，挫骨揚灰，家屬連坐。呂留良家至少經過三次大規模的徹底查抄，執行者就是浙江巡撫（後升總督）李衛。其間，雍正多次下密諭，使得查抄越發嚴厲。

呂留良是浙江桐鄉衣冠大戶。他有九個兒子，除第八子自幼而死，到李衛查抄時，有七房子孫，兒子輩以「中」字派名，孫子輩以「懿」字派名，曾孫以「為」字名。長子呂葆中是康熙四十五年丙戌科榜眼，即一甲第二名進士，隨即授翰林院編修，但第二年即康熙四十六年，受一念和尚案牽連，憂鬱而死。次子呂時中，是監生，三子呂宏中、六子呂甫中、七子呂立中，都是生員，查抄時均已死去。只有四子呂黃中，年 68 歲，九子呂毅中仍健在，兩人都是秀才。

呂留良長孫呂懿曆，是呂葆中之子，他多年在外，本來不知張熙到呂家之事，他是雍正癸卯科拔貢生，但因康熙四十七年大嵐山偽朱三太子案，被搜查

多次，將其拿到欽差大臣處審問，在山東抓獲偽太子後，與之夾審對質，不久經刑部再度釋放。因而李衞也將呂懿曆作為要犯押解。

檔案顯示，為免走漏風聲，第一次查抄時，李衞沒有多帶兵役，而是以內廷纂修史館，購求遺書為名，來到呂家，當即將呂留良的屬子孫，暗暗查出，隨即將其書籍查抄。「呂氏子孫除自幼故絕外，現有七房，老少大小共 23 人，將與張熙見面的第四子呂黃中，留宿張熙的第九子呂毅中，以及長孫呂懿曆嚴押另諮解部，並將呂留良已故四子之家，各拘其孫一人，即呂懿正、呂懿剛、呂懿珏、呂懿琬收禁外，其餘呂留良的孫子，交地方官加緊看守，候旨提拿。」這是第一次查抄。

雍正六年十一月十七日，李衞在吳江縣境內，接到雍正密諭，命將呂留良家口子孫，密令府縣查點清楚，分別大小監禁看守。隨即開始第二次查抄。此次將應緣坐的呂留良孫子「懿」字輩，年 16 歲以上共 17 名，16 歲以下二名（懿林、懿兼）查明監禁外，按照大清律例，曾孫不在緣坐之列，但考慮到呂留良乃「罪惡滔天」，故李衞將呂留良曾孫年 16 歲以上者四人，及「髫齒繈褓」之「先」字輩呂服先等 15 人，亦行查出，分別監禁看守，並將過繼所生也一併查出監禁。

值得注意的是，第一次查抄，僅牽連到呂留良家男性子嗣。但第二次查抄，包括了呂留良家的所有女性。因為雍正已經明確命令李衞，他是要把呂留良作為大逆罪處置的，甚至，連埋葬呂留良的墳塋都安排人看守。

儘管如此，這兩次查抄還不夠徹底。到雍正八年六月，雍正已聽聞呂留良家有女子逃出之事。他當即給李衞發硃筆密諭：「聞有呂氏孤兒之說。當密加察訪根究，倘呂留良子孫或有隱匿漏網者，在卿干係非輕。此旨不可宣露。」雍正有非常強的諜報系統。這說明，雍正已經得到呂留良家有女子逃出之事。由於雍正的話很重，如果隱匿、漏網，李衞干係非輕。

李衞不敢疏忽，又進行了第三次祕密查抄。也確有很大進展。呂葆中有個繼妻曹氏，年 68 歲，因從前削髮為尼，在南陽廟出家，未經入冊。續又查出，包括呂留良家所有男性，現存、已故的娶過的妻妾，勞氏等 24 人，及「未曾許

字之女四人」，加上出家的，共 29 口，一併聽候刑部諮示。

通過以上三次查抄，可知連繈褓中的女子都包括在內。未曾許字，即沒有訂婚的女子四人。但從李衛寫給雍正的多次密摺上看，呂留良家可能有女子在第一次查抄後逃出。不然，雍正也不會得知「呂氏孤兒」之說。因此不能排除，呂留良家女子逃出。

胡適、黎東方都認為，民間盛傳的雍正遇刺說，並非無稽之談，不能排除；《清代通史》的作者蕭一山援引上面雍正發給李衛的硃筆密諭，認為廣為流傳的呂留良孫女呂四娘刺死雍正一說，未必全無根據。還有人提出一個佐證，說清宮制度，侍寢妃嬪，要赤身裸體裏在被中，由太監背到皇帝寢宮。據說這一規制是雍正以後才制定的。

儘管嚴厲查抄呂留良後人，歷時近二年，但當時就有不少人公開為呂留良鳴不平，甚至上疏反對雍正的做法，為此也有人被處死。這說明在民間確有不少呂留良的支持者。由於呂留良所寫士子文，成為江浙士子科舉考試的最佳教材，難免有同情者將其後人藏匿。同情呂家還有一事可以說明。就是當時年齡不及 16 歲的孫子輩，發配寧古塔為奴，但在乾隆朝卻有人為其捐納監生，而且，禮部也發了監照。

筆記小說中的呂四娘，與真實的遭遇又很像。傳說呂四娘是呂葆中的女兒，父親去世，母親出家，查抄時因在安徽乳娘家中，倖免於難。她母親出家為尼後，她跟隨江湖大俠甘鳳池學藝。後來選秀女，混入宮中，得以接近雍正，取其首級為家人報仇。這裏的若干情節，與李衛密奏相符。即呂葆中繼妻曹氏年 68 歲，出家為尼。因而沒有入冊。如此一來，與雍正得到的「呂氏孤兒」很像。呂葆中康熙四十六年死，曹氏出家應該在此後。如果有女兒，查抄時年近 20 歲，之所以不在名單中，唯一的可能即寄居他鄉。

再看圓明園的警衛情況。

自雍正四年起，雍正每年三分之二以上的時間都在圓明園。加上允䄉、允禟這些人對他的敵視，使得圓明園的警衛力量，非常之大，多達六千人，四周有一百四十多個堆撥，即崗哨。還有綠營在外巡邏，堪稱插翅難進。

史書上還留下雍正偵緝的一些記載，說明他具有非常強的防範措施。雍正二年六月，他訪聞閩浙總督滿保有庇護下屬之事，令其不徇情面參劾，御筆給滿保說：「朕之耳目，實心訪察之處，大概年餘，天下亦皆知也。朕斷無據一二人無稽之談，數千里外之事，一聞即孟浪亂舉之主也。」他特別強調：「當日藩邸時，朕從不留心聞聽，今居此位，不得不如是也。」《嘯亭雜錄》記載：

雍正初，皇帝因允禩輩深蓄逆謀，傾危社稷，故設緹騎，邏察之人四出偵詞，凡閭閻細故，無不上達。有引見人買新冠者，路上逢人問知，告其故。次日入朝，免冠謝恩，上笑曰：慎勿污汝新帽也。又說：王士俊任巡撫出京，張文和公向他推薦一個健壯的僕人，供役甚謹，後來王士俊將回京陛見，其僕人預先辭去，王士俊問何故，僕曰：汝數年無大咎，吾亦入京面聖，以為汝先容地。始知為侍衛某，上遣以偵王劣績也。故人懷畏懼，罔敢肆意為也。

趙翼在《簷曝雜記》中說：

雍正中，王雲綿殿撰元日早朝後歸邸舍，與數友作葉子戲，已數局矣，忽失一葉，局不成，遂罷而飲。偶一日入朝，上問以元日何事，具以實對。上嘉其無隱，出袖中一葉與之曰：俾爾終局。則即前所失矣。當日邏察如此。

綜合以上兩方面，不能排除呂留良家女子逃出。但即便如此，這個女子也難以在森嚴壁壘的圓明園下手。因此，呂四娘殺死雍正之說，基本可以排除。既然如此，雍正究竟是怎麼死的？

雍正是否真的死於中風或丹藥中毒？

歷史學家向以嚴謹稱，因此一般對野史傳說不予採信。著名歷史學家鄭天挺先生提出，雍正死於中風，但沒有提供依據。近年學者多傾向於雍正死於丹藥中毒。這有三個「證據」。一是雍正八年大病後，迷戀丹藥。

雍正帝自七年冬至八年四五月份，患病越來越重，甚至安排了後事。八年五月二十八日，鄂爾泰的賚摺家奴保玉代主子向皇上請安，雍正帝派身邊的老太監張玉柱、王寶，向鄂爾泰傳意旨，這是至今最詳盡的關於雍正此次病情的描述。老太監說：自舊年冬天，皇上身子就不大爽快，似瘟非瘟，直到今年三月怡親王事前，身子狠覺不安，然一天也沒有倒下，照前辦事，摺子上有批示總督言語，恐怕總督看見着急，故叫進你傳諭，如今身子全好了，並不哄你主子。

鄂爾泰急忙打開折扣，裏面是雍正帝長篇硃批：

> 朕自三月以來，時覺違和，今已痊癒矣。朕與卿身體雖隔萬里，而心神時日相照。朕欲卿來京，君臣相會之意，料卿亦必盡悉。但因三省事機重大，欲命卿多調停數載，可以委用他人代理時，酌量有旨也。不料怡親王賢弟仙逝，朕從前意望，凡朕生前身後、朝廷內外，大綱節目，得王一人，朕實心神俱為之安悅，毫無疑顧。今不幸朕弟捨我先逝，朕之悲悼思痛且不必言，朕向日之所望，一旦失矣，實如失倚護，方寸亂矣，心志灰矣。然斷不肯輕宗社、負皇考，輕重倒置，為無益之傷心身也。但倘心力之所不能，無可奈何之事，亦不得不為預備，不然，則朕為天地、列祖之罪臣矣。朕若精神心力能常如此，內外大臣朕一人調停訓導，皆可為國家賢助，若求獨立不倚，心如金石者，朕八年來觀內外諸王大臣官員中，惟怡親王與卿也。今王遽舉矣，卿觀朕此旨而不時加珍重，則負朕處，無可言喻也。皇子皆中庸之資，朕弟姪輩亦乏卓越之才，朕此血誠，上天、列祖、皇考早鑒之矣。朝廷若不得賢良碩輔，書至此，卿自體朕之苦情

也。當日以為，朕有此賢弟，為在廷諸王大臣之表率；得卿為直省封疆之楷模，不數年中外得以肅清，海內可望大治。朕私幸踴躍，心神俱為之寧帖。今事出意外，不但驚慌失措，自謂必有獲罪天地神明、列祖、皇考處，畏怖之懷，寢食俱為之不寧也。朕今業已大愈矣，觀下諭不必驚畏。

朕自去冬即覺不爽，以為憂煩所致，亦未令醫視，至三月以來，或徹夜不成寐，或一二日不思食，寒熱往來，陰陽相駁，然朕仍日見廷臣，辦理事件，批諭摺奏，引見官員，亦未甚勉強從事。至四月盡五月初，數日甚覺違和。亦大奇異，朕賢弟事一出，朕五內悲惜，號痛連日，似此應增病恙也，而似有默助使然者，頓然痊癒矣。今復加意調攝，此一月安好如初矣。觀此番時勢病景，係朕一大關。今既挽回，似尚可勉強支撐數載，然亦何敢自信。

雍正帝在鄂爾泰八年七月二十四日的密摺上硃批說：

朕不但身恙痊癒如初，而心病亦豁然盡除而無纖芥矣。朕自去冬以來，睹內景外緣，甚生疑慮，慮者非為生死，所慮者恐獲罪於天地神明、有負皇考大恩，為宗社之罪人也。前次雖諭朕躬痊癒，然仍覺心神不爽。八月初得遇一奇人，此老者非凡夫，實神人也。奇異處不能批諭。朕原料經此一番，精神氣血萬不能復舊，便勉強支撐，恐心力有所不能也。近日體之，不但望精力如初，而更可冀加倍強健聰明也。前番之諭，概可置之不必論矣。朕實有所憑，非偶爾高興之諭也，卿可絲毫不必繫念矣。卿原請陛見，可或於明歲正月二十後，自滇起程來京，或明秋末冬初來京見朕，卿可相地方機宜而行之，臨行時可具題以聞，督印可傳諭張廣泗署之，卿來回亦不過四五月之間耳。路上不必過冀貪程，可從容量力而行之，餘俟面言。凡地方事宜可緩料理者，俟卿回任時徐徐次第辦理可也。特諭卿。

以上通過雍正帝身邊太監的傳諭，特別是雍正帝的硃批，可見雍正帝在八年春季病情最重，一度到了危重的程度，甚至考慮後事。而向親近大臣下密旨訪求道士，也在當年四月。鄂爾泰於五月二十日收到雍正的密諭。原文是硃諭：

> 可留心訪問，有內外科好醫生，與深達修養性命之人，或道士或講道之儒士、俗家，倘遇緣訪得時，必委曲開導，令其樂從方好，不可迫之以勢，厚贈以安其家，一面奏聞，一面着人優待送至京城，朕有用處，竭力帶朕訪求之，不必預存疑難之懷，便薦送非人，朕也不怪也。朕自有試用之道。如有聞他省之人，可速將姓名來歷，密奏以聞，朕再傳諭該督撫訪查。不可視為具文從事，可留神博問廣訪以副朕意。慎密為之。

鄂爾泰稱：

> 養生家術不外去病延年，臣自幼身體羸弱，二十多年也沒有遇到能解望聞道、能明順逆者。駐滇四年，聞碧雞金馬及西黔南楚之交代，有神仙術，亦曾留心訪問，而深遠修養之人並了不可得。至於醫道，不但無好手，欲求一知經絡通脈理者，亦並無其人。此滇黔粵之通病，不得不以不服藥為中醫者。前任蘇州，亦未見。硃批：原非易得者，若不遇機緣，非可強求之事，且留心徐徐訪問看。（五月二十六日）

到了六月，雍正病情更重。他召見了允禮、允祿和二位皇子，還有內大臣等人，面授遺詔大意。後來還把寫好傳位密旨這件事告訴了張廷玉。

急病亂投醫。病得非常重的雍正，不怎麼相信宮廷的御醫了，他開始向民間求助。也是從此後，有不少道士進入皇宮。

李衞聞得河南有一個道士，人稱賈神仙。總督田文鏡遂把他送到京城。這位道士，原是京城白雲觀道士，河南人，上年允祥曾向雍正推薦過，但雍正覺得他沒有什麼奇術，就趕出宮中。此次賈道士二進宮，還真的起了作用。他

可能使用按摩術，加之氣功、催眠術等，雍正感覺特別見效。由於賈道士年底要回河南，明年春才能返回，因此雍正令鄂爾泰明年春入京，意思是要給鄂爾泰治病。他給鄂爾泰硃諭說：八月初得遇一奇人，此老人非凡夫，實神人也。奇異處不能批諭。朕從二月間欠安起，以至五六月間，不過稍覺違和，並未甚病。迨至八月間，朕得一老人，乃異人也，賴伊醫治，朕體是以痊癒，且較前更覺康健。（雍正八年十月十七）

但情況直轉急下。到了九月，雍正宣佈賈道士是大逆之人。因他口誦經咒，並用以手按摩之術。語言尤其妄誕，竟有天地聽我主持，鬼神聽我驅使等語。雍正降旨切責，伊初聞之，亦覺惶懼，繼而故智復萌，狂肆百出。雍正說他是以妖妄之技，施於朕前。且欺世惑眾，素行不端。曾經巡撫楊宗義訪問查拿，始稍稍斂跡，厥後仍復招搖。雍正指責他無君無父，難以姑容，且蠱毒魘魅，律有明條。着拿交三法司會同大學士定擬具奏。十月，將賈士芳斬立決。家屬等應斬人犯監候；應為奴之妻女等，由地方官嚴行看守。

據《永憲錄》記載：

> 傳聞聖躬違和時，浙撫李衛薦河南醫者賈世芳。召見，口咒數語即大安。已而復作，上甚疑之，因憶曾於藩邸見其為白雲觀道士，且所陳奏多幻妄不道，恐其惑世，下令誅之。刃不能入頸，監刑出其不意，刺腹洞胸乃死。此後宮禁不寧，得法官而廓清。

賈道士之死，頗為蹊蹺。雍正本來見效，為什麼還要處死？可能是他擔心賈道士出外亂講其病情，並藉此撞騙。否則就無法理解他還要在圓明園等地大肆煉丹並一再服用了。

但一波未平一波又起。據《起居注冊》記載，賈道士被處死後，在宮中作祟，雍正說，餘邪纏繞，經旬未能淨退。命龍虎山道士婁近坦做法驅除，將木符安放在雍正經常在的養心殿、太和殿、乾清宮。因其「為朕設壇禮鬥」，又以符水解退，餘邪渙然冰釋，朕躬悅豫，舉體安和。賜給婁近坦龍虎山四品提

點，司欽安殿住持。

　　第二，雍正自己煉丹、服用且賞賜大臣。

　　現存檔案證實，雍正不但自己親自動手煉丹、服用，而且感覺很有效果後，還賞賜大臣。雍正煉丹、服食丹藥至遲應從雍正七、八年開始。雍正六年，他令通政使留保訪求宋朝著名道士紫陽真人後裔，有意為之重建道院，還特別讚賞真人「發明金丹之要」。康熙晚年的戰戰兢兢，即位之初面對允禩等眾兄弟的抵制、反對，好像江山隨時被人奪去一樣。他用皇帝權威整肅，包括他最親近的人也不放手。這種高強度的鬥爭讓他的身體吃不消。他還要做出成就來，以證明乃父康熙付託得人，為此每天晚上批閱奏摺。這次大病後，他開始向丹藥尋求養生、長生之道。雍正八年二月，四川巡撫憲德密奏成都府仁壽縣有個老人，名叫龔倫，年近百歲（96），還健步如飛，更奇的是，86歲，其妾還生子。雍正得奏，命憲德不動聲色，優禮榮待，安車送到京城。類似這樣的事情絕非個案。

　　雍正八年十月，允祥的喪事剛料理完，他就讓內務府總管海望將各種道冠「應收拾者收拾，配簪。或用珊瑚，或用瑪瑙，或用象牙。」（《養心殿造辦處史料輯覽》）雍正十年起，大規模的煉丹分別在南薰殿和圓明園交替進行。二月初三他傳旨：着將仙爐上應用銀鍋樣式畫些呈覽。七天后畫得葵花蓋圓形鍋畫樣一張、番草蓋圓形鍋畫樣一張。由內大臣海望呈覽，雍正命「准葵花蓋圓形鍋樣打造銀鍋，其蓋上不用花卉，做素些。欽此。」十六日，膳房總管王太平又交白金一百兩。雍正命將此白金熔化一二錢試看。次日，熔化白金一塊，重二錢。奉旨：「着留下。」二十一日，膳房總管王太平又交白金三十二兩。雍正傳旨：「將此白金歸於前十六日交出白金一處，可照準樣打造鍋一件，其蓋用造辦處庫內銀配做。」當天，將二次交出白金一百三十一兩八錢呈內大臣海望看過。雍正諭令交催總張自成會同首領薩木哈監造。三月初一日照樣做得白金鍋一件，重一百三十兩五分一厘，折耗九錢八分七厘。庫銀鍋蓋一件，重二十四兩七錢，並白金回殘七錢六分。催總張自成交首領薩木哈持進，交膳房總管王太平收迄。這一天，膳房總管王太平傳做紅銅提二件，內要盛五斤水。

三月五日，膳房總管王太平又交給琺琅處白金三十二兩，傳旨：「着用此白金照造過庫銀鍋蓋樣式打造鍋蓋一件，換在白金鍋上用，其換下之庫銀鍋蓋一件仍送庫銀，照白金鍋樣式打造銀鍋一件。」三月十一日做得白金鍋蓋一件，重二十六兩九錢，折耗一錢五分，並白金回殘一兩九錢五分，催總張自成交首領薩木哈持進，交膳房總管王太平收迄。三月十一日，膳房總管王太平又交白金十兩七錢一分，傳旨「着用此白金打造勺二把。」三月十五日做得白金大勺、小勺各一把。當月底，又用白金五十二兩做盒子一個，隨盒子做紅銅鍬子二個，安倒環。四月十五日做得白金腰圓隔斷有倒環盒子一件，雍正傳旨：「着照此白金盒樣再做一份，隨勺大小二把，俱用造辦處庫銀造做。」而在三月七日，雍正通過太監滄州傳旨：「今日呈進的琺琅道冠甚糙，再往精細裏畫。其靈芝簪頭不好，嗣後該做如意。再將琺琅道冠做幾件。」（《養心殿造辦處史料輯覽》）綜合以上造辦處檔案可以認為，雍正十年自二月開始，經過兩三個月的實驗，在煉丹上已有成效。其後，又用白金做水盂口，雍正傳旨命上做八卦下做符，還明確「掐絲琺琅水盂要金裏」。

同年，造辦處出現「南薰殿檔」「圓明園六所檔」「圓明園接秀山房檔」「圓明園四所檔」等。這些檔案詳細記載用炸（碴）子煤、炭的數量，以及氆單幅塊尺寸。這似乎說明，煉丹至少有三四處之多。僅南薰殿在正月一個月，用炸子煤 1.9 萬斤，白炭一千斤，紅銅條五斤。照尺寸做得黃杭細氆單見方一幅二塊。二月用煤 2.6 萬斤，白炭二百斤，且總管傳，「南薰殿要，係裏邊用」。三月在圓明園六所進行試驗，規模也更大。該所檔案記載，三月初八日總管傳，「圓明園六所用炸子煤二萬斤，白炭一千斤。」隔日收迄。四、五、六月，連續三個月每個月用炸子煤二萬斤，閏五月二千斤，又有紅銅條若干斤。該所黃杭、黃布氆單數量更多、且大小不等。僅閏五月，黃杭細氆單十二塊，包括見方一尺五寸二塊、見方五寸十塊，黃布氆單見方三幅一塊。六月黃杭細氆單見方三尺一塊、黃布氆單見方三幅一塊。七月黃杭細氆單見方一幅二塊。圓明園接秀山房用炸子煤的時間雖與六所有所重疊，但整體屬於接續。自四月至十一月，用炸子煤 2.2 萬斤，白炭五百斤，九月有黃杭細氆單見方二尺二塊、見方

一尺二塊，黃布罩單見方三尺二塊、見方二尺二塊。圓明園四所檔又接續接秀山檔，八月用煤 3 千斤，9 月五千斤，十二月白炭一千斤。礦銀、紅銅條數量超過南薰殿等。而煉丹用具更為齊全，包括高粱鐵爐、鐵頂火、鐵鍋撐、鐵通條、鐵篦子、鐵枴子、鐵絆等。同一時間，製作數量頗多、各種精緻的道冠，又製作繡金龍法衣、繡仙鶴法衣等。此外，貴州巡撫張廣泗尋的「硃裏汞」（汞銀）三斤，雍正命「交造辦處好生收貯」。還傳旨問「年希堯進的汞金爐是何料煉成？」。因造辦處檔案是以各種「作」為類按照時間記載的，如果將其「作」類拆散，再用時間排列，可以證明雍正十年進行大規模的煉丹活動。

雍正賜給寵臣田文鏡丹藥的時間也可證明。雍正十年六月，他在田文鏡的密摺上硃批：「朕安，從來夏令未似今年之好，卿好麼？」這似乎透露雍正自春天開始試做丹藥，夏天服用很有效果。他同時賞給田文鏡丹藥，並說：「此丹藥放膽服之。有益無損之藥。朕甚見得的確者。」田文鏡於八月初三密摺奏謝說：「寶丹出自御製，原係罕有難得之至寶。臣蒙恩賜，殊屬逾分。臣實放膽服食，並無絲毫疑慮，近來精力漸加，何莫非丹藥之效也。」雍正還賞賜給鄂爾泰，並與他詳細討論服食方法，鄂爾泰服用一個月後，奏報「大有功效」。雍正十二年三月，內大臣海望交丹藥四匣。傳旨：着配匣發報，賞署理大將軍查郎阿、副將張廣泗、參贊穆克登、提督樊廷。

第三，乾隆還沒有登基就驅逐道士。

雍正於八月二十三凌晨去世，大行皇帝的遺體隨即奉到乾清宮。二十五日，還沒有舉行即位大典的乾隆就發佈二道諭旨，一道是諭宮廷太監的：「凡國家政事，關係重大，不許聞風妄行傳說。宮禁之中，凡有外言，不過太監等得之市井傳聞，多有舛誤。嗣後凡外間閑話，無故向內廷傳說者，即為背法之人，終難逃朕之覺察，或查出、或犯出，定行正法。」

一道是命都統莽鵠立驅逐道士的：

> 皇考萬幾餘暇，聞外間有爐火修煉之說，聖心深知其非，聊欲試觀其術，以為遊戲消閒之具。因將張太虛、王定乾等數人，置於西苑空閑

之地。聖心視之，如俳優人等耳，未曾聽其一言，未曾用其一藥，且深知其為市井無賴之徒，最好造言生事，皇考向朕與和親王面諭者屢矣。今朕將伊等驅出，各回本籍。令莽鵠立傳旨宣諭。伊等平時不安本分，狂妄乖張，惑世欺民，有干法紀，久為皇考之所洞鑒。茲從寬驅逐，乃再造之恩，若伊等因內廷行走數年，捏稱在大行皇帝御前一言一字，以及在外招搖煽惑，斷無不敗露之理，一經訪聞，定嚴行拿究，立即正法，決不寬貸。

這兩道諭旨有所關聯，但都指向當時宮中各種傳聞。而驅逐道士種種，可以從反面理解，說明或許是當時就有雍正之死的種種傳聞。

四十六、安葬西陵之謎

　　雍正以前，順治、康熙二帝選擇直隸遵化作為萬年吉壤，葬於孝陵、景陵。而雍正生前另選萬年吉地於西陵（泰陵），有人認為，這是有意迴避他的父親康熙帝（景陵），並作為雍正奪嫡的間接「證據」之一。檔案文獻留下諸多記載。

相度萬年吉地

　　一般認為，雍正四年以前，因處理年羹堯、隆科多等大案，雍正無暇顧及相度萬年吉地，故最早為雍正四年。

　　最遲雍正三年初，已經正式選址，並初步選定遵化九鳳朝陽山為萬年吉地。選址之事始終由怡親王允祥牽頭，參加者主要是欽天監官員、精通堪輿之人等。

　　雍正三年六月十八日，內閣侍讀學士兼欽天監監正明圖「奏為欽奉上諭事」稱：本年二月二十六日，面奉諭旨：着同兵部侍郎傅鼐、總兵官許國桂帶領相度人員，前往遵化州等處相度。當蒙特恩，升臣內閣侍讀學士。四月初六日，從遵化州回京，同怡親王、侍郎傅鼐、總兵官許國桂覆奏相度得吉地之事。

　　這是目前所見雍正帝相度萬年吉地的最早記載。據此，雍正三年二、三月間，明圖等官員在遵化等地相度吉地，實地勘查，並一同向雍正帝面奏。

　　這次相度的吉地為遵化州的「九鳳朝陽」山，其確切地址，據雍正三年九月二十日，禮部尚書賴都等奏：

　　　　竊前由臣部以欽天監所勘於遵化州城北側二十里之間，九鳳朝陽之好

地，龍身長遠，地勢雄偉，能增萬年壽數，能衍廣運無窮，請上遣臣勘測地形，分訂禁令，擇卜吉日，設立紅樁。將此交付欽天監謹辦；諸項工程事項，交付工部，查例具奏。等因具奏。

開列的職名包括領侍衛內大臣公馬爾賽、領侍衛內大臣馬武，大學士馬齊、嵩祝，以及八旗各都統，吏部、禮部、兵部、刑部、理藩院等尚書，都察院左都御史等。雍正帝硃批：着派嵩祝、李永紹、傅鼐。

嵩祝本在開列的大學士職名中，李永紹是工部尚書，原不在開列職名中。傅鼐為兵部滿侍郎，也不在開列職名中。欽點李永紹是涉及工程等事項，而欽點傅鼐因為他前期參加相度事宜。

這份滿文硃批奏摺說明，由欽天監主導的選址工作已基本確定，因此禮部開列職名涉及數十衙署的主官，而雍正帝欽點工部尚書，說明已進入「擇吉」開工階段。以上檔案也說明，雍正帝最初相度吉地，確實在遵化州，與順治帝孝陵、康熙帝景陵相距頗近。

帝王陵寢有「三年選址，十年定穴」之說。按禮部所奏，接下去應該進行工程方面的各項準備，而「定穴」無疑是重中之重。問題恰好出現在「定穴」中，官員有較多意見分歧。

轉眼到了雍正四年正月，初七日怡親王傳旨：着許國桂、李楠等往遵化州看九鳳朝陽吉地。許國桂為正紅旗漢軍副都統，李楠原任總督河道中軍副將，兩人接旨後即會同欽天監監正明圖等人，一同來到山上，他們用羅盤「逐節對星」，因為沒有攜帶「簡平儀，癸宮、庚子分金坐在何處，一時不得其的，容查明補奏。」

在堪輿學中，唐宋以來主要有兩派，即形派和理派。而清代最重形派。「其為說主於形勢，原其所起，即其所止，以定位象，專指龍、穴、砂、水之相配，而他拘泥在所不論，今大江以南無不遵之者。」因形派以江西人為主，活動也主要在江西，故又稱江西派。

由於理派「純取八卦五星以定生克之理」，頗為玄奧，故清代帝王陵寢選

址中，形派發揮了至關重要的主導性作用。光緒《大清會典》載「擇地之術」，稱「以地勢之起伏，視其氣之行，以地勢之迴繞，視其氣之止」，「其精微之旨，尤致詳於龍、穴、沙、水」。龍、穴、沙、水加之定向，俗稱地理五訣。龍者，地之生氣，龍止則為穴，龍脈即山的走勢，穴的本義是土室，即金井所在的位置，龍脈的來向和穴位間的關係，也就是將來陵寢建築佈局的中軸線，要通過羅盤上八幹四維十二支的二十四山向，定為「某山某向」。沙，也做砂，是指砂山，形成對穴區的環抱、拱衛之勢。

官員在實際勘查中，發現龍脈不錯，從大勢上看是吉壤：

> 今九鳳朝陽山，少宗五星連珠，起太陽高金，雄偉尊嚴，俯視一切，龍身金星弘偉，及金水蓋座，端嚴秀麗，龍身行度一節，左有枝腳一節，右有枝腳，謂之互為個字之形，成芍藥枝，龍格案內明堂舒暢開陽，案外大堂規模弘闊，八面羅城環繞周密，堂局極大，誠為大勢。

但最關鍵的問題是：

> 出胎處未能跌斷入首，星體謂之到頭一節，最關緊要，今穴星後微伏微起，亦未跌斷，氣勢似覺平緩。據吳立、艾芳等說，大地無形看氣概，小地無勢看精神，亦書中格言，難以臆斷。出胎以來，其餘小星泡不甚端嚴，枝腳亦不甚均勻，貼身龍沙低伏，虎沙腰凹頭起穴前，雌雄交度之水，離穴心一十九丈，似乎稍遠，依向而論，大龍沙微直，嘴低，欲過不過，似應將此嘴修平。案山樹亦宜去，令其明淨。大龍上之邊牆，亦宜拆去，以全五行自然之體。以上種種不甚愜意之處，亦書中所云山川小節之疵也。

這就是說，此處吉地有不少缺陷，故「伏乞皇上廣選賢能，再將此地細加考正，庶幾盡善盡美。」此奏由許國桂、李楠聯銜上奏，並強調明圖等皆未

書名。

明圖此時升任內閣學士兼禮部侍郎，仍兼欽天監監正。他於同年二月初五日單銜上「欽奉上諭事」一摺，「詳敘各論」，密奏許國桂、李楠與相度官討論情形，特別是對許、李提出的疑慮，相度官如何一一釋疑、解答，也讓我們了解到有更多人參與此件要事：

> 本年怡親王傳旨：着臣同副都統許國桂、李楠、崔輔鼎、任澤善、馬元錫、吳立、艾芳等於正月十八日起身，前往遵化州相度九鳳朝陽吉地。至二十二日，公同詳審，仔細斟酌。據許國桂、李楠等以少宗行來小泡不甚尊嚴，枝腳不甚均勻，相度官等回稱：龍身多起小泡，正見龍氣之旺，凡星體貴乎尊嚴，既係小泡自無尊嚴之勢，枝腳先出一枝，後出一枝，交互成芍藥枝，龍格又何不均勻之有？書云：大地無形看氣概者，此也。又據許、李以入首平緩，相度官等回稱：此地乃大干結作，氣勢雄壯，若非入首平緩，則剛不受柔，不成融結，書云：地理之要，莫尚於剛柔，此正剛柔相濟而成中和之孕育者也。又據許、李以龍沙餘氣太長，虎沙腰凹頭起，相度官回稱：向奏減高益下，應培補處，悉行培補，酌量合式修理。書云：控制山川，裁成須自有法者，此也。又據許國桂欲立癸山丁向，兼子午三分，相度官即照彼所議下盤，立樁牽線，其向大偏東南，在青龍山腳之內，正水道出口之處，堂局全無。彼轉云，仍用癸山丁向。

以上說明，對許國桂、李楠等人的疑慮，相度官進行了解釋。清代陵寢的方向也是「南向為尊」「南為正向」，但正嚮往往與龍脈不相吻合，因此通常採用南偏東或南偏西，以與龍脈渾然一體，許國桂欲立癸山丁向，就是為了彌補這種不足，但隨之出現更嚴重的問題，即相度官據此定穴，正衝水口，所有建造物無法建造，即「堂局全無」。

精通堪輿的吳立、艾芳等人的解釋，是「據書定局立向，再四審詳，果係大龍大局，體勢尊嚴，規模宏大，實萬世無疆之吉兆也。」但並不能消除許、

李等人的疑慮。明圖上奏稱：

> 該臣看得雍正三年二月臣奉命率領相度官等前往遵化州地方看得九鳳朝陽吉地，咸以為龍飛鳳舞，孕結天然，率土歡騰，官民共慶。但山川之變化無窮，地理之精微至奧，相度官不過據書立論，今許國桂、李楠等所論微有不同，不可不詳求至當。伏乞皇上敕下九卿大小衙門，有精通地理者，遣往印證。務使斟酌萬全，百不失一，永定萬年之吉兆，祥開不朽之弘基。

以上兩份密摺，儘管欽天監趨向於相度官的意見，但顯然不能消除許國桂、李楠等人的疑慮。而無論是許、李兩人的聯銜密奏，還是明圖的獨自上奏，都明確奏請廣選賢能，再加考證。說明雍正三年二月選址九鳳朝陽山取得的共識，在四年二月具體定穴時，出現意見分歧。這正是高其倬、管志寧兩位精通堪輿者其後多次前往相度的背景。

放棄「九鳳朝陽」

福建總督高其倬最晚於雍正五年進京，由怡親王帶領相度五鳳朝陽山（即九鳳朝陽山），其相度情形當面向雍正帝奏陳外，也曾具摺上奏，但高其倬隨即回任福建總督。在此前後，在江浙一帶看風水的江西人管志寧被召到京，也被派相度五鳳朝陽山，清廷不久特授他為戶部主事，說明要長期借重其堪輿學的經驗。雍正五年冬，管告假回籍，六年二月再度來京，此次相度不限於遵化的五鳳朝陽山，而是擴展到直隸一帶，包括易州賢德莊等地。雍正六年六月二十四日，欽奉旨意：「着管志寧於立秋後馳驛前赴福建。」一個月後，即七月二十七日，高其倬接奉怡親王諭：「前者五鳳朝陽山萬年吉地，經總督看過，嗣有江西管志寧看後，有旨意問過總督，總督亦曾奏過，雖然奏過，尚有未明白處。」

由於高、管兩人不是同一地址相度，怡親王按照雍正帝的旨意，令管志寧到福建與高其倬當面講論，傳旨諭稱：「總督還是明理之人，若人之言不是，決不附和以為是，若人所言有理，亦決不膠執己見而以為不是，彼此講究明白，方於事有益。況此事甚大，令本府帶信與總督」「事完之後，總督即明白具奏，令管志寧馳驛回京。」

管志寧於九月初七日到達福建，高其倬與之「考論十餘次」，為「驗證」管志寧的堪輿理論，高其倬還令其指證十餘處。二人還一同到福建一家出了五名尚書的墳地進行現場查驗。

十一月初五日，高其倬同日連上兩道密摺，一摺是他考校「管志寧學問、眼力所到」；另一摺是兩人反覆推敲「五鳳朝陽山」的基本結論。

關於管志寧的學問、眼力，高其倬奏報說，管志寧所學「遙宗唐楊益之書，而專遵宋吳仲祥《望龍經》及其女之《解議》二書，又參以宋廖禹之《四象》，其近派之專師明之雪庵和尚，於審龍消息捉穴形象，另有師授，加以閱歷。」「臣又與管志寧登山數處以試其眼力，並驗其龍上消息之法，經管志寧將胎伏形象指示十餘處，又將取定穴場亦指看數處。其以穴印合峽中蹤跡，其形象果相符合。」「且看地年久，閱歷頗多，乃係歷練之人。」因管志寧到直隸後，所到之處不多，高其倬又將「直隸山水來去之大勢，迴環之情形，皆詳細說知，又將臣向所見有似可尋看之處，亦詳細說知，以備管志寧之酌採。」由於高其倬職任福建總督，屬於海疆要地，不能長川在京，故清廷讓管志寧在更廣範圍相度。

楊益乃唐代著名形派大師，寓居江西，所撰《疑龍經》《撼龍經》等書，很有影響。高其倬奏稱：「臣向來專宗楊益之《疑龍》《撼龍》二書，而於認星定穴之要，未得精微，是臣不能自信之處，在管志寧以為其於胎伏中討消息之法，即是臣所疑之處。」廖禹乃宋代著名堪輿學大師，師承楊益。雪庵和尚是明代巒頭派的代表人物。儘管高其倬與管志寧所學不盡相同，但都以楊益為宗，都屬於形派則無疑。

關於五鳳朝陽山的討論結果這一密摺中，高其倬堅持他此前在京已向雍正

帝上奏的看法，認為「此地臣向來疑其結作不確者共有五處」：一、自少祖以下所起星辰不圓秀，處處帶石，氣不融和；二、遠朝秀而近砂粗，且有紐頭轉項之態，迴向之情不專；三、大案外山腳，條條飛出二十餘里，勢不歸隨；四、元辰之水流破地皮，仍帶剛性；五、土質有類砂石剛硬，且近所開穴土以水和之，竟丸不成圓丸，乃係砂礫，未見如此穴土。

對於以上不確者「五處」，管志寧一一進行了解答，前二項疑慮，高其倬認可管志寧的意見：「管志寧說審龍之法，但其胎伏處粗中帶細、老嫩兼行，即有生化，止要有此消息，不必拘泥全然秀嫩，且此等幹結之地，所見皆帶石者多，無可疑處，臣心是其言，又與到福州林姓一名地上看其地出五尚書，龍身全是石骨，近穴數步虎砂下臂，仍全是石，已有證驗。則臣所疑星辰不圓秀，處處帶石之處，所見不到。管志寧所見者是。」第二項疑慮，「管志寧之說亦是，臣所見者未免過於求全。」

但以下三項「不確者」，兩人有的意見相同，有的意見不同：管志寧說案外之山腳遠飛，乃是曜氣，高其倬認為是朝山之餘氣。「臣近檢古人之書有云：餘氣不去數十里，此間不是王侯地。王侯之地且然，況垣局之地乎？則臣所疑案外餘氣遠飛之處，管志寧與臣皆以為可不必疑。」關於元辰之水流破地皮，管志寧提出可以在小水出口處以人力培補，而高其倬認為「此元辰之水乃最近穴暈，細察結作性情之處，培補之說止可改易其形象，不能改易其性情。且已博輔星性已和平，仍不脫剛意，則其氣太剛。此件臣之見不同，不敢謂然。」最後一項：土質太硬，管志寧「說穴中之土必應胎中之土，胎中如此，穴中必如此。土色既與胎伏相應，又有圓暈可據，其色明亮而體重，乃最好之土，所見者甚多，無可疑處。」高其倬對此不認同，認為「地有中和之氣，必有中和之土，況所見一二家稍好之地土皆軟嫩可愛。此種粗土臣所知所見未見有如此者。況郭璞之書為地學鼻祖，歷代地師楊曾廖賴俱宗之不敢或異，其言穴土以砂礫為戒，此件管志寧與臣所見各異。」

高其倬最後奏稱：

　　總之，臣以為地學千言萬句，總不過令人察水土之性，審剛柔之和而已。且千里來龍到頭止融八尺之穴。此等大地乃千里精粹之氣鍾於一穴之間，今穴水、穴土如此，臣以為剛氣未脫，雖多謂之上地，臣愚昧，惟知直陳所見，以為未為大地。管志寧之地學可謂歷練勝過諸人，臣不勝犬馬之願，願令再加尋覓二三處佳地，必有水土和粹者，彼此比並，擇其極好者用之。是臣臣子蟻忱，如此重大之事，臣之心斷不稍存歧異固執之見，但所見者如此，謹直奏所見。至易州賢德莊之地，看所畫之圖，管志寧所定之穴，諸處俱好，惟生定之朝山太近太高，此處是一不足之處。謹一併奏明。

　　儘管五鳳朝陽山「多謂之上地」，但高其倬認為「未為大地」，並明確提出「再加尋覓二三處佳地」，事實上否決了五鳳朝陽山作為萬年吉地。

　　十一月初五日，高其倬又上請安摺。前兩道「萬年吉地」密摺本應與「請安摺」分別進呈，因同日拜發，結果兩摺混裝同一摺匣。高其倬後來感到他犯了「大不敬謹之罪」，遂於雍正七年二月上奏「檢討」，但一向敏感的雍正帝並沒有責怪高其倬，而是命怡親王將高其倬所上密摺令高的家人持回。值得注意的是，雍正帝在硃批中，透露他要再召高其倬進京，並要高做好準備。硃批稱：「今歲秋冬間，朕看劉世明若妥協，地方無事，意欲着你來，同管志寧商酌吉地風水之事，再面加訓諭汝。但尚未定，臨期候旨行。」

　　劉世明時任福建巡撫。雍正帝隨即進行了人事安排。七年五月十四日，前往福建會同督撫甄別知府以下官吏事宜的欽差吏部侍郎史貽直，事竣回京，在杭州途次，接到吏部諮文，是四月二十五日發出的上諭：「史貽直不必回京，所有應奏事件，着具摺具本陳奏。福建總督高其倬着於閏七月初十內外起身來京陛見。高其倬未起身之先，可將地方事務一一與史貽直詳悉說明，暫令協同辦理；高其倬起身之後，着史貽直署理福建總督印務，俟高其倬回任，史貽直來京。」史貽直接到諭旨後當即折返福建。於六月十八日抵達福州府城。

　　此次高其倬在京停留半年之久。期間，最重要的是，放棄「五鳳朝陽」

山，而最終選定易縣永寧山太平峪作為萬年吉地。

七年十二月二十四日，史貽直以到閩後水土不服、心悸日增奏請回京，雍正帝硃批稱聞知其情，並以喜悅的心情告訴史貽直：高其倬吉地亦選得上上之風水矣。因盛京三陵，命往觀看，便道隨路尋覓關外風水，或有上地，所以遲回數時，大概四月中五月初可回至閩任也。（汝）可支撐此兩月可也。次年三月，高其倬回任。

選定易州泰寧山

順治帝的孝陵、康熙帝的景陵都選在遵化州建造，因此形成「子隨父葬」的清代陵寢制度。雍正帝陵最終選址在易州，就打破了這種制度，故有學者認為，從他的性格特點及當時的政治形勢看，他另立陵區，以己為祖，重在表現他是新時代的開拓者。但這也是推測之詞，不符合客觀實際。

雍正帝所言「選得上上之風水矣」，事在雍正七年十二月初二日。內閣奉上諭：

> 朕之本意，原欲於孝陵、景陵之旁，卜擇將來吉地，而堪輿之人，俱以為無可營建之處，後經選擇九鳳朝陽山吉壤具奏，朕意此地近依孝陵、景陵，與朕初意相合，及精通堪輿之臣工再加相度，以為規模雖大，而形局未全；穴中之土又帶砂石，實不可用。今據怡親王、總督高其倬等奏稱，相度得易州境內泰寧山天平峪萬年吉地，實乾坤聚秀之區，為陰陽和會之所，龍穴砂水無美不收，形勢理氣，諸吉咸備等語。朕覽所奏，其言山脈水法，條理詳明，洵為上吉之壤。但於孝陵、景陵相去數百里，朕心不忍。且與古帝王規制典禮有無未合之處，着大學士、九卿詳悉會議具奏。（《雍正朝起居注冊》）

就以上雍正帝所發上諭而論，與前述高其倬對五鳳朝陽山「未為大地」的

種種缺欠完全吻合，絕非另選陵寢地址的託詞。

十八日，內閣九卿等奏：

易州境內泰寧山天平峪萬年吉地，本乾坤聚秀之區，實川岳集英之
所，體局宏敞，合龍穴砂水無美不收，條理詳明，兼形勢理氣，而諸吉咸
備，星辰拱衛，着寶曆之綿長，山水迴環，卜金甌之鞏固，誠為上吉之福
壤，適符盛治之昌期。臣等竊以地脈之呈瑞，關乎天運之發祥，歷數千百
里蟠結之福區，開億萬斯年之厚澤，必匯萬善始成其全美，自非一方獨擅
其秀靈，今泰寧山天平峪萬年吉地，雖於孝陵、景陵相去數百里。然易州
及遵化州，地界皆與京師密邇，同居畿輔，並列神州，其地實未為遙遠。
又泰寧山雄高聳巘，抽脈自管涔恆岳而來，襟帶百川，分水以拒馬、滹沱
為界，泉清嶺秀，表雲屯霞舉之觀，水繞山環，萃鳳舞龍飛之勢，前朝後
拱，備彰結構之自然，左縈右旋，洵稱包絡之盡善，相其形局，實大地之
凝庥，稽之典章，合三代而同揆。伏乞欽派大臣，遵照萬年吉地定制，擇
吉興工，敬謹辦理。

得旨：「大學士九卿等引據史冊典禮陳奏，朕心始安。一應所需工料等項，
俱着動用內庫銀兩辦理，規模制度，務從儉樸。其石像等件，需用石工浩繁，
亦勞人力，俱不必建設。着該部遵行。」

雍正七年冬，雍正帝患病，八年三四月病情惡化。泰陵於此時正式開工
建設。對在選址過程中發揮關鍵作用的怡親王、高其倬，雍正帝不吝褒獎。五
月，雍正帝諭稱：

怡親王為朕辦理大小諸務，無不用心周到，而於營度將來吉地一事，
甚為竭力殫心。從前在九鳳朝陽山經畫有年，後因其地未為全美，復於易
州泰寧山太平峪周詳相度，得一上吉之地。王往來審視，備極辛勤，又恐
隨從人等煩擾居民，將飲饌之屬，俱不令前驅預備，常至昏夜，始進一

餐。其所擇吉壤，實由王親自相度而得，而臣工之精地理者，詳加斟酌，詢謀僉同，且以為此皆王忠赤之心，感格神明，是以具此慧眼卓識也。

高其倬已於八年二月，加太子太保。三月回任福建，五月調任兩江總督。九月諭稱：朕覽高其倬等所奏太平峪吉地事宜，甚屬妥協。大凡讀書居官之人，通曉堪輿者甚少，即或知之，又往往以此為諱，不肯身任其事。高其倬乃封疆大臣，為國家樹績建勛，為己身揚名垂譽，原不必以此為宣力見長之地，乃其心以為國家之事，莫大於此，以一身協贊怡賢親王，肩此重任，籌度萬全，無一毫瞻顧推諉之意，此實出於一片忠愛至誠之悃，不僅材識超羣已也。高其倬着賞給一等阿達哈哈番。管志寧、明圖、任擇善、海望、保德等，地理明通，贊襄勤慎，一併議敘。

乾隆初年對「九鳳朝陽」的再相度

在初步選定九鳳朝陽山為萬年吉地後，雍正帝已經下旨，在兩廣、西南等地區採辦楠木，江蘇燒造金磚，鋪戶承辦沙城磚等項。

雍正七年七月二十一日，廣西巡撫金鉷奏，本年三月十九日，准廣東督撫二臣諮移廣東採辦萬年吉地楠木，議由廣西一路運至湖廣，臣即預檄經過各地方官敬謹小心協理接運。茲海防同知李達德運送圓方楠木共二百八十根快，另鐵梨木九件。於六月十七日入廣西梧州府，七月出身日抵桂林府，初六日由八十支船運送至湖廣。

八年正月二十四日，廣東總督郝玉麟奏恭辦楠木，粵省奉行採辦楠木一千一百根快，於上年閏七月到任後，即備查卷案，原係前任廣南韶道被參革職林兆惠承辦，雖報獲九百八十五根快，前督臣孔毓珣止選得合式堪用者二百八十根快，已委瓊州府同知李達德運送赴通，部行採買之數尚少八百餘根快。由布政使王士俊並接辦楠木之廣南韶道李可淳上緊覓購。隨從林兆惠採辦選存之中選出三十五根快。據王士俊據瓊州府知府報稱，儋州黎岐地方產有油

楠，質堅而滋潤，經久不裂，開山採辦五百餘根塊。

由於後來選定易州為雍正帝陵寢，因而原來運往遵化的石料、磚塊等物用於東陵維修。乾隆六年修建景陵妃園寢的二十個地宮，所用石料、磚塊即是九鳳朝陽山存貯的。這也說明，雍正帝當初確曾打算在遵化建造其陵寢。

乾隆初年，弘曆為自己選擇萬年吉地時，易州太平峪西南十五里西管頭村北，也是其備選地址。這一地址距離泰陵相對較近。此外，密雲、三河、豐潤、遷安等地，也都在選址範圍內，說明乾隆帝一開始也沒有「子隨父葬」的打算。又據訥親密奏：「奉旨相度吉地，會同王鉽等相度從前看過之九鳳朝陽山，僉稱山形水勢一無可取，即原經相度之管志寧亦以為不可用。」說明九鳳朝陽山確實不適合陵寢建造。

以上可見，所謂雍正帝為迴避乃父而另選吉地，是其改詔即位的「間接證據」等說法，沒有事實基礎，是臆斷之詞。

四十七、一代君王

雍正十三年八月二十三日，走過人生 58 個年輪的雍正皇帝，與世長辭。當天發佈的《遺詔》回顧了他執掌大清朝十三年以來，朝乾夕惕，勵精政治，庶政漸已肅清，人心漸臻良善，做到了綱紀整飭，大法小廉，萬民樂業。

儘管起草《遺詔》時，雍正早已冥焉不醒，但與許多皇帝遺詔相比，雍正遺詔較少溢美之詞，客觀評價了他的一生。而由乾隆親自撰寫、鐫刻在泰陵功德碑上的文字，堪稱是蓋棺論定的官方評價。最後一段特別講：「皇考繼承之初，則政寬而奸伏，物盛而蘗萌，非廓清厘剔，大為之防，其流將溢漫而不可以長久。」以上代表了清朝官方的評價。那麼，雍正在清史上的地位，究竟應該如何評價？

如果用一句話概括，他堪稱是一代令主。「令主」指賢德的君主。雍正帝對自己有個基本評價：「朕返躬內省，雖不敢媲美三代以上聖君哲後，若漢唐宋明之主，實對之不愧」。考諸史實，確然不誣。

雍正八年八月，鄂爾泰在雍正病重痊癒後上奏的內容是對皇帝的高度評價：

> 皇上自御極以來，念念以上天之心為心，事事以列祖之政為政，權衡補救，備極營經，微惕勤勞，倍逾臣庶，稽自古帝王代不乏賢聖，求如我皇上之身、手、心、目，不少暇逸，猶惟日不足者，未之前聞。此非臣之私言，天下萬世諒自有公論。是誠上天之令子，列祖之功臣，將保佑申命，有慶無疆，而聖子神孫，綿綿奕奕，皆可必之天理，必之人心而百世其昌者也。

作為一代君主，概括說來，從正面講，雍正有四大成就。

綱紀整飭，大法小廉

雍正的「遺詔」，和乾隆帝為他撰寫的「功德碑」，都特別講雍正在「綱紀整飭」方面的突出成就。綱紀是儒家政治倫理的核心內容，指綱常法紀，包括君親大義、不結朋黨等基本規範。乾隆中，河南巡撫阿思哈比較了康雍乾三個皇帝的各自特點說：「聖祖仁皇帝涵濡煦育六十餘年；世宗憲皇帝整綱飭紀，通變宜民，凡民間疾苦，靡不周知；我皇上（乾隆）讚承三聖，善繼善述。」（《河南通志》）

後來乾隆在歷數前代所以亡國的八大因素時，即強藩、外患、權臣、外戚、女禍、宦寺、奸臣、倖幸以及朋黨等，頗為自矜的說，「今皆無一彷彿者」。而這種情況的奠定，雍正朝無疑是關鍵，而且成為一代家法。乾隆去世後，嘉慶帝在上諭中特別提出：「敬念皇祖世宗憲皇帝飭紀整綱，垂法萬世，仁威並用，治教咸修，深思繼緒之隆，益仰詒謀之遠。」（《清仁宗實錄》）

直到道光時，梅曾亮還明確指出：「國家燧昌熙洽，無雞鳴狗吠之警，一百七十年於今，東西南北方制十餘萬里，手足動靜，視中國之頭目，大小督撫開府持節之吏，畏懼凜凜，殿陛若咫尺，其符檄下所屬吏，遞相役使，書吏一紙制若子孫，非從中復者，雖小吏毫髮事，無所奉行。」這種祖制的重構，主要從雍正開始。

君親大義在「綱紀」中居於核心地位。儘管雍正整飭綱紀，有其特殊的時代背景，但他一再強調大臣要「交相勸勉，曉然於君臣大義，不貳不惑，庶幾移風易俗，助朕為千古令主。」（《雍正朝起居注冊》）他對大臣拉幫結夥，深惡痛絕，專門撰寫《御製朋黨論》，告誡大臣「務期君臣一德一心，同好惡，公是非，斷不可存門戶之見。」為此他整飭科甲朋黨，甚至不遺餘力保護非科甲出身的田文鏡等官員。

《禮記》有「大法小廉」之謂。雍正即位伊始，他在敕諭州縣官中，提出

「為國家首重吏治事」，即以澄清吏治為施政綱領。他反對沒有是非、但潔己而不奉公，尤其對瞻徇情面的「好人」政治說不。

他首先向因循廢弛開刀。在給雲貴總督高其倬的硃批中說：「朕雖不能為上等聖明之主，而亦不肯為庸愚下流之君，爾等既遇知於此時，當吐氣揚眉，壯其膽，舒其志，報效朝廷，垂名竹帛，竭誠盡力，倚信朕而為之，何禁不止？胡令不行？倘因循疑畏一棄，豈不深為可惜也。勉之。」他對田文鏡說出他不滿意河南巡撫石文倬，「他在河南還是相沿舊習，諸事瞻前顧後，只怕得罪人，他做的事情都是仿人家的樣子，不知一個地方有一個做法，有該那樣做的，也有不該那樣做的，若一味做好人，那個地方不壞了嗎？」他去世前的一百天，還明發諭旨給內閣，「如果官員但知潔己而不知奉公，國家豈能用這樣的木偶官？如果實心為國做事，即便有錯誤，朕必原諒而保全你們。但如果習成巧術，只知保身遠害，不肯擔當，遇事推卸，此風有妨於政治，無益於國家，況將來後進效尤，其弊有不可勝言者。」

時間過去八十多年後的嘉慶二十三年二月，嘉慶帝閱讀《世宗實錄》這段上諭，大為感慨，諭稱：「現在內外臣工沾染此習者，正復不少。茲恭讀聖諭，揆諸朕心，實有默契。人臣應該實心為國，一己之榮辱利害，皆非所計；若習成巧宦，即使幸全爵位，國家奚賴焉？清夜捫心，將來史冊為何等人？亦應愧汗矣。在朝多一具臣，國家受一分害。」

雍正還提出，操守對於有才能的人尤其重要，因為有才能的人能做事，慾望不容易節制，因此也容易犯錯誤。雍正告誡他們，一定要管好身邊人，特別是妻子兒女，他甚至破天荒提出要代為大臣管束其家人。雍正三年三月，他下令：「諸大臣要把妻奴嚴管，如果有畏懼掣肘不得已之處，令密奏朕，朕代諸大臣處分。朕雖日理萬機，而於大臣之家事，尚能辦理。」他說大臣們的妻子，互相筵請宴會，藉此夤緣請託，必須禁止。他重用有作為的人，對貪官污吏同樣深惡痛絕。在河南巡撫的奏摺上硃批：「萬萬不可將此一輩貪官庸吏這些年枉法害民之事，朕一概不究。與之相反，他認為僅有操守，不做事，和木偶、泥人有何區別？又有什麼用處。」

雍正整飭綱紀，收到了明顯成效，甚至成為一種風氣。乾隆時著名的史學家，章學誠在他的名著《文史通義》中特別提出：

> 我憲皇帝澄清吏治，裁革陋規，整飭官方，懲治貪墨，實為千載一時。彼時居官，大法小廉，殆成風俗，貪冒之徒，莫不望風革面，時勢然也。今觀傳志碑狀之文，敘雍正年府州縣官，盛稱杜絕饋遺，搜除積弊，清苦自守，革除例外供支，其文洵不愧於循吏傳矣。不知彼時逼於功令，不得不然，千萬人之所同，不足以為盛節。（《文史通義》）

朝中大臣如張廷玉敬慎小心，冰淵之凜，有如一日。侍郎沈近思每上封章，必先正衣冠，「鍵戶密書，書畢俯伏再拜而起，家人問何事，輒答以他語，敬慎不泄如此。」地方大吏更奉公守法、恪盡職守。雍正六年，廣東巡撫楊文乾去世，其子、後升任巡撫的楊應琚請牛運震作墓表，牛在墓表文起，寫了這樣一段話：「憲皇帝御極之初年，乾綱英斷，勵精剔厘，中外風飛，雷厲管攝，震動八極。督撫大吏恪清公慎厥職，雲貴總督鄂爾泰、直隸總督李衛、廣東巡撫楊文乾、山西巡撫諾敏、甘肅巡撫許容等，皆以剛正率屬下，決壅鋤奸，毋避豪貴嫌忌。（《碑傳集》）章學誠說，「康熙末年積弊，非憲皇帝不能擴清至治」。近人楊啟樵也指出：康熙寬大，乾隆疏闊，要不是雍正的整飭，清朝恐早衰亡。

漢軍旗楊文乾在廣東整飭官場，參劾下屬，有個道員李濱因此抹頸自殺，引起極大震動。雍正專門派人傳旨給楊文乾，告誡他不可操之過急。但雍正仍把楊文乾與李衛、田文鏡並列為實心為國做事的三巡撫之一。雍正六年七月，楊文乾病逝，廣東被參劾者彈冠相慶。甚至楊文乾的棺材都無法運出，半途遭到攔截。雍正後來說：「楊文乾為廣東巡撫，廣州將軍石禮哈與阿克敦、常賚、布政使官達四人，協力朋謀，欲加傾陷，而朕早已洞燭其私，嚴加申飭。石禮哈曾面奏楊文乾與伊不合，恐被中傷。朕諭之曰，爾等四人協力尚不能害一楊文乾，楊文乾一人之力獨能害爾等乎。後楊文乾具摺陳辯，朕諭此事朕先已洞

悉其隱微，何待爾辯，爾今自辯，轉覺其小矣。」

立政明倫，建章立制

在中國歷史上，一再上演「人亡政息」的政治悲劇。而只有把重大的政策、措施固化為制度，或者可以避免這種悲劇的發生。而凝練為制度的要求又極高，非有魄力眼光難以做到。雍正儘管在位只有十三年，但在清代近三百年歷史上，卻是規章制度建設上，非常重要的時期，而且影響深遠。

軍機處對國家決策體制及行政運轉效率的提升，前面已有講述。

耗羨歸公從體制上提高了地方官員收入，是試圖解決「不想腐」的可貴嘗試。後來京官也普遍提高薪俸一倍以上。薪俸提高以後，雍正嚴禁收受各種陋規，特別是規禮、門包等。山東巡撫塞楞額嚴於察吏，有人說他「精明嚴刻」。雍正得知後說，精明二字是讚揚人，又加上嚴刻，就是譏諷了。這分明是哪些被整治的人放出的風。江寧織造曹頫運送龍衣在山東境內多索夫馬，被其告發，曹家隨即被抄家。雍正七年七月，塞楞額收門包銀二千兩，刑部擬絞監候，因限內繳還，部議免死減等。雍正不同意。他說：「朕每年給數萬金養廉之資，原以供其合家上下衣食之用，使之寬然有餘，自不應絲毫索取屬下。」仍將其處絞監候，並令把其養廉銀全部追出。

雍正元年正月初一，是雍正即位後改年號的第一天，為表示萬象更新，他接連發佈了十一道訓諭，分別給總督、巡撫以下到府縣等地方文官，以及地方武官，每道訓諭不下數百千言，就各自職守提出具體、明確要求。這可以視為雍正施政的具體抓手，成為地方官遵守的基本準則。作為清代官箴文化的重要成就，列入官員交接時的「交代冊」中。由於訓諭文字是紙質，難免損缺。乾隆元年十二月初一，湖北巡撫鍾保奏請敕部，「將御製文（州縣）通行刊刻，豎牌坊於通道之上，舉首即見，期上達者恪遵功令，勤恤民隱以圖報稱；即不肖者亦觸目驚心，有所畏懼，而不敢恣肆。且訓諭只有臣工知之，而百姓實未之見，今刊刻於牌坊，豎立公庭，使鄉民共見共聞，可知勵官方無非惠養元元之

至意。」乾隆帝硃批：「該部照所奏行。」

到嘉慶時期仍在遵守。嘉慶十四年十一月諭：「皇祖上諭十一道，實為萬世不易之官箴，各督撫等衙門，久蒙頒發，原期永遠遵循。我萬萬世子孫整飭官聯之法，亦無有過於此者。告誡官員，切勿視為具文，歸入交代，要身體力行。」（《清仁宗實錄》）

雍正建章立制，還留下很多承繼性的，特別是他發佈的上諭，和處理政務的硃批。雍正九年，經允祿等編纂，雍正《上諭內閣》頒佈。次年，《硃批諭旨》也刊刻頒發。雍正強調其意義「可為人心風俗之一助」。乾隆初年，將硃批奏摺一書，從刊刻頒發內外大臣，進而擴大到內外中高級官員，以為遵守。有官員奏請，每衙門各頒一部，地方官由司道仍於交代時，載入交盤冊內，在內科道等輪流領讀。乾隆帝命大學士議奏。此後，地方官紛紛奏請頒賜。

萬民樂業，邊疆穩定

在儒家思想中，民為社稷之本。本固才能邦寧。而固本之舉無非是讓百姓安居樂業。雍正喜祥瑞，認為這是上天對他統治的一種肯定和支持，不無神道設教的色彩。但他對於民間疾苦確實比較了解。這裏舉出三件在清朝歷史上非常重要的事情。

一是廢除賤籍。清朝有不少前朝留下來的，在法律上屬於賤民的戶籍，他們世代相承，沒有科舉考試權，更不能出仕做官。這包括山西、陝西的樂戶，京中教坊司的樂戶；江南蘇州府常熟、昭文二縣的丐戶、浙江紹興府的惰民丐戶；安徽寧國府的「世僕」、徽州府的「伴當」；廣東沿江沿海的「旦民」等。涉及多省，人口數量也很多。有些賤戶已經說不清來歷。很多是「壓良為賤」。雍正認為這正是應該解決的不良風俗，因此在地方官的奏請下，把這些賤籍都廢除了。

與之相反，他認為官僚士大夫不能有太多的特權，不但要求士民一體納糧當差，而且還發佈上諭，宣佈要廢除特權階層在法律上享有的「八議」。因此，

或者可以說，經過這些做法，清朝良民的範圍擴大了，無形中也擴大了統治基礎。

二是實行攤丁入畝。在康熙末年實行滋生人丁永不加賦的基礎上，雍正帝按照因地制宜的原則，以府為基本單位，把丁銀攤到地畝中徵收，有效減輕了無地或少地農民的賦稅負擔，促進了社會公平，也使得農民減輕了對國家的隸屬關係，讓人口流動成為可能。這是中國古代幾千年賦稅徵收方式的重大變革。實行有田者納糧，類似單一的財產稅。這對於釋放勞動力，解決生計，促進人口發展和流動，都具有重大意義。

三是教化百姓。他把康熙帝的聖諭十六條進行詳細解釋，每條六百多字，十六條共計一萬字，命名為《聖諭廣訓》，規定在所有城鎮鄉村進行宣講，並設立鄉約所，朔望之日由地方官集合鄉紳百姓宣講。清朝這種詮釋、白話的版本非常之多，還被翻譯成不少外文。

在維護國家統一，邊疆穩定方面，雍正也做出很多重要創舉。清朝疆域的版圖，奠定於康熙，最後形成於乾隆時期。而雍正時期承上啟下。這裏可以講三件事。

一是對西北用兵。雍正帝承繼康熙朝維護國家統一的基本國策，對青海羅卜藏丹津叛亂，果斷用兵，最終取得重大勝利，加強了清朝對青海的管轄和治理。年羹堯、岳鍾琪也先後得到重用。雍正九年，出兵討伐準噶爾，最終通過勸諭和談的方式結束戰爭。

二是實行改土歸流。清初沿襲明代，在雲南、貴州、四川、廣西等西南少數民族地區，實行「以土官治土民」的土司世襲制管理，課賦徭役，百姓不堪重負。雍正高度信任鄂爾泰出任雲貴總督，實行廢除土官世襲制，改為國家派出行政官，數年一代，即流官。加強了中央對這一地區的有效管轄和治理。

三是正式設置駐藏大臣。

康熙末年，準噶爾侵入西藏，清朝派兵驅准保藏。隨後在此駐兵。雍正即位後，於雍正五年正式派遣駐藏大臣，常川駐藏。駐藏大臣是中央直接任命管理西藏事務的最高官員。此制度一直延續。這加強了中央對西藏的直接管轄和

治理。有力維護了國家的統一和邊疆穩定。

承上啟下，盛世固基

康雍乾時期長達一百三十餘年之久，佔整個清朝歷史的一半。如此時間長的盛世，在中國歷史上絕無僅有。制度的架構和重塑至關重要。雍正十三年在期間僅佔十分之一，時間確實不長。但雍正在不長的時間裏，確是濃墨重彩、不可或缺的重要一環，他的歷史刻度是很深厚的。他以非凡的勇氣和魄力，以時不我待的緊迫感，推行了一系列制度性革新，扭轉了康熙晚年玩忒的政治風氣，是清代強盛之世的主要奠基人。他勵精圖治，多次說過：「朕不為庸主，至於眾口之褒貶，後世之是非，朕不問也。」

清史研究的重要開拓者，孟森先生早在上世紀三十年代為北京大學歷史系講清史，他把康熙帝作為鞏固國家基石的一代君王來看待，而極盛之時，是從雍正帝開始的。孟森還說：「世宗承聖祖寬大之後，綜核名實，一清積弊」。日本學者宮崎市定在《雍正帝》一書中也說：「諺云，王朝基礎多奠定於第三代，雍正帝正為清入關後第三代君主，有清二百數十年之基盤，即為其所奠定。」

雍正帝的建樹還在於，他把一個國泰民安的江山傳給後世。遺詔中頗感欣慰的說：「至今日自信無負皇考付託之重。」同時表示「志願未竟，不無微憾。」他的未竟志願，交付給來者。遺詔期待弘曆親正人、行正事、聞正言，願內外親賢股肱大臣，各秉忠良，一心一德，俾弘曆成一代令主。雍正在歷史長河的十三年瞬間，完成了本來無法完成的使命。沒有完成的，他託付給了後來人。

我們還要特別提出的是，雍正「振數百年頹風」的革新精神，更成為清代遇到重大變局和憂患時期變革求新的不竭之源。嘉道中衰時，因循守舊之風蔓延，雍正的種種「負面」被歷史封存，大清子民翹首期盼的就是當年雍正的革新精神。嘉慶帝說雍正是「整綱飭紀、立政明倫」，嘉慶帝對他祖父的評價堪稱經典。

當然，雍正十三年的有些做法，也帶來了消極、負面的影響。舉其大者有

四個方面。第一是神祕政治。中國古代國家治理結構中，整體維繫君臣共治的制度。歷代廷議、廷諍，是這種制度的基本表現。順康時期也基本延續下來。順治帝在乾清宮題篇「正大光明」是最好的詮釋。康熙也是御門聽政。但這種做法到雍正時期發生了重大變化。特別是軍機處的出現，大學士不能稍有贊畫於期間。這是乾隆時著名史學家、曾任職軍機處的趙翼的一句名言。密摺制度也是如此。康熙時期的密摺，奏事摺不是很多，國家大事，仍通過內閣處理。而雍正把密摺制推廣到中級以上官吏，並作為地方官互相監視甚至以下制上的一種手段，同時，舉凡耗羨歸公、攤丁入畝等等重大政策的出台，都是通過這種方式先定調子，然後再走形式。這就改變了國家決策的基本方式。宮崎市定所著《雍正帝》一書，還有一個副標題——中國的獨裁君主。所以乾隆即位後，大臣紛紛奏請廢止軍機處和密摺制。內大臣欽拜上廢止密摺制、停止告密之風一摺說：自後世有密奏之例，小人以此讒害君子，小臣以此搖動大臣，首告者不知主名，被告者無由申訴，上下相忌，君臣相疑。乾隆帝硃批：「觀汝調陳數摺，皆朕已行及現議之事。可謂千里同風，想到一塊了。王大臣所議摺片夾來，汝觀後自知朕近日所料理之事矣。」所以乾隆初年短暫停止了軍機處、密摺制。

　　第二是嚴酷政治。雍正時期，實行了很多嚴厲的法律。正如他的諡是憲皇帝一樣。但雍正在執法上有些擴大化、嚴酷化，他在滿文硃批上，幾乎對地方封疆大吏的訓諭，都有「小心首領不保」這樣的字樣，可以說充滿殺氣。而給李衛下的密諭，對呂留良不但要挫骨揚灰，甚至說「連一個粉末都不許留」。這一時期的很多大案經不起推敲。乾隆即位後，四川巡撫王士俊說：「諸臣較及錙銖，心計百出，以搜查為能事，視牽連如故常，而錢糧之苛刻者多矣；或則以苛刻為明，淫刑以逞，珩楊多負屈之體膚，囹圄有覆盆之桎梏，而刑罰之協中者寡矣。甚有對眾揚言，今日只須將世宗時事翻案，即繫好條陳。」

　　第三是祥瑞成風，造假遍地。喜祥瑞在古代帝王中並不少見，但雍正把祥瑞搞到了極致，封疆大吏粉飾太平，假大空的東西非常多。這種風氣的影響又使得官吏不敢講真話，只能講假話。以墾荒而論，乾隆即位後明確指出，所

報數字多不實，名為開荒，實則加賦，貽害百姓，尤以河南為最甚。各省經清理，虛報數字一般達到百分之四十左右，有的高達百分之九十。乾隆初年豁出主要是雍正年間的虛報捏報開荒數字達到 48600 多頃。

　　雍正的許多做法，乾隆時期得到了糾正。從康雍乾三代皇帝而言，政策的着力點受制於國家所面臨的環境。康熙時期，經過清初近二三十年的戰爭，需要休養生息，故行寬大之政，到了雍正，經過六十年的寬大之政，他要整肅起來。但矯枉過正，因此乾隆又收了回來。文武之道，只要張弛有度，國家就會發展。反之，走過了頭，往往適得其反。這是歷史重要的啟示。

主要參考文獻

一、原始文獻

國家清史纂修工程數字圖書館檔案庫

中國第一歷史檔案館檔案

《清聖祖實錄》，中華書局，1985 年

《清世宗實錄》，中華書局，1985 年

《康熙起居注》，中華書局，1984 年

《清代起居注冊·康熙朝》，中華書局，2009 年

《康熙起居注》（標點全本），東方出版社，2014 年

《雍正朝起居注冊》，中華書局，1993 年

《清代起居注冊·雍正朝》（全 55 冊），中華書局，2016 年

《康熙朝漢文硃批奏摺彙編》，檔案出版社，1984 年

《康熙朝滿文硃批奏摺全譯》，中國社會科學出版社，1996 年

《雍正朝漢文硃批奏摺彙編》，江蘇古籍出版社，1986 年

《雍正朝滿文硃批奏摺全譯》，黃山書社，1998 年

《雍正朝漢文諭旨彙編》，廣西師範大學出版社，1999 年

《清聖祖御製詩文》，海南出版社，2000 年

《清世宗御製文》，海南出版社，2000 年

《硃批諭旨》，文津閣四庫全書本

《上諭內閣》，文津閣四庫全書本

《清宮內務府造辦處檔案總匯》，人民出版社，2007 年

《養心殿造辦處史料輯覽》（第一輯、雍正朝），朱家溍、朱傳英選編，故宮出版社，2013 年

《清代檔案史料選編》，上海書店出版社，2010 年

《清代文字獄檔》，上海書店出版社，2007 年

《大義覺迷錄》，載《清史資料》第 3 輯，中華書局，1983 年

《呂留良詩文集》（上下冊，下冊附《大義覺迷錄》），浙江古籍出版社，2011 年

《全祖望集彙校集注》，上海古籍出版社，2000 年

《朝鮮李朝實錄中的中國史料》，中華書局，1980 年

《關於江寧織造曹家檔案史料》，中華書局，1975 年

《李煦奏摺》，中華書局，1976 年

《李士楨李煦父子年譜》，王利器著，北京出版社，1983 年

《耶穌會士中國書簡集——中國回憶錄》，（法）杜赫德編，鄭德弟、朱靜譯，大象出版社，2001 年

《清廷十三年——馬國賢在華回憶錄》，（意）馬國賢著，李天綱譯，上海古籍出版社，2004 年

《撫遠大將軍奏議》，載《清史資料》第 3 輯，中華書局，1982 年

《撫遠大將軍允禵奏稿》，吳豐培編纂，全國圖書館文獻縮微複製中心，1991 年

《年羹堯滿漢奏摺譯編》，季永海等翻譯點校，天津古籍出版社，1995 年

《嘯亭雜錄》，昭槤撰，中華書局，1980 年

《永憲錄》，蕭奭著，中華書局，1959 年

《皇清通志綱要》，弘旺著，抄本

《清皇室四譜》，唐邦治輯，上海聚珍本

《襄勤伯鄂文端公年譜》，鄂容安等撰，《清史資料》第 2 輯，中華書局，1981 年

《硃批鄂太保奏摺》，全國圖書館縮微中心，2005 年

《澄懷園自訂年譜》，張廷玉著，台灣商務印書館，1982 年

《撫豫宣化錄》，田文鏡撰，中州古籍出版社，1995 年

《清宮述聞》，章乃煒撰，北京古籍出版社，1988 年

《文貞公年譜》，李清植編，「榕村全書」本

《張英全書》，張英撰，江小角、楊懷志點校，安徽大學出版社，2013 年版

《張廷玉全集》，張廷玉撰，江小角、楊懷志點校，安徽大學出版社，2015 年

《榕村語錄榕村續語錄》，李光地著，陳祖武點校，中華書局，1995 年

《榕村全書》，李光地著，陳祖武點校，福建人民出版社，2013 年

《唐英全集》，張發穎主編，學苑出版社，2008 年

《皇清奏議》，羅振玉輯，張小也、蘇亦工等點校，鳳凰出版社，2018 年

《太平天國戰紀・春冰室野乘》，羅惇曧、李岳瑞著，重慶出版社，1998 年

《清朝野史大觀》，上海書店，1981 年

《清代西人見聞錄》，杜文凱編，中國人民大學出版社，1985 年

《聖祖五幸江南全錄》，振綺堂叢書初集本

《讀書堂西征隨筆》，汪景祺撰，上海書店，1984 年

二、近人著述

《清列朝后妃傳稿》，張爾田撰，（台灣）文海出版社「近代中國史料叢刊」第 75 輯

《明清史論著集刊》，孟森著，中華書局，2006 年

《明清史講義》，孟森著，中華書局，1981 年

《陳垣史學論著選》，陳樂素、陳智超編校，上海人民出版社，1981 年

《陳垣集》，黃夏年主編，中國社會科學出版社，1995 年

《雍正傳》，馮爾康著，人民出版社，1985 年、2014 年

《雍正繼位之謎》，馮爾康著，中國人民大學出版社，1990 年

《雍正帝—— 中國的獨裁君主》，（日）宮崎市定著，社會科學文獻出版社，2016 年

《18 世紀中國與世界·政治卷》，郭成康著，遼海出版社，1999 年

《18 世紀的中國政治》，郭成康著，中國人民大學出版社，2021 年

《清代政治論稿》，郭成康著，生活·讀書·新知三聯書店，2021 年

《乾隆正傳》，郭成康著，中央編譯出版社，2006 年

《清朝文字獄》，郭成康 林鐵鈞著，羣眾出版社，1990 年

《雍正篡位說駁難》，楊啟樵著，上海書店出版社，2012 年

《雍正帝及其密摺制度研究》，楊啟樵著，上海古籍出版社，2003 年

《明清皇室與方術》，楊啟樵著，上海世紀出版集團，2010 年

《康熙皇帝一家》（修訂版），楊珍著，學苑出版社，2009 年

《清朝皇位繼承制度》（修訂本），楊珍著，學苑出版社，2009 年

《歷程 制度 人——清朝皇權略探》，楊珍著，學苑出版社 2013 年

《清前期宮廷政治釋疑》，楊珍著，中國社會科學出版社，2018 年

《天出血—— 雍正繼位之謎》，鄭寶鳳 郭成康著，中國人民大學出版社，1995 年

《康熙寫真》，陳捷先著，遠流出版事業有限公司，2000 年

《雍正王朝之大義覺迷》，史景遷著，廣西師範大學出版社，2011 年

《乾隆韻事》，高陽著，作家出版社，1985 年

《清朝的皇帝》，高陽著，海南出版社，1997 年

《雍正稱帝與其對手》，金恆源著，上海人民出版社，2008 年

《清史編年》第 4 卷《雍正朝》，史松寫，中國人民大學出版社，2000 年

《康熙懲抑朋黨與清代極權政治》，林乾著，復旦大學出版社，2013 年

《怡親王允祥與〈紅樓夢〉和白家疃》，赤飛著，新華出版社，2015 年

《紅樓夢新證》，周汝昌著，華藝出版社，1998 年

《曹雪芹傳》，樊志斌著，中華書局，2012 年

《曹雪芹評傳》，李廣柏著，南京大學出版社，1998 年

《康熙與曹寅———個皇室寵臣的生涯揭祕》，（美）史景遷著，陳引馳等譯，上海遠東出版社，
　　2005 年
《尋訪京城清王府》，馮其利著，文化藝術出版社，2006 年
《康熙朝儲位鬥爭記實》，（美）吳秀良著，張震久、吳伯婭譯，中國社會科學院出版社 1988 年
《建築世家樣式雷》，張寶章等編，北京出版社，2003 年
《直隸總督李衛》，馬永祥、吳蔚編著，中國文史出版社，2021 年
《大清督陶官唐英》，張敏著，江蘇鳳凰美術出版社，2016 年
《天下一統為一家——鄂爾泰的西南治理》，張姍著，中國社會科學出版社，2020 年